선비춘추 春秋

李敏承 著

明文堂

▲ 대성전(大成殿) 공자의 출생지인 산동성 곡부에 있음.

▼ 공문십철(孔門十哲)

▼ 공자상

▲ 공자는 '하늘이 나에게 덕(德)을 주셨다'고 말했다.

▼ 공자묘(孔子墓)

▲ 관복(官服)의 공자상(孔子像)

▲ 성선설(性善說)을 설명하는 맹자

◀ 공자시교도(孔子示敎圖)
단상(壇上)의 중앙이 공
자이다.

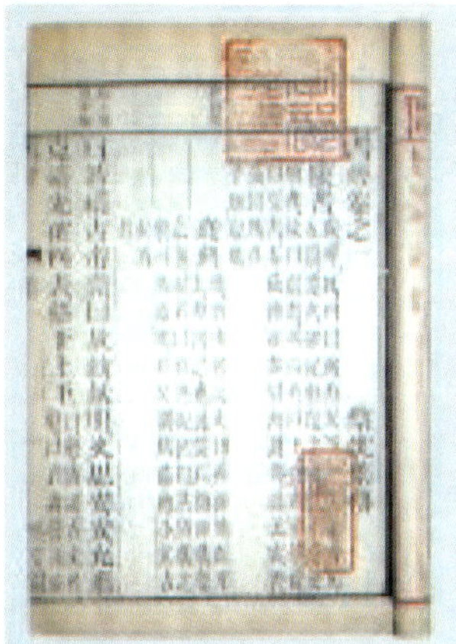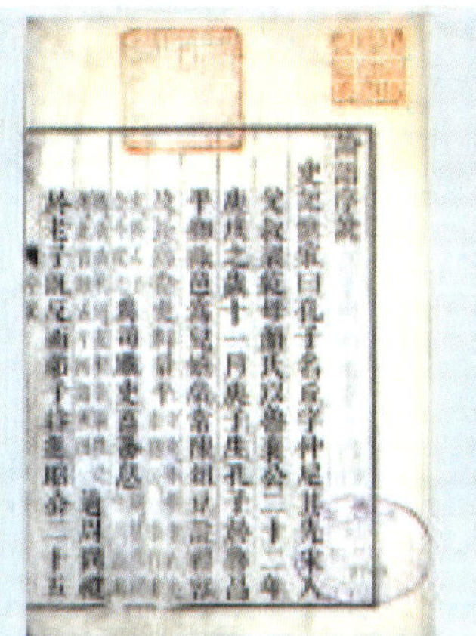

▲ 서경, 논어, 맹자(왼쪽부터)

◀ 주희(朱熹)의 『논어집주(論語集注)』 위정(爲政)편 지학(志學·15세), 이립(而立·30세), 불혹(不惑·40세), 지천명(知天命·50세), 이순(耳順·60세)의 출전.

▼ 맹자상(孟子像)

▼ 주자상(朱子像)

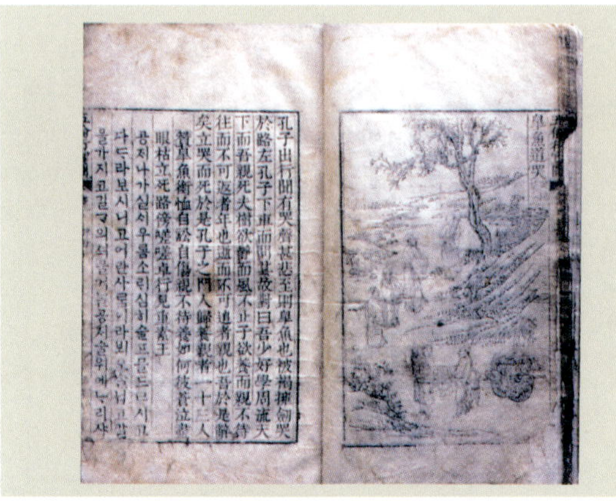

▲ 오륜행실도(五倫行實圖)

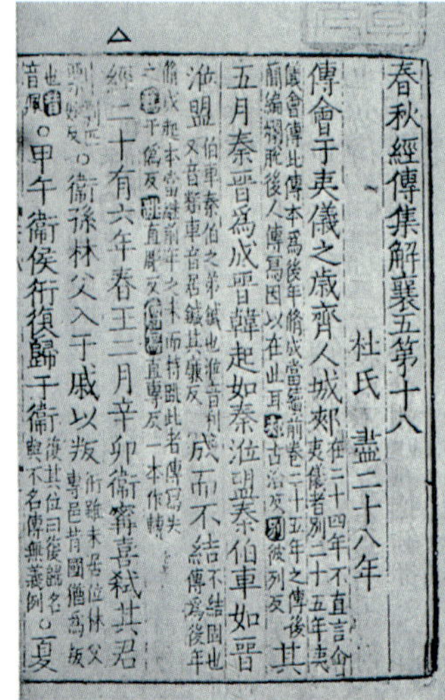

▲ 송본 춘추경전 집해(宋本春秋
   經傳集解)

▼ 주역(周易)　백서(帛書). 마왕퇴(馬王
   堆) 발견

▲ 장자상(莊子像)

▼ 효경대의(孝經大義)

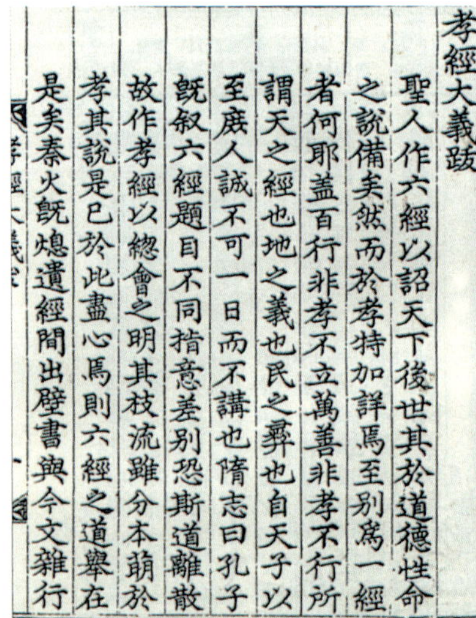

▲ 고려대장경판

◀ 정몽주(鄭夢周, 1337 ·· 1392) 호는 포은(圃隱)

▼ 선죽교(善竹橋) 고려 말 충신인 정몽주가 이방원
이 보낸 자객에 의해 피살된 장소

▲ 세한도(歲寒圖) 추사 김정희(金正喜)의 대표적 문인화(文人畵). 공자는 '추운 철이 된 후
에야 송백(松柏)이 푸르게 남아있는 것을 볼 수 있다'고 하였다.

▼ 소학언해(小學諺解) 아동들의 예절 교육을 위한 책

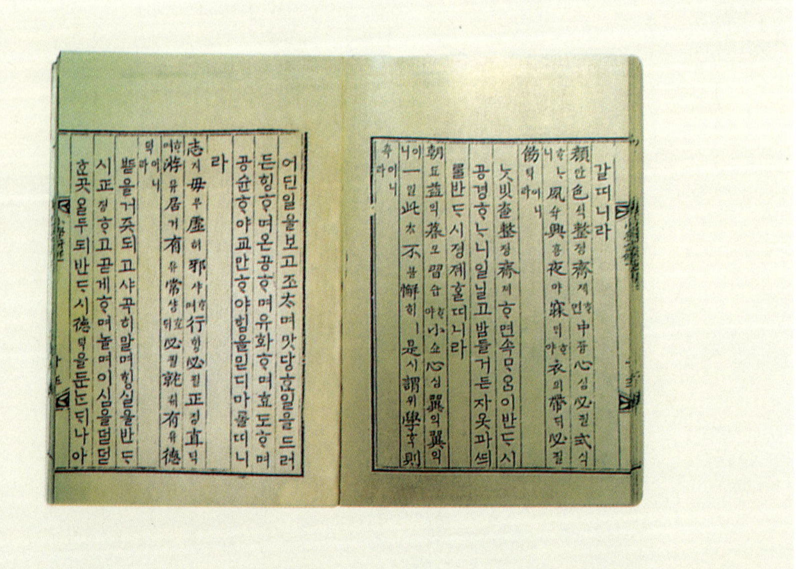

▲ 선교장 조선시대 사대부의 대표적인 주택 모양

▲ 해치흉배 해치(獬豸)는 상상의 신수
(神獸)로 대사헌 벼슬에 사용되었다.

▲ 백학흉배 3품 문관직에 해당되었다.

▶ 쌍봉흉배 봉황은 왕가의 흉배로
여성용이었다.

▼ 청화백자진사채장생문호(靑華白磁辰
砂彩長生文壺)

▼ 훈민정음 언해본 한문으로 쓰인 '훈민정
음'을 한글로 풀이한 책이다.

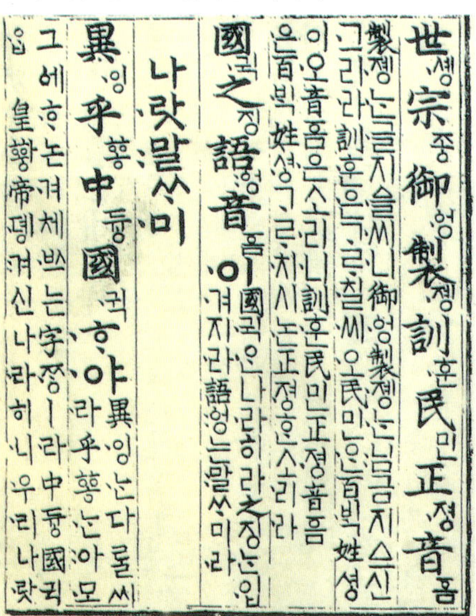

◀ 황희(黃喜, 1363~1452) 조선 초기의 명재상이며, 대표적인 청백리

▼ 유하청앵(柳下聽鶯) 김홍도(金弘道)

▼ 황희의 친필

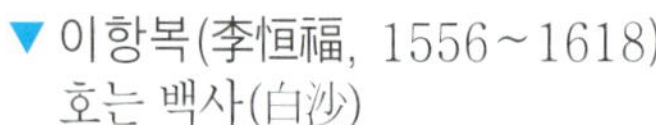

▲ 이황의 글씨

▲ 이황(李滉, 1501~1570) 호는 퇴계 (退溪). 성리학(性理學) 체계를 집대성 하였다.

▲ 백자대호(白磁大壺)

▼ 이항복(李恒福, 1556~1618) 호는 백사(白沙)

▼ 이덕형(李德馨, 1561~1613) 호는 한음(漢陰)

▲ 신사임당(申師任堂, 1504~1551) 사임당은 호. 이이의 어머니. 현모양처로 알려졌다.

▲ 이 이(李珥, 1536~1584) 호는 율곡(栗谷)

▼ 격몽요결(擊夢要訣) 율곡 이이가 한문으로 지은 어린이용 학습서

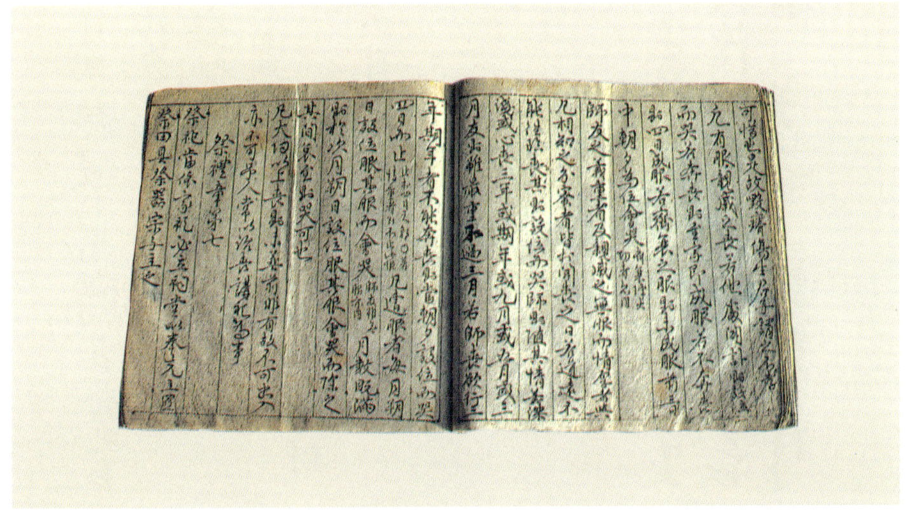

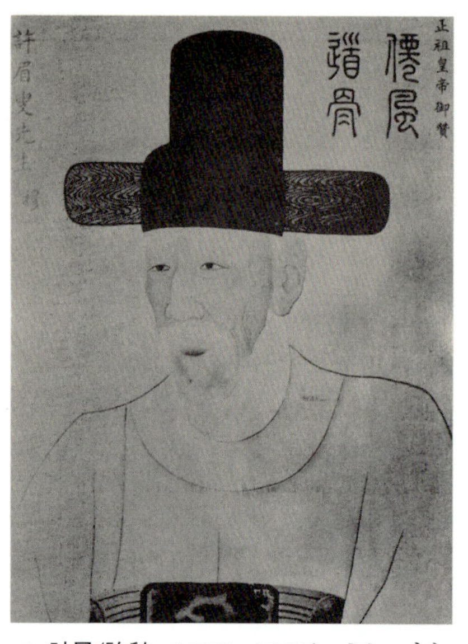

▲ 허목(許穆, 1595~1682) 호는 미수(眉叟)

▲ 송시열(宋時烈, 1607~1689) 호는 우암(尤庵)

▼ 허목의 친필

▼ 송시열의 친필

▲ 하회(河回) 탈 양반

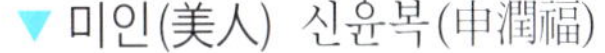

▼ 미인(美人) 신윤복(申潤福)

▲ 큰머리여인 김홍도(金弘道)

▼ 김병연(金炳淵, 김삿갓) 시비(詩碑)

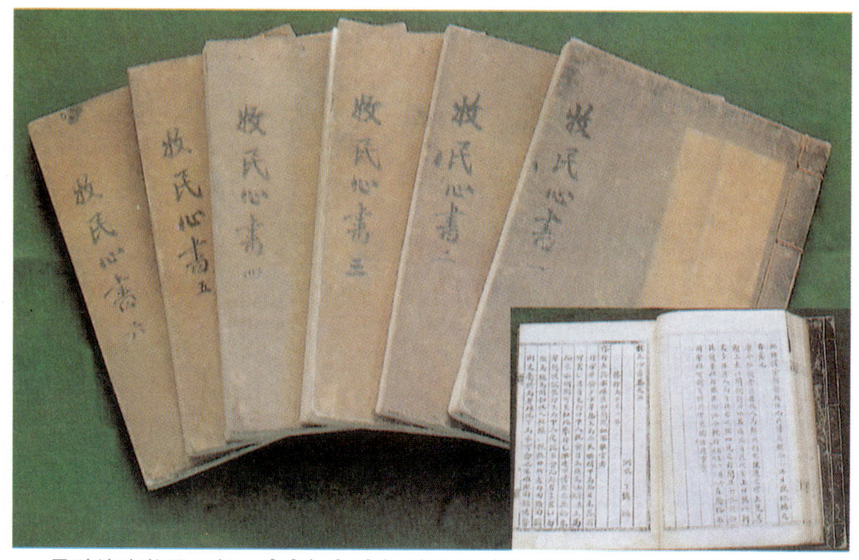

▲ 목민심서(牧民心書) 정약용이 지은 책으로 지방 관헌의 윤리적 각성과 백성들을 다스리는 도리가 설명되어져 있다.

▲ 정약용(丁若鏞, 1762~ 1836) 호는 다산(茶山)

▲ 박문수(朴文秀, 1691~ 1756) 암행어사로 많은 행적을 남기고 있다.

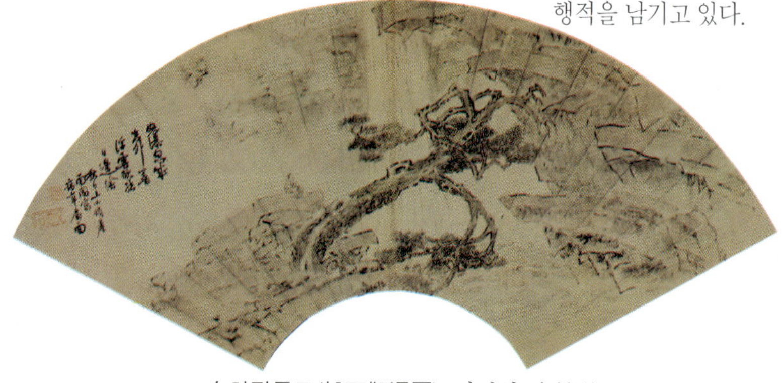

▲ 송하관폭도(松下觀瀑圖) 이인상(李麟祥)

|권두사(卷頭辭)

위서(魏書)에 단군이 아사달(阿斯達)에서 나라를 여니 첫 번째로 날이 새는 나라 첫 셴(大堂, 古朝鮮-대당, 고조선)이라, 때는 기원 전 3222년 무진(戊辰) 10월 3일 개천이신화인(開天理身化人) 왕검(王儉)이란 국조(國祖)가 되고 증표(證票) 천부인(天符印)[1]하고 홍익인간(弘益人間)[2] 이화세계(理化世界)[3]의 대도(大道)를 밝히고 펴니 신시(神市)[4]시대이다.

단군은 착하고 악한 것 360조목을 정하고 다스렸다. 고기(古記)와 오월춘추(吳越春秋)에 당요(唐堯) 때 9년 홍수가 있어 요(堯)임금이 하우(夏禹)에게 다스리게 했으나 치수방법을 몰라 애태우던 중, 단군 왕검(王儉)의 큰아들 부루(夫婁)를 도산(塗山)에 보내 오행통수(五行通水)의 이치를 가르치니 치수에 성공했다. 우임금은 부루의 덕을 생각하여 '삼신-三神=환인(桓因)·환웅(桓熊)·환검(桓儉)'. '오제-五帝=복희(伏羲)·신농(神農)·황제(黃帝)·소호(小昊)·전욱(顓頊)'. '지신-地神'의 가르침을 믿어 중국에 전포(傳

---

1) 천부인(天符印) : 임금의 위(位). 임금의 표지로서 하느님이 내려 전했다는 세 개의 보인(寶印).
2) 홍익인간(弘益人間) : 널리 인간세계를 이롭게 함.
3) 이화세계(理化世界) : 세계를 다스려 인도함.
4) 신시(神市) : 환웅 천황이 하느님의 뜻을 받들어 부하 3천 명을 거느리고 태백산에 내려와 이룩한 도시.

布)했다.

위(魏)의 동이열전(東夷列傳=2300년 전 공자의 7대손 공빈(〔孔斌〕 지음)에 동방에 예로부터 동이 나라가 있으니 단군을 임금으로 모셨고 대효(大孝) 순(舜)은 동이인(東夷人)으로 왕검 때 사농관(司農官)5)을 지낸 고시(高矢)의 형인 고수(高叟)의 아들이다. 순은 동이 사람으로 중국의 천자(天子)가 되어 오륜(五倫)을 가르치며 정치를 잘하니 탁관백왕(卓冠百王)으로 일컬어졌고 요순태평시대(堯舜太平時代)를 이룩했다.

단군 부루 때 섭사(攝司)6)인 대련(大連), 사도(司徒)7)인 소련(小連) 형제는 부상(父喪)에 3년 거애(擧哀)해 효의 원조로 알려졌고, 중국의 황제(黃帝)는 동이의 학자 자부선인(紫府仙人)8)에게 배우고 내황경(內皇經)9)을 얻어다 염제(炎帝) 신농씨(神農氏)10)를 대신해 임금이 되었다.

나라가 크나 교만하지 않고, 군사가 강하나 남의 나라를 침범하지 않고, 풍속이 순후해서 길을 서로 양보하고, 음식을 서로 미루고, 남녀가 따로 거처해 자리를 같이 아니하니 가히 동방예의지국이라 이를 만하다(其國雖大 不自驕矜 其兵雖强 不侵人國 風俗淳厚 行者讓路 食自推飯 男女異處不同席 可謂 東方禮儀之君子國 - 기국수대 부자교긍 기병수강 불침인국 풍속순후 행자양로 식자추

---

5) 사농관(司農官) : 농업 담당.

6) 섭사(攝司) : 보좌관.

7) 사도(司徒) : 교육 담당.

8) 자부선인(紫府仙人) : 동이의 학자로 학문에 통달하고 지혜가 뛰어남.

9) 내황경(內皇經) : 황제가 정치하는 도리를 적은 책.

10) 신농씨(神農氏) : 중국 옛 전설에 나오는 제왕. 머리는 소의 형상이고, 몸은 사람인데 농사짓는 법을 처음으로 가르치고 육십사괘(六十四卦)를 지었다 함.

반 남녀이처부동석 가위 동방예의지군자국). 그러므로 공자가 그 나라에 살고 싶다 했고 누추하지 아니하다고 기록되어 있다.

효(孝)는 백행(百行)의 근원이며 윤리도덕의 바탕이다. 그 효의 원조가 우리 한족(韓族)이다. 우리의 전통예절을 유학(儒學)에 의한 외래문화라 생각하면 큰 오해다. 유학은 공자가 창시했고 공자는 2500년 전 춘추시대 노(魯)나라 사람이다. 우리 역사는 4000년이 넘는다. 공자 이전 1800년간 윤리 도덕 예절을 실천해온 예(禮)의 종주국(宗主國)이다.

효문(孝門)에서 충신(忠臣)이 난다. 효를 기본으로 한 도의교육(道義敎育)에 역점을 두고 가정·학교·사회에서 연계적(連繫的)으로 윤리도덕을 실천하는 교육제도가 선행되어야 한다. 효는 지고지선(至高至善)의 윤리이며 노인을 공경하고 어버이에 효도하듯 한국인의 도덕은 물질탐욕(物質貪慾)이나 이기환락(利己歡樂)이 아니고 정신문화의 숭고한 호양행도(互讓行道)에 있다. 우리는 선조들의 유지를 받들어 윤리도덕과 인성교육(人性敎育)을 적극 발전시켜 우리 사회의 고질적 부조리를 막아야 한다.

하늘에는 원형이정(元亨利貞)[11]의 천도(天道)가 있고 인간에게는 인의예지(仁義禮智)의 인성(人性)이 있다. 우리 사회의 첫째 덕목은 탐욕이 아니라 검소와 협동이다. 우리는 인문 문화를 숭상하며 자연과 더불어 살아왔다. 급변하는 현대 산업사회는 서구의 과학문명이 일반화되면서 자연 생태계의 파괴와 물질만능 풍조로 인성을 타락시키고, 윤리도덕이 무시되고, 부정부패가 골수(骨髓)에 침투되어 우리 전통문화의 가치를 상실하고 있다. 사회도덕이 흔들

---

11) 원형이정(元亨利貞) : 원은 봄으로 만물의 시초, 형은 여름으로 만물이 자라고, 이는 가을이니 만물이 이루고, 정은 겨울이니 만물을 거둔다. 사물의 근본 이치.

리고 인간윤리가 무너지고 동방예의지국이라는 예의 종주국인 우리가 부조리 왕국으로 전락하고 있다. 하늘을 순종하는 자는 살아남고 하늘을 거스르는 자 망한다(順天者存 逆天者亡-순천자존 역천자망).

우리의 선조들은 물질의 탐욕보다 먼저 인성을 규율(規律)했고 법과 제도보다 인간을 바로잡는 데 주력했다. 현대의 문교정책은 지육(智育)과 체육에 치중하고 덕육(德育)을 등한히 했기 때문에 인간을 몰염치한 사악(邪惡) 방종(放縱) 탐욕(貪慾)의 인간으로 만들고 있다. 지식 위주의 경쟁의식과 입시 위주의 교육과열로 인간교육은 황폐화(荒廢化)되고 우리는 교육의 본연을 망각(忘却)하는 시대에 살고 있다.

교육은 인격의 조화를 갖춘 사람을 인간답게 가르치는 것이 우선이요, 국가의 백년대계를 위한 중요한 국책이다. 국가의 흥망을 의식하지 못하는 교육정책은 원천적(源泉的)으로 과감히 시정되어야 한다.

자식에게 엄격했던 어머니가 자식을 무조건 감싸는 것을 보고 어느 문명비평가는 20세기 변혁(變革) 가운데 쓰디쓴 어머니가 달디단 어머니로 타락함으로써 막강한 병패(病敗)를 초래한 것이라 했다.

인성(人性) 교육과 인륜(人倫) 교육을 소홀히 하여 경쟁적·이기적·일확천금(一攫千金)을 노리는 부조리 정신은 인간의 두뇌에 뿌리깊이 침투되어 인간(人奸)으로 전락하는 부조리는 영원히 근절될 수 없다.

재(財)는 재(災)다. 아무 이유 없이 큰 재물을 얻으면 반드시 재앙(災殃)이 따른다. 금은보화를 집에 두면 불안하여 잠을 제대로 이루지 못하고 재물 때문에 곤욕을 겪는 경우도 있다. 사람이 나서 궁핍한 것이 있어야 재물 모으는 것이 쉽지 않다는 것을 알고, 재물을 얻는 재미를 안다. 미국의 교육학자 '존 듀이'는 빈곤이 가장 교육효과가 크다고 했다.

크고 화려한 집을 옥(屋)이라 하고, 작고 검소한 집을 사(舍)라 한다. 옥은 죽음 시(尸) 밑에 이를 지(至)로 죽음에 이른다는 뜻이요, 사는 사람 인(人) 밑에 길할 길(吉)로 사람이 길하다는 뜻이다.

금강산도 식후경이라 했고, 의식이 족해야 예절을 안다 했고, 수염이 석자라도 먹어야 양반이라 했다. 돈이면 귀신도 부린다(有錢使鬼神), 돈이면 의원에 만 번이라도 당선된다(靑錢萬選), 돈만 있으면 개도 멍첨지라 했지만 큰 집이 천간이라도 저녁에 눕는 곳은 팔척이면 되고, 좋은 밭이 만경이라도 하루에 먹는 것은 두되면 족하다(大厦千間 夜臥八尺 良田萬頃 日食二升 - 대하천간 야와팔척 양전만경 일식이승). 금수능단(錦繡綾緞)이 장에 가득해도 의복은 철따라 한 벌이면 족하다. 사람의 소유에는 한계가 없지만 향유(享有)함에는 한계가 있다. 과식하면 배탈이 나고, 감투가 크면 눈을 가리고, 몸이 너무 편하면 병이 생기고, 쾌락이 지나치면 욕(辱)이 된다.

진(晉)나라 왕연(王淵)이란 사람은 돈과 단절하고 살았다. 돈을 만지지도 않고, 입으로 말하지도 않았다. 누가 돈 이야기를 하면 집에 돌아와 세이(洗耳)했다. 어느 날 부인이 왕연의 침상 둘레에 발 디딜 틈 없이 돈을 깔아 놓았다. 잠에서 깬 왕연은 사람을 불러 아도(阿堵-저것)를 치우라 했다. 저승의 팔대지옥(八大地獄)을 무사통과하는 사람이 아도인간(阿堵人間)이다.

우리 조상들은 돈은 탐욕(貪慾)의 상징이라 해서 돈을 직접 주고 물건 사는 것을 기피, 돈을 젓가락으로 집기도 했다. 지붕이 새서 대야를 받쳐놓고 물 떨어지는 소리를 들으며 시를 읊고, 집은 비바람만 막으면 되고, 제사 받들 자식 하나, 재물은 꾸러 가지 않을 정도면 족하다 했다.

탐욕으로 평생을 허덕여 봤자 수의(壽衣)에는 주머니가 없다. 사람이 이 세상에 살고 있는 것은 임시 기생(寄生)하는 것이요, 죽음으로 돌아가는 것은 본고장으로 돌아가는 것이다(生寄死歸-생기사귀). 사람답게 살다 가는 것이 인간의 도리이다. 예수도 말하기를 부자가 천국에 가기는 낙타가 바늘구멍을 통과하기보다 어렵다 했다(爲富不仁-위부불인). 절간에서 공양주(供養主)는 도통(道通)을 해도 학승(學僧)은 도통을 못한다는 말이 있다.

우리 선비들이 팔짱만 끼고 방관할 수는 없다. 선인(先人)들에 부끄럽지 않게 우리 선비들이 부조리를 순화(醇化) 계몽(啓蒙)하는 데 선도적 역할을 해야 한다. 사람이 예스러우면 한층 돋보이고, 전 국민이 예절을 실천할 때 우리는 세계의 모범국가요 일등국민으로 세계화가 이루어질 것이다.

천학(淺學) 단문(短文)한 소견의 졸저(拙著)에 선비 제현의 질책(叱責)과 질정(質正)을 기대한다.

檀君紀元 4340年 10月

李敏承　上

차 례

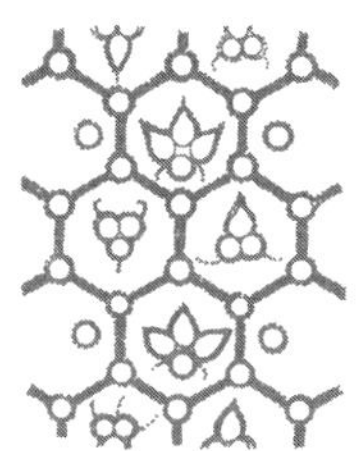

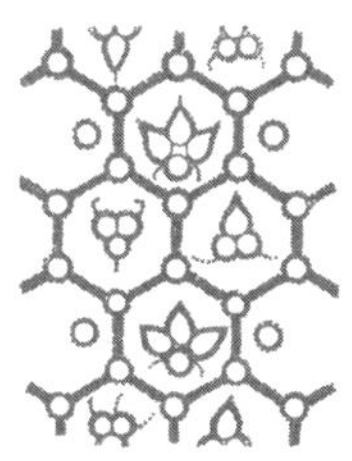

│단군사상과 유교(儒敎)

우리의 단군정신(東夷文化-동이문화)이 유교에 끼친 영향은 지대(至大)하였음을 인식하고 민족자존(民族自尊)을 통해서 민족자아(民族自我)를 확인하고 이 가운데에서 일체감을 느끼고 구심점(求心點)을 찾아야 한다. 단군의 신시시대(神市時代)는 역사이다. 서구문명인 이집트문명과 메소포타미아문명의 역사가 시작된 것이 기원전 4000년경부터라 한다면 2000년이 뒤진 우리의 역사가 신화(神話)이겠는가.

신시시대란 깨끗한 시대요, 악이 없는 깨끗한 성스러운 시대의 표현이다. 동양인은 상고에 성스러운 시대를 이상정치의 표본으로 하는 역사관을 가졌었다. 또한 종교성이 짙은 역사시대를 신시시대라고도 한다. 김부식(金富軾)의 《고려사기(高麗史記)》, 일연(一然)의 《삼국유사(三國遺事)》, 권근(權近)의 《응제시주(應製詩註)》에는 이 시대를 성스럽게 찬양하고 있다.

신라 때의 유학자(儒學者) 최치원(崔致遠)이 단군에 대해 한 말을 의역(意譯)해보면 우리나라는 예부터 현묘지도(玄妙知道-단군교)가 있으니 유불선(儒佛仙)의 세 교가 내재하였다고 할 수 있다. 왕검은 즉위하자 하늘을 공경하여 한밝산 아사 땅에 제단을 모으고 하늘에 제사하니 이 단을 보본단(報本壇)이라 했다. 또한 강화도 마니산에 단을 쌓아 하늘에 제사를 지냈으니 '하늘단'이라 한다. 이

분이 배달의 시조이며 구이(九夷-한족)의 시조이다.

유교의 경천애인(敬天愛人)과 보본사상(報本思想)도 여기에 연원(淵源)하고 있다 하겠다. 단군의 자손 배달족은 천손(天孫)임을 증시(證示)하여 상의에 흰색 동정을 달아 입는 풍습이 내려져 왔다. 단군정신인 홍익인간은 선량한 군자풍의 사회를 이룩하여 갔던 것이며 후세 '동이적 동방군자국(東夷的東方君子國)'이라는 칭호로도 일컬어졌다. 동이(東夷)라 함은 대인(大人)이라는 뜻으로서 동쪽 대궁인(大弓人)이라고도 한다. 반목(半牧) 반농(半農)의 시대가 있었는데 이때가 한편으로는 전쟁(戰爭), 한편으로는 목축(牧畜)과 영농(營農)의 배달족의 바쁜 시대로서 고조선 중기에 해당하는 시기라 하겠다.

동양사상의 원초적 사상 단군정신인 홍익인간, 이화세계의 선포는 중국역사의 시왕(始王)인 요(堯)임금과 같은 시대인데 중국역사는 사실에 있어서 요임금 다음 왕인 순(舜)임금이 동이족으로서 동이의 유교를 천(天)에 효사상을 대원(大源)으로 하여 편 시왕이다. 후세에 한인(漢人)이 순임금 위에 한인(漢人)의 상징으로 요임금을 얹었다 하고, 요임금이 유교의 가르침을 베푼 왕으로 연대를 올리기도 했다. 중국의 노자교(老子敎) 교단(敎團)이 진(秦)나라 때 유교가 잠시 탄압을 받을 때 유교연원(儒敎淵源)이라는 요임금 위에다가 황제(黃帝)를 올리고, 황로교(黃老敎)라 자처했다고 전한다. 이렇게 되고 보니 동이족인 순임금이 유교를 동이나라에서 중국에 전하였다는 길을 막은 것이다.

홍익인간 사상을 유교로 발전시켰다고 볼 수 있는 구절을 유교 경전인 《논어》에서 살펴보면 오일삼성오신조(吾日三省吾身條)의 '위인모이불충호 여붕우교이불신호 전불습호(爲人謀而不忠乎 與朋

友交而不信乎 傳不習乎-나는 날마다 세 가지로 내 몸을 살피노니 남을 위하여 일을 도모해주매 충성스럽지 못한가, 붕우와 더불어 사귐에 성실하지 못한가, 전수(傳授)받은 것을 복습하지 않는가)'이다.

하늘에 대한 소명적(召命的) 사명감의 발로이며 원시인의 사회가 악(惡)을 바탕으로 하여 있는 것이 아니라 맹자(孟子)의 성선설(性善說)이며, 중용(中庸)에 성자천도야(誠者天道也-참된 것은 하늘이니라) 성지자인도야(誠之者人道也-참된 사람의 길을 가야 하늘에 이르나니) 참된 사람의 길(홍익인간 이화세계)이며 천부경 삼일신고(天賦經 三日神誥)는 하늘의 본체(本體)와 인간관계를 논한 것과 같다.

동양문화의 시발이 배달의 성역(聖域)임을 확인하는 두만강 연안 남쪽에서 도단채문토기(塗丹彩紋土器)의 발굴과 우리 동이족의 문화인 흑도(黑陶)가 순(舜)임금의 후예(後裔)가 세운 은(殷)나라 유허지(遊虛地)에서 발견된 것을 확인하면서 우리의 역사 찾기가 민족적 의지로 완수되어야 할 것임을 알아야 한다.

세계 4대 문화의 하나로 일컬어지는 황하문화(黃河文化)는 은(殷)나라 문화를 주로 말하는 것인데 동이족인 순임금의 문화전통에 이어서 은나라를 세운 탕왕(湯王)은 동이족이다. 은나라 문화는 동에서 서진(西進)한 동양의 찬란한 문화이다. 그리스의 문화사상이 유럽사상의 연원이 되었듯이 단군사상과 문화가 순임금을 통하여 북서쪽으로 갔다. 하남성 일대의 은나라 유적에서 아사달의 동이문화인 흑도(黑陶)가 나온 것은 역사의 결정적 확증이다. 은나라를 세운 탕왕이 순임금의 대효사상(大孝思想)을 받들어 하늘의 아들이라 한 것은 단군의 천손(天孫)사상이다.

《논어》에 가로되 '여소자리 감용현목 감소고우 황황후제(予小子
履 敢用玄牧 敢昭告于 皇皇後帝)'라 한 말은 단군 환웅(桓熊)이
아버지 환인(桓因－하늘)에 대하여 소자(小子)라 하고, 이(履)라는
이름을 말하는 것과 같은 것으로 단군교의 전통이 순대(舜代)부터
유교로 발전한 것을 알 수 있다.

 '검은 소를 잡아 하늘의 희생으로 하는 하늘의 높으신 아버님에
게 바치고' 이것은 왕검이 아사달과 강화 마니산에서 제사한 하늘
단의 의식과 같다. 유교는 성인(聖人) 공자가 집대성하였는데 이는
예전부터 전해오는 유교의 도를 크게 모아서 인간의 생존원리를 집
대성시킨 것이며 창작이 아닌 것이다. 그러므로 공자는 술이부작
(述而不作－말하고 저술하나 창작은 아니다)이라 했다.

무녀신무(巫女神舞) / 신윤복 그림

| 유교(儒敎)

유교는 인간의 윤리 도덕을 기초로 한 철학이고 종교의 근본사상을 인(仁)이라 하지만 공자가 제자를 가르칠 때 사람을 사랑하는 것(愛人), 내가 하고 싶지 않은 일은 남에게 시키지 말라(己所不欲 勿施於人-기소불욕물시어인), 욕심을 버리고 본심으로 돌아가라 (克己復禮-극기복례), 인(仁)은 이인(二人) 너와 나 사이의 사랑이다. 어느 종교도 사랑을 근본사상으로 하지만 불교의 자비, 기독교의 박애는 만인을 동등하게 사랑하지만 유교의 사랑은 자기로부터 남에게로, 내 부모를 섬기고 남의 부모를, 그리고 만물을 사랑한다 (由近急遠 推己及人 老於老以及人之老 幼吾幼以及人之幼, 親親而人民人而愛物-유근급원 추기급인 노어노이급인지로 유오유이급인지유 친친이인민인이애물).

　* 유교의 유래(由來) : 유교는 기원전 3~4세기경 춘추시대 공자가 창시했다. 천지인(天地人) 삼재(三才)를 중심사상으로 하여 인간의 도리와 통치자의 치세도(治世道)를 깨우쳐 줌으로써 이상적인 군자국, 또는 군자도(君子道)를 실천하는 인본주의(人本主義) 종교 활동에서 비롯되었다. 우리나라에 전래된 것은 문헌은 없으나 삼국시대에 중국 당(唐)나라에 유학을 보낸 사실로 미루어 이때 이미 국내에 퍼져 있었음을 알게 된다.

　* 유교의 교리(敎理) : 하늘에는 원형리정(元亨利貞)의 천도(天

道)가 있고, 천도의 명에 의하여 사람에게는 인의예지(仁義禮智)의 인성(人性)이 있다. 사람이 지천명(知天命)의 경지에 이르면 천도와 합일(合一)하게 되어 모든 것이 자연적으로 이루어진다. 그러므로 유교에서는 인성교육을 중히 여겼고 공자 이후 안자, 증자, 자사, 맹자에 전수(정통학파)되어 주자에 이르러서는 성리학에 경주되어 사단칠정(四端七情)의 철학적 경지를 개척하였고, 고려 말 우리나라에 도입되어 조선왕조 중엽에 퇴계 율곡 등 수많은 학자를 배출, 유교철학의 개화기를 맞이했다.

유(儒)는 인(亻)과 수(需 : 필요하다)로 이루어진 글자이다. 인(亻)은 사람의 형상이며 수(需)는 필요할 수로 需에서 雨의 一은 하늘, 雨는 빗방울, 而의 一은 턱, 吅는 턱수염의 형상으로 需는 턱수염까지 비에 촉촉히 젖은 사람을 뜻한다. 유(濡)와 같다. 따라서 유(儒)는 세상에 필요한 사람이다.

교(敎)는 셈에 쓰이는 나뭇가지를 엇갈리게 놓은 모양의 본받을 효(爻)와 어린이를 본뜬 자(子)자가 막대기를 오른손에 든 모양을 본뜬 두들길 복(攴)을 합한 글자로 아이들에게 매를 때리며 셈을 가르친다는 의미로 만든 글자이다. 《설문해자(說文解字—중국 최초의 사전)》나 여러 자전에 유(儒)는 유(柔) 유(濡) 윤(潤)으로 통하고, 옛 어진이의 도를 배우고 익혀서 몸에 젖게 한다, 이러한 사람을 유(儒) 선비 학자라는 뜻도 들어 있다.

사람이 도(道)를 익혀 몸에 젖게 한 뒤에 부드러운 모습으로 남을 가르쳐서 마치 하얀 종이에 물이 스며들 듯이 상대방의 마음속에 가르침이 젖어들게 하는 사람이란 뜻이다. 자기 몸을 젖게 한다는 것은 수기(修己), 남을 가르쳐 편안하게 하는 일은 안인(安人)이라 한다. 이것이 유교사상의 바탕이 된다. 유(儒)는 먼저 자기의 몸가짐과 마음가짐을 올바르게 닦은 뒤에 남도 가르쳐서 도리를 알게 하며, 평화로운 삶을 누리게 한다. 따라서 유(儒)는 이 세상에 없어서는 안 되는 사람, 꼭 필요한 사람이다.

유교의 가장 오래된 전통이며 특징이라 할 수 있는 것이 제사이다. 천지에 대한 교사(郊祀), 조상에 대한 조묘(祖廟), 성현(聖賢)에 대한 문묘(文廟)로 나뉘는데 천자(天子)는 천제(天祭), 제후(諸侯)는 사직(社稷)과 종묘(宗廟), 조상에 대한 제사는 장자(長子)가 맡아 지내는 질서가 생겼다. 근래 서구문명의 도입으로 우리 전통의 윤리와 사상에 혼란이 왔다. 유교단체인 성균관과 향교에서는 국민윤리와 도덕을 바로잡는 취지에서 유도회(儒道會)가 조직되었다.

◉ 유가(儒家)의 법도

우리나라는 예로부터 가문(家門)에는 가통(家統)을 잇는 가법(家法)과 가정에는 가규(家規)가 조상 대대로 이어져 왔다. 봉제사(奉祭祀) 접빈객(接賓客) 의복과 음식절차 등 가법은 종가(宗家)에서 잘 보존되어 있는 것이 특징이다. 종가는 가문의 머리이며 근본이기 때문에 사람과 법이 항상 종손(宗孫)을 중심으로 계승되었고, 나이 많은 어른을 모시고 예와 법을 집행해 오고 있는 까닭이다.

지손(支孫)은 단순한 가족이지만 주손(胄孫)은 몇 대가 동시에 같은 가법으로 생활하고 훈련되어 온다. 지손의 노인이 모르는 가규(家規)를 종손의 소년들이 잘 알고 있는 까닭도 여기에 있다.

유학은 자기 자신을 수학하여 훌륭한 인격자가 된 후에 남을 다스리는 것을 목적으로 하고 있다. 즉 수신(修身)한 후에 치국(治

國)한다는 뜻이다. 학문은 위기지학(爲己之學)이지 결코 위인지학(爲人之學)이 아니다. 오륜오상(五倫五常)을 주로 하여 인간이 실천하는 모든 행위를 도덕적으로 이루려고 힘쓰며, 덕(德)을 쌓고 인(仁)의 생활을 일관시키려 한다. 수신제가(修身齊家) 후에 나라를 다스릴 수 있고 나아가서 세계평화를 이룩하는 데 이바지할 수 있기 때문이다.

그러므로 남을 다스리기 전에 자신의 수양(修養)을 완성해야 함은 말할 나위가 없다. 치가(治家)에 있어서 근본 바탕이 되는 것은 부부의 도리(道理)이다. 부부는 지극히 친밀하기 때문에 정직(正直)하고 근신(謹愼)해야 한다. 부부간에는 서로 공경하는 것이 첫째 덕목(德目)이다. 군자(君子)의 도(道)는 부부생활에서 시작된다. 부부는 남녀가 처음 만나 가정을 이룩하고 세계를 창조하는 것이다. 부부예절(夫婦禮節)을 바르게 하고 근신이 치가(治家)의 법도이다. 곧 삼가는 것이 제가(齊家)의 가장 긴요한 법도다.

유가(儒家)의 선비는 어른 섬기는 예의를 중히 여기고 사장지도(事長之道)를 알지 못하는 사람은 고을에서 선비대접을 받지 못한다. 유가에서는 효행(孝行)과 더불어 인사법 말씨 방문교제법(訪問交際法)을 어릴 때부터 할아버지가 손자에게 철저히 가르쳐 준다. '아무개 손자 아무개 아들 버릇이 없어'라는 풍문(風聞)이 돌면 그 할아버지와 아버지는 마을 출입을 꺼리는 정도였다.

이렇게 되어 사회기강(社會紀綱)이 확립되고 국민도의(國民道儀)가 바로 서지 않을 수 없었다. 위를 존경할수록 자기도 아래로부터 존경을 받게 된다. 겸손한 사람은 남으로부터 더 존경을 받는다. 남을 공경할 줄 모르는 사람은 남에게 존경을 받을 자격이 없다. 남을 업신여기면 능멸(凌蔑)당하고, 남을 모해(謀害)하면 자기도 파멸하고, 남의 인격을 모독(冒瀆)하면 제 인격도 보호받지 못하는 것과 일치한다.

유학은 효제충신(孝悌忠信)을 덕목(德目)으로 하고 있다. 자기 부모(兄도 포함)는 효(孝), 남의 부모와 선배에게는 제(悌), 국가와 직장에는 충(忠), 친구와 후배 및 사회에는 신(信)을 행동규범(行動規範)으로 한다. 유가교육(儒家敎育)의 기본원리는 효제충신을 배우고 잘 실천하고 가르치는 데 목표를 두고 있다. 유학적 대인관계의 기본규범은 향당(鄕黨)에는 막여치(莫如齒)이고, 조정(朝廷)에는 막여작(莫如爵)이다.

가정 문중 동네 고을 일반생활의 모든 사회에는 나이가 서열(序列)의 기준이 되고, 관청과 직장 군대 학교 등 공공기관에서는 벼슬, 즉 계급(階級)이 우선한다. 향당의 나이는 항렬(行列)이나 벼슬보다 우선한다. 부모가 돌아가시면 형에게는 자식의 도리를 다해 모셔야 하고, 가정과 민간생활에서 향당은 막여치이기 때문에 나이 많은 형에게는 부모 모시는 도리를 해야 하는 것이다.

한국전통사회의 구조는 유교적 공동체의식과 관습이 뿌리 깊이 계승되어 왔고, 국가의 제의식이나 가정의 관혼상제(冠婚喪祭)까지도 공동체개념(共同體槪念)을 전제로 사회발전이나 국가중흥을 논하는 데 유교가 우리 정신의 중심사상(中心思想)이 되어 왔음은 부인할 수가 없다. 외국 언론도 그와 같이 평가하고 동경(憧憬)하고 있다. 우리는 긍지(矜持)를 가지고 우리의 전통방식을 망각(忘却)해서는 안 된다. 제 나라의 철학사상을 모르고 서양문화를 탐구하는 것은 이도 나지 아니하고 황밤을 먹는 격이다.

※ 조정이 편안하지 못해서 재상(宰相)이 빈번하게 경질(更迭)되니 인심이 위태롭고 겁나는 세상이다. 신구언행(愼口言行)할지어

다. 마음을 기르려면 말을 하지 않고, 몸을 기르려면 소식(小食)해
야 한다.

⊙ 유교문화

1. 연구경향의 전환

구미에서의 유교 연구는 서양 철학적 사조의 변화에 따라 몽테스
키외, 헤겔, 마르크스, 뒤르껭, 베버에 이르는 방법론적 전환을 통해
중국문화에 대한 이해를 새롭게 시도해 왔다.

80년대 들어서면서 유교 연구는 새로운 전기를 맞게 되었다. 냉
전의 종식과 중국의 새로운 사회주의적 실용주의 정치노선, 그리고
동아시아 신흥 공업국의 경제발전은 서구 학자들에게 유교에 대한
관심을 가속화시켰다. 이 과정에서 구미의 중국학 학자들은 종전의
서구 우월주의적인 문화관을 반성하고 중국문화를 그 자체로 새롭
게 이해하려는 다원주의적 시각을 갖기에 이르렀다.

하지만 그렇다고 해서 유교 연구의 새로운 경향들이 서양철학의
사조로부터 독립된 연구경향을 의미한다고 할 수는 없다.

2. 종교학적 유교연구

종교학은 19세기 이후에 비로소 호교론적인 종교연구를 벗어나
모든 종교현상을 실증적 차원에서 객관적 대상으로 다루기 시작한
데서 비롯하였다. 더욱이 초월적인 서구 종교와 전혀 다른 현세적
인 유교의 종교현상을 객관적으로 연구하는 일은 종교 현상의 격차
로 인하여 연구 방법론의 다양한 시각을 요구하고 있다.

이 논문에서는 17세기 선교사들의 적응주의 선교관으로 인하여

빚어진 크리스트교 선교사와 유교 중국인들 사이에서 일어난 종교 현상의 오해와 반응을 다루고 있다.

이 주제와 관련해 자크 제르네는 언어 구조가 필연적으로 사유형식과 연관되어 있음을 전제로 하고 있다. 따라서 사유양식의 차이로 인하여 선교사들의 유교 문화에 대한 이해와 중국 지성인들의 반응이 얼마나 확연히 다르게 나타나는지를 밝히고 있다.

그는 인도 유럽 언어에 나타나는 사유의 유사성과 존재개념의 중요성에 기반을 두고 있는 서양 사유의 특징을 그리스어와 산스크리트어의 존재동사에서 찾았다. 그에 의하면 아리스토텔레스의 10개의 범주는 존재 동사의 열가지 진술 형태를 나타낸다. 그리스 철학자들은 실체와 속성, 존재와 생성, 이성적인 것과 감성적인 것의 대립관계를 통하여 세계를 이해하고 있다.

이와 달리 아무런 어형 변화가 없으며 존재동사를 사용하시 않고 문자의 개념을 무한히 조합할 수 있는 중국어의 진술양식은 대립적이 아닌 상보적 관계를 통한 상대적 인식과 현세적 생성 발전의 도식에 관심을 두고 있다. 중국철학자들은 초월적이고 고정 불변하는 존재의 추상세계를 지향하지 않고 시시각각 변화하는 내재적 자연에 어떻게 순응해야 하는가를 주목하고 있다는 것이다. 제르네는 이러한 실증적인 논증을 통해서 세계관, 철학, 종교의 상대적 인식과 이해의 폭을 어떻게 좁혀나갈 것인지 문제를 제기하고 있다.

제르네와 유사한 관점을 가진 폴 룰은 예수회 선교사들의 유교에 대한 해석을 긍정적으로 다루고 있다. 그는 아메리카가 유럽인들에게 신대륙이라면 중국이야말로 그들에게 더 근본적인 의미에서 가치체계와 신념이 전혀 다른 신대륙이었다고 밝힌다. 그는 유교의 종교적 가치에 대한 이해로부터 종교의 본질과 종교와 세속과의 관계를 새롭게 이해하였음을 인정하고 있다.

3. 언어철학 및 해석학적 연구

유교에 관한 언어철학적 연구로는 핑가레트가 대표적인데 그는 오스틴의 이론을 원용하여 유가의 수행적 언어관을 언급하였다. 그는 역사적이고 문헌학적인 역사 비평 양식을 통하여 과거의 공자보다는 전해진 텍스트의 의미를 현재에 되살림으로써 해석학적으로 오늘의 공자가 누구인지, 우리에게 무슨 의미를 주는지 이해하고자 하였다.

그는 예(禮)와 연관지어 언어의 수행성을 강조하고 있으며 언어를 예를 실행시키는 핵심으로 보고 있다. 왜냐하면 올바른 언어의 사용은 윤리적 행위와 마찬가지로 효율적으로 행위를 구성해내며 그 자체가 행위를 확인시키기 때문이다. 그는 공자의 정명론(定命論)을 행위와 명(命)의 일치를 추구하는 가르침으로 이해한다. 다시 말해 그는 공자가 중국에서 자기 이전에 누구도 한 적이 없었던 방법으로 예의 새로운 인식을 통하여 인간 존재의 정신적·도덕적 영역이 존재한다는 사실을 자각시켰다고 보고 있다.

일련의 언어 분석철학적 연구로 중국학 연구에 새로운 전환점을 마련한 한센의 언어학적 이론의 중심테마는 '중국철학은 진리개념을 가지고 있지 않다'는 것이다. 그는 중국 언어의 특징은 사유를 분석하고 논리정연하게 표현하기보다는 행위의 효과를 이끄는 잠재적인 요구의 가치를 갖고 있다는, 말함이 곧 행위라는 화행적 언어관을 피력하고 있다.

중국철학이 진리 개념을 가지고 있지 않다는 주장은 참과 거짓으로 판별할 수 있는 경제적 진술을 전혀 논의하지 않는 데 그 철학적 사유의 특징이 있음을 드러내는 것이다. 이는 언어의 실용적 측면, 즉 사태에 대한 인식을 넘어서 도덕적 행위에 대한 인식에 우선권을 두는 원리이다.

4. 도덕철학적 비교연구

1995년 호놀룰루에서 '공자주의와 인권'이라는 주제로 개최된 심포지엄에서 학자들은 서양의 인권과 유교의 인간 도덕성을 비교한 바 있다. 이 심포지엄에서 논의된 주제들을 살펴보면 다음과 같다.

첫째, 서로 다른 도덕과 문화전통 안에서 인권의 보편적인 근거를 찾을 수 있다.

둘째, 인권 개념은 공자가 말하는 공동체적 의미에서 정의된 도덕적 심정을 내포한 유가적 인격주의의 의미로 전환되어야 한다.

셋째, 예를 통한 유가적 자기 수행에서 개인의 권리는 사회적 관계 안에서의 개인의 책임과 의무보다 아래에 놓이게 된다.

넷째, 맹자가 말하는 보편적 인간성이야말로 전통적인 종교와 철학적 관념과 현재의 인권 개념을 연계할 수 있는 유일한 것이다.

다섯째, 공동체 구성원들 사이에서 수행되는 상보적 의무가 유가 이론으로부터 개인의 권리를 근거지울 가능성이 있다.

5. 구미(歐美)의 유교 연구가 주는 의미

구미학자들의 학문태도는 어떠한 텍스트의 사유에도 완전성을 부여하지 않는 객관적 태도를 견지한다는 데에 특징이 있다. 즉 텍스트를 신성시하지 않는 태도에서 객관적인 연구의 가능성이 열려 있다고 할 수 있다. 구미학자들이 텍스트를 대하는 열린 태도는 성서해석학의 기나긴 역사와 무관하지 않다. 이는 구미에서 매년《논어》와《도덕경》이 새롭게 번역 출판되고 있는 것으로도 증명된다.

그들은 중국 사유에 매력을 느끼고 있다. 하지만 자기 문화를 포기하고 정신없이 달려들지는 않는다. 그들은 중국문화의 도움 없이도 자신들, 더 나아가 우리 공동의 문제를 해결하기 위해 부단히 노력한다. 따라서 섣부르게 서양의 형이상학이 종말을 고했다고 전제해서는 안 된다.

우리 옆에 살아 숨쉬는 공맹(孔孟)을 만나기 위해선 내면적으로 일치를 시도하는 체화된 해석이 요청된다. 이것은 또한 그 문화 안에 살고 있는 사람만이 해석해 낼 수 있는 특권이기도 하다.

◉ 도덕성 회복만이 우리의 살 길

인간이 만물의 영장(靈長)이라 불리는 까닭은 인간이 안정과 질서 속에서 살아가기 위한 윤리와 도덕을 가지고 있기 때문이다.

도덕은 인간이 개인적으로나 집단적으로 살아가는 데 있어 반드시 지키고 실천해야 할 기본적인 준칙이다. 동서고금을 막론하고 존재해온 것으로 내적으로는 인륜과 양심으로, 외적으로는 예절과 행동규범으로 기능화된 것이다. 시대와 민족에 따라 적지 않은 차이를 가지고 있음에도 도덕성은 시·공간의 차이를 뛰어넘는 큰 당위성(當爲性)을 가지고 있는 것이다.

현대는 법치의 시대라 칭해진다. 그렇다면 법의 원류는 무엇인가? 바로 도덕이다. 흔히 '법 없이도 살 사람'이란 말을 쓴다. 이 말은 실증법이 없어도 전해져오는 관습에 의해 안정과 질서를 충분히 지킬 수 있는 사람을 가리키는 말이다. 관습은 도덕과 윤리가 관습으로 굳어진 것이니 법보다 도덕이 중요하다는 것임을 암시하고 있다.

그러나 사회가 거대해지고 다양해지고 인간의 본능적인 충동도 분화되면서 사람들 사이에 대립과 갈등이 파생되기 시작했다. 갈등과 대립이 격화되면서 사회의 안정과 질서도 흔들리게 되니 최소한 의 안정과 질서라도 유지하기 위해서 법의 제정이 필요시한 서양과 달리 동양사회는 법치 이전의 예치(禮治)를 모든 것의 으뜸으로 여겨왔다.

사실 법치가 완비되고 문명이 급속하게 발전되어가면서 인간은 스스로가 만들어낸 제도와 문명에 의해서 구속당하고 소외당하고 있는 것이 오늘의 현실이다. 인간이 이러한 구속에서 해방되고 사람답게 살기 위해서는 예치의 회복, 즉 도덕성의 회복이 이루어져야 한다.

《논어(論語)》 위정편(爲政篇)에 '도지이정(道之以政)하고 제지이형(齊之以刑)이면 민면이무치(民免以無恥)이고 도지이덕(道之以德)하고 제지이례(齊之以禮)면 유치차격(有恥且格-법으로써 이끌고, 형벌로써 질서를 유지하면 백성이 형벌을 면하는 것을 부끄럽지 않게 여기게 되고, 덕으로 백성을 인도하고, 예로써 질서를 유지하면 부끄러움을 알아 바르게 될 것이다)'이라고 하였다.

인간이 만물의 영장답게 스스로 도덕적인 생각과 태도를 견지하면서 살아 재량권 속에서 행복과 자유를 누릴 수 있다면 법이 무슨 필요가 있겠는가. 그러나 오늘날 우리 사회는 법마저 지키지 않아 위법 · 불법 · 탈법이 판을 치고 있으니 도덕이나 윤리를 어찌 기대할 수 있겠는가.

19세기를 전후한 산업혁명과 조류 속에 동참하지 못한 우리나라는 일본제국주의의 식민지라는 욕된 역사의 행로를 밟을 수밖에 없었다. 2차 세계대전이 끝나고 해방이 되었지만 곧이어 분단의 비극을 겪게 되는 불운한 역사 속에서 우리가 나갈 길은 근대화에 매진하는 것뿐이었다. 경제 제일주의로의 국력의 집약 속에서 우리는 외국이 부러워할 정도의 눈부신 성공을 거두었다.

그러나 이 과정 속에서 우리는 적지 않은 부작용을 감당해낼 수밖에 없었다. 물질적 풍요는 이루었지만 거기에 합당한 정신적 여건을 창출하지 못한 것이다. 한 사람이 건강하게 산다는 것이 육체와 정신의 건강이 조화를 이루는 것을 말하듯 국가나 민족도 마찬가지인 것이다.

우리의 선조들은 물질적 빈곤 속에서도 정신적으로는 풍요하게 살았으나 오늘날 우리는 비도덕·사기·패륜 등이 판치는 세상에서 비록 물질적으로는 풍요하지만 정신을 상실해가고 있는 것이다. 왜 이런 일이 생겼는가?

우리의 전통문화와 미풍양속을 유지하지 못했기 때문이다. 우리의 전통적 전통문화의 튼튼한 기반을 구축한 다음에 그것을 바탕으로 물질혁명이 이루어져야 했으나 그렇지 못했던 역사의 결과물인 것이다. 지금부터라도 전통문화를 존중하고 도덕교육을 강화하여야 할 것이다. 명덕(明德)에 의한 권위(權威) 질서를 수립하고, 윗사람은 명덕과 수신(修身)으로 모범을 보이고, 아랫사람은 이러한 윗사람을 공경하는 사회풍토를 조성해야 한다.

우리 천만 유림이 궐기하여 유교부흥을 이루고, 우리의 도덕규범의 뿌리를 되찾고 거기에 현대를 올바로 접붙여야 한다. 국민 각자가 몸소 실천하여 우리의 도덕문화를 재정립하고 재창출해야 한다.

우리 도덕문화의 뿌리를 찾아 거기에 전통과 현대를 바르게 접붙여야 한다. 우리의 역사와 현실을 고려해서 우리 스스로가 취사선택하여 나쁜 것은 버리고 좋은 것은 골라 우리 실정과 자신에게 알맞게 조화시켜서 도덕문화와 생활윤리를 정착시킬 때, 명랑한 사회가 이룩되고 안정과 질서가 바로잡힌 사회를 건설할 수 있을 것이다.

◉ 우리 교육을 바로 세우자

한 외국인이 "당신 나라에는 무슨 자랑거리가 있소?"하면서 "있긴 있지, 돈과 향락에 빠져 있는 것과 교육, 그리고 버르장머리없는 아이들"이라고 결국 자랑거리가 없다는 결론을 지었다.

바로 어른들의 비뚤어진 의식과 행태가 교육현장과 아이들 교육에 그대로 영향을 미치고 있음을 단적으로 지적한 것이다. 우리의 학교교육이 위기를 맞고 있다. 교육현장이 인간교육 중심으로 민주시민을 양성하는 장이어야 한다는 국민적 공감대에도 불구하고 공동사회의 중요성보다 경쟁만을 중시하는 가치규범의 주입과 물질만능이 우선되는 상황에서 건강한 인간교육의 구현은 어렵다. 사교육이 교육의 주도권을 장악하는 사교육공화국에서 학교와 교사는 학생에 대한 인성교육을 포기하거나 뒷짐질 수밖에 없다.

마지막 남은 지식교육마저 학생·학부모로부터 외면받아 부모는 이를 뒷받침하느라 최소한의 양심마저 저버리고 일부 교사는 여기에 비위맞추느라 전전긍긍이다. 실체는 포기하고 그림자만 붙잡고 노심초사하는 것이 우리네 학교교육의 실정이다. 중학교에서 시험지 유출·집단 컨닝 등의 부정행위로 학교를 못 믿겠다며 학부모가 시험감독에 나서고 성적을 비관한 학생의 자살소식이 이어진다.

이에 더해 교사가 학생의 실력부진을 과외하지 않는 탓으로 돌려 학생과 학부모를 다그치는 기현상이 벌어지기도 하고, 학교 수업시간이 과외를 위한 휴식시간으로 대체되기도 한다. 정부에서는 사교육비를 줄인다는 명목으로 교육방송을 통해 전세계적으로 전무후무한 위성과외를 하여 과외문제를 옥상옥(屋上屋)하여 또 다른 과외로 해결하려는 졸작도 서슴지 않아 국내외적으로 비난과 조롱을 사고 있다.

'스승은 사랑으로, 제자는 존경으로'라는 전통적 사제관은 무너져 이들 사이엔 지식의 전달과 수용이라는 단선의 기계적 관계만 유지되어 교사의 자괴감은 극에 달해 있고, 대부분의 학생이 학교수업을 종속적인 것으로 보아 과외를 막을 힘도 없고 명분도 없는 것이 학교와 교사의 자화상이다.

이러한 파행의 점철에는 학부모의 책임이 크다. 교육은 끊임없이 스스로 배우고 성장하려는 성향과 의욕을 함양하며, 스스로 배우고 성장하는 데 필요한 기본적 능력을 길러주는 것이다. 학생의 머리에 정보를 채워주는 것이 아니라 지식에 대한 갈망을 불러일으켜 주는 것이고, 진정한 교육은 학생이 스스로 체험하고 실험해 이를 소화하도록 도와주는 것이다.

우리나라 학부모들은 이러한 참교육을 위한 명제를 도외시하여 내 자식만은 어떻게 되든 무조건 좋은 학교, 좋은 학교에 보내기만 하면 된다고 보아 망국적이고 파행적인 교육열의 주범이다. 따라서 올곧은 교육을 위해 학부모의 의식변화가 급선무이다.

경제협력개발기구(OECD)도 우리의 과외를 언급하여 '하나의 교육과정으로 인정하고 경제적 능력이 없는 학생에게 재정지원을 하라'며 과외의 문제점과 피폐불공평을 지적하며 비뚤어진 교육현실을 비꼬아 권고한 적이 있을 정도이다. 우리 사회에 만연된 부도덕·무질서·물질지향의식이 교육열이란 미명아래 교육환경에 전염된 것이 과외다.

지금껏 접근해온 대증요법적(對症療法的) 방식이 아니라 원인요법적 접근으로 비교육적 요소 투성이라는 합의 도출에 힘을 기울이자. 정부도 학교도 학부모도 교육풍토개선을 학교교육 정상화에 초점을 맞추는 인식을 공유해야 한다.

개인의 창의력과 능력을 존중하여 합리적이고 다양한 교육프로그램 마련에 정부와 학교는 중지를 모으고 학부모는 자녀의 진정한 행복과 공동체의 일원으로서 역할을 다할 수 있는 민주시민양성이라는 측면에서 교육을 생각하자. 이럴 때 우리 2세들을 더불어 사는 슬기롭고 열린 주도형 인간으로 길러내고, 진정 자랑거리가 넘치는 나라도 세울 수 있다.

◉ 윤리교육 강화

뿌리 깊게 만연된 우리사회의 부패 해소의 첩경이 윤리교육이라는 데는 이견이 없다. 그러나 구호로만 외치는 윤리교육이 아니라 전문적이고 치밀하게 준비된 프로그램의 확보가 전제되어야 한다. 그런 점에서 청소년 인성교실의 활성화도 해답이 될 수 있을 것이다.

한국 사회에 부패가 만연하고, 부패척결에 대한 국민적 공감에도 불구하고 부패지수가 개선되기는커녕 악화되어가는 이유는 무엇일까.

학교와 공무원의 윤리교육의 부재가 가장 중요한 이유가 될 것이다. 부패의 견고한 틀을 깨기 위해서 우리 사회가 우선 나서야 할 일은 바른 반부패 윤리교육을 수립하고 실천하는 일이다. 부패척결을 한목소리로 외치고 있음에도 반부패 윤리교육에 대한 인식과 대응은 대단히 미흡하다. 대학과 공무원 훈련교육기관을 통틀어 윤리에 대한 교육이 거의 이루어지지 않고 있는 실정이다.

윤리교육의 중요성이 자각되고 이를 실천하려는 노력이 계속되고 있음에도 아직 질이나 양에서 초보수준을 벗어나지 못하고 있다. 윤리교육의 필요성에 대한 국민적 공감대 확대의 필요성과 함께 체계적이고 전문적인 교육이 이루어져야 한다. 대상별·분야별로 특화된 교육프로그램 개발과 관련교재 개발 및 전문 강사의 육성이 필요하다.

교육현장에 종사하는 이들도 윤리교육의 부재가 사회의 부정부패 만연에 중요한 원인이라는 지적에 공감한다. 우리 교육현실이 지나치게 지적으로 경쟁화되어 있으며 그 경쟁은 협동을 통해서 나오는 것이 아니라 나 혼자 공부해서 결과를 얻어내는 식이라는 점이다. 그 결과 승자와 패자가 극명(克明)하게 갈라지는 승자 지상주의가 학교현장에도 그대로 재현되고 있는 것이다. 이러한 학교현장에서 길들여진 승부욕은 사회 속에서 재생산되고 있는 실정이라고 볼 수 있다. 윤리교육의 부재가 사회 전반의 부패현상을 초래하는 중요한 원인이다.

교육적 시각에서 볼 때, 그릇된 가정교육이 그 원인 중 하나일 것 같다. 부정부패는 수단과 방법을 가리지 않고 많이 가지려는 과도한 소유욕구에서 기인한다. 가정에서 도덕성을 바르게 길러줘야 할 때이다. 기술과 지식은 나중에라도 가르칠 수 있지만, 품성은 그 시기가 지나면 영원히 교정되지 않기 때문이다. 새삼 가정교육의 중요성을 절감한다. 조기 윤리교육이 시급하다.

　윤리교육의 강화가 부패해소의 모범답안이라는 데는 법조인들도 동감한다. 법조인들이 부패에 휩쓸리지 않고 그들의 전문적 지식을 올바르게 사용할 수 있도록 현실에 맞는 교육프로그램 개발이 선행되어야 하며, 이를 사법연수원 등에서 효과적으로 가르칠 수 있는 방법이 동시에 모색되어야 한다. 구호로만 외치는 정책은 아무런 쓸모가 없다.

　유림은 매년 전국적으로 10만 명이 넘는 학생들을 대상으로 방학을 이용해 청소년 인성교육을 하고 있다. 성균관과 유도회의 교육원에서는 예절비디오를 제작하고 강좌를 설치, 유림을 비롯해 군인 등을 대상으로 예절교육을 실시하고 있다. 그러나 참여 인원수와 지속적인 개선 노력에도 불구하고 그 사회적 영향력이 축소되어 가기만 한다.

　특화된 대상에 걸맞는 프로그램 개발, 강사진의 확보 노력 없이 정부 지원에만 의존하는 구태의연함에 기인한 탓이 크다. 사회의 윤리정신의 해이와 이로 인한 부패의 만연을 개선하는 데 유림이 주도적 역할을 해내고, 이로 인해 유림권(儒林圈) 전체의 사회적 위상(位相)을 높이기 위해서는 좀더 고민이 필요하다. 더불어 유림들 자신의 도덕성을 제고하기 위한 자기 수양과 학습을 계속해 나가야 한다.

　형식적이 아닌 전문적이고 실행 가능한 윤리교육 강화 방침이 필요하다는 젊은 법조인의 자기 지적은 지금 이 시각 향교와 유도회에서 학생들에게 충효교육에 여념이 없는 유림들에게도 유효하다.

⊙ 한국병 치료와 유교의 역할

오늘날 한국인의 정신구조를 심층 분석하고 조사해 본 결과 다양한 종교적 요인을 내포하고 있음이 증명되었다.

즉, 한국인 정신의 최심층부에는 삼국시대 이전부터 내려오는 무당주의적 기복신앙의 요인이 있고, 그 위층에는 통일신라와 고려시대를 지배해 온 불교적 신념이 있으며, 그 위층에는 조선왕조 5백년을 지배한 유교윤리의 요인이 있음이 확인된다. 물론 정신구조의 최상부, 즉 의식계에는 오늘날 서양에서 온 합리주의와 기독교적 사고방식이 자리잡고 있다.

이와 같이 유독 한국인은 역사상 한반도에 유입된 모든 종교적 요인을 자신의 마음속에 마치 퇴적암과도 같이 고스란히 유지하고 있다. 이들 모든 종교적 요인은 오늘날 한국인의 삶에 있어 적절히 활용되고 있는 듯 보인다. 가령 학교에서 연구하거나 공무원의 행정사무, 기업의 대외무역 등에서는 서양적인 합리정신이나 기독교적 요인이 작동되고, 명절이나 시골에서 제사를 지낼 적에는 유교적 요인이, 그리고 사람이 죽거나 불치의 병에 걸렸을 경우에는 불교의 인연설(因緣說)을 가지고 해석하게 된다. 이러지도 저러지도 못할 곤경에 빠지게 되면 굿을 하고, 사주관상을 보고 춤추는 무속적 요인에 의존하기도 한다.

이처럼 한국인은 유교, 불교, 무속과 합리주의, 기독교 등 각종 종교요인을 마음속에 가지고 살아왔다. 60년대 시작된 근대화운동과 80년대의 민주화 운동이래 너무나 급속하게 서양 선진국을 따라가려고 산업화, 공업화, 효율행정, 인사관리, 집단사회교육 등을 행해왔고, 경제면에서는 미증유의 발전과 '한강의 기적'을 이룩한 게 사실이다.

그러나 그 부작용도 적지 않다. 그 중 가장 중요한 대목은 유·불·선의 전통 종교적 요인을 다 팽개친 것이라고 본다. 특히 조선왕조 5백년을 지배했던 유교적 요인—삼강오륜(三綱五倫), 인의예지(仁義禮智), 충효사상(忠孝思想) 등의 실종으로 가족 구성원 간의 우애와 질서, 친목이 깨어지고 있는 실정이다. 속출하는 가정의 붕괴는 자녀들의 인격발달의 왜곡과 가출 청소년의 급증, 약물중독, 부탄가스 등의 흡입, 집단혼숙과 방황은 물론 각종 청소년 범죄의 흉포화 현상이 꼬리를 물고 있다.

사람과 사람 사이에는 겸양지심(謙讓之心)이나 측은지심(惻隱之心)이 사라지고 오직 이용대상이 아니면 경쟁상대자로밖에 생각하지 않는다. 지금 우리 사회전반에 걸쳐 불신, 경계, 복수심, 좌절감, 자기도취 등의 병리적인 분위기가 지배하고 있는 것이다.

그렇다면 과연 처방은 무엇일까? 우리가 서양의 합리주의, 과학, 방법론 등을 수용하고 경제발전을 지속하면서도 정신적 황폐화와 가정의 붕괴를 막고, 안정되고 정이 넘치는 사회를 만들기 위해서는 우리 민족의 자아동일성(自我同一性), 즉 정체성(正體性)을 회복하는 길밖에 없는데 그중에서도 유교의 기능은 매우 시급히 요청된다.

단적으로 말해서 가족생활과 개인의 사생활, 친지와의 교분을 나누기 등에 있어서는 동양정신, 특히 유교적 가르침에 따라 자기를 겸양하고, 남의 마음을 상하지 않도록 배려하며, 이치에 맞지않거나 도리에 어긋나는 일은 행하지 않으며 견리사의(見利思義), 혼자 있을 적에 스스로 삼가는 마음[愼獨]을 가져야 한다.

공적 관계나 사회생활, 국가의 정책방향 등에 있어서는 서양적 기법의 발상과 과정이 요청되는 것도 사실이지만 적어도 인간의 정신생활을 지배하는 사생활이나 가족공동체 속의 삶에 있어서는 이런 유교윤리의 회복이 있어야겠다. 그렇게 될 때 독버섯처럼 늘어가는 가족간의 갈등, 이혼, 가정 붕괴를 막을 수 있고, 패륜적 범죄, 청소년의 정신적 방황, 사회의 분열증적 적개심과 대립, 그리고 지역을 분열시켜 자신의 정치적 야망을 채우려는 악덕 정치인이 사라지게 될 것이다.

우리는 모두 단군의 자손이고 서로가 서로를 위하는 대동단결(大同團結)의 길로 나아가야 한다. 유교의 르네상스가 절실히 요구되는 이유도 바로 여기에 있는 것이다.

⊙ 한국인, 21세기에는…

● 하늘이 택한 민족

우리는 역사에서 조상들이 참으로 우수하였음을 많이 공부하였다. 첨성대, 고려자기, 금속활자, 한글 등 세계 어디에 내놓아도 손색이 없는 작품들이다. 찬란한 문화민족의 후손이라고 우리들은 자랑하고 있다.

물론 대국들의 틈바구니에서 어려움도 많았지만 우리는 반만년의 역사를 가지고 꿋꿋하게 살아온 자랑스러운 민족이다. 유대사람들은 자기들이 선택된 민족이라는 긍지를 가지고 사는데 나는 우리 한국 민족이 하늘이 선택한 민족이라고 생각한다. 21세기를 좀 더 살기 좋은 세상으로 만들기 위하여 하늘이 우리 민족을 선택하였다고 나는 믿는다.

그러나 그동안 우리 민족은 역사의 흐름 속에서 선택을 잘못하여 소위 후진국의 테두리에서 한 세기를 고생하고 살아왔다. 남은 개화를 하는데, 우리는 주춤거리다가 뒤지는 나라가 되었다. 나중에는 식민지로 살다가 겨우 광복을 하였는데 남북이 갈리고, 설상가상으로 전쟁이라는 참혹한 변을 당하게 되었다. 우리는 철저하게 잿더미 속으로 빠져들어갔다. 모든 것을 영(0)에서 시작할 수밖에 없게 되었다.

지금은 세상 모든 사람들이 부러워하는 한강의 기적을 이룩하여 세계 10위권에 도전하는 경제대국이 되어가고 있다. 그러나 이러한 모든 것은 뒤떨어져 있던 우리가 앞서가는 선진국을 따라가는 것으로 이룩한 것이다. 선진국이 개발한 상품을 제조하여 수출함으로써 이루어진 것이다. 지금까지의 어느 나라보다도 빨리 따라가는 나라가 되었다. 반도체, 조선, 제철, 자동차 등 세상 사람들을 깜짝 놀라게 할 정도로 짧은 기간에 선진국을 따라잡았다.

우리는 이제 더 이상 선진국을 따라온 것으로 만족하지 않고 무엇인가 새로운 것을 창조하여 이 세상을 좀 더 살기 좋게 만들어 나가야겠다. 하늘의 선택을 받은 민족으로 21세기에 인간의 삶을 지금보다 더 살기 좋게 이룩해 나가는 민족이 되어야겠다. 21세기를 주도하는 민족이 되어야겠다.

● 더불어 살 줄 알아야

그러면 이러한 21세기를 창조하고 이끌어 갈 한국인상은 어떠해야 되나? 지금까지의 한국인상과 다른 점이 있다면 무엇이 다른 점인가? 이 같은 질문에 자신있게 대답을 한다는 것은 쉬운 일이 아닐 것이다. 그러나 21세기에 우리 민족으로부터 특별히 기대하는 것이 무엇인가를 정리할 수는 있다고 본다.

첫째로 우리 한국인은 하늘의 뜻에 따라 이 세계 어느 곳에 가서 든지 일하려고 하는 의욕이 있어야 한다. 삼천리반도 금수강산이라고 하나 기름 한 방울 나지 않는 곳이다. 우리가 산업화 속에서 우리의 삶의 수준을 유지하려면 세계 어느 곳에 가서든지 일하겠다는 각오가 있어야 한다. 선택 받았다고 자랑하는 유대인들이 세계에 흩어져 이스라엘을 이끌어 나가는 것처럼 우리 한국민족도 세계에 흩어질 수밖에 없다고 본다.

둘째로 우리는 세계에 흩어져 누구하고나 더불어 일할 줄 알아야 한다. 어느 곳에서는 우리 한국 사람은 매우 똑똑하고 부지런한 사람이라고 평하면서도, 자기들밖에 모르는 사람이므로 자기 나라에는 필요없는 사람이라고 평한다고 한다. 우리밖에 모르는 사람이 되어 가지고는 매우 곤란한 지경에 처하게 될 것이다. 우리는 인간들이 모든 것을 초월하여 서로 도우며 살 수 있도록 분위기를 조성하는 데 큰몫을 하여야 한다. 지금 이 지구상에는 누구하고나 더불어 일할 줄 아는 사람들이 잘살고 있다. 가장 좋은 예가 스위스 사람들이다. 스위스 사람들은 세계 어느 나라하고나 좋은 관계를 유지하며 살고 있다.

셋째로 우리도 이제는 다른 사람들이 개발한 것을 모방한다든지, 새로운 지식을 무조건 받아들여 암기하는 식의 발전은 그만하여야 하겠다.

● 창조성 발휘를

우리 스스로가 따라가는 것을 끝내고 새로운 것을 창조해 내는 사람이 되어야겠다. 새로운 이론이나 기술을 우리가 스스로 개발하여 세계에 보급할 수 있는 능력을 길러야 한다. 제목 그대로 21세기를 이끌어 갈 수 있는 힘을 길러야 한다. 창조적인 한국인상을 만들어야 한다.

그동안에 잊고 있었던 우리 문화에 대한 붐을 일으키며 우리 시민 스스로가 세계화에 앞장서서 21세기에는 한국민족이 앞에서 끌고 가는 일을 자신 있게 하여야겠다. 창조적인 한국인상을 만들 때만이 우리는 명실공히 21세기를 선도하는 민족으로 살 수 있을 것이다.

◉ 유교사상과 환경윤리(環境倫理)

우리 삶의 기반인 자연환경에 대한 보다 새로운 인식이 절실히 요구되고 있다. 인류의 과학발달과 인간 중심의 생활을 우선하다 보니, 자연의 파괴로 말미암아 인간 생명 자체가 위협을 받은 지 오래되었음은 안타까운 일이다. 동양에서 자연관을 말할 때는 천(天)을 양(陽)의 동적 기능을 지닌 자연의 능동적 생명력으로 보고, 지(地)는 양의 능동성을 수용하는 음(陰)의 이치로 파악하면서, 그 가운데 인간을 설정하여 천지인(天地人) 삼합의 창조적 생명원리로 규정하였다. 그러나 인간 스스로의 생명력은 자연의 혜택을 받으면서도 때로는 망각하거나 지나친 인간중심주의의 사유로 일관하고 있기 때문에 자연 파괴라는 문제가 발생하게 되는 것이다.

자연 속에 속해 있는 모든 물질을 활용하면서 생존하고 있으면서도 그 생명들이 병들어 생명가치가 상실되면 아울러 인간의 생명 역시 그 생명력이 상실된다는 의미를 깊이 인식하고 현재 수자원, 산천초목, 무생물 등 생물학적 환경파괴 문제를 하루 속히 인간 스

스로 해결하고 보호하고자 하는 새로운 가치의식으로 자리잡아야
한다.

● 현대과학의 생명관·자연관 동양사상

자연과학을 근본으로 하는 서양학문은 근대 이래의 인간중심주
의와 최근 들어 급속하게 이루어진 과학기술중심의 경향이 결합되
면서 심각한 환경문제를 낳고 있다. 이 문제를 극복하기 위해서 인
간중심주의적 사고에서 벗어나 생명 중심주의의 가능성을 모색해
야 한다. 기계론적으로 자연을 파악했던 서양의 자연관은 현대 상
황에 적절하지 않으며, 자연을 구성하는 물질적인 것과 비물질적인
것의 어울림(조화)을 말하는 유기적 동양의 자연관, 즉 정신과 물
질을 생명의 양면성으로 보는 동양의 자연관으로 극복해야 한다.

● 우주 대가정의 생태론적 사유와 천인합일의 생명윤리

'우주 대가정(宇宙 大家庭)의 생태론적(生態論的) 사유(思惟)와
천인합일(天人合一)의 생명윤리'는 인간의 무분별한 개발과 그로
인한 생태환경 파괴의 위기를 극복하기 위해서는 이를 초래한 과학
기술 문명과 형이상학(形而上學)의 구조를 정확히 파악하여 생태
론적 관점에서 그것을 수정하고 재정립하는 것이 중요하다. 중국
고대 유가(儒家)의 자연관과 생명관은 현대가 절실하게 요청하고
있는 환경윤리에 하나의 가능성을 제공하고 있다.

또한 고대 유가들은 모든 생명의 근원은 자연으로부터 나왔으며,
인간과 다른 모든 존재들은 제각기 분열되어 있으면서 동시에 상호
연관성을 가지고 존재하고, 서로 감응하고 영향을 주면서 연대하고
있는 하나의 생명연속적인 공동체로 표현하고 있다. 우주나 자연에

대한 유가의 관점을 가장 체계적으로 드러내 설명해 주는 것이 바로 《주역(周易)》이며, 모든 존재자가 유기적 전체성을 가지고 하나의 생명의 통일체를 구성하고 있는 우주를 '우주 대가정'이란 사유 형식을 통해 매우 적절하게 설명하고 있다.

이 같은 '우주 대가정'이라는 생명연속과 천인합일적인 공동체, 혹은 통일체 개념은 현대가 요청하는 생태학적인 관점과 여러 가지로 부합되고 있으며 특히, 인간과 자연 사이에 어떠한 긴장이나 대결을 놓아두지 않고, 피차간의 끊임없는 감동과 포용을 통한 조화를 강조한 고대 유가의 자연관이 현대가 절실히 요청하는 환경윤리에 가능성을 제시해주고 있다.

자연은 인간에 대해서 의무뿐만 아니라 권리도 가지고 있다. 인류의 미래를 위해서 자연은 분명히 보호되어야 한다. 자연은 더 이상 인류를 위해 봉사만 하는 권리와 주체성 없는 대상이 아니라는 사실을 심각하게 인식해야 할 것이다.

인간중심의 발달이 오늘날 우리에게 가장 두려움의 대상이 되고 있는 자연환경의 파괴를 낳았으며, 70년대 중반 이후 생태적 위기의 원인과 결과에 대한 논의가 시작되었고 그것의 해결방법을 사회적으로 모색하고자 하였다. 본래 인간과 인간간의 관계를 규정하는 사유체계인 유학, 그중에서도 양명학은 인간을 포함한 생명체들 사이의 관계를 규정하고 있으며, 특히 왕양명의 중요개념으로 자리잡은 '만물일체관(萬物一體觀)'은 인간을 둘러싼 생태계가 파괴되어 가는 오늘날의 상황을 점검하고 해결해가는 하나의 키워드로서 유효한 역할을 할 수 있다.

만물일체란 본래 인(仁)을 설명하는 개념으로 만물일체의 마음이란 만물이 제각기 가지고 있는 마음으로 그 원점에 있어서는 누구나 같은 동연(同然)한 마음의 상태로, 양명학도들은 이상적 사회를 실현하기 위해서는 만물일체의 인(仁)이 발현되어야 한다고 믿었다. 즉 사념(私念)이 없는 본래의 마음 생의(生意)가 활발하게 발현하여, 나의 가족, 친지, 향촌공동체, 국가, 산천초목에 이르기까지 살아있는 생명체를 살게 하고, 살고자 하는 생명체를 살리는 것이다.

왕양명이 구현하고자 한 만물일체의 사회야말로 중국고유의 생명윤리이며 오늘날 생태계의 총체적 위기를 극복할 수 있는 하나의 모티브가 될 것이다.

● 인물성동이론(人物性同異論)의 생태학적 해석

현대문명이 야기한 생태계의 위기는 인간이라는 개체생명이 지닌 개체 중심적 성향에서 그 근본요인을 찾을 수 있으며, 인간은 주변개체들과의 공존과 조화를 추구한 것이 아니라, 그들을 착취하고 때로는 멸종시킴으로써 자신의 욕망을 충족시키고 인간이라는 종의 이상 번식을 가져왔다. 이 같은 문제의식을 가지고 유학사상을 검토해 볼 때, 물(物)이라는 용어로 대표되는 자연물에 대한 인식이 그 주체로서, 인간과 물이 동등한 도덕성을 갖고 있는가라는 문제에 대한 조선조 후기 최대논쟁인 인물성동이론에 주목하게 된다.

생태 중심적 성향을 지향해왔던 동양문화, 특히 동양문화의 주류를 형성하는 유교사상은 의미 있는 역할을 했으며, 그 중에서도 금수초목(禽獸草木) 땅 하늘 등을 포함한 생태계 전체에 생명권뿐만 아니라 도덕성까지 부여하는 담헌(湛軒) 홍대용(洪大容)의 인물성동론은 인간중심주의의 극복이라는 오늘 우리들의 과제를 수행하는 데 있어 중요한 이론적 기반을 제공하여 줄 수 있을 것이다.

◉ 유가(儒家)의 주요 경전

　* 논어(論語) : 공자가 죽은 뒤에 그의 훌륭한 덕행(德行)과 명언(名言) 등이 후세에 실전(失傳)될까 염려해서 그의 제자들이 공자 생전에 제자 및 당대 인사, 그리고 제자들 간에 문답한 말을 수록 편찬한 7권 20편으로 되어있는 책으로 공자의 사상과 철학이 집약되어 있어 공자를 연구함에 있어 유일한 자료이며 유학의 경전이다.

　* 맹자(孟子) : 맹자가 여러 나라를 편유(偏遊)하면서 왕도(王道)를 주장하고 패도(覇道)를 배척(排斥)하다가 뜻을 이루지 못하고 고향으로 돌아와 제자들과 학문을 강론하었는데 사후에 제자들이 맹자가 생전에 제후(諸侯) 및 제자, 그리고 많은 인사들과 문답한 것을 수록한 책으로서 모두 7편으로 되어 있으며 맹자의 인의사상(仁義思想)이 깃들어 있는 경전이다.

　* 중용(中庸) : 중용은 공자의 손자인 자사(子思)가 지었다는 설이 가장 유력한 책으로서 천일합일(天一合一)의 중용지덕(中庸之德)이 강조되고 있다. 원래 이것은 예기(禮記)의 1편이었으나 유송(劉宋)의 대옹(戴顒)이 빼내어 별책으로 만들었고 자사가 사서(四書)에 편입하였으며 주자(朱子)가 장구(章句)와 서문(序文)을 지은 1권 23장으로 편집되어 있다.

　* 대학(大學) : 대학은 그 작자가 증자(曾子)라는 사람도 있고 자사(子思)라 하는 사람도 있어 누구라고 단정하기 어려우나 주요 경전으로서 삼강령〔三綱領＝명명덕(明明德) 친민(親民) 지어지선(止

於之善)〕, 팔조목〔八條目＝격물(格物) 치지(致知) 성의(誠意) 정심(正心) 수신(修身) 제가(齊家) 치국(治國) 평천하(平天下)〕의 조리(條理)가 정정한 책이다. 원래 예기의 1편이었으나 송대(宋代)에 와서 단행본(單行本)이 되었고 역시 주자가 장구와 서문을 지었다. 이상 논어·맹자·중용·대학을 사서(四書)라 한다.

  * 주역(周易) : 역경(易經)이라고도 하며 상고시대의 복희씨(伏犧氏)가 그린 팔괘(八卦)에 대하여 주문왕(周文王)이 총설(總說)하여 괘사(卦辭)라 하고, 주공(周公)이 효사(爻辭)를 지었으며 공자가 여기에다 십익(十翼)을 붙여 만든 철학서이다. 이설(異說)이 있기는 하나 삼경(三經)의 하나로 특히 주대(周代)에 대성하였다 하여 주역이라 부른다.

  * 서경(書經) : 일명 상서(尙書)라고 부르기도 하며 고대부터 주나라 때까지 정사(政事)에 관한 기록을 공자가 편찬한 책으로 20권 58편으로 되어 있으며 역시 삼경의 하나다. 요(堯) 순(舜) 우(禹) 탕(湯) 문(文) 문왕(文王)의 치세지대경대법(治世之大經大法)이 깃들어 있는 정치와 사상서(思想書)이다. 서문은 주자의 제자인 채침(蔡沈)이 지었다.

  * 시경(詩經) : 원래 시삼백(詩三百)이라고도 불렀으나 후대에 와서 공자의 산정(刪定)을 거쳐서 사경(四經)이라고 불렀다. 내용은 고대 각 지방의 민요와 궁중 및 종묘의 의식이나 제전(祭典)에 쓰던 가사(歌詞) 305편이 실려 있는 이른바 중국 최초의 시가집(詩歌集)이라 할 수 있다. 뿐만 아니라 중국 내지 동양문화의 원천(源泉)이라고까지 말하는 학자도 있다. 이상 주역·시경·서경을 삼경(三經)이라고 하며, 또 다음의 예기와 춘추(春秋)를 합해서 오경(五經)이라 부르기도 한다.

　* **예기**(禮記) : 한(漢)나라의 유학자에 의하여 편찬된 책으로 주(周)나라 말기부터 진한(秦漢)에 이르기까지 유가(儒家)의 고례(古禮)에 관한 설을 수록하고 있다. 모두 49편으로 주례(周禮) 의례(儀禮)와 함께 삼례(三禮)라고 부른다.

　* **춘추**(春秋) : 중국 고대 노(魯)나라의 사관(史官)이 은공(隱公) 1년(기원전 722년)에서 애공(哀公) 14년(기원전 481년)까지 12대 242년간의 사적(史蹟)을 기록한 사기(史記)이다. 여기에다 공자가 이론적 비판 수정을 가하고 정사선악(正邪善惡)의 가치판단을 내리고 있다. 춘추에는 좌씨(左氏) 곡량(穀梁) 공양(公羊)의 삼전(三傳)이 있으나 특히 좌씨전(左氏傳)이 유명하다.

　* **효경**(孝經) : 공자와 그의 제자인 증자가 함께 효(孝)에 대하여 논술(論述)한 것을 수록한 책으로 증자의 제자들이 지었다 하며 단권(單卷)으로 되어 있고 13경의 하나이다.

◉ '역(易)'은 세상의 변화를 미리 알아 대응케 한다

1. 중국철학에 있어서의 위상(位相)

　달에 착륙한 인간이 달에서 지구를 바라보았을 때 인간이 만들어 놓은 흔적으로 확인될 수 있었던 것은 유일하게 중국의 만리장성뿐이었다고 한다.

　옛 중국인들의 거대한 스케일과 집적된 노동력의 방대함에 새삼 놀라지 않을 수 없다. 그런데 중국에는 이와 비견될 수 있는 또 하나의 문화유산이 있으니 이른바 역(易)이 그것이다. 만리장성이 중국대륙(공간) 위에 횡(橫)으로 축조된 무형의 조형물이라면, 역은 중국 역사(시간)의 흐름을 타고 종(縱)으로 적어도 1만년 동안이나 지속적으로 인간의 지혜를 집적 정화하면서 내려온 무형의 지혜체계이다. 역사상 인간이 만든 유형 무형의 사물들 중 그 목적이 없거나 쓰임이 없는 것은 없다. 모두 인간 생존의 필요에 의해 유용하도록 만들어진 것들이다.

그러나 이들 모두가 제 기능을 발휘한 것은 아니다. 기울인 노력보다 의외로 효용이 미미한 실패작이 있고 반면 역사 문화를 지속적으로 유지 발전시키는 데 근본적으로 작용한 위대한 성공작이 있다. 만리장성이 전자에 속하고 역(易)은 후자에 속한다. 만리장성이 있었건만 한족은 네 차례나 북방 이족들의 통치를 받아야 했다.

그러나 중국민족이 쌓아올린 화하문화(華夏文化)가 멸절되지 않고 더욱 다양한 문화로 융화 발전하게 된 그 슬기의 뿌리는 바로 역에 있다고 하지 않을 수 없다. 중국 고대문화의 기틀을 닦는 데 기여한 경전으로는 시(詩)·서(書)·예(禮)·악(樂)·춘추(春秋)·역(易) 등 육경을 들고 이 중에서도 역을 으뜸으로 꼽는다.

그것은 이 세상에서 살아가는 모든 생명은 먼저 그가 처한 이 세상의 모든 변화를 미리 알아서 대처할 수 있어야 하고, 또한 천지 자연의 운행에 따라 변하는 기후에 맞추어 만물이 생성되는 이치 및 만물이 서로의 공능(功能)을 교환하면서 생명을 영위하는 섭리를 알아야만 인간은 마침내 천지를 돕고 만물을 개발해서 문화 창조라는 새로운 세계를 영위할 수 있기 때문이다.

간추려 말하면 사마천(司馬遷)이 학문의 정의를 내리면서 언급하였듯이 '자연과 인간의 불가분의 지극한 관계를 궁구(究天人之際-궁천인지제)해서, 명확한 지식체계를 세워놓아야만(成一家之言-성일가지언)', 이에 근거해서 인간의 모든 생각과 행위(청사진과 건설, 즉 세계경영)가 구체적으로 실현될 수 있기 때문이다. 그래서 중국철학의 원초적인 과제는 첫째 우리가 삶을 맡기고 살아가는 이 세상은 어떻게 있으며, 둘째 그러한 세상에서 우리는 어떠한 삶의 길을 모색해야 하는가 하는, 아직 밝은 지식과 지혜를 갖추지 못했을 때에 삶의 절실한 문제에 대한 답을 구하는 것이었다.

역은 바로 이러한 과제에 대해 소박하나마 진실되게 해답을 강구한 기록이다. 이처럼 중국철학의 이론근거와 중국사상의 원형은 역에 뿌리를 두고 있으니 이야말로 중국철학서 중 근본이 되는 책이라고 할 수 있다. '육경 중의 으뜸(六經之首-육경지수)'으로 자리매김하는 것도 이 때문이다.

2. 역(易)의 문화관(文化觀)

천지간에서 자연발생적으로 태어난 만물은 자연환경에 적응 또는 그를 이용하면서 생존을 도모해간다. 그런데 만약 인간이 이렇게 자연에만 삶을 맡긴 채 살고자 하였다면 인간은 여타 동식물과 별반 다를 바 없으며 나아가 적자생존의 천연(天然) 질서 속에서 살아남기 어려웠을 것이다. 그래서 인간은 필연적으로 문화라는 제2의 생존환경을 창조해야만 했다. 그런데 이 문화 창조란 인간의 공상으로만 이룩될 수 있는 것이 아니고 여전히 자연의 이치와 천지만물의 성능을 알아 그것을 이용해야만 가능한 것이다(經天緯地曰文 利用萬物曰化-경천위지왈문이용만물왈화).

말하자면 천지만물은 자연스럽게 운행생성은 하되 문화를 창조하지는 못하고 인간은 문화 창조의 능력을 지니고 있으나 문화 창조라는 필요한 물건을 만들어내지는 못한다. 이러한 천지인(天地人)이 본래 지닌 한계 때문에 문화 창조라는 측면에서 이들 삼재(三才)는 각각의 한계를 극복하고 서로 보완해야 하는 찬천지화

육지공(贊天之化育之功)이다.

요컨대 문화란 삼재지도의 합작행위요, 이를 주도하는 주체는 인간이며 그 목적은 인간의 삶을 도탑게 하는 데 있고, 그 이상은 천지가 만물을 화육(化育)하는 공을 도와 천지의 대성으로 나아가는 것이라고 할 수 있다. 모든 사람이 아무런 자격조건 없이 천지 경영에 참여할 수 있는 것은 아니다.

특히 유가(儒家)에서는 그 자격조건을 엄격히 제한하고 있으니 천지경영에 참여할 수 있는 자는 오직 대인(大人) 군자(君子)만이 가능하다. 그래서 《중용(中庸)》에서는 오직 지극한 성인만이 천하를 경륜할 수 있고, 천하의 대도[本]를 세워서 도덕을 갖춘 군자로 성취시킨 뒤라야 비로소 그들을 우주경영에 참여시킬 수 있다고 한 것이다.

이때 우주경영정신과 능력을 갖추도록 하는 기본 방법은 두 가지가 있다. 하나는 위로 천지생물지심(天地生物之心)을 이어받아 만물을 사랑하고 절대로 자연을 파괴하거나 제멋대로 괴이한 문화를 만들려는 광망(狂妄)을 삼가야 하는 것이다. 다른 하나는 아래로 만물의 각기 다른 성능을 파악하여 모두가 각자의 공능을 최대 최선으로 발휘해서 문화 창조에 기여토록 하는 것이다.

이를테면 경영의 중심은 인간이지만 그 경영을 성덕(盛德) 광업(廣業)이 되도록 하기 위해서는 만물 중 그 어느 하나도 소외됨이 없이 모두가 참여하는 대단합, 대화해를 이루어야 비로소 천지의 대성(大成)을 기할 수 있다는 것이다. 유가가 인간본성의 선(善)함을 긍정하면서도 끝까지 솔성(率性)과 수도(修道)라는 교화의 채찍을 멈추지 않는 것은 바로 우주 경영의 중심인 인간들의 마음가짐이 곧 천지 만물의 훼멸(毁滅)과 대성을 좌우한다고 여겼기 때문이다.

|훈민정음(訓民正音)

세계 최초로 금속활자를 만든 것에서 보여지듯 한국은 예부터 출판·문화의 선진국이었다. 유네스코는 97년 세계기록문화유산을 선정하면서 한국이 가지고 있는 대표적인 출판 인쇄물로 훈민정음과 《조선왕조실록》을 선정했다. 현재 세계적으로 기록문화유산으로 지정된 건수는 38건이다. 앞으로 2회에 걸쳐 세계기록문화유산으로 선정된 훈민정음과 《조선왕조실록》을 소개하고자 한다. 본 내용은 문화관광부 인터넷 사이트에 기재된 것을 옮긴 것이다.

훈민정음이란 백성을 가르치는 올바른 소리란 뜻이다. 조선 왕조 제4대 임금인 세종(世宗)이 한자가 중국어의 표기를 위한 문자체계여서 대다수 백성들이 배워 사용할 수 없는 사실을 안타까워하여 세종 25년(1443)에 우리말의 표기에 적합한 문자체계를 완성하고 '훈민정음'이라 명명하였다.

세종 28년(1446)에 정인지 등이 세종의 명을 받아 설명한 한문 해설서를 전권 33장 1책으로 발간하였는데 책의 이름을 훈민정음이라 하였다. 해례가 붙어 있어서 훈민정음 해례본 또는 훈민정음 원본이라고도 한다. 현존 본은 1940년경 경북 안동 어느 고가에서 발견된 것으로서 국내에서 유일한 귀중본이다.

세종은 새로 만든 새 문자에 대하여 창제의 목적을 밝힌 서문과 새 문자 하나하나에 대하여 개괄적으로 예시하고 설명한 글을 짓고 집현전의 학자들에게 이에 대한 자세한 설명과 용례를 짓도록 하여 책을 만들고 이것을 백성들에게 널리 공표하였다. 책에는 세종어제 서문과 훈민정음 음가 및 운용법을 밝힌 예의편이 제자해, 초성해, 중성해, 종성해, 합자해, 용자해 순으로 기술되어 있다.

한글과 같이 일정한 시기에 특정한 사람이 이미 존재한 문자에서 직접으로 영향 받지 않고 독창적으로 새 문자를 만들고 한 국가의 공용문자로 사용하게 한 일은 세계적으로 유례가 없는 일이다. 더욱이 새 문자에 대한 해설을 책으로 출판한 일은 유례가 없었던 역사적인 일이었다.

특히, 이 책에서 문자를 만든 원리와 문자사용에 대한 설명에 나타나는 이론의 정연함과 엄정함에 대해서는 세계의 언어학자들이 매우 높게 평가하고 있다. 이 책에 실린 정인지의 서문이 1446년 음력 9월 상순에 쓰여졌다고 되어 있어 늦어도 음력 9월 10일에 출판된 것으로 추정된다. 정부에서 이 책의 출판일을 기념하여 한글날로 제정한 것이나 유네스코에서 문명퇴치에 공헌한 사람들에게 세종대왕상을 주는 것은 이 책의 문화사적 의의를 나타낸다.

훈민정음은 국보 제70호로 지정되어 있으며 1997년 10월 유네스코 세계기록유산으로 등록되었다. 훈민정음, 곧 한글은 28자로 된 알파벳으로, 오늘날에는 4가지가 안 쓰이고 24자만 쓰이는데, 한국어를 완벽하게 표기할 수 있을 뿐 아니라 배우기와 사용하기에도 편리한 문자체계이다. 문화체계 자체로도 독창적이며 과학적이라고 인정되고 있어 그 의의가 크다. 할 것이다.

이 책은 정인지, 신숙주, 성삼문, 최항, 박팽년, 강희안, 이개, 이선로 등 집현전의 8학자가 집필한 것으로 훈민정음의 내용을 살펴보면 두 부분으로 되었는데 제1부는 세종이 지은 것으로 책의 본문에 해당된다. 본문의 내용은 새 문자를 창제한 목적을 천명한 훈민정음 서문과, 새 문자 28자를 초성 11자로 나누어 차례로 예시하고 설명한 다음에 이들을 결합하여 우리말을 표기하는 방법으로 제시한 예구로 되어 있다.

제2부는 세종의 명령에 따라 젊은 학자들이 지은 본문에 대한 주석이다. 그것은 새 문자의 제작원리를 설명한 제자해, 음절 두음을 표기하는 자음 17자를 설명한 초성해, 모음 11자를 설명한 종성해, 음절 말 지음을 설명한 종성해, 초성·중성·종성이 결합하여 음절을 표기하는 방법을 설명한 합자해, 새문자로서 단어를 표기한 예를 보인 용자례의 6장으로 나뉜다. 끝에는 정인지의 훈민정음해례본 서문이 붙어 있다.

훈민정음은 전체 분량이 본문 4장, 주석과 정인지의 서문 29장으로 된 33장에 지나지 않으나, 이론 전체가 정연하고 서술이 과학적인 내용의 책이다. 문자를 만든 원리와 문자사용에 대한 설명에 나타나는 이론은 현대의 세계 언어학자들이 높이 평가하고 있다.

훈민정음을 서지학적으로 살펴보면 본체가 33장, 표지가 2장으로 된 책인데, 세로 32.3cm, 가로 20cm의 크기로 되어 있다. 장정은 전통적인 방식에 따라 5침 안으로 된 선장본이다. 책의 크기가 당시 중국과 일본의 책들보다 크다. 이 책은 유려한 글씨로 정료하게 새긴 목판으로 인쇄되어 있다. 사용된 종이나 먹도 우수하여 한국의 15세기 출판문화의 우수함이 드러나 있다. 책장은 각기 2면이 인쇄되어 있는데, 인쇄된 1면의 크기는 세로 23.3cm, 가로 16.5cm이다. 이 책에는 구두점과 성조 표시의 구녀점이 사용되어 있다. 세종이 창제한 새 글자는 오늘날까지 자형이 조금씩 변화되어 왔으나 이 책의 자형이 가장 초기의 모습이다.

|선비의 도리

크게는 하늘·땅을 본체(本體)로 하여 사시(四時)를 본받으며 음양(陰陽)을 법칙으로 하는 데 있다. 인정에 순응(順應)하여 천하만물(天下萬物)을 궁구(窮究)하고 적게는 삼강오륜(三綱五倫)과 육덕[六德=지(知) 인(仁) 성(聖) 의(義) 충(忠) 화(和)]과, 육행[六行=효(孝) 우(友) 목(睦) 인(姻) 임(任) 휼(恤)], 육례[六禮=관례(冠禮), 혼례(婚禮), 상례(喪禮), 제의례(祭儀禮), 향음주례(鄕飮酒禮), 상견례(相見禮)]와 사단칠정(四端七情)으로 인심을 바로 잡아 도심(道心)으로 확립해야 한다. 시비(是非) 선악(善惡) 정사(正邪) 공사(公私) 장단(長短) 강약(强弱) 대소(大小) 다소(多少) 생사(生死) 유무(有無)를 조절하여 혐의(嫌疑)가 없게 하고 사람의 떳떳한 기개(氣槪)를 지켜야 한다.

선비는 본디 책을 읽는 사람이다. 그래서 독서왈사(讀書曰士) 종경왈대부(從卿曰大夫)라 하고 합해서 사대부(士大夫)라 한다. 선비가 초야에 묻혀서 삶의 궁극적 진리를 탐구하는 것을 사림(士林)이라 한다.

선비를 평가할 때 교만(驕慢)하지 않았는가, 대인관계가 화합(和合)했는가, 겸손하고 고장의 어른을 잘 모셨던가 등이 필수요건으로 기록한다. 특히 부녀자는 더욱 그랬다. 시집 사람 일가친척과 화목하고 후덕(厚德)하였는지가 부인의 덕을 평가하는 기준이었다.

그 기본법도(基本法度)가 나이를 기준으로 삼은 것이다. 부귀 권세 지위 교육정도 출신 구별 없이 나이가 높으면 사장지도(事長之道)는 인간관계를 평화롭게 유지하고 서로의 인격을 보존하며 국민을 화합으로 묶는 질서이다.

《예기(禮記)》 유행편(儒行篇)에 나온다. 뜻은 확고하게 갖고, 마음은 평탄(平坦)하게 가지며, 생활은 편안하고 자상(仔詳)하게 하며, 말은 온화하고 유순하게 하며, 맛으로는 오미(五味) 중에 감미(甘味)가 되어 모든 것을 포용할 줄 아는 중행지사(中行之士)가 된 연후에 나라의 부름을 기다리는 것이요, 질문할 사람을 기다리는 것이요, 스스로 근본을 세우는 것이며, 스스로 도(道)를 깨달아 거처(居處)에 엄숙하고, 기거동작(起居動作)이 공경스럽고, 말에 믿음이 있고, 행위에 법도가 바르지만 길을 가거나 거처하는 데를 선정하면서 다투지 않는다.

이것은 참으로 터득하기 어려운 덕(德)이니 오직 죽음을 삶과 같이 사랑하며 대자연의 법칙을 깨달은 자가 아니고서는 어려운 일일 것이다. 이러한 인격을 수양하고 난 후라야 세상에 쓰일 것을 기다릴 수 있으리라.

선비는 금옥(金玉)을 보배로 여기는 게 아니라 충신(忠信)으로 보배를 삼으며 정성(精誠)과 믿음으로 투구를 삼으며, 예(禮)와 의(義)로써 방패(防牌)를 삼으며, 인(仁)을 쓰고 다니며 의를 품고 대하니 폭정(暴政)이 있더라도 그 대하는 바를 고칠 수 없다. 널리 배워 끝이 없고 독실히 행하여 싫증내지 않고 홀로 지낼 때일지라도 의를 잃지 않는다.

또한 선비는 도(道)를 굽히면서 위로는 천자(天子)에게 신하노릇을 하지 않으며, 아래로는 제후(諸侯)에게 봉사하지 않으며, 뜻을 합하여 학업을 같이하고 어울려 나란히 출세하면 곧 즐기고, 상대보다 아랫자리에 있어도 싫어하지 아니하며, 그 행동은 방정(方正)함을 근본으로 확립하여 의가 같으면 나아가고, 같지 않으면 물러가니 그 벗을 사귐에도 이와 같이 하노라.

* 온화하고 선량함은 사랑의 근본이요(溫良者 仁之本也-온량자 인지본야)
* 공경하고 삼가는 것은 사랑의 바탕이요(敬愼者 仁之地也-경신자 인지본야)
* 너그럽게 용서함은 사랑의 새싹이요(寬裕者 仁之作也-관유자 인지작야)
* 공손하게 응대함은 사랑의 능함이요(遜接者 仁之能也-손접자 인지능야)
* 예의범절 잘 지킴은 사랑의 모양새요(禮節者 仁之貌也-예절자 인지모야)
* 믿음직한 말솜씨는 사랑의 빛남이요(言談者 仁之文也-언담자 인지문야)
* 사람에게 적선함은 사랑의 실천이라(分散者 仁之施也-분산자 인지시야)
* 좋은 노래 맑은 선율은 사랑의 화합이요(歌樂者 仁之和也-가악자 인지화야)라 했다.

이상은 《예기》 유행편의 공자께서 선비의 행실 17항목을 열거한 것을 발췌한 것이다. 선비의 행실은 한결같이 의리에서 출발하여 예(禮)로써 실천하여 지혜로써 위난(危難)을 극복하고 사랑으로 완결하는 것이니, 도리에 맞지 않으면 움직이지 아니하고 절도(節度)가 없으면 행하지 않는 참다운 선비가 되어야 한다. 공경으로 내 마음을 지키고, 정성으로 사물을 감동시키면 자연히 모든 사람이 따르게 될 것이니 오늘날 선비들이 깊이 음미해야 할 것이다.

● 선비의 일곱 가지 유형

첫째, **진유**(眞儒) : 학덕(學德)을 갖추고 유림(儒林) 활동에 활발히 나서는 사람. 성균관(成均館)이나 향교(鄕校)에 출입하며 교화활동(敎化活動)에 참여한다. 유교의 예법(禮法)에 사서(四書) 등 유교경전을 틈나는 대로 숙독(熟讀)하는 사람

둘째, **근유**(近儒) : 유자(儒子)처럼 보이는 사람. 그러나 진유(眞儒)라 하기엔 학식과 교양이 낮은 사람, 부정(不正)을 행하지는 않지만 교화활동에 나서기엔 힘이 부치는 사람인데 단지 유림단체(儒林團體)에 출입하는 것으로서 유림행세를 하는 사람

셋째, **사유**(似儒) : 선비에 준하는 사람들인데 문묘배례(文廟拜禮)를 멀리하니 유림조직(儒林組織) 입장에선 별로 바람직한 사람은 아니다. 성균관이나 향교와 거리를 두어 유림조직에 출입하지 않되 유학을 깊이있게 배웠다. 조직(組織)으로서의 유교를 실천하지 않는 사람인데 재야(在野) 한학자(漢學者)나 유학 전공학자들이다.

넷째, **원유**(遠儒) : 유림단체에 출입하지도 않고 유학을 익히지 않아 유교적 교양도 높지 않다. 그러나 조상의 제사를 모시며 유교적 가치관에 충실한 무종교인 또는 유림조직에

서 활동하지 않되 틈나는 대로 유교를 공부하는 사람

다섯째, **비유이유**(非儒而儒) : 유자(儒者) 아닌 유자, 유림조직과 무관해도 조선시대에 준하는 국가의 엘리트. 선비는 곧 엘리트라는 관점에서 각계의 고위직을 차지하는 전문직 종사자

여섯째, **위유**(僞儒) : 가짜 선비. 유학의 기본도 갖추지 못했으면서 부(富)나 정치적 술수를 수단으로 유림조직 안에 들어와 실리를 취한다. 겉으로 보기에 열성적이고 드러나는 부정을 행하지 않는다는 점에서 부유와 다르다.

일곱째, **부유**(腐儒) : 썩은 선비. 선비라 할 수 없는 사람, 덕망이 없어 유림단체에서 부정을 행하는 사람, 모략을 일삼아 조직을 분열시킨다.

● 유림의 선비 정신

① 정도(正道)의 길—우리는 이 세상에 태어나서 올바른 마음으로 올바르게 살아야 한다. 정도란 마음이 정직하고 청렴결백해야 한다. 정직은 일생의 보배라고 하였다. 우리는 올바른 마음으로 정도를 걷자.

② 인(仁)의 길—우리는 더불어 살며 어진 사람이 되자.

③ 선행(善行)의 길—착한 일을 많이 하고 악한 일을 하지 말아야 한다. 은혜를 갚을 줄 아는 사람이 되자. 은혜를 갚는 길은 부모에게 효도하는 길이다.

④ 의(義)의 길—한번 사귄 사람은 끝까지 의로써 사귀어야 한다.

⑤ 신(信)의 길—서로 믿는 사회, 믿을 수 있는 사람이 되자.

● 선비의 지조(志操)

선비가 오로지 책을 읽는 데에만 전념하여, 가난에 시달리던 아내가 피죽을 쑬 요량으로 쟁피를 마당에 널어놓고 잠시 외출을 한 사이 소나기가 와서 쟁피가 떠내려가고 있었다. 이에 화가 난 아내는 남편을 버리고 새로운 삶을 선택했다. 세월이 흘러 선비는 장원급제(壯元及第)하여 금의환향(錦衣還鄉)하는데 떠나간 아내는 여전히 굶주림을 면하기 위해 쟁피를 훑고 있었다.

⊙ 퇴계는 수양(修養), 남명은 의리(義理), 율곡은 행도(行道)

자신의 시대에 대처하여 선비로서 학문과 의미를 밝혀 '도학선비'로서의 자세를 보여준 전형적인 경우로 퇴계·남명·율곡의 세 인물을 들 수 있다. 퇴계와 남명은 45세 때 을사사화(乙巳士禍-1545)가 일어났으니, 장년기까지 '사화'의 현실을 직면하여 살아가고 있었다. 따라서 퇴계는 벼슬에 나갔지만 끊임없이 물러나고자하여 '산새'에 비견되기도 할만큼 물러나기를 힘썼다. 이에 비해 남명은 끝까지 벼슬길을 외면하고 산림에 파묻혀 처사(處士)로 생애를 일관하였다.

또한 율곡은 퇴계나 남명보다 한 세대 다음의 인물이며, 그가 벼슬에 나왔을 때는 이미 사화기를 지나 선비들이 정치의 주역을 맡는 시기에 해당한다. 따라서 율곡은 관직도 높이 올랐지만 정치적 당면문제를 자신의 과제로 삼고 한 시대를 바로잡기 위해 헌신하는 모습을 보여준다. 이 세 인물에서 특징적으로 나타나는 '도학선비'의 유형을 확인하는 것은 조선시대 선비들이 시대현실에 대응하여 처신하는 양상을 이해하는 데 유용한 방법이 될 수 있을 것이다.

먼저 퇴계는 '수양(修養)' 중심의 선비라 할 수 있다. 퇴계는 벼슬에 나가서도 자신의 본분이 물러나 학문을 연마하고 심성을 수양하며 후진을 가르치는 것이라 인식하였다. 따라서 퇴계는 성리설의 쟁점을 치밀하게 분석하고 심화시켜 독자적 이론체계를 구축하였지만 그의 학문적 중심과제는 '경(敬)'을 실천하여 심성의 근본을 배양하는 수양론이라 할 수 있다. 선비가 벼슬에 나가 포부를 펴고자 한다면 먼저 그 근본의 심성이 닦여야 사람을 감화시킬 수 있음을 강조하는 입장이다.

다음으로 남명은 불의한 현실과 타협하기를 거부하였다. 그는 자신이 만년에 강학하던 산청 땅의 산천재(山川齋)에서 바라보이는 천왕봉처럼 처음부터 벼슬길을 등지고 강인하게 버티는 산림처사였다. 그는 자기 규제를 철저하게 하는 수양에도 힘썼지만, '경(敬)'과 '의(義)'를 함께 표방하는 가운데서도 그의 기본특성은 엄격하고 강인한 의기를 지키는 것이라 할 수 있다.

선비들이 벼슬에 나가고 물러나는 태도는 출처(出處)의 의리로 중요한 문제가 되고 있다. 도덕적 정당성에 근거하는 의리정신을 신념으로 삼는 선비는 벼슬에 나갔더라도 그 사회의 정치현실이 자신의 포부를 펴는 데 합당하지 않다고 판단되면 언제나 아무런 미련 없이 벼슬을 버리고 산야로 돌아갈 마음을 지니고 있다.

다음으로 율곡은 '행도(行道)' 중심의 선비라 할 수 있다. 율곡은 자신의 시대를 '경장(更張)'의 시기로 규정하고, 당시의 사회적 폐단을 구체적으로 지적하며 그 대응방책으로서 당면한 과제(시무-時務)를 제시하는 철저한 현실인식의 자세를 보여주고 있다. 그는 현실이 처한 시기적 성격을 인식하고 현실의 여건과 대세를 파악할 것(지시식세-知時識勢)을 강조하며 경장의 시대에 법률과 제도의 과감한 개혁을 요구하기도 한다.

이러한 개혁의식은 도학적 정치의 이상을 현실에 실현하고자 하는 선비로서의 포부를 밝히는 것이다. 그는 성리설에도 정밀한 인식과 독자적 해석체계를 제시하고 있지만 그의 역할은 자신의 시대와 사회를 구제하는 데 관심의 초점이 놓여 있다.

퇴계는 항상 벼슬을 버리고 산촌의 고향으로 돌아갈 생각을 하였다. 그래서 고향마을 앞을 흐르는 토계(兎溪)의 이름을 퇴계라 고치고, 자신의 호를 퇴계라 하였던 것이다. 그는 벼슬길에서 물러나는 것을 자신의 분수에 맞는 것으로 인식하고 학문에 정진하고 부지런히 성찰하여 수양하는 것으로 자신의 임무를 삼았던 것이다.

퇴계가 만년에 임금의 특별한 배려를 받아 거듭 불렀는데도 쉽게 나아가려 하지 않고, 또 잠시 나섰다가노 벼슬에서 물러나 산으로 돌아가려는 태도를 확고하게 지켰던 가장 중요한 이유는 학문과 수양에 마음을 오로지 기울이기 위해서였다. 서울에 머물며 조정에 출입하면서 사람들과 어울려 있노라면 마음이 번잡하고 어지러워 학문에 정진하기 어려웠던 것이 사실이다. 따라서 퇴계는 산속의 그윽한 골짜기에 자리잡고, 고요한 가운데 독서하고 사색함으로써 학문을 정밀하고 순수하게 연마하기를 갈구하였던 것이다. 이처럼 퇴계는 벼슬에서 물러나 산림에서 학문과 수양에 전념하는 수양 중심의 도학선비로서 조선시대 선비들의 모범이 되었다.

남명은 처음부터 벼슬에 뜻을 두지 않았던 것은 아니다. 그는 외가인 삼가(三嘉 : 현 합천군 삼가면)에서 태어났으나 소년시절을 서울에서 보냈고, 과거시험 공부를 하여 기묘사화 직후인 20대 초반과 30대 중반에 과거시험을 보았으나 문과에 급제하지 못하였다.

25세 때 벗들과 산사(山寺)에서 《성리대전》을 읽다가 노재(魯齋) 허형(許衡)의 "이윤의 지향을 지향하고, 안자의 학문을 배워, 나아가면 세상에 유익한 일을 함이 있고, 초야에 머물면 자신을 지킴이 있어야 한다."는 말에 크게 깨달아 성인(聖人)을 배우겠다는 학문의 뜻을 세웠다. 이때부터 그는 사서오경과 송대 성리학자들의 저술을 연구하는 데 전념하였다.

그는 당시 문정왕후와 윤원형 일파가 국정을 농단하는 현실을 보고, 상소를 통해 이미 기강이 무너져 망국의 징조가 뚜렷한 사회현실을 제시하고 왕대비 문정왕후와 어린 임금으로는 일을 수습할 능력이 없음을 밝혔다. 따라서 그는 자신이 벼슬길에 나갈 수 없는 시대상황을 확인하고 초야에 파묻혀 벼슬길을 등지고 강학에 전념하였던 고고한 처사로서의 모범을 보여주었다.

또한 그는 정치를 행하기 위한 기본원리가 임금의 '한 마음(一心)'에 달려 있음을 강조하면서 "정치를 하는 것은 사람에게 달려 있는 것이니 자신을 근거로 사람을 쓰고 도를 기준으로 자신을 닦을 것"이라는 도학의 정치원리를 전제로 밝히고 임금에게 "반드시 마음을 바로잡음으로써 백성을 새롭게 하는 주장을 삼고, 자신을 닦는 것으로써 사람을 쓰는 근본으로 삼아서 표준을 세울 것"을 제시하였다.

율곡은 퇴계와 남명보다 35세나 젊었으니, 그는 29세 때(1564) 문과에 급제하여 벼슬길에 나갔던 이듬해에는 20여년이나 권력을 전횡하던 윤원형이 몰락하고 선비들이 정치의 주축이 되어 사림정치가 시작되었으니 사화의 여파가 가라앉은 새로운 정국에서 관료로 활동하였다.

그는 사림이 정치를 주도하기 위해 바른 심성과 학덕을 지니고 선비들의 신망이 있는 인물이 나서야 할 때라고 판단하였다. 따라서 그는 고향으로 돌아가려는 퇴계에게 조정에 머물기를 간곡히 청하기도 하였으나 퇴계는 떠났으며, 또한 그는 화담 서경덕의 문인인 박순(朴淳)이 이조판서에 임명되었을 때 사퇴하려 하자, "지금 시국의 대세는 마땅히 지조 있는 선비들을 널리 모아 대중을 진정시키고 심지를 진실하게 쌓아서 임금의 마음을 강도시키도록 힘써야 한다."고 하여 벼슬에 나오도록 설득하였다.

그만큼 율곡은 자신의 시대에서 선비의 역할을 벼슬길에 나와서 선비로서의 포부를 실현하는 것이라는 '행도(行道)' 중심의 선비의식을 밝히고 있는 것이다. 이러한 정치현실에 능동적으로 참여하는 자세는 현실에 대한 명백한 인식과 이에 대처하는 방법에 대한 구체적 제안은 이 시대의 선비로서 중요한 과제로 인식되고 있다.

맹자는 "선비가 뜻을 얻지 못하면 그 자신을 홀로 선하게 하고(독선기신-獨善其身), 뜻을 얻어 현달하면 천하를 아울러 선하게 하는(겸선천하-兼善天下)" 두 가지 태도가 있음을 밝혔다. 이러한 분별에 비추어보면, 사화기를 살면서 벼슬에 나갔더라도 물러나려 했던 퇴계와, 벼슬에 나가기를 거부했던 남명은 독선기신에 치중하였다면, 사림 정치시기에 벼슬에 나가 적극적으로 활동하였던 율곡은 겸선천하를 기준으로 삼고 있었다는 사실을 확인할 수 있다.

율곡은 "선비가 아울러 선하게 하고자 하는 것이 진실로 그의 뜻이니 물러나 자신을 지키고자 하는 것이 어찌 본심이겠는가. 때를 만남과 만나지 못함이 있을 따름이다."라고 하여 겸선(兼善)과 자수(自守)를 대비시키면서 선비가 본래 지향하는 것이 세상을 경륜하고 백성을 구제하는 것이요, 바로 세상에 나가서 겸선천하하는 것이 선비의 기본임무요 목표임을 밝히고 있다.

⊙ 노블레스 오블리제

'노블레스 오블리제'는 귀족의 의무란 뜻이지만 신분 귀족이 아니라 정신 귀족으로서의 의무요, 출신성분과는 아랑곳없이 남들 위에 서서 일하는 지도자로서의 의무다. 대영제국시대의 영국 고급관리는 젠트리 계급 출신이게 마련인데 이들은 노출된 피아노 다리마저도 외설이라 하여 양말을 신긴다. 숙녀의 식탁에 닭다리를 올리는 것까지도 금물이다. 그들 노블레스 오블리제에 남녀간의 성문제가 어느 만큼 삼엄했던가를 미루어 짐작할 수 있다.

중세 스위스 제네바에서 베푼 칼뱅의 청교정치는 민주 자유 근면 근검 신성을 체질화하는 노블레스 오블리제가 지나칠 정도였다. 방랑하는 바이올리니스트가 선남선녀로 하여금 춤을 추게 했다 해서 추방했고, 세례식에서 웃었다하여 사흘간 감금했으며, 70세 여인이 25세 청년과 결혼하려 했다 해서 태를 치고 추방했다.

한국에도 노블레스 오블리제가 있었다. 바로 양반이나 선비정신이 그것이다. 박지원의 《양반전》에 그것이 적혀 있다. 배고파도 참고, 추위에도 견디며, 가난함을 입밖에 내지 말아야 하며, 기침일랑 입을 가려 작게 하고, 손에 돈을 쥐는 일이 없고, 쌀값은 묻지 말아야 하며, 속상한 일이 있어도 아내를 꾸짖지 말며, 화롯불에 손을 얹어 불을 쬐어서도 안 된다 했다.

길가다가 개가 흘레하는 것을 보면 집에 돌아와 눈을 씻고, 욕하는 상소리만 들어도 발을 돌려 귀씻이를 했다. 깐깐한 선비는 집안에서 방아를 찧지 못하게 했고, 물레방앗간이 있으면 멀리 돌아갔다. 방아 찧는 데서 성교행위가 연상된다는 마음의 오염을 기피하기 위해서였다. 가무소리가 들려오는 잔칫집도 뜻을 상한다 해서 멀리 돌아갔던 양반이다.

물론 양반의 조건으로 고식적인 측면이 없지 않으나 남 위에 서서 신망을 모아 이끌고 나가야 할 사람의 정신적 기틀로써 이만한 도덕적 시련은 동서고금이 다르지 않았음에 유의하게 된다. 지금 촉망받는 세대의 정치적 대표주자들과 각광받고 있는 시민운동의 지도자가 반 노블레스 오블리제로 여론의 지탄을 받고 있다. 남의 위에 서기 위해 거쳐야 하는 통과의례를 겪지 못한 때문일 것이다. 신분 이전에 그 신분에 따른 정신을 터득해야 한다는 교훈적 연발 해프닝이 아닐 수 없다.

◉ 이 땅에 선비는 죽었는가

지금 우리나라의 처지를 고려할 때 통일과업은 차치하고, 인륜 도덕이 땅에 떨어지고 인간으로서의 덕목교육을 잃은 지 오래이다. 정객들은 상대방 흠집 내기에 급급하고 국민의 환심을 사기 위한 이기적 야망에 여념이 없다. 이밖에 정치 경제 사회 교육 등 모든 분야에 걸친 가치관은 뒤바뀌고 그 뒤바뀐 가치관 속에서 모든 사람은 예사롭게 살아가는 세상이 되고 말았다.

우리는 이때를 당하여 유교의 가르침을 되새겨볼 필요가 있다. 이렇게 어려운 일을 능히 해결할 수 있는 선비〔士林〕를 생각하지 않을 수 없다. 선비란 특히 남다른 특유의 정신과 특징적인 행동규범이 있다. 선비의 인격적 조건은 생명에 대한 욕망도 뛰어넘을 만큼의 궁극적인 것으로 제시되기 때문에 인의를 그들의 덕목으로 삼는다. 선비가 공직을 맡으면 오직 국가와 사회를 위하여 자신의 신명을 바쳐 충성을 다하고 만약 공직을 맡지 않더라도 좌절하지 않고 후생을 가르치고 사회정화에 힘쓰며 각계요로에 자기주장을 거침없이 쏟아 부어 국가에 기여한다.

예컨대 퇴계 이황 선생은 선비를 세력과 지위에 굽히지 않는 존재라 지적하면서 "저들(官僚-관료)이 벼슬로 한다면 나는 의(義)로 한다."며 특징짓고 있다. 그렇다면 의란 무엇인가? 곧 선비정신인 의리정신이다.

역사적으로 살펴본 의리정신은 타민족의 침략을 받았을 때 그들을 불의의 집단으로 규정하고 의리로써 항거하는 태도를 보인다. 또 의리정신은 선비정신으로 연결되면서 그 강인성이 드러난다. 그래서 선비는 결코 이기적 탐욕에 사로잡히지 않고 사회 전체를 위해 혁신적인 자세를 취한다.

조선시대 조광조 선생이 "무릇 자신을 돌보지 않고 오직 나라를 위하여 도모하며 일을 당해서는 과감히 실행하고 환란을 헤아리지 않는 것이 바른 선비의 자세이다."라고 말했다. 이에 우리는 지금의 어지러운 이 시국을 과연 선비정신을 과감히 발동하고 신명을 바쳐 나라를 구하고자 하는 선비는 누구인가를 찾아보자.

스스로 선비〔學者〕라 일컫는 사람이 개인의 영달을 위해 어제는 이 당(黨), 내일은 저 당을 찾음을 예사로이 하니 그들에게 선비정신으로 나라의 위기를 구하라고 요구함은 가당치 않다. 특히 놀라운 것은 국회의원들의 종교분류표에 나타난 바에 따르면 불교, 기독교, 천주교, 원불교, 침례교, 구세군, 그리고 무종교별로 나누었는데 왜 유교는 없는가. 만약 무종교별로 분별된 속에 '조상에게 제사 드리는 유교인'이 있다면 떳떳이 내세우지 않는 부끄러움이 더하다.

나라가 이러한 지경에 있을 때 왜 선비는 없는가. 우리나라 곳곳에는 아직도 234개소에 가까운 향교가 건재하고, 따라서 그 기능을 제대로 살리고 있는 곳이 없지 않다. 중앙에는 성균관이 있고 유도회가 있음에도 왜 선비의 목소리는 들리지 않고 의리의 몸부림침은 보이지 않는가.

지금이라도 늦지 않으니 뜻있는 국민들이 바라는 유교부흥운동을 전개하고 신상명세서의 종교란에 '유교'라고 밝힐 수 있는 그런 사회, 즉 곳곳에 선비의 목소리가 들리도록 해야 할 것이다. 그래야 뒤바뀐 가치관이 바로잡혀 사람이 사람답게 살 수 있는 세상이 서고, 가정이 바로서고, 나라가 바로서게 된다.

그래서 우리 선인들이 국난을 당했을 때 선비의 의리정신으로 죽음을 앞세워 대처했던 일로 본(本)을 삼아 이 시국을 극복하자.

⊙ 미담의 동상(銅像)을 세우자

● 네덜란드 소년상(少年像)

네덜란드의 스판담에는 한 소년의 동상(銅像)이 서있다. 거기에는 네덜란드 말과 영어로 이렇게 적혀 있다. '이 나라의 젊은이들에게 바친다. 네덜란드의 바다와의 영원한 투쟁을 상징하는 소년에게 경의를 표하기 위하여.'

소년 피터는 어느 비가 억수같이 쏟아지는 날 밤 제방에서 물이 졸졸 새어나오는 것을 보고 깜짝 놀랐다. 그는 그 작은 구멍에 손가락을 넣고 외쳤다. "내가 여기서 이러고 있는 한 우리나라는 물에 잠기지 않는다." 그는 아침이 되어 지나가던 양몰이에게 발견될 때까지 밤새도록 구멍을 손가락으로 막고 있었다.

요새도 우리네 어린이들에게 이 얘기를 들려주는 선생이나 책이 있는지는 모르지만 적어도 우리네 세대의 어린시절에는 여간 우리를 감동시킨 얘기가 아니었다. 그러니 네덜란드 어린이들의 마음속에는 얼마나 강렬하게 애국과 자기희생과 자부심의 고귀한 품성을 심어주었겠는지 짐작하고도 남음이 있다. 그것은 애국에 관한 수백 권의 책보다도 많은 영향을 주었다.

그러나 이 얘기는 순전히 꾸며낸 얘기다. 그것도 한 미국 여성이 쓴 창작 동화책 《한스 브링커》에 나온 것이었다. 이 책을 읽고 감동했던 미국의 관광객들이 2차대전 직후에 네덜란드에서 제일 먼저 보고 싶어했던 것이 피터 소년이 손가락으로 구멍을 막았다는 제방이었다. 물론 네덜란드인들이 알 턱이 없었다. 한참 후에 어느 네덜란드 신문이 《한스 브링커》를 소개하였다. '나라를 살린 소년'의 동상이 세워진 것은 그후의 일이었다. 이로부터 피터 소년은 동화책에서 빠져나와 모든 네덜란드인의 마음속에서 살아있다.

나라가 어지럽고 가치관이 흔들리고 있을 때 미담(美談)이 생긴다. 또 한편으로 나라가 잘 될 때 미담이 무성해진다. 미담은 사람들의 마음만 훈훈하게 만드는 게 아니다. 그것은 나라를 풍익하게 만든다. 자랑스러운 미담이 없다는 것은 그만큼 나라가 가난하다는 것을 뜻한다. 미담을 통해 우리는 그 나라의 미래를 가늠할 수도 있게 된다. 그 미담은 네덜란드의 피터 소년처럼 꾸며낸 것이라도 좋다. 꼭 사람이 아니라도 좋다.

● 그 나라의 미래 가늠

일본 동경의 한 지하철역 앞 광장에 '충견(忠犬) 하치공(公)'이라는 동상이 있다. 하치공이라는 이름의 개 주인은 동경대학 교수였다. 개는 매일같이 아침에 역까지 주인을 따라가고 저녁 6시가 되면 다시 지하철을 타고 돌아오는 주인을 기다려왔다. 어느 날 주인은 학교에서 뇌출혈로 쓰러져 죽었다. 그런 줄도 모르고 개는 그 후 9년 10개월 동안을 매일같이 역으로 나가 주인을 기다려오다 결국 병들어 죽었다.

어느 증인의 말로는 그 개는 주인 생전에 주인의 제자들이 저녁마다 역 앞에서 음식을 사 먹여 왔다는 것이다. 그러니까 하치공은 그저 음식 받아먹던 버릇을 따라왔을 뿐이라는 것이다. 어느 것이 사실이든 하치공의 애기는 개가 죽은 60년 전부터 오늘에 이르기까지 계속 뭇 일본인의 마음에 깊은 감동을 안겨주고 있다.

5년 전에 역시 동경의 한 조그마한 광장에 '기미짱'이라는 동상이 세워졌다. 기미라는 소녀는 세살 때 생모의 곁을 떠나 어느 미국인 선교사 부부의 양녀가 되었다. 그러나 결핵에 걸린 그녀는 귀국하는 양부모를 따라 미국으로 갈 수가 없게 되었다. 그녀는 결국 교회의 고아원에서 병으로 죽었다. 이 사실을 알게 된 동네사람들이 돈을 모아 그녀의 동상을 세운 것이다.

그것은 자식을 아끼는 어머니의 마음, 어머니를 그리는 자식의 마음을 아로새기는 한편, 슬픈 인생을 마친 어린이의 명복을 비는 사람들의 선의(善意)가 담긴 것이었다. 이 앞을 지나는 사람들은 어린이까지도 동전들을 동상 앞에 놓인 작은 저금통 속에 넣고 간다.

● 마음도 정화시켜

그 돈은 세계의 불행한 어린이들을 위해 유네스코에 보내진다. 그것은 큰 돈이 아니다. 그러나 그 소녀상이 어른과 어린이들의 마음속에 메아리쳐 나가는 감동의 진폭은 헤아릴 수 없이 크다.

미담은 우리에게 삶의 보람을 느끼게 만들어준다. 미담은 우리가 좌절하고 있을 때 용기를 불어 넣어준다. 미담은 때로는 우리의 마음을 정화시키고 우리에게 아름다운 꿈을 안겨준다. 그것은 우리의 앞날에 대한 희망을 안겨주고 올바른 길잡이가 되어주기도 한다. 우리는 보다 밝은 내일을 위해서 나무를 심듯 미담을 심어나가야 한다. 우리는 되도록 눈을 밝은 곳으로 돌려야 한다.

서당도 / 김홍도 그림

|인성론(人性論)

　유교에서는 사람의 성품은 순수하고 착한 것으로 생각하며 이것을 성선설(性善說)이라고 한다. 사람은 착한 성품으로 태어난다는 것이다.

　《중용(中庸)》에 보면 하늘이 명(命)한 것이 성(性)이고 성을 따르는 것이 도(道)이고, 도를 닦는 것이 교(敎)이다(天命之謂性 率性之謂道 修道之謂敎-천명지위성 솔성지위도 수도지위교)'라고 했다. 여기에서 말하는 하늘[天]은 서양에서 말하는 신(神-God)과 전혀 다른 의미를 갖고 있다. 초자연적인 힘을 갖추거나 절대자의 위치에서 인간을 다스리는 그런 인격신(人格神)이 아니고 어디까지나 우주만유(宇宙萬有)를 이루어가는 근본 원인을 뜻하는 것이다. 바로 자연 또는 자연의 원리 그것이다.

　하늘은 우주에 가득 찬 만물을 태어나게 하고 살아가게 하는 원리이며, 그래서 낳고 또 낳아 그치지 않는(生生不己-생생불이) 면을 지니고 있는가 하면, 돌고 돌아 움직임에 성실 정직하기 이를 데 없다. 요컨대 하늘은 낳아 기르기를 좋아하는 덕(好生之德-호생지덕)을 갖추고 있고, 조금도 어김이 없는 성실 정직한 덕을 지니고 있는 것이다.

　따라서 하늘은 착하고 성실하고 참되며 일관성이 있다. 그런 하늘의 모습을 그대로 본딴 사람의 성품이야말로 순수하고 착할 수밖에 없는 것이다.

사람의 성품이 착하다는 것을 가장 강조한 분은 맹자(孟子)이며 그는 모든 도덕의 근원을 성(性)이라 생각했다. 성(性)에는 네 가지 속성이 있으며 그것은 인간이 본래부터 지니고 있는 덕(德)이다. 인의예지(仁義禮智)가 그것인데, 다음과 같다.

* **측은지심(惻隱之心)** : 딱하게 여겨 언짢아하는 마음은 인(仁)의 실마리(仁之端-인지단)이고
* **수오지심(羞惡之心)** : 자기의 착하지 않음을 부끄러워하고 남의 착하지 않음을 미워하는 마음은 의(義)의 실마리(義之端-의지단)이며
* **사양지심(辭讓之心)** : 사양하는 마음, 남을 공경하는 마음은 예(禮)의 실마리(禮之端-예지단)이고
* **시비지심(是非之心)** : 옳고 그름을 가리는 마음은 지(智)의 실마리(智之端-지지단)이다.

이 사단을 본연지성(本然之性)이라 해서 한 점 티도 없이 지극히 착하고 순수하고 한결같다고 했다.

그런데 이같이 착한 성품을 타고난 사람이 세상을 살아가면서 나쁜 짓도 하고 심지어 사람을 죽이기도 한다. 인간은 육체를 지니고 있기 때문에 기질(氣質)을 지니게 되고 그 기질로 해서 물욕(物慾)이 생기는 것이다. 이 물욕 때문에 사람은 누구나 부단히 수양이 필요하고 교육이 요구되는 것이다.

물욕을 씻어내고 이겨내어(克己-극기) 본래부터 지니고 있는 착한 성품을 회복해야 한다. 이 기질지성(氣質之性)을 기(氣)라 하고 인의예지 본연지성을 이(理)라 한다. 이(理)는 맑고 순수하고 착하고 한결같다. 기질지성은 기(氣)이기 때문에 움직이며, 맑고[淸],

탁(濁)하고, 순수[粹]하고, 잡[駁]됨을 다 갖추고 있다.

본연지성은 인의예지 측은(惻隱), 수오(羞惡), 사양(辭讓), 시비(是非) 사단(四端)을 갖추고 있는 반면, 기질지성(氣質之性)은 칠정(七情), 즉 희(喜), 노(怒), 애(愛), 구(懼), 애(哀), 오(惡), 욕(慾)을 지니고 있다.

마음은 이들을 통괄(統括)하고 있으며 텅 비어있고 영험(靈驗)스러우며 아주 밝다. 거울과 같다. 그래서 모든 이치를 다 갖추고 있으면서 모든 일에 낱낱이 반응한다(虛靈不昧 以具衆理 而應萬事- 허령불매 이구중리 이응만사).

이러한 유교의 인성론(人性論)은 중국 송나라 때 정주학(程朱學)이 일어나서 성리학(性理學)의 체계를 세움에 이론적으로 확립되었고, 우리나라에선 퇴계(退溪)와 율곡(栗谷) 등 거유(巨儒)가 잇따라 나와 철학적으로 더욱 발전시켰다.

◉ 공자 대학

중국 산둥성 곡부(曲阜)에 공자의 후손이 대대로 살아온 공부(孔府)가 있다. 공자가 살았을 때에는 두 쪽 판자문에 세 칸짜리 집이었던 것이 지금은 여섯 대문에 460칸으로 넓혀져 있다. 뿐만 아니라 치외법권으로 역대 자치를 보장받은 나라 안의 나라였다. 공부의 정전인 대성전은 자금성의 정전인 태화전보다 벽돌 세 개 높이만큼만 낮을 뿐이요, 그 동서 양곁으로 육조(六曹)처럼 육청(六廳)이 공부를 다스려왔다. 제례와 무악을 관장하는 예(禮)청, 잡역을 맡은 공(工)청, 치안을 맡은 병(兵)청, 범죄를 다스리는 형(刑)청이 갖추어져 있었다.

초상이 나면 대신 곡을 해줄 대곡방(代哭房), 어린 아기 상주들을 대신하여 지팡이(喪杖) 짚고 서 있는 일을 맡는 대장방(代杖房), 영국왕실에 왕자 대신 매를 맞는 휘핑보이가 있었듯이 대신 매 맞는 일을 맡은 대편방(代鞭房)마저 있었다. 이 공부에서 특수 임무를 맡은 사람은 대대로 세습하며 병역이나 부역을 면제받는 특권을 누렸다 한다.

이렇게 없는 것 없이 다 있는 공부에 진작 있었어야 할 대학이 최근에야 설립되었다는 보도가 있었다. 공문사과(孔門四科)라는 말이 있듯이 공자학원에 문하생들의 자질별로 네 가름을 했기로, 후세에서 학부가 공자시대부터 비롯됐다는 설이 나오기까지 했다. 공자학원에 있어 자공(子貢) 재아(宰我) 등은 언어(言語)과요, 자유(子游) 자하(子夏)는 문학(文學)과며, 자로(子路)는 정치과, 안연(顔淵) 민자건(閔子騫)은 윤리과 출신이랄 수 있겠다.

공부의 이 신설 학교이름은 공자문화대학으로, 공자의 학문과 중국 고대문학·철학·사학을 통합한 중국학을 정립하고, 글로벌화 세상과의 부정적·긍정적 측면을 가려내 갈등을 극소화하는 학문작업을 수행할 것이라 한다. 공자는 살았을 제 진채(陳蔡)의 난(難) 등 반(反)공자의 난을 세 번이나 겪었었다. 근대에 와서도 중국 공산당으로부터 격하당하고 문화혁명 때 공자 죽이기가 기승을 부렸다.

그리고 미래학자 하면 칸처럼 한국 발전의 저력으로 공자의 학문을 드는가 하면, 공자 죽이기가 대두하고 있기도 한 작금이다. 한국을 2000여 년 동안 지배해온 기층학문으로 한국인의 의식형성에 막대한 비중을 차지해온 공자대학인지라 남의 나라에 세워진 학교가 아니라는 생각이 드는 것이다.

◉ 오도(吾道)는 시중지도(時中之道)

　심산 김창숙 선생은 광복 후에 난립하던 여러 유도회 조직을 통하여 1946년 유도회 총본부를 설립하여 그 위원장에 취임하였다.
　무릇 광복 후의 민족적 대의(大義)는 일제의 잔재를 일소하고 민족의 활로를 개척함에 있었다고 본다면, 독립투쟁에 헌신한 심산이 유림의 총수가 된 것은 필연적인 시대의 흐름과 맞물려 있었던 것이다. 그렇기 때문에 이후의 유림역사도 이러한 방향에서 민족적·민주적 대의에 걸맞는 흐름이어야 했다.
　그러나 친일파를 단죄해야 할 반민특위가 이승만 정권에 의해 와해되는 역류하는 역사 속에서 유림조직도 친일유림의 준동으로 분규를 겪고 제자리를 찾지 못하였으며 심산의 반독재정신과 진보적 유학정신도 빛이 바래져갔다.
　다음은 심산의 총본부 위원장 취임사 중 일부이다.
　"오도(吾道)가 시중(時中)의 도임은 췌언(贅言-군더더기말)할 여지도 없는 것이다. ······ 비선왕지법복(非先王之法服)이면 불감복(不敢服)이라 하나 관강(冠綱)과 도포(道袍)는 3대의 법복이 아니라 비선왕지법언(非先王之法言)이면 불감언(不敢言)이라 하나 우리의 '한글'은 오제(五帝)의 법언(法言)이 아니다. 한인(漢人)은 공자를 '쿵즈'라 하나 우리는 '공자'라 한다. 귀한 것은 공자의 성명보다는 심법(心法)이다. 이것이 인류를 지배할 원동력인 시중의 대도다. 잡으면 있고 놓으면 없어지며, 행하면 흥하고 반하면 망하는 것이다. ······ 경술지변(庚戌之變)과 같은 대통한사(大痛恨事)를 유치(誘致)하였음은 물론 우리 유자(儒者)가 그 죄과를 도면(逃免)치

못할 것이다. 그러나 그것은 도(道)의 죄가 아니고 인(人)의 죄다."
심산은 이어서 조선시대 후기 이래의 유림의 말폐를 다음 네 가지
로 분류하였다.

　"첫째, 대도의 실질을 파악하지 못하고 허문(虛文)의 형식에만
　　　구니(拘泥)하였다.
　둘째, 사대사상은 의뢰심을 증장(增長)하여 자립의 정신이 소침
　　　(消沈)하였다.
　셋째, 문약(文弱)에 젖은 타성(惰性)은 비록 다소간 진취심이 있
　　　을지라도 실행할 용기가 결핍하였다.
　넷째, 습속에 고체(固滯)하여 대국(大局)을 고찰(考察)치 못하고
　　　맹목적 자존심이 강하므로 원만히 단결치 못하였다."

　심산이 강조한 시중지도의 '시중'은 《중용(中庸)》의 '군자지중용
야, 군자이시중(君子之中庸也, 君子而時中-군자의 중용은 군자로
서 시중한다)'에서 찾아볼 수 있다.

　맹자는 공부자를 '성지시자(聖之時者)'라 하여 시중지도를 잘 지
킨 성인으로 높이 받들었다. 주자는 '수시이처중(隨時而處中-때에
따라 중도에 처함)'이라 하여 시중을 강조하였다.

　즉 중(中)이라는 것은 고정된 게 아니고 때에 따라 변하는 평상
의 이치라는 것이다. 고정관념을 가지고 지나친 고집을 피우는 것
은 시중지도에 역행하는 것이다. 그렇다고 해서 시중은 무원칙하게
흔들리는 모습일 수 없다. 자신에게 구현된 이념[心法]을 상황 속
에서 능동적으로 대처해 나감을 말하는 것이다.

　화이부동(和而不同)은 만고의 진리이다. 우리 유림은 사회의 흐
름을 쫓아가는 것이 급선무지만 사회에 휩쓸려가는 것도 경계해야
한다. 이런 뜻에서 일정한 고집도 필요하다.

그러나 유림의 주장이 사회적으로 설득력을 가지려면 유림이 내거는 주장 자체의 보수성 여부를 떠나 조직 자체가 높은 도덕성과 민주성을 가져야 한다. 분규를 일으키지 말고 정치성을 배제하여 종교성을 회복해야 한다는 뜻이다.

시대는 바야흐로 20세기를 마감하고 새로운 천년을 여는 시절에 와 있다. 광복 후 유림역사도 60년이 되어간다.

심산은 어쨌든 지난 시기 그 어려웠던 시기에 걸맞는 구세대 사람이지만 그 정신에서 여전히 취할 바가 적지 않다. 어떤 면에선 지금의 일부 유림보다 앞선 바가 있다.

그럼 현재의 우리 유림은 심산보다 앞선 시대에 사는 만큼 심산보다. 얼마나 앞서 있는가? 심산의 정신을 어느 정도 계승하고 있는가? 얼마나 지금의 시대정신을 이끌고 있는가? 시중지도를 지키라는 성현의 가르침을 어느 정도 따르고 있는가? 사문하지 않을 수 없다.

◉ 겸손(謙遜)은 만덕(萬德)을 낳는다

겸손이란 자기를 낮추고 다른 사람을 높이는 것으로서 우리나라에서는 겸손을 미덕으로 높여왔다. 주역의 겸괘(謙卦)엔 지산겸(地山謙)으로 되어 있다. 이것은 '땅 밑에 산이 있으니 겸손함이다'라는 뜻이 된다.

땅이라는 것은 평지를 말하는 것이며, 산이라는 것은 평지보다 높은 것을 말한다. 그러므로 높은 산이 낮은 땅 밑에서 구부려 있는 것이 바로 겸손이라고 한 것이다. 환언하면 잘난 사람이 못난 사람 밑에서 머리를 숙이는 것을 말한다.

　공자의 인(仁)이나 석가의 자비(慈悲)나 예수의 사랑도 이 겸손이 없는 곳에는 하등의 쓸모없는 헌신짝과 같다. 물론 인(仁)에는 겸손이 내포되어 있지만 《주역(周易)》에 나오는 겸손의 본뜻을 이해하지 못한다면 다른 도덕적 가치는 사상누각과 같아서 곧 무너지고 만다. 《주역》은 본래 64괘와 384효(爻)로 되어 있다. 이 384효는 양효(陽爻)가 192이며, 음효(陰爻)가 192효로 음양이 상반(相半)이다. 그러므로 길흉(吉凶)도 따라서 절반씩이다.

　또 64괘에는 순길(純吉)과 순흉(純凶)이 없는 것이 원칙이다. 그래서 아무리 좋은 괘라도 흉한 효사가 있고, 아무리 흉한 효라도 길한 효사가 있는데 성인(聖人)이 보통사람을 선(善)으로 인도하기 위하여 인위적으로 이 겸괘(謙卦)만은 순길로 하였다.

　이는 천리(天理)를 역행하는 듯이 보이니 실은 겸손의 뜻을 더욱 부각시켜 사람들로 하여금 겸손이 선(善)을 행하는 데 얼마나 큰 비중을 갖는가를 재삼 인식시키려는 뜻이 담겨 있다.

　겸손이 없는 사람은 자신을 해칠 뿐만 아니라 사회 질서마저도 깨트린다. 각자 깨달아 조금이라도 다른 사람 앞에서 겸손함을 보인다면 참다운 인간미를 지녔다고 할 수 있다.

　그런데 오늘날에는 자기 자신을 과장하기 위함에 여념이 없다. 허장성세에 불과한 별 볼일 없는 경력을 가지고 자기과시용으로 뽐낸다. 어리석은 자에겐 통할지 모르나 지식인이 볼 때는 속으로 비소(誹笑)짓는 것을 모르고 상대에게 인정받은 것으로 착각하고 있으니 어리석음의 극치라 하겠다.

　자기를 낮추는 겸손의 미덕을 배워 다른 사람 앞에서 고개를 숙일 줄 아는 마음가짐을 평소에 지녀야 한다. 그래서 우리 조상들은 상대를 부를 때도 손바닥을 밑으로 되게 하여 손을 구부리고 펴면서 상대를 부른다. 이는 상대에게 자기를 낮추는 것이다. 반대로 짐승이나 강아지를 부를 때는 손바닥이 위되게 하고 손가락만 구부렸다 펴며 '오요 오요'를 반복한다. 큰개는 '워리 워리'하고 부른다. 그러나 서양 사람들은 사람을 부를 때 우리가 강아지를 부를 때처럼 손바닥이 위가 되게 하고 부른다.

　편지봉투에 이름을 쓸 때도 우리는 상대를 앞면에 자기는 뒷면에 써서 상대를 높이는 겸손을 보인다. 봉투 앞면에 쓸 때도 상대편을 위에다 쓰고 자신을 아래에 써서 겸손을 표했는데, 오늘날은 그 반대로 하여 자신을 위에다 쓰고 상대는 밑에다 쓰니 이는 서양을 본뜬 것일 게다.

　어쨌든 우리 선현들이 미덕으로 여겼던 겸손의 뜻을 하루아침에 바꾸고, 그래서 겸손의 모습을 잃게 하는 것은 정말 아쉬운 일이다. 이처럼 우리는 우리가 보르는 가운데 조상의 깊은 뜻이 담긴 것을 차츰 잃어버리는 잘못을 범하고 있다.

　《맹자》에 나오는 일화를 요약해본다. '제(齊)나라 사람 중에 처첩(妻妾)을 함께 거느린 사람이 있었는데 외출하기만 하면 술과 고기를 먹고 만취가 되어 돌아오곤 했다. 그의 아내가 누구와 더불어 마셨냐고 물으면 늘 돈 많고 벼슬 높은 사람과 마셨다고 대답했다. 그런데도 그런 사람은 집에 찾아온 적이 없어 어느 날 그의 아내가 미행을 하고 살펴보니 종일 누구를 만나는 적이 없고 성밖의 무덤에서 제사 지내는 사람들에게 술을 구걸하고 취하도록 마시는 것이었다. 아내가 돌아와 첩에게 '우리가 평생 동안 우러러보고 사는 사람이 바로 이 꼴일세'하고 한탄하고 서로 부둥켜안고 울었다. 그런데도 남편은 알 리가 없어 집에 돌아오면 뻐기고 뽐내는 것이었다. 군자가 볼 때 부귀와 명예를 찾아다니는 방법에 있어 아내와 첩에

게 부끄럽지 않고, 아내와 첩을 울지 않게 하는 자 드물다.'

위의 일화가 말하듯 자기의 행위와 마음가짐에 있어 아내에게 부끄럽지 않은 자 몇이나 될 것인가. 우리는 이 맹자의 말씀을 보고 스스로 각성하여 겸허한 태도로 처세해야 하겠다.

부화하고 헛된 허영심을 버리고서 참되고 겸손한 마음만을 갖는다면 우리나라는 실로 진실한 사회가 되지 않을 수 없다. 아름다운 사회를 이루는 데 있어 겸손의 소중함은 백번 강조해도 지나치지 않는 것이다.

⊙ 사람을 먼저 세우자

● 늘어나는 '인성장애(人性障碍)'

우리의 교육개혁은 여전히 춘지 안받기, 입시제도 고치기, 대학 구조조정, 교원노조 문제, 교원정년 단축…… 같은 제도적 차원에 머물러 있다. 모든 게 순서가 있는 법이지만, 정작 중요한 것은 '무엇을 가르칠 것인가'이다. 지금까지 학교에서 가르쳐온 모든 것들이 잘못되었다는 것은 아니다. 하지만 현대 지식교육과 기능교육에서 우리는 대단히 절실한 것 하나를 빼먹고 있다. 바로 '마음 닦기' 교육이다.

옛날엔 종교, 윤리, 수신(修身) 교육이 대종이었다. 그러나 현대 지식 위주 교육은 '마음 닦기'를 '교육 아닌 것' '공부 아닌 것'으로 추방해버렸다. 그것은 큰 재앙이었다. 교육은 뭐니뭐니해도 사람의 사람됨을 세워주자는 것일 게다. 그러자면 '마음'을 어떻게 다스리느냐 하는 것이 가장 중요한 교육 내용이 되어야 할 것이다. '머리 위주' '도구 위주'의 지금의 우리 교육에는 그것이 없다.

　　우리는 '환장한' 눈동자들, '무엇에 씐' 것 같은 표정들, 그리고 인격장애, 성격장애라 할 만한 행태들을 갈수록 자주 대한다. 세상이 사람들을 그렇게 만들기도 하고 태어날 때부터 그런 경우도 물론 있을 것이다. 그러나 '마음' '감성' '심성' '정신' '영혼'······ 등으로 불리는 사람됨의 근본을 다잡는 교육이 없어진 탓이 크다.

　　임어당(林語堂)은 똑같은 일이라도, 심지어는 전쟁도 유머를 아는 사람과 모르는 사람이 하는 것엔 상당한 차이가 있다고 쓴 적이 있다. 유머란 곧 정신건강, 너그러움, 수양, 풍류 같은 것을 뜻할 것이다. 그것을 쌓는 것이 바로 '마음 닦기'일 것이다. 바탕이 얇은 마음에 섣부른 지식, 논리, 사회과학, 과학주의, 기능주의, 신념, 이념······ 같은 것이 먼저 너무 들어가면 그것은 곧잘 소화불량증을 일으키게 마련이다. 숱한 정치·사회적인 환란(患亂)과 시끄러움들도 학자들이 말하는 '구조(構造)닷'보다는 인간들의 심성의 일그러짐 때문에 일어나는 사례가 결코 적지 않을 것이다.

　　우리는 그래서 이제부터라도 '마음 닦기'를 우리 교육의 정규과정 안에 다시 맞아들여야 한다. 김진홍 목사가 이끄는 두레 자연 고등학교 설립취지는 그런 점에서 신선한 청량제였다. 기존 학교에서 적응하지 못한 '문제아'들까지 과감히 수용하는 가운데 이 학교 학생들은 일반과목 외에도, 농사일, 철학, 신문제작, 열린사회 열린 사고, 극기체험 등을 배울 것이라 했다. 또 고려대학교 법과대학의 '문순이 인성강좌'에서는 '법률교육보다 인성교육이 먼저'라는 취지로, 학부 때부터 '사람됨'을 가르치겠다고 했다. 비록 작은 시작이지만 '마음 닦기'는 이런 식으로 우리 주변에서 이미 착수되고 있다.

● '노는 천박함' 없게

옛날처럼 책상다리하고 앉아서 '수신제가 치국평천하'를 외우자는 것이 아니다. 두레학교처럼 자연 속에 돌아가 바람소리, 물소리, 새소리만 듣게 해도 그게 바로 제정신 찾게 만드는 교육이다. 우리의 시대적인 과제 또한 민주화에 안주할 수만은 없다. 절실한 것은 정치·경제·사회 할 것 없이 '노는 가락'의 천박함과 지악스러움을 면하는 일이다. 그리고 그것은 정치로, 민주화로, 이념으로 이룩할 수 없다. 사람 개개인의 격(格)을 높여주는 교육으로 갈 수밖에 없다.

◉ 자신의 감정을 조절하고 타인을 배려하라

1. 서 론

성리학은 고려 말 안향에 의해 소개되어 신진사대부들에 의해 조선왕조의 창건이념이 되었다. 성리학의 교육목적은 성인군자이며 근본윤리인 삼강오륜은 인간관계와 사회생활의 기본도리로서 그 기본서로는 《소학》을 으뜸으로 삼았다. 《소학》은 건국 초기에는 정책적으로 권장되었으며 16세기 후반 이후에는 사림파 학자들에 의해 윤리지침서로 인식되었다. 《소학》은 성인들에게는 인격수양의 지침서였으며, 특히 동몽(童蒙)들의 일상생활에 필요한 도덕규범을 스스로 깨닫고 실천하게 하려는 의도로 보급되었다.

한편 제5차 유치원교육과정(교육부)에서는 유아의 전인적인 성장 기초로서 기본생활습관의 형성이 중요시되고 있다. 유아는 전인적인 발달과 자신이 속한 사회에 적응하기 위하여 그 사회에서 요구하는 사회규범과 원리에 따라 행동할 수 있어야 한다. 또한 가정이나 유치원에서 일상생활을 하는 동안 생활습관을 바르게 형성해야 하고, 다른 사람과 인간관계를 맺는 방법, 즉 사회성 발달을 위한 기본생활교육을 받아야 한다.

이러한 기본생활습관은 출생 후 환경과의 상호작용을 통해 유아가 동일 행동을 반복, 학습함으로써 형성되는데 한 번 형성된 기본생활습관은 유아기가 지나면 변하지 않으므로 유아기 습관의 형성 여부는 성격의 결정에 중요한 기초가 된다.

이상에서 살펴본 바와 같이 전통사회 유아교육의 지침서로서의 소학과 현대의 유치원 교육과정은 유아기 습관의 형성을 인격형성의 기본으로 중시한 점에서 일맥상통한다고 할 수 있다.

이에 본 연구에선 소학과 제5차 유치원 교육과정을 비교해 보고 전통사회의 교육을 계승 발전시킬 수 있는 방안을 모색해 보고자 한다.

2. 소학의 기본생활교육

1) 주일무적(主一無適)

《소학》경신편의 심술지요(心術之要)와 음식지절(飮食之節)에서는 주일무적(主一無適)의 원리를 자세하게 설명하고 있다. 사욕으로 가려진 마음인 인심은 도심(道心)으로 변화되어야 한다. 하늘이 사람에게 명하여 준 것을 성(性)이라 하고, 그 성에 따라서 행동하는 것을 도(道)라 하며, 그 도를 닦는 과정은 교(敎-교육)라 한다.

그래서 주자는 구사(九思)와 구용(九容)을 강조했다. 구용이 도덕적 성숙, 인격형성을 위한 행동적 특성이라면, 구사는 그런 인격형성을 위한 심리적 특성이라고 할 수 있다. 생활의 모든 장면에서 긍정적이고 도덕적인 사고내용을 계속 지니게 함으로써 부정적인 정서상태를 근본적으로 제한하고 있다.

* **구사**(九思) : 보는 것은 밝음을 생각하고(視思明-시사명), 들음에는 귀 밝음을 생각하며(聽思聰-청사총), 얼굴빛은 온화하기를 생각하며(色思溫-색사온), 의심에는 물음을 생각하며(疑思問-의사문), 모습은 공손하기를 생각하며(貌思恭-모사공), 말은 성실하기를 생각하며(言思忠-언사충). 분함에는 환란(患難)을 생각하며(忿思難-분사난), 일은 공경함을 생각하며(事思敬-사사경), 이득을 보면 마땅함을 생각해야(見得思義-견득사의) 한다.

* **구용**(九容) : 발의 모습은 무게가 있고(足容重-족용중), 손의 모습은 공손하고(手容恭-수용공), 눈의 모습은 단정하고(目容端-목용단), 입모습은 멈추어 있고(口容止-구용지), 소리는 고요하고(聲容靜-성용정), 머리 모습은 곧고(頭容直-두용직), 기운은 엄숙하고(氣容肅-기용숙), 서있는 모습은 덕스럽고(立容德-입용덕), 낯빛은 장중해야 한다(色容莊-색용장).

음식지절에서는 음식을 단순히 몸을 건강하게 하는 것 이상으로 인격수양을 위하여 바른 식습관을 통하여 도덕적 인격을 이루려는 교육이 이루어져 있다. 조부나 부친과 겸상하여 식사를 하는 예가 많았는데 이는 어른들로부터 좋은 식사예절을 모방하고 훈련받게 하기 위함이었다.

2) 정제엄숙(整齊嚴肅) 위의지별(尉儀之別)

《소학》에서는 정제엄숙의 방법인 위의지별과 음식지절(飮食之節)에 관해 설명하고 있다.

위의란 예의에 맞는 행동을 법도로 삼고 그것을 실천하는 것으로 위엄 있게 거동하는 것이다.

'예는 절도를 넘어서도 안 되며 남을 침해하거나 업신여겨도 안 되며 무관한 것을 좋아해서도 안 된다. 몸을 수양하고 말한 것은 실천하는 것을 일러 선행(善行)이라 한다.'

또 《소학》에서는 평소 생활의 몸가짐을 예의로 규범화하여 제시하고 있는데 '행동은 독실하고 경건하게 하며, 음식은 반드시 삼가고 절제가 있어야 하며, 글씨는 바르게 써야 하며, 의관은 침착하고 조용해야 하며……'가 그것이다.

사람이 사람다운 것은 예의가 있기 때문이다. 이 예의가 갖춰진 다음에야 비로소 오륜의 도리도 바르게 확립된다는 것이 유교의 가르침이다.

3. 제5차 유치원 교육과정의 기본생활교육

제5차 유치원 교육과정은 건강생활 사회생활 표현생활 언어생활 탐구생활의 모든 영역에서 유아들의 기본생활습관과 태도를 형성할 수 있는 내용을 강조하고 있다. 교육과정의 내용 중 청결과 관련된 내용은 건강생활영역에서 구체적으로 다루었고, 예절 질서 절제와 관련된 내용은 사회생활영역에서 구체적으로 다루었다.

유치원에서의 예절교육은 크게 세 가지로 구분할 수 있는데 가정생활에서의 예절(부모와 웃어른 존경하기, 형제자매와 사이좋게 지내기), 집단생활에서의 예절(기본예절, 친구들과 사이좋게 지내기, 다른 사람의 권리와 의견 존중하기), 그리고 국가에 대한 예절이다.

질서지도는 유아들로 하여금 집단생활을 위한 공공규칙이 있음을 알리고 이를 지켜야 함을 이해시켜 행동으로 규범을 지킬 수 있도록 하는 것이다. 차례 지키기(줄서서 차례 지키기, 복도 계단 교실 등에서 조용히 다니기, 놀이 활동할 때나 수돗가 화장실에서 차례 지키기 등)와 약속이나 규칙 지키기(놀이규칙 지키기, 서로 양보하기 등), 그리고 교통규칙 지키기(횡단보도로만 건너기 등)로 나눠볼 수 있다.

절제는 일상생활을 하면서 자신의 생각과 행동을 알맞게 조절하는 일을 뜻한다. 유치원에서의 절제교육은 아껴 쓰기(물 전기 휴지 아껴 쓰기)와 폐품 활용하기, 장소나 상황에 따라 감정을 조절하여 표현하기(울거나 화내지 않기, 가지고 싶은 것 참기) 등으로 구분되고, 청결교육은 이 닦고 세수하기, 속옷 갈아입기, 머리손질하기 등 자기 몸에 관한 것과 집 주변 청소와 같은 환경보전에 관한 것으로 나누고 있다.

4. 결 론

《소학》과 제5차 유치원교육과정의 기본생활교육을 비교분석하면 다음과 같이 정리할 수 있다.

첫째, 《소학》의 기본생활교육은 예절교육내용이 많다. 특히 부모님과 형을 공경하는 가정에서의 예절을 가장 중시하고 있다. 이러한 가정예절은 제5차 유치원 교육과정에도 '어른께 공손히 대한다' '부모님과 어른에게 적절한 인사를 한다' 등의 항목에서도 나타나고 있다. 그러나 유치원에선 상대적으로 유치원 규칙준수 등 질서교육이 강조되고 있다.

둘째, 《소학》과 유치원교육과정에서는 절제의 덕목에서 자신의 감정을 조절하고 다른 사람의 소중한 점도 인식하는 교육을 내용으로 하고 있다. 의복은 단정하고 검소하게 예의에 맞도록 하는《소학》의 교육은 유치원교육과정에서도 나타나고 있으나 《소학》에서는, '어린아이는 덥고 화려한 복장을 하지 않는다' 등 어른이 아이를 이끄는 절제교육을 강조한 반면, 유치원교육과정에서는 상대적으로 유아의 자율성을 인정하는 교육(예 : 옷을 혼자서 바르게 입는다)이 강조되고 있다.

셋째, 《소학》은 성리학을 바탕으로 하여 남녀의 구별이 있는 교육을 강조했으나, 유치원교육과정은 남녀간의 성별에 따른 교육적·사회적 차이를 두지 않고 유아 각 개인을 독립된 인격체로서 존중하였다. 또한 《소학》이 효를 모든 행동지배기준으로 삼았음에 비해, 유치원과정은 사회규범과 원리를 행동기준으로 삼는 경향이 강하였다.

넷째, 《소학》에서는 유아기를 성격이 형성되는 시기로 여겨 기본생활을 중시하며 동몽기(童蒙期)에 환경의 영향이 성격의 형성에 미치는 점을 고려하여 어른들의 바른 자세와 주변의 환경을 중시하였다. 이러한 점은 유아의 발달단계를 고려하여 전인적인 발달과 성장을 도모할 수 있도록 민주적인 교육환경을 조성하려는 현대 유아교육의 통합적이고 총체적인 접근과 같은 맥락에서 이해할 수 있다.

전통사회의 훌륭한 유아교육사상을 연구하여 한국유아교육의 주체성을 세우는 노력은 전통사회에 대한 인식을 올바르게 하는 것일 뿐만 아니라 한국의 유아교육을 발전시키는 길이 될 것이다.

◉ 인성강좌(人性講座)

경종(景宗) 때 형조판서 민진후(閔鎭厚)가 어느 날 어렵게 사는 누이동생 집에 들렀다. 술상을 차려냈는데 안주라곤 묵은 김치 한 가지 뿐이었다. 실은 그 전날이 시아버지 생신이라 송아지 한 마리를 몰래 잡아 고기가 남아있었던 터다.

하지만 소를 못 잡게 하는 금도령(禁屠令)이 내려져 있었고, 법을 지키는 데 엄하기로 소문이 난 오빠인지라 이를 내놓지 못했다. 민판서가 "비녀라도 빼서 안주를 마련해 오렴."하고 말하자, 갈등 끝에 그 쇠고기를 구워내며 "너무 살피지 마십시오."라고 했다. 쇠고기 안주를 실컷 먹고 나오면서 "이 집은 범도(犯屠)를 했으니 이 집 종을 잡아 가두라."고 하명했다.

누이가 울고불고하는 것을 뿌리치고 잡아 가둔 다음 속전(贖錢)을 자기 돈으로 물고 풀어주었다. 그후 어찌 스스로 법을 어기고 나서 법을 다스리는 가고 묻자, "지친(至親)의 정으로 어찌 먹지 않을 수 있으며, 법을 어겼는데 어찌 사정(私情)을 쓸 수 있겠는가. 공범의 죄값으로 내가 벌금을 문 것이오."라고 했다. 인정과 법을 고루 살린 인간미 넘치는 법적용이다.

미연방 최고재판소 판례로 소르렐 사건이 있다. 금주법 단속을 하던 관리가 1차대전 때 생사고락을 같이한 소르렐을 우연히 만나 무척 반가워했다. 이대로 헤어지기 섭섭하다. 하여 소르렐이 술 한 병을 몰래 구해오자 이를 현장에서 검거한 사건이다. 1심에서 유죄 판결을 받았으나 최고재판소는 이 정도의 경미한 위법 행위로 관리가 범죄를 유발하는 것은 법정신에 위배된다며 1심판결을 폐기했다.

인간의 훈김을 법에 불어넣은 판례랄 수 있다. 법의 일선에서는 이처럼 인성변수(人性變數) 때문에 법적용에 무척 고민한다. 검사 두 분이 선악 구분이 힘들다. 하여 사표를 내고 수행(修行)길을 떠났다는 보도도 그런 것이다.

◉ 리더와 보스

● 링컨의 인내심

남북전쟁이 한창이었을 때 맥클란 장군은 가장 뛰어난 장군 중의 한 사람이었다. 하루는 그를 격려해주려고 링컨 대통령이 국방장관을 대동하고 그의 야전사령부를 방문했다. 때마침 장군은 전투장에서 돌아오지 않고 있었다. 링컨은 몇 시간 동안을 사령관실에 앉아서 그를 기다려야 했다.

드디어 장군이 들어왔다. 그는 방안에 앉아있는 대통령과 장관을 본체만체하면서 그냥 2층 자기 방으로 올라가는 것이었다. 링컨과 장관은 서로 얼굴을 쳐다보고는 장군이 곧 내려오리라 생각하고 다시 의자에 앉아서 그를 기다렸다. 한참 후에야 하녀가 나타나너니, "죄송합니다만 장군께서는 너무 피곤해서 잠자리에 드셨다고 대통령께 말씀드리라고 이르셨습니다."고 말하는 것이었다.

놀란 것은 장관이었다. 일개 장군이 직속상관인 자기는 고사하고 감히 대통령마저도 그렇게 무시할 수는 없는 일이었다. "각하, 저렇게 무례한 놈은 제 생전에 본적이 없습니다. 대통령께서는 저 장군을 당장에 직위해제시키셔야 합니다." 링컨은 잠시 침묵을 지키더니 조용히 장관에게 다음과 같이 말했다. "아니다. 저 장군은 우리가 이 전쟁을 이기는 데 절대 필요한 사람이다. 저 장군 때문에 단 한 시간만이라도 이 유혈의 전투가 단축될 수 있다면 나는 기꺼이 그의 말고삐를 잡아주고 그의 군화도 닦아줄 것이다. 나는 그를 위해서라면 무슨 일이든 다. 하겠다." 여기서 링컨은 리더의 참다운 모습을 보여주고 있다.

그 역시 인간이다. 또한 그는 한 나라의 대통령이다. 일개 장군의 엄청난 무례를 대통령의 권위에 대한 용서할 수 없는 모욕이라고 느끼기도 했을 것이다. 동시에 그는 잠도 못 자고 전투에 시달린 장군에게는 또 다른 전투를 위해서도 휴식이 필요하다는 사실을 잘 알고 있었다. 전투중의 장군에게 예고도 없이 불쑥 찾아온 자기에게도 잘못이 있다는 생각도 들었을 것이다.

● 권위와 회초리

그의 파면이 군대의 사기에 미칠 영향도 생각했을 것이다. 링컨은 노여움을 누르며 이런 저런 계산을 하기 위해 잠시 동안 말이 없었던 것이다.

보스는 사람들을 몰고 간다. 지도자는 그들을 이끌고 간다. 보스는 권위에 의존한다. 지도자는 선의에 의존한다. 보스는 늘 회초리를 필요로 한다. 지도자는 회초리를 필요로 하지 않는다. 보스는 '나'라고 말한다. 지도자는 '우리'라고 말한다. 보스는 '가라'고 명령한다. 지도자는 '가자'고 권한다. 보스는 모든 것을 숨겨가며 일한다. 지도자는 공개적으로 일한다. 보스는 남의 공을 가로챈다. 지도자는 남의 잘못을 도맡는다. 보스는 남을 믿지 않는다. 지도자는 남을 믿는다. 보스는 겁을 준다. 지도자는 희망을 준다. 보스는 복종을 요구한다. 지도자는 존경을 모은다.

지도자는 대중의 눈으로 세상을 푼다. 보스는 자기 눈만으로 세상을 본다. 지도자는 자기가 가지고 있는 '약점에도 불구하고' 권위를 얻는다. 보스는 자기의 '약점에 의해' 권위를 유지한다.

지도자는 자기 약점을 숨기지 않는다. 그럴 필요를 느끼지 않기 때문이다. 보스는 자기 약점을 숨긴다. 권위를 잃을까 두렵기 때문이다. 지도자는 자기 의견에 반대하는 사람을 가까이한다. 보스는 자기와 의견을 달리하는 사람까지도 미워한다. 지도자는 내일을 위해 일한다. 보스는 오늘을 위해 산다. 지도자는 권위를 쌓는다. 보스는 권력을 쌓는다. 지도자는 타협을 잘하고 대화를 즐긴다. 보스는 타협을 모르고 대화를 거부한다.

지도자에게는 귀가 여러 개 있다. 보스에게는 귀가 없다. 정확히 말하자면 듣기 좋은 말을 듣기 위한 귀 하나만을 갖고 있다. 지도자는 사람들에게 무엇이 잘못되어 있는가를 알려준다. 보스는 누가 잘못하고 있는가를 지적한다.

지도자는 자기 말에 책임을 진다. 보스는 자기 말도 무시한다. 지도자는 지지자를 만든다. 보스는 부하만을 만든다. 지도자는 권위마저도 즐기지 않는다. 보스는 권력을 즐긴다. 지도자는 권력이란 하나의 수단에 지나지 않는다고 여긴다. 보스는 권력이 선부라고 생각한다. 지도자는 자기 후계자의 짐을 덜어준다. 보스는 후계자에게 무거운 짐만을 떠넘긴다.

지도자와 보스 사이에는 또 하나의 중요한 차이가 있다. 필라델피아 교향악단이 중국으로 순회공연을 갔을 때 일이다. 미국대원들은 북경에서 중국필하모니 오케스트라가 베토벤의 교향곡 제5번을 연주하는 것을 들었다. 그것은 듣기가 민망할 정도로 어설픈 것이었다.

● 듣는 귀 없는 보스

1악장이 끝나자 중국인 지휘자는 지휘봉을 유진 올만디에게 넘겨주었다. 올만디가 지휘를 시작하자 중국인 악단원들의 연주는 눈부시게 달라졌다. 중국의 단원들은 올만디의 지휘에 따라 연주하면서 기쁨의 미소까지 띠었다. 그러나 놀란 것은 중국인들만이 아니었다. 미국인 단원들도 자기네 지휘자가 얼마나 위대한가를 그제서야 깨달은 듯했다.

그들은 권위를 앞세우는 것이 보스이며 참다운 지도자란 권위를 등 뒤에 업고 다닐 뿐이라는 사실을 깨닫지 못했던 것이다. 그들은 연주가 끝나자마자 열띤 박수를 아끼지 않았다. 그것은 중국악단보다도 자기네의 지휘자 올만디에게 바치는 감사의 박수였다.

◉ 세상 사는 지혜 (셰익스피어 작품은 최고의 리더십 교과서)

셰익스피어(1564~1616)는 《햄릿》《오셀로》《리어왕》《로미오와 줄리엣》 등 불후(不朽)의 명작만 남긴 게 아니다. 그는 시인이자 극작가로서 삶의 희·비극을 가장 밝은 눈으로 꿰뚫어보고 생각의 깊이를 제공한 선지자였다. 문학 이론가들은 '역사상 셰익스피어만큼 인간의 속성과 인생 법칙을 호소력있게 표현한 작가는 드물다'고 말한다.

최근 심리학자 조지 와인버그와 다이앤 로우는 《셰익스피어가 가르쳐주는 세상 사는 지혜》(한언)라는 책에서 셰익스피어를 이색적으로 조명했다. 와인버그는 베스트셀러 작가이자 미국의 저명한 정신요법의사이다.

그는 30여 년간의 임상경험을 바탕으로, 셰익스피어가 위대한 심리학자이자 정신과 의사이며, 무의식이라는 개념을 처음 사용했다고 분석한다. 또 작품에 등장하는 인물 모두가 셰익스피어의 분신이라고 설명한다. 셰익스피어 심리학의 위대성은 등장인물의 동기와 목적을 분석해, 현대인에게 삶에 대한 통찰력을 안겨주는 데 있다는 것이다.

작품을 예로 들어보자. 그는 《햄릿》의 폴로니어스는 남에게 훈계하기를 좋아하지만, 이것은 성공과 멀어지는 첩경이라고 귀띔한다. 충고는 암묵적 비판 기능 때문에 결과적으로 많은 적을 만들어내기 때문이다. 실제로 성공한 사람들은 남에게 충고하지 않는 공통점을 지니고 있다.

'사느냐 죽느냐, 이것이 문제다'라며 우유부단하게 행동하는 햄릿을 통해 그는 과단성 있게 사는 방법을 제시한다. 우유부단은 자기 증오와 자기열중의 산물이다. 햄릿은 낙담과 냉소로 자신을 미워하는 인간형으로 분석된다. 그는 햄릿증후군을 털고 과단성을 길러야 성공할 수 있다고 말한다. 그는 또한 비극적인 영웅 오셀로에게서 어떻게 하면 강력한 중심인물이 되는가를 찾는다. 시저의 실수에서는 '감정의 신호를 놓치지 말라'는 교훈을 발견한다. 리어왕의 무지로부터는 '늙는 것은 나이의 문제가 아니라 습관의 문제'라는 명제를 이끌어낸다.

그는 이 같은 분석을 바탕으로 셰익스피어 문학의 핵심 광맥은 '의지의 힘'이라고 결론짓는다. 나아가 심리발달의 단계를 원용한 '의지혁명'의 여섯 단계를 제시한다. 이 책을 통해 우리는 셰익스피어 문학을 두루 섭렵하는 재미와 함께 우리 자신의 삶에 유용한 지혜를 저절로 체득하는 색다른 즐거움을 맛볼 수 있다. 올여름 휴가지에서 '맛있게' 읽을 수 있는 책이다.

⊙ 낙화론(落花論)

백일홍(百日紅)에는 초(草)백일홍이 있고 목(木)백일홍이 있다.

꽃이 피어 백일 동안 붉다 하여 얻은 이름의 이 나무 백일홍은 당나라 모든 관아(官衙)의 뜰에 심게 되었다. 옛사람들은 초화 한 그루 심는 데도 의미를 부여했는데 관아에 집산되게 마련인 권력이나 세력은 길어도 오래 못 간다는 가르침으로 그에 연연하여 인생을 그르치지 말라는 교훈을 주기 위한 백일홍이었다.

전 정권의 세도 구심점에서 일했던 박지원 전 비서실장이 구속되면서 '꽃이 지기로서니 / 바람을 타랴'하고 그 꽃 한 잎 차에 띄워 마시면서 살겠다는 시 한 구절을 인용, 심경을 토로했다. 이에 대해 한나라당 김영일 사무총장은 굳이 자신의 신세를 낙화에 비유하고 싶었다면 권불십년(權不十年)이 연상되는 '화무십일홍(花無十日紅)'을 읊어야 했다고 비꼬았다 한다.

세상에는 피었을 때보다 질 때가 아름다운 꽃이 있다. 목근(木槿), 곧 무궁화가 그렇다. 마치 어머니가 하얀 옷을 접듯이 꽃잎을 서서히 접어 피기 전의 봉오리로 되돌아간다. 마치 살았을 때 저지른 잘잘못이나 영욕과 희비애락(喜悲哀樂) 그 모든 인생을 깨끗이 포용하듯 접어 싸들고 낙화암에서 발을 떼듯 그 모습 그대로 사뿐히 져 땅에 동화되어 버린다. 대체로 꽃은 질 때 지면 예찬받았다. '낙환들 꽃이 아니랴, 쓸어 무상하리요'라고 읊고, '꽃이 진 좁은 길 쓸지 않고 두었다가 님 오시니 처음 사립 열고 맞이한다'고 읊지 않았던가.

그런데 꼴불견인 것은 질 때 지지 않는 꽃이다. 《채근담(菜根譚)》에 권력이나 세도에 붙어 얻은 부귀영화는 꽃병에 꽂힌 꽃으로 미구에 시들어 꽃잎이 지지 않아 저 스스로는 지지 않고 있다고 생각한다 했다. 꽃이 질 때 지저분하고 개미 떼가 몰려드는 꽃일수록 꽃이 화려하고 향기도 진했던 꽃이요, 그 영화에 미련을 못다 버려 꽃진으로 남아 개미를 유인한다고도 알았다. 이를테면 목련이 질 때와 무궁화가 질 때를 비교해보면 알만하다.

꽃의 매력은 곱건 밉건, 피건 지건 침묵 때문에 아름답다고 말한 것은 야생(野生)을 살아본 헨리 소로다. 낙화를 바람 탓 않고 꽃잎 차에 타 마신다고 빗댔음은 의리를 지킴이겠지만 애오라지 꽃 지는 것을 감지하여 차라리 낙화유수(落花流水)를 읊조린 것만 못한 것 같다.

◉ 보리밭 파수꾼

폭로하면 신변이나 재산상에 커다란 타격을 받을 수 있는 빌미를 잡는 사람을 '보리밭 파수꾼'이라 한다. 옛날 어느 동네이건 게으르고 일하기 싫어하는 무리가 있게 마련이다.

보리가 누렇게 익을 무렵이면 이 무리는 보리밭 가까운 둔덕이나 보리밭 고랑에 숨어서 파수를 본다. 부부간에 불화가 있고 과부·홀아비가 있으며, 총각·처녀가 공존하는 이상 불륜이 있게 마련이다. 불륜의 은밀한 현장으로 빈도 높게 선호된 곳이 곧 보리밭이다.

지켜보던 보리밭 파수꾼이 유난히 흔들리는 보리이삭을 발견하면 건기침을 하며 그 근처를 우연인 것처럼 지나간다. 정사 장면을 발견당한 이들은 들통나지 않게 하고자 입마개 곡식을 약정하는데, 1년은 놀고먹고 살 수 있는 분량인 것이 상식이었음이 전통민속 관례로 채집되고 있다.

지금 판문점의 최일선 병사들이 북한 공작조와 내왕 접촉해온 사실이 드러나 국민을 놀라게 하고 있다. 적공과(敵攻課)에 소속된 북한의 영관급 전문 공작원들이 한국 측 병사들에게 인간적인 접촉을 시작해 내왕하고 선물을 함으로써 수렁에 깊이 빠져들게 한다.

그리하여 그 내왕을 빌미로 하여 공작을 심화시켜나간 것이다. 약속된 날 북한초소에 나타나지 않으면 돌멩이에다 '오지 않으면 내왕관계를 폭로한다'고 쓴 전갈을 싸서 던지곤 했다는 사실에서 완연하다. 정사현장을 들킨 보리밭 파수꾼에게 약속된 볏섬을 전하지 않았을 때 받는 공갈과 다를 것이 없다.

오자병법(吳子兵法)에 첩자로 하여금 적장의 부정부패나 인간적·도덕적 결함을 추적시켜 이를 상부에 알린다는 공갈을 빌미로 그 적장을 아군 편으로 전향시키는 것을 병법의 하나로 치고 있다. 북한 적과의 임무는 대치상태에서라고 예상해야 하는 작전의 일환이다.

문제는 그 공작에 말려들고 말려든 것을 알고도 덮어두려 했던 그간의 우리측 태도다. 국민들이 궁금해하며 불안해하고 있는 것이 바로 그 대목이다.

◉ 숙세가(宿世歌)

명종 때 정승 상진(尙震)의 증조부 상영부(尙英孚)는 재물이 많아 이식을 놓고 살았는데 만년에 그 차용증서를 모두 모아 불살랐다. 그 연기가 하늘 높이 이르는 것을 보고 반드시 감천하여 좋은 후손을 보리라고 주변에서 말들 했다. 그러하고 태어난 이가 상 정승이다. 맞히지 않은 예언이 없었다는 소문난 점복가 홍계관(洪繼寬)으로부터 죽을 날을 예언 받은 상정승은 사후를 정리하고 운명을 기다리는데 죽을 기미가 보이지 않았다. 홍계관이 찾아가, "죽을 사람을 살려준 음덕(陰德)으로 연명하는 경우가 있는데 생각나는 게 없습니까?”라고 물었다.

젊었을 때 밤길에 붉은 보자기를 줍고 보니 대전 수라간에서만 쓰는 그릇인지라 이를 몰래 수소문하여 훔친 궁인(宮人)에게 돌려준 적이 있음을 상기했다. 궁의 물건을 훔치면 베어 죽이게 돼 있었기에 죽을 사람을 살려준 것이 된다. 상정승은 그후 자신의 사주팔자보다 15년을 더 살았다 한다.

어릴 적 숲에 가 놀다가 벌에 쏘여 뽀빠이처럼 부어오른 팔을 들고 돌아오면 할머니는 된장을 환부에 발라주며, “남의 참외밭에서 서리한 적 있지?”하고 물었다. 아니라면, “서리해야겠다고 생각한 적은 있지?”하며 집요하게 벌에 쏘인 인과(因果)를 따졌던 생각이 난다. 시집간 딸이 남편에게 얻어맞고 와서 울면 할머니는 몇 달 전 동냥온 걸승에게 시주를 미루고 보낸 일의 응보(應報)라면서 자신의 잘못으로 딸의 와이프 비팅을 합리화했다.

불교에서 전세 현세에 저지른 행위, 곧 업(業)은 그것이 인(因)이 되어 현세 내세에 응분의 과(果)로 나타난다는 인과응보(因果應報)만큼 한국인을 사로잡았던 사상도 없을 것이다. 그리하여 좋은 일이 생기거나 궂은 일이 생길 때마다 현세에 자신이 저지른 행위나 전생에 자신이 저질렀을 행위에 대한 당연한 업보(業報)로 합리화했으니 사람들이 선해지지 않을 수 없었다. 유교의 도덕이 사람을 선하게 하기 이전의 한국 사람과 사회를 바로잡은 것이 바로 선인선과(善因善果) 악인악과(惡因惡果) 사상이었던 것이다.

능산리 백제고분에서 발굴된 목간에 새겨진 1500년 전의 숙세가(宿世歌)는 희귀한 고대가요의 문학사적 발견도 값지려니와 전생에서 맺은 인연으로 함께 태어났으니 갈등 없이 잘 살아보자는 인과사상이 구현되어 한국의 정신사도 싱그럽게 하는 발견이 아닐 수 없다.

⊙ 인생은 불만백(不滿百)

　서문행(西門行)이란 고시(古詩)에 나오는 '인생불만백 상회천세하(人生不滿百 常懷千歲夏)'란, 사람이 오래 살아야 100살도 살지 못하는데 항상 몇 천 년 후의 걱정까지 품고 다닌다는 의미이다. 필요 없는 걱정까지 하는 일면은 인간이 가지고 있는 특색이자 모순이라 하겠다.

　인간의 모든 일은 새옹지마(塞翁之馬)라는 말이 있듯이, 《회남자(淮南子)》에는 이와 관련된 일화(逸話)가 실려 있다. 국경의 요새(要塞) 가까운 곳에 점(占)을 잘 치는 사람이 있었는데, 어느 날 그의 말이 연고없이 도망쳐 오랑캐 땅으로 들어갔다. 사람들이 모두 다 위로하자 그의 아버지는, "이것이 어찌 복이 되지 않겠는가?"라고 말했다. 몇 달이 지나자 그 말은 오랑캐의 준마를 이끌고 돌아왔다. 사람들이 모두 이를 축하하자 다시 그의 아버지는, "이것이 어찌 복이 되지 않겠는가?"라고 하였다. 말 타기를 좋아했던 그의 아들은 얼마 안 있어 말에서 떨어져 다리뼈가 부러졌다. 사람들이 위로하자 그의 아버지는 다시, "이것이 어찌 복이 되지 않겠는가?"라고 말했다. 1년 후 오랑캐들이 요새로 공격해 왔을 때, 다리뼈가 낫지 않았던 아들은 전쟁에 출전하지 않게 되어 무사할 수 있었다.

　당장 밀어닥치는 불신이 오히려 다행이기도 하고, 그 다행이 불행의 씨가 되기도 하는 것이다. 천년의 걱정은 물론이요 까닭없이 내일 걱정도 할 필요가 없다. 모든 것은 운명에 맡기고 오늘을 착하고 성실하게 사는 것이 참다운 보람을 느끼는 지름길일 것이다.

◉ 나비의 꿈

● 현실과 꿈이 헷갈리는 세상

《장자(莊子)》에 나오는 유명한 우화 '나비의 꿈'은 짧다. 어느 날 장주(莊周)가 꿈에서 나비가 되었다. 나비는 싱글벙글 흡족해하며 자기가 장주라는 것을 모르고 날아다녔다. 그러나 꿈에서 깨어나 보니 자기는 분명 장주였다. 장주가 꿈에서 나비가 되었는지 분간할 수가 없었다. 과연 꿈이 현실인가 현실이 꿈인가 이런 것이 세상의 변화의 본질이 아니겠는가.'

현실은 현실, 꿈은 꿈이라고 한다. 그러나 꿈이 현실인지 현실이 꿈인지 분간하기 어려운 때도 많다. 인생 또한 한낱 꿈에 지나지 않는다. 아무리 달콤한 꿈이라도 한번 깨고 나면 그만이다. 사람들이 한평생을 두고 쫓아다니는 부귀영화라는 것도 따지고 보면 한낱 꿈처럼 허망한 것이 아닌가. 장자는 이렇게 생각했다.

어느 날 장자가 강가에서 낚시를 하고 있었다. 초왕(楚王)이 사신을 보내어 "내 나라의 정치를 맡아서 해 달라."고 부탁했다. 장자는 낚싯대를 늘어뜨린 채 뒤돌아보지도 않고 대답했다. "초나라에 죽은 지 3천년이 되는 거북을 성스럽다 하여 묘당(廟堂)에 고이 모시고 있다고 들었소. 그 거북은 생전에 좋은 음식을 얻어먹고 값진 옷을 입고 살지 않았겠소. 그러나 그 거북은 죽은 다음에 자기 뼈가 숭앙되는 게 좋았을까, 아니면 살아서 흙탕물 속에서 꼬리를 길게 끌고 다니는 게 좋았겠소?"

두 사신이 대답했다. "흙탕물 속에 꼬리를 끌면서라도 사는 게 좋았겠지요." 장자가 말했다. "그렇다면 잘들 가시오. 나는 천만금이나 높은 감투 때문에 자유를 잃고 산송장처럼 사는 것보다는 흙탕물 속에서나마 자유롭게 내 마음대로 꼬리를 끌고 다니겠소." 장자는 다른 자리에서 마냥 사치스럽게 살다 제물이 되어 죽게 되는 소보다는 보통소가 행복하다는 말도 했다.

장자가 어느 밤 동산에 들어갔는데 큰 새가 눈앞을 스쳐 나무 위에 올라앉았다. 장자는, '무슨 새일까.' 생각하며 활을 쏘려 했다. 그러다보니 매미가 나무그늘 속에서 쉬고 있는 게 보였다. 자세히 보니 그 매미를 당장이라도 잡아 먹으려고 당랑(螳螂)이 잔뜩 노리고 있었다. 그 당랑을 또 나무 위에서 새가 잡아먹으려 노려보고 있었다. 장자는, "저렇게 모두가 눈앞의 이익에 눈이 어두워져서 당장 자기 몸에 닥쳐올 위험을 깨닫지 못하고 있다. 참으로 기구한 조화로다."라고 말하고 뒤돌아섰다. 그때 산지기가 달려와서 무단 침입했다며 장자를 야단쳤다.

● '삶의 의미'를 되짚어본다

장자는 집에 돌아와서 며칠동안이나 나오지 않았다. 제자가, "요새 스승께서 매우 불유쾌해하시는데 무슨 까닭입니까?"라고 물었다. 장자는 대답하였다. "나는 사물의 겉만 보느라 나를 잊었다. 탁한 물을 너무 많이 본 탓인지 맑은 못을 잊어버렸다."

나중에 장자는 이런 말을 남겼다. "여름 매미는 봄도 가을도 모른다. 여름뿐의 짧은 수명이다." 인생도 이렇게 짧은 것이다. 한평생을 두고 제멋대로 살다 죽은 장자는 죽는 날까지 가난했다. 그래도 그는 마냥 행복해했다.

◉ 자기 자식 죽이기

혈연(血緣)의 친근을 따지는 삼촌 사촌 하는 촌수 호칭이 있다. 2촌은 형제자매 동기간이요, 1촌은 부자 모자간이기에 따질 필요가 없는 지친(至親)이라서 그런 말이 없다. 시어(詩語)에 반촌이란 말이 나오는데 자식이 부모 대하는 것은 일촌지친이지만 부모가 자식을 대하는 사랑은 그보다 더 가까워 반촌지친이라 했을 만큼 세상에서 그 이상 가까운 사이가 없는 것이 부모와 자식 사이다.

그러하기에 신은 아브라함의 믿음을 시험하고자 그의 귀여운 늦둥이 외아들을 타는 불 위에 얹는 희생을 요구했고, 이스라엘의 영웅 에프타가 개선하는 날 맨 먼저 달려와 안기는 자를 희생하는 조건으로 이스라엘의 지배자가 될 것을 신탁(神託)받지 않았던가. 맨 먼저 달려와 안기는 것이 외동딸이었음은 두말할 나위가 없다. 인간이 가장 소중히 여기는 것이 바로 자식인 것이다.

아브라함과 에프타가 영웅이 되었듯이 신라의 손순(孫順)은 음식을 두고 노모와 싸우는 어린 아들을 생매장함으로써 효를 구하는 영웅이 되었다. 조선조에는 조상이나 가문의 명예를 위해 다 큰 자식 죽이기가 은밀히 자행되었었다. 문중에서 문제아로 판정나면 아버지는 종들을 시켜 기둥에 묶게 하고 도모지형(塗貌紙刑)을 집행시킨다. 한지에 물을 적셔 얼굴에 발라 겹치기를 거듭하면 서서히 숨이 막혀 질식사하게 된다. 죽어가는 자식을 눈뜨고 볼 수 없어 고안된 발명특허가 아닐 수 없다.

시칠리아 섬의 외딴집에 쫓기는 독립게릴라가 숨어들었다. 뒤쫓아온 헌병이 집을 지키고 있던 소년에게 회중시계로 유인, 숨은 곳을 알아내어 체포해간다. 돌아온 아버지가 그 사실을 알고 아들을 앞세우고 강변에 나가 총으로 쏘아죽이고 돌아와 아내에게 "아들을 위해 기도해주라."고만 한다. 메리메의 소설적 이야기이긴 하지만 의(義)를 구하는 자식 죽이기는 서양에도 새삼스런 일은 아니었다.

이라크에서 미군의 소탕작전을 도와 정보를 준 사나이가 미국에 조국을 팔아먹었다 하여 아버지가 겨눈 총에 맞아죽었다. 주민들의 압력에 아버지가 굴복했다고 하기도 하나 후세인이 나쁜 것과 조국과는 별도라는 이라크 감정을 읽을 수 있게도 한다. 카드 빚에 몰린 자식을 죽이는 우리나라와 비교된다.

⊙ 노인들이 버려지고 있다

늙고 병든 노인들이 자식들에 의해 버려지고 있다. 여행을 핑계로 제주도 등 관광지에 버리고 치매노인을 나 몰라라 하며 기도원이나 정신병원에 입원시킨 후 모른 척 해외 이민을 가버리는 자식들의 사례가 종종 발생하고 있어 사람들을 개탄스럽게 하고 있다.

9순 노모를 모실 길이 막연하여 결국 살해하는 방법을 택할 수밖에 없었던 어느 70대 노인의 사연은 우리 사회의 노인문제가 더욱 절박해졌음을 대변해주고 있다. 아무리 사정이 딱하다고 해도 존속살인이라는 패륜은 용납될 수 없는 일이지만 이런 경우 누가 당사자가 되었다 하더라도 다른 마땅한 방법을 찾기가 쉽지 않았을 것이다. 오죽 절박했으면 극단의 방법을 택해야 했을까 서글프기 한이 없다.

더욱 안쓰러운 것은 이렇게 버려진 노인들이 모여 사는 마을까지 있다는 것이다. 자녀들로부터 버림받은 이 마을에 모인 노인들은 자녀가 있다는 이유로 국가로부터 한푼의 보조금조차 받지 못하고, 병든 노구를 이끌고 잡일을 하며 생계를 유지하고 있다. 그나마 노동력이 없는 이들은 한사람이 겨우 몸을 누일 수 있는 좁고 어두운 방안에서 라면 따위로 끼니를 때우며 추위에 떨며 죽을 날만을 기다리는 목불인견을 보여주고 있다.

고려시대에 있었다는 고려장의 풍습이 생각나는 모습이다. 오늘날 대다수의 부모들은 시골에 남겨져 추석이나 설 등 1년에 몇 번 안 되는 명절에나 한번 자식들의 얼굴을 보는 것에 만족하고 있다. 핵가족이 만연하고 예의범절이 사라진 이 사회의 전형적인 풍속도이다. 1인당 국민소득이 만 불에 육박해 단군 이래 최대로 풍요하다고 일컬어지는 오늘날 이렇듯 패륜이 만연하고 있는 것이다.

문제는 무의무탁 노인들이 한눌이 아니라는 게 심각성을 너해주고 있다. 생활수준 및 의료서비스의 향상으로 평균수명은 계속 늘어나고 이에 따라 노령 인구도 크게 증가하고 있으나 사회여건은 이에 미치지 못하고 있으니 문제는 더욱 심각해지고 있다.

자녀들이 없는 경우는 말할 것도 없고 설혹 있다고 해도 봉양을 외면하거나 소홀히 하는 경향이 일반화되고, 그렇다고 국가의 노인대책이 뚜렷한 것도 아니다. 무의탁 노인을 수용하기 위해 양로원이 세워져 있고 몇 가지 경로시책이 수립되어 있다지만 형식에 치우쳐 미미할 뿐이다.

특히 지금의 노인들은 대부분이 아무런 대비책 없이 노년기를 맞은 세대들이다. 집안의 어른인 노인을 가부장으로 했던 대가족제도가 갑작스럽게 허물어지고, 부부 중심의 핵가족시대로 급변하면서 노인들이 설 땅을 잃게 됐음은 물론 전란과 가난에 시달리며 처자를 돌보느라 자신의 노후에 대한 준비는 생각지도 못했던 사람들인 것이다.

65세 이상을 노인 인구로 칠 경우 10년 후면 50%가 노령 인구라니 노인문제가 더욱 심각해질 것은 틀림없는 일이다. 그러므로 정부가 앞장서서 실효성 있는 복지·후생대책을 세워야 하고, 양로원과 노인 복지시설을 늘리고, 보다 많은 노인들을 위한 일자리도 적극 개발해야 할 것이며, 젊은 세대들은 경로효친사상을 고취하여 몸에 익히도록 할 것이며, 노인들이 따로 있는 것이 아니라 우리 모두가 미래의 노인이라는 점을 인식시키며 부모의 은덕을 새기게 한다면 노부모 부양을 외면하는 자녀는 적어도 지금보다는 줄어들 것이다.

그리고 아직은 여력이 있는 청장년층은 지금의 노인문제를 통해 자신이 어떻게 대비해야 할 것인가를 염두에 두었으면 한다. 지금 오갈 데 없이 방황하는 대부분의 노인들이 노년을 맞았을 때를 위해 저축하는 등의 준비를 미처 하지 못했거나 소홀히 한 경우라는 점을 타산지석(他山之石)으로 삼을 필요가 있는 것이다.

|조선시대의 양반(兩班)

◉ 조선시대 양반의 삶

● 양반의 정의

조선은 지배계급인 양반과 피지배계급인 천민(賤民)의 두 계층으로 분화된 사회였다. 그러나 양반 계층에서도 위계질서(位階秩序)가 유동적이어시 4대 안에 벼슬이 없을 경우 양반에서 양인으로의 계층 이동은 빈번했다. 양반은 양인 계층 중 상류층에 위치하는 사람들로서 문과급제자나, 4대조 내 현관(顯官)이 있는 사람으로 높은 유교적 교양을 필수적으로 요구받는 계층에 속한 사람들을 지칭한 것이었다.(여기에는 다양한 이론이 존재하나 양반의 조건으로서 벼슬의 중요성과 필수적인 유교 소양의 습득은 대개 공유되고 있다)

따라서 양반의 신분유지에 관리로 등용되는 것, 즉 과거시험에 합격하는 것은 매우 중요한 일이었고 높은 유교적 교양은 과거 합격에의 필수적 전제 조건이었다.(조상의 음덕으로 음서(蔭敍)로 등용되는 경우도 있었으나 이는 매우 드문 경우였다) 조선 중·후기에 들어와 지방사림(地方士林)이 대두하고 도학(道學)이 학문의 주류로 자리잡으면서 사림의 비중이 커지고, 권문(權門)의 세력독점으로 관직이 사유화되다시피 하는 상황이 대두되면서 신분이 고정화되어 양반 계층의 규정에 관직의 유·무의 중요성이 상대적으로 떨어졌다.

유교 교양을 갖추는 것은 양반에게 필수적으로 요구되는 것이었고, 유교 경전을 공부하는 것은 필연적이어서 5세부터 《동몽선습(童蒙先習)》, 《소미통감(小微通監)》부터 시작하여 사서오경(四書五經) 공부로 이어졌다.

율곡 선생은 공부해야 할 순서를 다음과 같이 적고 있다.

"먼저 《소학(小學)》을 읽어 형을 공경하고, 웃어른께 순종하며, 임금께 충성하고, 스승을 높이고 벗과 친하는 도리를 익혀 실천해야 한다.

다음에는 《대학(大學)》 및 《혹문(或問)》을 읽어서 사물의 이치를 깨닫고 마음을 바르게 하고, 사람을 다스리는 도리를 알아내어 실천해야 한다.

《논어(論語)》를 읽어 인(仁)을 구하고 수기안인(修己安仁) 자신을 위한 학문의 본원을 함양하는 공부를 자세히 생각, 체득해야 한다.

《맹자(孟子)》를 읽어 의리를 밝게 구분하고 인욕(人慾)을 막고 하늘의 이치를 밝게 살펴서 이를 넓게 펴서 선양해야 한다.

《중용(中庸)》을 읽어 성정(性情)의 덕과 공을 찾아 위유(位有)의 묘를 음미, 그 뜻을 찾아야 한다.

《시경(詩經)》을 읽어 성정의 선악을 가려 표창하고 경계함을 하나하나 깊이 밝혀내어 감동 분발하여 이를 징계해야 한다.

《예경(禮經)》을 읽어 하늘의 이치에 순종하고 사람이 지켜야 할 법도를 하나하나 그 이치를 밝혀내어 서는 바가 있어야 한다.

《서경(書經)》을 읽어 2제(帝) 3황(皇)이 천하를 다스리는 대경대법(大經大法)을 터득하고 그 근본을 구해야 한다.

《주역(周易)》을 읽어 길흉존망(吉凶存亡), 진퇴성쇠(進退盛衰)를 음미해야 한다.

《춘추(春秋)》를 읽어 권선징악(勸善懲惡)의 묘를 깨달아야 한다. 심오한 뜻을 하나하나 정밀히 연구하여 간절히 깨달아야 한다.”

율곡이 말한 공부 과정이 반드시 지켜야 할 순서는 아니었지만 대다수 양반들이 이와 유사한 과정으로 공부했던 것은 분명하다.

● 양반가의 일상생활

양반들의 일상생활 중 중요한 것은 ‘봉제사(奉祭祀) 접빈객(接賓客)’, 즉 조상께 제사를 드리며 가문의 혈통을 확인하고 친족과 벗을 비롯한 방문객을 정중히 접대하여 사족(士族)끼리의 유대관계를 친밀히 하는 것이었다.

일본인 미야지마 히로시는 그의 저서 《양반》에서 임진왜란 중 서울에서 피난을 간 오희문의 책 《쇄미록》을 번역, 당시 양반들의 생활 중 ‘봉제사 접빈객’의 비중을 다음과 같이 말하고 있다.

“오희문은 평강에 피난하고 있던 중에도 1년 동안 28번의 제사를 지냈다. 피난 기간 중이라 제수를 제대로 준비하지 못한 것에 대해 그는 참담한 심정을 일기에 쓰고 있다.

피난중임에도 오희문은 아주 빈번하게 방문객을 맞았고, 자신도 종종 남의 집을 방문하곤 했다. 방문객이 빈손으로 오는 경우는 드물었고, 오희문 자신도 손님이 돌아갈 때는 답례품을 주는 경우가 많았다. 그리고 이 방문객과의 선물 교환이 오희문 일가의 피난 생활을 지탱하는 데 큰 역할을 하였다.”

접빈객은 단순한 교류관계의 범주를 벗어나 양반들의 생활의 중요한 방편이기도 했던 것을 알 수 있다.

● 과거(科擧)

기록에 의하면 평균 35세에 과거에 급제했다 하니 5세부터 대략 30년간 과거를 목표로 공부하고 그 중 소수만이 급제하는 매우 어려운 과정이 과거준비였다. 과거에 급제하기 위해 양반은 경학(經學)과 시문(詩文)에 능통하고 국가의 당면한 현안에 대한 식견도 가지고 있어야 했다.

과거는 예비시험인 초시(初試)와 본 시험인 대과(大科)로 나뉜다. 초시는 사장(詞章) 시험인 진사시(進士試)와 경학 시험인 생원시(生員試)로 나뉜다.

초시는 각 지방 관청에서 자(子)·오(午)·묘(卯)·유년(酉年)에 실시하는 식년시(式年試)와 국가의 경사 때 실시하는 증광시(增廣試)가 있어 한성부에서 5백명, 지방에서 5백명, 총 1천명을 뽑았다. 초시에 합격한 유생은 대과(大科)를 치르게 된다.

1차 시험은 경학, 문장, 책문(策問)을 치른다. 여기에 합격한 240명에 한해서 2차로 문장과 책문 시험을 치른다.

2차 시험에 합격한 33명을 대상으로 국왕이 참석한 가운데 3차로 책문 시험을 치러 등위(等位)를 결정하게 된다.

등위는 갑과(甲科) 3명, 을과(乙科) 7명, 병과(丙科) 23명으로 매겨지고 갑과 1등 장원(壯元) 급제자에게는 종6품의 청요직(淸要職)이 제수되고, 2등인 방안(榜眼)에게는 7품, 3등인 탐화(探花)에게는 8품, 나머지에게는 9품이 제수되었다.

과거는 초기에 "조선의 공도(公道)는 과거밖에 없다."란 말이 있을 정도로 공정함을 자랑했으나, 조선조 후기에 와서는 각종 부정으로 오염되어 권문세가의 자손들을 등용하기 위한 요식행위로 변한 점이 없지 않다. 이러한 상황은 재야 양반들을 양산하여 양반 지배 체제의 조선정치를 혼란하게 하는 상황을 초래했다.

● 벼슬자리의 고단함

벼슬에 오른 양반에겐 기나긴 인고의 세월이 기다리고 있었다. 과거에 급제한다 해도 합격자 전원에게 정식 관직이 주어지는 것은 아니었다. 정규직으로 벼슬을 시작하는 사람은 급제자의 25%에 불과했다.

일단 벼슬자리에 나가게 되면 회자, 면신하여 선배들을 찾아가 한바탕 곤욕을 치르는 풍습이 기다리고 있었다. 그 다음에 무리일 정도의 큰 잔치를 열어 선배들을 대접하였다. 이 풍습으로 얼마나 피해가 컸던지 중종(中宗) 3년 실록에는 다음과 같은 기록이 보인다.

"신래자(新來者)를 괴롭히는 것이 큰 폐단이 되고 있습니다. (중략) 예조 속관아(屬官衙)에서 특히 심합니다. 일례로 사관을 뽑을 때 모두 꺼리는데 이는 신참례(新參禮)의 잔치 비용을 마련하기 어렵기 때문입니다."

신래식을 마친 신임관료는 매일 묘시(卯時 : 오전 5~7시)에 배속 받은 관청에 출근, 본격적으로 일을 시작했다.

출근한 관리는 출근부인 공좌부(公座簿)에 서명하고 일을 마친 뒤 유시(酉時 : 17~19시)에 퇴근했다.

또 매월 초하루와 보름에 열리는 조하(朝賀)와 매월 4회, 5·11·21·25일에 열리는 조참(朝參)에는 인시(寅時 : 오전 3~5시)에 궁으로 출근해 국왕을 알현한다.

각종 술자리나 모임이 기다리고 있었고, 분례회(망년회)는 실록에 나올 정도로 떠들썩하게 열었다.

사간원 등 몇몇 부서를 제외한 관청 대부분은 상하관계가 엄격하였으며 철저히 분업화되어 각자의 일을 처리했다.

조선의 관리들은 크게 3품, 통정대부(通政大夫) 이상의 당상관(堂上官)과 통훈대부(通訓大夫) 이하의 당하관으로 나뉜다. 또 6품 이상을 참상관(參上官), 이하를 참하관(參下官)으로 구분하기도 한다.

과거에 급제, 참하관으로 관리 생활을 시작한 양반이 한 품계를 오르기 위해서는 순자법(順資法)에 의해 참하관은 15개월, 참상관은 30개월 이상의 기간을 복무해야 했다. 새벽별을 보고 출근, 매월 시험을 치르며 퇴근 후 곤한 몸을 끌고 술자리에 참석해야 하는 세월을 20년 이상 해야 관리의 꽃인 당상(堂上)의 자리에 오를 수 있는 양반 관료의 생활은 힘들기 그지없는 것이었다.

● 유향소(留鄕所)와 향약(鄕約)

현직 관료로 살아가는 양반의 숫자는 벼슬이 없거나 벼슬자리에서 물러난 뒤, 고향에서 살아가는 양반들의 수에 비하면 소수였다. 대다수의 양반들은 지방의 유지로서 집단을 이루어 자치 조직인 유향소가 있어 국가에서 지방 향리 세력을 견제하고자 적극 장려, 정부에서 파견된 수령과 협조 갈등관계에 있었다.

갈등이 심화되자 정부는 유향소를 폐지했다. 후에 서울에 경제소란통제기구(經濟騷亂統制機構)를 마련한 뒤 유향소를 부활시켰다.

그러나 부활된 유향소는 지방 수령과의 지나친 유착으로 인한 폐단을 초래, 그후 수차례의 폐지와 부활을 반복되어 그 기능이 약화되었다.

　성종 때에는 사림 세력이 중앙에 등장한 뒤 향약을 통해 지방 사족(士族)들은 환난상휼(患難相恤), 덕업상권(德業相勸) 등의 유교적 덕목을 지방민에게 보급, 장려하여 향규(鄕規)를 통해 유향소를 운영해 나갔다.

　현직 양반에게는 녹봉(祿俸)이 지급되고 초기에 과전법(科田法)에 의해 토지를 하사(下賜)받고, 그 수확으로 지급되는 형태였다. 과전의 세습과 공신전(功臣田)의 증가로 토지의 부족이 초래되자 세조(世祖) 12년에 직전법(直田法)으로 바꿨다. 성종 때부터 양곡으로 녹봉을 지급하였는데, 녹(祿)은 3개월마다 한 번씩 지급되는 사맹삭(四孟朔-1, 4, 7, 11월), 봉(俸)은 특수직(特殊職)이나 잡직(雜職)에 대한 급료를 칭한다. 녹봉은 18등급으로 나누어 1등급이 쌀 1백석과 정포(正布) 32필, 최하등급인 종9품이 쌀 14석 징포 4필이었다.

　벼슬이 없는 대다수 양반들은 가문이 가진 토지를 바탕으로 생활했다. 현직에 있는 양반들의 경우에도 조상 대대로 세습되어온 토지가 생활의 근거이기는 마찬가지였다. 농사는 노비(奴婢)의 차지였다.

◉ 족벌(族閥) 갈등

　힘없이 늘어져 허약한 것을 일컬어 '효령대군(孝寧大君)의 북 가죽인가'하는 속담이 있다. 태종이 셋째 왕자 충녕(忠寧)대군에게 왕위를 물릴 뜻을 눈치챈 세자 양녕(讓寧)대군은 부왕의 마음을 편하게 해드리고자 거짓 미친 척 했다. 이에 둘째 효령대군은 자신의 차례로 믿고 있다가 충녕에게 뜻이 있음을 뒤늦게 알고 절에 들어가 하루 종일 북 배가 늘어지도록 북을 쳐 그 원통함을 풀었다 해서 생긴 속담이다. 족벌이나 혈육의 갈등 없이 권력이 이양된 모범적인 경우랄 것이다.

하지만 권력이 비대할수록 그 권력자의 사후에 족벌간의 피의 갈등이 뒤따랐음은 역사의 상식이었다. 그 유명한 진시황(秦始皇)이 지방 순시중에 죽었는데 유서에서 큰아들 부소(扶蘇)에게 왕위를 물릴 뜻을 비쳤었다. 그런데 수행했던 막둥이 아들 호해(胡亥)와 중신 이사(李斯) 조고(趙高)가 짜고 유서를 변조, 호해가 임금 자리에 오른다. 부소는 분을 못이겨 자살했고 부소 휘하의 대군이 흉노에게 가서 붙어 진나라는 망국의 길을 더듬는다. 곧 형제싸움이 망국을 자초한 것이다.

조조(曹操)가 죽자 그의 둘째 아들 조비(曹丕)가 위나라 문제(文帝)로 등극했는데 형제간의 갈등이 심했다. 그의 형 조창(曹彰)이 급사했는데, 조비가 죽였다는 설이 유력하며, 아우 조식(曹植)도 관우(關羽)와 싸워 이긴 공을 질투하여 죽일 명분을 찾는 데 골몰하였다. 일곱 걸음 걷는 동안 시 한수를 못 지으면 처형한다 하여 지은 그 유명한 조식의 칠보시(七步詩)가 바로 그 족벌 갈등에서 탄생된 것이다.

고구려를 망국시킨 것도 권신(權臣) 연개소문(淵蓋蘇文)이 죽은 후 일어난 3형제의 족벌 싸움이다. 맏아들 남생(男生)이 권력을 계승하고 지방을 순찰하는 동안 남건(男建)·남산(男産) 두 동생이 결탁해 정권을 가로채자 남생은 적국인 당나라에 투항, 모국정벌에 앞장섰다. 연개소문의 동생 연정토(淵淨土)는 신라에 투항했고 —. 적과의 사이보다 혈육간의 사이가 더 험난하다는 것을 알게 해준다. 고려 때 두 임금을 내쫓고 네 임금을 세운 권신(權臣) 최충헌이 죽자 최이(崔怡)가 계승했는데 그 동생 최항(崔珦)이 권력을 넘본다 하여 홍주에 유배되고, 최항은 그곳에서 군사를 모아 난을 일으켰다.

김일성 사후의 북한은 권력이 신격화되어 있는데다 혈육상속이 되고 있는 점으로 미루어 역사법칙에 따른 족벌 갈등의 조건이 갖추어져 있다고 할 것이다. 그래서 무슨 일이 벌어질지 모른다는 해외의 시각이 있는 것 같다. 다만 연개소문식의 갈등이냐, 효령대군식의 수습이냐 하는 것이다.

◉ 비자금(秘資金)

동서고금 할 것 없이 권력이나 세도를 유지하는 데는 비자금이 따르게 마련이다. 임금의 비자금을 내탕금(內帑金)이라 했는데 이권을 독점시키고 그 수익에서 얼마큼씩을 챙겼던 것이다. 이를테면 한말에 운산 금광을 미국인 모르스에게 넘겨줄 때의 조건을 보면 이렇다.

광산의 경영과 일체의 경비는 미국 측이 부담하되 그 광산에서 나는 이득은 4분하여 3분을 미국 측이 갖고, 1분을 왕실의 내탕고(內帑庫)에 넣는 것으로 되어 있다. 한강의 나루를 건널 때 배삯에 내탕금조로 웃돈을 얹어 받기도 했다. 아이 밴 여인이 타면 뱃속에 든 아이몫까지 받는 등 횡포가 심해 나루에 있는 요금소에 불을 지르는 내탕금 반란이 일기도 했었다.

세도가나 권력자의 비자금은 식객들 입에 풀칠한다는 미명으로 식객호구전(食客糊口錢)을 줄여 식객전(食客錢) 또는 호구전이라 했다. 그 끌어모으는 수법은 다양하기 그지없다. 한양 오강나루에 분산돼 있던 객주 가운데 뚝섬나루에 모여 있던 객주는 세도가들의 앞잡이로 사동대감댁(寺洞大監宅) 객주(客主)니, 죽동부원군댁(竹洞府院君宅) 객주니, 안동부마댁(安東駙馬宅) 객주니 하는 별칭이 붙어 있었다.

또 시탄(柴炭)이며 제수 뗏목 등 물화별로 공급을 독점하여 그 이득으로 식객전을 늘렸었다. 또 이 객주는 세도가의 돈을 맡아 대금업까지 했다. 가장 금리가 싸고 신용이 확실한 돈이 뚝섬객주의 식객전이었다. 지방의 벼슬 지망생들을 이 세도객주 집에 유숙시켜 벼슬 거간으로 식객전을 모으기도 했다. 가장 하위직인 9품의 참봉 벼슬이 벼 80섬이었다 하니 알아봄직하다.

이처럼 비자금에는 악덕이 따르는 데는 고금이 다를 것이 없다. 예부터 백성 한사람이 한해 벌이의 10분의 1만을 거두는 십일세(什一稅) 이상을 거두거나 그 이하를 거둬도 악정이라 했듯이, 식객전도 십일구(什一口)라 하여 식객 열명을 먹일 액수 이상이나 그 이하를 끌어모으면 악덕이요 부패로 쳤다.

◉ 뇌물론(賂物論)

노태우 전 대통령 비자금사건 첫날 공판에서 뇌물을 추궁 받은 재벌 총수들은 한결같이 뇌물이 아니라 '성금'이요 '관행'이며, '통치자금'이요 '전별금'이고 '감사표시'이며, 사회를 위한 '공여'라는 분식 용어를 많이 창출해 썼다.

하기야 역사가 생긴 이래 뇌물을 뇌물이라고 직설적으로 말하고서 주고받은 전례는 없을 것이다.

이미 신화 속에서도 뇌물은 예물을 뜻하는 폐물(幣物)로 미화되고 있다. 옛 신라 땅 늪 곁에서 한 여인이 낮잠을 자고 있는데, 해가 무지개를 타고 그 여인의 국부를 비치더니 아이를 배었다. 이를 숨어서 보고 있던 한 사나이가 그 여인이 태양수태해서 낳은 붉은 구슬을 얻어들고 소 한 마리를 끌고 가는데 신라 왕자를 만났다.

소를 잡아먹으러 가지 않나 하는 의심을 받자 갖고 있던 붉은 구슬을 폐물로 바치고 무사하게 된다. 이 붉은 구슬이 미녀로 둔갑, 왕자와 결혼하여 일본으로 건너가 신명을 좌정한다. 이렇게 신화시대부터 뇌물은 미화되게 마련이었다.

증여(贈與) 연구의 대가 케네스 볼딩은 증여를 대별하여 사랑에서 우러난 선의의 증여를 선물(膳物, Gift)이라 하고, 공포나 협박에서 우러난 강제의 증여를 공물(貢物, Tribute)이라고 하며, 반대급부를 노린 타산된 증여를 뇌물(賂物, Bribe)이라 하고, 모든 증여 곧 공물이나 뇌물도 독소가 없는 선물을 가장해서 건네진다고 증여의 습성을 정의하고 있다.

독일어에서 선물을 뜻하는 기프트란 말이 독(毒)이나 독소원넘이란 말뜻도 된다는 것이 바로 그 때문인 것이다. 재벌 총수들이 갖다 바친 2~3백억원씩의 돈이 공물이나 뇌물성의 악화임이 명백한데, 성금이니 공여니 사례니 하는 선물성 증여로 미화시킨다 해서 법적으로 뇌물이 안되는 것은 아니다.

우리 전통 벼슬아치 사회에서 뇌물의 하한선이 불문율로 정해져 있었다. 속칭 '다섯들이'가 그것이다.

① 먹여들이—식음을 받아들이지 말며

② 마셔들이—향응을 받아들이지 말며

③ 태워들이—말이나 가마를 받아들이지 말며

④ 안겨들이－여색을 받아들이지 말며

⑤ 왼손들이－뇌물성의 부정한 돈은 왼손에 쥐어 주게 마련이기에 좌전(左錢)을 받아들이지 말라 해서 다섯들이다.

미국에서는 50달러를 뇌물과 선물의 한계로 삼는다지만 우리나라에서도 술한잔, 밥 한끼, 말 한 마리 얻어 타는 것도 뇌물 처리한 전통이 있었던 것이다. 하물며 대통령의 왼손에 쥐어 준 '그건 뇌물이 아니고－'라고 대명 천하에 말할 수 있단 말인가. 떳떳이 뇌물이라고 진술하는 것이 인격유지에 도움이 되고 국민정서에도 영합이 된다고 본다.

옛날에도 '새모이' 또는 '쥐밥'이라고 하는 미명들을 붙인 뇌물이 성행했었다. 관가의 재원은 곡식이기에 오래 쌓아두면 새와 쥐들이 그 곡식을 축내게 마련이다. 곡물을 한 바리 바치면서 축낸 분량을 채워주는 것이지 뇌물이 아니라는 논리에서 생겨난 미명사다.

그러다가 빠져나갈 길 없이 추궁당하면 '고수관(高守寬)의 딴전'을 부린다. 안색도 바꾸지 않고 조금 전에 한 말과 전혀 다른 말을 하는 것을 빗대는 말이다. 한말에 고수관이라는 명창은 가락을 빼다가 천연스럽게 음조를 바꾸어 마치 딴 사람이 하듯 변조를 하는 것이 장기여서 생긴 속담이다.

'길에서 새끼 토막 하나 주워 집에 돌아왔더니 황소 한 마리가 따라 들어왔다'는 소도둑의 변명도 그것이다. 이슬람 사회에도 이와 비슷한 양도둑의 변명이 있다. 신으로부터 저주받은 왼손이 끌고 온 것이지 오른손은 끌고 온 것을 전혀 몰랐다는 변명이 그것이다. 한보 커넥션에서 앞으로 소도둑의 변명이나 고수관의 딴전이 얼마나 쏟아져 나올지 기대되는 것이다.

◉ 고풍전(古風錢)

아랫사람이 수고한 값으로 내리는 돈을 행하(行下)라 한다. 옛날 양반들은 돈을 직접 손에 대는 것을 천하게 여겨 기생이나 가마꾼 하인에게 행하할 때 접시에 돈을 담아오게 해 젓가락으로 집어 주었기로 여염에선 젓가락돈이라 했다. 조정이나 관가에서는 하는 일에 따라 행하액이 정해져 있었다.

이를테면 임금님의 하사품을 전달하는 일행 중 자물쇠를 들고 가는 관리에게는 6전, 호송하는 별감에게는 4전으로 명문화되어 있었다.

그런데 이 미풍인 행하가 어느 만큼 악용되었는지 보자. 관부에 민원서류 결재 요청이 오면 상부에서 결재란에 서명 대신 윗 상(上)자를 써 반려하는 경우가 허다했다.

이를 행하에 빗대 행상(行上)이라고 했는데 한바리 상납해야 결재하겠다는 뇌물요구 표시인 것이다. 상(上)자에 가로점을 두개 찍어 내리면 두 바리, 세 개 찍어 내리면 세 바리의 상납요구인 것이다. 감사나 현감이 전근하면 대궐에 들어 임금을 배알하는 의식을 치른다.

입궐 때 5백 냥 안팎의 거금을 들고 드는 것이 관례였는데 이를 행하전(行下錢)이라고 했다. 대궐에서 일하는 대전별감을 비롯해 내시 궁녀가 소매를 붙들고 강요하며 횡포를 부렸다. 행하전이 문제되자 예전에도 있었던 예전(例錢)이라고 이름만 바뀌었을 뿐 악습이 여전했음은 《목민심서》가 지적하고 있다.

'고풍(古風)'하면 옛날에 있었던 아름다운 풍습이라는 뜻이다. 한데 이 역시 악성의 뇌물이라는 뜻이 된 것도 뇌물의 한국적 존재방식을 입증해주는 좋은 사례다. 임금이 활을 쏠 때 조정 신하들이 치하를 하게 마련이요, 그 치하에 대한 보답으로 내린 주식이나 상을 고풍이라고 했다.

한데 돈이 깔린 미풍을 아름답게 놔두지 못하는 우리 선조들이었다. 연중 6월과 12월에 벼슬아치들의 고과를 매기는데, 이를 즈음하여 관계 장관의 내외친족을 통해 간접청탁을 하고 바치는 돈을 고풍이라고 했다. 이렇게 내실을 통한 청탁을 베갯머리송사, 친족을 통한 청탁을 시마(緦麻)송사라고 했다.

안경테 독점판매를 위한 로비자금이 관계 장관의 베갯머리송사로 들통나더니 의혹을 산 국회의원이 날로 늘고 있어 정치 쟁점화되고 있다. 로비자금인 것이 분명한데 정치헌금이나 정치인 후원회로 입금되면 면책된다는 논리에 납득하는 국민은 한사람도 없을 것이다. 행하나 고풍이라는 미풍이 썩어들듯하는 역사의 치부를 다시 보는 듯해 꺼림칙하다.

⦿ 마다리

한말 독립협회 지도자 가운데 한분인 윤효정은 그의 문집에 한말 벼슬아치들의 '마다리'라는 비자금 모금수법을 적고 있다. 감사 벼슬을 얻어 부임하면 먼저 관내의 돈 많은 상인이나 지주들의 명단을 작성한다. 그리고 그 재산액수에 따라 응분의 벼슬을 내린다.

그 사람의 재력으로는 감당하기 벅찬 액수이게 마련이고 그 벼슬을 마다하는 원정(原情)을 하지 않을 수 없게 한다. 그 원정을 받아들이는 대가로 그 벼슬값의 절반이나 3분의 1을 내놓아야 했다.

마다하여 내는 돈이라 하여 이를 '마다리'라 했다.

이것이 마다리의 원형이요, 그 변형으로 다음과 같은 수법도 썼다. 감사나 사또가 갈릴 때 은밀히 넘겨주는 쇄금첩(碎金帖)이라는 비밀장부가 있다. 금부스러기란 뜻인 이 쇄금첩은 그 고을의 돈 많은 상인이나 몇 백석 이상 하는 지주들의 재산목록이다.

신관 사또가 부임하면 이 쇄금첩에 적힌 부자들은 쇄마비라고 하여 재산정도에 따라서 바쳐야 할 의례상의 돈이 정해져 있게 마련이다. 한데 그보다 많은 돈을 거두고 싶으면 사또는 청렴결백을 명분으로 바치게 되어 있는 쇄마비를 마다하는 마다리 소문을 펴뜨린다.

그럼 어떤 방식으로든지 관권의 비호를 받거나 이권을 노리거나 수탈을 막아야 할 부자들은 불안에 떨게 된다. 언제 들이닥칠지 모르는 관가의 횡포에 떠느니보다 마다리를 거두는 방책을 찾게 되고, 마다마시고 수납하십사하고 관례의 쇄마비의 곱절 이상을 받아챙긴다. 이것이 변형 마다리다.

보도된 바로는 전두환 전 대통령이 공판정에서 이 변형 마다리 수법을 썼음을 고백하고 있다. 재벌들은 관행상 은밀한 정치자금을 내게 되어 있는데 이를 받지 않겠다 하자, 기업인들이 불안해서 잠도 못자고 투자의욕도 사라졌으며 해외도피까지 생각하고 있어 우국적인 차원에서 돈을 받았다 했다. 변형 마다리와 다를 것이 무엇인가.

문건 가운데 하나가 평안도 지역의 돈 많은 집안의 재산별 명부다. 식객전이 필요하면 그 명부를 보고 벼슬 첩지를 내린다. 허직이라 하여 명예만의 그 벼슬값으로 재산의 절반을 바쳐야 되기에 감사를 찾아가 그 벼슬을 거두어 주십사하고 청원하게 된다. 그 벼슬

첩지를 반납하는데 마다리라는 벼슬값의 절반이나 되는 식객전을 바쳐야만 했다.

4천 억원이라면 우리 4천만 명 인구 모두를 식객으로 삼을 수 있는 거액이다. 소름끼치는 일이 아닐 수 없다.

◉ 떡값

'떴다 보아라 무지개떡/수절과부 정절편/다리 아프다 선돌떡/올까 했더니 가래떡/처녀 낯 붉힌다 고추떡/정붙을나 인절미'

떡장수들이 외치고 다녔던 떡타령의 일부다. 인절미가 왜 정을 붙이는 걸까. 고려의 유습이 남아 있는 연변지역에서는 귀한 손님이 오면 밥상 복판에 김이 무럭무럭 나는 흰 찰떡 한 소반을 내놓게 마련이다. 곁에 놓인 냉수에 손가락을 담가 손으로 떼어먹는 공식용(供食用) 음식이다.

이렇게 손으로 떼어먹는다하여 인절미(引切米)라 했다. 곧 인절미는 일심동체를 다지는 한국의 합심(合心)문화의 소산이랄 수 있다. 마음을 더불어 공생공존할 사람끼리 한잔 술을 돌려가며 공음하는 대표(大匏)문화가 있고, 입었던 옷을 바꾸어 입는 동포(同袍)문화며, 제사지내고 조손끼리 한 주전자 술과 한상의 음식을 더불어 먹는 음복(飮福)문화 등 다양하게 발달해 있다. 인절미도 공동운명을 확인하는 합심문화에서 비롯되었음을 알 수 있다.

찰떡은 유난히 찰기가 있어 인절하여 따로따로 서로 인력이 작용할 것으로 생각했음직하다. 결혼 첫날 신방에 인절미를 넣어 주는 것이며, 신부가 첫 친정나들이를 마친 뒤 입마개떡이라 하여 인절미를 시집에 들고 가는 것이며, 서먹서먹한 사이를 결속시키는 상징적 의미가 있었던 것이다.

떡 없이 제사 못 지내는 것도 그것이 신인융합(神人融合)의 매체이기 때문이다. 곧 떡은 우리 한국인의 정신문화와 밀접하게 맥락되어 오늘에 이른 것이다.

과거를 보러 간다든지 장삿길을 떠난다든지 벼슬길을 떠난다든지 유람길을 떠날 때의 휴대 식품으로 발달한 것이 떡이다. 물기가 배제되어 휴대하기 간편하고, 또 상할 염려마저 적어 오래 두고 먹을 수 있기 때문이다.

어머니는 떠나는 자식을 위해 떡을 싸 며느리에게 들려주면 며느리는 동구 밖 고갯길까지 따라나가 서방님 허리춤에 그 떡쌈지를 매주었던 것이다. 이를 떡정을 잇는다 했으며 지명에 떡정고개가 더러 남아있어 옛정을 되뇌게 한다. 떡정고개, 병점(餠店), 병치(餠峙-떡고개)라는 지명이 많은 것도 이 여행자들의 요기를 위해 떡장수가 있었던 데서 비롯되었다.

떠값이란 바로 집안이나 친지의 자식이 먼 길을 떠난다고 인사 왔을 때 요기나 하라고 떡 사먹을 돈을 준 데서 비롯된 것이다. 한데 원님이 먼 외지에 출장갈 일이 생기면 아전들이 원님 떡값이라 하여 수탈하고, 한성으로 드는 무악재나 남태령을 넘을 때 호환(虎患)을 예방한다고 군사 보호하에 고개를 넘겨주고 요구하는 돈도 떡값이라 했다.

바로 관리들이 받는 뇌물의 미명으로 타락하고 만 것이다. 미국 월 스트리트 저널지가 한국의 고관들이 연간 수천만원에서 10억원대의 떡값을 받는다고 보도했고, 한국 정부는 이 기사를 쓴 특파원을 고소하려 하자 그 신문은 정정기사를 내어 떡값 파동을 마무르고 있다. 떡에 고물을 묻히다 보면 떡고물이 손에 묻기도 한다는 떡고물에 이은 떡의 오욕이요, 수난이다.

⊙ 뒷돈

상여(喪輿)나갈 때 먹이는 향도가(香徒歌)에 보면 한국에서는 지옥에서까지 뒷돈이 왕성하게 거래된다. 쇠뭉치로 등을 치며 망인을 몰아가는 저승사자에게도 뒷돈을 주어야 쇠뭉치 대신 종이뭉치로 등을 친다. 저승 입구에 다다르면 문지기인 우두나찰(牛頭羅刹), 마두나찰(馬頭羅刹)이 소매를 끌며 인정 달라고 늘어진다. 인정은 뒷돈의 미명이다. 염라대왕이 형틀을 갖추어 놓고 이승에서의 죄목을 따질 때 형리(刑吏)들에게 인정을 주어놓아야 고문이 느슨해진다. 18지옥 배정받을 때도 인정의 크기에 따라 지옥도 달라진다. 죽어서도 뒷돈을 가져가야 하니 공수래 공수거(空手來 空手去)란 한국인에게는 허사다. 그 뒷돈이 상여 앞에 다발로 들고 가게 마련인 지전(紙錢)이다.

저승이 그러한데 이승임에야. 관가의 민원 결재서류를 여염에서는 걸복(乞卜)이라 속칭했는데 '복(卜)'자 사인을 하여 내려보내기 때문이다. 한짐 지어 올리라는 뒷돈 요구 표시인 것이다. 관원이 움직이는 곳이면 어떤 형태로든지 뒷돈이 따랐고 뒷돈 없이는 움직이질 않았다. 세미(稅米) 바치는 데 요구되는 뒷돈만을 모두어 보자.

말질 할 때 말잡이들의 농간으로 적어질 명목으로 요구되는 말베낌(浮價米), 말질 할 때 흩어지는 분량이라는 명목으로 타석미(打石米)를 얹어 받았다. 세미 사무에 쓰는 종이값이라 하여 작지(作紙)값, 세미를 멀리 옮기는 데 축이 나는 것을 보충해야 한다는 가승(加升), 보관 도중 새나 쥐가 축낼 것을 감안한 덧붙이(斛上), 배에서 내려 창고까지 운반하는데 두 사람의 품이 든다하여 이가미(二價米), 세리들의 노고에 보답한다는 인정미까지 있었다.

세미 바치는 데 뒷돈이 이 지경이라면 민원이라면 두말할 나위가 없겠다. 이 못된 관행(慣行)이 물밑에서 죽지 않고 살아 우리 사회를 은연중에 지배하고 있음이 작금 드러나고 있다. 한국에 와있는 외국기업들이 뒷돈이나 접대 없이 사업하기 힘들다 하여 하나둘 떠나가고 있다는 보도는 그래서 충격적이다. 외국상인들이 밀어닥쳐도 아쉬운 판에 와있는 상인들을 내쫓고 있으니 말이다.

⊙ 돈봉투

서양 사회가 계약으로 움직이는 콘트랙트사회라면 한국 사회는 연출로 움직이는 킨트랙트 사회이다. 물론 킨트랙드라는 말은 사전에 없는 만든 말이다. 얽히고설킨 연줄을 타지 않고는 아무것도 되지 않는 사회라는 뜻이다.

철학자 데카르트는 코기토, 곧 나(자아)는 확고부동한 하나라는데서 철학을 출발시키고 있다. 한데, 그것은 그쪽의 사정이요 우리나라에서는 확고부동한 하나의 나만으로는 살 수 없다. 나와 접하는 주변사람들의 연줄에 따라 내가 달라진다.

영어에서 나(I)는 하나밖에 없다. 하지만 우리말에서는 나말고도 저 제 짐 소생 불초 본인 본관 등 상대와의 관계에 따라 내가 달라진다. 2인칭도 영어에는 너(You) 하나밖에 없지만 우리말에는 너 자네 당신 임자 그대 이녁 귀하 어르신네 등 그지없다. 그렇게 많은 관계, 곧 연줄에 복잡하게 얽혀 살아온 한국인이다.

본래 뜨내기로 살아온 서양 사람들은 약속이나 계약에 따라 공존하지만 수백년을 한곳에서 붙박이로 살아온 우리 조상들은 연줄에 얽혀 공존한다. 우리 전통사회에서의 생존조건으로 상부상조해야 할 십연(拾緣-열 가지 연줄)에서 소외받고는 살 수 없다는 가르침이 있다. 십연은 다시 오사오재(五事五災)로 양분되는데 출신(出身) 혼사(婚事) 제사(祭祀) 상사(喪事), 그리고 객지에 나가는 객사(客死)가 오사(五事)요, 화재(火災) 수재(水災) 가뭄으로 농사를 망치는 한재(旱災), 그리고 돌림병이나 신병인 병재(病災), 송사(訟事)에 걸리는 관재(官災)가 오재(五災)다.

전통 자치제도인 향약에서 약속을 안 지키는 범칙자에게 가하는 벌칙이 바로 십연에서 소외시키는 일이다. 범칙의 경중에 따라 혼사가 있어도 가지 않으며, 관재가 나도 관대한 처분을 바라는 탄원을 하지 않는 등 선택적으로 소외시켰다. 다만 아무리 큰 죄를 짓더라도 불이 나거나 초상을 당하면 상부상조하는 끈끈한 연줄사회였던 것이다.

민주주의는 계약사회에서 발생한 정치제도이기에 연줄 사회의 생리에 불협화음을 자주 내는 것은 필연이다. 그 중 하나가 이 연줄을 타고 표가 집산한다는 사실이다. 연줄 중에 가장 농도 짙은 혈연 지연 학연 등의 연(緣) 의식을 희석시키는 것이 도시화요, 선거구가 커질수록 연줄이 희석된다.

대선은 대선거구이기에 표가 오가는 길이 증발하거나 있더라도 희미해진다. 이 사라진 연줄의 옛 자리에 구린 냄새나는 돈줄을 경쟁적으로 대체시키는 공사가 한창이라 한다. 고비용의 정치탈피는 초전에 박살이 나서 찢어진 여기저기서 터져 나오는 썩은 겨부대가 되어 버렸다.

⊙ 무문관(無門關)

사람에게는 색욕(色欲) 권욕(權欲) 금욕(金欲) 같은 욕심에 드나드는 문이 있고, 삼치(三痴) 오악(五惡) 칠혹(七惑)에 빠져들고 빠져나오는 문이 있다. 그 욕심의 문들을 젖히고 들면 문이 없는 무문지경(無門之境)에 이른다. 일러 무문관이요, 세상과 사람을 등지고 이 지경까지 이르는 수도(修道)를 무문관 수도라 한다. 양산 영취산에 있는 백련암에 대나무를 엮어 이 세상과 차단시킨 죽림굴에서 3년 동안 무문관 수도를 하고 나온 스님이 있다. 조계종 교육원장을 역임한 원산(圓山) 스님으로, 그를 맞아 법회를 가지려고 기다리고 있던 1500 신도들 앞에 나서길 마다하고 등을 돌려 다시 죽림굴로 들었다 한다.

아무도 모르게 들었으니 아무도 모르게 나오겠다는 것이다. 15년 전이던가 송광사의 구산(九山) 스님은 눕지 않고 앉아서 잠자며 3년 수도 끝에 앉아서 입적하여 좌관(坐棺)에 입관 다비(화장-火葬)를 했었다. 이 교도들이 석가모니에게 '대도(大道)가 뭐냐'고 물었을 때 앉았던 자세를 바로하고 이것이 바로 대도라 했음은 시사하는 바가 크다.

당나라 시인 백낙천(白樂天)이 항주 태수가 되어 진망산을 넘어가는데, 고승 도림(道林)선사가 나뭇가지 위에서 무문관 수행을 하고 있는 것을 보았다. 까치처럼 나무 위에서 좌선한다 해서 작소(鵲巢)선사로도 불린 이 고승에게 백낙천이, "위태로운데 내려와 사시지요." 했다. 이에 도림선사는, "자네 마음속에 장작불이 타오르는 게 보이는데 위태로운 건 자네일세." 했다. 백낙천은 "시(詩)

를 굽기 위해 태우고 있는 불이니 위태로울 게 없소.”라고 했다
한다.

중국 숭산 소림사에 가면 달마대사가 면벽(面壁) 9년간 수도했다
는 초조암(初祖庵)이 보존되어 있다. 신라의 당나라 유학승들이 이
암자에 가서 좌선하는 것을 보람으로 여겼다던 그 현장이다. 무문
관 수도의 원류는 출가하여 성도(成道)하기까지의 석가모니의 고행
일 것이다. 하루에 대추 한 개만 먹고 다음에는 쌀 한 톨, 다시 그
다음에는 깨 한 알 하는 식으로 식사를 줄여 단식 6년의 고행 끝
에, 해골에 피부만 씌워놓은 듯한 몰골로 하산해 보리수 아래에서
성도를 한다.

미국에 좌선(坐禪)이 크게 유행하듯이 세상이 번잡할수록 무문관
의 경지가 현실 가까이 다가온다던데, 죽림굴 무문관이 그래서 와
닿는 것이 있다.

|행실(行實)

율곡 선생의 소아수지훈(小兒須知訓), 서생을 위한 학교모범(學校模範), 이경근(李擎根)의 고암가훈(顧菴家訓) 등 행실에 관한 교재가 많았다.

○ 실학자(實學者) 이덕무(李德懋)의 사소절(士小節)
  * 밥을 먹을 때 씹는 소리 내지 말 것
  * 상추쌈 먹을 때 눈을 부라리지 말 섯
  * 신뒤축을 꺾어 신지 말 것
  * 어른이 드나들 때 일어서고, 말씀하실 때는 배꼽 위를 올려 보지 말고, 어른이 등을 긁으라 하시면 손을 호호 불어 데운 다음에 긁어 드려라
  * 말끝마다 죽겠다느니 죽느니 하는 말을 쓰지 말 것
  * 종이나 개를 큰 소리로 꾸짖지 말 것
  * 남이 말하고 있는데 끼어들지 말 것
  * 음식을 나누어 먹을 때 내 몫을 적게 등 선조들은 어려서부터 세심하게 인격체를 다져 왔다.

○ 율곡 선생의 학교모범
  * 선생을 쳐다볼 때는 목 위를 보아서도 안 되며

＊ 선생 앞에서는 개를 꾸짖어도 안 되며
＊ 웃을 때 이빨을 드러내도 안 되고
＊ 스승과 겸상할 때는 7푼만 먹고 남겨야 한다.

고대 함무라비 법전에 불양한 효심을 다스리는 다음과 같은 율법이 성문화되어 있었다. 아들이 아버지나 어머니에게 자식 된 도리를 다하지 않으면 이마에 경(鯨)[1]을 치고, 그 마을에서 살지 못하게 추방하거나 인신(人身)을 팔아 은(銀)으로 바꾸어 부모에게 드린다. 했다. 이 법조는 양자에게도 적용시켰다.

조선조의 법률판례집인《추관지(秋官志)》에 순창의 종 봉학과 영광의 이재엽이 부모를 부양하지 않고 길가에서 죽어가게 하거나 음독하게 한 경우를 들어 장(杖) 백대를 치고 삼천리 밖으로 유배시키고 있다. 관아(官衙)에서 다루기 이전에 향촌자치제인 향약(鄕約)으로 불효는 엄하게 다스렸다.

지방에 따라 규제내용이 다르기는 하나 부모의 말에 대꾸만 해도 중벌(中罰)에 처했고, 새 과일이나 새 곡식이 났을 때 부모에게 먼저 드리지 않고 제가 먼저 먹은 것이 드러나면 상벌(上罰)이다. 상벌 가운데 하나로 불양부모(不養父母)라 쓰인 팻말을 목에 걸고 사람이 많이 다니는 십자로나 시장 복판에 세워두기도 한다.

앓아 누운 부모가 물려놓은 미음을 밭일하고 돌아온 며느리가 배고파 먹은 것이 탄로나 동네매를 맞고 장정의 지게에 실려 고개 넘

---

1) 경(鯨) : 범죄사실을 몸에 문신하는 것을 경을 친다고 한다. 치욕을 주는 형벌이다. 가로 세로 1치 5푼 크기의 글자를 문신하는데 횡령한 종류에 따라 도관전(盜官錢) 도관량(盜官糧) 도관물(盜官物) 등으로 갈라 새겼다. 고려시대에는 얼굴에 새겨 종신토록 망신을 시켰다.

어 친정으로 추방된 것은 그리 오래된 일이 아니다.

촌락 집단 응징형(膺懲型)이랄 동네매에는 마당바위 같은 공개 장소에서 태형을 가하는 사나이 상대의 수[雄]매와 은밀히 안사람들끼리 린치[私刑]를 가하는 암매가 있었으니 불량효심이 가장 잦은 동네매의 대상이 되었던 것이다. 대단한 효심 지상주의 전통이 아닐 수 없다. 그런 법통의 나라에서 패륜이 성행하고 있으니 한심한 일이다.

● 패륜시대(悖倫時代)

문명이 발달할수록 인륜(人倫)에 역행하는 모습이 어떻게 설명될 수 있는지 알 수가 없다. 어버이를 업어다 버리고, 살해하고, 생매장했던 시대로 역행할지도 모를 일이다. 늙으면 방탄복이라도 입고 다녀야 할 세상이다. 자식이 부모를 죽이는 사례가 비일비재하니 말이다.

탐험가 헌트는 남태평양 피지족이 부모를 목 졸라 죽이는 것을 보고 가공할 상인행위(傷人行爲)라 말하자, "우리처럼 어머니를 지극히 사랑하지 않는 사람은 할 수 없는 일입니다."라고 했다. 죽어가는 어머니도 형제끼리 우애하고 잘 살아라 하며 만족하게 죽어가더라고 했다.

성종 때《용재총화(慵齋叢話)》에 여진족의 살로속(殺老俗)에 어버이가 늙으면 성찬으로 향응을 베풀고, 가죽주머니에 담아 나뭇가지에 걸어놓고 활로 단발에 쏘아 죽이는 것이 효자로 칭찬받는다 했다.

중국이나 일본, 우리나라에 노사산(老捨山) 노사암(老捨岩) 살애비(殺父) 살어미(殺母)라는 지명을 볼 수 있는데 노부모를 떠밀어 죽이거나 가둬 죽인 흔적으로 추정된다.

정다산(丁茶山)의 문집《고려장법(高麗葬法)》항목에 무덤 속에 돌병풍을 둘러 공간을 만들어 양식과 함께 노부모를 생매장하여 일정동안 살다가 죽게 하는 기로속(棄老俗)에 대하여 언급하고 있다.

옛날 중국에서도 노부를 수레에 실어 깊은 산속에 버리는 풍습이 있었던 것 같다. 초나라 원곡의 할아버지가 늙고 병들자 당시 관습대로 아버지는 원곡으로 하여금 할아버지를 버리고 오도록 하였는데 할아버지를 버리고 난 빈 수레를 가지고 돌아오자 아버지는, "그 흉물을 함께 버리고 올 일이지 무엇에 쓰려고 끌고 왔느냐?"고 호통을 쳤다. "아버지도 머지않아 늙고 병들 텐데 그때 쓰려고 가져왔습니다."라고 말했다. 아버지는 크게 뉘우치고 버린 아버지를 다시 업고 돌아와 극진히 모셨다 한다. 이것이 효도의 시작이라기도 한다.

　※ 사람은 모두 다 예비노인이다. 노인에 대한 학대는 자신에게도 돌아온다. 경로사상(敬老思想)은 장차의 자기를 위하는 것일 게다.

◉ 망(忙)

옛 서당에서《천자문》이나《동몽선습》등 책 한 권을 떼면 '책씻이'라 하여 한턱 냈고, 훈장은 한자(漢字) 한 자를 써 봉투에 넣어 아이들에게 나누어 주었다. 단자수신(單字修身)이라는 인생 통지표인 것이다. 글을 잘 읽고 못 읽고가 아니라 그의 인성으로 미루어 조심하지 않으면 안 될 가르침을 그 한자에 응집시킨 것이다. 재치가 넘치고 매사에 과민하면 어리석을 우(愚)자를, 남에게 배려가 적고 독선적이면 어질 인(仁)자를, 효심이 덜한 듯하면 어미에게 반포(反哺)한다는 까마귀 오(烏)자를, 매사를 서둘러 일을 그르치면 천천히 걷는 소 우(牛)자를 써주었다.

남명(南溟) 조식(曺植)은 슬하에서 글을 읽고 벼슬길 떠나는 제자 정탁(鄭琢)에게, "군에게 소 한 마리 주겠으니 끌고 가게나." 했다. 물론 그것은 실제의 소가 아니라 마음의 소였다. "군이 언어와 의기가 너무 민첩하고 날카로우니 날랜 말 같다. 말은 넘어지기 쉬운지라 더디고 순한 것을 참작해야 멀리 갈 수 있을 것이므로 내가 소를 주는 것일세." 했다. 정탁은 항상 이 마음의 소를 간직하여 좌의정이라는 높은 벼슬까지 탈 없이 해냈다고 말년에 자주 말했던 것이다. 이처럼 우리 교육풍토에 인성으로 인생을 다스리는 단자수신의 문화가 뿌리박혀 있었던 것이다.

근간 일본에서 연말이면 그 해에 일본 국민이 반성하고 고쳐나갔으면 하는 집약된 한자 하나를 선정 발표해왔는데, 지난 20세기를 대표하는 한자 하나를 선정 발표했다는 보도가 있었다. 그것이 바쁠 망(忙)자요, 2위가 빠를 속(速), 그리고 움직일 동(動), 흐를 류(流)순이었다 한다. 따지고 보면 이 네 글자 모두가 동적이요, 빠르고 서두른 세기였다는 데 공감한 것이 된다.

세상이 물질세계와 정신세계로 대별된다면, 20세기는 돈이나 이해가 바닥에 깔린 물질세계가 마음이나 도덕이 바닥에 깔린 정신세계를 덮쳐버린 세기였다 할 수 있다. 망(忙)은 살고자 너무 바빠 마음을 망실했다는 뜻글씨로 정신이나 심정 증발을 잘 나타낸 단자(單子)다. 비단 일본뿐 아니라 우리나라를 포함한 이 세상의 공통현상으로 21세기를 어떻게 살아야 하는가의 강력한 메시지가 담긴 수신 단자이기도 한 것이다.

효(孝)는 백행지본(百行之本)

사람이 태어나면 부모자식간의 대인관계(對人關係)가 이뤄진다. 이것이 대인관계의 시초이며 그 질서정신(秩序精神)을 효도(孝道)라 한다. 효는 백행지본이라는 사상은 효(孝)가 충(忠)이나 인(仁)보다도 앞선다는 점에서 으뜸이다. 충은 출어효문(出於孝門)이라 효는 지고지선(至高至善)의 윤리이며 노인을 공경하고 어버이에 효도하듯 한국인의 도덕은 물자탐욕이나 이기환락(利己歡樂)이 아니고 정신문화의 숭고(崇高)한 호양행도(互讓行道)에 있다.

효도란 부모를 받드는 윤리를 뜻하지만 사상적으로는 훨씬 뜻이 깊어 인간의 도리를 포함한다. 가장 가까운 부모부터 돌아가신 조상까지 미치며 공경과 봉사정신이 되고 충(忠)이 되는 기본이다. 그렇기 때문에 효를 백행의 본이라 했다. 부모의 은공(恩功)을 생각하고 건강을 살피고 의식주(衣食住)를 걱정없이 해드리고, 자신의 건강과 가족의 건강을 살피고 언제나 화목하고 즐겁고 기쁘게 해드린다. 떨어져 있으면 문안전화도 자주 드리고, 물질적 봉양(奉養)도 중요하지만 마음을 편안하게 해드려야 한다.

부모의 이름에 오점을 남기지 않도록 선대(先代)의 뜻을 알고 가풍(家風)을 이어 대대손손 영화를 누린다. 부모님이 나를 낳아 기르셨고 내가 있기에 부귀영화(富貴榮華)가 있고 천당(天堂)과 극락(極樂)도 있다.

⊙ 효의 으뜸

부모와 자식 사이에는 부자자효(父慈子孝), 곧 부모가 베푸는 끝없는 사랑은 자애(慈愛)와 부모의 보살핌에 대한 자녀의 도리인 효도의 조화가 첫째요, 형과 동생 사이에는 형우제공(兄友弟恭)의 도리, 곧 형은 동생을 사랑하고 친절히 대하고 동생은 형을 정성껏 받드는 우애(友愛)가 둘째요, 남편과 아내 사이에는 부부유별(夫婦有別)의 윤리로서 남편은 온화한 표정으로 아내를 따뜻이 대하고 아내는 남편을 미소로써 다정하게 맞이하는 부부애(夫婦愛)가 셋째다.

맹의자(孟懿子)가 공자(孔子)에게 효에 대해 물으니 무위(無違), 즉 어김이 없어야 한다고 했다. 부모가 살아계실 때에는 예로써 심기고, 돌아가시면 예로써 장례(葬禮)를 모시고, 제일(祭日)이 돌아오면 예로써 제사를 지내는 것이라 했다. 어버이 살아 생전에 어버이 뜻을 거역하지 않고 온화한 표정으로 정성껏 봉양함으로써 부모님의 마음을 편안하게 해드리는 것이리라.

《효경(孝經)》에 부모가 내 몸 전체를 주셨으니 몸을 상하게 않는 것이 효의 시작이요, 행실을 바로하여 후세에 이름을 남겨 부모를 영광되게 하는 것이 효의 마침이라 했다(身體髮膚 受之父母 不敢毀傷 孝之始也 立身行道 揚名於後世 以顯父母 孝之終也-신체발부 수지부모 불감훼상 효지시야 입신행도 양명어후세 이현부모 효지종야).

지극하신 부모의 은혜를 중국의 시전(詩傳)에 '아버지께서 나를 낳으시고 어머니께서 나를 기르셨으니 아! 애달프다, 부모님이시여, 낳고 기르시느라 수고하셨네. 그 은덕 갚으려 하건데 끝간 데를 모르겠네.(父兮生我 母兮鞠我 哀哀父母 生我劬勞 欲報其德 昊天罔極 - 부혜생아 모혜국아 애애부모 생아구로 욕보기덕 호천망극)' 라고 표현하였다. 아무리 시대가 바뀌고 변하여도 변함없는 진리이다. 어찌 효를 하지 않고 견딜 수 있겠는가 그래서 효는 백가지 행실의 근본이라 했고, 예의 시원(始原)도 효에 기인한다. 효를 하지 않고는 예스럽다 할 수 없다. 충(忠)도 효문(孝門)에서 난다.

공자의 제자 증자(曾子)는 효행으로 이름이 났다. 아버지 친구에게 대접할 술이 떨어지면 이웃집에서 술을 얻어다 대접하여 아버지를 즐겁게 했고, 증자의 아들은 집에 술을 두고도 자기 아버지에게 술을 한 번 더 드리려고 오신 손님에게 술대접을 하지 않았다 한다. 두 부자는 서로 상반된 일을 했음에도 효자였음이 분명하다.

한성부 판관(判官-종5품) 송인(宋因)은 전라도 땅에 살았으나 해적의 잦은 소란으로 부모를 편안하게 모실 수 없어 경기도 과천으로 이사, 효자 명성(名聲)으로 수령(首領)이 되어 정선군수(旌善郡守-종4품)로 제수(除授)되었으나 부모 산소를 멀리할 수 없다하여 강등하여 한성부 판관으로 부임했다.

경기도 관찰사로 임명된 유계문(柳季聞)은 아버지 함자(銜字)가 유명관(柳命觀)이라 관(觀)자를 관(寬)자로 고치고 부임했다.

프랑스 여성부 장관을 지낸 이베트루디 여사는 거울만 보면 자기 코가 불만이었다. 아버지 코를 닮은 것이다. 아버지 생전에 코를 성형하지 못하고 아버지 사후에 성형했다 한다. 가장 중요한 것은 부모의 마음을 편안하게 해드리는 일로서 부모의 뜻을 받드는 것이 아닐까?

⊙ 동양 문화의 뿌리는 효(孝)-인(仁)-충(忠)-의(義)의 사상

'21세기와 동양(東洋)사상'이라는 주제로 1994년 서울에서 열린 국제학술대회에서도 제시된 견해이지만 미국·중국·베트남 등 세계 각국에서 참석한 학자들은 이번 국제학술대회에서도 21세기의 세계사가 동양사상에 의해 주도될 것이라는 데 한결같은 의견을 모았다.

참석학자들은 '19세기 이래 유럽의 과학문명과 기독교문명이 동양에 전파되면서 동양사상은 서구사상에 압도당했고, 동양인들은 자신의 전통을 팽개치고 서구지향 문화를 좇기에 급급했다'고 전제하고, '그러나 최근 서구문명의 퇴조와 함께 동양사상이 그 유일한 대안으로 떠오르고 있다'고 말했다.

이제 남은 것은 오랜 동양의 역사 속에 내재된 동양사상을 발굴하고 현대사회에 맞게 재구성하는 작업이다. 동양문화권 안에서 발달해 온 사상, 특히 유교사상의 재발견과 재창조는 이 시대를 사는 모든 세계인뿐 아니라 유림들에게도 관심 있는 문제가 아닐 수 없다.

양국의 학술교류 증대 차원을 넘어 21세기를 주도할 사상적 체계를 수립하기 위한 노력으로 평가되고 있는 이번 국제학술회의에서는 한국이 이러한 흐름을 주도하는 첫걸음을 내디뎠다는 데에서 더욱 의미가 깊다.

한편, 중국측 대표단장인 무춘하(武春河) 인민일보 부총편집과 동아일보측은 격년제로 개최하기로 한 동양사상에 관한 국제학술회의를 다음에는 중국에서 개최하기로 의견을 모으고 구체적인 계획을 논의키로 했다. 지금 세계는 자유민주주의·자본주의의 발달로 인한 폐해를 극복하기 위한 대안으로 유교사상에 관심을 집중시키고 있다.

동양사상을 바라보는 이 같은 시각을 확인하고 미래를 준비해가는 자세를 정립해간다는 것은 곧 우리가 다가오는 21세기의 주역이 될 수 있다는 가능성을 보여주는 것이기도 하다.

동양의 효·충·인·의·예 등 전통사상의 덕목이 서구문화의 침체와 약점을 어떻게 보완할 수 있을 것인가에 관한 과제는 이제 모두에게 던져진 셈이다.

◉ 천륜(天倫)에서 우러나오는 자(慈)와 효(孝)

사람은 바꾸려 해도 바꿀 수 없는 것이 한 가지 있다. 그것은 부모와 자식관계다. 부모의 사랑은 내려갈 뿐이고 올라오는 법이 없다. 자식에 대한 부모의 사랑은 부모에 대한 자식의 사랑을 능가한다. 자식에 대한 어버이의 마음은 어버이에 대한 열 자식의 마음을 능가한다. 설령 자식에게 업신여김을 받아도 부모는 자식을 미워하지 않는다.

하늘 아래에는 옳지 않은 부모가 없으니 어버이가 비록 자애롭지 못하더라도 자식은 부모를 버리지 못하는 것이다. 어버이의 자(慈)에 대칭되는 것이 효(孝)다. 효는 백행(百行)의 근본이라고 했다. 즉 백가지 행동 중에 첫째가는 것이 효라는 것이다. 효는 부모를 공경하고 부양하는 것이다. 율곡 선생은 "선비의 온갖 행위 가운데 효제(孝悌)가 근본이고, 오형(五刑)에 속하는 죄(罪)가 삼천 가지지만 그 가운데 불효가 가장 크다."고 했다. 퇴계 선생도 "효와 자

(慈)의 도리는 모든 선의 으뜸으로, 하늘의 본성에서 나오는 것이다. 그 은혜가 깊고 그 윤리가 지극히 무겁고, 그 정이 가장 간절한 것이다.”라고 했다.

그러나 오늘날에는 그저 부모를 모시고만 있어도 효자란 말을 듣는다. 세종 때 충주에서 살부(殺父), 즉 부모를 죽이는 사건이 일어났다. 이에 충격 받은 세종대왕은 설순이라는 학자에게 명해 우리나라와 중국의 삼강(三綱)에 뛰어난 사람들의 행적을 그림과 함께 기록하게 하였다.

그것이 성종(成宗) 때《삼강행실도(三綱行實圖)》라는 책으로 간행되었다 중간되었고, 정조(正祖) 때는《이륜행실도》와 함께《오륜행실도》란 책이 되었다. 그《오륜행실도》에는 삽화(揷畵)도 들어있다.

신문과 방송에는 어머니를 폭행한 패륜아가 2개월 간 접근금지령을 받았다는 보도가 있었다. 서울지법 북부지원이 내린 결정은 이 패륜아로 하여금 집 근처 1백 미터 안에 접근하지 못하도록 한다는 것이다.《오륜행실도》가 부끄럽다.

‘온고지신(溫故知新)’이라는 말이 있다. 옛것을 익혀서 이것을 바탕으로 새 것을 안다는 뜻이다. 이상과 같은 옛 조상님들의 자식 사랑을 익혀서 청소년들은 현대를 살아가는 데 있어 효도를 어떻게 할 것인가를 알아야 한다.

※ 나뭇가지가 고요히 있으려 해도 바람이 멎어주지 않고, 자식이 어버이께 효도하려 해도 어버이는 기다려주지 않는도다.(樹欲靜이나 風而不止하고 子欲養이나 親而不待니라) 이 뜻을 잘 새기어 부모 섬기기를 인생의 지표로 삼고 평생을 살아가야 할 것이다.

◉ 불효(不孝)와 불효벌(不孝罰)

천지만물의 최귀자(最貴者)가 내 몸인데 이 귀중한 몸은 부모님이 주신 것으로 은고여천(恩高如天)하고 덕후이지(德厚以地)한 은혜에 대하여 공경(恭敬) 봉양(奉養) 양지(養志) 입신양명(立身揚名) 봉사(奉祀) 등으로 효라 하고 가르치고 있다.

눈 속에서 죽순(竹筍)을 구해드린 맹종(孟宗)이나, 얼음을 깨고 잉어를 구해드린 왕상(王祥)의 효는 못될지라도 부모를 학대유기(虐待遺棄)하거나 폭행·협박하고, 심지어 고의적으로 살해까지 하는 천인(天人)이 같이 통탄할 사건이 발생하고, 관계기관에 의하면 2000년 한 해 동안에 존속폭행상해가 1,400여건씩 발생하고 있다니 대명천지(大明天地)에 무슨 염치로 고개를 들고 다니겠는가. 여기서 경전에 있는 불효행위에 대한 가르침의 내용과 현행법상의 불효범죄에 대한 규정을 종합 일람하여 불효벌에 대한 실상을 조감해 보고자 한다.

《소학(小學)》명륜편(明倫篇)에는 '다섯 가지 형벌의 종류가 3천이 되지만 불효보다 더한 것은 없다(五刑之屬三千而罪莫大於不孝刑 - 오형지속삼천이죄막대어불효형)'고 하였다.

  *《경국대전(經國大典)》에서의 오형(五刑)

    첫째, 묵형(墨刑-얼굴에 불효 낙인을 찍는 것)이요,

    둘째, 비형(鼻刑-코를 도려냄)이요,

    셋째, 비형(剕刑-발뒤꿈치를 자름)이요,

    넷째, 궁형(宮刑-생식기 거세)이요,

    다섯째, 대벽형(大辟刑-목을 베는 것)이라 규정하고 있는데 불효자에겐 가장 중한 벌인 극형을 내린다고 했다.

*《효경 기효행장(孝經 紀孝行章)》에서는 부모의 근심걱정의 원인이 되는 행동을 불효로 규정하였다.

첫째, 벼슬에 나가 교만방자(驕慢放恣)하여 벼슬을 잃는 것(居上而驕則亡 – 거상이교즉망)

둘째, 하극상해서 형벌을 받는 것(爲上而亂則刑 – 위상이란즉형)

셋째, 조직 내에서 유아독존(唯我獨尊)으로 행동하여 신세를 망침(在醜而爭則兵 – 재추이쟁즉병) 등으로 열거하고 자식된 자로서 행동을 바르게 하라고 가르치고 있다.

* 맹자는

첫째, 게을러 가난하여 부모봉양을 소홀히 함(惰其四肢 – 타기사지)

둘째, 과음과 도박(傅奕好酒 – 부혁호주)

셋째, 재물 탐이 많고 처자만 생각함(好貨財私妻子 – 호화재사처자)

넷째, 여색 방탕으로 부모를 욕되게 함(從耳目之欲 – 종이목지욕)

다섯째, 시비쟁투가 심하여 부모를 걱정하게 하는 것(好勇鬪狼 – 호용투랑) 등 다섯 가지 불효를 경계토록 가르쳤다.

현행법에서도 형법상 존속범죄자 또는 배우자의 부모학대 등 범죄에 대해서는 가중처벌 조항을 둠으로써 우리 국민 정서를 반영하고 있다.

① 부모를 봉양할 의무가 있는 자식이 부모에게 정신적·육체적으로 고통을 주어 학대한 죄(형법 273조 2항)

② 노약질병 등으로 보호를 요하는 부모를 유기한 죄(동 274조 2
   항)

③ 부모를 협박(동 283조 2항), 상해한 죄(동 257조 2항)

④ 부모를 흉기 총포 등 살상무기로 살해하거나 독살(毒殺) 또는
   심장마비, 치매(癡呆) 등 질병을 방치하여 죽음에 이르게 한
   죄(동 250조 2항 사형 또는 무기징역)를 형으로 처벌하도록
   규정하고 있다.

또한 현행 민법에서는 자식은 반드시 부모를 봉양하도록 하여

① 부양을 받아야 할 부모가 자력 또는 근로에 의하여 생활능력
이 없을 때는 부양의무와 책임이 있다.(민법 975조)

② 부양의무자가 수인인 경우 당사자간의 (부양문제가) 협의가
안 되어 분쟁이 있을 때는 청구에 의하여 그 순위를 결정한다(동법
976조)고 규정되어 있다. 또 민법에서는 불효범죄인에게는 재산 상
속권을 박탈하는 조항을 두고 있는데 '자식으로 고의로 부모나 피
상속인 또는 그 배우자, 상속의 선순위자를 살해한 자는 상속인이
될 수 없다'고 명시하고 실재 재판에서 박한상·김성복 등 패륜사
건 판결에 적극 적용했다.

1996년 2월 6일 서울가정법원에서는 병약한 시어머니를 박대하
고 모시기를 거부하는 이혼당사자(여 36세)에게 위자료를 주지 않
아도 된다는 판결이 있었다.

＊ **색난**(色難) : 공자에게 효에 대해 물었다.

  • 자하(子夏)—부모님 얼굴 살피기 어렵다. 내심 파악이 어렵
    다(色難). 자기 낯빛을 온화하게 해서 부모님 모시기 어렵
    다. 힘든 일은 자식이 하고 먹을 것 챙겨드리는 것만으로는
    부모님 마음을 편안하게 해드리기 어렵다.

- 맹의자(孟懿子)－어김이 없도록 하라.
- 맹무백(孟武伯)－부모는 자식의 건강을 염려한다.
- 자유(子游)－공경해야 한다. 봉양만이 효도가 아니다. 개돼지도 새끼를 먹여준다.

* **율곡 선생의 해주향약**(海州鄕約)
- 처벌받는 불효자의 범위

　부모 앞에서 안색을 바꾸는 것

　부모에게 말대꾸하는 것

　부모보다 잘 먹고 잘 입고 잘사는 것

　부모 앞에서 양반 앉음 하는 것

　소나 말을 타고 부모 계시는 집 앞을 지나가는 것

　부모 앞에서 개를 꾸짖는 것

　※ 이보다 징도가 심하면 대과익(人過惡)이라 하여 마을에

　　　서 내쫓는다(黜鄕-출향)

　약한 불효－용서를 비는 것으로 면함

　입정(立庭)－사당(祠堂) 앞에 사흘 동안 세워두는 것

　조상매(祖上鞭)－조상무덤 앞에서 종아리 맞는 것

　도모(塗貌)－기둥에 묶어놓고 한지에 물을 축여 얼굴에 붙

　　　여 질식사(窒息死) 시키는 것

* **대명률**(大明律)

부모를 부양하지 않으면 장(杖) 백대하고 삼천리 밖으로 유형(流刑)

병든 부모를 버려두면 '세지대변 시랑지폭(世之大變 豺狼之暴)'이라 하여 참형(斬刑)에 처하고 그 집터를 파내 못을 만들었다. 고을의 읍호(邑號)도 강등(降等)했다.

이상과 같이 주요 경전과 현행법에서 불효를 엄벌에 처하도록 되어 있으나 불효범죄는 감소되지 않고 있다. 이 글이 유학을 장려 보급하는 유림독자들이 전통효행제도를 교육함에 있어 사례인용의 자료가 되었으면 하는 생각이다.

⊙ 한국의 효사상과 미래교육

한국의 효사상은 본래의 고유 도덕사상의 바탕 위에 삼국시대에 접어들어 유교가 들어오면서 공자의 효사상이 수용되어 이론과 실천이 겸비되어 제격을 갖추게 되었다.

고구려 '태학'에서는 오경사상을 통한 효와 인간교육이 중시되기 시작했으며, 백제에서는 효가 예로 생활화되었으며 신라의 '국학' 이래로 고려의 '국자감', 조선조의 '성균관' 등 이른바 공교육기관에서는 교양필수 과목으로 《논어》와 《효경》이 국책과목이었으며, 주자학 수용 이후에는 《소학》도 중시되어 인간의 근본을 배양하는 효 교육이 중시되었다.

그 외에 지방의 향교와 서원의 사회교육까지 효 교육에 중점을 두었고, 가정윤리교육이 모든 교육의 기본이 됨이 강조되었다. 예컨대 학교교육과 사회교육이 연계되어 교육과 윤리의 기본축을 효에 두었다. 이 시대의 가치관과 교육정신은 지식보다는 진정한 삶의 철학을 더 중요시한 것이었고 가정정신이 확고했었다.

이러한 한국의 전통적 도덕교육은 세계의 으뜸이었다고 하여도 과언은 아니다. 한국의 효사상은 국가의 위기상황에서는 충의사상으로 발전하였으니, 한국의 사상과 문화가 충효라 해도 무방하며 한국사상사에서 그 위상이 아주 높다.

　그러나 조국이 광복되면서 서구교육사조의 범람과 비판 없는 수용은 지식위주의 교육과열로 인간교육은 황폐화되고 교육의 본연성이 가장 망각된 시대에 우리는 살게 되었다.

　현대교육은 인성교육과 인륜교육을 소홀히 하여 인성이 고금의 차이가 없는 선성(善性)을 가졌음에도 청소년은 금수와 같이 포악해지고 범죄나 패륜(悖倫)이 날로 늘고 있다.

　교육은 인간을 인간답게 기르는 것이요, 국가 장래의 흥망을 좌우하는 백년지대계임을 인식치 못한 교육정책은 과감히 시정되어야 함이 시대적 요청이라 하겠다. 그동안 교육의 심각성을 인식하고 교육대통령이 되겠다고 자처한 분도 있고, 교육개혁의 소리를 계속 높이 외쳐왔지만 제도와 법을 고치는 선에서 머물러 큰 결실을 얻지 못해 왔다.

　세계적인 한국의 교육사상가 율곡 선생은 조선조 중기를 살아가면서 다각도로 전반적인 국정개혁을 시도하였으나, 국민의 가정정신과 윤리의식이 없는 상태에서 개혁이 불가함을 절실히 깨달았다. 그리하여 1천여명의 종족이 함께 모여 살면서 〈동거계사(同居戒辭)〉를 지어 실행하여 바람직한 가정윤리관과 가정교육의 전범(典範)을 모든 이에게 보여주어 가정의 화합이 곧 국민총화의 바탕임을 보여주었다.

　또 그 당시에도 심각했던 학교교육의 정상화를 위하여《학교모범》을 지어 시행하고, 청소년 교육에 대해《격몽요결(擊蒙要訣)》을 지어 청소년을 선도하고 향약(鄕約)을 통한 사회교육으로 밝은 사회를 열어 나아가기에 힘썼다. 이 일이야말로 율곡 선생이 시대정신을 잘 파악하고 원천적 교육을 시도하기 위하여 소리 높여 외친 것이다.

영국의 유명한 역사학자(歷史學者) 토인비는 죽기 3년 전 1973년에 한국의 가족제도는 3대가 한집에 살며 조부모에게 부모가 효도하는 것을 자녀들이 본받는 제도를 부러워하며 한국의 가족제도는 존속되어야 한다고 했고, 미국 텍사스대학의 로스토 교수는 1991년 5월 프레스센터에서 '세계 속의 한국'이라는 주제하(主題下)의 강연에서 한국에는 인(仁)과 예사상(禮思想)이 살아 있어 아시아 태평양지역에서 막강한 역할을 할 것이라 했다. 전통한국의 가족제도는 존속되어야 하고, 사회에서는 윤리도덕을 실천하는 어른의 본보기를 본뜨는 청소년으로 우뚝 설 때 세계의 한국인, 세계인을 계도(啓導)할 수 있는 한국인으로 추앙(推仰)을 받을 것이다.

사람이 예스러우면 한층 돋보인다. 전 국민이 윤리도덕을 실천할 때 우리는 세계의 모범국가요, 일등국민으로 세계화(世界化)가 이루어진다. 우리라는 말은 동양 최고의 인(仁)사상이다. 인(仁)은 사람[亻=人]이 둘[二] 어질다는 뜻이다. 인간 공존, 더불어 사는 지혜, 우리의식이다. '우리'는 한국인 정신이다. 다른 나라 사람들은 나를 앞세우지만 우리 한국인은 나와 우리를 거의 같은 뜻으로 쓰고 있다. 우리 남편, 우리 아버지, 우리 아들, 우리로 함께 살려면 남을 사랑하고 사양(辭讓)하는 마음인 예절을 실천해야 한다. 인(仁)은 인야(人也), 인은 애인(愛人), 극기복례(克己復禮)면 위인(爲仁)이니라.

모든 국정위기의 해결책은 가정에서부터 아버지의 위상이 세워지고 새바람이 일어나야 하는데, 근본적으로는 도덕성 회복과 윤리교육에 있음을 인식해야 한다.

우리 교육개혁의 방향은 효를 기본으로 한 도덕교육에 역점을 두고, 가정교육·학교교육·사회교육이 연계될 때에 진정한 교육의 큰 열매를 얻을 수 있다고 확신한다.

예컨대 가장 한국인답고 미래의 세계화·정보화 시대에서 우뚝 설 수 있는 능력있는 인간을 육성하되 전 세계인을 도덕화하고 교육시킬 수 있는 효교육에 중점을 두고 과감하게 개혁해 나가야 한다.

이렇게 할 때 우리는 참된 삶의 철학을 갖고 인간의 존엄성을 존중하면서 모두 함께 살 수 있으며, 밝은 사회를 열어가며 튼튼한 국가의 초석을 세울 수 있고, 21세기를 향한 힘찬 발걸음은 제2의 건국도 순조롭게 추진될 것이라 제창한다.

⊙ 지탄인사(指彈人士)

'독 속의 게(蟹)꼴'이라는 속담이 있다. 오지독 속에 게를 넣어놓으면 바깥으로 나가려고 서로 기어오르는데 뒤쳐져 오르는 놈이 앞서 오른 놈을 끌어내리는 바람에 한 놈도 밖으로 기어나가지 못하는 것에 인생을 빗댄 것이다.

우리 한국 사람들은 어렵게 살거나 불행해지면 서로 돕고 살지만 누군가가 잘 먹고 잘 입고 잘살거나 돈을 잘 벌거나 승진이 빠르거나 하여 평균성을 깨면 이 평균이탈 인간을 헐뜯고 흉을 보며 음해하려든다. 옆집 아이가 공부를 잘해도, 옆집 부인이 비싼 옷을 입어도, 사촌이 논을 사도 배가 아픈 것은 바로 평균인간으로부터의 이탈거부의 저항심리요, 독 속의 게 심리인 것이다.

땅 파먹고 사는 생업에 얽매여 좁디좁은 고향땅에서 조상 대대로 붙박이로 더불어 살아오다 보니 잘살고 못살고, 잘나고 못나고 하는 것보다 고루고루 비슷비슷하게 사는 평균인간, 평균사회를 지향하게 된 것일 게다. '높은 가지 바람 잘 타고, 솟은 말뚝은 두들겨 박으라'는 속담도 있듯이 평균이탈을 하면 어딘가 소원해지고 무엇인가 잘못되기를 바라며 예전에 안보였던 흠이 유별나게 크게 보인다.

험담(險談)문화가 발달한 것도 그 때문일 것이다. 서로 만나서 즐거운 것은 특정인에 대한 험담에 공감할 때이며, 험담대상이 공통되었을 때 서로가 친밀감을 느낀다. 이렇게 실컷 험담을 하다보면 너무 심했다는 생각이 드는지 "하지만 그 사람에게도 이런저런 좋은 점도 있지……"하고 동정까지 해가면서 험담을 한다.

이 험담이 심하면 음해(陰害)까지도 하게 된다. 근거 없는 투서·모략·루머 등이 난무하는 것이 그 단적인 증거다. 증거가 있더라도 어느 한 부분만 보면 흠일 수 있지만 전체적으로 보면 흠이 아닌 경우도 적지 않은데 부분으로 전체를 먹칠해버린다. 황새 꼬리 색깔을 물으면 모두들 검다고 하지만 검은 날개 끝이 덮여서 검은 것이지 실은 하얀데도 검다고들 하듯이 ─.

정몽주 같은 충(忠)·지(志)·학(學)을 갖춘 위인도 포은삼과(圃隱三過)라 하여 세 가지 허물을 들어 지탄하는 이가 있었으며, 이이(李珥) 같은 학덕을 갖춘 위인도 젊어서 잠시 불문(佛門)에 귀의했다는 것만으로 지탄과 고발을 당하고 있다.

⊙ 해달(海獺)

호전적(好戰的)이던 수양제(隋煬帝)는 천하무적의 달군(獺軍)을 투입하는 것으로 전쟁을 도발하곤 했다 한다. 달군이란 뭍과 물을 종횡하며 싸우는 특전부대란 뜻이다. 달(獺)이 뭍에 살면 족제비요, 강에 살면 수달(水獺)이며, 바다에 살면 해달(海獺)이다. 그 수달, 해달처럼 수륙(水陸)으로 훈련되었다 하여 달군이라 불렀던 것이다.

독일 중세의 서사시(敍事詩) 〈니벨룽겐의 노래〉에서 영웅 지그프리드가 입고 있었던 전투복이 바로 수달피(水獺皮)였음은 서양에서도 수달과 용맹(勇猛)은 상관관계가 있었음을 말해 준다. 셰익스피어의 《헨리 4세》에서 이 수달이나 해달이 물고기냐 짐승이냐를 두고 논쟁을 벌이는 대목도 있듯이 반어반수(半魚半獸)인 이 짐승이 우리 조상들에게 친근해 있었음은 달제어(獺祭魚), 곧 고기를 잡아놓고 제사를 지내는 도리를 아는 짐승이라서였다.

물속으로 들어가 고기를 잡으면 반드시 얼음 위에나 해변에 올라와 사방에 그 고기를 널어놓고 제사를 지낸 다음에야 먹곤 한다는 것이다. 물론 특정의 습성이 도의지상주의의 우리 선조들에게 그렇게 보였을 것이며, 조상을 소홀히 하면 수달만도 못한 놈이라는 말을 듣곤 했던 것이다.

우리 조상들만큼 삼강오륜(三綱五倫)의 덕목(德目)을 짐승에게까지 확대시켜 교훈으로 우러렀던 민족도 없을 것이다. 이를테면 처마 밑에 집을 짓고 사는 제비는 3년간 한 집에 신세를 지면 그 보은으로 반드시 그 제비집에 반혼석(反魂石)을 놓아둔다고 알았다. 기절했을 때 이 돌을 갈아 먹이면 소생하고 산모의 손에 이 돌을 쥐어 주면 순산을 한다는 보은의 돌이다.

또 종이(宗彝)라는 원숭이는 나무에 집을 짓고 사는데 할아버지가 제일 높이 살고, 아버지·손자순으로 사는데 자손이 음식을 구해다 위로 올리고, 위에서 먹은 다음 아들 손자가 물려받아 먹는 장유유서(長幼有序)가 깍듯한 짐승이다. 벌과 개미는 군신지의(君

臣之義)가 있고, 호랑(虎狼)은 부자지친(父子之親)이 있으며, 원앙 새는 부부지별(夫婦之別)이 있고, 까마귀는 늙은 어미에 음식을 날라다 먹인다 하여 반포지효(反哺之孝)가 있으며, 담비는 동료의 난에 목숨을 불구하는 부난지용(赴難之勇)이 있듯이 수달과 해달은 보본지례(報本之禮)를 갖춘 것이다.

우리나라에서 수달, 해달이 사라진 지 오래다. 조상을 받들고 부모를 위하는 효의 증발과 동시에 멸종된 도덕적 동물인 것이다. 아비를 죽이고 조상을 업신여기길 걸주(桀紂)시대를 웃도는 우리나라에 상징적 의미가 있는 해달이 아닐 수 없다.

단오풍정 / 신윤복 그림

| 일반 예절

◉ 예절이란 무엇인가

예절이란 인간이 살아가는 방법으로 독자적(獨自的)인 것이 아니고 같은 생활문화권(生活文化圈)에서 통용되는 사회계약적(社會契約的) 생활규범이다. 인간이 살아가는 사회에는 반드시 예(禮)가 있고 행해진다. 우리는 인간생활의 양상이 세계화하는 당위성(當爲性)을 부인할 수 없다. 세계가 동양의 정신문화를 주시히고 동경(憧憬)하고 있는 사실과, 순수한 동양의 정신문화를 우리 한국에서 구하려는 추세(趨勢)에 있음을 알아야 한다. 우리는 긍지(矜持)를 가지고 우리의 예를 더욱 숭상하고 발전시켜야 한다.

세계 공통으로 쓰이는 Etiquette이나 Manner도 예와 같은 뜻이다. Etiquette은 생활과 행동의 기본이란 뜻이 포함되어 있으며, '살기 위한 학문'으로 쓰이는 불어(佛語)다. Manner(mannerism—관습적으로 반복하는 것)는 관습적 양식, 예의이다.

가정이나 사회나 국제간에는 지켜야 할 매너가 있다. 우리나라 사람이 해외에 나가 망신을 당하는 것도 국제적인 매너를 모르기 때문이다. 인간은 만물의 영장(靈長)이다. 힘으로 따진다면 코끼리 사자 호랑이를 당할 수가 없다. 그러나 인간이 으뜸인 것은 인간답기 때문이다. 인격을 갖추고 바람직한 품성으로 살아가는 방법을 알아야 한다. 그것이 바로 인간교육이다.

⦿ 남을 어려워할 줄 아는 게 예절의 기본

● 에라스무스의 예의론

지난번 대한민국 미술대상을 받은 그림에는 버스터미널의 대합실에 나란히 앉아있는 두 여인이 그려져 있다. 시골 아주머니인 듯 한복을 입은 여인은 오른쪽 발을 신발을 벗은 채로 의자 위에 올려놓고 있다. 그런 모습은 일류 호텔의 커피숍에서도 이따금 목격한다.

그것은 한국여성의 전통적인 편히 앉는 자세라고 할만도 하다. 그녀의 어머니도 또 그녀의 할머니도 그렇게 앉아왔던 것이다. 따라서 그녀는 그것이 남 보기에 얼마나 흉한지를 깨닫지 못하고 있다. 그녀에게 예절을 알려주는 책도 없었다.

서양에는 예부터 예절 책이 흔했다. '식탁의 오른쪽에 컵과 나이프를 놓고 왼쪽에 빵을 놓는다. 좋아하는 요리가 나와도 자기가 먹을 만큼만 담고 나머지는 옆사람에게 돌린다. 대접하는 사람은 손님에게 음식값을 말해서는 안 된다. 무엇이든 남에게 돌릴 때에는 오른손을 써야 한다. 옷소매로 코를 푸는 것은 비천한 농사꾼이나 하는 짓이다…….' 이것은 다름아닌 에라스무스가 지금으로부터 5백년 전에 써낸 《소년예의 작법론》의 한 구절이다.

이 책은 발간되자마자 유럽 각국어로 번역되어 16세기 유럽의 예법의 기본이 되었다. 바그너의 오페라 주인공이 된 탄호이저가 쓴 《궁정 예법》에 '접시 위에 몸을 엎어놓고 입으로 소리를 내서 마시는 놈은 짐승과 같다'면서 음식 먹는 법을 가르치고 있다. 이 책이 나온 것은 13세기 때 일이다.

우리나라에도 예절을 가르치는 책이 전혀 없었던 것은 아니다. 일찍이 15세기에 소혜왕후가 쓴 《내훈(內訓)》도 있다. 그러나 서양 말로 에티켓이다, 매너다 하는 것에 관한 책은 없다. 그런 것들은 가정 안에서 아버지가 아들에게, 어머니가 딸에게 몸으로 가르치는 정훈(庭訓)에 속한다. 그래서 새삼스레 글로 적어둘 필요가 없다고 여긴 때문인지도 모른다. 요새도 예법에 관한 책은 없다. 그렇다고 정훈이 있는 것도 아니다.

● 회초리가 자취를 감춰

예전에는 어느 집에나 아이들의 종아리며 볼기를 때리기 위한 회초리가 있었다. 그것들은 모두 아이들의 버릇 고치기를 위한 것들이었다. 예전 아이들은 아버지와 겸상을 했다. 그때 아버지는 이렇게 먹어라, 저렇게 먹어선 안 된다고 이르지 않아도 되었다. 아이들은 그냥 아버지 흉내만 내면 되었던 것이다.

요새는 어느 집에도 회초리가 없다. 어느 집안에서 아들의 버릇을 고치겠다고 벼르고 벼르다 밤늦게 술냄새를 풍기고 돌아온 고교생 아들의 뺨을 때렸다. 그러자 아들이 아버지에게 덤벼들 듯한 기세로, "왜 때려!"하고 소리치더라는 것이었다. 아버지는 더 이상의 파국을 피하기 위해서 아내의 만류에 못 이기는 체 하면서 그 자리를 피했다.

그때 그 아버지는 자기의 아버지로서의 권위가 완전히 땅에 떨어져 있었음을 뼈저리게 확인했다는 것이다. 이런 얘기를 들은 지도 벌써 여러 해가 된다. '개구쟁이가 되어도 좋으니 튼튼하게만 자라라'는 광고가 전국에 퍼진 지도 10년이 넘는다.

● 불쾌감 안줘야

오래 전 텔레비전의 어느 연속극에서 이른바 양가집 대학생 아들이 쩝쩝 소리를 내며 음식을 걸신들린 사람처럼 먹는 장면이 있었다. 그런 아들을 어머니는 대견스레 바라보고만 있었다. 또 다른 드라마에서 엄격한 할아버지까지 있는 집안의 손녀가 마치 불량소녀처럼 거동하고 남자친구에게, "너의 꼰대는……"하고 반말을 한다.

회초리 잡는 손에는 권위가 있어야 하며, 매를 드는 아버지는 아들에게 떳떳할 수 있어야 한다. 그러지 못할 때에는 사랑의 매질이 부당한 폭력으로밖에는 보이지 않는다. 그리고 자기네 부모를 어려워하지 않는 아이들이 남의 집 어른들을 어려워할 턱이 없다.

그리하여 우리의 어린이는 어려운 사람 하나 없는 세상에서 마냥 막되게 자라나고 있다. 그러나 그들은 그저 제멋대로 살아온 부모들을 본뜨고 따라하고 있을 뿐이다.

언젠가 일본의 한 지방도시의 미술관을 들른 적이 있다. 복도에서 마주친 여중생들이 양옆으로 길을 비키면서 하나같이 상냥하게 고개를 숙이고 지나가는 것을 보았다. 그래야 한다고 학교에서 선생이 가르쳤기 때문이 아니다. 그저 남에게 불쾌감을 주지 않는 데 있다.

영국에서 대처 수상(首相) 시절에 '예절의 기본으로 돌아가자'는 운동이 전국적으로 일어났었다. 이때 제창된 것은 "고맙습니다."와 "미안합니다만……"의 두 말을 애용하자는 것이었다. 우리는 밥상 앞에서의 태도며 모임에서의 예절이며 복장의 기본들을 잘 몰라도 된다. 그저 남을 어려워할 줄만 알면 된다. 우리는 너무도 모두가 제멋대로 살아가고 있는 것이다.

◉ 예의조선(禮儀朝鮮)

지금의 한국, 대만을 포함한 중국, 일본을 '유교문화권(儒敎文化圈)'이라 한다. 여기에다 화교들이 많이 살고 있는 싱가포르·말레이시아 등을 유교문화권에 포함시키는 경우가 있다. 그러나 이들 동남아국가들은 전통적 유교국가가 아니다. 19세기까지 세계에서 유교 국가는 다섯 나라밖에 없었다. 중국·조선·일본·유구·월남이 바로 그 다섯 나라이다.

이 가운데 가장 유교적인 국가는 적어도 조선이었다. 중국은 땅이 워낙 넓어 유교가 전국적 영향력을 발휘할 처지가 되지 못했지만, 조선은 좁은 반도국가의 강력한 중앙집권체제로 인해 전반적인 유교화가 진행되었다. 그래서 세계에 드문 문치(文治)를 이루기도 했고, 체제의 경직화로 인한 폐해를 낳기도 했음은 주지의 사실이라 하겠다.

이 다섯 나라 가운데 중국과 일본이 나라이름을 스스로 지어서 사용했으며 조선과 유구는 명나라의 책봉을 받았다. 월남은 중국에 대해선 책봉 받은 국호를 사용하고, 다른 나라에 대해선 자신들이 만든 국호를 사용했다. 중국 임금은 황제라 칭했으며 조선과 유구는 왕(王)이라 했다.

일본은 중국이나 조선에 대한 외교문서엔 대군(大君) 등으로 칭했을 뿐 천황(天皇)을 내세우진 않았다. 월남은 역시 스스로는 황제라 칭하고, 중국에 대해서만 자신들을 낮춰서 왕이라고 하여 이중적 태도를 취했다.

조공(朝貢)에 있어, 중국은 줄곧 받는 입장에 있었으며 조선과 월남은 중국에만 조공했고, 유구는 중국과 일본에 조공했고, 일본은 중국에도 바치지 않았는데, 월남은 중국 이외의 주변국에서 조공을 받고 있었다.

하늘에 직접 제사를 지낸 나라는 중국과 월남뿐이었다. 과거제는 중국·조선·월남에 있었으며, 문묘(文廟)와 국립대학 및 지방관립학교는 모든 나라에 있었다. 유구와 월남에는 학술(학파간의 논쟁)이 없었다.

조선에선 동성동본 혼인이 철저히 금지되었고 중국과 월남에서 대체적으로 금지된 편이었으나, 일본과 유구에선 금지되지 않았다. 대체적으로 의례(儀禮)가 분명하게 정비된 나라는 중국과 조선밖에 없었다. 상속에 있어서도 중국은 남자들에게만 균분했으나, 조선은 비교적 장자를 우대하는 편이었고, 월남은 남녀 모두에게 균분했다. 일본과 유구는 불확실하나 단독상속이 많았던 듯하다. 월남은 부모 쌍계에서 부계중심으로 서서히 변했으나 다른 나라는 거의 부계중심이었다.

장례(葬禮)에 있어, 유구와 월남은 고유토속신앙에 따랐으나, 중국은 유교에 불교·도교 등을 가미했으며, 일본은 불교에 신도(神道)를 혼합한 형태다. 조선은 대개 유교식이었다. 친상(親喪)을 당했을 때 중국·조선·월남은 3년의 복(服)을 입었으나 일본은 1년 내외였고, 유구는 불확실하다. 종묘를 건립하여 왕가의 제사를 지낸 나라는 역시 중국·조선·월남뿐이다.

이상의 전통적 유교국가 가운데 중국과 조선이 가장 중국적이거나 유교적이다. 조선이 중국적이라 했을 때 사대적이었다는 각도에서 부정적 평가를 받을 수 있는 소지는 있으나 선진문물을 받아들여 문화적 자존을 지키려 노력했다는 면, 그리고 서두에 언급한 바와 같이 5백 년 동안 비교적 안정된 문치를 이루었다는 면에서 같은 시기 서양 각국과 비교해 볼 때 긍정적으로 평가받을 부분이 있다.

박세화라는 유학자는 이른바 한일합방으로 나라가 망하자 '예의조선(禮義朝鮮)' 넉자를 써놓고 자결했다고 한다. 유교와 민족에 대한 자부심, 그리고 한 치의 흐트러짐도 없는 논리와 태도가 고스란히 드러나는 장렬함이다. 오늘날 유림이 이분의 백분의 1이라도 본받았다면 우리 유림의 체모가 이렇게 추락하지는 않았으리라.

◉ 예절교육

옛날 법도 있는 집안에서 맏며느리가 들어오면 날을 잡아 며느리 시험을 치렀다. 종부(宗婦)로서, 또 종손의 어머니로서 자질을 갖추었나의 여부를 테스트하는 것으로, 합격하지 못하면 재수 삼수까지 해야 한다. 그리고 합격할 때까지는 예비며느리로서 냉대를 받게 마련이다.

며느리시험의 시험관은 시어머니이다. 시험관 앞에 큰절을 하고 엎드려 있으면, "양아십법(養兒十法)을 외워라."고 출제한다. 그럼 며느리는 몸을 들어 앞뒤로 흔들며 운을 맞추어 이렇게 답해야 한다. "등을 따뜻하게 함이 그 하나요, 머리를 차게 함이 그 둘이라. 울음이 멎기 전에 젖을 물리지 아니함이 그 여섯이요……." 하는 식이다.

이어 소아조호가(小兒調護歌)로 불리는 예의범절 과목을 테스트 받는다. 시어머니가, "방문 앞에서는……"하고 물으면 며느리는, "건기침을 하며……"하고 대답하며, "책이 있으면……"하면 "뛰어

넘지 아니하며……"하고 대답한다. 어른이 걸어가고 있으면, "앞지르지 아니하며", 숟가락은, "어른이 들기 전에 들지 아니하며……" 상추쌈은, "고개를 돌리고서 먹으며", 머리카락은, "버리지 말고 모아두며", 저녁잠은, "시부모 코고신 후에 들며", 부엌 강아지는, "배를 차 소리내지 아니하게 한다." 하였다.

예절을 익히는 며느리수업뿐 아니라 법통 있는 가문들에서는 어릴 적부터 체질화시키는 가문 나름의 예의범절이 정해져 있었다.

이를테면 율곡 선생의 가문에는 〈훈요(訓要)17조〉라는 예의범절이 있어 자손대대로 그 범절을 지킴으로써 행동하는 것만 보고도 율곡의 후손임을 알아 볼 수 있게 했던 것이다. 서당에서도 《동몽선습(童蒙先習)》이니 《소학(小學)》《사소절(士小節)》 같은 예의범절을 글과 병행시켜 가르쳤다.

어릴 적 구구셈을 외울 때 무슨 이치인지도 모르고 외운 것이 일생을 통해 유익하듯이, 또한 하늘 천, 따 지…… 하고 뭐가 뭔지 모르고 외워둔 천자문이 한문에 뿌리를 둔 수십만 어휘의 뜻을 이해시켜 주듯, 어릴 적에 왜 그러해야 하는지 모르게 버릇 들여진 예의범절도 평생의 인격과 인품을 형성하는 뼈대가 되는 것이다. 한데 근대화에 대한 그릇된 이해로 가정과 학교에서 지육(智育)·체육(體育)과 더불어 삼위일체(三位一體)인 덕육(德育)을 증발시켜 예의범절이란 땅속에서 파낸 해골 신세가 되어 오늘에 이르고 있다.

사람은 사람과의 사이 때문에 인간(人間)이다. 사이가 잡히지 않은 사람을 인간(人奸)이라고 쓴 것은 중국 굴지의 작가요 사상가인 노신(魯迅)이다. 그 사이를 잡아주는 것이 예절인 것이다.

교과서를 생활예절에 중점을 두는 쪽으로 개편한다는 교육부의 방침은 그래서 창피스런 다행이 아닐 수 없다.

⊙ 예(禮)가 바로 돼야 국가도 바로 선다

예절이라 함은 원칙적으로 자기의 성장발달을 어렸을 때부터 개발시켜 어른이 되었을 때는 무리 없이 자기 자신을 타인에게 잘 나타내고 올바른 생활습관으로 정도(正道)로 살아가는 것이 인간사가 아니겠는가! 기본적으로 올바른 생활이 형성되어 있지 않으면 개인이나 가정은 물론, 국가나 사회가 발전할 수 없는 것이다. 우리가 늘 도덕과 예절 개념의 첫 번째라고 하는 홍익인간의 이념과 경천애인의 근본적인 사상에 따라 정직함과 올바른 행동으로 이 사회를 건설해 나가는 것이 기본적이고 또 마땅히 그렇게 해야 한다는 생각이 든다.

그런데 우리가 느끼는 도덕과 예절은 아주 먼 거리에 있는 것이나 다름이 없고, 정치·경제의 구조가 잘못되었다고 하지만 커다란 곳에서 도덕과 예절을 찾기보단 우리가 늘상 생활하는 곳에서 예절을 찾아야 할 것이 아니겠는가!

사람이 어떤 사물을 볼 때 상대적인 모든 가치 평가 기준에 따라 전혀 반대의 입장을 보이고 자기가 주장한 진리가 제일인 양 칭송하고 있지만 인간의 몸속 자체도 동물적인 것과 식물적인 것이 모두 섞여 있고 광물질도 합성되어 인간 개체 자체는 창조주를 빼고는 그 어느 누구도 뾰족한 장담을 할 수가 없다.

맹자가 주장했던 성선설(性善說)과 순자가 주장했던 성악설(性惡說) 등 어느 것이 우리 피부에 닿아오는지는 잘 모르겠지만 '죽은 시체보다 살아있는 인간들이 더 무섭다'고 표현하는 요즘 세대의 어줍잖은 표현일지 몰라도 기초적인 예절 생활은 어떻게 태어나고 자랐던지 간에 일상적인 가정교육 기초 위에서 학교교육이나 사회교육을 통하여 사회의 어른들이 모범을 보이고 끊임없이 설득력 있게 선도하는 사회가 되어야겠다. 모든 것 자체가 한탕주의를 선호하고 그 쪽으로 내달리는 모습들은 이제 끝을 맺어야 할 우리의 현실이 아닌가! 예절 교육이 제일 중요하다고 말하면서도 실제 생활에서는 뒷전으로 밀려 소홀히 다루어진 경향이 적지 않다.

홍익인간이란 '크게 돕는 사람이 되어 평화롭게 살자'라는 뜻으로 모든 도덕이 여기서부터 시작되어 창조주의 은혜에 보답키 위해 천제(天祭)를 지냈고, 지극히 공경하는 마음으로 천제를 지냈으므로 경천애인(敬天愛人)이 민족사상의 효시가 되어 예절의 근본이 되었다.

그러나 우리가 심각하게 생각하고 있고 연륜이 더해감에 따라 느끼는 것은 현재 이 순간에도 변화무쌍한 모습들이 네거리를 활개치며 다니는 것이 그저 안타깝기만 하다.

우리가 늘상 이야기하고 있듯이 '도덕이 무너지면 나라가 망한다'라며 보수 유림들이 왜 이야기하는지를 젊은 세대들은 곰곰이 생각하여야 한다. 인생이란 그렇게 늙고 모든 것이 변하지만 그래도 하나도 변하지 않는 것이 있다면 요사이 침몰된 것 같지만 그래도 도덕적인 예절이 살아있기 때문이다.

심각하게 생각하고 있는 것이 있다면 왜 기초적인 도덕심이 함몰되어지는가를 느끼고 그에 대해 어떻게 대처해 나가야만 하는 것인지를 절실히 깨달아야 할 것이다. 부정부패가 극을 이뤄 IMF(국제통화기금)가 우리나라에 도래하여 구조조정이 무어다해서 실업자만 양산시키고 집에도 돌아가지 못하고 밤거리를 왔다갔다하는 서울역의 궁핍한 삶을 살아가는 홈리스의 대표적인 사례가 아니겠는가!

보통사람들의 전통적인 순수하고 어질기만 한 마음들을 정부가 왜 그토록 몰라줄까 하며 안타까워도 해보았지만 세상이 변해 젊은 청소년에서부터 권력을 쥐고 있는 기성세대까지도 천차만별 유형의 부정부패란 한이 없다.

우리가 느끼는 감정은 국민들 모두가 이렇게 숨을 죽이고 그저 살아가고 있지만 부정부패라는 죄명을 선고받고도 부정으로 움켜쥔 한 푼의 돈도 국가에 헌납치 않고 그저 1, 2년 징역을 살다 교도소를 나오면 그만 아닌가! 면죄부를 받고 징역을 살다 나오면 그만이라는 풍조를 완전히 없애야만 한다. 수십억 원을 부정한 방법으로 축재하고도 우물쭈물 넘어가는 그런 사람이 없어질 때 개혁도 되고 국민 모두가 힘을 합쳐 국가를 재건할 수 있는 원동력이 나올 것이 아닌가! 예전에 KBS가 제헌절 특집으로 제작한 〈헌법 제1조 2항〉이라는 프로를 방영했다.

'대한민국 주권은 국민에게 있고 모든 권력은 국민으로부터 나온다'라고 되어 있지만 어쩐지 보는 이에 따라서 그 해결점이 자못 상반된 견해이다.

헌법재판소의 결정 중 대한민국 국민에게 가장 적합하다는 것을 도표로 다섯 가지 발표하고 그 중에서 동성동본금혼법을 위헌 판결한 것이 국민들에게 가장 높은 지지도를 얻었다고 했다. 성균관을 오가는 유림 제현들은 어느 한분이라도 그것을 믿을 사람은 한분도 없다.

"유림 할아버지와 힘으로 싸우면 이길 수 있겠는데……."라며 말끝을 흐리는 모습은 자기 자신을 자랑이나 하는 것같이 보이지만 그 모습은 차마 안쓰러워 무어라고 할 말이 나오질 않는다.

민주주의 국가의 법은 대다수의 의견을 국정에 반영하는 것이 아닌가! 0.3%의 아주 적은 사람들의 행복추구권을 주장하지만 10년 주기로 혼인을 받아주었던 예에 비추어 그대로 따라가면 됐지 어떻게 헌법 자체를 위헌이라고 판결을 내리는가!

여러 곳의 공청회 등에서도 성균관 임원들의 모습은 거의 찾아볼 수가 없다. 여성계 일부에서 환영하고 있지만 대다수의 의견은 아닌 것 같다.

차제에 국민투표에 부쳐 국민들에게 물어보는 것이 어떨까? 예전에 시사주간지 〈NEWS＋〉에서는 '헌법재판소는 무용지물?'이란 대타이틀로 표지를 장식했었다. 내용이야 어찌되었건 국민들의 마지막 보루라 할 수 있는 헌법재판소가 이러한 사정에 당도했을 때 9명의 재판관들의 표정은 어떻게 변했을까! 연구관 20명(법원 파견 9명, 경찰관 5명, 자체 연구관 6명) 등 180여명이 근무하고 있단다. '헌재와 법원으로 나눠 사법제도를 운영할 필요가 있느냐'는 지적도 나올 만하단다. 원천적으로 도덕과 예절이 정상으로 돌아갈 때 국가의 기능도 정상적으로 움직이는 것이다.

◉ 인일시지념(忍一時之念)이면 면백일지우(免百日之憂)라

〈공자삼계도(孔子三計圖)〉에 '운일생지계(云一生之計)는 재어유(在於幼)하고, 일년지계(一年之計)는 재어춘(在於春)하고, 일일지계(一日之計)는 재어인(在於寅)이니, 유이불학(幼而不學)이면 노무소지(老無所知)요, 춘약불경(春若不耕)이면 추무소망(秋無所望)이요, 인약불기(寅若不起)이면 일무소판(日無所辦)이니라'라고 하였다.

풀이하면 '공자께서 삼계도에 말씀하시기를 사람의 일평생을 좌우하는 공부의 계획은 어렸을 때 세워야 하며, 1년 동안의 계획은 봄에, 하루의 계획은 새벽에, 어렸을 때 배우지 않으면 늙어서 후회하고, 봄에 씨 뿌리지 아니하면 가을에 거둘 것이 없을 것이요, 새벽에 빨리 일어나 그날의 계획을 세우지 않으면 어려움이 생길 것이다'이다.

이 말은 유림이면 다 아는 공자의 기초적인 말씀이고 어떻게 생각해보면 이 세상살이에 그 무엇보다도 어려운 것일 수도 있다. 사람은 자기운명을 지배할 수 있는 유일한 동물이다.

'돼지가 자살했다'는 이야기는 없을 것이로되 사람은 그 이유가 어떻든 세상에는 헌신짝처럼 자기목숨을 내버리는 인간들도 있다. 고등동물인 인간들이 저지른 사회에 커다란 죄악임을 깨닫지 못하고 자기위주로 모든 관점을 얽매이다보니 다른 쪽에서 자기를 보는 깊은 뜻을 알지 못하고, 대중적 흥분에 도취되어 목적하는 그것이 제일인 양 정도(正道)도 없고 원칙(原則)도 없이 마구잡이식으로 행해지는 것이다. 나라에 법이 있거늘 소영웅적 심리로 시민연대가 주창하고 있는 낙천 낙선운동이 '정치적 대혁명'이라는 기치를 토대로 삼아 그것이 정설인양 핏대를 올리고 있으니 우리 유림들은 그네들을 무슨 뜻으로 이해하여야 할 것인가!

국민적 통계가 정확하다면 우리가 살아가는 데 별 무리 없이 생로병사(生老病死)를 맞이할 것인데, 국가 통계도 무시하고 목적도 없이 사회적 모순들과 함께 날뛰니 어쩌란 말인가! 인간이란 목적의식이 없는 성취감이란 생각할 수도 없다. 현대인의 특징인 목적 상실이 지적되지만 우리가 늘상 생각되어지는 '바람 부는 대로, 물결치는 대로 덧없이 흘러가는 인간사'라는 궤변 같은 논리에 젖어

들어서는 안 된다. 방향감각도, 목적의식도 없기 때문에 사는 보람도 있을 턱이 없다.

한발자국씩 뒤로 빠져 국가에 처해있는 상황을 잘 인식하여 무엇이 국가를 위하는 길인가를 냉철히 판단하고 그에 따라 가도록 힘써야 한다. 기계화로 획일적으로 특징되어지는 지금의 현실이 비인간화, 인간소외와 밀접한 관계가 있겠지만 그 속에서도 우리는 인간 심리에 대한 통찰력을 강화하여 사람답게 사는 지혜를 배워야 하는 것이다.

사람들은 흔히 학교를 졸업하면 공부가 끝난 것인 줄 알지만 새로운 시작의 출발점으로 생각하고 인간이 사회생활에 필요한 교육을 받고 또 그렇게 하는 것이 평생교육인 것이다.

학교시절의 열등생이 새로운 사회 환경에 부딪쳐 새로운 기분으로 자기향상을 꾀하는 동안, 학교 시절의 우등생은 자신의 머리만 믿고 방심하다가 결국은 생존경쟁에서 뒤지고 마는 사실들을 우리는 많이 보아왔지 않았는가!

가정교육과 학교교육·사회교육이 함께 어우러져 바라는 바 공부자의 '군사부일체'라는 함축성 있는 말씀이 있질 않는가! 또한 미국의 에이브라함 링컨은 "40세가 지난 사람은 자기 얼굴에 책임을 져야 한다."라는 말을 했다.

무릇 인간이 자기를 주관적으로만 알고 타인이 생각하는 객관적인 태도가 없다면 '자아도취'만 있을 뿐 그 이상의 효과는 기대할 수가 없다.

우주의 모든 생성하는 것 중에 '자기'란 미약할 수밖에 없다. 그러나 인간이란 자기중심으로 삶을 살다보니 조그마한 것에 흥분하고 마는 것이다. 더욱 크게 생각을 하여 내가 하는 일이 누구에게

득이 되고 누구에게 손해를 끼치는지 정확한 판단을 하여야 하는 것이다.

먼발치에서 현실을 내다보시는 많은 유림들이 전국에 산재해 계신다. 간혹 부패된 공무원이 다소 있기는 하나 커다란 원동력을 마비시키는 무례는 저지르고 있지 않다고 한다. 잘된 것을 칭찬하는 그런 유행이 와야 되는데 잘못된 것만 꼬집는 것은 코앞에 이익이 있는 것만 보고, 그 뒤에 펼쳐지는 원대한 꿈의 시야가 가려져 있어 그저 안쓰럽기만 하다. 시민연대가 이러한 행동을 일으키는 것은 객관적 환경이 아니라 오직 자기 행동만 옳고 타인들의 생각을 전혀 하지 않는 주관적인 것이다.

고리타분한 유교가 아니라 현재 21세기의 정보화시대로 모든 것이 들어가고 있다. 함께 배우고 또 가르치며 국가의 장래가 밝아오게끔 지금 우리들이 힘써야 할 때가 이미 오고 있다.

'인일시지념(忍一時之念)이면 면백일지우(免百日之愚)라', 즉 '한때의 분한 것을 참으면 백날의 근심을 면할 수 있다'는 뜻을 음미하여 서로 믿고, 서로를 위하여 다가오는 우리 세대에 펼쳐질 웅대한 꿈이 실현되도록 국민 모두 함께하는 '새천년'의 시발점을 딛고 선 우리 국민들에게 밝은 태양이 떠오르길 간곡히 믿어 의심치 않는다. 그래도 세월은 그저 흘러가고 있건만······.

◉ 언어예절(言語禮節)

자기의 뜻을 상대에게 전하는 것이 말이다. 대화상대에 따라 높임말1)과 낮춤말2)을 가려 써야 한다. 높임말과 낮춤말은 말씨와 어휘(語彙)를 어떻게 골라 쓰느냐에 따라 결정된다. 웃어른에게 말씀을 여쭐 때는 높임말로 하고 아랫사람에게는 낮춤말로 한다.

○ **말할 때의 예절**

  * 남의 이야기 중간에 절대로 끼어들지 않는다.

  * 화제가 이어지도록 간결하게 요점만 말하고 중언부언(重言復言)하지 않는다.

  * 상대가 질문하면 자상하게 설명하고 의견을 말하면 성의 있게 듣는다.

  * 의문이 있을 때는 상대방 말이 다 끝난 뒤에 묻는다.

  * 대화중에 자리를 뜰 때에는 양해를 구하고 다른 사람에게 방해되지 않도록 조용히 행동한다.

○ **말의 맵시**

  * 상대편이 알아들을 수 있는 말로 한다.

  * 표준말을 사용한다.

  * 외래어나 전문용어는 가급적 사용하지 않는다.

  * 같은 말이라도 고운 말을 골라 쓴다.

  * 감정을 편안하게 표정을 온화하게 해서 말한다.

  * 너무 작거나 크게 말하지 않고 조용하면서도 알아듣기 좋게 말한다.

---

1) 높임말 : 시, 세, 셔가 낀다. - 하시었다/하세요/하셨다.
   반높임말 : 말의 끝맺음이 오, 요로 끝난다. -그렇게 해요.
   보통말 : 끝맺음이 게, 나로 끝난다. -그렇게 하게/언제 왔나.
2) 반낮춤말 : 반말이라고도 한다. -그렇게 해/언제 왔어.
   낮춤말 : 아이들이나 아는 아랫사람에게 하는 말-그렇게 해라/언제 왔니.
   절충식 말 : 보통 말씨를 써야 할 상대지만 대접해서 말할 때-그렇게 하시게/언제 오셨나
   사무적 말 : 말끝이 다와 까로 끝난다. -했습니다/오셨습니까.
   정겨운 말 : 말끝이 요로 끝난다. -그렇게 해요.

* 발음을 정확하게 하고 상대편이 잘 들을 수 있도록 말한다.

◇ 존대 어휘 : 아버지 진지 잡수세요.

◇ 할아버지에게 아버지를 말할 때는 아버지를 낮춘다 : 아버지는 밥 먹었어요.

◇ 아버지에게 할아버지를 말할 때는 모두 높인다 : 할아버지께서 가셨어요, 아버지께서도 가시지요.

◇ 할아버지가 손자에게 아들을 말할 때는 모두 낮춘다 : 애비 어디 갔니.

◇ 아랫사람에게 웃어른을 말할 때에는 아랫사람은 낮추고 웃어른은 높인다 : 애야, 선생님께서 어디 가셨니.

◇ 겹존대는 피한다 : 선생님께서 말씀하시기를 오전 중에 끝내라고 말씀하시지 않으셨습니까?(아첨) 선생님께서 오전 중에 끝내라고 하지 않으셨습니까?

◇ 8촌(근친, 당내간, 유복지친) 이내는 '님'자를 붙이지 않는다.

◇ 같은 세대끼리라도 나이가 10세 이상 차이가 나면 나이대접을 한다.

◇ 한 세대 밑이라도 15세 이상 차이가 나면 반말 하기가 어색하다 : 조카, 이렇게 하는 게 좋지 않아요?

◇ 일반사회에서는 상대를 높이고 자신을 낮추는 것이 예의이다.

◇ 압존(壓尊)말법 : 압존말법은 겸손말법과 통하는 것으로 높은 어른 앞에서는 그보다 낮은 어른을 높여 말하지 못한다. 조부모 앞에서 부모를 말할 때에 애비·어미라 말해야 바른 말법이 된다. 직속국장 앞에서는 자기 과장을 호칭할 때 성씨나 직책을 앞에 붙여 ○○과장으로 호칭해야 바른 말법이 된다.

◇ 이질부(姨姪婦)에게 : ~하게

◇ 처이질(妻姨姪)에게 : ~하게 무방

◇ 처이질부(妻姨姪婦)에게 : ~하게 무방하나 나이가 15세 이상 많으면 요로 반높임 정도가 좋다.

◇ 장모 입장에서 사위에게, 사위 나이가 더 많으면 요로 말하기도 한다.

옛날에는 처삼촌도 나이가 10세 미만 차이면 말을 터준다고 했는데 요즘은 처당(妻黨)도 친당(親黨)과 같이 대하고 있으니 어법에 혼란이 있다. 자매가 한집 형제에게 동생은 형에게, 언니는 동생에게 시집을 갔을 때 당사자끼리나 친정(親庭)에서는 본래 자매로 언니 동생하나, 시집에서는 남자형제의 서열에 따라 동생에게 형님이라 한다.

※ 혼났다(혼이 나감), 야단맞았다(자기 자신), 꾸중 들었다, 걱정하셨다.(상류가정)

※ 우리는 호칭어와 지칭어의 규범이 무너진 혼돈시대에 살고 있다.

자신의 남편을 '아빠'라 부르는 것은 옳지 않다.

시누이를 '고모'라 부르는 것은 옳지 않다.

자신의 아버지를 '선친'이라 부르는 것은 옳지 않다.

자녀가 '○○아버님'이라고 자신의 아버지를 가리키는 것은 옳지 않다.

시누이남편은 '○서방님'이 옳은 표현이고, '고모부'는 잘못된 말이다.

시집 안간 손아래 시누이는 '아씨'가 옳은 표현이고, '아가씨'는 잘못된 말이다.

◉ 춘추필법(春秋筆法)에 의한 우리의 언어

우리가 오늘날 춘추필법을 따를 수 없고 본받지도 못하지만 정신만은 살아 있어야 되지 아니하겠는가. 춘추필법이란 공정한 태도로 준엄하게 비판하는 기술방식을 말한다.

'춘추'라는 것은 역사의 기술에 있어서 한 자 한 자를 가려 씀으로써 칭찬하거나 꾸짖거나 비난하는 필법을 말한다. 이《춘추》는 공자의 손으로 이루어졌다. 곧 노나라의 역사를 기년체로 쓴 것으로 오늘날의 역사책과는 달리, 사실을 단순히 기록했을 뿐 비평이나 설명은 철저히 삼갔다.《춘추》는 노(魯)나라 은공(隱公) 원년에서 애공(哀公)까지의 역사서라 할 수 있다.

《춘추》의 처음에 다음과 같이 기록되어 있다.

'1년 봄 왕의 정월이다. 3월 공이 주나라 의보(儀父)와 더불어 멸(蔑)에서 맹약(盟約)을 하다. 여름 5월 정백(鄭伯)이 단(段)을 언(焉)에서 이겼다.'

너무나 무미건조한 글이지만 이들 글자 하나하나에 춘추필법에 의한 역사 비평이 담겨 있다고 한다. 공자는 기재사실의 선택과 표현방법에 이미 칭찬과 비난의 뜻을 나타냈다고 할 수 있다. 춘추의 해설격인《춘추좌씨전(春秋左氏傳)》은 위의 글을 다음과 같이 풀이하였다.

의보는 주나라 군주 극(克)의 자(字)이다. 자를 쓴 것은 두 가지 뜻이 있다. 먼저 극이라고 한 것은 나중에 주나라 왕으로부터 작위를 받았지만 그 시점에서는 받지 않았기 때문에 작위로 기록하지 않았다. 또 하나, 극이라는 이름을 쓰지 않은 것은 자를 씀으로써

의를 표한 것이 된다.

그리고 3월과 5월 사이에 아무 사건이 없었던 것은 아니나 4월에는 노나라 대부(大夫) 비백(費伯)이 군사를 이끌고 낭(郞)이란 곳에 성벽을 쌓았다. 당연히 기록되어야 할 사건이지만 이것을 뺀 것은 군주의 명령에 따라 쌓은 것이 아니기 때문이다. 역으로 말하면 이 기록을 뺌으로써 비백이 군주의 명으로 성을 구축하지 않았다는 사실을 암시한 것이다.

그리고 글자 한 자로써 전체의 뜻이 내포되어 있게끔 하였으니 전자에 설명한 바 있지만 정(征)·토(討)·벌(伐) 등이다. 글자 한 자를 보면 곧 사실을 알아보게 되니 구구하게 논설을 요하지 않아도 읽는 이로 하여금 명확하게 개념이 떠오르게 된다.

오늘날 불편부당(不偏不黨), 공평무사(公平無私)한 글을 쓴다고 해도 춘추필법을 그대로 흉내낼 수는 없다. 이 《춘추》야말로 인류가 이룩한 찬란한 문화 중 하나이다. 이처럼 《춘추》의 정신으로 역사를 쓰며, 한마디 한마디를 할 때나 들을 때에 조심성이 있어야 한다. 그런데 생각나는 대로 함부로 말을 구사하거나 다른 사람의 말을 함부로 넘겨버려서는 안 된다.

지난 일이지만 일왕(日王)이 우리에게 사과한 것이나 일본 각료들의 사과문을 보면 온몸에 소름이 끼칠 지경인데, 이것들을 그냥 넘기거나 또는 왜곡된 해석을 하여 그네들을 비호하는 풀이를 하곤 해 왔다. 이것 또한 자기 스스로의 위안이라 할까, 참으로 한심하기 짝이 없다. 즉 일왕 소화(昭和)가 사과하는 게 "유감(遺憾)으로 생각한다."라고 하였다.

《국어사전》에 유감은 '마음에 차지 아니하여 불만스러움, 언짢게 여기는 마음' 등으로 기록되어 있다. 또 《한한사전》에는 '마음에 섭섭함, 불만스럽게 여기는 마음'이라 되어 있다. 그런데 어찌 미안하다는 말이 내포되어 있는가? 이것을 역으로 말하면 연합군에 의하여 한국을 내어 준 것이 유감이라는 뜻이 될 수도 있으니 어찌 사과의 문구라 할 수 있는가.

또 각료들이 '통석(痛惜)'이라는 말을 썼는데 《국어사전》에는 '몹시 애석하게 여김, 매우 유감으로 여김'으로 되어 있다. 이것 역시 역으로 생각하면 우리들을 먹었던 것을 되내어주었으니 애석하다는 뜻을 담고 있는지 어떻게 알 수 있는가?

그네들의 간교(奸巧)한 말은 차치하고 그네들은 한마디 한마디 할 때마다 전문가에게 자문을 하여 국가와 민족의 긍지에 손상되는 말을 아니하려는 노력이 역력한데, 우리나라는 물론 이런 자문기관도 없거니와 자기 마음대로 발언하여 민족감정에 상하는 언어인지, 이가 되는지 해가 되는지도 생각지 아니하고 함부로 외국에 가서 말하여 국민감정에 반한 발언을 하는 사례가 한두 가지가 아니다. 참으로 《춘추》를 한번 읽고 외교나 정치에 나아갔다면 이런 일들은 없을 것이다.

〈동아일보〉에 '윤봉길 의사 체포 사진, 본인 맞다'라는 기사가 실렸는데 내용은 고사하고 '체포'라는 단어에 어떤 뜻이 내포되어 있는지도 모르고 함부로 사용하는 한심한 짓이다. '체포'라는 단어를 《국어사전》에서 보면, '죄를 지었거나 혐의가 있는 사람을 잡아 구속함' 등으로 되어 있다. 《한한사전》에는 '죄인을 잡아 쫓아가서 붙듦'으로 되어 있다.

윤봉길 의사가 무슨 죄를 지었단 말인가. 죄인이라면 어찌 의사(義士)가 되겠는가? 민족을 위하여 살신성인(殺身成仁)한 의사를 강제로 끌고 가서 일인들이 사용한 문자를, 함부로 우리가 우리에게 사용하는 망발을 하고도 망발인지조차 모르고 있다. 천인이 분노할 언어의 표현을 하고도 본인이나 쓴 사람이 아무 거리낌없이 듣고 보고 쓰니, 참으로 민족 기의 사멸은 물론 스스로 일인의 죄인으로 자초하는 지경이 되었으니 참으로 한심한 일이 아닌가?

우리가 하나의 말을 하고 하나의 글을 쓰는 데도 민족이라는 주체적 개념을 갖고 행해야만 앞으로의 세대가 민족의식을 갖게 될 것인데, 우리 것을 버리고 외래어를 남용한다든가 일인의 신하가 되는 언어를 사용하는 일이 없어야 할 것이다. 춘추필법은 누구나, 아니 앞으로도 쓸 사람이 없다하여도 그 정신만은 갖고 올바른 언어구사를 하여서 후세에 물려주어야 되지 아니하겠는가?

◉ 행동예절(行動禮節)

행동예절이란 기거동작(起居動作)을 바르게 하는 것을 말한다. 우리의 조상들이 몸가짐의 기준으로 삼은 예절을 가르치는 《소학(小學)》과 율곡 선생의 《격몽요결(擊蒙要訣)》에 나오는 글을 보면 아홉 가지 모습(九容-구용)이 있다.

① 족용중(足容重) : 발을 옮겨 걸을 때는 무겁게 한다. 그러나 어른 앞을 지날 때와 어른 명령에는 민첩하게 대처한다.

② 수용공(手容恭) : 손은 필요 없이 움직이지 않으며 일이 없을 때는 두 손을 모아 공손히 공수한다.

③ 목용단(目容端) : 눈은 단정하고 곱게 떠서 지그시 정면을 본다. 치뜨거나 곁눈질을 하지 않는다.

④ 구용지(口容止) : 입은 조용히 다물어야 한다. 말하지 않을 때 벌리거나 어른 앞에서 껌을 씹지 않는다.

⑤ 성용정(聲容靜) : 말소리는 나직하고 조용하게 해야 하며 시끄럽거나 수선스럽게 하지 않는다.

⑥ 두용직(頭容直) : 머리는 곧고 바르게 가져 의젓한 자세를 지킨다.

⑦ 기용숙(氣容肅) : 호흡을 고르게 조용히 하고 안색을 평온히 해서 기상을 엄숙하게 갖는다.

⑧ 입용덕(立容德) : 서있는 모습은 그윽하고 덕성이 있어야 한다. 기대거나 삐뚤어진 자세는 천박하게 보인다.

⑨ 색용장(色容莊) : 얼굴표정은 항상 명랑하고 씩씩하게 갖는다.
 * 어른 앞에 앉을 때는 어른의 정면에 앉지 않고, 남자는 어른의 왼쪽 앞, 여자는 어른의 오른쪽 앞에 앉는다.
 * 어른께서 앉으라고 말씀하셔야 앉는다.
 * 두 손은 무릎 위에 얹거나 남자는 중앙, 여자는 오른쪽 다리 위에 놓는다.
 * 방석에 앉을 때에는 방석을 밟지 않는다.
 * 의자에 앉을 때에는 남자는 두 무릎을 붙이고 여자는 발꿈치도 붙인다.
 * 실내에서 걸을 때에는 발자국 소리가 나지 않게 걷는다. 여자가 한복을 입었을 때에는 발끝으로 치맛자락을 차듯이 밀며 걷는다.
 * 누워있거나 앉아있다가도 어른의 인기척이 나면 일어서서 문밖으로 나가 공손히 맞는다.
 * 남녀가 함께 계단을 오를 때에는 남자가 앞서 오른다.
 * 남의 앞을 지날 때에는 상대에게 정면으로 뒷모습을 보이지 않는다.

* 방안에 들고날 때에는 문턱을 밟지 않는다.
* 방안에 있는 사람에게 될 수 있는 대로 뒷모습을 보이지 않는다.
* 어른 앞에서는 어른보다 편한 자세를 취하지 않는다.
* 어른보다 높은 곳에 위치하지 않는다.
* 왼쪽 오른쪽 가리킬 때에는 왼쪽은 왼손, 오른쪽은 오른손으로 가리킨다. 손등을 보이면 안 된다. 물건을 주고받을 때에는 앉은 사람에게는 앉아서 주고, 서있건 사람에게는 서서 준다.

◉ 한복을 맵시있게 입는 법

한복은 조상 대대로 내려오는 민족 의상으로서 우리 문화의 아름다움과 우아(優雅)함이 조화를 이루고 있다. 한복의 특징은 인체의 곡선을 무시하고 평면재단하여 바느질하며, 상하색의 배합이 다채롭고, 분위기에 어울리는 색상을 선택하여 맵시있게 입을 수 있다.

● 여자의 한복

* 어릴 때 : 다홍치마에 노랑 또는 연두색 저고리에 회장[1]을 달아 입는다.
* 중년 : 남치마에 노랑이나 연두색 저고리에 회장을 달아 입는다.
* 노년 : 옥색 치마나 연회색 저고리에 회장을 달아 입는다.

---

1) 회장(回裝) : 저고리 깃, 끝동(소맷부리), 곁대, 고름을 자주 또는 남색 헝겊으로 꾸민 것.

부모가 살아계시고 남편과 자녀가 있으면 삼회장[2])을, 부모가 돌아가시면 반회장[3])을 달아 입는다.

* 양반가의 예복 : 남치마에 옥색 저고리 자주 반회장에 남색 끝동정을 달아 입고, 남편을 사별한 부인은 소복을 입는다.
* 혼인예식에서 신랑의 어머니는 청색 치마저고리, 신부 어머니는 홍색 치마저고리를 입는다.
* 기제사에는 옥색 치마저고리를 입었으나, 현대는 기호에 따라 선택한다.
* 속옷과 겉옷 머리모양 장신구 신발 등이 조화를 이루도록 하고, 치마저고리 색깔은 달리해서 입는 것이 좋다.
* 계절에 맞게 겨울에는 겹저고리, 여름엔 깨끼옷을 잘 선택해서 입는다.
* 속옷이 보일 듯 말 듯 살짝 비치는 옷감이 멋스럽다. 속치마와 겉치마의 길이도 2~3cm 차이가 적당하고, 바지는 속치마보다 짧게 하여 입는다. 속치마 어깨허리는 겉치마의 어깨허리보다 5~6cm 정도 길게 하여 앞가슴을 잘 가리도록 한다. 또 속치마의 어깨와 겉치마의 어깨선이 하나가 되도록 입고 속적삼을 입는다.
* 저고리는 동정 이를 맞춰 입도록 하고, 치마허리가 저고리 도련 밑으로 보이지 않게 한다.
* 버선은 수눅이 중앙을 마주보도록 신어야 한다.
* 치마의 겉자락은 왼쪽으로 되도록 입고, 짧은 고름과 긴 고름의 차이는 묶은 후 3cm가 적당하다.

---

2) 삼회장 : 깃, 소맷부리, 겨드랑이에 갖추어 댄 회장
3) 반회장 : 끝동과 깃, 고름만 자주색이나 남색 헝겊으로 꾸민 회장

* 한복을 입을 때의 머리모양은 목이 상큼하게 드러나거나 따 내리는 것이, 늘어뜨리는 것보다 어울리고 단정해 보인다.
* 화장은 자연스러운 분위기가 나도록 연하게 하는 것이 좋다.

● 남자의 한복

* 한복을 입을 때에는 바지저고리 조끼 마고자 두루마기 신발 등을 갖춰야 한다.
* 저고리는 동정 이가 잘 맞게 입는다.
* 버선이나 양말을 신고 대님을 친다.(대님 치는 순서는 마루폭 의 솔기를 발목 안쪽 복사뼈에 대고, 바지부리를 잡고 돌려 감아 발목을 싼 끝이 바깥 복사뼈에 닿도록 하고, 대님을 발목 에 대고 두 번 돌려 감아 안쪽 복사뼈에서 고를 내고 묶는다)
* 조끼를 입는다.(조끼 밑으로 저고리가 삐져 나오지 않도록 한다)
* 여자의 두루마기는 방한복이기 때문에 실내에서는 벗어야 하 고, 남자의 두루마기는 예복이므로 입어야 한다.
* 바지는 작은사폭이 왼쪽으로 가도록 입고, 앞 중심에서 왼쪽으 로 주름이 가도록 접어 허리둘레를 조절하여 허리끈을 맨다.
* 조끼와 마고자의 색상은 너무 현란하거나 수를 놓은 것은 품 위가 없어 보이므로 피하는 것이 좋다.

◎ 손 마주 잡는 법(拱手法, 叉手法 - 공수법, 차수법)

　의식행사나 어른을 모시고 있을 때 두 손을 앞으로 모아 포개 맞 잡는 것을 공수라 하며 겸손한 자세이다. 남좌여우(男左女右)의 이치에 따라 보통 때와 길사시(吉事時)에는 남자는 왼손을 위로 포개 공수하고, 흉사시(凶事時)에는 오른손을 위로 포개 공수한다. 여자는 반대로 길사에는 오른손을 위로 포개 공수하고, 흉사에는 왼손을 위로 포개 공수한다.

* **남자의 공수** : 길사에는 양손의 엄지와 검지 사이를 마주 끼되 왼손이 위로 되게 끼고, 왼손 네 손가락을 오른쪽 손등 위에 가지런히 포갠다.

* **여자의 공수** : 여자의 공수는 남자와 반대로 양손의 엄지와 검지 사이를 마주 끼되, 길사에는 오른손을 위로 왼쪽 손등 위에 포개고, 흉사시에는 반대로 왼손을 오른쪽 손등 위에 포갠다.

* **흉사시에는 남녀 모두 길사 때와 반대로 공수한다.**

※ 흉사라 함은 초상이 나서 졸곡(卒哭) 이전까지를 말하며, 졸곡은 곡을 마친다는 뜻으로 삼우제를 지내고 약 100일 후가 된다. 그러나 현대는 가정의례준칙에 조부모 부모 배우자의 상기가 100일로 되어 있기 때문에 삼우까지를 흉사로 보아야 할 것이다.

◉ 읍례(揖禮)

읍례란 맞잡은 손을 무릎을 거쳐 원을 그리듯 위로 올렸다 원위치함을 말하며, 눈높이까지 올렸다 원위치하는 것이 상읍례(上揖禮), 입높이까지 올렸다 원위치하는 것이 중읍례(中揖禮), 가슴높이까지 올렸다 원위치하는 것이 하읍례(下揖禮)이다. 읍례는 의식 행사에나 하고 산 사람에게는 하지 않는다.

※ 길사에는 길사시의 공수, 흉사에는 흉사시의 공수를 한다.

⊙ 절하는 법(拜禮法, 展拜法 – 배례법, 전배법)

절은 상대에게 공경을 나타내는 동작으로 의식행사 때와 어른에게 하는 큰절, 평등한 사이에 하는 평절, 아랫사람의 절에 답하는 답배 세 가지로 분류할 수 있고, 국기에 대한 경례, 거수경례도 있다. 남녀 음양의 이치에 따라 기본 횟수의 절은 남자는 한 번, 여자는 두 번 하게 되어 있다. 그러나 의식행사에는 배를 하게 되어 있다. 지금으로부터 약 400년 전 사계(沙溪) 선생의 《가례집람(家禮輯覽)》에 자세하게 나와 있다.

● 앉은 자리에서 남자의 절

* 큰절(稽首拜-계수배) : 의식행사나 답배를 하지 않는 어른에게 하는 절로써 왼쪽 무릎을 먼저 꿇고, 오른쪽 무릎도 꿇고, 엎드리며 공수한 손을 바닥에 짚는다. 발은 왼발을 밑으로 오른발을 위로 포개고, 발꿈치를 벌리고 깊게 앉는다. 팔꿈치를 바닥에 대며 머리를 숙여 손등에 대고 잠시 머물렀다 고개를 들며 팔꿈치를 바닥에서 떼며 상체를 일으킨다. 오른쪽 무릎을 먼저 일으켜 세우고 공수한 손을 바닥에서 떼어 오른쪽 무릎을 짚고 일어난다.

* 평절(頓首拜-돈수배) : 약간 손윗사람이나 평교간에 하는 절로써 큰절같이 하되 머리가 손등에 닿으면 머물지 않고 바로 일어난다.

* 반절, 답배(控手拜-공수배) : 답배할 때 하는 절로써 발을 포개고 앉되 깊이 앉지 않고 팔꿈치도 바닥에 대지 않고 엉덩이와

머리가 수평 되게 굽혔다 일어난다. 앉은 채로 두 손을 바닥에 짚고 고개를 약간 숙여주기도 한다.

● 앉은 자리에서 여자의 절

* 큰절(肅拜-숙배) : 선 채 공수한 손을 어깨높이로 올리고 이마를 손등에 댄다. 왼쪽 무릎을 먼저 꿇고 오른쪽 무릎을 가지런히 꿇는다. 오른발을 아래로 왼발을 위로 포개 앉고 뒤꿈치를 벌리며 깊이 앉는다. 상체를 45도쯤 굽혀 잠시 머물렀다 일으키고 오른쪽 무릎을 먼저 세우고 일어나 두발을 모으고 공수한 손을 내려 원위치한다.

* 평절(平拜-평배) : 약간 윗사람이나 평교간에 하는 절로 공수한 손을 풀어 양옆으로 내리고 왼쪽 무릎을 먼저 꿇고 오른쪽 무릎을 가지런히 꿇는다. 오른쪽 발을 아래로 왼발을 위로 포개 앉고, 뒤꿈치를 벌리며 깊이 앉는다. 양손가락을 가지런히 모아 끝이 밖으로 향하게 양 무릎 옆 바닥에 대며 상체를 45도쯤 굽힌다. 상체를 일으키며 손을 바닥에서 뗀다. 오른쪽 무릎을 먼저 세우고 오른쪽 무릎을 짚고 일어나서 발을 모으고 공수한다.

* 반절(半拜-반배) : 아랫사람의 절에 답하는 절로서 평절과 같이 하되 상체를 15도쯤만 굽힌다. 앉은 채로 바닥에 두 손을 짚어주기도 한다.

● 서서 하는 절

선 채 하는 절은 남녀 모두 동일하며 한복을 입고 경례할 때는 반드시 공수해야 하고, 양복을 입었을 때는 단체행사나 제복이 아니면 공수하고 경례한다.

  * 큰경례 : 윗몸을 45도 굽혀 잠시 머물렀다 일으킨다.
  * 평경례 : 윗몸을 30도 굽혔다 일으킨다.
  * 반경례 : 윗몸을 15도 굽혔다 일으킨다.

● 맞절이나 답배를 해야 하는 경우

* 시누이와 올케, 시숙(媤叔), 형수(兄嫂), 제수(弟嫂), 동서간(同
  壻間)에는 맞절(평배)한다.
* 친구간에는 맞절한다.
* 하급자라도 15년 이내는 맞절한다.
* 장모(丈母)와 처조모(妻祖母)는 사위와 손자사위의 절에 답배
  한다.
* 처백숙부모(妻伯叔父母)는 질서(姪壻)의 절에 답배한다.
* 형님사위의 절에 답배한다.
* 사위가 손아래 처남(妻男), 처질부(妻姪婦), 처질녀(妻姪女)의
  절에 답배한다.
* 8촌 이내 비속(卑屬)의 절도 자기보다 나이가 많거나 비슷하
  면 답배한다.
* 남녀동생의 절은 답배하지 않는 것이 원칙이나, 나이가 5년 이
  내거나 같이 늙어가는 처지에는 답배하기도 한다.
* 근친 외의 성인의 절에는 답배해야 한다.
* 초등학생 아닌 이성이 나이차가 15년 미만이면 답배한다.
* 연고행비(年高行卑-나이는 많고 항렬은 낮은 경우)의 절
  11~15년까지는 맞절
  16년 이상은 항렬이 낮은 자가 반절한다.

* 8촌이 넘는 친척이나 사회적 사귐의 절에는 다음과 같이 한다.
  미성년의 절에는 답배하지 않고 말로 인사한다.
  16년 연하자의 절에는 답배한다.
  15년 이내 연령차에서는 맞절한다.
* 직계(直系)와 방계(傍系)가 한자리에 있을 때는 직계에게 먼저 절한다.
* 친척어른과 남이 한자리에 있을 때에는 친척어른에게 먼저 절한다.
* 같은 위계(位階)와 같은 서열의 남녀 어른에게는 남자에게 먼저 절한다.
* 한자리에 어른이 여럿일 때는 제일 웃어른부터 세분에게만 절한다.
* 헌수-숙항은 앉아서 받고, 동항은 맞절한다. 근친은 나이가 많아도 답배하지 않는다.
* 답배를 안해도 되는 어른에게는 큰절로 한다. 여자는 평절로 해도 된다.
* 절은 아랫사람이 먼저 시작하고 나중에 일어난다.
* 입인사는 먼저 본 사람이 먼저 한다.
* 절할 때의 위치는 어른이 상석이다.
* 평배(平拜)는 겹절이 없다.

● 답배를 하지 않는 경우

* 자녀·손자녀와 같은 직계비속의 절
* 나이가 적은 8촌 이내 조카뻘 이하와 그 배우자의 절
* 8촌 이내 남녀동생의 절

* 생질(甥姪) 이질(姨姪)의 절
* 아랫사람이 미성년이면 답배하지 않는다.

⊙ 어른 모시는 도리

어른 모시는 도리는 우선 어른을 공경하는 마음가짐이 기본이다. 가정생활이나 사회생활에서 어른을 공손하고 편안하게 모셔서 불편이 없으시도록 배려한다. 말씀을 여쭐 때는 밝은 표정으로 공손하고 자상하게 말씀드린다. 상심하실 말씀은 피하고 즐거움을 드려야 한다. 어른 앞에서 화를 내거나 남을 비평하거나 아랫사람을 꾸짖거나 동물을 박대해도 안 된다.

● 조석 문안드릴 때

아침에는 문안을 드리고 이부자리를 개서 정돈해드린다. 저녁에는 방이 차거나 너무 덥지 않은지 살피고 이부자리를 깔아드린다(昏定晨省-혼정신성), 어른께서 사용하시는 물건은 정결하게 쓰시기 편리하도록 해드리고, 아침저녁 잡수시는 약이나 음식이 있으면 챙겨드린다.

● 일상생활에서

밖에서 어른 인기척이 나면 문을 열고 맞는다. 들어서면 상좌(上座)를 정돈해 모시고 한쪽으로 비껴 서서 공수하고 모신다. 어른께서 앉으라고 말씀하시면 무릎 꿇고 앉는다. 편히 앉으라고 하시면 편히 앉되 어른보다 편한 자세로 앉지 않는다.

어른 앞에 앉을 때는 남자는 어른의 왼쪽 앞, 여자는 어른의 오른쪽 앞에 앉는다. 어른에게 뒷모습을 보이지 않으며 눕거나 발을 포개거나 꼬고 앉지 않는다. 어른께서 일어날 기미면 먼저 일어나 어른을 부축하거나 문을 열어드리고, 한쪽으로 비켜 서서 어른이 나가시면 뒤따라나가 신발을 가지런히 놓아드리고 문밖까지 배웅하고 인사한다. 나들이할 때는 나갈 때 어른에게 인사하고, 돌아와서도 인사한다.(出必告 返必面-출필곡 반필면)

● **어른의 의식주**

* 의복 : 계절에 맞게 챙겨드리고 새옷을 해드리는 것도 중요하지만 정결하게 하는 것이 중요하다. 옷은 어른의 취향에 맞게 해드리고 아랫사람들이 새옷을 해 입을 때는 어른의 옷도 마련해드린다. 가정행사나 나들이 하실 때에는 정결과 전통이 나타나도록 신경을 쓴다.

* 음식 : 음식은 어른 기호에 맞게 꾸리며 장을 담그거나 김장을 하거나 가정행사에 음식을 마련할 때는 어른에게 여쭈어 시어머니의 음식 솜씨를 배워서 익힌다. 아이들과 겸상을 하거나 같은 식탁에서 먹게 될 때에는 어른이 잡수시기 전에 먹지 않으며 어른이 잡수시는 중인데 먼저 일어나지 말 것이며 어른이 기다리시지 않도록 한다. 어른이 좋아하시는 음식은 자주 해드리고 별식을 해먹을 때도 어른에게 먼저 드린다. 여행에서 돌아올 때는 행선지의 특산물을 갖다가 어른이 맛을 보시도록 드리면 좋다. 명절이나 가정행사에 모일 때도 어른이 잡수실 음식을 갖다드리고 나눠주시면 고맙게 먹는다.

* 거처와 환경 : 어른의 거처는 가정의 중심이다. 모시기 쉽고 살피기 쉽고 출입이 편리하고 햇볕이 잘 들고 밝고 조용한 곳에

마련한다. 욕실·화장실·식당·거실 등의 이용에 편리하게 꾸민다. 실내온도를 적절히 조절하고 환기해 실내 공기를 청정하게 한다.

* 어른이 편찮으실 때 : 약이나 치료도 중요하지만 자손들이 곁에서 정성껏 보살펴드리는 것이 더욱 중요하다. 주위는 항상 정결하게 정돈한다. 위중할 때에는 보아야 할 사람에게 연락하여 뵙도록 한다.

◉ 부부예절

부부예절은 모든 예절의 근원이다. 자녀들이 부모의 행실을 보고 배운다. 인물의 성장은 아버지와 어머니의 화합과 희생에서 싹튼다. 위대한 인물은 명문가정과 현모의 품에서 난다. 부부를 통해 전통이 계승되며 생명을 창조하려면 서로 지녀야 할 도덕률(道德律)과 윤리관(倫理觀)이 있으며 생활규범(生活規範)이 있다. 남녀의 조건과 능력에 따라 섬세한 일은 여성이, 완력이 요구되는 일은 남성이 하되, 출산·육아·가사 등은 여성이, 이런 여성과 자녀를 부양하는 직분은 남성의 몫이다.

고례(古禮)에 일단 부부가 되면 남자의 신분이 높으면 여자도 동등하게 대우하고, 남자의 신분이 낮으면 여자 신분도 낮아진다 했다. 부부가 되면 혼인이나 연령 차이 등 관계없이 서로 존대했으며, 가족들도 남편과 동등하게 그 아내를 대접했고, 벼슬도 남편 관직에 따라 부인의 작호(爵號)를 동등하게 대접했다. 그러나 현대에는 부부가 되기 전에는 서로 대등한 교제를 하다가도 일단 부부가 되면 남편은 아내를 하대하고 아내는 남편을 존대하는 경향이 있고,

남편이나 아내의 사회적 지위가 높아도 그 배우자는 동등한 작호를 받지 못한다. 남녀평등은 부부동권이 선행되어야 한다.

부부예절은 남편과 아내로서의 마음가짐과 몸가짐이 기본이 된다. 배우자에게 정성을 다하고 배우자의 영광과 즐거움·괴로움이 모두 나의 것이고, 부부는 가정의 승계자이다. 대대로 이어지는 자손에게 이어진다. 조상을 욕되지 않게, 후손들에 부끄럽지 않게 노력해야 한다. 항상 서로 필요한 존재라야 하고 항상 배우자를 이해하고 존중한다. 서로를 칭찬하고 잘못을 사과한다. 수고는 내가 하고 공은 배우자에게 돌린다. 서로 칭찬하고 격려하며 감싸주고 부부의 몸과 옷차림은 항상 어울려야 하고 항상 배우자를 의식한다. 화장이나 이미용도 배우자의 취향에 맞춘다. 부부가 한자리에 앉을 때는 남편은 동쪽인 상좌에, 아내는 남편의 오른쪽인 서쪽에 자리한다. 길을 앞뒤로 서야 할 때는 남자가 앞선다. (서양식은 여자가 앞선다) 사랑표현은 남을 의식해야 하고, 배우자의 은밀한 독립분야를 침해하지 않는다.

● 남편의 예절과 직분

아내와 자녀에 대하여 사랑하는 마음과 온화한 표정, 너그럽고 자상하고 부드러운 말씨로 대하고, 조상과 부모를 존중하며 가정에 대한 책무감을 믿음직하게 하고, 처가식구와 친숙하고 처가 일에 관심을 가지고 협조한다. 아내를 존경하고 이해하고 어려운 일이 없도록 보살핀다. 일가친척과 화목하고 사회활동에 충실, 신임을 받도록 한다. 항상 단정하고 건강을 지키며 위엄이 있어 가족에게 행복감과 신뢰감을 갖게 하여 안심토록 한다.

아내를 따뜻하게 감싸고 보살펴 시집살이에 어려움이 없도록 한다. 아내의 안살림에 깊이 간여하지 않으며 재량권을 인정한다. 부모·조상·친척들과 관계되는 일은 아내와 상의해서 하고 친구초대도 아내와 상의한다. 자기 수입이라 해서 아내와 상의없이 지출하지 않는다. 밖에서의 어려움은 집으로 끌어들이지 않는다. 높임말을 쓰고 아이들이 어머니를 존중하도록 실천해 보인다.

● 아내의 예절과 직분

남편과 자녀에 대해 사랑하는 마음과 밝은 표정으로 남편을 존경하고 이해와 협조를 아끼지 않는다. 시댁의 조상과 시부모를 효성으로 받들며 주부의 역할에 충실한다. 항상 자기를 단정하게 가꾸고 남편과 가족의 건강과 정결에 힘쓴다. 남편 고유의 일에 관여하지 않으며 남편의 자존심을 상하게 하지 않는다. 안살림과 자녀양육 어른 봉양에 남편이 걱정하지 않게 하고 시댁·가족·일가친척과 돈목하고 말썽을 일으키지 않는다. 자기 전공분야에 정진하되 가정생활에 지장이 없도록 한다.

온 가족을 포근히 감싸서 가정을 행복의 보금자리로 가꾼다. 남편에게 도움이 되지 않는 일은 혼자서 소화한다. 시댁어른과 친족에 관한 일을 남편보다도 알뜰하게 챙겨 남편이 칭찬받게 한다. 자녀의 지도와 양육을 남편에게 미루지 않고 집안일로 밖의 일에 지장을 주는 일은 하지 않는다. 남편이 말하지 않는 밖의 일을 알려고 하지 않으며, 남편의 활동분야에 개입하지 않는다.

● 부부간의 호칭과 말씨

부부는 평등하므로 말씨와 호칭도 평등해야 한다. 부부간에 제대로 부르지 못하면 대인관계의 호칭이 바르게 사용되기 기대할 수 없고, 다른 분야에서의 남녀평등을 기대할 수 없다. 부부간의 호칭을 바로 써야 자녀들도 바른 호칭을 쓰게 된다. 부부간의 직접대화는 반드시 높임 말씨로 하고, 남에게 자기 배우자를 말할 때에는 높이지 않으며, 남의 배우자를 말할 때에는 높이는 것이 원칙이다. 직접 호칭인 '여보', 대화중 지칭인 '당신'과 같이 정겹고 은근한 호칭과 배우자가 거처하는 거처칭(居處稱)의 경우가 많다.

◉ 부인고(婦人考)

한자(漢字) 문화권에서는 여성의 통칭으로 부인(婦人)이라는 말을 흔히 써왔다. 한데 일본에서는 부인이란 연령이 많은 기혼 여성으로 전체 여성을 대변하는 말로 부적절하며, 남녀평등 사상에 적절치 못하다하여 여성이란 말도 대체하기로 했다 한다. 비단 일본뿐 아니라 우리나라나 중국에서도 그 같은 지적이 일부에서 있어왔다.

'부(婦)'자가 비질하고 있는 여인이란 뜻모음 글자이고 보면, 비나 들고 청소나 하는 남존여비 시대의 유물이라는 지적도 나름대로 이치에 닿긴 한다. 만약 이 논리대로라면, '여(女)'자도 쓰지 말아야 한다. 손을 갖추어 옷깃을 여미고 무릎 꿇고 있는 굴욕적인 형상의 상형문자이기 때문이다. 물론 '남(男)'자도 인권침해를 하는 뜻글자다. 밭에서 힘쓰는 일만 하고 있는 사나이란 뜻이니 부(婦)나 남(男)이나 피장파장이다.

은(殷)나라는 중국 고대 국가이다. 그 은나라 최초의 고분에서 '부녀(婦女)'라는 명이 새겨진 청동기가 출토되었다. 학자들은 고증 끝에 3천여 년 전인 은나라 20대 임금인 무정의 왕비 묘로 추정하였다. 한데 명에 나오는 부는 이름자가 아니라 고대 중국에서 썼던 작위명으로 판명된 것이다.

일본이 한국을 강제 병탄 후 소위 합병 공로자들에게 공작(公爵) 후작(侯爵) 백작(伯爵) 자작(子爵) 남작(男爵)하는 작위를 내리고 있는데 이는 고대 중국에서부터 써내려온 작위 호칭인 것이다. 은나라 유적지에서 출토된 10만 쪽 이상의 문자 뼈 연구에서 은나라에는 앞에 나온 다섯 개 작위 이외에 세 개의 작위가 더 있었음이 판명되었다. 높은 순위별로 나열하면 부(婦) 자(子) 후(侯) 백(伯) 아(亞) 남(男) 전(田) 방(方)이었다. 부(婦)는 최고의 작위요, 은(殷)나라 때 단 3명밖에 없었던 희소가치의 신분이며, 광막한 봉토가 주어져 전쟁이 일어나면 손수 수만 명의 병사를 이끌고 나아가야 하는 최고의 영예로운 자리였던 것이다.

부(婦)자에 곁든 추(帚)도 여느 마당이나 방을 쓰는 저속한 빗자루가 아니라 종묘나 신사나 사당 같은 신성한 영역을 청정하게 하는 먼지털이인 것이다. 고대에는 하늘의 뜻을 받들어 정치를 했기로 절대권력은 바로 이 같은 신당에서 이루어졌으며, 그 신당에 천명을 받들어 모시는 임무를 맡아했던 것이 부인이었던 것이다. 물론 시대가 흐름에 따라 최고의 작위인 부(婦)가 탈락하고 부인의 격이 하락한 것만은 사실이다.

《예기(禮記)》에 보면 천자의 아내를 후(后)라 하고, 제후의 아내를 부인(夫人)이라 하며, 대신의 아내를 유인(孺人)이라 하고, 경(卿)의 아내를 내자(內子)라 하며, 선비〔士〕의 아내를 부인(婦人)이라 하고, 서인(庶人)의 아내를 처(妻)라 한다고 했다. 말이란 그 어원에 얽매여 이러쿵저러쿵 논할 일은 아니나, 부인이란 말 하나에도 영고성쇠(榮枯盛衰)가 무상하여 이렇게 적어본 것이다.

⊙ 자녀 예절지도(인간교육)

　아무리 금이나 옥으로 만든 좋은 그릇이라도 재를 떨면 재떨이, 쓰레기를 담으면 쓰레기통이 된다. 무엇을 담느냐에 따라 값어치가 결정된다. 사람으로서 사람다워야 사람이지 인간의 기본이 안 되면 쓰레기가 된다. 그 동안 우리는 지식교육(知識敎育)이다 체육(體育)이다 입시교육(入試敎育)에 치중하다보니 인간교육이 제대로 안 되어 가슴이 따뜻한 인간을 만들지 못한 까닭에 부조리가 근절되지 못하고 있다. 자식은 어려서부터 예의범절이 몸에 배도록 부모들이 행동으로 솔선수범을 보여야 실효를 거둘 수 있다.

　식물은 씨를 뿌려 번식하고, 동물은 새끼를 낳아 번식하고, 인간은 자식을 낳아 인간답게 교육시켜 사람답게 기른다. 그래서 사람은 만물의 영장(靈長)으로 군림한다. 사람의 신체는 음식을 먹고 자라지만 마음은 사랑을 먹고 자란다는 말이 있다. 부모의 진실한 사랑아래 바른 심덕(心德)이 싹트고 심지(心志)가 굳어진다. 어려서부터 자기 일은 자기가 스스로 하도록 자립심을 길러줘야 한다. 밥 먹여주고 숙제해주고 하는 것은 의타심(依他心)을 기르는 것밖에 안 된다.

　자녀는 가정의 승계자이며 부모의 거울이며 표현이다. 학교교육은 학문과 전공교육(專攻敎育)이고, 가정교육은 사람다움을 확립시키는 인성교육(人性敎育)이다.

　아무리 학문이 뛰어나고 출세하더라도 사람다움이 결여되면 사람대접을 받지 못하고 원만한 사회생활을 할 수 없다. 그래서 가정교육은 모든 교육의 기본이 된다. 가정교육은 어른의 행실을 보고 배우는 것이다. 말과 행동 감정과 표현에 이르기까지 가르치기 전에 본받고 시키기 전에 따라서 몸에 밴다. 자녀의 예절교육은 가르치는 것보다 보여주는 것이다. 바른 호칭을 쓰고 말씨는 고운 말로 조용히 예절을 말하고 사랑을 말하고, 훈계하고 용서하고, 조상을 섬기고 어른을 공경하고, 성현들의 말씀을 들려주고 아름답고 인자하고 화기애애한 이야기를 들려주며, 한마디 말이라도 깊은 뜻을 담아서 들려준다.

가정은 국가사회를 만드는 기반(基盤)이다. 훌륭한 인물은 명문가정의 현모(賢母) 아래서 난다. 온정과 칭찬과 꾸중 화사한 미소 정겨운 대화 어른을 섬기고 손님을 맞고 조상을 받들고, 부모가 보여주고 들려주는 일상생활이 가정교육이다.

옛날 어느 마을에 효자로 소문난 효동(孝童)이라는 청년이 있었고, 이웃 마을에 불효로 소문난 돌이(乭伊)라는 청년이 있었다. 하루는 돌이가 효동을 찾아가 효에 대해 알아보니 별게 아니었다. 어느 겨울날 아침 돌이는 효도를 해보려고 아버지 옷을 따뜻하게 해드리기 위해 알몸에 입고 있었다. 아버지가 일어나보니 자기 옷을 입고 있는 게 아닌가. "이놈이 이제 내 옷마저 뺏어 입는구나."하고 아버지는 돌이의 뺨을 때렸다. '애비가 애비다워야 효도를 하지' 이쯤 되면 부자 망신이다. 부모는 자식이 불효라고 소문나기 전에 밖에서는 효자라고 자랑하고, 효행을 유도하는 지혜가 필요하다. 핵가족 시대에서 너무 과거에 집착하지 말고 작은 것이라도 칭찬해주고 대견스럽게 생각하면 마음이 편하다.

● 들려주는 예절교육

자녀들이 말을 배울 때는 바른 호칭과 바른 말씨와 고운 말로 조용히 말한다. 바른 예절과 사랑을 말하고 용서하고 이해하며 칭찬한다. 조상을 섬기며 어른을 공경하며 효도를 앞세운다. 교양강좌나 훌륭한 강좌에 참여케 하고 명현의 말씀을 들려준다. 한마디 말도 깊은 뜻을 담아서 들려주고 사고력을 길러주도록 한다.

● 보여주는 예절교육

아이들 앞에서 온화한 표정을 하고, 옷차림은 단정하게, 어른 앞에서는 공손한 자세, 바른 절을 하는 모습을 보여준다. 대인관계는 예스럽고 부드럽게, 부부간에는 서로 존대하고 엄정하게 자기 직분에 충실하고, 시비와 정의감에 투철하며 근검절약을 솔선수범한다.

● 함께하는 예절교육

* 어른에게 문안드릴 때 아이들과 함께한다.
* 어른이 오실 때나 나들이 할 때는 꼭 인사를 한다.
* 집안 의식행사에 아이들을 참여시킨다.
* 성묘나 문중행사에 아이들과 동참한다.
* 손님 접대는 아이들이 거들게 하고, 남의 집을 방문할 때의 예절을 배우게 하고, 학교 선생님을 극진히 예우한다.
* 평소의 생활에서도 어른이 모범을 보인다.
※ 유태인이 하느님으로부터 십계명을 받았을 때 그의 조상들은 이름을 걸고 지키겠다고 맹서했지만 하느님은 승낙하지 않았다. '아이들에게 걸고 지키겠다'고 맹세하자 승낙했다고 믿고, 그들의 신앙은 어린이를 소중하게 여기는 풍습이 생겼고, 《탈무드》에는 부모가 자식 가르치는 방법까지 자세하게 나열했다.

* 아이는 어릴 때 엄하게 꾸짖고 크게 자라면 꾸짖지 말라.

* 아이를 키울 때 차별하지 말라.

* 어린이는 부모의 이야기와 모양을 본받는다.

* 어린이는 엄하게 가르쳐야 하나 무서워하는 일이 있어서는 안
  된다.

* 아이를 꾸짖을 때는 한번만 따끔하게 꾸짖고 잔소리로 계속
  꾸짖지 말라.

* 아이에게 약속하면 반드시 지켜라. 지키지 않으면 당신은 아이
  에게 거짓말을 가르치게 된다.

※ 어린이는 장래 나라를 이끌어갈 기간(基幹)이 된다. 현대는
  부모세대의 10년이 1년으로 단축 가속화하고 지구촌이란 세
  계무대에서 원만하게 살아가려면 윤리도덕과 상대국의 예절
  까지도 인식하고 인고의 자제력과 정서가 윤택한 심성을 길
  러야 한다. '동방예의지국'이란 민족혼을 심어주고 국가사회에
  기여하는 인간으로 길러야 한다.

◉ 위계질서(位階秩序)

위계란 위와 아래, 먼저와 나중과 같은 차례를 말한다. 아버지와
아들의 세대차와, 형님과 동생 같은 선후, 나이 많은 어른과 나이
적은 아랫사람이 있고, 지위가 높은 사람과 낮은 하급자가 있고,
나이가 같은 친구와, 지위가 같은 친구가 있다. 윗세대는 아랫세대
를 사랑하고, 아랫세대는 윗세대를 효도로 모신다(父子子孝-부자
자효). 형은 아우와 우애하고 아우는 형을 공경한다(兄友弟恭-형우
제공). 웃어른을 공경하고 아랫사람을 사랑한다(敬長愛幼-경장애

유). 상급자를 섬기고 하급자를 지휘한다(事尊使卑-사존사비).

 *《맹자(孟子)》에 '천하에 유달존4)삼(有達尊三)이니 관작일(官爵一) 치일(齒一) 덕일(德一)'이라 했다.

  ① 조직사회에서는 직급을 우선으로 한다(朝廷莫如爵-조정막여작)

  ② 일반사회에서는 나이를 우선으로 한다(鄕黨莫如齒-향당막여치)

  ③ 세상을 돕는 어른이 되는 데는 학덕을 우선으로 한다(輔世長民莫如德-보세장민막여덕)

 *《논어(論語)》에 나이로 위계를 정하는 기준은 다음과 같다.

  ① 자기보다 16년 이상 나이가 많으면 아버지 섬기듯 모시고(年長而倍則父事之-연장이배5)즉부사지)

  ② 자기보다 11~15년 연상이면 형님 섬기듯 하고(十年以長則兄事之-십년이장즉형사지)

  ③ 5년 이내는 서로 친구로 지낸다(五年以長則肩隨之-오년이장즉견수지)

   ※ 6년 이상 10년까지는 선후배사이로 지낸다. 그러나 나이 많은 쪽에서 친구로 지내자고 허락할 때에는 친구로 지낼 수 있다.

   ※ 아버지의 친구와는 벗을 못한다.

   ※ 삼형제 벗은 못한다.

   ※ 종족은 항렬을 우선으로 한다(宗族莫如行-종족막여항).

---

4) 달존(達尊) : 세상 사람들이 모두 섬겨 받들 만한 사람.

5) 연장이배(年長而倍) : 연장이 배면 20세이나, 옛날에 16세면 관례(冠禮)를 했기 때문에 16세를 어른으로 기준함.

※ 세대차이 연령차이 직급차이 상관없이 가르치는 선생님
과 배우는 제자, 잘하는 사람과 못하는 사람, 앞선 사람
과 뒤진 사람, 학문과 덕망이 있어 남의 모범이 되고 존
경을 받을 만한 사람은 어른대접을 한다.

◉ 예절의 방위(方位)와 좌석(座席)

의례(儀禮)의 동서남북과 자연의 동서남북은 일치하는 것이 바람
직하지만 실제 일치할 수 없는 경우가 많다. 그래서 자연의 동서남
북과 관계없이 행사하는 장소의 여건에 따라 동서남북을 설정(設
定)한다. 주택은 자연방위와 관계없이 남향한 것으로 간주해 의례
상 방위를 설정한다. 예절에서의 상좌(上座), 정위(正位), 주단(主
壇)은 북이다(北方上天-북방상천). 좌우를 따질 때에는 존장(尊長)
의 좌우를 말한다(左右則尊長之左右-좌우즉존장지좌우). 북에 앉
아 바라보는 곳이 남이고, 좌측이 동쪽, 우측이 서쪽이다. 우리가
흔히 '남좌여우(男左女右)'라는 말을 하는데 상좌인 북에 앉아 남
향하고, 남자는 동쪽인 좌측, 여자는 우측인 서쪽이라는 뜻이다. 예
절의 동서남북은 자연의 동서남북과 관계없이 어른이 앉아계신 곳
이 북이다.

- 남자의 위치 : 남동여서(男東女西)의 법칙에 따라 상좌(上座)
  를 기준해서 남자는 동쪽, 여자는 서쪽이라는 뜻이다. 여자는
  남자의 우측에 위치한다.
- 산 사람은 동쪽이 상이고, 죽은 사람은 서쪽이 상이다(生者以
  東爲上 死者以西爲上-생자이동위상 사자이서위상).
- 예절에서의 상좌(上座, 正位, 主壇-北)

* 제의(祭儀)에서는 신위(神位) 모신 곳이 북
* 혼인예식에서는 주례석 있는 곳이 북
* 교실에서는 교단 있는 곳이 북
* 사무실에서는 제일 상급자 좌석이 있는 곳이 북
* 행사장에서는 단상이 북
* 묘지는 묘의 뒤쪽이 북

○ 예절에서의 상하석(上下席)

* 북쪽과 남쪽에서는 생사(生死) 모두 북쪽이 상이다.
* 중앙과 양쪽은 중앙이 상이다.
* 높은 곳과 낮은 곳은 높은 곳이 상이다.
* 남자와 여자는 남자가 상이다.
* 문관과 무관은 문관이 상이다.

※ 모든 방위표시는 동서남북으로 표기한다.

• 방위의 기본위치 : 정위(正位) 상좌(上座) 주단(主壇)은 남향함을 전제로 한다. 주자(朱子)에 의하면 집은 남향, 사당(祠堂)은 살림집의 동쪽에 설치하는 것으로 되어 있다.

|칭호(稱號)

칭호란 호칭(呼稱)과 지칭(指稱)을 말하며, 호칭이라 함은 사람을 직접 부르는 말이고, 지칭이란 어떤 사람을 다른 사람에게 가리키는 말이다. 칭호에는 순수 우리말과 한문식이 있다.

● 자기에 대한 호칭

* 저, 제 : 웃어른이나 여러 사람에게
* 나 : 같은 또래나 아랫사람에게
* 우리, 저희 : 자기 쪽을 남에게 말할 때
* 할애비, 할미 : 손자 손녀에게
* 에미, 애비 : 자녀에게
* 형, 누이 : 형님이나 누님이 동생에게
* 아재비, 아주미 : 아저씨와 아주머니가 조카뻘 되는 사람에게
* 상대가 부르는 칭호 : 자기를 아랫사람에게 말할 때에는 상대가 나를 부르는 호칭으로 말한다(손자 손녀에게 할애비 할미, 자녀에게 애비 에미).

● 부모에 대한 칭호

* 아버지, 어머니 : 자기 부모를 직접 부르거나 남에게 말할 때
* 아버님, 어머님 : 시부모를 직접 부를 때, 남에게 말할 때, 그

부모를 말할 때와 편지 지방 축문에도 쓰인다.

* 애비, 어미 : 부모의 어른에게 자기 부모를 말할 때와 부모가 자녀에게 자기를 칭할 때 및 조부모가 손자 손녀에게 그 부모를 말할 때

* 아빠, 엄마 : 말 배우는 아이가 자기 부모를 부르거나 말할 때

* 가친, 자친(家親, 慈親) : 자기 부모를 남에게 말할 때

* 춘부장, 자당(春府丈, 慈堂) : 상대방(남)의 부모

* 부친, 모친(父親, 母親) : 남에게 다른 사람의 부모를 말할 때

* 선친, 선고, 선비(先親, 先考, 先妣) : 죽은 자기 부모를 남에게 말할 때

* 선고장, 선대인, 선대부인(先考丈, 先大人, 先大夫人) : 상대방의 죽은 부모

* 현고, 현비(顯考, 顯妣) : 죽은 자기 부모의 지방(紙榜) 축문(祝文)에

* 주부, 자주(主父, 慈主) : 편지에 자기 부모를

* 아랫사람에게는 그들이 부르는 호칭(모든 대상에 통용된다)

● 아들딸에 대한 호칭

* 애, 너, 이름 : 직접 부르거나 대중에게 지칭할 때

* 우리아이, 아들, 자식, 딸, 여식 : 자기 자식을 남에게 말할 때

* 아드님, 자제, 영식, 따님, 영애 : 남의 자식을 말할 때

* 망자(亡子) : 죽은 아들 지방이나 축문에

* 네 남편 : 며느리에게 그의 남편인 아들을 말할 때

* 어미, 아비 : 자녀를 둔 아들 딸 그 자녀에게

* ○실, ○집 : 시집간 딸의 남편 성을 붙여서

* 자식, 딸아이 : 아들딸의 웃어른에게 자기 아들딸을

● 며느리에 대한 호칭

* 애, 아가, 새아기, 너, ○○어미 : 며느리를 직접 부를 때
* 며늘애, 새아기, ○○ 어미(어멈), ○○댁, ○○처 : 부모와 배우자에게
* 어머니, 엄마(어미) : 손자 손녀에게
* 며늘애, ○○어미 : 며느리 친정 부모에게
* 새아기, 며느리 : 타인에게
* 며느리, ○○댁, ○○어미 : 집안 가족에게
* 어미 : 자녀에게
* 네 댁, 네 아내 : 남편인 아들에게
* 며느님, 자부님 : 남에게 그의 며느리를

● 형제자매의 호칭

* 언니 : 미혼동생이 형을
* 형님 : 기혼동생이 형을
* 형 : 집안 어른에게
* 백씨(伯氏) 중씨(仲氏) 사형(舍兄) : 남에게 자기 형을 (백씨-큰형, 중씨-둘째 형, 사형-셋째 형 이하)
* 자네 형님, 백씨장(伯氏丈), 중씨장(仲氏丈), 존형장(尊兄丈) : 남에게 그의 형을 말할 때
* 애, 너, 이름 : 형이 동생을 직접 부르거나 지칭할 때
* 아우, 동생 : 남에게 자기 동생을
* 아우 : 제수에게 그의 남편인 동생을

* 아우님 : 남에게 그의 동생을
* 제씨(弟氏) 계씨(季氏) : 남에게 그의 동생을
* 오빠 : 미혼 여동생이 남자 형을
* 오라버니, 오라버님 : 시집간 여동생이
* 누나 : 미혼 남동생이 손위 누이를
* 누님 : 기혼 남동생이 손위 누이를
* 형 : 집안 어른에게 여형을
* ○집, ○실(室) : 언니가 시집간 동생을(○는 동생 남편의 성)
* ○○어미 : 자기 집안 어른에게 자녀를 둔 동생을 말할 때

● **부부간의 호칭**

* 여보, ○○씨, 여봐요 : 신혼 초
* 여보, ○○아버지, ○○아빠 : 자녀가 있을 때 부부가 서로
* 당신 : 부부가 대화중에 서로 상대를 지칭할 때
* 여보, 영감, 임자, ○○아버지, ○○할아버지 : 장·노년기에
* 마누라 : 나이든 아내를 사랑스럽게(애칭)
* 부인 : 자기 아내를 점잖게
* 사랑 : 시댁 어른이나 동서 간에 남편을 말할 때
* 아비, 아범, 그이 : 시부모에게
* ○서방, 그 사람 : 친정어른에게 남편을 말할 때
* 형(님), 동생, 오빠 : 남편 동기에게
* 그이, ○○아버지, ○○아빠 : 남편 동기의 배우자에게
* 매형, 매부, 형부, ○서방, 그이, ○○아버지, ○○아빠 : 친정 동
  기에게
* 아버지, 아빠 : 자녀에게

* 아버님 : 며느리에게
* 장인, 장인어른, 아버님 : 사위에게
* 그이, 우리 남편, 애아버지, 애 아빠 : 친구에게
* 그이, 애 아빠, 바깥양반, 바깥사람 : 남편 친구에게
* ○○○씨(직함 또는 성을 부른다) : 남편 회사에 전화할 때
* ○○아버지, ○○아빠, 바깥양반, 바깥사람 : 아는 타인에게
* 우리 남편, 저의 남편 : 모르는 타인에게
* 그이 : 남편 회사 사람에게
* 남편, 주인, 가부(家夫) : 친구나 사회적 웃어른 또는 모르는 사
  람에게(나의, 저의를 붙여 말한다)
* 바깥양반, 사랑양반, 주인양반, 부군(夫君) : 남의 남편
* 바깥어른, 사랑어른, 주인어른 : 남의 남편을 높여 말할 때
* 제댁 : 자기 집이나 처가의 윗세대 어른에게 아내를 말할 때
* 안 : 근친의 같은 세대나 처가의 같은 세대 어른 또는 제수 손
  아래 처남댁에게
* 아내 : 친구나 자기보다 사회적 웃어른 또는 모르는 사람에게
  (나의, 저의를 붙여 말한다)
* 안사람, 집사람 : 친구나 모르는 사람에게
* 내자(內子) : 자기 아내를 남에게(한문식)
* 안주인, 안양반, 주인 : 남의 아내
* 안어른, 영부인 : 남의 아내를 높여서
* 망실(亡室), 고실(故室) : 죽은 아내 지방이나 축문에
* 배우자의 아랫사람에게는 그들이 부르는 호칭으로 말한다.

● 형제자매의 배우자의 호칭

＊ 아주머니, 형수님 : 형의 아내를 직접 부를 때
＊ 아주미, 형수 : 집안 어른에게
＊ 형수씨 : 형의 아내를 남에게
＊ 존형수씨 : 남에게 그의 형수를
＊ 제수씨, 수씨 : 동생의 아내를 직접 부를 때
＊ 제수 : 집안 어른에게
＊ 제수씨 : 남에게
＊ 영제수씨(令弟嫂氏) : 남에게 그의 제수를
＊ 언니 : 시누이가 오빠의 아내
＊ 올케, 자네, 새댁 : 시누이가 남동생의 아내를 부를 때
＊ ○○댁 : 집안 어른에게 남동생의 아내를
＊ 매부(妹夫) : 아래 위 누이의 남편을 통틀어
＊ 자형(姉兄), 매형(妹兄) : 손위 누이의 남편을 부를 때
＊ 매제(妹弟) : 손아래 누이의 남편을 말할 때
＊ ○서방, 자네 : 누이동생의 남편(○는 성)
＊ ○서방 : 여형이 여동생의 남편을
＊ 형부 : 언니의 남편
＊ 제부, ○서방 : 여형이 여동생의 남편을 부를 때
＊ 동서 : 형제의 아내끼리는 형제의 서열에 따르고 자매의 남편
　끼리는 사회적 사귐으로 나이로 따진다.

● 시댁 가족에 대한 호칭

＊ 아주버님 : 남편의 형

* 시숙(媤叔) : 남편의 형을 남에게
* 도련님 : 미혼 남편의 동생
* 서방님 : 기혼 남편의 동생
* 시동생 : 남에게
* 형님 : 남편의 누님
* 형 : 집안 어른에게
* 동서, 자네 : 시동생의 아내
* 작은아씨 : 미혼 손아래 시누이
* ○서방댁 : 시집간 손아래 시누이
* 시누이 : 남편의 자매를 남에게
* ○서방님 : 시누이의 남편
* 배우자의 어른에게 배우자를 말할 때에는 낮춤 말씨로 말한다.
* 배우자의 같은 또래에게 배우자를 말할 때도 낮춤 말씨로 말한다 : 저의 남편이 그렇게 했습니다.
* 상대방의 배우자를 말할 때는 높임 말씨로 말한다(하급자라도) : 김군, 자네 부인께서 전화하셨던데 전화 걸어 드리게.
* 남의 배우자라도 그보다 웃어른에게 말할 때는 높이지 않는다 : 부장님, 잠시 전에 김과장 부인이 다녀갔습니다.
* 부부간의 대화는 반드시 높임 말씨로 하고, 남에게 자기 배우자를 말할 때에는 높이지 않으며, 남의 배우자를 말할 때에는 높이는 것이 언어예절이다.

● 친척간 호칭

* 8촌이 넘는 조항(祖行)은 대부(大夫) 대모(大母), 5촌 이상 숙항(叔行)은 아저씨 아주머니, 같은 세대는 출생 전후로 형님

동생, 형제가 여럿일 경우는 맏이는 '큰', 둘째 셋째 막내는 '작은'을 붙인다.

● 사위에 대한 칭호

* ○서방, 너, 이름 : 장인이 직접 부르거나 지칭할 때
* ○서방, 자네 : 장모가
* ○서방, 네 남편 : 딸에게
* 사위님, 서랑 : 남의 사위

● 처가 가족에 대한 호칭

* 장인어른, 빙장어른, 장모님, 빙모님 : 아내의 부모를 부를 때
* 저의 장인, 저의 장모 : 남에게
* 자네 빙장어른, 자네 빙모님 : 남의 상인 장모
* 처남댁, ○○어머님 : 처남댁을 부를 때
* 처형, ○○어머님 : 처형을 부를 때
* 처남, 자네 : 손아래 처남
※ 아내의 직계존속과 부인들을 제외한 남자들은 사회적 사귐으로 나이로 따진다.

● 사돈(査頓)

* 사장(査丈)어른 : 사돈집의 남녀 웃어른
* 사돈(査頓) : 10년 이내 동기끼리
* 여보게, 자네 : 10년 이내 바깥사돈끼리
* 사돈어른 : 같은 세대의 이성간의 사돈이나 동성이라도 자기보다 10년 이상 연상일 때 말한다. 어떤 여자의 친정어머니가 시

어머니를, 시아버지가 친정어머니를, 시어머니가 친정아버지를
말할 때

* 사부인 : 사돈댁
* 사돈양반 : 아래세대의 기혼 이성 사돈
* 사돈도령, 사돈총각 : 미혼 남자 사돈
* 사돈아가씨, 사돈처녀 : 미혼 여자 사돈
* 사돈아기씨, 사돈아기 : 어린 사돈

● 처가의 인척관계

처가의 위계는 아내의 직계존속(直系尊屬)인 처조부모와 부모만
윗세대 어른이고, 기타 처백숙부모(妻伯叔父母)나 종조부모(從祖
父母) 당숙부모(堂叔父母) 등은 세대와 관계없이 나이로 따져 대
접하는 사회적 사귐이다.

* 옹서간(翁壻間) : 장인 장모와 사위사이
* 남매(男妹) : 아내의 형제와 나
* 동서(同壻) : 아내 자매의 남편과 나
* 처질(妻姪) : 아내의 친정 조카
* 처이질(妻姨姪) : 아내자매의 자녀

● 외가의 인척관계

* 구생간(舅甥間) : 어머니의 형제와 나
* 이숙질간(姨叔姪間) : 어머니의 자매와 나
* 외숙(外叔), 외숙모(外叔母), 아저씨 아주머니 : 어머니의 형제
* 외종형제자매(내외종간-內外從間) : 외숙의 자녀
* 기타 호칭은 근친 호칭에다 외(外)를 붙여 말한다.

● 고모댁(姑母宅)의 인척관계

* 고모, 아주머니, 고모부, 아저씨 : 아버지의 자매와 고모의 남편
* 고종(姑從), 내종형제자매(內從兄弟姉妹) : 고모의 자녀
* 내종질(內從姪) : 내종형제의 자녀

● 이모댁(姨母宅)의 인척관계

* 이모, 아주머니, 이모부, 아저씨 : 어머니 자매와 그 남편
* 이종형제자매(姨從兄弟姉妹), 이종간(姨從間) : 이모의 자녀
* 이종질(姨從姪) : 이종형제의 자녀

● 사회생활에서의 호칭

* 어르신네, 어르신 : 부모의 친구, 친구의 부모, 부모같이 나이 많은 남녀 어른에게, 자기보다 16년 이상일 때
* 선생님 : 존경하는 웃어른, 선생님(직업)
* 노형 : 자기보다 11~15년 사이 상호간
* 선생, 노형 : 모호한 경우
* 선배 : 학교 선배, 같은 일 하는 연상자
* 형씨 : 동년배 남자끼리
* 댁 : 형씨라 부를 동성간이나 이성간
* 부인 : 어르신네나 선생님이라 부를 수 없는 여자

◉ 존칭고(尊稱考)

진(晉)나라 문공(文公)이 숨어 지낼 때 허벅지살을 베어 먹이면

서까지 받들었던 개자추(介子推)였다. 한데 집권 후 문공이 몰라
주자 산속에 들어가 불을 질러 나무 한 그루 끌어안고 타죽었다.
그런 연후에야 뉘우친 문공은 개자추가 끌어안고 죽은 나무로 나
막신을 만들어 신고서, "족하(足下)! 족하!"하고 불렀다 한다. 나
막신이 이에서 비롯되었고, 족하란 호칭도 이것이 기원이라는 설
이 있다.

지금 우리나라에서 '족하(조카)'하면 형제 항렬의 아들딸을 일컫
는 친족호칭이지만, 중국 전국시대 때는 천자족하(天子足下)니 대
왕족하(大王足下)니 하여 임금을 부르는 존칭이었다. 후세에는 임
금 발 아래에서 일을 본다 해서 사관(史官)의 호칭으로 쓰인 적도
있었다.

벼슬 존칭이 친족 호칭으로 전락한 것으로 족하말고 형(兄)도
있다. 고구려 벼슬 이름을 보면 총리급을 태대형(太大兄), 장관급
을 대형(大兄), 차관급을 소형(小兄)으로 불렀었다. 《칭위록(稱謂
錄)》이라는 중국 문헌에 보면 '고려 땅에서는 장관을 형이라 부른
다'고 했으니 이장관 김장관을 부를 때 이형 김형 했다는 것이 된
다. 그러고 보면 호칭도 무상하다.

《사물기원(事物起源)》이란 중국 문헌에 보면 천자, 곧 황제(皇
帝)에게는 폐하(陛下), 제왕(諸王)이나 황태자(皇太子)에게는 전하
(殿下), 정승(政丞)에겐 합하(閤下), 장군에겐 휘하(麾下), 사신에
게는 절하(節下), 부모에게는 슬하(膝下)로 '아래 하(下)'자는 돌림
으로 일관성이 있었다. 폐하는 궁전으로 오르는 섬돌 층계의 아래
란 뜻이요, 전하는 임금이 정사(政事)를 보는 전각(殿閣) 아래란
뜻이며, 합하는 정승들이 정사를 보는 다락방 문 아래라는 뜻이고,
휘하는 장수를 알리는 대장 깃발 아래, 절하는 사신임을 나타내는

신표(信標) 아래, 슬하는 무릎 아래란 뜻이다. 시대나 나라에 따라 이 존칭의 위계(位階)를 일률적으로 정의할 수 없게 되었음은 물론이다.

운현궁 복원공사 중 흥선대원군이 거처했던 몸채 상량문이 발견되었는데 그 글 가운데 대원군 존칭이 합하(閤下)로 되어 있다는 보도가 있었다. 곧 정승 반열의 존대를 받았음을 그로써 알 수 있다. 조선조에는 임금을 전하(殿下), 정2품 이상, 곧 장관급 이상을 대감(大監)으로 불렀으며, 정승만의 별칭으로 성 아래 합하를 줄인 합을 붙여 불렀던 것이다.

이를테면 황희 정승을 황합(黃閤), 한말 세도의 중심인물이던 김좌근 정승은 김합(金閤)이다. 김합의 세도가 팔도에 충천하고 있을 무렵 나합(羅閤)이라는 또 하나의 정승이 백성의 입에 오르내렸는데 바로 김좌근의 첩으로 세도를 미끼로 갖은 횡포를 다했던 나주 기생을 빗대는 호칭이었다. 물론 나합의 합은 합(閤)이 아니라 조개 합(蛤)이었음은 두말할 나위가 없다.

⊙ 아호고(雅號考)

조선의 선비들은 자(字)와 호(號)를 가졌다. 호는 학자 문인 등이 쓰는 아명(雅名)으로 관례(冠禮) 때 지어준다. 호는 하나에 그치지 않고 김정희(金正喜) 같은 이는 백수십 개가 된다. 독립운동가 신규식(申奎植)은 사팔뜨기라서 예관(睨觀), 소설가 염상섭(廉想涉)은 게걸음을 걷는다 해서 횡보(橫步), 화가 장승업(張承業)은 나도 단원(檀園)이나 혜원(蕙園) 못지않다고 오원(吾園), 김영삼(金泳三)은 출생지가 거제(巨濟), 출마지가 부산(釜山)으로 거산

(巨山), 김대중(金大中)은 출생지가 후광리(後廣里)라 후광(後廣), 이회창(李會昌)은 곧은 역사의 경사(徑史), 김종필(金鐘泌)은 변화무쌍한 구름인 운정(雲庭), 변영로(卞榮魯)는 부평(富平)의 옛 이름인 수주(樹州) 등 호는 얼마간의 해학(諧謔)이나 멋, 때로는 자랑과 기개(氣槪)와 뜻이 담겨있기도 하다.

● **아호**(雅號)

호	이름	호	이름
嘉藍	李秉岐	月南	李商在
古筠	金玉均	維石	趙炳玉
古下	宋鎭禹	盆堂	恭愍王
鴨鷗亭, 鷗亭	韓明澮	一蠹	鄭汝昌
丹邱, 檀園	金弘道	任師齋	申師任堂
臺嶺老人, 眉叟	許 穆	芝峯	皇甫仁
東岡, 白沙, 素雲	李恒福	淸虛	休 靜
東峰, 梅月堂	金時習	風月亭	月山大君
夢陽	呂運亨	海公	申翼熙
蓮下, 白凡	金 九	東皐, 紅蓮	李浚慶
花潭, 復齋	徐敬德	晦軒	安 珦
四佳亭	徐巨正	橫步	廉想涉
希樂堂, 龍泉	金安老	巨山	金泳三
石潭, 愚齋, 栗谷	李 珥	雲庭	金鐘泌
雙松, 漢陰	李德馨	佳人	金炳魯
牛溪	成 渾	高峰	奇大升
雩南	李承晩	秋史, 阮堂	金正喜

호	이름	호	이름
茶山, 三眉	丁若鏞	吾園	張承業
丹齋	申采浩	後廣	金大中
陶翁, 退溪	李滉	虛舟	金潤煥
梅竹軒	成三問	谿谷	張維
無極	一然	孤雲	崔致遠
白玉軒	李塏	白月, 蛟山	許筠
嚮日堂	尙震	丹溪	河緯地
沙溪	金長生	澹齋, 河西	金麟厚
象村, 玄翁	申欽	道園	金弘集
石吾	李東寧	東方一士	李德懋
梧陰	尹斗壽	牧隱	李穡
龍華	金庾信	尨村	黃喜
尤庵	宋時烈	保閑齋	申叔舟
凝菴, 月沙	李廷龜	三憂堂	文益漸
六堂	崔南善	三峯	鄭道傳
仁齋	成希顔	西涯	柳成龍
逸石	卞榮泰	心山	金昌淑
竹山	曺奉岩	萬海	韓龍雲
遲川	崔鳴吉	靑鶴, 容齋	李荇
醉琴軒	朴彭年	省齋	李始榮
荷屋	金佐根	葦滄	吳世昌
海翁	尹善道	義菴	孫秉熙
弘儒侯	薛聰	一堂	李完用
南冥	曺植	林塘	鄭惟吉

호	이름		호	이름
芝峰	李晬光		樗軒	李石亨
淸陰	金尙憲		睨觀	申圭植
圃隱	鄭夢周		樹州	卞榮魯
寒暄堂	金宏弼		徑史	李會昌
浩亭	河崙		蕙園	申潤福

빨래터 / 김홍도 그림

|가정의례(家庭儀禮)

가정의례란 가정에서 미리 정해진 격식과 절차에 의해서 행하는 의식예절이다. 현대는 가정의례라 하지만 전통적으로는 가례(家禮)라 했는데, 가례에는 관례, 혼례, 상례, 제례 등이 있었다.

1969년 1월 16일자로 가정의례에 관한 법률이 공포되면서 현대는 성년례, 혼인례, 수연례, 상장례, 제의례 등을 규정하고 있다.

◉ 성년례(成年禮)

옛 관례(冠禮)와 계례(筓禮)를 현대는 성년례로 대신하여 5월 셋째 월요일을 성년례의 날로 정하고 만19세 되는 남녀의 성년례를 거행한다. 옛 관례란 남자에게 상투를 틀어주는 의식을 말하며, 대개 16, 18, 20세 되는 음년(陰年)에 해당하는 해에 행한다. 계례란 여자의 머리를 쪽쪄주는 의식을 말하며 대개 15세 되는 양년(陽年)에 거행한다. 관계례를 치르면 어른대우를 받는다.

성년이란 생식능력을 갖추고 스스로 판단할 수 있는 나이 15~20세에 성년의식을 가짐으로써 일정한 경계선을 정하는 것이다. 한없이 부모가 보호할 수 없으며 지나친 보호는 발전과 자생력에 도움이 되지 않기 때문이다. 사람구실을 똑바로 해서 사람대접을 받도록 하기 위해서 행하는 의식이 성년례이다. 형식은 나라마다 차이는 있으나 속뜻은 인격을 갖춘 성년으로서 법적으로나 사회적으로 권리와 의무1)를 충실히 수행하는 주최자로서 당당한 어른이 되었음을 일깨워주는 데 있다. 그렇게 함으로써 자신감을 갖게 하고 자립심을 갖출 수 있도록 일깨워주는 것이 성년례이다.

  ○ 관례 : 의식은 시가(始加) 재가(再加) 삼가(三加)의 과정을 거치는데 시가에는 어른의 평상복을 입히고 모자를 씌우고, 재가에는 어른의 출입복을 입히고 유건을 씌우고, 삼가에는 어른의 예복을 입히고 유건을 씌우고, 큰손님이 그때마다 어른으로서의 책무를 다할 것을 당부하는 교훈과 축사를 한다.

  * 내초(乃醮)라 하여 술 마시는 법도를 가르친다.

  * 자(字)를 지어준다.

  * 성인대접을 받으며 말씨도 해라에서 하게로 격상된다.

  * 부모에게 절할 때 당사자가 장남이면 부모도 서서 절을 받는다.

  ○ 계례 : 계례는 머리를 올려 쪽쪄주는 의식으로 비녀를 꽂아주고 어른 옷을 입히고 어른스러워지기를 당부하는 교훈과 축사를 내리고 당호(堂號-笄字)를 지어준다.

  ○ 성년례 : 옛 관계례의 전통을 이어받아 만 19세 되는 남녀에게 5월 셋째 주 월요일에 나라에서 성년례를 베푼다.

  ○ 성년례 식순(式順)

  1) 개별 성년례

    ①개식 ②성년자 배례 ③축사 ④성년선서 ⑤성년선언 및

---

1) 권리(權利) 의무(義務) : 법률행위능력(法律行爲能力)-매매권행사(賣買權行使), 소유권행사(所有權行使), 계약(契約), 혼인의 자유, 선거권(選擧權), 정당가입자결권(政黨加入自決權), 병역의무(兵役義務), 가족을 도울 의무, 사회에 대한 의무.

서명 ⑥초례 및 주례축사 ⑦성년자 배례 ⑧폐식

2) 집단 성년례

①개식 ②국민의례 ③성년자 호명 ④성년자 경례 ⑤주례의 훈화 ⑥성년선서 및 서명 ⑦성년선언 및 서명 ⑧내빈 축사 및 답사 ⑨성년자 내빈에 대한 경례 ⑩폐회

◉ 혼인례(婚姻禮)

고례에는, "천지의 이치에 순응하는 인정의 마땅함에 합하는 것(順天地之理　合人情之宜-순천지지리　합인정지의)이 혼인이다."라고 했다. 그러므로 혼인은 신성한 이치이며 순수한 인정(人情)이요 하늘의 인연인 것이다. 혼인이란 남녀가 결합하여 부부가 되는 통과의례(通過儀禮)로써 중대한 의식이다. 옛날에는 혼인을 양(陽)과 음(陰)이 교차하는 날 저무는 시간에 거행했기 때문에 '날 저물 혼(昏)'자를 써서 혼례(昏禮)라 했다.

현대는 결혼이란 말을 쓰는데 우리의 헌법(憲法)이나 민법(民法)에 분명히 혼인이라 명시되어 있다. 결혼이란 용어는 합당치 않고 장가들 혼(婚), 시집갈 인(姻)을 써서 혼인이라 하는 것이 바람직하다. 특히 남의 혼사에 주의를 요하는 것은 축의금을 넣는 봉투에 신부에게 '축 결혼(祝 結婚)' '축 화혼(祝 華婚)'이라고 써서는 옳지 않으며, 이는 신랑에게 쓰는 축하인사의 표현이다. 시집가는 신부에게 장가드는 것을 축하하는 꼴이 되므로 그런 망발이 없을 것이다.

그러므로 신랑 신부 남녀 공통으로는 '축 혼인(祝 婚姻)' '축 경하혼인(祝 慶賀婚姻)' 또는 고상하고도 정감의 예를 갖춘 '축 천작

지합(祝 天作之合)’ ‘축 금슬지우(祝 琴瑟之友)’ 등이라 써야 하고, 달리 신랑에게는 ‘축 영식혼(祝 令息婚)’ 신부에게는 ‘축 영애인(祝 令愛姻)’이라고 쓰면 좋을 것이다. 혼인장소는 예식에 적합한 장소면 되고(예식장이 아니더라도) 하객 초청은 당사자를 알고 있는 범위 내에서 하기로(외국은 100명 이내) 하고, 예단(禮緞)은 당사자의 부모에 한정했다.(건전가정의례준칙)

● 혼인의 삼서정신(三誓精神)

① 첫째는 길러주신 부모에게 신랑 신부가 감사하고 원만한 부부생활을 하겠다고 서약하는 의식이다(誓父母禮-서부모례). 남자는 초자례(醮子禮), 여자는 초녀례(醮女禮)라 한다.
② 둘째는 천지신명(天地神明)에게 부부됨을 맹서하는 의식인 서천지례(誓天之禮)이다.
③ 셋째는 서로의 배우자에게 부부생활을 성실히 하겠다고 서약하는 서배우례(誓配偶禮)이다.

● 혼인의 조건

1997년 7월 16일 헌법재판소가 동성동본금혼법인 민법 809조 1항을 헌법 불합치결정을 했다. 이 사건은 민족고유의 미풍양속이나 가족윤리를 파괴하려는 중대한 사건으로 규정하고, 성균관을 비롯하여 유도회 총본부와 관련단체에서는 1998년 11월 18일 국회사법위원회에 동성동본금혼제도 폐기목적의 민법중 개정안을 만들어 제출했다. 국회는 1999년 3월 11일 법사위원회의 공청회를 열고 민법 809조 1항의 동성동본금혼제도의 혈족관련이나 가족윤리상 존치되어야 한다는 수정안을 확정하고 12월 17일 법사위원회에서

의결되었으나 15대 국회의 임기가 끝남에 따라 자동 폐기되었다.

　법무부는 공고 2000-25호로 민법중개정안을 6월 13일 관보에 입법을 예고하고, 7월 3일까지 의견을 접수한다고 발표하고, 프레스센터에서 7월 7일 호주제도 폐지에 대한 토론회를 갖는다고 발표했다. 전 국민이 알아야 할 중대사를 관보에만 게재했다. 법무부가 동성동본금혼제도와 호주제를 폐기하려는 차제에 성균관을 비롯한 유도회총본부와 한국씨족연합 유관단체는 전통가족제도수호 범국민연합을 결성, 비상대책을 세우고 있다.

　과거 신라왕실이나 귀족들 사이에는 근친혼이 많았는데 이것은 골품제도(骨品制度)를 보존하기 위한 계급내혼제라 볼 수 있다. 고려시대에도 왕실이나 귀족간에 동성근친혼이 성행한 것은 그들의 세습을 위한 것이라 여겨진다. 고려 문종 2년(1085년)에 사촌간의 혼인에서 출생한 자의 관리등용을 금하였고, 고려 숙종 1년 2월(1096년)에 6촌간의 소생자에 금고령을 내리고, 6월에는 6촌간의 혼인을 금지시켰다. 조선시대에 들어와 성리학의 도입과 함께 윤리적 바탕으로 동성동본불혼이 철칙이 되었다. 동성동본금혼제도 폐지는 시대를 역행하는 윤리도덕의 차원이나 우생학적으로도 개악(改惡)이 분명하다.

　※ 옛 법과 관습은
① 혼인할 남녀는 동성동본이 아니어야 한다. 이는 어길 수 없는
　　혼인 윤리이다.
② 남자 18세, 여자 16세 이상이어야 한다.
③ 동성동본이 아니더라도 조상이 같으면 혼인하지 않는다.
④ 근친의 상중이면 혼인식을 거행할 수 없다.
⑤ 혼인결과가 좋지 못할 때 그 성받이와 혼인하지 않는 경우도

있었다.

● 혼인 절차

① 주육례(朱六禮) : 약 3000년 전 주나라 때의 혼인절차
  * 납채(納采), 문명(問名), 납길(納吉), 납징(納徵), 청기(請期), 친영(親迎)

② 주자사례(朱子四禮) : 약 800년 전 주자가 네 가지로 축소한 절차
  * 의혼(議婚), 납채(納采), 납폐(納幣), 친영(親迎)

③ 우리나라의 전통 혼인례
  * 혼담(婚談)—청혼(請婚)과 허혼(許婚) 절차
  * 납채(納采)—약혼을 뜻하며 사주(四柱) 보내는 절차
  * 납기(納期)—여자측에서 택일해서 남자측에 보내는 절차
  * 납폐(納幣)—남자측에서 여자측에 예물 보내는 절차
  * 친영, 대례(親迎, 大禮)—혼인 예식절차이다. 혼담, 납채, 납기, 납폐는 혼인 예식 준비과정이다.

    신랑 신부의 위치—생자이동위상(生者以東爲上)의 원칙에 따라 신랑은 동쪽, 신부는 서쪽에 위치한다.

    신랑 신부 부모의 위치—북과 남에서는 생사간 북이 상(上) 이기 때문에 아버지는 북쪽, 어머니는 남쪽에 위치한다.

    하객의 위치—신랑측 하객은 동쪽 좌석, 신부측 하객은 서쪽 좌석에 위치한다.

  * 부조봉투 쓰는 법 : 봉투 앞면 중앙에 경하혼인이라 쓰고, 약간 왼쪽 아래에 자기 이름을 쓴다. 뒷면은 비워둔다.(慶弔修禮—경조수례 참조)

* 사주(四柱) 쓰는 법 : 용지를 다섯 칸으로 접어 첫째 칸과 다섯째 칸은 비워두고 둘째 칸에 김해후인○○○(당사자 이름)이라 쓰고, 셋째 칸인 가운데 칸에 양력 생년 연월일시를 쓰고, 넷째 칸에 음력 생년 연월일시만을 쓰기도 한다. 생년 연월일시를 간지(干支)로 쓰기도 한다.

* 함(函) 주고받는 법 : 함에 넣는 예물은 신부의 옷감으로 채단(綵緞)이라 한다. 채단은 청단과 홍단으로 하는데 청단은 홍색종이로 싸고 홍단은 청색종이로 싸서 각각 중간을 청홍실로 묶어 나비매듭을 한다. 함 안에 흰 종이를 깔고 청단과 홍단을 넣은 다음 흰 종이로 덮고 그 위에 납폐의 종류와 수량을 적은 물목기(物目記)를 넣는다. 함을 청홍보의 홍이 겉으로 되게 싸서 매듭에 근봉(謹封)이라 쓴 봉함지(封緘紙)를 끼운다. 무명 한 필로 맬 끈을 만들어 낡는다. 납폐서(納幣書 혼서지)는 두꺼운 한지에 싸서 아래위를 틔운 봉투에 넣어 상중하 세 곳에 근봉이라 쓴 봉함지를 끼운다. 납폐서는 청홍보의 홍이 겉으로 되게 싼다. 더러는 납폐서를 다른 상자에 넣어 겹보로 싸기도 한다. 납폐서는 인사장이기 때문에 함 안에 넣지 않는다. 신부측에서는 적당한 곳에 병풍을 치고 상 위에 봉채(奉綵) 떡시루를 올려놓고 붉은 보로 덮는다. 함이 오면 그 위에 올려놓고 혼주(신부 아버지)가 두 번 절한 다음 함을 안방으로 옮긴다.

* 신랑집에서 신부집에 보내는 물건은 보내는 쪽을 표시하는 청홍색 보의 홍이 겉으로 되게 싸고, 신부집에서 신랑집에 보내는 물건은 청색이 겉으로 되게 싼다.

※ 성균관 전례연구원에서는 현상세계를 조화하는 해와 달을 기

준하여 해는 양으로 붉은색이고, 달은 음으로 푸른색이기 때문에 남녀를 색깔로 표시할 때 남성은 홍색이고 여성은 청색이 분명하므로 성균관에서는 전통적으로 내려오는 혼인례를 행하고 있다.

● 탄생석(誕生石)

기원전 메소포타미아의 가르네아인들이 점성술에 빛을 내는 보석을 관련시켰다. 이것은 별에 관계가 있는 달에 태어난 사람은 그 달을 대표하는 운명이 깃들어 있으며, 몸에 지니고 다니면 재난을 막고 행운을 얻는다고 생각하였다. 그후 그리스트 유태교 또는 유럽이나 동양 여러 나라에서 그 의미가 전해져 왔다. 1913년 미국의 보석소매상조합에서 이 뜻을 통일한 것이 오늘날 일반적으로 쓰이는 탄생석이다. 탄생석은 천연보석으로 정해져 있었으나 값이 너무 비싸 합성보석도 쓰이고 있다.

1월 : 가네트(Garnet) 석류석(石榴石)─아름다운 우애(友愛)가 변치 않음과 충실(忠實)을 의미함

2월 : 아메지스트(Amethyst) 자수정(紫水晶)─성실과 마음의 평화 허식(虛飾)없는 참다운 마음

3월 : 블러드스톤(Blood stone) 혈석(血石) 또는 아쿠아마린(Aquamarine) 남옥(藍玉)─정열 용감, 그리고 기민한 총명을 뜻함

4월 : 다이아몬드(Diamond) 또는 수정(Cristal)─청초(清楚)함과 청순무구(清純無垢) 영원한 행복

5월 : 에메랄드(Emerald) 녹옥(綠玉)─행복과 배려를 뜻함

6월 : 진주(Pearl) 또는 문스톤(Moon stone) 월장석(月長石)─

건강과 장수를 뜻함

7월 : 루비(Ruby) 홍옥(紅玉) 또는 마노(瑪瑙-Agate)-질투나
　　　의심을 모르는 순정(純情)

8월 : 사도닉스(Sardonyx) 홍마노(紅瑪瑙) 또는 감람석(橄欖石)
　　　-화합의 뜻

9월 : 사파이어(Sapphire) 청옥(靑玉)-청순과 덕망을 뜻함

10월 : 오팔(Opal) 단백석(蛋白石) 또는 전기석(電氣石-Tour-
　　　maline)-온화와 인내를 뜻함

11월 : 토파즈(Topaz) 황옥(黃玉)-화락(和樂)을 뜻함

12월 : 터키석(Turkey stone) 토이기석-성공을 뜻함

※ 약혼반지는 보통 왼손 가운뎃손가락에 낀다. 약혼식을 올리는
　경우에는 그 자리에서 신랑이 신부의 손에 직접 끼워준다.

● 혼인기념일

혼인기념일은 한 쌍의 부부가 혼인한 후 건재하고 있음을 축하하
는 날이다. 원래 구미각국에서는 기독교의 풍습으로 19세기까지만
해도 성대하게 지켜오던 풍속이다. 매년 부부가 혼인하던 당시의
엄숙한 기분을 되살려 앞으로 생활설계를 세우고 여행이나 조촐한
잔치를 여는 것도 서로를 위해 뜻깊은 일이 될 것이다.

　* 1주년 : 종이혼식(紙婚式)-Paper Wedding

　* 2주년 : 짚혼식(藁婚式)-Straw Wedding

　* 3주년 : 얼음사탕혼식(氷菓婚式)-Candy Wedding

　* 4주년 : 가죽혼식(革婚式)-Leather Wedding

　* 5주년 : 나무혼식(木婚式)-Wooden Wedding

　* 7주년 : 꽃혼식(花婚式)-Flower Wedding

* 10주년 : 주석혼식(朱錫婚式)-Tin Wedding
* 12주년 : 비단혼식(絹婚式)-Linen Wedding
* 15주년 : 수정혼식(水晶婚式)-Crystal Wedding
* 20주년 : 도자기혼식(陶磁器婚式)-China Wedding
* 25주년 : 은혼식(銀婚式)-Silver Wedding
* 30주년 : 진주혼식(眞珠婚式)-Pearl Wedding
* 35주년 : 산호혼식(珊瑚婚式)-Coral Wedding
* 40주년 : 녹옥혼식(綠玉婚式)-Emerald Wedding
* 45주년 : 홍옥혼식(紅玉婚式)-Ruby Wedding
* 50주년 : 금혼식(金婚式)-Golden Wedding
* 60주년, 75주년 : 금강석혼식(金剛石婚式)-Diamond Wedding
※ 우리나라에서도 25주년 은혼식과 50주년 금혼식을 기념하는 사람이 늘고 있다.

● 성씨의 발원(發源)

중국의 성씨제도를 영향 받아 고조선시대 왕족 공신(功臣) 귀화인(歸化人) 서민의 세거지명(世居地名) 강산 명칭 등으로 발전, 과거제도가 발달한 고려 문종 때(1947년) 보편화되었다.

* 고구려 시조 주몽(朱蒙)-고구려 창건한 고씨(高氏)
* 백제 시조 온조(溫祚)-부여에서 나왔다 하여 부여씨(扶餘氏)
* 혁거세(赫居世-B.C. 57)-표주박 같은 알에서 나왔다하여 박씨(朴氏)
* 김알지(金閼智)-금함에서 나왔다 하여 김씨(金氏)
* 김수로(金首露)-금란에서 나왔다 하여 김씨(金氏)

* 김수로왕의 둘째는 어머니 허황옥(許黃玉)의 성을 따라 허씨(許氏)

* 충주어씨(忠州魚氏)는 원래 지씨(池氏)였는데 시조 어중익(魚重翼)이 태어날 때 겨드랑이에 비늘 셋이 있어 고려 태조가 어씨(魚氏)로 사성(賜姓)했다.

* 신숭겸(申崇謙)은 고성 사람인데 태조와 함께 평산에 놀러갔다. 평산이 너무 좋아 평산신씨(平山申氏)로 했다.

* 진감선사(眞鑑禪師)의 본관은 황룡사(黃龍寺-황룡사 비문에)

* 괴산점씨(槐山占氏)-중국에서 귀화

* 김해김씨(金海金氏) 우록계(友鹿系)-일본계통

* 화산이씨(花山李氏)-안남(安南)

* 연안인씨(延安印氏)-몽고(蒙古)

* 덕수장씨(德水張氏)-아랍

* 태씨(太氏) 일부-발해(渤海)

* 임천이씨(林川李氏)-경주(慶州)

* 설씨(偰氏)-위구르(畏吾兒)

* 남양홍씨(南陽洪氏)-당홍(唐洪)은 홍은열(洪殷悅)이 시조, 토홍(土洪)은 홍선행(洪先幸)이 시조

* 강릉김씨(江陵金氏)와 광주김씨(光州金氏)는 같은 김알지(金閼智) 자손

* 고부최씨(古阜崔氏)와 경주최씨(慶州崔氏)는 시조와 본이 다르지만 최치원(崔致遠) 계통

※《동국여지승람(東國與地勝覽)》에 목천현(木川縣) 사람들이 자주 반란을 일으켜 고려 태조가 우(牛), 마(馬), 상(象), 장(獐), 돈(豚) 등 짐승이름으로 사성(賜姓)했는데 우(于), 상

(尙), 장(張), 돈(頓)으로 변성했다고 기록됨.

※ 신라, 고려조―혈족혼인, 동성혼인, 근친혼, 고려 말기에 금지령, 충렬왕(忠烈王) 때 사촌 금혼, 조선조 9대 성종(1470년) 때 재종간 금혼, 18대 현종(1660년) 때 동성동본 금혼.

● 불혼 성씨(不婚 姓氏)

* 부산 동래 지방에서는 고(高) 양(梁) 부씨(夫氏)는 시조 고을나(高乙那) 양을나(梁乙那) 부을나(夫乙那)가 삼성혈(三姓穴)에서 같이 나왔다 하여 불혼(不婚)

* 안동지방에서는 병천임씨(幷川林氏)와 마씨(馬氏)

* 진양(晉陽)지방에서는 토착성(土着姓)인 강(姜) 하(河) 정씨(鄭氏)

* 전씨(全氏)는 본이 18가지나 되지만 불혼(不婚)

* 여씨(呂氏)와 정씨(丁氏)

* 행주기씨(幸州奇氏)와 태원선우씨(太原鮮于氏) 청주한씨(淸州韓氏)

* 문화유씨(文化柳氏)와 연안차씨(延安車氏), 문화유씨(文化柳氏)와 전주차씨(全州車氏)

* 창녕조씨(昌寧曹氏)와 창녕성씨(昌寧成氏)

* 갈씨(葛氏)(濚)와 제씨(諸氏)(泓)

* 경주이씨(慶州李氏) 재령이씨(載寧李氏) 협천이씨(狹川李氏) 진주이씨(晉州李氏) 우계이씨(羽溪李氏) 아산이씨(牙山李氏)

* 김해김씨(金海金氏) 김해허씨(金海許氏)

* 인천이씨(仁川李氏) 양천허씨(陽川許氏) 김해허씨(金海許氏) 하양허씨(河養許氏) 태인허씨(泰仁許氏)

* 파평윤씨(坡平尹氏)　남원윤씨(南原尹氏)　함안윤씨(咸安尹氏)
* 안동김씨(安東金氏)　안동권씨(安東權氏)　인동장씨(仁同張氏)
　－삼태자(三太子) 자손
* 해주오씨(海州吳氏)　동복오씨(同福吳氏)　함평오씨(咸平吳氏)
* 교하노씨(交河盧氏)　만경노씨(萬頃盧氏)

● 한맹(漢盲) 세대

문화의 이상적인 발전은 수직전승(垂直傳承)하는 전통문화와 수평전승(水平傳承)하는 외래문화가 조화(調和)되었을 때 가능하다. 이 수직문화 전승 수단이 한·중·일 동북아시아 3국에서는 한문이다.

한데도 동북아의 후진함이 한문에 있다는 야릇한 논리로 한자(漢字) 배척운동이 기승(氣勝)을 부려 중국에서는 쑨원(孫文) 이래 마오쩌둥(毛澤東)에 이르기까지 로마자 혼용으로 한자배척운동이 일었고, 일본에서도 미군정의 압력으로 한자교육을 축소시켰으며, 한국에서는 교육에서 한자(漢字)를 추방시켜왔다. 북한에서는 아예 모든 분야에서 한자를 나라 밖으로 축출해 버렸었다. 하지만 중국에서는 상용한자 2,500자, 일본에서는 1,945자를 제한, 수직문화의 벽돌 초석을 단단히 해놓았고 북한에서도 한자 없이 감당할 수 없었던지 1968년부터 대학 나올 때까지 3,000자의 한자를 익히도록 하고 있다.

오로지 우리나라만이 한맹세대의 폭을 넓혀와 문화전승이나 교류에 있어 지적 손실은 말할 것도 없고, 중국과 일본과의 통상교류에서까지 지장을 초래하고 있어 경제5단체에서 휘하(麾下) 기업으로 하여금 한자 모르는 사원은 뽑지 말도록 시달하기에까지 이르렀다.

우리말 가운데 순우리말이 24%, 외래어가 6%로 나머지 70%는 한자에 뿌리를 둔 한자어다. 70%나 되는 우리말을 터득하는 데 한자교육은 필요불가결이다. 이를테면 '계집 녀(女)'의 뜻 하나만 알면 계집 녀변의 한자 300여자의 뜻을 절반은 알고 든다. '할미 고(姑)'는 낡은[古] 여자요, '지어미 부(婦)'는 빗자루 든 여자로 그 뜻을 알 수 있게 한다. 뿐만 아니라 계집 녀자가 위아래에 든 흔히 쓰는 우리 낱말 400여개도 절반의 뜻을 알게 한다. 한·중·일 상용공통한자가 1,632자라지만 이 같은 한자의 경제적 구조 때문에 몇백자만 익히면 기하급수로 습득할 수 있는 힘 안 드는 문자이다.

입시과외로 젊은 세대를 초죽음시켜 놓았으면서 이만한 한자습득의 노력을 아껴 겨우 얻은 것이 한·중·일 통상 실무로부터의 소외였던가. 동북아시대의 기치(旗幟)를 들고 앞서가는 척하더니 맨 꼴찌에서 한맹세대에 끌려 뒷걸음치는 기구(祈求)한 몰골이다.

● 이해할 수 없는 헌재(憲裁)의 무식한 판결에 분노한다

과거가 없이는 현재가 없고, 현재가 없는 과거는 없다. 이것이 인류역사다. 우리 민족은 5천년 유구한 역사 속에서 전통을 이어온 배달민족이다. 우리 인생은 내가 없으면 네가 없고, 네가 없으면 내가 없으니 너와 나는 따로가 아닌 공체(共體)인 것이다. 따라서 인생은 남녀가 서로 모르는 성씨끼리 공동체로 결합하여 부부가 되고, 부부가 있음으로써 인간이 탄생되어 가족을 이루고, 국가사회가 구성된다.

그리하여 국민 각자가 자기에게 부여된 사명과 의무를 충실히 이해하게 되는 것이다. 우리에게 있어 국가가 없이는 이 몸이 존재할 수가 없고 부모가 없이는 이 몸이 생겨날 수가 없다. 그래서 우리 유교에선 충효(忠孝)를 모체로 여기고 백행지본(百行之本)으로 삼는다. 이 충효란 어느 종교인이나 어느 나라 국민을 막론하고 꼭 실천하지 않으면 안 되는 필수과제요 커다란 덕목이다.

그러나 지금 동성동본 불륜혼인(不倫婚姻)을 허용해서, 동성동본 금혼법통(禁婚法統)을 말살하려는 일부 여성단체의 간교한 농간에 일부가 미혹되고, 그런데도 대통령도 동조하는 판국이다. 8촌 이상이면 결혼할 수 있는 법안이 국무회의를 거쳐 대통령의 재가를 얻어 국회법사위에 상정되어 국회에서 결의 통과했다. 멸륜(滅倫) 위기의 천인공노할 일이다.

《중용(中庸)》에 '국가장흥(國家將興)에 필유정상(必有禎祥)하며 국가장망(國家將亡)에 필유요얼(必有妖孽)'이라 했고, 또 '인무원려(人無遠慮)면 필유근우(必有近憂)'라 했으며, '우주만물중(宇宙萬物中)에 유인(唯人)이 최귀(最貴)'라 했으니 그 무슨 연유인가. 금수(禽獸)는 어미의 품안에서 젖먹일 때는 새끼가 어미를 알고 어미는 새끼를 안다. 일단 어미의 젖을 떼게 되면 어미 새끼 구분 없이 전통의 혈육을 모르고 부모형제가 서로 교배하니 바로 금수가 되는 이치이다.

그러나 사람은 유일하게 지각(知覺)을 가지고 인의예지신(仁義禮智信)이라고 하는 인성(人性)의 덕목을 가지고 사리를 판단하며 윤리전통을 지켜오기 때문에 만물의 영장이요, 가장 귀하다고 하는 것인데 이러함이 없다면 어찌 금수와 다를 바가 있겠는가.

헌법재판소는 민법 제809조의 동성동본간 금혼법이, 헌법 제10조가 규정한 행복추구권에 반한다는 것인데 이런 무지한 판결이 어디에 있단 말인가. 행복추구권이란 만인이 공감할 수 있는 윤리와 도덕상 합리적인 행동에 한하여 추구되는 것이다.

좋지 않다는 동성(同姓)간 불륜혼인(不倫婚姻)을 해서 씨족문화의 미풍(美風)을 말살(抹殺)하려는 의도가 무엇인가? 개인이 행복을 추구하기 위한 행위라 주장하면 윤리도덕에 반해도 그냥 보고만 있어야 된단 말인가?

헌법 제9조에도 국가는 전통문화의 계승발전과 민족문화의 창달을 위해서 노력해야 한다고 하였으니 동성동본 혼인으로 씨족의 전통문화를 말살하려 하는 것은 분명 위헌(違憲)이라 하지 않을 수 없다.

만약 이 동성동본간 허혼법이 국회결의로써 통과되었으니 동성혼이 행해지면 이제 조카니 아저씨니 대부니 하는 항렬이 없어지고, 할머니가 처가 되고, 할아버지가 남편이 되며, 족보가 필요 없는 암흑문맹금수세계(暗黑文盲禽獸世界)로 돌아가고 말 것이다.

이 법안을 폐기처분해서 여야 국회의원들은 민족의 만고(萬古) 죄인(罪人)이 되지 말고 동방예의지국이라고 하는 민족의 전통문화를 지켜내고, 민족의 긍지(矜持)를 이어가도록 해야 할 것이다.

⊙ 수연례(壽宴禮)

수연례란 어른의 생신에 자손들이 음식을 차려 술을 올리고 만수무강을 비는 의식으로 어른의 연령이 60세 이상 되어야 한다. 대개 61세의 회갑(回甲), 62세의 진갑(進甲), 66세의 미수(美壽), 70세의 희수(稀壽), 77세의 희수(喜壽), 80세의 산수(傘壽), 88세의 미수(米壽), 90세의 졸수(卒壽), 99세의 백수(白壽), 백세 등에 수연례를 할 수 있다.

1. 수연 절차

* 남자 어른은 상좌(上座-북)의 동쪽, 여자 어른은 서쪽에 자리한다.
* 남자 자손은 어른 앞의 동쪽에 북향해 서고, 여자 자손은 서쪽에 북향해 선다.
* 당사자 어른 맞절(이때부터 주악이 시작된다)
* 큰아들 며느리부터 차례로 헌수한다. 아들은 아버지에게, 며느리는 시어머니에게 헌수하고, 아들은 재배, 며느리는 사배한다. 헌수할 자손이 많으면 헌수하는 당사자의 자녀들은 부모가 절할 때 뒤에서 같이 절한다.

2. 상차림

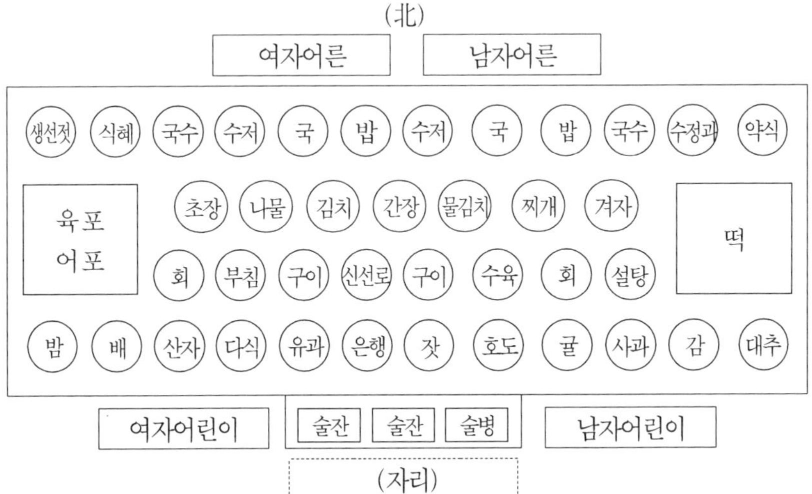

3. 연회 절차(사회자가 진행한다)

* 지금부터 ○○○선생님의 희수연(稀壽宴)을 거행하겠습니다. 여러분께서는 자리에서 일어나 주시기 바랍니다.
* 선 자리에서 경례! 바로!
* 선생님의 약력소개가 있겠습니다.
* 큰아들 인사말
* 축사 송사
* 기념품 선물 증정(자손이 먼저, 손님은 다음. 사회가 소개하는 대로)
* 답사(수연 당사자가 일어나서)
* 송수건배(○○○선생님의 선창으로 건배하시겠습니다)
* 여흥이 있겠습니다(음식을 즐기며)

◉ 상장례(喪葬禮)

사람이 죽으면 시신(屍身)을 갈무리해서 화장(火葬)하거나 매장(埋葬)하며, 상제(喪制) 이하 복인들은 슬픔을 다하여 조문객(弔問客)을 맞는 의식절차이다. 사람이 운명하려 할 때에는 주위를 청결하게 정돈하고 환자를 안방에 모시고 깨끗한 옷으로 갈아입히고 머리가 동쪽이 되게 눕힌다. 보아야 할 사람에게 연락하고 유언을 듣는다.

● 상장례 절차

1. 첫째 날

* 눈을 뜬 채 죽으면 눈을 감긴다.
* 고복, 초혼(皋復, 招魂) : 혼을 불러들이는 절차이다. 죽은 이의 웃옷을 들고 지붕에 올라가 북쪽을 향해 죽은 이의 관성명(貫姓名)을 세 번 부르고 내려와 고복 부른 옷을 시신의 가슴에 덮고 곡한다.
* 수시(收屍) : 시신을 반듯하게 갈무리하고 흉사시의 공수(拱手)를 시켜 붕대나 백지로 묶고 귀와 코를 솜으로 막고 홑이불로 얼굴까지 덮고 병풍으로 가린다.
* 병풍 앞에 향상(香床)을 차리고 좌우에 촛불을 켜고 향을 피운다. 문밖에 근조등(謹弔燈)을 단다.
* 주상(主喪)과 주부(主婦) : 상(喪)의 바깥주인과 안주인을 세운다. 아내의 죽음에는 남편이 주상, 큰며느리가 주부이다. 남편의 죽음에는 큰아들이 주상, 미망인이 주부이다. 삼우가 지나면 큰며느리가 주부가 된다. 부모상에는 큰아들이 주상, 큰며느리가 주부이다. 큰아들 큰며느리가 없으면 큰손자 손부가 주상 주부가 된다(승중-承重). 무후(无後)한 경우는 가까운 근친(近親)이 주상 주부가 된다.
* 호상소(護喪所) : 주상 주부를 대신해서 일할 사람을 둔다.(각종 문서작성 물품 금전출납 손님접대 등 의식절차를 집행한다)
* 역복(易服)과 소식(素食) : 주상 이하 근친들은 옷을 단조롭게 갈아입고 좋은 음식을 먹지 않는다.

* 삽임(揷衽) : 성복 전에는 남자 상제가 두루마기를 입을 경우에는 아버지상에는 왼쪽 소매, 어머니상에는 오른쪽 소매를 꿰지 않는다.

* 수의(壽衣)와 상복(喪服) : 수의는 가능하면 자연섬유가 좋으며 겉옷은 화학섬유도 무방하다. 수의는 겹으로 짓되 산 사람과 반대로 오른쪽 섶이 밖으로 되게 여미도록 짓는다. 복두(幞頭-머리싸개)와 명목(暝目-얼굴싸개)은 솜을 두껍게 두고 소렴금(小殮衾-작은 이불), 대렴금(大殮衾)은 네 폭으로 하여 한 폭을 쪼개서 양쪽에 붙인다.

* 관(棺) : 매장할 때 관까지 묻을 양이면 관을 두껍게 만들어 방부(防腐)칠을 하고 석관(石棺)이나 진공관(眞空棺)을 쓰기도 한다.

* 부고에는 망인이 아버지이면 대인(大人), 어머니이면 대부인(大夫人), 할아버지면 왕대인(王大人), 할머니이면 왕대부인(王大夫人)이라 하고 복인(服人)을 열거하려면 성인(成人)만 한다.

● 부고(訃告) 양식

○○高等學校校長 甲童大人 ○○郡守 金海金吉培 以○月○日 不意 交通事故 不幸於○月○日 午前○時 棄世于自宅 玆以告訃

      發靷日時(발인일시) : 연 월 일 시
      發靷場所(발인장소) : 도 군 리 자택
      葬 地(장 지) : 道 郡 面里 당산
          主喪(주상) : 사자(嗣子)　　　　　○○
          主婦(주부) : 부인(夫人)　　　　　○○○
          嗣婦(사부) :　　　　　　　　　　○○○

子(자) :　　　　　　　　　　　○○

婦(부) :　　　　　　　　　　　○○○

女(여) :　　　　　　　　　　　○○

壻(서) :　　　　　　　　　　　○○○

孫(손) :　　　　　　　　　　　○○

孫婦(손부) :　　　　　　　　　○○○

孫女(손녀) :　　　　　　　　　○○

孫壻(손서) :　　　　　　　　　○○○

弟(제) :　　　　　　　　　　　○○

姪(질) :　　　　　　　　　　　○○

　　　　西紀 ○○○○年○月○日

　　　　　　　　　　　護喪(호상) ○○○ 上

○○○　　貴下(귀하)

2. 둘째 날

* 염습(殮襲), 입관(入棺) : 죽은 지 24시간이 지나면 시신을 목욕시켜 옷을 입히고 이불로 싸서 묶고 관에 넣는다.

* 성복(成服) : 상제들은 상복을 입고 영좌[2] 앞 제상에 주과포(酒果脯)를 차리고 남자는 동쪽에 서향해 서고, 여자는 서쪽에 동향해 선다. 집례(執禮)가 분향(焚香)하고 술을 따르고 모

---

2) 영좌(靈座) : 영좌는 손님이 조상(弔喪)하는 곳이고, 상차(喪次)는 상제들이 있는 곳이다. 영좌는 시신 앞이나 시신의 방 가까운 곳에 차린다. 탁자에 망인의 사진을 모시고 탁자 좌우에 촛불을 켜고 탁자 앞에 향로를 놓는다. 조상석(弔喪席)은 고은 자리를 깔아도 되나 상차(喪次)에는 거친 자리를 간다. 연고지에는 분향소를 차릴 수 있다.

두 꿇어앉아 극진히 슬픔을 표하고 일어나 서로를 향해 남자는 재배, 여자는 사배한다. 상기는 조부모 부모 배우자는 100일, 기타는 장일까지이다. (건전가정의례준칙)

* 명정(銘旌) : 붉은 천에 흰 분가루를 아교에 개서 쓴다. 시신을 매장할 때 관이나 시신 위에 덮는다. 명정은 관작(官爵)이 있으면 관작을 쓰고, 음악을 전공했으면 음악가, 산을 좋아했으면 '산악인 김해김공○○지구'(山嶽人 金海金公○○之柩) 등 적절히 쓴다.

* 조상(弔喪)과 문상(問喪) : 고례에 성복(成服) 전에는 조상 문상을 안했으나 현대는 성복 전에도 조문을 한다. 먼저 호상소에 들러 성명을 기록하고 향안(香案) 앞에 가서 향을 피우고 흉사시의 공수를 하고 두 번 절한다.(죽은 사람이 아랫사람으로 절할 처지가 아니면 묵념만 한다) 약간 물러나 상제가 있는 쪽을 향해 선다. 상제가 먼저 절하면 맞절이나 답배를 한다. (이때도 상주에게 절할 처지가 아니면 묵념만 한다) 꿇어앉아 적당한 인사말을 하고 다시 호상소에 가서 부조금품을 내놓고 대접하는 음식이 있으면 간단히 먹고 일어난다.

* 문상의 말 : 부모상에는, "얼마나 망극하십니까." "상사말씀 여쭐 말씀이 없습니다." 기타의 경우도 "상사말씀 무어라 여쭈리까." "얼마나 슬프십니까." 등 적당한 말을 하면 된다.

● 조문(弔問) 예절

* 분향할 때는 반드시 성냥이나 라이터로 만수향에 불을 붙인다. (영좌에 밝혀진 촛불에서 붙이지 않는다)

* 망인이나 상주가 평소 답배를 하지 않아도 되는 아랫사람이면

절은 하지 않고 망인(亡人)에게는 묵념, 상주에게는 말로 인사
한다.

* 상주는 조문객보다 먼저 절하고 늦게 일어난다.

○ 조문 인사

① 부모의 상 : "친상을 당하여 얼마나 망극하십니까."
　　　답인사 : "불효막심입니다." "망극할 따름입니다."

② 남편의 상 : "상사말씀 여쭐 말씀이 없습니다."(天崩之痛-천
　　　　　　　붕지통)

　　　답인사 : "하늘이 무너진 듯합니다." "눈앞이 캄캄합니다."

③ 아내의 상 : "상사말씀 여쭐 말씀이 없습니다."(叩盆之痛-고
　　　　　　　분지통)

　　　답인사 : "땅이 꺼진 듯합니다." "상봉하솔(上奉下率)에 앞
　　　　　　　이 캄캄합니다."

④ 조부모 백숙부모의 상 : "복제말씀 여쭐 말씀이 없습니다."
　　　답인사 : "오직 슬플 따름입니다."

⑤ 형제의 상 : "복제말씀 무어라 여쭈리까."(割半之痛-할반지통)
　　　답인사 : "팔다리가 끊어진 듯합니다."

⑥ 자녀의 상 : "위문의 말씀 드릴 말씀이 없습니다."(慘慽-참척)
　　　답인사 : "인사 받기도 부끄럽습니다."

* 부의금은 필히 호상소에 내야 한다.(상제에게 주면 안 된다)

* 헌화는 꽃송이가 문상객 쪽을 향하도록 놓는다.

* 작별할 때 상제는 문밖을 나서서는 안 된다.(하늘을 볼 수 없
　는 죄인)

* 장기(杖朞)와 부장기(不杖朞) : 상장(喪杖)은 부모상에만 짚는

다. 그 외는 짚지 않는다.

* 아버지상에는 대나무 상장, 어머니상에는 오동나무 상장을 짚는다.

* 부고에 복인을 열거하려면 아들, 며느리, 딸, 사위, 손자, 손자며느리, 손녀, 손녀사위, 동생, 조카순으로 성인만 호상(護喪) 이름으로 보낸다.

* 인사장 말미에는 고자(孤子) ○○○이라 쓰지 않고, 참복인(斬服人) ○○○이라 쓴다. 고자라고 쓰면 인사장을 받는 사람의 고자가 된다.

* 부재모상(父在母喪)에는 삼우(三虞)까지만 아내가 주부, 삼우가 지나면 자부가 주부가 된다.

* 타인도 16세 이하에게는 곡이불배(哭而不拜-곡은 하지 아니하고 묵념)한다.

● 복 입는 범위

* 혈족 : 고조부모 8촌 이내 근친
* 외가 : 외조부모, 외숙부모, 이모, 외종형제자매, 이종 형제자매.
* 딸 쪽 : 사위, 외손자녀
* 제매 쪽 : 생질(누이의 자녀까지)
* 고모 쪽 : 내종형제자매(고모의 자녀까지)

● 부모상에 복 입는 법(가정의례준칙 제정 이전)

* 부상(父喪) : 참최(斬衰-3년) 성근 삼베로 상복을 짓되 단을 꾸미지 않는다.
* 모상(母喪) : 자최(齊衰-3년) 성근 삼베로 상복을 짓되 단을

꾸민다.

* 모선망상(母先亡喪) : 기년(朞年-1년) 11월이 되면 택일하여 연제사(練祭祀)를 소상예법으로 지내고 상복을 빨아 입는다. 1년이 되면 대상예법으로 제를 지내고 궤연(几筵)을 거두고 상복을 갈아입는다.

* 조부모가 살아계신데 아버지가 먼저 돌아가시고 뒤에 조부모가 돌아가시면 맏손자가 상주가 되며(承重-승중) 부모상과 같이 복을 입는다.

● **복 입는 법**(가정의례준칙 제정 이전)

* 기년복(朞年服-1년) : 조부모, 삼촌 내외, 형제, 아들, 맏며느리, 조카, 맏손자, 미혼 딸, 미혼 누이, 미혼 고모, 미혼 질녀, 아내

* 대공복(大功服-9월) : 출가한 고모, 누이, 딸, 종형제, 작은며느리, 질부, 작은손자

* 소공복(小功服-5월) : 종조부모, 당숙부모, 재종형제, 당질, 종손, 외조부모, 외삼촌 내외, 이모, 생질, 생질녀

* 시마복(緦麻服-3월) : 종증조부모, 재종조부모, 재종숙부모, 재종질, 재종손, 삼종형제, 내외종형제, 처부모, 사위

● **양자간 사람의 생가(生家) 복 입는 법**

* 부모상-기년
  조부모, 삼촌 내외, 형제-대공
  조카, 종형제, 고모, 자매, 질부, 질녀-소공
  증조부모, 재종형제, 재종질, 당숙 내외, 당질-시마

● 주상의 자기 지칭

* 고자(孤子) : 어머니는 살아계시고 아버지가 돌아가셨을 때
* 애자(哀子) : 아버지가 살아계시고 어머니가 돌아가셨을 때(이 때는 아버지가 주상이므로 애자라 쓸 일이 없다)
* 고애자(孤哀子) : 아버지 어머니가 다 돌아가셨을 때
* 고손(孤孫) : 아버지가 먼저 돌아가시고, 할아버지 할머니는 살아계시고 나중에 다 돌아가시고 손자가 주상일 때

3. 셋째 날

* 출상(出喪), 천구(遷柩) : 상여(喪輿)에 관을 옮겨 싣는다.
* 견전례(遣奠禮), 발인(發靷) : 상여 앞에 영좌를 차리고 제수를 진설하고 집사가 술을 올리고 견전고사(遣奠告辭)[3]를 읽는다. 이때 장지까지 따라가지 않는 상제만 절한다.
* 구행(柩行) : 방상씨(方相氏)를 선두로 명정(銘旌), 사진(寫眞), 혼백(魂魄), 만장(輓章), 공포(功布), 상여(喪輿), 상제(喪制), 복인(服人), 호상(護喪), 손님 순으로 나간다.(만장은 금하고 있다 -가정의례준칙)
* 노제(路祭) : 죽은 이의 연고지를 지날 때 주과포(酒果脯)를 차려놓고 죽은 이의 유덕(遺德)을 기리는 제(祭)이다.
* 구지(柩至) : 구행이 묘지에 도착하면 관을 광(壙)의 서남쪽에 상(上)이 북이 되도록 모시고 명정으로 덮는다. 관의 서북쪽

---

3) 견전고사(遣奠告辭) : 靈輀旣駕 往則幽宅　載陳遣禮 永訣終天(영이기가 왕즉유택 재진견례 영결종천)－혼령을 이미 상여(영구차)에 모셨사오니 이제 가시면 영면하실 묘지 이옵니다. 영원히 떠나시는 예를 올리오니 이제 가시면 영원하시나이다.

에 영좌를 설치하고 혼백을 모시고 남자 상제는 영좌 앞 동쪽에 서향해 서고, 여자 상제는 서쪽에서 동향해 서서 손님을 맞는다.

* 하관성분(下棺成墳) : 시신을 광중(壙中)에 반듯하게 모시고 빈 곳을 흙으로 채우고 명정으로 덮고 횡대(橫帶)를 덮고 주상이 횡대를 들고 가슴부위에 청홍색 폐백(幣帛)을 얹는다. 주상은 절하고 모두 곡(哭)한다. 발치에 지석(誌石)을 놓고 봉분(封墳)을 만들어 떼를 입힌다.

* 성분제(成墳祭), 반혼제(返魂祭) : 묘지 앞에 혼백(사진)을 모시고 상을 차려 차례 절차와 같이 제를 지낸다.

* 반곡(返哭) : 혼백(사진)을 모시고 갔던 길로 돌아온다.

● 상중제의(喪中祭儀)

예전에는 노제(路祭), 성분제(成墳祭), 반혼제(返魂祭), 위령제(慰靈祭), 우제(虞祭), 졸곡(卒哭), 부제(祔祭), 소상(小祥), 대상(大祥), 담제(禫祭), 길제(吉祭) 등이 있었으나 가정의례준칙이 제정되면서 조부모·부모·배우자의 상기가 100일, 기타는 장일(葬日)까지로 단축되어 졸곡 이후의 제의는 무의미하게 되고 만장이나 궤연 설치도 금지되고 있다. 그러나 사십구재(四十九齋)에 탈상하기도 한다.

① 우제(虞祭)

* 초우(初虞) : 장사 지낸 날 저녁에 지낸다. 밤 12시를 넘기지 않는다.

* 재우(再虞) : 초우 다음날 아침에 지낸다. 그러나 일진이 강일(剛日-甲 丙 戊 庚 壬)에 해당하면 다음날 유일(柔日-乙 丁

己 辛 癸)에 지낸다.

＊ 삼우(三虞) : 재우 다음날 아침에 지낸다.

② 백일제(百日祭)

백일제를 지내고 상복을 벗고 성묘한다. 우제, 백일제 모두 기제 (忌祭)와 같은 방법으로 지낸다.

● **축문**(祝文)

모든 제의는 양력으로 지낼 때는 간지(干支)를 쓰지 않아도 무방 하다.

＊ **산신제 축문**(山神祭 祝文-묘 쓸 때)

　　　維

檀君紀元 ○○○○年 歲次乙酉 正月壬子朔 十五日庚辰 幼學
　　吉童 敢昭告于
　土地之神 今爲○○學校校長 金○○之父○○郡守 金海金公
營建宅兆
神其保佑 俾後無艱 謹以 淸酌脯醢 祗薦于
　神 尙
　饗

※ 직급(職級)이 없으면 군수(郡守)를 학생(學生)으로, 주상(主喪) 의 어머니면 김해김공(金海金公)을 지모유인(之母孺人) 경주 이씨(慶州李氏)로, 영건택조(營建宅兆)는 단독 묘(墓)를 쓸 때 이고, 먼저 묻힌 이가 부인묘(夫人墓)일 경우에는 합폄우유인 (合窆于孺人)(夫人) 경주이씨지묘(慶州李氏之墓)라 쓴다.

산신제는 상복을 입지 않은 사람이 평상복으로 묘역(墓域) 내의 동북쪽에서 지낸다. 제수(祭需)는 술 과일 포 젓(酒果

脯醢), 뇌주(酹酒), 참신(參神), 헌주정저(獻酒正箸), 독축(讀祝), 낙저(落箸), 사신(辭神) 순으로 지낸다.

산신(山神)은 땅에 있으므로 분향(焚香)은 하지 않는다.

* 산신제 축문 한글 서식

　　　이제

단군기원 ○○○○년 1월 15일 유학 김길동 감히 아뢰나이다

　　토지지신이여 금번 ○○학교 교장 김○○의 아버님 군수 김해김공의 무덤을 지으려 하오니

　　신께서 보살피사 후한이 없게 하소서 삼가 맑은 술과 음식을 차려 정성을 다해 받들어 올리오니

흠향하소서

　* **고선장**(告先葬) **축문**－아버지 묘에 어머니를 합장하는 경우

　　　　維

檀君紀元 ○○○○年 歲次乙酉 正月壬子朔 十五日庚辰 孤哀子 甲童 敢昭告于

　顯考○○郡守之墓 甲童 罪逆凶釁

　顯妣夫人 德壽李氏 見背 日月不居 葬期已屆 今爲 祔于墓右 昊天罔極 謹以 酒果用伸 虔告謹告

* 고선장 축문 한글 서식

　　　아뢰나이다

단군기원 ○○○○년 정월 15일이옵고 슬픈 아들은

아버님 ○○군수 어른의 무덤에 감히 고하나이다.
갑동이 크나큰 죄를 지어
어머님 덕수이씨께서 세상을 버리시고 세월이 흘러
어느덧 장례를 모실 때가 되었나이다. 이제
아버님 왼쪽에 함께 모시고자 하오니 슬픈 마음 가눌 길
없나이다. 삼가 술과 과실을 차려 공경을 다해
고하나이다.

※ 어머니 묘에 아버지를 합장하는 경우에는 부우(祔右)를 합봉우(合封于)로, 묘좌(墓左)를 묘우(墓右)라 쓴다. 묘 앞에 주과포(酒果脯)를 차리고 분향(焚香), 뇌주(酹酒), 참신(參神), 헌주(獻酒), 정저(正箸), 독축(讀祝), 낙저(落箸), 사신(辭神) 순으로 제사를 지낸다.

* 먼저 묻힌 이의 무덤에 합장할 때의 축문 한글 서식
이제
단군기원 ○○○○년 1월 15일 고자 ○○
아버님 ○○군수 어른께 감히 아뢰나이다.
남기신 몸은 무덤에 묻히셨사오니
혼령께서는 집으로 돌아가사이다. 신주를 마련하지 못하옵고 영정을 모셨사오니
혼령께서는 옛것을 버리시고 새로움을 좇으시어 영정에 깃드시고 영정에 의지하소서.(신주를 마련하지 아니하고 영정을 모실 때)

＊ 우제(虞祭) 축문

維

檀君紀元　○○○○年　歲次○○　正月壬子朔　十五日庚辰　孤子
○○敢昭告于

顯考○○郡守府君　日月不居　奄及初虞　夙興夜處　哀慕不寧
謹以　淸酌庶羞　哀薦祫事　尙

饗

※　아내에게는 감(敢)자를 뺀다. 재우(再虞)에는 초우(初虞)를
재우로, 삼우(三虞)에는 삼우로 고쳐 쓴다. 아내에게는 숙흥
야처(夙興夜處)　애모불녕(哀慕不寧)을　비도산고(悲悼酸苦)
부자승감(不自勝堪)이라 쓴다. 근이(謹以)를 자이(玆以)로,
애친(哀薦)을 진치(陣此)로, 재우에는 우사(虞事)로, 삼우에
는 성사(成事)라 쓴다.

기제와 같은 방법으로 지낸다.

＊ 우제 축문 한글 서식

이제

단군기원　○○○○년 1월 15일 고자 ○○ 감히 아뢰나이다
아버님　○○군수어른께서 돌아가시고 해와 달이 머물지
않아 문득 초우를 당하오니 밤낮으로 슬프고 추모하옵
는 마음으로 가득하옵나이다. 삼가 맑은 술과 음식을
차려 슬픈 마음으로 받들어 올리며 초우의 의식을 행하
오니 어여삐 여기사 흠향하옵소서

* 백일제(百日祭) 축문

維

檀君紀元 ○○○○年 歲次○○ 正月壬子朔 十五日庚辰 孝子
○○敢昭告于

顯考○○郡守府君 日月不居 奄及百日 夙興夜處 小心畏忌
不惰其身 哀慕不寧 謹以 淸酌庶羞 哀薦祥事　尙

饗

※ 기제와 같은 방법으로 지내고 상복을 벗고 성묘한다.

* 백일제 축문 한글 서식

이제

단군기원 ○○○○년 1월 15일 효자 ○○ 감히 아뢰나이다.
아버님 ○○군수어른께서 돌아가시고 해와 달이 머물지
않아 어느덧 백일을 당하오니 밤낮으로 조심스러운 마
음 몸을 게을리하지 않아도 슬프고 흠모하옵는 마음으
로 가득하옵니다. 삼가 맑은 술과 음식을 차려 슬픈
마음으로 받들어 올리오며 백일 의식을 행하오니 어여
삐 여기사 흠향하시옵소서

● 건전가정의례준칙(健全家庭儀禮準則)

종전 가정의례에 관한 법률을 대신하여 건전가정의례의 정착 및
지원에 관한 법률이 1999년 10월 7일부터 시행되었다. 허례허식의
일소와 사회기풍의 진작을 목적으로 하고 있다. 골자는 다음과 같다.

* 가정의례의 범위는 성년례 혼례 상장례 제의례 수연례 등을

말한다.

* 성년례를 새로 규정했다.(만 19세로)

* 결혼용어를 혼인으로, 약혼은 양가 부모와 당사자 등 직계가족만이 상견례를 하고 혼인의 제반사항을 협의하되 약혼식은 따로 거행하지 않는다. 혼인 장소는 예식에 적합한 장소면 되고, 하객초청은 당사자를 알고 있는 범위에서 하기로, 예단은 당사자의 부모에 한정했다.

* 상장례에서 발인제와 위령제는 행하되 종전에 금지했던 노제 반우제 우제를 생략할 수 있다로, 상기는 종전대로 조부모 부모 배우자 100일, 기타는 장일까지, 장일은 부득이한 경우를 제외하고 3일장으로, 부고에 종전에는 공공기관 단체명의 기업체명의도 게재 못했으나 기업체명의는 쓸 수 있게 했다.

* 절사와 연시제를 명절 차례로 했고, 기제대상은 종전대로 2대, 해진 뒤에 지낸다를 사망한 날에 지낸다로, 참가자의 범위를 직계자손으로 했던 규정을 없앴다. 성묘시에 제수를 마련하지 아니한다를 마련하지 아니하거나 간단하게 한다로, 배례방법은 종전 묵념이나 재배로 했던 것을 없앴다.

* 회갑례 등 60세 이상의 잔치를 수연례로 고쳤다.

◉ **제의례**(祭儀禮)

사람은 무엇인가에 의지하고자 하는 속성이 있어 천지신명(天地神明)에게 제사를 지내기도 하고, 자기를 존재하게 해주신 조상에게 보본의식(報本儀式)으로 제사를 지내기도 한다. 공자께서는 제사를 지낼 때에는 선조가 계신 듯이 하셨으며 신(神)을 제사 지낼 때에는 신이 계신 듯이 하셨다. 선조를 제사함은 효(孝)를 위주로 하고, 신(神)을 제사함은 경(敬)을 위주로 한다. 조상을 섬기는 것은 무엇보다도 소중하고 제사도 다양하다. 상중제의(喪中祭儀), 가묘제의(家廟祭儀), 시조제(始祖祭), 기일제(忌日祭), 차례(茶禮), 세일사(歲一祀), 체천제사(遞遷祭祀), 부조전(不祧典) 등 많이 있으나 그중 기제사를 기술하기로 한다.

● 기제사(忌祭祀)

기제사란 사람이 죽은 날이 돌아오면 지내는 제사이다. 봉제사(奉祭祀) 대상은 예부터 고조(4대조)까지이나 건전가정의례준칙에는 조부모까지로 규정했다. 제사를 지내는 시간은 돌아가신 날 자시(子時)에 지낸다. 조상을 위하는 제사를 아무 일도 하기 전에 제일 먼저 지낸다하여 날이 시작되는 자시에 지낸다. 부득이한 사정으로 자시에 지내지 못했으면 그날 중으로 지내면 된다. 봉사손은 원칙적으로 장자손이다.

부인의 제사에는 자식이 있어도 남편이 살아있으면 남편이 제주(祭主)이다. 아들의 제사에는 손자가 있어도 아버지가 살아있으면 아버지가 제주이다. 제사에 참예(參詣)할 사람은 하루 전날부터 몸을 깨끗이하고 근신한다. 주부는 제기를 깨끗이 닦고 제수(祭需) 조리를 한다.

* 지방(紙榜)과 수축(修祝) : 단정한 자세로 지방과 축문을 쓴다. 고위는 서쪽 편, 비위는 동쪽 편에 쓴다.(死者以西爲上, 考西妣東-사자이서의상, 고서비동) 지방의 위는 둥글게 오리고, 아래는 모나게 한다(天圓地方-천원지방).
* 지방의 길이는 24cm, 너비가 약 6cm 정도이다.

* 신위는 지방 대신 사진을 모시기도 한다.
* 사자(死者)는 고서비동이라 지방을 마주하고 좌편에 고위(考位), 우편에 비위(妣位)를 쓴다.
* 죽은 아버지는 고(考), 죽은 어머니는 비(妣)라 한다.
* 고인에게 관작이 있으면 관작을 쓰고, 관작이 없으면 학생(學生) 또는 처사(處士)라 쓰기도 한다. 관작에 따라 부인의 칭호도 달라진다.
* 참예할 사람은 손을 깨끗이 씻고 예복(도포 두건)으로 갈아입는다.

1) 기제사의 제수진설(祭需陳設)

제사 지낼 자리와 기구를 깨끗이 하고 병풍을 치고 그 앞에 교의(交椅)를 놓고 제상을 놓는다. 진설요령은 집사의 왼쪽이 서요, 오른쪽이 동이다. 따라서 제상의 앞이 남이 되고 뒤가 북이 된다. 남에는 제상 앞 중앙에 향탁(香卓)을 놓고 그 앞에 모사(茅沙)를 놓고, 그 동쪽에 주준상(酒樽床) 서편에 축판(祝板)을 놓는다. 향탁 위에는 합동노서(盒東爐西)로 향합(香盒)과 향로를 놓고 주준상 위에는 강신잔반(降神盞盤) 철주기(徹酒器) 주전자 술병이 놓인다. 북쪽 병풍 앞 교의에 신위(神位)를 모시고 향탁 앞의 배석(拜席)에 자리를 깐다.

신위 앞 1열에는 반서갱동(飯西羹東)으로 서쪽으로부터 시저(匙箸) 반(飯) 잔(盞) 초(醋) 갱(羹)이 되고, 합설에는 반 잔 갱 시저 초 반 잔 갱이 된다. 2열은 어동육서(魚東肉西)로 적(炙) 전(煎)인데 육적(肉炙)은 서쪽, 어적(魚炙)은 동쪽에, 양단에는 서쪽에 면, 동쪽에 떡을 놓는다. 3열은 탕(湯)인데 서쪽에 육탕(肉湯), 동쪽에 어탕(魚湯), 중앙에 채탕(菜湯)을 놓는다. 4열은 채(菜)인데 생동숙서(生東熟西)로 서편에 삼색나물, 동편에 나박김치, 중앙에 간장, 좌포우해(左脯右醢)로 서쪽에 포(脯), 동쪽에 젓갈을 놓는다. 5열은 실과인데 생과는 서편, 조과는 동편이다.

* 단설에는 시저를 서쪽에, 합설은 중앙에 놓는다.
* 뉘어놓는 생선은 등이 위가 되게, 배가 신위 쪽이 되게 놓는다.
* 5열의 과일은 집안에 따라 조율시리(棗栗柿梨) 진설법과 홍동백서(紅東白西) 진설법이 있다.
* 천산(天産)은 접시수를 홀수로, 지산(地産)은 짝수로 놓는다. (같은 줄에서) 짐승이나 물고기 같은 움직이는 것은 천산이고, 땅에 뿌리박고 나는 곡식이나 과일 등은 지산이다.
* 모든 제수에는 마늘 고춧가루 파 등 향신료는 쓰지 않는다.
* 치자 들은 생선은 쓰지 않고, 과일은 복숭아를 쓰지 않는다.
* 밤과 배는 껍질을 깎고 기타 과일은 괴기 좋게 아래위를 도려내고 꼭지를 도려낸다.
* 배 사과 같은 과일은 꼭지가 위가 되게 괸다.
* 적은 초헌에는 육적, 아헌에는 어적, 종헌에는 치적이나 계적으로 바꾸어 올린다.
  * 전작 : 잔대와 잔을 내려 헌관에게 전달하는 사람.
  * 봉작 : 술병을 들고 헌작이 들고 있는 잔에 술을 따르는 사람.
  * 망과 : 덩굴에서 열리는 참외 수박 포도 등
  * 젓갈(醢-해)은 조기젓 두세 마리를 쓴다. 차례에는 건더기(醢-혜)를 쓴다.
1열 : 시저, 메, 국, 술잔, 초장(匙箸, 飯, 羹, 술잔, 醋醬) ─ 반서갱동(飯西羹東) 합설은 시저를 중앙에 놓는다.

2열 : 면, 육전, 적, 소금, 어적, 전, 설당, 편(麵, 肉煎, 炙, 소금, 魚炙, 煎, 雪糖, 餠)－어동육서(魚東肉西), 두동미서(頭東尾西), 면서병동(麵西餠東)

3열 : 촛대, 육탕, 소탕, 어탕, 촛대(촛대, 肉湯, 素湯, 魚湯, 촛대)

4열 : 포, 숙채, 간장, 생채, 해(脯, 熟菜, 간장, 生菜, 醢)－서포동해(西脯東醢), 숙서생동(熟西生東)

5열 : 조, 율, 시, 이, 망과, 조과(棗, 栗, 柿, 梨, 網果, 造果)순으로 놓는다.

○ 기구배설과 제수진설 예시

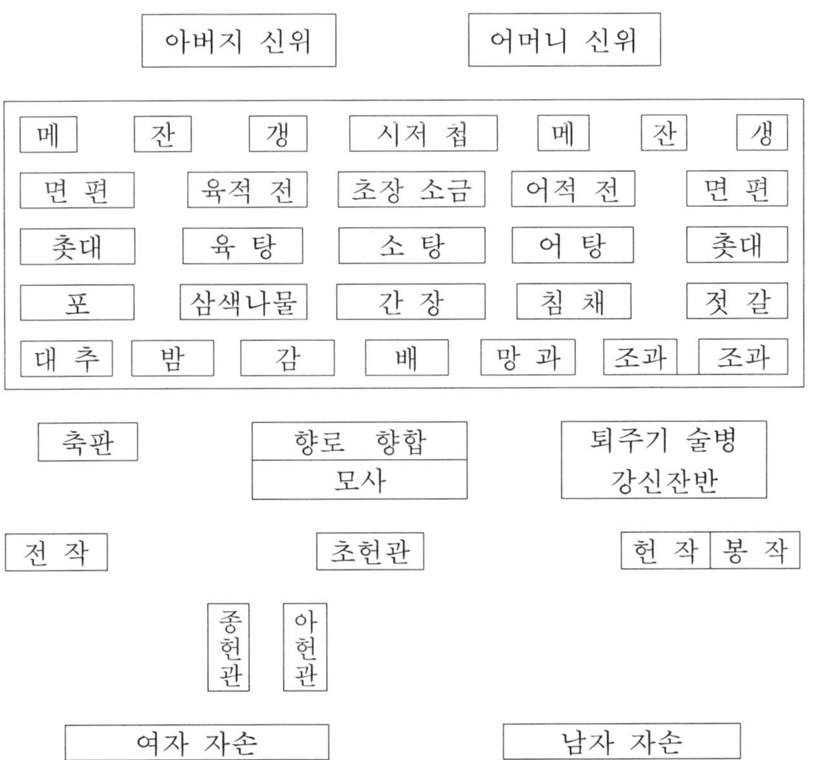

2) 기제사의 절차

* 동서 집사가 초에 불을 켠다.
* 제주와 주부는 집사의 협조로 과(果) 채(菜) 잔반(盞盤) 시접(匙楪) 초첩(醋楪) 등을 먼저 차리고 덥게 먹는 음식은 나중에 올린다.
* 지방(紙榜)을 교의(交椅)나 지방틀에 붙이거나 사진을 모신다.
* 강신분향(降神焚香) : 주인이 향안(香案) 앞에 나가 읍(揖)하고 꿇어앉아 향을 세 번 피우고 재배한다.(하늘에 계실지도 모르는 영혼을 청하는 의식)
* 강신뢰주(降神酹酒) : 주인은 다시 꿇어앉아 집사의 도움으로 강신잔에 술을 조금 받아 모사기(茅沙器)에 세 번에 다 지우고 재배하고 물러난다.(지하에 계신 체백(體魄)을 청하는 의식)
* 참신(參神) : 참사자 일동 남자는 재배, 여자는 사배한다.
* 초헌(初獻) : 주인이 향안 앞에 나가 읍하고 집사의 도움으로 잔을 올리고[祭酒], 잔을 내려 모사(茅沙)에 조금씩 세 번 지우고 다시 제자리에 올리고 육적 소금을 올린다.
* 계반개(啓飯蓋) : 집사는 반갱의 뚜껑을 벗겨 놓고 모든 뚜껑을 벗긴다.
* 독축(讀祝) : 모두 꿇어앉고 독축자가 주인의 서쪽 옆에서 축문을 읽는다. 모두 묵념하고 일어나 제자리로 가고 주인은 읍하고 두 번 절한다.
* 퇴주, 철적(退酒, 撤炙) : 집사는 잔을 내려 퇴주기에 비우고 육적을 내린다.
* 아헌(亞獻) : 두 번째 잔은 주부나 주인 다음 사람이 올리고, 어적을 올리고 좨주하고 재배한다. 초헌 때와 같이 퇴주, 어적

을 내린다.

* 종헌(終獻) : 세 번째 잔은 다른 어른이나 특별한 사유가 있는 사람이 올린다. 계적을 올린다. 절차는 아헌 때와 같으나 퇴주 철적은 하지 않는다.

* 유식(侑食), 첨작(添酌) : 많이 흠향하시기를 권하는 절차로서 주인은 향안 앞에 나가 읍하고, 주부는 주인 옆에서 몸을 굽혀 예를 표하고, 주인은 주전자로 고위와 비위의 축난 술잔에 술을 가득 따른다.

* 삽시, 정저(揷匙, 正箸) : 주부는 고위와 비위의 메에 순가락을 오목한 부분이 동쪽을 향하게 꽂고, 고위의 젓가락을 가지런히 해서 시저의 손잡이가 서쪽이 되도록 걸치고 그 뒤에 비위의 젓가락을 걸친다.

* 합문(闔門) : 마음놓고 잡수시도록 지리를 비우는 절차이다. 모두 나와 문을 닫고 남자는 문 앞의 동쪽에 서향해 서고, 여자는 서쪽에 동향해 선다. 7~8분(9식경) 조용히 서 있는다.

* 계문(啓門) : 문 앞에서 인기척을 내고 문을 열고 모두 들어간다.

* 진숙수(進熟水) : 숭늉을 올리는 절차이다. 고위와 비위의 국뚜껑을 덮어 퇴하고 숙수를 올린다. 메를 세 번 조금씩 떠서 숙수에 담근다.

* 낙시저(落匙箸) : 주부는 고위와 비위의 순가락을 뽑아 접시에 담는다.

* 사신(辭神) : 주인 이하 남자는 재배, 여자는 사배한다.

* 분축(焚祝) : 독축자는 지방과 축문을 불살라 향로에 담는다.

* 철찬(撤饌) : 제수를 내린다.

* 음복(飮福) : 제수를 나누어 먹으며 조상의 음덕을 기린다.

* 철기구(撤器具) : 제의 기구를 치운다.

● 지방(紙榜)

제사 지낼 때에는 지방을 쓰는데 지방이란 고인의 신위표시를 말하는 것으로 사당(祠堂)에 신주(神主)를 모시는 분은 지방이 필요없지만, 방안 제사를 지내는 경우는 흰 종이에 작고하신 분의 호칭(號稱)과 관직(官職)을 먹으로 정성껏 써서 병풍 앞 교의(交椅) 지방틀에 붙인다. 지방의 길이는 주척으로 1척 2촌, 폭이 3촌으로, 주척 1촌은 약 20cm이므로 길이가 22cm, 폭이 6cm 정도이다.

〈지방 서식(紙榜書式)〉

● 高祖父母의 경우

顯高祖考 資憲大夫 吏曹判書 府君 神位 ／ 顯高祖妣 貞夫人 全州李氏 神位

● 曾祖父母의 경우

顯曾祖考 通政大夫 承政院左承旨 府君 神位 ／ 顯曾祖妣 淑夫人 文化柳氏 神位

● 祖父母의 경우

顯祖考 通政大夫 行敦寧府都正 府君 神位 ／ 顯祖妣 淑人 安東金氏 神位

● 父母의 경우

顯考 學生 府君 神位 ／ 顯妣 孺人 密陽朴氏 神位

● 伯父母의 경우

顯考 學生 府君 神位 ／ 顯妣 孺人 密陽朴氏 神位

● **叔父母의 경우**

顯叔母孺人 坡平尹氏 神位

顯叔父學生府君 神位

● **兄의 경우**

顯兄嫂孺人 達成徐氏 神位

顯兄學生府君 神位

● **弟의 경우**

故弟 ○○ (名) 神位

● **妻의 경우**

故室孺人 淸州韓氏 神位

● **夫의 경우**

顯辟學生府君 神位

● **자식의 경우**

姑子某官 ○○ (名) 神位

* 사후(死後)는 서고동비(西高東卑)로, 왼쪽에 고위(남) 오른쪽에 비위(여)를 쓴다.

* 고인(故人)에게 관작(官爵)이 있으면 관작을 쓰고, 관작이 없으면 학생(學生) 또는 처사(處士)라 쓴다.

* 부(父)는 돌아가신 분은 고(考), 모(母)는 돌아가신 분은 비(妣)라 하고, 사당(祠堂)에 모실 때는 부(父)는 이(禰)라 하며, 모(母)는 비(妣)라 한다.

* 처제(妻祭)에는 자식이 있어도 남편이 살아있으면 남편이 제주(祭主)가 된다.

* 아들의 제사에는 손자가 있어도 아버지가 살아있으면 아버지가 제주가 된다.

* 축문(祝文)

　　維

檀君紀元 ○○○○年 歲次○○ 正月壬子朔 十五日庚辰 全義鄕
　　校典校孝子甲童 敢昭告于
　　顯考事務官 瑞山郡守 府君
　　顯妣夫人 全州李氏 歲序遷易
　　顯考 諱日復臨 追遠感時 昊天罔極
　　　　謹以 淸酌庶羞 恭伸奠獻 尙
　　饗

* 효자(孝子)는 차자(次子)가 지내면 자(子), 장손자(長孫子)가
  지내면 효손(孝孫), 아버지가 지내면 부(父), 남편이 지내면
  부(夫), 조카가 지내면 사종자(使從子)로 쓴다.
* 아내의 제사에는 감(敢)자를 빼고, 소고우(昭告于－亡室, 故
  室), 아들은 감소(敢昭)를 빼고 부고우(父告于－亡子 秀才).
* 휘일부림(諱日復臨)은 아랫사람은 망일부지(亡日復至).
* 호천망극(昊天罔極)은 조부모 이상은 불승영모(不勝永慕), 아
  내는 불승비념(不勝悲念), 방계친족(傍系親族)은 불승감창(不
  勝感愴).
* 근이(謹以)는 아랫사람에게는 자이(玆以).
* 공신전헌(恭伸奠獻)은 아랫사람에게는 신차전의(伸此奠儀)라
  쓴다.

* 기제사 축문 한글 서식

　　　　이제

단군기원 ○○○○년 1월 15일 전의향교 전교 효자 갑동 감히 밝혀 아뢰옵나이다.

아버님 사무관 서산군수 어른과

어머님 전주이씨 어른께서 돌아가시고 세월이 바뀌어

어머님 돌아가신 날이 다시 돌아오니 옛정이 생각되어 사모하는 마음 하늘과 같아 끝간 데를 모르겠나이다. 삼가 맑은 술과 갖은 음식을 공경을 다해 올리오니 어여삐 여기사 흠향하시옵소서

● **차례 절차**

① 점촉(点燭)

② 강신분향(降神焚香)-제주 재배(祭主再拜)

③ 강신뢰주(降神酹酒) 제주 재배(祭主再拜)

④ 참신(參神)-일동 재배(一同再拜)

⑤ 헌주(獻酒)-제주 재배(祭主再拜)

⑥ 삽시정저(揷匙正箸)

⑦ 시립(侍立)-7~8분

⑧ 낙시저(落匙箸)

⑨ 사신(辭神)-일동 재배(一同再拜)

⑩ 철찬(撤饌)

● **기제와 차례의 차이**

* 차례에는 기제를 받드는 모든 조상을 제사 지낸다.

* 차례는 설날은 집에서 아침에 지내고, 한식과 한가위에는 성묘를 하기 때문에 묘지에서 지내기도 한다.

* 차례에는 반갱을 차리지 않고 설날에는 떡국, 한가위에는 송편, 한식에는 쑥떡이나 화전을 차린다.

* 기제에는 해(醢-젓갈)를 차리고, 차례에는 혜(醯-식혜) 건더기를 차린다.

* 차례는 약례이기 때문에 술을 한 잔만 올리고 좨주(祭酒)를 않는다.

* 차례에는 삼적을 한번에 다 올린다.

* 차례에는 첨작이 없다.

* 차례에는 합문 계문이 없다.

* 차례에는 숭늉을 올리지 않는다.

* 신주(神主)를 모시고 제사 지낼 때에는 참신을 먼저 하고 강신을 뒤에 하며, 지방(紙榜)을 모시고 지낼 때에는 강신을 먼저하고 참신을 뒤에 한다. 묘제는 참신을 먼저 하고 강신을 뒤에 한다.

* 제사는 정성이다. 예문(禮文)에 '마음을 다하는 것이 제사의 근본이며 물질로만 때우려는 것은 잘못된 제사(盡其心者 祭之本 盡其物者 祭之末-진기심자 제지본 진기물자 제지말)'라 하였다.

* 진설(陳設)에도 예문에는 '조서율차 이이(棗西栗次 已而)'라 퇴계(退溪)는 어동육서(魚東肉西) 생동숙서(生東熟西)와 적유 삼종(炙有三種)-어육치(魚肉雉)이며 어육은 천산(天産)이라 양(陽)이니 기수(奇數)요, 과곡(果穀)은 지산(地産)이라 음(陰)이니 우수(偶數)라 '약가빈난즉의음양수(若家貧難則依陰陽數)' 하여 감품(減品)도 미유불가(未有不可)라 한다. 치적은 계적으로 대신한다. 또 사계(沙溪)는 '상례비(喪禮備)의 진설도(陳設圖)는 판본(板本)의 오야(誤也)'라 하였고, 퇴계는 묘제(墓祭)에는 진찬례(進饌禮)가 없으나 반갱불용(飯羹不用)도 무방

하다고 하였지만, 구봉(龜峰)은 원야례(原野禮)에도 반갱(飯羹)이 있으니 반갱을 아니 써서는 안 되며, 종헌(終獻) 때 계반개(啓飯蓋)하고 삽시(揷匙) 후에 부복(俯伏)하라고 하였다.

* 간지(干支) : 옛 선인들은 문집(文集)이나 일기 등에 해는 간지, 달은 숫자, 날짜는 일진만 썼다.

* 신주(神主) : 높이-1척 2촌(1년 12개월), 너비-3촌(한 계절이 3개월), 두께-1촌 2푼(1일 12시), 천원지방(天圓地方-하늘은 둥글고 땅은 모나다. 그러므로 위는 둥글게, 아래는 모나게)

◉ 경조수례(慶弔修禮)

가정의례에서 부조금이 오가는 것은 향약(鄕約)에 의한 협동정신으로 의식을 경하(慶賀)함과 동시에 상부상조(相扶相助)하는 우리 민족의 독창적인 우수한 문화이다. 속종이(쌈지)에 간단한 문구를 적어 돈을 싸서 전하는 것도 상대에 대한 예우(禮遇)이다. 차림새는 기쁜 일에는 밝고 화사하게, 불길한 일에는 단조로운 차림새가 좋다. 현란(絢爛)한 색깔이나 호사스런 장비는 피하도록 한다. 인사말도 경사(慶事)에는 함께 기뻐하며 축복하는 말을 하고, 좋지 못한 일에는 같이 걱정하고 위로하는 말을 한다. 물건을 부조할 때는 물목기(物目記)를 써서 넣고 포장한다.

가정의례에서는 경사스런 일을 치하하는 뜻으로 경하라는 단어를 사용하는 것이 바람직하고, 축(祝)은 축제에서 사용하는 말로 가정의례에서는 가급적 삼가는 것이 좋다. 수고에 대한 사례에서도 촌지(寸志) 미지(微志) 박례(薄禮) 등은 웃어른이 아랫사람에게 줄 때 쓰는 말로 어른에게 드릴 때는 절대 써서는 안 된다.

● **투어**(套語)

* 婚姻 : 慶賀婚姻. 賀儀. 琴瑟友之. 鐘鼓樂之. 鸞鳳和鳴. 天作之合.
혼인 : 경하혼인. 하의. 금슬우지. 종고락지. 난봉화명. 천작지합.

* 喪事 : 賻儀. 弔儀. 謹弔(父母, 承重). 喪變(손아래). 謹慰(其他). 香燭代. 紙燭代. 哲人冀萎. 千秋永訣.
상사 : 부의. 조의. 근조(부모, 승중). 상변(손아래). 근위(기타). 향촉대. 지촉대. 철인기위. 천추영결.

* 大小喪, 祭禮, 追慕行事 : 奠儀. 香奠. 薄儀. 靈前. 菲儀. 香料. 菲品.
대소상, 제례, 추모행사 : 전의. 향전. 박의. 영전. 비의. 향료. 비품.

* 壽宴禮 : 壽宴(筵). 賀筵. 慶宴. 嘉宴. 喜宴. 壽儀. 賀壽. 謹賀壽宴.
수연례 : 수연(연). 하연. 경연. 가연. 희연. 수의. 하수. 근하수연.(60세 이상 모든 壽宴에 쓰인다)
慶壽(경수 – 주로 60, 70, 80세)

* 謹賀 : 回甲宴. 美壽宴. 古稀宴. 喜壽宴. 傘壽宴. 米壽宴. 卒壽宴. 白壽延. 期壽宴. 南山比壽. 至德延年. 大德必壽. 如南山壽. 多福多壽.
근하 : 회갑연. 미수연. 고희연. 희수연. 산수연. 미수연. 졸수연. 백수연. 기수연. 남산비수. 지덕연년. 대덕필수. 여남산수. 다복다수.

* 謝禮 : 幣帛. 謝禮. 寸志. 微意. 薄禮. 約禮. 微衷. 菲儀. 菲品. 粗品.

　사례 : 폐백. 사례. 촌지. 미의. 박례. 약례. 미충. 비의. 비품. 조품.

* 送別 : 惜別. 餞儀. 贐儀. 情領. 贐行. 餞別.

　송별 : 석별. 전의. 신의. 정령. 신행. 전별.

* 歲時 : 歲儀. 歲饌. 薄禮.

　세시 : 세의. 세찬. 박례.

* 名節 : 節饌. 奉祝○○節.

　명절 : 절찬. 봉축○○절.

* 新年賀禮 : 賀正. 謹賀新年. 謹賀新正. 恭賀新年. 祝元旦. 祝新正.

　신년하례 : 하정. 근하신년. 근하신정. 공하신년. 축원단. 축신정.

* 問病 : 祈祝回春. 祈快瘉. 祝快差. 祝快常.

　문병 : 기축회춘. 기쾌유. 축쾌차. 축쾌상.

* 出産, 百日, 돌, 就學, 卒業, 就業, 昇進, 學位取得, 成年禮, 記念行事 등 : 慶祝○○, 慶賀○○

　출산, 백일, 돌, 취학, 졸업, 취업, 승진, 학위취득, 성년례, 기념행사 : 경축○○, 경하○○

* 學位取得 : 斐然成章. 聲重士林. 揚聲中外. 國門可懸. 風行遐邇.

　학위취득 : 비연성장. 성중사림. 양성중외. 국문가현. 풍행하이.

* 卒業 : 祝 螢雪之功.

　졸업 : 축 형설지공.

* 子女出産 : 祝 弄璋之慶(아들). 祝 弄瓦之慶(딸).

자녀출산 : 축 농장지경(아들). 축 농아지경(딸).

* 廢業 : 慰勞苦寸誠.

폐업 : 위로고촌성.

* 轉業 : 祝期發展.

전업 : 축기발전.

* 移徙, 집들이 : 慶祝設産.

이사, 집들이 : 경축설산.

* 開業, 移轉 : 慶祝○○

개업, 이전 : 경축○○

* 停年退職 : 謹慰勞功. 慰勞寸誠. 餞別. (頌)祝致仕. 桑楡佳景. 國之老成 善人必壽

정년퇴직 근위로공. 위로촌성. 전별. (송)축치사. 상유가경. 국지로성 선인필수

* 災禍 : 謹慰災難. 祈祝復舊寸誠.

재화 : 근위재난. 기축복구촌성.

* 回婚禮 : 慶賀回婚禮.

회혼례 : 경하회혼례.

* 遺德을 기리는 行事 : 獻誠

유덕을 기리는 행사 : 헌성

* 자기 저서(著書)나 작품을 증정(贈呈)할 때 상대방 이름 밑에 : 惠鑑, 惠存, 莞存

혜감, 혜존, 완존

※ 삼대수연(三大壽宴) : 회갑(回甲), 회혼(回婚), 당회(糖回-관직에 나간 지 60주년)

● 봉투와 속종이 쓰는 법

봉투 오른쪽 상단에 누구의 무슨 일(○○○宅喪次護喪所, ○○○君婚姻) 등을 쓰고, 중앙에 상응한 투어 부의(賻儀) 경하혼인(慶賀婚姻) 등을 쓰고, 왼쪽 하단에 부조하는 사람 이름을 쓰고 경사스런 의식에는 하례(賀禮) 하배(賀拜), 상사(喪事)에는 곡배(哭拜) 곡재배(哭再拜), 제례(祭禮) 추모행사 유덕(遺德)을 기리는 행사에는 재배(再拜), 개업 집들이 재화(災禍) 등에는 근정(謹呈) 등 경우에 따라 상응하게 쓴다. 뒷면은 비워둔다.

속종이는 돈 길이만한 종이를 다섯 칸으로 접어 첫째 칸과 다섯째 칸은 비워두고 둘째 칸에 누구의 무슨 일을 쓰고, 세 번째 칸에는 봉투 중앙에 쓴 투어를 쓰고 빌고 싶은 말을 쓴다. 왼쪽 약간 아래에 부조금품을 쓰고, 넷째 칸에 연월일을 쓰고 부조하는 사람 이름을 쓴다. 속종이로 돈을 싸서 봉투에 넣는다.

* 봉투 서식　　　　　* 부의 물목 서식

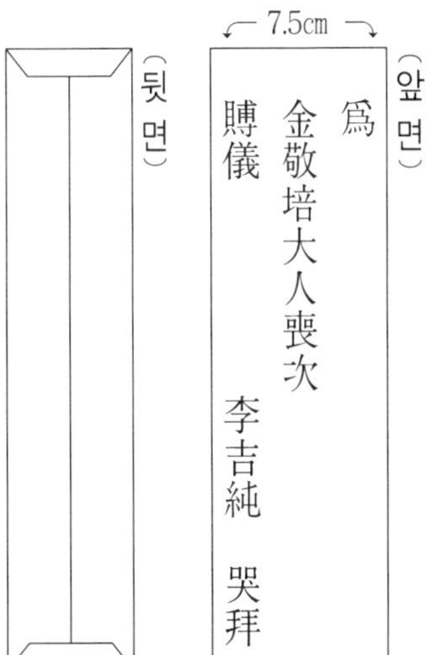

● 《논어(論語)》에 나오는 연령(年齡)

* 十有五而志于學(십유오이지우학)하고
* 三十而立(삼십이립)하고
* 四十而不惑(사십이불혹)하고
* 五十而知天命(오십이지천명)하고
* 六十而耳順(육십이이순)하고
* 七十而從心所欲(칠십이종심소욕)하되 不踰矩乎(불유구호)라

● 연령의 별칭(別稱)

* 출생(出生) : 黃(황)
* 2~3세 : 孩提(해제)
* 4세 : 小(소)
* 7세 : 悼(도)
* 15세 : 志學(지학)
* 여자 15세 : 笄女(계녀)
* 20세 : 弱冠(약관)
* 30세 : 而立(이립)
* 40세 : 不惑(불혹)
* 48세 : 桑年(상년)
* 60세 : 耳順(이순)
* 61세 : 回甲(회갑), 還甲(환갑)
    華甲(화갑), 周甲(주갑)

* 62세 : 進甲(진갑), 陳甲(진갑)
* 66세 : 美壽(미수)
* 70세 : 古稀(고희), 稀壽(희수)
    從心(종심)
* 77세 : 喜壽(희수)
* 80세 : 傘壽(산수), 八耋(팔질)
* 81세 : 望九(망구)
* 88세 : 米壽(미수)
* 90세 : 卒壽(졸수)
* 99세 : 白壽(백수)
* 100세 : 中壽(중수)
* 111세 : 皇壽(황수)
* 120세 : 上壽(상수)

⊙ 관혼상제(冠婚喪祭) 상식

* 관례(冠禮) 때 장자의 절에는 부모가 서서 절을 받는다. 차자는 앉아서 받는다. 말씨도 '…… 해라'에서 '…… 하게'로 격상된다. 자(字)를 부른다.
* 성년례 : 1986년부터 시행, 건전가정의례준칙 1999년 10월 7일 개정 시행(만 19세로)
* 관례를 치르면 건(巾)을 쓴다.
* 관동(冠童)은 관례 여부(성년과 미성년)
* 관례 때 남자는 자(字), 여자는 계자(笄字−堂號)를 지어준다.
* 읍(揖)은 혼례 상장례 제의례 등 의식행사에만 한다. 산 사람에게는 하지 않는다.
* 큰절만 겹절이 있다.(의식이나 답배를 하지 않는 어른에게 하는 절)
* 사주(四柱)를 상자에 넣을 때는 위가 서쪽(상자를 마주하고 왼쪽)이 되게 한다.
* 혼서지(婚書紙)는 함에 넣지 않는다. 물목기(物目記)는 함에 넣는다.
* 혼례에서 시부모가 안계시면 폐백을 하지 않는다.
* 서현부지부모(壻見婦之父母) : 혼례에서 장인 장모에게 절할 때 장인은 서서 절을 받고, 장모는 맞절한다.
* 어머니 수시(收屍) : 딸 며느리 주부가 한다. 2시간 후면 시신이 굳어진다. 4시간 후면 부패가 시작한다.
* 장의사의 수의 : 대렴금이 없다. 길이가 짧다. 5폭이어야 하는

데 3폭이다. 맬 끈도 3필이 필요하다.

* 복두(幞頭), 명목(暝目)은 솜을 두껍게 두어야 하고, 소렴금 대렴금은 4폭으로 하여 한 폭을 쪼개서 양쪽에 붙인다.

* 종손(宗孫) : 친진(親盡)[4]한 조상의 장 자손은 누구의 종손이라 할 수 있다.

* 상가(喪家)에서 향을 계속 피우는 것은 영혼이 계속 머물기를 바라는 의도와 악취 제거가 목적이다.

* 부고(訃告) : 남편이 주상이면 성(姓)도 쓴다. 어머니 상에도 성을 쓴다.

* 초상(初喪) : 사람이 죽어 장사 지낼 때까지.

* 상제(喪制) : 부모상이나 승중상(承重喪)[5]에 있는 사람-극인(棘人), 상인(喪人)

* 복인(服人, 복재기) : 기년(朞年) 이하의 복을 입은 사람.

* 부고에 복인을 열거하려면 성인만 한다.

* 성복 전에는 시신의 상이 남쪽, 성복 후에는 북쪽이 되도록 모신다.

* 상주는 항상 동립서향(東立西向)한다.

* 남편이 죽으면 큰아들이 주상이고 아들이 없으면 근친이 주상.

* 아내가 죽으면 남편이 주상이고 1년 복을 입는다. 죽은 이의 아들도 아버지와 같이 1년 복을 입는다.

* 차자 사망시 장가를 안 갔으면 아버지가 주상.

* 아버지 상에 자식이 없으면 근친이 주상, 망인의 처는 주부이고 주상은 못 되나 제사에 제주는 된다.

---

4) 돌아가신 조상의 현손이 모두 사망함을 말함(남자 자손 기준).
5) 할아버지보다 아버지가 먼저 돌아가시고, 손자가 할아버지상에 상주가 되는 것.

* 상례(喪禮)에서 남자는 입곡(立哭), 여자는 부복곡(俯伏哭)을 한다.
* 조상(弔喪)과 문상을 조문(弔問)이라 한다. 조상은 망인(亡人)에게 하는 인사, 문상은 상제에게 하는 인사로서 옛 법은 내외법이 있어 내간상(內艱喪-여자의 죽음)에는 조상은 아니하고 상제에게 문상만 했다.
* 현대는 조상 문상 구별이 없고 조문이라 한다.
* 망인에게 답배할 처지가 아니면 절은 아니하고 곡만 한다.(곡이불배-哭而不拜) 상주에게도 절할 처지가 아니면 말로 인사한다.(상제만 절한다) 상주가 고객에게 절할 처지가 아닐 때도 조객만 절한다.
* 형수나 질부의 시실(屍室)에는 들어갈 수 있어도 제수의 시실에는 들어가지 못한다.
* 아내가 주부가 되는 경우는 삼우(三虞)가 지나면 큰며느리가 주부가 된다.
* 영좌는 시실(屍室) 앞에 차리는 것
* 분향소는 손님을 위해 연고지 어디에나 차릴 수 있다.
* 제수 시동생의 상(喪)에는 분향만 한다.
* 타인도 16세 이하는 묵념만 한다.(곡이불배)
* 졸곡부터 길사로 부조봉투에 부의(賻儀)라 쓰지 않고 전의(奠儀)라 쓴다.
* 문상은 정적(政敵)도 한다. 잔치는 청한 사람만.
* 부재모상(父在母喪)에는 아버지가 주상, 아버지가 제주(망실, 고실-亡室, 故室)
* 큰아들이 죽으면 아버지가 주상, 며느리가 주부.

* 견전례(遣奠禮) 때 집에 남을 사람만 절하고 상여를 따라갈 사람은 절하지 않는다.
* 탈상 전까지의 조석상식은 산 사람같이 한다.(갱서반동—羹西飯東)
* 상장례는 망인의 법으로 제의례는 봉사자의 법으로 한다.
* 제주가 복 입을 상을 당하고 장례 전에 제사가 들면 자(子) 질(姪)로 하여금 제사를 지내게 한다.

● 상중의 봉제사

① 죽은 이가 봉사자가 아닌 제사는 종전대로 지낸다.
② 죽은 이가 봉사자이면 장례를 지내기 전에는 제사를 지내지 않는다.
③ 장례를 지낸 후에는 무축단헌(無祝單獻)으로 지낸다. 신주(神主)에 봉사손(奉祀孫) 이름이 그대로 있어 축문을 읽을 수 없기 때문이다.
* 길제(吉祭) : 신주를 고쳐 쓰는 제사(현대는 사당이 없으므로 길제는 무의미하다)
* 독축(讀祝) : 길사에는 주인의 서쪽, 흉사에는 주인의 동쪽에서 읽는다.
* 효(孝)는 종자(宗子) 종손(宗孫)에 한하고 기제 봉사하는 조상에만 쓴다.
* 축문에 특기 사항이 있으면 호천망극—근이 사이에 쓴다.
* 고애자(孤哀子)는 졸곡(卒哭) 전까지만 쓴다.
* 봉사손이라도 부모상중이면 선대 제사에 효(孝)자를 못쓴다.
* 봉사손이 유고로 아랫사람이 대신 제사 지낼 때에는 사(使),

윗사람이 대신 지낼 때에는 대(代)를 쓴다. 사자(使子) 사제(使弟) 사종자(使從子) 대숙(代叔) 등을 쓴다.(孝子○○病故 將事未得 使子○○敢昭告于-효자○○병고 장사미득 사자○○ 감소고우)

* 대칭(代稱)은 제주 본위이다.

* 큰며느리의 상에 시아버지가 살아계시면 주상과 제주인데 당연히 신위와 축문도 시아버지의 명의로 작성해야 한다. 실제는 며느리의 남편인 큰아들이 하는 것으로 흡사 주상 제주가 유아일 때 명의는 유아로 하고 행사는 성인이 대신하는 것과 같다. 시아버지가 절을 하거나 술을 올리지는 않는다.
축문은 망부(亡婦)라 하고 행사자는 사자(使子) ○○ 또는 사손(使孫) ○○ 등이라 쓴다.

* 뇌주(酹酒)는 강신(降神), 좨주(祭酒)6)는 흠향(歆饗-음식의 기를 마심)

* 다례는 약례이므로 좨주를 하지 않는다.

* 천산(天産)은 남자가 올리고, 지산(地産)은 여자가 올린다. 짐승이나 물고기같이 움직이는 것은 천산, 곡식이나 과일같이 땅에 뿌리박고 나는 것은 지산이다.

* 유식(侑食)은 주인이, 삽시정저(揷匙正箸)는 주부가 한다.

* 묘제는 유식절차가 없으므로 초헌 때 계반 삽시한다.

* 세일사(歲一巳)7)에서 자손 중 실제 봉사자가 자기 이름을 쓰면 되므로 제주유고가 있을 수 없다.

* 종묘대제(宗廟大祭) 석전대제(釋奠大祭) 서원(書院) 사우(祠

---

6) 술잔을 올렸다가 다시 내려 모사(茅沙)에 세 번 지우고 다시 제자리에 올리는 것.
7) 5대조 이상 묘지나 설단(設壇) 또는 사당에서 1년에 한번 지내는 제사.

宇)의 향사(享祀)8)에는 날것을 쓴다.

* 충렬사(忠烈祠) 현충사(顯忠祠)는 위패(位牌) 봉안한 사우(祠宇)이고, 서원은 교육시설로 그 안에 사우가 있다.

* 기제(忌祭) 묘제(墓祭) 사당제(祠堂祭) 차례(茶禮)에는 날것을 쓰지 않는다.

* 석전대제 서원 향사에는 삼상향(三上香)만 하고 뇌주(酹酒)는 하지 않는다.(성현의 영혼은 하늘에 계실 것이므로)

* 종묘대제에는 분향 뇌주를 다한다.

* 상장례중(喪葬禮中)의 고사성(告辭性) 산신제는 단헌(單獻)이고, 정기적 묘제 때의 산신제는 삼헌, 묘제 후에 지낸다.

* 데릴사위의 경우 봉사는 외손이나 딸 양자가 지낸다.

* 상복을 입은 대상의 상중제의는 그 상복을 입고 지내고, 다른 길사의 제사에는 길복(유건 도포)으로 바꾸어 입고 지낸다.

* 8세 미만에 죽으면 제사가 없고, 8~11세는 부모 생존시까지, 12~15세까지는 형제 생존시까지, 16~19세까지는 형제의 자녀 생존시까지 지낸다.

* 사후토제(祀後土祭-산신제)는 뇌주관지(酹酒灌地)만 한다.(삼상향(三上香)은 하지 않는다. 산신은 땅에 있을 것이므로)

* 병향(幷享)은 이서위상(以西爲上), 종향(從享)은 소목순(昭穆順)

* 독(櫝) : 내외분을 한 독에 모신다.

* 홍전(紅箭-홍살)은 잡인물범(雜人勿犯)과 경역(敬域) 표시.

* 정자관(程子冠) : 선비가 평상시에 쓴다.

---

8) 학덕이 높은 선생님을 기려 후학들이 지내는 제의를 말함.

* 성균관(成均館) 좨주(祭酒) : 재야유림의 총수격(總帥格-성균
  관의 정3품 벼슬)
* 세장산(世臧山) 표시 : 전주이씨之臧(지장), 김해김씨○○派之
  阡(파지천), 안동김씨○○파○○家之臧(가지장)
* 불천위(不遷位) : 자손 대대로 봉사(奉祀)하라고 나라에서 지
  정한 신위
* 폐백(幣帛) : 선비는 예가 아니면 움직이지 않는다하여 석전대
  제나 서원 향사와 같은 학덕을 기리는 향사에는 폐백을 올린
  다.(폐백은 비단이 원칙이나 지필묵으로 대신하기도 한다)
* 천자나라에 천단(天壇), 제후나라에 사직단(社稷壇), 고종황제
  가 대한제국을 선포하고 천단을 축조함.(지금의 조선호텔 안에
  있음)
* 해는 양(陽-홍색), 달은 음(陰-청색), 양은 싱(上), 음은 하
  (下), 하늘은 상, 땅은 하, 남자는 홍색(紅色), 여자는 청색(靑
  色)이다.

장터 / 김홍도 그림

|편지예절(便紙禮節)

편지 용어는 대화시보다 간절하고 정중한 용어를 쓴다. 직접 대화시에는 '아버지 어머니'라 하지만 편지에는 '아버님 어머님'이라 쓴다. 친구도 대화시에는 '야 너' 하지만 편지에는 '형'이라 쓴다.

● 편지 쓰는 법

첫머리에 받는 사람 이름을 쓴다. 계절을 말하고 상대방의 안부를 묻는다. 자기 안부를 전한다. 용건을 말한다. 상대방의 안녕을 빌며 끝맺음을 한다.

● 봉투 쓰는 법

규격봉투를 쓴다. 글씨는 바르게, 상대주소는 정확하게 우편번호를 쓴다. 상대편 이름 밑에 좌하(座下) 귀하(貴下) 에게 앞 등 격에 맞게 쓴다. 아랫사람에게는 개견(開見) 즉견(卽見) 즉전(卽展) 즉피(卽披) 즉파(卽破) 등을 쓰기도 한다. 자기의 주소 성명을 분명하게 쓴다. 타인이 읽으면 안 된다는 뜻으로 전면 아래쪽(횡서의 경우)에 친전(親展) 친피(親披)라 쓰기도 한다. 사진이나 원고가 들어 있을 때는 사진재중 원고재중이라 쓰기도 한다. 뒷면 봉한 곳에는 윗사람에게는 근봉(謹封) 근함(謹緘)이라 쓰고, 기타는 함(緘) 봉(封) 경(敬) 청(聽) 숙(肅) 부(付) 등을 쓰기도 한다.

● 상대방 이름 밑에 쓰는 투어(套語)의 구별

* 閣下(각하) : 대통령이나 고관의 존칭으로 쓰인다.
* 座下(좌하), 尊下(존하) : 공경해야 할 집안어른, 선배에게
* 尊座(존좌), 尊執(존집), 執事(집사) : 미견인(未見人)
* 案下(안하), 机下(궤하), 玉案下(옥안하), 碩右(석우) : 선배, 친척 외의 연상자에게
* 先生(선생), 函丈(함장), 師丈(사장) : 학교선생
* 貴下(귀하) : 이용하기 편리한 투어로 윗사람이나 아랫사람에게도 쓸 수 있다.
* 氏(씨) : 연령이 비슷하고 흉허물 없는 사이나 같은 성받이 또는 존칭으로도 쓰인다.
* 君(군) : 친구나 제자, 손아레
* 孃(양) : 미혼처녀에게
* 女史(여사) : 사회활동하는 여류인사
* 女士(여사) : 정숙한 혼인한 여자
* 令夫人(영부인) : 남의 아내
* 畵伯(화백) : 화가
* 貴中(귀중) : 단체나 공문
* 方(방) : 하숙이나 셋집
* 賢仁(현인), 大仁(대인), 尊兄(존형), 老兄(노형-10년 이상) : 존경해야 할 동년배에게
* 兄(형), 大兄(대형), 仁兄(인형), 貴兄(귀형), 英兄(영형), 君(군) : 평교간에
* 雅仁(아인), 雅兄(아형), 詞伯(사백), 詞兄(사형), 祠仁(사인),

學兄(학형) : 동문이나 같은 계열을 공부한 사람

* 諸位(제위), 諸賢(제현), 各位(각위) : 여러분이라 할 때

* 本第入納(본제입납) : 객지의 자식이 본집의 아버지에게 아버지 이름을 쓰기 죄송하여 자기 이름을 쓰고 본집에 드린다는 뜻으로 쓴다.

* 謹啓(근계), 拜啓(배계), 肅啓(숙계) : 편지 서두에

* 前略(전략), 冠省(관성), 除煩(제번) 등 謹啓(근계)하옵고라고 쓰고 전문에 계절과 안부를 생략하는 것은 손윗사람이나 저명 인사, 미지의 인사에게는 안쓰는 것이 좋다. 흉허물 없는 사이 나 사전에 연락된 경우에는 무방하다.

* 올림, 드림, 씀, 上書(상서), 敬具(경구), 謹呈(근정), 敬拜(경배), 拜上(배상), 謹上(근상), 祝拜(축배), 再拜(재배), 哭拜(곡배), 哭再拜(곡재배) : 편지 말미 이름 밑에 합당하게 골라 쓴다.

* 高堂(고당), 尊堂(존당) : 남의 집

* 鄙家(비가) : 자기집

* 친척은 성을 생략한다.

● **자기의 겸칭**(謙稱)

* 侍生(시생), 門下生(문하생) : 웃어른에게

* 門生(문생), 門下生(문하생), 侍生(시생), 小子(소자) : 은사(恩師)에 대한 제자

* 不肖子(불초자), 不孝子(불효자), 小子(소자) : 부모에 대한 자기의 지칭

* 小弟(소제) : 노형, 존형에 대한 자기

* 小弟(소제), 損弟(손제), 愚弟(우제) : 친구에 대한 자기

* 弟(제), 損弟(손제), 學弟(학제) : 보통사이

* 庚弟(경제-동갑), 愛弟(애제-극친), 罪弟(죄제-상제)

* 記下(기하) : 편지를 받아보는 사람보다 자기 연령이 아래일 때

* 記下生(기하생) : 10여세 이상에 대한 자기

* 恤下生(휼하생) : 저명인사에게 편지를 보낼 때 자기를 극히 낮춤

* 重侍下(중시하) : 조부모 생존시의 자기 겸칭

* 具慶下(구경하) : 부모 생존시

* 嚴侍下(엄시하) : 아버지만 생존시

* 慈侍下(자시하) : 어머니만 생존시

* 永感下(영감하) : 부모 모두 세상을 떠났을 때

● **서간문의 투어**(套語)**와 칭호**

◆ 자기의

祖父, 王父(조부, 왕부)

祖母, 王母(조모, 왕모)

家親, 嚴親(가친, 엄친)

慈親, 慈庭(자친, 자정)

伯父, 叔父, 舍叔, 季父(백부, 숙부, 사숙, 계부)

伯母, 叔母(백모, 숙모)

舍兄, 舍伯, 舍弟(사형, 사백, 사제)

家兒, 豚兒, 愚兒(가아, 돈아, 우아)

舍姪(사질)

從叔, 堂叔(종숙, 당숙)

從姪, 堂姪(종질, 당질)

從兄, 從氏(종형, 종씨)

姑母(고모)

兄嫂, 弟嫂(형수, 제수)

姉氏, 舍妹(자씨, 사매)

外祖父, 外祖母(외조부, 외조모)

外叔, 外叔母(외숙, 외숙모)

丈母, 聘母(장모, 빙모)

嬌客(교객)

丈人, 聘父, 外舅(장인, 빙부, 외구)

荊妻, 室人, 內子(형처, 실인, 내자)

◆ **상대방(남)의**

從叔丈, 堂叔丈, 從阮丈(종숙장, 당숙장, 종완장), 祖父丈, 王
大人(조부장, 왕대인)

祖父, 王父(조부, 왕부)

春府丈, 椿丈, 尊大人(춘부장, 춘장, 존대인)

慈堂, 萱堂, 大夫人(자당, 훤당, 대부인)

伯父丈, 阮丈(백부장, 완장)

尊伯母夫人, 尊叔母夫人(존백모부인, 존숙모부인)

伯氏, 仲氏, 季氏(백씨, 중씨, 계씨)

子弟, 令胤, 賢胤(자제, 영윤, 현윤)

咸氏(함씨)

從叔丈, 堂叔丈, 從阮丈(종숙장, 당숙장, 종완장)

堂咸氏(당함씨)

從氏丈(종씨장)

尊姑母夫人(존고모부인)

嫂氏夫人(수씨부인)

令姉氏, 令妹氏(영자씨, 영매씨)

尊外祖父丈, 尊外祖夫人(존외조부장, 존외조부인)

外叔丈, 外叔母夫人(외숙장, 외숙모부인)

岳母夫人, 聘母夫人(악모부인, 빙모부인)

壻郎(서랑)

岳丈, 聘丈(악장, 빙장)

內相, 令夫人(내상, 영부인)

外從, 內從, 外從氏(외종, 내종, 외종씨) : 자기와 남의 내외종4촌

姨從, 姨從氏(이종, 이종씨) : 자기와 남의 이종4촌

姨叔丈, 姑叔丈, 姨叔, 姑叔(이숙장, 고숙장, 이숙, 고숙) : 자기와 남의 이모부 고모부

※ 돌아가신 분은 앞에 先(선)자를 붙인다(예 : 先親, 先伯氏丈 등) 상대방의 경칭에는 앞에 令(영)자를 붙이기도 하고(예 : 令夫人, 令孫 등) 남자의 경우는 丈(장)자를 붙이기도 한다. (예 : 伯父丈, 堂叔丈 등) 웃어른에게는 앞에 尊(존)자를 붙이기도 한다(예 : 尊祖母, 尊大人 등).

● **서간문의 자기 칭호**

父(부), 母(모) : 子(자)

祖父(조부), 祖母(조모) : 孫(손)

伯父(백부), 叔父(숙부), 伯母(백모), 叔母(숙모) : 猶子(유자), 姪兒(질아)

舍兄(사형), 舍仲(사중), 舍季(사계) : 형제 상호간

從祖父(종조부) : 從孫(종손)

從兄(종형), 從弟(종제) : 4촌형제 상호간

從叔(종숙), 堂叔(당숙) : 從姪(종질), 堂姪(당질)

再從兄(재종형) : 再從弟(재종제) - 6촌 형제

再從祖(재종조) : 再從孫(재종손) - 6촌 조손간

再從叔(재종숙) : 再從姪(재종질) - 7촌 숙질간

三從兄(삼종형) : 三從弟(삼종제) - 8촌 형제간

三從祖(삼종조) : 三從孫(삼종손) - 8촌 조손간

三從叔(삼종숙) : 三從姪(삼종질) - 9촌 숙질간

四從兄(사종형) : 四從弟(사종제) - 10촌 형제간

四從祖(사종조) : 四從孫(사종손) - 10촌 조손간

四從叔(사종숙) : 四從姪(사종질) - 11촌 숙질간

※ 11촌이 넘으면

族祖(족조) : 族孫(족손)

族叔(족숙) : 族姪(족질)

族兄(족형) : 族弟(족제)

外祖父母(외조부모) : 外孫(외손)

外叔父母(외숙부모) : 甥姪(생질)

內舅(내구-외숙) : 甥姪(생질)

妻父母(처부모) : 外甥(외생)

舅甥間(구생간) : 장인과 사위 사이, 외숙과 생질 사이

| 양식 예절(Table Manners)

● 식탁에서의 바른 자세

* 웨이터가 제일 먼저 빼주는 의자가 최상석이다.(손님 중 제일 중요한 사람을 먼저 생각)
* 여성이 먼저 자리에 앉도록 한다.
* 식탁과 가슴 사이는 주먹 하나 정도(바른 자세)
* 한 손님이 차지하는 폭 : 65cm~75cm
* 팔꿈치는 가볍게 몸에 붙임(팔짱을 끼지 않음)
* 양다리는 붙이고 약간 깊숙이(다리 겹침, 뻗음, 옆으로 흔드는 것 조심)

▶ 식탁에서의 주의사항

* 손가락질 주의
* 나이프나 포크로 물건을 가리키지 말 것.
* 초대되었을 때는 가장 비싸거나, 가장 싼 것은 주문하지 않는다.
* 식기는 손님이 옮겨놓지 않는다.

▶ 대　화

* 멀리 있는 사람과 대화할 때는 주의한다.
* 화제는 날씨, 여행, 스포츠, 시사, 문화, 뉴스, 음악 등 가벼운 얘기(나이, 건강 및 의견이 대립될 수 있는 종교, 정치, 금전문

제 등은 피하는 것이 좋다)

▶ 손가방 위치는 등과 의자등받이 사이(손가방을 들지 않은 여자
는 알몸과 같다)

▶ 손의 위치

* 식사중에는 큰 접시를 사이에 두고 식탁 위에 가볍게 올려놓
는다.

* 식사 후에는 무릎 위에 얌전히(나이프 포크로 손동작 금지)

▶ 이쑤시개와 분화장

* 이쑤시개는 테이블에 앉아서 쓰지 않는 것이 에티켓(화장실에
가서 사용)

* 식탁에서 립스틱 콤팩트 등 분화장은 삼가야 한다.

▶ 냅킨 사용법

* 손님 모두가 자리에 앉은 다음.

* 손님들과 한두 마디 이야기 후에 천천히 자연스럽게 편다.(한
국은 식사 전 건배하는 경우 건배 끝날 때까지 펴지 않음)

* 냅킨은 두 겹으로 겹친 상태에서 접힌 쪽이 자기 앞으로 오게
무릎 위에 놓는다.(목에 끼는 것은 어린이 외엔 안됨) 입술을
가볍게 닦거나 핑거볼을 썼을 때 손가락을 가볍게 닦는 정도.

* 냅킨은 입과 핑거볼을 사용한 손가락만 사용, 나머지는 자기
손수건이나 종이 냅킨 사용.

* 식사 전에 냅킨을 가지고 나이프 포크 접시 등을 닦거나 타올
같이 얼굴 손 등을 닦는 것은 매너에 어긋남.

* 물을 엎질러도 냅킨으로 닦지 말 것(웨이터에게 처리토록)

* 다른 사람의 실수는 못본 척하는 것이 에티켓.

▶ 식사 중 자리를 뜰 때

* 자리를 뜨지 않는 것이 원칙(들어가기 전에 볼일 볼 것)
* 잠깐 실례한다고 옆사람에게 인사(불가피하게 자리를 뜰 때)
* 냅킨을 의자 위에 놓고 나간다.(냅킨을 테이블 위에 놓으면 식사가 끝났다는 신호)
* 식사가 끝난 후 냅킨은 자연스럽게 접어 식탁 왼쪽이나 앞에 놓는다.

● 나이프와 포크 사용

▶ 사용법
* 왼쪽에 포크 오른쪽에 나이프(각각 세 개 이내)
* 밖에서 안쪽으로 한 개씩 사용.
* 나이프는 오른손으로 사용(왼손잡이도 오른손으로)
* 나이프와 포크는 바로 세워 들지 말 것.
* 스테이크 포크는 왼손, 나이프는 오른손으로 입에 들어갈 만한 크기로 자르며 나이프는 접시에 걸치고 오른손에 포크를 들고 입에 가져가는 지그재그로 먹는 것도 허용됨.
* 포크로 일단 찌른 것은 한입에 넣고 먹음.

▶ 식사중일 때
* 접시 중앙 또는 둘레 쪽으로 나이프와 포크가 여덟 팔(八)자 형이 되도록 올려놓거나 둘레에 걸쳐 놓는다.
* 나이프는 칼날이 안쪽으로 향하도록.

▶ 식사가 끝났을 때
* 나이프는 뒤쪽, 포크는 자기 앞쪽으로 오도록 가지런히 모아서 접시 중앙의 오른쪽에 비스듬히 놓는다.
* 나이프 날이 자기를 향하도록 포크는 등이 밑으로 되게.

* 웨이터는 식사가 끝났는지 여부를 나이프와 포크 상태를 보고 분간한다.

▶ **떨어뜨렸을 때**

* 웨이터에게 새것을 요구한다.(웨이터가 줍는다)

* 웨이터가 없는 가정에서는 음식을 식탁 위에 떨어뜨렸을 때는 슬며시 포크로 주워 접시 한구석에 놓는다.(먹지 말 것)

● 기본적 테이블 매너

▶ **음식 먹을 때**

* 소리를 내지 말 것.

* 음식을 입에 넣은 채 이야기하지 않는다.

* 묻는 말의 답변은 입의 음식을 다 먹고 "Excuse me"라 하고 대답한다. 입에 음식이 있을 때 말하면 안 된다.

* 와인이나 물은 오른쪽에 있는 것을 마신다.

* 생선은 뒤집어서 반대쪽을 먹지 않는다.

▶ **빵 먹는 법**

* 빵은 바구니나 접시 위에 나온다.(보통 스프를 먹고 난 후 웨이터가 가져옴)

* 바로 먹거나 스프와 같이 먹지 않는다.

* 빵은 스프 다음에 나오는 요리와 먹기 시작, 디저트 코스에 들어가기 전 한 입에 먹을 만큼 손으로 떼어서 먹는다.

* 토스트는 아침식사로 먹는 것이지 만찬 때는 먹지 않는다.(만찬시 웨이터에게 주문하지 않도록)

* 버터는 그릇에 담아 식탁에 나온다.

* 빵에 버터를 발라먹을 때는 오른손에 버터나이프를 들고 한입

에 먹을 만큼 작게 뗀 빵조각에 바른다.

* 버터나이프가 없을 때 보통나이프를 쓰되 반드시 새것을 쓴다.
* 정식 만찬에는 잼을 찾지 말 것.

▶ 스프 먹는 법

* 소리를 내지 말고 뜨겁다고 불지 않는다.
* 스푼으로 한번에 뜬 것은 한번에 다 먹는다.
* 오른손으로 스푼을 쥐고 스푼을 앞에서 뒤로 밀면서 떠서 스푼 끝 옆쪽으로 입속에 쏟아넣듯 먹는다.

〈프랑스식〉

* 스푼을 자기 앞쪽으로 당기듯 떠먹는다.
* 스프는 웨이터가 가져오면 바로 먹는다.
* 스프를 다 먹고 나면 스푼은 손잡이를 오른쪽으로 하여 그릇 안에 놓는다.

▶ 손으로 먹는 경우

* 샌드위치, 올리브열매, 버찌, 캔디 등 극히 작은 경우.
* 새우·게의 껍질 벗길 때. 핑거볼에 손가락을 반드시 씻는다.
* 생선의 작은 가시는 입속에서 꺼낼 때 손가락으로 꺼낸 후 포크에 받아서 접시 위에 놓는다.

▶ 술 마시는 양

* 술은 생활의 윤활유이다.
* 3~4잔 정도(자기 주량을 넘지 않도록).
* 술에 취해 실수하면 돌이킬 없는 죄이다.

▶ 소스와 스테이크

* 소스를 치는 요리가 나올 때는 바로 먹지 말고 소스가 나온 후에 먹기 시작.

* 스테이크 : 설익은 것일수록 즙이 많고 맛이 있음.
  • Rare - 표면은 짙은 갈색 속은 빨간 날고기(생소)
  • Medium Rare - 고기 가운데가 핑크색과 빨간 부분이 섞인
    상태(반 생소)
  • Medium - 고기 가운데가 모두 핑크색(중소)
  • Well Done - 잘 구워진 상태(완소)
* 큰 고기는 우선 가운데를 자르고, 왼쪽 고기부터 왼쪽에서 오
  른쪽으로 먹을 만큼 잘라먹는다.

▶ 샐러드와 조미료
  * 샐러드
    • 미국 - 야채샐러드는 고기 먹기 전
    • 유럽 - 고기 다음 샐러드
  * 조미료는 옆사람에게 부탁

▶ 핑거볼(Finger Bowl)
  * 디저트코스에 들어가기 전 디저트접시에 핑거볼이 얹혀 나온
    다(마시는 실수를 범하지 않도록).

▶ 커 피
  * 커피잔의 손잡이는 오른손의 엄지와 검지로 가볍게 잡는다. 권
    총 방아쇠 당기듯 잡지 않도록.
  * 받침접시를 들거나 잔 밑에 왼손을 받히지 말 것.
  * 커피나 홍차를 티스푼으로 떠서 마시지 말도록.
  * 커피를 마실 때 티스푼은 찻잔 뒤 접시 위에 놓는다.
  * 각설탕은 일단 티스푼 위에 놓고 찻잔 속에 넣는다(여러번 젓
    지 말 것).
  * 뜨겁다고 불거나 소리 내지 말 것(숭늉 마시듯 마시지 말 것)

* 커피는 마지막 코스이다.

▶ **담 배**

* 레스토랑 초대시 식사 중에 담배 피우는 것은 예의에 어긋난다.
* 디저트를 먹고 난 후 식당을 떠나 별실로 가서 커피나 식후주를 마시면서 피운다.
* 일반가정에서도 디저트 후 홍차나 커피를 마시기 시작할 때(피우기 전 옆 손님의 양해를 구한다)

● **와인에 대한 상식**

* 와인 선택의 네 가지 요령 : 산지, 포도의 수확연도, 브랜드, 요리 종류
* 생선 요리에는 백색 와인, 육류 요리에는 붉은색 와인이 어울린다.
* 와인 보관은 15° 정도로 뉘어둔다.
* 와인 선택은 손님을 초대한 남자가 한다.
  ※ 술을 사양할 때 - 손가락으로 필요하지 않다는 신호는 웨이터에게 "No Thank You"라고 한다.
  ※ 건배를 위한 샴페인은 마시지 못해도 따르도록 한다.

● **나라별 유의사항**

* 미국에서는 Brunch라는 것이 있어 아침과 점심 사이에 먹는다.
* 미국에서는 점심은 간단히 먹고 저녁을 제일 잘 먹는다.
* 미국에서는 말고기는 먹지 않는다.
* 냉수에 네모난 얼음을 넣어 마시는 것은 미국뿐이다. 다른 나

라에서는 보기 드물다.

▶ **커피는 미국에서**

  * Decaff - 카페인을 제거한 커피 Sanka라고도 한다.

  * Regular - 보통커피

  * Demitasse - Black coffee라 하며 외국인에게 혼돈을 준다.

▶ **Entree는 미국에서는 Main course로 되어 있다.**

  (서유럽에서는 Starting course로 되어 있다)

  * 따라서 이를 모르고 안뜨레를 무엇으로 하시겠습니까? 하고
    물으면, 미국은 Main course를 무엇으로 하겠느냐고 묻는 것
    으로 해석할 것이며, 유럽인은 Apetizer(식욕 증진제)로 무엇
    을 하겠느냐로 해석할 것이다.

  * 미국에서는 포크를 왼손으로 잡고 고기를 썰 때만 사용하고,
    썰고 나서는 포크를 오른손으로 옮겨 잡고 고기를 먹는다.

  * 미국에서는 식탁에서 식사할 때 팔이나 팔꿈치를 식탁에 올려
    놓는 것은 결례라 생각하고, 식사를 하지 않을 때에는 손을 무
    릎 위에 올려놓는 것이 예의라 생각한다.(그러나 독일에서는
    반대로 식사를 하지 않을 때라도 손을 무릎 위에 놓는 것은
    실례라 생각한다)

  * Cocktail hour란 미국에만 있다. 식사 전 약 1시간 동안 술을
    즐기는 시간이다.

  * 영국에서는 Afternoon Tea 또는 High Tea를 하는데, After-
    noon Tea란 저녁 때 작은 샌드위치나 과자를 Tea와 같이 함
    을 말한다.

  * High Tea란 계란 및 훈제 고기를 곁들인 약간 Afternoon
    Tea보다 무거운 것을 말한다.

* 영국이나 유럽인은 포크를 반드시 왼손으로 잡고 음식을 먹는다.(포크를 식사 끝날 때까지 오른손에 옮겨 쥐지 않는다)
* 영국이나 캐나다에서는 냅킨을 Serviette란 단어로 사용하며 냅킨은 기저귀를 의미하므로 식탁에서 사용하지 않는다.
* 프랑스인은 아침식사시 상담을 원하지 않는다.
* 프랑스에서는 식당에 애완견을 데리고 들어가도 되며, 웨이터에게 개를 먹여 달라는 부탁을 하는 것이 풍습이다.
* 이탈리아와 프랑스는 샐러드를 식후에 먹는다.
* 아침식사에 꿀을 제일 즐기는 민족은 독일민족이다.(독일인 접대시 아침에 꿀을 내놓으면 특별한 대우라 생각한다)
* 회교도는 돼지고기는 금식이다(돼지·염소·개·새종류. 일부에서는 바닷가재계). 또한 돼지고기로 만든 음식(햄·베이컨·소시지)도 금식이며 술도 마시지 못하게 되어 있다.
* 인도, 파키스탄, 방글라데시인은 채식을 즐긴다.
* 독실한 유태교인은 돼지고기나 갑각류 동물(조개·새우·게 등)은 먹지 않는다. 또한 우유와 고기를 함께 내놓지 않는다.
* 일본에서는 접시 위의 음식 모양을 맛이나 질과 같이 중시한다.
* 핀란드에서는 소금병을 건넬 때 손에서 손으로 직접 건네지 않는다. 옆으로 소금병을 밀어놓으면 다음 사람이 가져간다.
* 대부분의 나라에서는 하루 세끼 중 점심을 제일 잘 먹는다.
* 멕시코에서는 점심식사를 오후 1시부터 4시 사이에 주로 한다.

● 일식 테이블 매너

* 도꼬노마 앞 중앙이 상석이다.
* 자세는 똑바로 유지한다.

* 먹을 때 입에서 음식 씹는 소리가 나지 않도록 한다.
* 밥은 적당량을 먹으며 국은 한번 더 청하여도 된다.
* 밥을 더 청할 때는 공기에 한술쯤 남긴다.
* 실컷 먹고 남긴다는 뜻으로 전부 먹지 않는다. 그러나 흉허물 없는 모임이라면 다 먹어도 좋다.
* 밥 또는 국은 받으면 일단 상 위에 놓은 다음 먹는다.
* 그릇의 뚜껑은 상의 가운데에서 왼쪽에 있는 것이면 왼쪽에, 오른쪽에 있는 것이면 오른쪽에 놓는다. 즉 밥공기의 뚜껑은 오른손으로 들고 왼손으로 받쳐서 오른쪽에 놓는다.
* 밥을 한 젓가락 먹고 밥공기를 상 위에 놓고 국그릇을 들고 한 모금 마신 다음 국 건더기를 한 젓가락 건져먹고 국그릇을 상 위에 놓는다. 다시 밥을 한 젓가락 먹고 원하는 반찬을 먹는다. 이때 반찬은 이것저것 집어먹지 않고 반드시 밥으로 돌아왔다 간다.

● 중국식 테이블 매너

* 출입문에서 떨어진 곳으로 입구가 잘 보이는 안쪽 중앙이 상석이다.
* 한 접시의 요리를 둘러앉아 젓가락으로 덜어서 집어먹는 가정적인 요리가 중국요리이다.
* 여러 차례 나누어 요리가 나오므로 처음부터 많이 먹지 않도록 한다.
* 탕 요리는 수저로 떠서 탕 그릇에 담고 흘리지 않고 그릇을 들고 먹는다.
* 젓가락으로 집을 수 있는 것은 큰 접시에서 자기 접시에 덜어

양념을 쳐서 먹는다.

* 새로운 요리가 나올 때마다 술을 따라 권하며 요리를 먹는다.

* 끝으로 주빈에게 축배를 들 때 앉은 채로 하는 것이 보통이다.

● 한식 테이블 매너

* 출입문에서 떨어진 안쪽 중앙이 상석이다.

* 밥상에 몸을 굽히지 말고 단정한 자세를 유지한다.

* 손윗사람이 먼저 수저를 든 뒤 아랫사람이 수저를 든다.

* 국물 마시는 소리, 음식 씹는 소리, 수저 부딪히는 소리를 내면 안 된다.

* 수저를 빨지 말며 숟가락과 젓가락을 한꺼번에 쥐면 안 된다.

* 덜어먹는 접시가 있으면 적당한 양을 덜어 먹는다.

* 밥은 한쪽부터 먹고 국물은 그릇채로 마시면 안 된다.

* 돌이나 나쁜 음식을 씹었을 때에는 남의 눈에 띄지 않게 처리한다.

* 식사 도중 자리를 뜨지 않는다.

* 식사는 같이 끝날 수 있도록 하고 만약 먼저 끝나면 수저를 상 위에 놓지 말고 밥그릇 또는 국그릇 위에 놓았다가 상대방이 끝나면 내려놓는다.

* 윗사람이 일어서면 뒤따라 일어선다.

● 각국의 풍습

지구촌이란 인류공동체는 얼굴생김새만큼이나 다양한 각국의 풍습과 수백 수천에 달하는 이질문화의 집합체이다. 무심결에 한 행동이나 말이 자칫 외국인을 당혹스럽게 할 수도 있다.

* 돼지고기를 기피하는 아랍인에게 돼지가죽으로 만든 지갑을 선사한다면 어떻게 되겠는가.
* 중국인은 청색과 백색을 장례식 색깔로 여긴다. 중국인에게 괘종시계를 선물하지 말라. 장례식을 떠올리기 십상이다. 중국인에게 학이나 거북을 운운하면 바보라는 말과 같다.
* 독일인에게 꽃을 선물할 때는 홀수 송이로 하고, 포장하지 않은 채 주는 것이 좋다.
* 캐나다와 영국에서는 흰 백합이 장례용 꽃이므로 백합꽃 선물은 금기다.
* 무시한다는 인상을 줄 수 있는 행동도 삼가는 것이 좋다.
* 태국인들은 머리를 신성시하므로 귀엽다며 어린이의 머리를 쓰다듬는 일은 금물이다.
* 말레이시아 이슬람권 사람들을 손님으로 맞을 때는 애완견은 잠시 딴 곳에 맡겨두는 것이 좋다.
* 동유럽국가에서는 매춘부가 아니면 여성이 술을 따르는 일이 거의 없다.
* 호감을 갖게 하는 방법도 눈길을 끈다. 일본인은 짝으로 된 선물은 행운을 가져다 준다 하여 좋아한다.(두개들이 세트)
※ 외국인들은 흰 쌀밥보다 양념을 한 밥이 익숙하여 특별히 대접할 음식이 없으면 볶음밥이 훌륭한 메뉴이다.

◉ 와인과 음식에도 '궁합'이 있다

● 와인과 음식

식사하면서 와인 한 잔 마시는 것은 이미 유럽에서 보편화한 현상이다. 하지만 와인은 음식과 궁합을 맞춰 음미하는 것이 보다 건강에 좋고 식욕도 한결 촉진하게 된다.

일반적으로 레드와인은 붉은색 육류, 화이트와인은 생선이나 흰살 육류가 잘 어울린다고 한다. 물론 요즘은 이를 무시하고 색상과 관계없이 자신이 좋아하는 와인을 즐기기도 한다.

식초는 와인에 있어 천적(天敵)이라 할 수 있다. 이로 인해 샐러드를 먹을 때는 와인을 피하는 것이 좋다. 반면 애피타이저는 내용에 따라 가벼운 와인을 선택할 수도 있다.

쇠고기와 양고기는 드라이한 레드와인이 잘 어울린다. 카베르네 소비뇽, 피노누아 등의 레드와인은 육류 맛을 한결 북돋운다. 생선은 거의 대부분 화이트와인과 어울리는데 깔끔하거나 상쾌한 맛이 권장할 만하다. 물론 레드와인을 잘 선택한다면 생선과도 어울릴 수 있다.

예컨대 레드와인이 포도맛이 강하고 탄닌산이 적다면, 고등어나 등푸른 생선 같은 기름지고 풍부한 맛을 내는 생선과도 잘 어울릴 것이다. 붉은색 생선이나 홍합 등 어두운 색으로 풍요로운 맛을 내고자 한다면 레드와인이 좋고, 바닷가재 요리나 가리비 종류는 화이트와인이 아주 잘 어울린다.

흰살 육류인 닭고기·돼지고기·송아지고기 등은 화이트와인이 좋으며, 그릴에서 구웠거나 로스트 형식으로 볶았다면 레드와인이 오히려 적절하다.

채식성 요리는 와인과 궁합을 맞추기가 다소 어렵다. 그러나 콩으로 만든 요리는 레드와인과 잘 어울리고, 녹색 계열의 야채에는 화이트와인을 겸하는 것이 좋다.

● 와인 선택하기

와인 상태는 해당 와인 숍이 와인에 대한 재고관리를 어떻게 하고 있는지에 따라 달라지는 만큼 이것은 중요 점검 사항이다. 태양빛에 노출되어 있거나 온도 변화가 심한 곳에 방치한 와인은 맛이 변질될 염려가 있기 때문이다.

이와 함께 와인 구매 전에 와인 병의 목부분까지 와인이 채워져 있는지, 콜크 마개가 밖으로 빠져나와 있는지 등도 세심하게 확인해야 한다.

● 와인 평가하기

와인을 평가하는 데는 색깔, 향기, 맛 세 가지 요소가 기본이 된다. 먼저 와인의 색은 빈티지(포도 수확기), 종류, 숙성기간, 스타일에 따라 다르다. 색깔을 통해 종류를 비롯해 얼마나 오래되었는지, 변질은 되지 않았는지 알 수 있다. 와인 잔을 들어 흰 백지에 비추어 보든지 밝은 빛에 비추어 와인의 색을 확인할 수 있다. 레드와인은 오래될수록 와인 잔 끝부분이 연한 갈색 빛을 띤다. 향기는 와인에 대해 좀더 많은 것을 애기해준다. 와인 특유의 부케향을 통해 포도 종류를 구분할 수 있다.

향을 느끼려면 먼저 와인이 든 잔을 돌려 잔 표면적이 점차 넓어지면 천천히 코로 깊게 향기를 맡는다. 특별히 변질된 와인에서는 식초향·석유냄새·콜크향·곰팡이냄새 등이 난다.

와인은 맛을 봄으로써 종류와 생산지를 직접 확인할 수 있다. 맛을 보려면 약간의 와인을 입에 넣고 치아 사이로 공기를 들이켜 잠시 동안 와인을 혀의 중간에 두고 맛을 느낄 수 있다.

● **와인 보관하기**

와인은 살아있는 유기물이기 때문에 시간 온도 빛 움직임 등에 따라 성질이 변한다. 보관하기에 적정한 온도는 11도 정도가 이상적이다. 한번이라도 온도가 20도 이상 올라간 적이 있다면 그 와인은 오랜 기간 숙성하기에 적절하지 못하다. 완전히 어두운 상태가 최고며 잦은 이동이나 흔들림은 매우 좋지 않다. 콜크 마개가 와인과 항상 접촉해 있는 한 습도에 대해서는 특별히 걱정할 것은 없으며 콜크가 습기를 가질 수 있도록 한쪽으로 비스듬히 눕혀두는 것이 좋다.

◉ 주도(酒道)

우리나라 사람들은 부모나 어른 앞에서 술을 마실 땐 몸을 돌리고 술잔을 가려 마신다. 예의를 차린다는 점에서 바람직한 모습으로 보인다. 그러나 과문(寡聞)한 탓인지 몰라도 예에 관한 책에서 그러한 내용을 본 적이 없다.

《예기(禮記)》 곡례편(曲禮篇)에는 '젊은이는 어른이 술을 주면 사양해선 안 된다. 어른 앞으로 나아가 절을 하고 술을 받으면 자기 자리로 돌아와 어른이 술을 드신 후에 술을 마신다'는 요지의 글이 있다. 아마도 이는 장유(長幼)가 좋은 자리에서 마주하고 있는 것이 아니라 넓은 자리에 많은 사람이 모였을 때 해당되는 애기인 듯하다.

그리고 윗사람에게 술을 드릴 때는 한쪽 손을 주전자(병) 잡은 팔에 댄다. 술을 받을 때도 술잔 잡은 팔에 다른 쪽 손을 갖다댄다.

일설에 의하면 다른 팔을 잡는 것은 도포(道袍)에 소맷자락을 훔치기 위함이라고 한다. 어찌됐던 두 손으로 대하는 것은 '공손함'을 드러내는 것이니 좋은 풍습이라 하겠다. 다만 '팔에 손을 대기보다 주전자(병)나 술잔에 직접 다른 손을 대는 게 옳다'는 설을 참고할 만하다.

'술은 권하는 맛으로 마신다'는 말이 있다. 그래서 수작(酬酌-주고받으며 마시는 것)이니 행배(行杯-잔을 여럿이 돌려 마시는 것)니 반배(返杯-받은 잔은 마시고 다시 돌려서 따라주는 것)니 주불쌍배(酒不雙杯-자기 앞에 잔을 하나 놓는 것)니 하는 말들이 생겨났을 것이다. 그러나 이러한 전통은 술을 많이 마셔 대취(大醉)하게 하므로 유자(儒者)가 따라할 만한 게 아니다.

불교나 기독교는 주도(酒道)나 주례(酒禮)를 말하지 않는다. 그들의 교리가 음주를 금하고 있으니 당연한 것일 게다. 특히 불교는 불음주(不飮酒)를 중요한 계율로 삼았다. 물론 유교도 음주를 권장하지는 않는다. 그러나 유교는 술을 멀리하라고 가르치지도 않는다. 그래서 여러 유교 경전은 '술은 조심해서 마시라'고 말한다. '술은 만병(萬病)의 근원이 될 수도 있지만 백약(百藥)의 으뜸일 수도 있기 때문'이다. 술에 대취하면 실수하기 때문이다.

옛사람의 시 구절마냥 처음에는 사람이 술을 마시지만(人呑酒-인탄주) 나중에는 술이 사람을 삼키게 되는(酒呑人-주탄인) 것이다. 그래서 주자(朱子)는 취중망언성후회(醉中妄言醒後悔), 즉 '취해서 망령되이 한 말은 술 깬 뒤에 후회한다'고 가르쳤을 것이다.

정조(正祖) 때 사람 이덕무가 지은 《사소절(士小節)》이란 책에는 '굳이 남에게 술을 권하지 말고, 어른이 굳이 권할 땐 사양할 수 없으므로 입술만 축이라', '술이 비록 독하더라도 마신 후 눈꼬리를 찌

푸리면서 커 하고 소리 내지 말라, 훌쩍 빨리 마시지도 말고, 혀로 입술을 빨지도 말라’고 말하고 있다. 예를 갖춰 적당히 마시고 약간 취하면 그 가운데에 흥겨움이 배어난다는 뜻으로 해석하고 싶다.

《채근담(菜根譚)》이라는 책에는 ‘화간반개(花看半開) 주음미취(酒飮微醉)’라는 구절이 있다. ‘꽃은 반쯤 피었을 때 감상하고, 술은 약간 취했을 때 그만 마시라’는 뜻이다. 멋있는 주당(酒黨), 아니 멋있는 선비의 모습이 바로 이런 것이 아닐까 싶다.

유가(儒家)의 전통의례 가운데 향음주례(鄕飮酒禮)가 있다. 몇해 전에 청년유도회에서 시연한 바 있는 이 의례는 유가의 음주례(飮酒禮) 가운데 거의 유일한 것이다.

《예기》에 보면 향음주의(鄕飮酒儀)는 향대부(鄕大夫) 경대부(卿大夫) 지방관이 현능지사(賢能之士)를 손님으로 초청하여 술을 권하는 예(禮)라 하고 있다. 고려 이래 우리나라에선 매년 음력 10월쯤에 온 고을의 노소(老少)가 모여 향약(鄕約)을 지킬 것을 다짐하고 어른께 술을 올리는 전통이 이어져 내려왔다. 향음주례를 통해 젊은이들로 하여금 어른을 공경하고 노인을 봉양하며 효제(孝悌)를 익히게 하는 것이다. 노인의 해에는 성균관과 전국 향교에서 마땅한 날을 잡아 향음주례를 베풀어 노인을 공경하는 자리를 만드는 것이 어떨까? 추계 석전제를 올리면서 대통령과 국가원로들과 노인들을 초청하여 간소하나마 잔치를 베풀면 뜻있는 자리가 되지 않을까 싶다.

◉ 겨울에 체질별로 먹는 한방차

입춘이 지나면 자연은 봄을 준비하지만 우리에겐 아직 겨울이 한창이다. 이즈음엔 한방차로 건강을 챙기는 것이 제격이다. 한방차는 차가운 날씨에 약해져 있는 몸을 활성화시키고, 건조한 피부와 기관지에 수분 부족을 해결해 줄 수 있다.

▶ 인삼차, 귤차, 계피차, 꿀차, 생강차

소음인은 기운이 약하고 추위를 많이 타는 편이다. 인삼차는 기운을 보강시켜 주고 피로를 풀어 주는 역할을 하는데 여기에 꿀을 섞으면 효과가 배가된다.

감기 기운이 있어 목이 컬컬하고 추울 때는 찬 기운을 풀어주는 생강차가 좋다. 매운맛이 강하면 감초를 조금 넣어주고 귤껍질도 같이 넣어주면 울체되어 있는 기운도 풀어지게 되어 훨씬 몸이 가벼워진다. 계피차는 양기를 북돋아주므로 마시면 몸이 따뜻해진다.

▶ 율무차, 오미자차, 도라지차, 칡차, 국화차, 매실차

체격이 좋고 대체로 위장이 튼튼하여 음식을 잘 먹는 편인 태음인은 속에 열이 많고 피가 탁하여 근육의 뭉침이나 저림 증상이 자주 오는 편이다. 율무차는 몸 안의 습담을 없애주어 암을 예방하고 입맛을 떨어뜨려 다이어트에도 좋다. 오미자는 체액을 증진시키고 식은땀을 막아주며 마음의 안정을 가져다준다. 맛이 너무 시고 떫으면 꿀이나 배즙을 섞어서 만들면 된다. 도라지와 오미자를 가미하면, 천식에 도움이 될 것이다. 칡차는 몸살감기 기운으로 추위와 열을 동반했거나 삭신이 쑤시고 뻣뻣한 느낌이 들 때 마시면 몸이 가벼워지고, 숙취가 있을 때 마셔주면 좋다. 정신적으로 신경을 많이 써서 머리가 잘 아프고 맑지 않을 때는 국화차, 장이 약할 땐 매실차를 이용하면 좋다.

▶ 구기자차, 산수유차, 결명자차, 복분자차

구기자차와 산수유차, 복분자차는 신장이 약한 소양인에게 음기

를 보강하며, 남성의 정력을 향상시키고 여성의 월경병을 좋게 한다. 신장이 약해서 생기는 허리, 무릎 등의 통증에 좋다. 결명자차는 상초에 열이 올라 눈이 충혈되거나 피로할 때 효과가 있다. 그리고 보통 가정에서 물을 끓여서 먹을 때 넣는 보리차는 흉부의 열을 식혀주고 소변을 잘 나오게 하므로 평상시 즐겨먹는 것이 좋다.

▶ 모과차, 오가피차, 솔잎차

태양인은 많지 않다. 키가 크고 마른편이고 어깨가 넓고 허리 부분이 약하다. 생각이 대체로 빠르고 활동적이다. 잘 아프지는 않으나 허리와 다리가 약하거나 구토 증상이 있을 수 있다. 몸이 나른하고 몸살기가 있으면 모과차, 스트레스를 풀어주고 피를 맑게 해주는 솔잎차, 간과 신장을 보해주는 오가피차가 좋다.

체질을 모를 때는 한 가지만 과다 음용하지 말고 하루에 마시는 양을 줄인다. 자신에게 향이 좋게 느껴지는 차는 대체로 자신에게 맞는 경우가 많다. 많이 먹지 않는 한 그 기운만 빌리는 것이므로 부작용은 없을 것이다. 그리고 양인끼리, 음인끼리는 서로 태소를 구별하지 않고 먹어도 무방하다.

◉ 유교문화와 함께 음식을 보고 먹는다

우리 문화가 아시아를 넘어 세계로 뻗어나가고 있다. 한류라 불리는 이 현상 속에는 우리의 유교문화가 배어있다. 음식과 가족 문화로 대표되는 한류 속의 유교문화를 알아본다.

김대중 정부시절 마이클 잭슨의 공연이 전국을 뒤흔든 적이 있다. 이때 이 유명한 미국가수는 비빔밥이라는 너무도 익숙한 우리 음식에 대한 폭발적 관심을 불러일으켰다. 그리고 그의 비빔밥에 대한 애정은 이 음식을 한국을 생각하면 떠오르게 하는 세계적인 상품으로 만들었다. 이제 한국문화의 대명사처럼 된 비빔밥은 박중훈이라는 한국배우를 기용해서 헐리우드에서 찍는 영화제목으로 사용될 정도다. 또 대한항공에서 기내식으로 나와 세계기내식 평가에서 1위를 차지한 바 있다. 많이 나갈 때에는 하루 10만개가 나갈 정도다. 비빔밥 전문 체인점도 유럽과 미국에서 볼 수 있을 정도다.

너무 흔하고 익숙해서 습관처럼 먹던 이 음식에는 유교문화의 체취가 강하게 배어 있다. 비빔밥의 유래에는 여러 가지가 있지만 제사음식에서 나왔다는 설이 정설이다. 제사 후 남은 음식을 함께 넣어 비벼먹는 것에서 유래했다는 것이다.

한말의 풍속사가인 최홍년(崔泳年)은 《해동죽지(海東竹枝)》(1925년)에서 우리나라에서는 제사를 지낸 음식으로 비빔밥을 만들어 먹는 풍습이 있다고 적고 있다.

평양냉면, 개성탕반과 함께 조선시대 3대 음식으로 꼽히기도 하는 비빔밥에 깃들어 있는 유교문화의 체취를 극명하게 보여주는 것이 안동의 헛제삿밥이다. 이 밥의 유래는 두 가지 설이 있다. 유명한 서원이 많은 이곳 유생들이 쌀이 귀한 시절 제사음식을 차려놓고 축과 제문을 지어 풍류를 즐기며 거짓으로 제사를 지낸 후 제수음식을 먹었다는 설, 제사를 지낼 수 없는 상민들이 쌀밥이 먹고 싶어 그냥 헛제사 음식을 만들어 먹은 데서 시작했다는 설 등이 있다.

대표적인 비빔밥인 전주비빔밥에도 제사 때 올리는 '오신채'나 '신인공식(神人供食)'이 비빔밥의 유래란 설이 전해진다.

비빔밥이 유교문화의 맛을 대표하는 한류라면 인기드라마 〈대장금〉 등은 음식 속에 유교문화의 맛을 보여주는 한류다. 그리고 이

드라마의 인기는 우리 음식의 맛을 세계에 소개하는 전도사 역할을 톡톡히 해내고 있다.

중국 등에서 전주비빔밥의 인기가 대표적인 예이다. 중국에서 인기리에 방영했던 〈대장금〉의 영향으로 한국 음식, 특히 비빔밥이 높은 관심을 끌고 있는 것이다.

최근 중국을 다녀온 전주시 민·관 공동 시장개척단은 베이징시 측으로부터는 2008년 올림픽 때 한국 음식관을 만들어 비빔밥을 선수단과 관광객들에게 제공하자는 제안을 받았다. 중국 현지에서 특히 인기를 끌고 있는 메뉴는 뜨거운 물이나 전자레인지에 데우기만 하면 곧바로 비벼 먹을 수 있는 즉석 비빔밥이다.

즉석 비빔밥은 이미 일본에서 명성을 날리고 있다. 지난해 일본 이시가와현 가나자와시에서는 '전주비빔밥' 해외 체인점 두 곳이 문을 열었다. (주)진주비빔밥과 일본인이 5대 5의 비율로 출자한 이 식당에는 하루 평균 평일에는 300여명, 주말에는 400~500명의 고객이 몰린다. 도쿄 등 타 지역 상인들로부터 체인점 개설 문의도 잇따르고 있다.

닝푸쿠이 주한중국대사의 한류 예찬도 〈대장금〉에 나타난 유교문화 예찬으로 이어진다. 그는 한국 드라마의 유교문화가 융합된 내용이 중국 시청자의 마음을 사로잡고 있으며 "〈대장금〉 드라마 방영 때는 전국 각지의 남녀노소가 밤 10시부터 13시까지 드라마를 함께 보는 진풍경이 연출됐다."고 말한다.

아시아인들이 음식문화를 소개하는 드라마를 보면서 우리 유교문화에 대해 다시 생각하는 것은 비단 중국뿐이 아니다. 프랑스의 오랜 식민지 지배로 전통적인 유교문화를 상실한 베트남에서도 우리 음식과 의술을 소개하는 드라마들을 통해 자신들의 삶 속에 깃들어 있는 유교문화의 영향력을 다시 보고 있다. 베트남 최고의 한류전문지로 평가받는 연예잡지 〈영화세계〉 소속 당 티우응언 기자의 말은 이러한 현실을 보여준다.

당 티우 기자는 드라마 〈대장금〉과 〈허준〉의 방영, 이어지는 《동의보감》의 번역 추진에 대해 '베트남은 한국과 같은 유교문화권인데다 전통의학과 음식문화의 유사성으로 인한 공감대 부분이 많기 때문에 《동의보감》이 번역되면 다시 한번 한국에 대한 관심을 촉발시킬 수 있을 것'으로 내다보고 있다.

이러한 시각은 아시아권만의 것이 아니다. 미국의 대표적 주간지인 〈뉴욕타임지〉는 인터넷판에서 한국 소프트 파워의 원인으로 한류 드라마와 영화가 서구적 가치와 함께 유교적 전통을 담고 있어 받아들이기 쉬운 데다 일본에 비해 한국에 대한 기성세대의 거부감도 상대적으로 적은 데 있다고 당 티우 기자와 유사한 분석을 내놓고 있다.

|보첩(譜牒)

　보첩은 옛날 중국 왕실계통의 제왕연표(帝王年表)를 기술한 것으로부터 비롯되어, 우리나라에서는 고려조에 왕실의 계통을 기록한 것으로부터 시작되었다. 고려 중엽의 의종(毅宗) 때 김관의(金寬毅)가 지은 〈왕대종록(王代宗錄)〉이 있으며, 조선조 성종 초기에 족보를 체계화하였다. 최초로 발간된 족보는 세종 5년(1423년) 〈문화유씨 영락보(永樂譜)〉인데 서문만 남아있다.

　성종 7년(1476년) 〈안동김씨 성화보(成化譜)〉는 현재 서울대학도서관에 보관되어 있으며, 명종 17년(1576년) 〈문화유씨 가정보(嘉靖譜)〉는 내외자손이 상세하게 기록되어 현존하고 있다.

　보첩은 한 종족의 역사이며 생활사인 동시에 혈통을 실증하는 귀중한 문헌으로서 동족의 소목(昭穆) 서열(序列) 및 촌수 분별에 지극히 필요하다. 인간의 역사는 선조 때부터 시작되기 때문에 선조와 자신의 역사를 후세에 전하여 후손의 귀감이 되게 하고 자기 집안의 역사를 알게 하는 중요한 기록이다. 족보가 없는 나라는 거의 없고 단지 규모나 내용이 빈약하여 우리 것과 비교가 안 된다. 우리나라에서도 족보에서 누락되면 뼈저리게 한탄하고 조상을 원망하는 사람도 있다.

● 보첩의 종류

① 족보(族譜) : 족보는 동일씨족의 관향(貫鄉)을 중심으로 시조 이하 세계(世系)의 계통을 수록하여 동족의 발원에 대한 선조로부터 본인에 이르기까지의 명(名) 휘(諱) 호(號) 등을 수록하여 종족의 근원을 밝히고 자랑스러운 선조의 행적과 동족간의 소목을 알려 화애돈목(和愛敦睦)을 목적으로 편수한 보첩을 말한다.

② 대동보(大同譜) : 본관과 비조(鼻祖)가 같은 종족이 모여 합보로 편찬한 보첩이다.

③ 파보(派譜) : 시조로부터 시작하여 1개 파속(派屬)만의 세계를 수록한 보첩이다.

④ 세보(世譜) : 2개 종파 이상의 합보로 편찬한 것으로 세지(世誌)라고도 한다.

⑤ 계보(系譜) : 한 가문의 혈통관계를 표시하고자 명(名) 휘(諱) 자(字)만을 수록한 계열도(系列圖)를 말한다.

⑥ 가승(家乘) : 시조로부터 시작하여 자기 직계존속과 직계비속의 명 휘자와 사적(史蹟)을 기록한 것.

⑦ 만성보(萬姓譜) : 만성대동보(萬姓大同譜)라고도 하며 각 성씨의 관향별 시조 이하 역대 중조(中祖) 파조(派祖) 등을 요약하여 수록한 것.

● 보첩의 간행

족보를 간행하고자 할 때에는 종친회나 화수회 등의 족보편찬위원회를 구성하고 전체 동문의 호응을 얻어 보규(譜規)에 따라 시행한다. 족보의 명칭(世譜 派譜 등) 규격과 양식, 자손록(子孫錄)의 행수(行數)와 단수(段數), 종간보(從間譜)와 횡간보(橫間譜), 명(名)과 휘(諱) 및 방주란(芳註欄)에 한글 토를 붙일 것인지, 연호는 왕조연호(王朝年號) 단기(檀紀) 서기(西紀) 중 어느 것을 쓸 것인지, 여서(女壻)의 관성명(貫姓名), 글씨의 크기, 출가녀(出嫁女)의 기재여부, 외손의 기재요령, 항렬자(行列字)를 새로 정할 것인지, 서문(序文) 행장(行狀) 비문(碑文) 번역문을 넣을 것인지, 단금(單金)은 각각 얼마로 정할 것인지, 정하여지면 지방유사(地方有司-收單책임자)를 각 지파별로 정하여 교육시킨 후 수단(修單)작업에 착수한다.

이것을 보소에서 원고용지에 정서하여 각파 대표자에게 종람(縱覽)시키고 확인을 받는다. 원고가 완성되면 출판사를 정하여 간행 작업에 들어간다. 중요한 것은 교정을 보는 일인데 오자(誤字) 누기(漏記) 탈자(脫字) 등을 바로잡아야 한다. 제본이 끝나면 분질(分帙)하게 되며 보사(譜事)가 끝난다.

● 보첩의 일반상식

* 종파(宗派)와 파속(派屬)[1] : 종파는 지파(支派)에 대한 종가 계통이고 종파로부터 갈려나온 계통을 파속이라 한다.
* 선계(先系)와 세계(世系) : 선계는 시조나 중시조 이전의 조상이고, 세계는 시조와 파조로 이어 내려가는 계통의 차례를 말한다.
* 선대와 후손 : 선대는 조상의 대를 통틀어 일컫는 말이나 보첩

---

1) 직함(職銜), 시호(諡號), 아호(雅號) 등에 공(公)자를 붙여 말한다.
   직함-左議政公派, 시호-文靖公派, 아호-淸溪公派

에서는 시조 이후 상계 조상을 총칭하는 말이며, 후손이란 선대의 반대인 후대, 즉 하계의 자손을 말하며 보첩에서는 이 부분을 손록(孫錄)이라 한다.

* 본관(本貫)과 관적(貫籍) : 시조나 중시조의 출신지와 씨족의 세거지(世居地)를 근거로 정하는 것으로 시조나 씨족의 고향을 일컫는 말이다. 향적(鄕籍) 관적(貫籍) 또는 관향(貫鄕)이라고도 한다.

* 분적(分籍)과 분관(分貫) : 공훈(功勳)으로 봉군(封君)이 되었거나 후손 중 어느 일파가 다른 지방에 오래 분거(分居)하면 그 지방을 근거로 새로 관적을 창설한다. 그 조상을 시관조(始貫祖) 득관조(得貫祖)라 한다.

* 세(世)와 대(代) : 세와 대는 같은 뜻으로 자기는 1대 1세이고 시조로부터 25대라면 세로는 25세이고 조(祖)로는 24대조이고 손(孫)으로는 24세손이다. 조나 손이 붙으면 한대가 줄어든다. 조는 자신은 조상이란 뜻이요 손은 후손이란 뜻이므로 자신이나 선조는 대수에서 제외되게 마련이다. 그러므로 4대조인 고조를 5대조라고 칭한다면 이는 자신까지도 선조로 친 것이 되며, 4세손인 고손이 자신을 5세손이라 칭한다면 이는 고조까지도 자손으로 친 것이 되어 망발이다. 조(祖) 자(子) 손(孫)은 엄연히 3대 3세이다. 백대와 백세, 만대와 만세 모두 같은 말이다. 다시 강조하거니와 조나 손이 붙으면 한대가 줄어든다.

6대	5대	4대	3대	2대	1대 1세	2세	3세	4세	5세	6세
5대조	고조	증조	조	부	자기	자	손	증손	현손	5세손

* 촌수 따지는 법 : 나와 상대방의 같은 할아버지가 몇 대조인가를 따져 그 할아버지까지의 상대방 대수와 나로부터 그 할아버지까지의 대수를 합한 것이 촌수가 된다. 부부는 무촌, 부자는 1촌, 형제는 2촌, 아버지의 형제는 3촌, 그 자녀는 나와 종형제간으로 4촌, 할아버지의 형제는 종조부이며, 그 아들은 종숙 또는 당숙이며, 딸은 당고모, 촌수는 5촌이다. 종숙의 아들은 나와 재종형제로 6촌이다. 종조부의 형제는 종증조부, 그의 아들은 재종조부, 그의 아들은 재종숙이요, 재종숙의 아들은 나와 삼종형제로 8촌이다. 속담에 '동고조(同高祖) 8촌'이란 고조할아버지가 같은 사람끼리는 8촌이라는 뜻이다. 10촌 이상의 조부모 항렬은 대부대모라 한다.

* 항렬(行列)과 항렬자(行列字) : 항렬이란 같은 동족간의 차서(次序), 즉 세대(世代)의 차별을 구분하는 것이며, 항렬자린 세대 차서에 따라 붙여진 이름자를 말하며, 동족이라면 횡적으로는 같은 대에 해당된 자는 동항(同行)이라 하여 같은 자로 통일하여 쓰는데 이를 돌림자라 한다. 각 성씨 문중에서 선대의 보규(譜規)에 따라 항렬자를 미리 정하여 따르도록 한다. 항렬자를 정하는 데는 천간(天干), 지지(地支), 1 2 3 4 또는 오행상생법(五行相生法)으로 정한다. 항렬을 소목(昭穆)이라고도 한다.

* 명(名)과 휘(諱) : 현대는 호적명 하나로 통일해서 쓰고 있으나, 예전에는 아명(兒名) 자(字-冠名)가 있었으며, 아호(雅號) 시호(謚號)가 있었다. 이름자의 존칭은 생존하신 분에게는 함(啣), 작고하신 분에게는 휘(諱)라 하여 이름자 사이에 자(字)를 붙여서 경의를 표한다.

* 생졸(生卒) : 생은 출생, 졸은 사망을 말하며 70세 이상에 사망하면 수(壽) 몇세라 하며, 70세 미만에 사망하면 향년(享年) 몇세라 한다. 20세 미만에 사망하면 요절(夭折), 또는 조요(早夭)라고 표시한다.

* 실(室)과 배(配) : 배우자를 말하며 실은 생존한 분, 배는 작고한 분을 구분하는 것이나 생졸 구분 없이 배로 통일하는 문중도 있다.

* 시조(始祖) : 득성(得姓) 또는 개관(改貫)의 초대, 즉 시초의 선조를 말한다.

* 비조(鼻祖) : 시조 이전의 선계조상을 말하며 시조나 중시조를 높여서 비조라 부르기도 한다.

* 중조(中祖) : 시조 이하 계대(系代)에서 가문을 중흥시킨 분을 종중의 공론으로 추존(追尊)한다.

* 방조(傍祖) : 6대조 이상의 형제

* 족조(族祖) : 방계(傍系)의 무복지조(無服之祖)

* 종손(宗孫) : 종가의 맏자손

* 장손(長孫) : 차자의 맏자손

* 대종손(大宗孫) : 대종가의 맏자손

* 서출(庶出) : 첩의 소생, 서얼(庶孽), 측출(側出)이라고도 하여 무과(武科) 잡과(雜科)에만 응시할 수 있었다.

* 사자(嗣子) : 아버지가 고인이 된 후의 장자

* 사손(嗣孫) : 정통(正統)을 이어받은 자손

* 사손(祀孫) : 조상의 제사를 모시는 자손

* 봉사손(奉祀孫) : 사손(祀孫), 승중손(承重孫)

* 후사(後嗣) : 계대를 잇는 자손

  * 무후(无后) : 계대를 이을 자손이 없음
  * 계자(繼子) : 무후하여 양자했을 때
  * 승적(承嫡) : 서자로 뒤를 이음
  * 후부전(后不傳) : 후사(後嗣)가 확실치 않을 때
  ※ 양자법 : 예조에 양부나 모가 청원한다. 양부모가 다 작고했
     을 때는 가내의 문장(門長)이 청원한다.
     수양자(收養子)-3세 이내 입양
     시양자(侍養子)-3세 이후 입양
     사후양자(死後養子)-양부모가 작고했을 때의 양자
     백골양자(白骨養子)-양자 자신이 죽은 후에 양자가 됨

◉ 항렬자(行列字)

　행렬(行列)이란 낱말이 '같은 혈족 안에서의 위계나 대수관계'를 뜻할 때는 '행렬'로 읽지 않고 '항렬'로 읽는다. 행(行)이란 글자가 늘어선 대오(隊伍)를 뜻할 땐 행이 아니라 항이기 때문이다. 그래서 형제처럼 같은 항렬에 있을 때를 동항(同行)이라 하고, 아버지 항렬일 때는 숙항(叔行), 할아버지 항렬일 때는 조항(祖行), 아들항렬일 때는 질항(姪行), 손자항렬일 때는 손항(孫行)이라 한다. 항렬을 이름에 나타낸 것이 항렬자다. 흔히 돌림자라고 부른다. 같은 글자나 부수로써 같은 대에 있음을 표시하는 것이다. 일정한 조항을 기준으로 그 대수마다 다른 항렬자를 사용함으로써 친족관계의 멀고 가까운 사이와 위아래의 서열(序列)을 구분할 수가 있다.

　우리나라의 항렬자 사용은 고려 때부터 비롯되었다. 그러나 고려 때는 일부 명문거족(名門巨族)에 그쳤으며, 그 범위도 4촌을 넘지

못한 것으로 밝혀지고 있다.

우리나라에서 가장 오래된 족보를 자랑하는 문화유씨의 경우를 예로 들면 같은 항렬자 사용은 18세기까지만 해도 18촌을 넘지 못했으며, 이후 32촌까지 확대되었다가 19세기 후반에야 전체 종원(宗員)이 사용하는 이른바 대동항렬자(大同行列字)가 생겨났다고 연구결과는 말하고 있다.

항렬자는 그 씨족의 족보 서두(序頭)에 명기해두는 경우가 많은데 그 글자를 정함에 각 문중마다 양상이 다르기는 해도 일정한 기준이 없는 것은 아니다. 항렬자 짓기의 가장 일반적인 형태는 오행상생법(五行相生法) 금수목화토(金水木火土)가 들어간 글자를 뽑아 정한다.

성균관 정문 글씨를 쓴 이시영(李始榮) 전부통령은 경주이씨인데 항렬자는 영(榮)이다. 화(火)가 들어간 글자다. 이분의 아들항렬은 토(土)가 들어간 규(圭)자이며, 손자항렬은 종(鍾)자이다. 이종찬 안기부장이 이분의 손항이다. 화생토(火生土) 토생금(土生金)이니 위아래는 상생관계다. 김경수(金敬洙) 전 성균관장은 광산김씨(光山金氏)다. 항렬자는 수(洙)자이니 수(水)가 아닌 목(木)으로 오행을 봐야겠다. 질항(姪行)은 용(容)으로 화(火)가 들어갔는데 이름의 앞글자다. 손항(孫行)은 중(中)인데 이름의 뒷글자다. 이는 토(土)라는 글자가 들어간 게 아니라 중(中)이 방위 중에서 토(土)를 뜻함으로 택한 것 같다. 김우중 전 대우그룹 회장이 이 문중 사람이다. 그 아래 항렬은 선(善)자이니 글자에 금(金)이 들어간 것으로 보인다.

금수목화토(金水木火土) 다음으로 항렬자에 잘 들어가는 글자는 갑을병정(甲乙丙丁)……, 일이삼사(一二三四)……, 인의예지신(仁

義禮智信) 등이 있는데 때때로 위 광산김씨(光山金氏)의 중(中)자마냥 상징적인 글자로 항렬자를 삼기도 한다. 돌아가는 순서가 끝나면 다시 처음으로 돌아가 항렬자를 정하되 조상이 쓴 항렬자는 피하는 것이 원칙이다.

항렬자는 항렬이 내려가면서 이름의 앞뒤로 옮겨가는데 꼭 그런 것은 아니다. 즉 뒤자로써 이어가기도 한다. 성균관 박사(博士)를 지낸 선각자 신채호(申采浩) 선생의 고령신씨(高靈申氏)가 이 같은 경우다. 이분은 호(浩)가 돌림자이다. 이분의 숙항은 식(植), 조항은 우(雨)이다. 이충무공은 주지하시다시피 본관이 덕수(德水)인데 아들과 조카들의 이름을 한 글자로 하면서 초 두(艸)자로써 돌림자를 삼았다. 참고로 말하자면, 순신이란 이름은 희신(羲臣) 요신(堯臣) 우신(禹臣) 등 형제들의 이름과 밀접하게 그 의미를 연결시킨 것이다. 신(臣)자로 돌림자를 삼으면서 복희씨(伏羲氏), 요(堯)임금, 순(舜)임금, 우(禹)임금 등 중국 성군들의 이름을 사용한 것이다.

아무튼, 갈수록 항렬자 쓰는 경향이 약해지고 있는 듯하다. 이는 산업사회로 접어들면서 핵가족이 늘어나고 종원(宗員)들이 한자리에 모일 기회가 적어지면서 혈족 관념이 약화됐다는 사실과 관련된다. 최근 백년 이래 대동보가 일반화되고 동성동본 단일 종친회가 많아졌지만 말이다.

너무 핏줄만을 따져서 오고가는 것도 바람직한 것은 아니다. 그러나 서로 인사를 나눌 때 항렬자로써 서로의 뿌리를 확인하는 그런 세상이었으면 좋겠다. 그래서 아들 손자의 이름을 지을 땐 항렬자를 사용하자고 말하고 싶다.

| 태교(胎敎)

태교란 임신중에 가르치는 것이다. 어머니가 보고 듣고 느끼고 행동하는 것이 태아의 성품과 두뇌를 결정짓는다. 태교는 훌륭한 인간을 탄생시키려는 데 있다. 태아는 뱃속에서부터 성품 기질 두뇌 지능 건강 용모 등이 개발형성된다. 분자 생물학자에 의하면 정자 난자의 도핑 순간 입력되는 생명력의 정보량은 대영백과사전《브리태니카》17세트(1세트가 26권) 442권의 분량이라 하니 280일간의 태교를 충실하게 해야 한다. 과학문명의 소산으로 환경오염은 심화되고 기형아 지진아 선천성 제질환이 증가하고 있는 점에서나 예방의학 모자보건의 차원에서도 태교를 소홀히 할 수 없다. 유전인자보다 모체 안팎의 환경영향이 더 크다고 한다.

미국에서는 고성능 정자은행을 만들어 노벨상을 수상한 유명한 사람의 정자를 I.Q[1] 130 이상의 여성에게 주입해서 천재아 출생을 시도했으나 실패했다고 한다. 과학문명의 힘으로도 어찌할 수 없는 눈에 보이지 않는 사실은 누에가 뽕잎을 먹고 명주실을 내놓는 등 오묘한 사실도 있다.

아인슈타인은 대학입시에 두 번이나 낙방했고 수학의 천재였지만 어학과 생물은 낙제점이었다. 그러나 I.Q 150인 대학교수 3인이

---

1) 천재(天才)-160. 수재(秀才)-145. 이재(異才)-130. 무재(無才). 이재까지를 영재(英才)라 한다.

100년 걸린다는 상대성이론을 수립했다. 윌리엄 쇼클리는 I.Q 126
인데 노벨물리학상을 수상했다(1956년).

● 태교의 발전

태교는 2900여년 전 주나라 때부터라 알고 있지만 기원전 232년
단군 해모수왕 때부터 태훈 기록이 있고, 근대에도 여러 가지 태훈
기록이 있으나 유희(柳僖)의 어머니 사주당(師朱堂) 이씨의 《태교
신기(胎敎新記)》가 유명하다. 이씨는 영조·순조 때 여류문필가로
여러 경서와 백가의 글을 읽다 태교의 중요성을 인식하고 《태교신
기》를 남겼다. 우리문화의 자랑이다. 인간발생문제를 중히 여겨 태
교를 실천해온 문화민족인 것이다.

우리나라의 태교 내용을 살펴보면 불거(不居) 불식(不食) 불침
(不侵) 등 하지 않겠다는 자율적인 것과, 〈의심방(醫心方)〉 같은
글에는 물(勿)자를 써서 하지 말라고 하고 있다. 나쁜 것은 보지
말며, 듣지 말며, 말하지도 말라고 하고 있다.

음식금기 언행금기 약물금기 태살금기(胎煞禁忌) 등으로 태살은
임부의 집이나 옆집을 고치는 데서 얻는 것으로, 축조 수조동토(修
造動土)하는 곳에는 뚫고 파고 메꾸고 엮고 두드리므로 어떤 충격
을 받으면 선천성 언청이 조막손이 곱사등이 난쟁이 육손이 등이
생길 수 있으므로 현대의학에서도 밝히지 못하는 부분이다. 칼 쓰
면 상하고, 때리면 푸르게 멍들고, 흙으로 구멍을 막으면 귀먹고,
얽어매면 오그라든다고 지적한 점도 오랜 과정에서 얻어진 것이다.

현대의학에서도 금기 식품이 차츰 많아지고 있다. 흡연, 음주, 스
트레스, 심리적 갈등, 병의 감염, 약물복용, 음식 불균형 섭취, 기호
식품 문제 등 나열하면 한이 없다.

태아는 두 달이면 뇌파가 활동하고, 냉(冷)자극은 4개월, 온(溫)자극·미(味)자극은 5개월, 지각(知覺)과 청각(聽覺)은 6개월, 통(痛)자극·후(嗅)자극은 7개월만에 반응을 한다. 자궁이라는 감각 차단실에 최초로 들리는 음악은 탯줄을 통해 전도되는 어머니의 심장 고동소리다. 5개월이면 어머니가 듣는 음악이 전도되어 그에 맞추어 태동이 시작된다. 여기에서 음악요법이 시작된 것이다. 음악을 들려주면 안정이 되고 태어난 후 아기에게 언어능력 운동능력 정서능력을 높여준다는 시험결과도 나왔다.

태아를 가장 안정시키는 것은 심장 고동 박자인 4분의 3박자인 왈츠리듬이라 한다. 임부가 불안할 때에는 비발디의 〈사계〉, 베토벤의 〈8번 교향곡〉, 우울할 때는 바하의 〈브란덴부르크 협주곡〉, 흥분을 가라앉힐 때에는 모차르트의 〈터키행진곡〉 등이 효과적이라 한다.

젖을 일찍 끊은 아이는 연모(戀慕)의 정이 적고 지능이나 정서에 결함이 생긴다. 신생아는 어머니 뱃속의 양수 속에서 들었던 맥박소리와 체취를 기억하고 태어난다. 맥박소리를 녹음해서 들려주면 체중증가 효력이 현저하다. 태아의 머리맡에 브래지어를 놓아두면 젖냄새를 기억하고 그쪽으로 고개를 돌린다 한다. 아기는 어머니의 맥박소리와 젖냄새를 기억하고 태어난다.

우리의 옛 전통태교에 7태도(七胎道)가 있는데 3개월이면 아기의 기품(氣稟)이 형성되므로 기품있는 주옥(珠玉) 종고(鐘鼓) 명향(名香) 등을 가까이하고 몸에 지니며, 6개월이 되면 심장이 형성되므로 고운 말만 듣고 성현의 명구절을 외며, 시를 읽거나 붓글씨를 쓰며, 품위있는 음악을 들으며, 소나무에 드는 바람소리(風入松-풍입송), 매화나 난초의 은근한 향(暗香-암향)을 맡으라 했다.

● **《태교신기(胎敎新記)》의 내용**

* 사람의 성품은 하늘에 근본하고 기질은 부모에 기인한다.
* 아비 낳음과 어미 기름과 스승의 가르침에 있어 태교는 본이 되고 스승에게 배우는 것은 그 다음이다. 교육을 잘하는 사람은 낳기 전에 가르친다. 태어나 10년 스승에게 배우는 것보다 열달 뱃속의 가르침이 더욱 효과적이다. 더욱 중요한 것은 하루아비의 몸가짐이다.
* 정결한 환경, 신성한 혼인, 공경의 상접(相接), 정성스런 방사(房事), 잉태의 잘못은 아비의 책임이다.
* 태교의 책임은 전적으로 어미 된 자에게 있으니 임부 된 자는 예가 아니면 보지 말며, 듣지 말며, 말하지 말며, 행동하지 말며, 생각하지도 말라.
* 가르침은 오직 스승에게 있으니 어진 스승은 입으로 가르치지 아니하고, 몸으로 가르친다.
* 기운과 피가 맺혀 아기의 지각이 맑지 못함은 아비의 허물이요, 형상과 재주는 어미의 책임이다.

사람의 성품은 태를 기르는 데 따라 다르다. 태란 성품의 근원이 되는 것이며 잉태시의 지형 풍토 기후 등이 태아의 성품에 영향을 끼친다. 임부가 보고 듣고 먹고 마시는 것, 생각하고 느끼는 것 모두가 그대로 아기에게 영향을 주어 길러진다. 그러므로 임부 곁에는 항상 착한 사람, 좋은 일만 있게 노력해야 한다. 분한 일은 태아의 피가 멍들고, 흉한 일은 태아의 정신이 병들고, 천한 일은 태아의 기운이 병들고, 급한 일은 태아에게 고질병이 생기기 때문이다.

▶ 보아서 좋은 것 : 귀한 사람, 아름다운 것, 성현의 글이나 그림, 신선, 시 읊는 소리, 책 읽는 소리 등이다.

▶ 보지 말아야 할 것 : 광대, 난쟁이, 원숭이짓, 희롱, 싸움, 형벌, 죽이는 것, 병신이나 몹쓸 병 있는 사람, 번개, 벼락, 일식(日蝕), 별똥 떨어지는 것, 수재와 화재 입는 것, 애처로운 것, 나쁜 소리, 이상한 소리 등이다.

▶ 삼가야 할 일 : 남을 해롭게 하는 일, 동물을 죽이고자 하는 마음, 간사한 마음, 남을 속이고자 하는 마음, 물건을 탐내는 마음, 시기나 질투하는 마음, 남의 험담이나 일을 방해하려는 마음, 분하다고 성난다고 말할 때 손짓하는 것, 모함하는 말, 귓속말, 허망한 소리, 필요없는 간섭 등을 삼가고, 부부동침이나 두껍게 입는 것, 많이 먹는 것, 너무 차거나 더운 데 있는 것, 몹쓸 냄새 맡는 것, 높은 곳 낮은 곳 밤출입 등, 비바람 치는 곳, 우물이나 묘 있는 곳, 헌 사당 있는 곳, 깊은 데 험한 데 가지 말 것, 무거운 물건 드는 것, 과로나 상처날 일, 침을 맞거나 함부로 약을 먹는 것을 삼가야 한다. 힘든 일 위태로운 일, 실수하기 쉬운 일, 양잠(養蠶), 방적(紡績), 바느질, 칼 쓰는 일을 조심해야 하고 자세를 너무 기울이거나 기대거나 걸터앉는 것, 높은 데 있는 물건 내리는 것, 몸을 비틀거나 어깨로 돌아보는 것, 구부려 머리감는 것(달이 차면), 오랫동안 서있거나 걸어다니는 것, 왼발에 힘주지 말며, 오를 때는 반드시 서서 하고, 뛰어 건너지 말며, 급하게 하지 말라. 누울 때는 너무 엎드리거나 꼿꼿하게 굽히지 말며 문틈 쪽이나 옥외는 금하며, 자기 전에는 너무 배불리 먹지 말며, 달이 차면 오른쪽, 왼쪽 고루 눕는다.

▶ 해산 무렵에는 음식을 순리대로 든든히 먹고, 걷는 것을 자주

하고, 비틀지 말며 바로 누으면 해산이 쉽다. 임부의 희로애락(喜怒哀樂)은 아기의 성격을, 보고 듣는 것은 아기의 기운을, 마시고 먹는 것은 살을 만든다. 섭생(攝生)과 언행을 중히 하라.

▶ 미신과 사술의 경계 : 소경을 불러들이는 것, 무꾸리나 굿, 역기운이 나는 일체의 일을 삼가야 한다. 샘을 하거나 미워하는 마음은 복을 받지 못한다. 시앗보았다고 용납하지 못하면 어찌 자식이 재주가 있으랴. 《시경(詩經)》에 '즐겁고 편한 사람에게는 복이 들어와서 앉는다'고 했다.

▶ 금기 식품

* 과일 – 설익은 것, 벌레먹은 것, 떨어진 것, 비뚤어진 것

* 음식 – 냄새나는 것, 색이 변한 것, 찬 것

* 육류 – 말고기, 개고기, 나귀고기, 토끼고기

* 채소 – 날것이나 계절음식이 아닌 것

* 어패류 – 우렁이, 가재, 비늘 없는 물고기

* 조류 – 참새, 오리(알)

* 기타 – 비름, 메밀, 율무, 엿기름, 마늘, 생강, 버섯, 마, 홍무 등

▶ 나쁜 이유 : 버섯은 경풍하거나 조졸한다. 비름·율무·메밀은 낙태 위험이 있고, 엿기름과 마늘은 태를 삭힌다. 마·매실·복숭아는 태에 나쁘고, 생강·비름은 육손, 개고기는 소리를 못하고, 나귀나 비늘 없는 물고기는 난산 우려가 있다. 참새고기는 음란, 산양은 병 많은 아기, 메기는 감식창, 양의 간은 우환의 아기, 방게는 횡산 우려, 계피와 건강(乾薑)을 음식으로 해먹지 말며, 노루고기와 말밑조개를 지짐하여 먹지 말며, 쇠무릎과 회잎순으로 나물해 먹지 말라.

▶ 권장식품 : 자식이 단정하고자 하면 잉어를 먹고, 슬기롭고 힘

있고자 하면 소의 콩팥과 보리를, 총명하고자 하면 해삼을 먹어라. 그 외에도 밤, 대추, 호두 등이 있다.

● 태교 시기

태교는 임신하면 이미 늦는다. 인간의 뇌는 80%가 태중에서 형성된다. 태아의 사고(思考)는 3~4개월부터, 활동은 5~6개월부터 기억력이 가능하고, 7~8개월부터는 의식(意識)이 시작된다고 한다. 만 2개월이 넘으면 신체어(身體語)를 사용하고, 4개월이 넘으면 좋고 나쁜 것을 얼굴로 표현하며, 6개월이 넘으면 모체(母體)의 심음(心音)을 안다. 이때부터 뇌(腦)는 급속도로 형성된다. 엄마가 본 것 듣는 것 생각하는 것이 영상화(映像化)하여 찍힌다. 출생 후에 서둘러도 때늦은 일이다.

태어날 아기를 출발부터 훌륭한 소질(素質)을 길러주어야 한다. 30:1로 늘어나는 기형아(畸形兒) 저능아(低能兒) 선천성(先天性) 제질환(諸疾患) 등은 유전적인 것보다 환경적 원인이 더 크다. '인간은 발생으로부터'라는 것을 인식하고 미혼여성의 태교로부터 인간을 창조하자! 우수한 아기는 책임 있는 태교에서 얻어진다. 미혼태교나 남성태교가 선행되어야 함은 말할 나위가 없다. 280일간의 태교는 낳아 10년 교육보다 효과적이다. 임신 전후의 병약화, 공해로부터의 오염 등 원인도 모르고 불안해하면 기형아를 자초하는 것이다. 태교는 기형아 예방학이다.

● 아들 낳는 법(성전환의 고찰)

아기를 얻기 위해 불공을 드린다, 공덕을 쌓는다, 성황당에 돌을 던진다, 돌부처의 코를 갉아먹는다, 굿을 한다, 이외에도 여러 가지 풍습이 있었다.

닭이 알을 품을 때 도끼를 둥우리 밑에 매달아 놓으면 모두 수평 아리가 되는 것을 시험했다. 의학에서 사람의 성은 XY 염색체에 의해 결정되는 것이 아니고 환경에 의해 변화하는 사실을 알았고, 성 결정 유전자 TDF(고환결정인자—睾丸決定因子)를 발견했다. (미국 MIT대, 캐나다 콜롬비아대, 핀란드 헬싱키대)

▶ 남태(男胎)를 위하여

* 임부(妊婦) 모르게 도끼를 임부의 침상(寢牀) 밑에 매달았다.
* 수탉의 긴 꼬리털을 비단주머니에 넣어 임부의 왼쪽 허리춤에 찬다.
* 남편의 손톱 발톱 머리카락이나 활줄 등을 비단주머니에 넣어 임부의 왼쪽 허리에 차게 한다.
* 석웅황(石雄黃)을 왼쪽 허리에 찬다.
* 붉은 닭을 매달아 죽여 털 발 내장을 빼고 푹 고아서 임부 혼자 먹게 한다.

● **남아 잉태(孕胎)법**

옛날 사내아이를 많이 낳고 잘 낳는 부녀자의 속옷은 상당한 값에 은밀히 거래되기도 했다. 빨래로 널어놓았다가 도둑맞기 일쑤였다. 남자가 죽어나갈 때 공포(功布)는 아기 못 낳는 아낙이 공포에 혼이 깃드는 것으로 알고 공포로 속옷을 지어 입으면 사내아이를 낳는다는 속설(俗說)로 부녀자가 난투극을 벌였다. 어머니 나이가 홀수 때 홀수달 홀수날에 씨를 받으면 아들, 짝수달 짝수날에 씨를 받으면 딸이라 했다. 자궁에는 두 구멍이 있어 왼쪽으로 받아야 아들을 낳는다 하여 씨받이를 하고 왼쪽으로 눕고 왼발을 쳐든다(轉女爲男法-전녀위남법).

수탉 꼬리나 원추리꽃 봉오리를 고쟁이나 머리에 꽂고 다니면 뱃속의 아기가 주술(呪術)을 받아 사내아이로 변한다고 믿었다. 진통이 시작되면 산실에 말린 참깨다발에 붉은 고추를 달아 둘러놓는다. 깨알만큼 많은 고추를 순산하라는 주술이다.

▶ 삼촌집 사랑 나들이(交合時辰-교합시진) : 성교(性交)하는 때와 태어날 아기와의 상관관계를 가르치는 교합시진을 보면 바람 부는 날의 교합은 태어날 아기가 병이 많고, 삭일(朔日)의 아기는 태중에서 병이 생기며, 천둥 벼락 치는 날의 아기는 태어날 때 모자가 죽고, 월식날의 아기는 태를 이루지 못하며, 술에 취한 교합은 아기 명이 짧고, 해돋을 때 아기는 겁이 많다.

다음 글귀를 외워야 한다.

* 야반합(夜半合)은 상수현명(上壽賢明)하고-밤의 전반에 사랑하면 수명이 길고 현명하다
* 야후반합(夜後半合)은 중수총명(中壽聰明)하며-후반이면 보통 수명에 총명하며
* 계명합(鷄明合)은 하수극부모(下壽剋父母)하느니라-닭이 울무렵이면 명이 짧고 부모를 극한다.

※ 출산 후 2~7일에 나는 모유는 건강을 좌우하는 면역체를 함유하여 정서발달과 소화능력이 있고, 배변을 쉽게 하고 구토와 설사를 일으키지 않으며, 치열교정도 절감하고 균형있는 영양분과 아미노산을 함유하고, 아기의 성장과정에 따라 알맞게 만들어졌다. 인간의 성품(性品)을 만드는 거름이다.

▶ 뇌의 형성

3주-분화발육, 2개월-급성장, 3개월-뇌세포 완성, 4개월-대뇌

피질 성숙, 5개월-대뇌피질 완성, 6~7개월-신경세포 발육·목소리 파악, 8개월-신경세포 완성·기억기능, 9개월-뇌 완성 상태

◉ 태아의 성 식별법

양귀비를 배반한 거구 안녹산을 임신했을 때 그 어머니는 임신 전보다 세배나 많은 밥을 먹었다 한다. 여느 사람보다 세배나 몸집이 컸기 때문에 생긴 말이겠지만 태아가 클수록 많이 먹고, 태아가 크려면 산모가 많이 먹어야 하고, 많이 먹으면 뱃속의 아기가 사내아이라는 삼단론법은 우리나라에서 속신(俗信)이 되어 내려왔다. 입덧이 심하면 사내아이라는 것이 그것이다. 상대적으로 많이 먹는 산모가 낳은 아기가 여아보다 10% 더 무거운 사내아이였다는 하버드대 연구팀의 조사결과가 보도되었다. 전통속신을 과학화한 셈이다.

사내아이를 낳기 전에는 한국부녀자는 아내도 어머니도 며느리도 아니었다. 개화기에 이미 '보이매니아(男兒子息狂)'로 유럽에 알려졌듯이 세상에서 가장 맹렬한 남존 종주국인지라 아들을 낳기 위한 문화가 우리나라처럼 발달한 나라도 없었다. 여인의 용모부터 아들 잘 낳는 왕자상(旺子相)이냐, 아들 못 낳을 무자상(無子相)이냐로 갈랐다.

자궁에는 구멍이 좌우로 둘이 나있는데 좌혈(左穴)로 정을 받아야 아들이 된다하여 사랑의 자세가 구속받고, 사랑 직후에도 오른발을 쳐들고 왼쪽으로 누워 지그시 숙명을 기다려야 했다. 아기를 가진 지 석 달 만에 남녀가 갈라지는 것으로 알아 이 석 달 들어 해야 할 일이 많았다. 활(弓)줄을 허리에 감고 도끼날을 요 밑에

깔고 자며, 웅황(雄黃)을 왼쪽 허리에 차고 다닌다. 수탉 털깃이나 원추리꽃을 왼쪽 머리에 꽂고 다니기도 한다. 이 모두 '외상내감법 (外象內感法)'이라 하여 남성을 상징하는 것들로 유감(類感)하여 사내아이가 된다고 믿었기 때문이다.

진통 끝에 아이 울음소리가 나면 산실 밖에서 자리 펴고 기다리던 시어머니가 '고추냐, 보리냐'고 묻는다. 사내놈이냐 계집아이냐를 그렇게 물었다. 보리라면 시어머니는 그길로 집을 나가서 이틀이고 이레고 집으로 돌아오지 않는다. 며느리는 들여다 준 미역국을 염치없어 못 먹겠다는 의사표시로 물리는 것이 도리이고 ─.

이렇게 괄시 속에 태어난 딸은 아명도 서운하데서 서분(西粉)이, 섭섭하데서 섭섭이, 분통하데서 분통이, 딸은 그만이라는 소원을 담아 필순(畢順)이, 고만이, 막음이, 기남(基男)이, 후남(後男)이라고 하여 사내의 발판임을 아명에 비추어야 했다. 첫딸 이름을 일가(一可), 둘째딸에게 이혹(二或), 셋째딸에겐 삼소(三笑), 그래도 딸을 낳으니 사치(四恥)로 아명을 지은 사례도 있었다.

이런 딸 멸시 전통이 유구한 나라에서, 딸을 낳으면 자랑스러운 어머니상을 주고 순금 기념반지와 앨범을 만들어 주며 1년간 건강진단도 무료로 해주는 여아존중 운동이 부산 YMCA YWCA 등 사회단체에서 벌이고 있다는 보도가 있었다. 남아선호로 남다여과(男多女寡) 현상이 두드러져 그렇게 될 날이 언젠가는 오리라 생각했지만 금석지감이 간절한 여아존중이다.

태아의 성별 식별법도 발달하지 않을 수 없었다. 7×7=49에 수태한 달수를 보태고 그 수에 임부의 나이를 뺀 수가 홀수일 때 아들로 알았고, 앞에 가는 임부를 뒤에서 불러 왼쪽으로 돌아보면 아들, 오른쪽이면 딸로 알았다. 성이 결정된 넉 달 만에 왼쪽 허리

가 아프거나 왼쪽 유방에 응어리가 생기거나 왼쪽 손이 부어오르
면 아들이요, 오른쪽이면 딸로 알았다. 사내아이면 석 달 만에 동
하고 계집아이면 다섯 달 만에 동하는 것으로 알았다. 주로 좌남우
녀(左男右女)의 주술에서 비롯된 식별법으로 믿을 것은 못된다.
밥 많이 먹는다고 아들, 밥 적게 먹는다고 딸이 되는 것은 물론 아
닐 것이다.

◉ 정자(精子) 죽이기

사람은 태어날 때 조물주로부터 똑같은 분량의 정자를 배급받는
다. 《임원십륙지》에 보면 그 분량이 한 되 여섯 홉으로 되어 있다.
대두병으로 한 되 반 분량이다. 그 적은 양의 소중한 정자가 감소
추세에 있다 한다. 그 범인으로 범람히는 생활 화학물질에서 스며
나오는 내분비교란물질(환경 호르몬)에 혐의를 두고, 미국 정부에
서는 8만 6천종에 걸쳐서 위험성 검사를 하고 있다.

이웃 일본에서도 전담 학회가 발족하여 행정부와 손잡고 국제협
조로 규명작업에 들어갔다. 우리나라에서도 컵라면을 끓일 때 전자
레인지를 사용하지 말라는 예방문구를 표시하는 것으로 대처하기
시작했다. 환경 호르몬이 아니더라도 살양(殺陽)이라는 정자 죽이
기는 옛날부터 있었다. 사랑을 빼앗긴 여인의 질투나 저주(咀呪)도
그것이다.

고려 의종(毅宗)의 잠자리에서 피 묻힌 수탉 그림이 나온 저주사
건이 있었는데 사랑을 빼앗긴 비빈의 저주였다. 세종 때 세자빈 김
씨는 시녀를 시켜 사랑을 빼앗아간 여인의 신발 코를 잘라오게 한
저주사건이 있었다. 수탉은 남자 양기의 상징이요, 신발은 여자 음

기의 상징이다. 이를 훼손함으로써 사랑의 에너지를 죽일 수 있다고 믿었던 것이다.

고려 충렬왕 때 정략결혼한 몽골출신 미실공주가 임신은 하는데 번번이 출산을 못했다. 어의(御醫) 덕신송이 지어 올린 정자 살리기 조양환(助陽丸)이 왕족에게 몽골의 피가 섞이지 않기 위한 정자 죽이기 약제였다 하여 큰 옥사가 벌어지기도 했다. 여염에서도 기피해야 할 살양방(殺陽方)이 관습화되어 있었다. 고사리(蕨-궐), 장다리(薹-대), 궁궁이(芎-운), 삼백초, 토끼고기가 살양음식(殺陽飮食)이요, 기르지 말아야 할 꽃으로 능소화가 있다.

술에 취해 사랑하거나, 대낮 또는 등불 밑, 천둥칠 때, 슬프고 성나고 애통할 때 사랑하면 살양(殺陽)되는 것으로도 알았다. 지금 세계적으로 정자수가 줄고, 남아 출생률이 저하하고 여아의 발육이 빨라지는 등 신(神)의 영역이 침범되고 있으며, 이 이변들의 범인 찾기에 강도 높은 동참을 해야 한다고 본다.

◉ 씨내리

가계를 잇고 가산을 물리며 제사를 맡을 아들을 못 낳는다는 것은 남녀간에 전통사회에서 존재가치가 없었다. 그래서 아들을 못 낳는 결격사유가 부인에게 있을 때는 아들을 낳아주고 다니는 직업부인을 은밀히 불러들여 씨받이를 하는 풍습은 알려져 있다.

결격사유가 남편에게 있을 때는 떠돌이 사나이를 납치하거나 매수하여 부인과 합방, 씨내리하는 풍속도 있었다. 횡재를 하거나 일거양득을 빗대는 속담으로 '씨내리 땜장이'라는 게 있다.

옛날 마을에 자주 들르는 뜨내기 솥땜장이가 있었다. 아마도 비밀이 보장되고 후환이 없어야 하는 씨내리감으로 이 땜장이가 선호됐던 것 같다. 씨내리로 선택받으면 금침의 이부자리에서 호강 받는 것도 과분한데 비밀을 지킨다는 입마개 돈으로 벼 열섬을 받게 되니 대단한 횡재가 아닐 수 없었다. 다만 그 비밀을 누설하거나 후에 제 자식임을 주장하거나 하면 쥐도 새도 모르게 없애버린다는 살벌한 내약이 따르긴 한다지만 ─.

과부 약탈을 하듯이 종들을 시켜서 씨내리감 서생을 보쌈질로 약탈하기도 했다. 광해군 때 문인 유몽인의 문집인 《어우야담》에 서생 약탈 사례가 실려 있다. 과거를 치르려 상경한 한 시골 서생이 친지를 찾아보고 자정 무렵 종가를 걷고 있었다. 그때 문안에서 장정 넷이 불쑥 뛰쳐나와 서생을 커다란 부대 속에 넣어 묶은 뒤 골목을 누볐다. 담을 넘겨 방안에 들여놓고 사라지자 계집종들이 풀어놓는데 비단 이불에 원앙침이 놓여진 내방이었다. 그 방에 들어온 여인과 정을 나누자 장정 네 명이 다시 들어와 부대 속에 담아 메고 나가 풀어놓는데 어젯밤 납치해갔던 바로 그 지점이었다.

근간 유럽의 신문들에 빈도 높게 거론되는 새로운 사회문제로 유럽판 씨내리의 유행을 들 수 있다. 결혼을 희생하고 사회적으로 성공을 거둔 여인이나 80년대의 여권운동에 영향 받아 독신으로 살아온 여인들이 40세 고비를 넘기기가 힘들다는 것이다. 아이를 낳을 수 있는 시한을 둔 심리적 촉박이 모성본능을 자극, 혼인을 하지 않고서 아이 하나를 낳아 기르고 싶기 때문이다. 그리하여 임신 가능성이 높은 시기를 골라 기왕이면 잘생기고 머리가 좋으며 젊은 사나이를 타산적인 사랑의 올가미를 씌워 잡아다가 과실을 얻고는 절교해버린다.

한국의 씨내리는 그 비밀이 탄로날까 싶어 여자측이 약세가 되지만 유럽판 씨내리는 남자 편이 약세가 된다. 초컬릿이나 인형을 사 들고 자기 피붙이 좀 보여 달라고 문전에서 애걸하는가 하면, 아버지라는 친권 인정 소송을 제기하는 사례도 기하급수로 늘고 있다 한다. 바야흐로 깊어가는 사내망신 세상이다.

◉ 환가탄생(換家誕生)

조선조에 개인이 출세하려면 과거에 급제하여 관로(官路)에 나가는 것이었다. 조선조에 문과에 급제하고 청현직(淸顯職)에 오른 자손이 몇 대나 연이어 있어 그로 인해 명가(名家)가 된 가문은 광주이씨(廣州李氏)를 들 수 있다. 세종 때 왕자 탄생에 광주이씨 종가(宗家)인 이극배(李克培)의 정동 집에 가서 왕자를 낳아온 환가탄생이 있었다. 우수한 탄생을 바란 나머지 명문가에 왕비를 보내 왕손을 낳게 하는 것이 환가탄생이다.

이극배의 종조부는 이집(李集)으로 이성계의 친구인데 지금의 둔촌동(遁村洞) 근처에 숨어살면서 호를 둔촌이라 했다. 이집의 손자인 이인손(李仁孫)이 지금의 양재동 근처인 탄천에 살았다. 이인손은 우의정(右議政)을 지냈는데 그의 다섯 아들과 아홉 손자가 모두 문과에 급제했다.

이극배가 평양감사(平壤監司)를 지낼 때 성종이 불러서, "임금이 잘되어야 나라가 잘되는 것이냐, 신하가 잘되어야 나라가 잘되는 것이냐?"고 묻자, 이극배는 당연히 나라가 잘되어야 한다고 대답했고, 성종은 묘자리를 바꾸어주면 어떻겠느냐고 제안했다. 이집의 묘를 여주에서 30리 떨어진 지금의 여주군 능서면에 이장했고, 왕가에서는 대모산 태종릉 옆에 있던 세종의 묘를 둔촌의 묘지였던 지금의 영릉에 이장했다. 그후 광주이씨 집안에는 이렇다 할 인물의 폭발적 출현사태는 나타나지 않았다.

⦿ 학다리 대비(大妃)

공자께서 말씀하셨다.

"듣기 좋게 말을 잘하고 보기 좋게 얼굴빛을 꾸미며 지나치게 공손한 것을 좌구명(左丘明)이 부끄럽게 여겼는데, 나도 또한 부끄럽게 여긴다. 원한을 감추고 그 사람과 벗하는 것을 좌구명이 부끄럽게 여겼는데 나도 또한 부끄럽게 여긴다."(子曰 巧言令色足恭 左丘明恥之 丘亦恥之 匿怨而友其人 左丘明恥之 丘亦恥之-자왈 교언영색족공 좌구명치지 구역치지 익원이우기인 좌구명치지 구역치지)(論語 公冶長-논어 공야장)

사람은 소박하고 실직해야 한다. 거기에 진실이 있다. 남에게 교묘하게 꾸미는 말로 아첨을 하거나 보기 좋은 안색을 지어 아양을 떠는 곳은 진실과는 거리가 멀다. 남의 비위나 맞추려는 가식적인 행위는 필경 위선이 될 수밖에 없다. 인(仁)의 어진 마음이 깃들 수가 없다. 교언영색(巧言令色)이나 주공(足恭)은 다 같은 맥락의 아첨형태이다. 지나치게 공손하다는 것은 비굴할 수도 있고 아양일 수도 있으며, 때로는 속에 오만을 숨긴 가식적(假飾的)인 행동일 수도 있다. 원한(怨恨)을 숨기고 그 사람과 사귀는 행위는 왕왕 위선자가 감행하는 일이기도 하고, 속에는 칼을 품고 겉으로 꾸미는 가식적인 행동이기도 하다.

영조(英祖)가 중전을 여의고 계비(繼妃)를 간택할 때 친히 왕비 후보자들을 궁중에 모아놓고 구두시험을 본 일이 있었다. 사대부

(士大夫) 집안에서 글을 배우고 맵시내며 곱게 자란 후보자들은 저마다 왕비가 되려는 꿈에 부풀어 서로 아름다움을 다투었고, 미사여구(美辭麗句)를 다해 고운 목소리와 재치있는 대답으로 왕의 마음을 사로잡으려고 했다.

여러 규수(閨秀)들을 시험해 본 왕은 결정을 내리지 못하고 일어서려는데, 문득 저만치 외따로 떨어져 단정하게 앉아 있는 처자에게 눈길이 닿았다. 수수한 옷차림에 모습이 깨끗했다. 왕은 곧 그 처녀를 가까이로 불렀다.

"너는 어째서 홀로 떨어져 앉았느냐?"

"아버님 성함이 씌어 있으니 어찌 그 위에 앉아 있을 수 있겠사옵니까."

그때 후보자들은 각기 자기 아버지 성명이 가장자리에 씌어 있는 방석 위에 앉아 있게 되어 있었다.

"흠 그럴 듯하구나."

왕은 고개를 끄덕이며 이번에는 처녀들을 향해 물었다.

"세상에 가장 깊은 것이 무엇이냐?"

처녀들은 혹은 강이라고 하고, 혹은 산골, 혹은 하늘이라고 저마다 다투어 대답했다. 맨 나중에 홀로 떨어져 앉았던 그 처녀가 말했다.

"사람의 마음이옵니다."

"왜 그런가?"

"아무리 깊다 해도 모든 것은 잴 수가 있지만 사람의 마음은 헤아릴 수가 없사옵니다."

왕이 또 물었다.

"꽃 중에서 무슨 꽃이 가장 좋으냐?"

처녀들은 모란꽃·함박꽃·매화꽃·국화꽃 등 모두들 상감이 좋아할 아름다운 꽃을 들어 대답했다. 그러나 그 처녀는 달랐다. 이번에도 서두르지 않고 끝에 가서 대답했다.

"목화꽃이 가장 좋사옵니다."

"이유는?"

"다른 꽃은 한때 아름다울 뿐이지만 목화는 실이 되고 베가 되어 온 세상 사람들을 따뜻하게 해주옵니다."

때마침 비가 쏟아졌다. 왕이 물었다.

"지붕 위의 기와가 몇 줄이나 되는지 알겠느냐?"

처녀들은 고개를 뽑고 손가락질을 하며 지붕 위 기와골을 헤아리느라 법석을 떨었다. 그러나 그 처녀는 고개를 숙이고 가만히 있더니 곧 몇 줄로 되어 있다고 정확히 대답했다.

"어떻게 알았느냐?"

"처마 밑 땅 위에 패인 낙수 터를 헤아렸나이다."

한마디 빈 말이 없었다. 깊이 생각해서 정곡을 찌르는 대답을 하는 것이었다. 왕의 마음이 움직여 왕비로 간택되었음은 두말할 나위가 없다. 이분이 정순왕후(貞純王后)로 서산 학다리가 고향이라서, 순조(純祖) 때 수렴청정(垂簾聽政)을 하게 되어 '학다리 대비'로 유명했다.

⦿ 나합(羅蛤)

한말 안동김씨의 세도정치는 순조(純祖)가 12세에 즉위, 김조순의 딸을 왕비(순원왕후)로 맞아들인 후부터 시작된다. 국구(國舅)가 된 영안부원군 김조순이 거의 섭정하듯이 정권을 농하기로 조정과 전국 360 방백수령이 안동김씨와 끄나풀을 대지 않고는 명맥을 유지할 수 없는 형편이었다.

그 세도가 아들 김좌근으로 세습되면서 영의정을 세 번이나 연임하며 교동(校洞-경운동 66번지)집 주문(朱門) 앞에는 뇌물이 공행(公行)하여 360주의 방백과 수령의 봉물(封物)짐이 도로에 연락하여 교동 솟을대문 안 누상별고(樓上別庫)로 들어와 쌓였다.

연회가 있을 때에는 육산주림(肉山酒林)과 주지과산(酒池果山)을 이루고 종들이 아부코자 약과와 약식을 나귀와 말들을 먹이는 고로 '혜당댁(惠堂宅) 나귀는 약식을 마다하고 호판댁(戶判宅) 큰 말은 약과도 맛이 없어 물린다'는 가동(街童)의 동요가 유행했다. (윤호정의《한말비사》)

영남 선비 김진형(金鎭衡)이 이같은 시폐(時弊)를 들어 상소하였는데 왈ㅡ. "붉은 대문 안에는 미육진과(美肉珍果)가 썩어 냄새를 풍기고 오색다락 앞에 나귀와 말이 약식을 마다하니 풍년이 들고 겨울도 춥지 않은데 전하(殿下)의 적자(赤子)들은 굶주리고 얼어 죽어가고 있나이다."

그 김좌근의 첩으로 뇌물을 주무르는 나합(羅閤)은 귤을 한 수레 끌고 오는 미남이면 과거를 치르지 않고 대과에 급제시켜주고, 허리에 만관(萬貫)의 전대(纏帶)를 두르고 오면 양주(楊州) 원님을 즉석에서 시켜주었다. 이처럼 안방에 앉아 벼슬을 주무르니 합(閤)자를 붙여 나합이 된 것이다.

어느 날 김합(金閤-김좌근)이 나합을 불러, "너를 나합이라 부르니 웬 연고냐?"하니 나합이 울면서, "세상 사람들이 여자를 조개라 하여 조개 합(蛤)의 나합이지 정승 합(閤)의 나합이 아니옵니다."라고 했다.

이 교동 세도집은 6백 칸으로 일제 때에는 민씨가 살고 있었다. 이 안동김씨는 김문근(金汶根)의 딸을 철종비(哲宗妃)로 삼으면서 3대째 교체되고 순(淳)자 항렬로 근(根)자 항렬에서 병(炳)자 항렬로 세습되었다. 바로 김좌근의 양자인 김병기(金炳冀), 김문근(金汶根)의 조카인 김병국(金炳國), 김병학(金炳學)의 세도맥이 흥하게 된 것이다.

이들의 집은 원래 동서로 상대하고 있었는데 그후 김병기의 솟을 대문을 교동 쪽으로 옮겨냄으로써 이 세도간의 갈등과 간격이 나있음을 알게 해주었다. 바로 김좌근 세도의 거점인 순조비 순원왕후가 승하하면서 김좌근, 김병기의 세도맥이 시들고, 철종 국구의 조카인 김병국, 김병학의 세도맥이 흥하게 된 것이다.

철종이 승하하면서 조대비와 내통한 흥선대원군(興宣大院君)의 왕정복고(王政復古)로 순조(純祖), 헌종(憲宗), 철종(哲宗) 3대에 이르는 50년의 교동김씨 세도정치가 끝났다.

⦿ 광교 다리밟기

청계천 복구 기공식 사전 행사로 고가도로 입구 광교에서 베풀어져 내렸던 다리밟기 민속을 재현했다. 연중 담 안에 갇혀 살면서 나들이한다고 해야 얼굴을 가리는 장옷을 입어야 했던 부녀자들에게 연중 단 하룻밤 해방되고, 남녀유별의 칸막이를 거두는 신나는 행사가 정월 대보름날 밤의 다리밟기이다.

제도적으로 보장된 자유분방한 시한 공간인지라 이를 읊은 시(詩)도 비일비재하다. '장안이 갑자기 떠들썩하여 수상히 여겼더니 / 오늘밤이 다리밟기라 / 달이 한길 위에 떠오르자 / 부르고 따르는 노랫소리 요란하다'라고 했고, 〈아리랑〉 후렴에서도 '달 보라고 내보냈더니 / 님만 보고 돌아오네'라고 했다.

비교민속학에서 부녀자들이 무리지어 나와 다리를 밟음으로써 100가지 병을 쫓는다는 주백병(走百病)과, 액운을 다스린다는 도액(度厄)의 중국 풍습이 전래된 것이라는 설이 있고, 고려조 이래 조선조 초까지 성했던 대보름날 밤의 연등놀이가 불교 억제정책으로 변질된 것이라는 설도 있다. 이와는 아랑곳없이 음양설에 뿌리를 둔 달과 여인의 생식력과는 상보(相補)한다는 사상과 밀접하다고도 본다. 연중 가장 크고 정기가 왕성하다는 대보름날 밤에 달의 정기를 흡입함으로써 아이 잘 낳고 많이 낳을 음력(陰力)을 얻을 수 있을 것으로 알았던 것이다.

저 손해 볼 일을 저지르는 여인을 두고 '대보름날 개밥 주는 년'이라는 말이 있다. 월식(月蝕)을 개가 달을 먹어들기 때문이라는 말도 있듯이 개와 달은 상극(相剋)이다. 대보름날 개에게 밥을 준다는 것은 기운을 얻어 그 소중한 달기운을 소모시키는 행위가 되기 때문이다. 궁중에서 임금에게 찍힌 궁녀는 흡월정(吸月精)이라 하여 대보름날 달기운을 들이마시는 고된 호흡운동을 해야 했다. 그래야 용손(龍孫)을 본다 하여 기절하는 경우가 허다했다 한다.

이날 삼현육각(三絃六角)을 잡고 무동(舞童)을 세우며 다리마다 축제가 벌어지는 바람에 풍기가 문란하여 단속하기도 했었다. 그리하여 대보름날 밤은 양반답교라 하여 양반들만 나오고, 전날 밤은 상놈답교, 이튿날은 아녀자답교로 번갈아 다리를 밟게 했었다. 이렇게 신나게 다리를 밟다가 흥이 절정에 이르면 입고 있던 저고리 동정(襟-금)을 뜯어 엽전을 싸 다리 밑으로 던졌다. 못사는 사람에게 베풂까지 겸했던 다리밟기였다.

◉ 감자꽃

　한강 둔치에서 북한에 씨감자를 보내어 양식 자급자족을 돕는 운동의 일환으로 '감자꽃 축제'가 있었다. 가난한 시골 처녀 순이의 해진 삼베적삼 틈으로 드러난 속살이 연상된다는 감자꽃이다. 먹을 것이 떨어진 데다 가물기만 하는 보릿고개의 땡볕에 피어 있는 꽃이라 빈곤 이미지와 맥락(脈絡)된 때문일 것이다. 산촌에서는 아녀자들이 밭을 맬 때 이 감자꽃을 꺾어 머리에 꽂는 관행이 있었다.

　산골 소녀들의 작은 감상 노출이 아니다. 감자꽃을 꽂으면 더위 먹지 않는다는 것은 명분이요, 감자의 주력(呪力)이 옮겨와 아이를 많이 잘 낳는 다산력을 얻는다고 안 때문이다. 감자줄기를 뽑으면 크고 작은 감자가 줄줄이 달려 나오듯이 아기를 많이 갖게 된다는 유감주술(類感呪術)에서 감자꽃 꽂이의 풍습이 생긴 것이다. 그래서 영문도 모르고 감자꽃을 많이 꽂고 마을에 들어오면 어머니가 보고 달려가 남 보기 망측하다 하여 뽑아버리곤 했던 것이다.

　영국의 북부지방에서 부인들이 감자를 속옷에 꿰매 넣고 다닌 것이며, 제임스 조이스의 《율리시스》에서 남주인공인 브롬이 호주머니에 감자를 넣고 다녔던 것도 한국 아가씨들이 감자꽃을 머리에 꽂고 다니는 것과 같은 이치다. 이처럼 감자를 지니고 다니면 생식력이 강해진다고 알았던 것은 동서가 다르지 않았다.

　18세기 말에 프랑스는 혹심한 기근(饑饉)이 몰아쳐 서너 사람 중에 하나꼴로 죽어나갔다. 이를 구제하는 길은 가뭄에 강하고 유럽의 박토(薄土)에도 잘 자라며 단위면적당 소출도 많은 감자를 먹는 길밖에 없었다. 한데 감자가 유럽에 처음 들어왔을 때《성서(聖

書)》에 나오지 않는다 하여 먹어서는 안 되는 것으로 알았다. 먹으면 문둥병에 걸리고, 감자눈을 먹으면 죽는 것으로 알았다.

이에 당시 루이 16세는 감자꽃을 단춧구멍에 꽂고, 왕비인 마리 앙트와네트는 감자꽃을 머리에 꽂고 살았으며, 거리에 나가 직접 만든 감자 요리를 만인이 보는 앞에서 먹어 보이기도 했다. 그래서 이 프랑스의 기근 극복을 '감자꽃의 승리'로 표현한다. 아일랜드가 그러했고, 독일과 프랑스를 극악의 기근에서 살려낸 것이 감자다. 그래서 기후나 토질이 흡사한 북한 땅에도 감자꽃이 만발했으면 한다.

◉ 소녀의 한(恨)

한국 소녀들이 인신 상품으로 가엾게 된 것은 어제오늘의 일이 아니다. 효종(孝宗) 때 직언을 했다가 두만강변으로 유배살이했던 유계(兪棨)의 《시남집(市南集)》에 보면 이렇다.

변방 지방에서 밤중에 통곡소리가 들리면 낳은 아이가 아들임을 안다 하고, 딸을 낳으면 마을 사람들이 번갈아 들러 경하하는 관습에 대해 적고 있다. 아들이면 병역유예세라고 할 군보포(軍保布)를 수탈당하지만, 딸을 낳아 소녀가 되면 남쪽에서 철새처럼 올라오는 인신 상인에게 베를 받고 팔 수 있기 때문이라 했다.

유랑극단인 사당패가 마을에 들어오면 딸 낳아 먹이고 입히기 어려운 어머니는 사당패를 찾아간다. 한 마을에 들르면 두서넛씩 소녀를 사서 주렁주렁 달고 떠나는데 동무(童舞)나 곡예를 가르쳐 부려먹기도 하고, 재간이 없으면 교방(敎坊)에다 동기(童妓)로 팔아넘긴다. 곧 소녀산업은 사당패의 부업이었던 것이다. 이 사당 인신

매매가 근대화하는 과정에서 시골을 순회하는 곡마단(곧 서커스)이 소녀산업을 대행했다.

"군리(軍吏)들이 사방에서 뛰어들어 동녀를 찾아 집집마다 뒤지고 다니는데, 혹은 감추기도 하고 이웃마을에 숨기기도 하는데 이들 가족을 여기저기 묶어놓고 매질하는 꼴은 차마 눈뜨고 볼 수 없습니다. 이렇게 40~50명씩 새끼로 엮어 끌고 나가면 부모들은 비통을 못 가누어 샘에 몸을 던지고 대들보에 목을 매 죽기도 하니, 아 고려 사람들 무슨 죄가 있어 이런 괴로움을 당해야 하나이까."

고려 말 이색(李穡)의 아버지 이곡(李穀)이 원나라의 공녀(貢女) 차출을 두고 원나라 인종에게 읍소(泣訴)하는 소문이다. 약소국으로서 강요받았던 이 공녀야말로 강요된 소녀산업이요, 그 근대적 형태가 현대사에 가장 아픈 상처랄 일본 제국주의의 정신대(挺身隊)다. 권력의 횡포(橫暴)건 돈이나 유혹이건 소녀산업의 역사는 유구하기만 하다.

봄소풍 / 신윤복 그림

|조선조 관제(官制)의 일반상식

◉ 동반(東班)과 서반(西班)

양반 중 문반을 조회 때 동쪽에 선다 해서 동반이라 한다. 의정부와 육조, 여러 아문(衙門)이 있다. 서반은 무관의 반열을 말하며 무반(武班) 호반(虎班)이라고도 한다. 조회 때 서쪽에 선다.

◉ 관직 상식

* 증직(贈職) : 종친(宗親)이나 종2품 이상 관원의 부모 조부모 또는 효자 충신 학덕이 높은 사람에게 나라에서 사후에 관직과 품계를 주는 것으로서 벼슬 앞에 증(贈)자를 붙인다.
* 추증(追贈) : 본인이 죽은 뒤에 주는 명예직으로 종친이나 문무관 실직(實職) 2품인 자, 그 3대를 추증한다. 부모는 본인의 품계에 준하고, 조부모 증조부모는 본인 품계보다 한 품계를 낮춰 추증하고 죽은 처는 그 남편의 벼슬에 준한다.
* 시호(諡號) : 종친과 문무반 중에서 정2품의 실직을 지낸 사람이 죽으면 시호를 주었는데 후에는 제학(提學) 유현(儒賢) 절신(節臣) 등 정2품이 못되어도 시호를 주었다. 시호를 정하는 절차는 자손이나 관계자가 죽은 이의 행적을 적어 시장(諡狀)

을 예조에 내면 심사한 뒤 봉상시(奉常寺)를 거쳐 홍문관(弘文館)에서 왕의 재가를 얻어 시호를 결정한다.

시호에 사용되는 글자는 120자인데 한자 한자 정의가 있다. 시호는 가문의 영예로 족보나 비갈(碑碣)에도 기록하게 된다. 시호 중에는 문(文)자, 충(忠)자가 가장 존귀하다. 문반 우위시대였던 만큼 문자를 가장 영예로 여겼다.

* 읍호(邑號) : 부원군과 군의 빈(嬪) 왕비의 모 세자녀 종친 2품 이상의 처는 그 출신관계의 지명 등을 붙여 부르는 호칭

* 삼사(三司) : 홍문관(弘文館) 사헌부(司憲府) 사간원(司諫院) 의 합칭

* 사(事) : 영사(領事) 감사(監事) 지사(知事) 판사(判事) 동지사(同知事) 등 사(事)가 들은 관직은 관사 위에 영 감 판 지 동지사를 두고, 사는 관사 밑에 둔다.
영돈녕부사(領敦寧府事), 지성균관사(知成均館事), 동지중추부사(同知中樞府事) 등

* 청백리(淸白吏) : 인품 경력 치적 등이 모든 관리의 모범이 될 만한 벼슬아치로 후세에 귀감으로 삼게 했던 관기숙정(官紀肅正)의 제도로서 청백리로 녹선(祿選)되면 품계도 오르고, 자손은 음덕(蔭德)으로 과거를 거치지 않고 벼슬할 수 있는 특전이 주어진다. 의정부(議政府) 육조(六曹) 경조(京兆)의 2품 이상 관원과 대사헌(大司憲) 대사간(大司諫) 등이 후보자를 선정하고 엄격한 심사를 거쳐 왕의 재가를 얻어 녹선된다.

* 옥당(玉堂) : 홍문관의 별칭으로 부제학(副提學) 이하 교리(校理) 부교리(副校理) 수찬(修撰) 부수찬(副修撰) 등 홍문관의 실무에 당하는 관원의 총칭이다.

* 대간(臺諫) : 사헌부와 사간원의 총칭이며, 대사헌(大司憲) 집의(執義) 장령(掌令) 지평(持平) 감찰(監察) 등과 대사간(大司諫) 헌납(獻納) 정언(正言) 등을 말한다.

* 전조(銓曹) : 이조(吏曹)와 병조(兵曹)를 합칭하는 말로 동반의 인사전형을 맡아보던 이조를 동전(東銓), 서반의 인사전형을 맡아보던 병조를 서전(西銓)이라 하고, 양조를 전조라 하며, 관원을 전관(銓官)이라 하며, 양관의 참판(參判)은 아전(亞銓), 정랑(正郎) 좌랑(佐郎)을 전랑(銓郎)1)이라 한다.

* 호당(湖堂) : 독서당의 별칭으로 문신 중에서 젊고 유능한 사람을 뽑아 은가(恩暇)를 주어 독서에 전념케 한다. 사가독서(賜暇讀書)라 하여 문신의 명예로 출세가 빨랐다.

* 문형(文衡) : 대제학을 말하며 홍문관(弘文館) 예문관(藝文館) 대제학(大提學)에 성균관(成均館) 대사성(大司成)이나 지사(知事)를 겸한다. 품계는 비록 판서급인 정2품이지만 명예로는 삼공육경(三公六卿)보다 윗길로 쳤다.

  문과를 거친 문신이라도 호당 출신이라야 문형에 오를 수 있고, 가문에 하자가 없는 석유(碩儒) 석학(碩學)이라야 하고, 대제학 선정은 선임 대제학이 추천하면 삼정승(三政丞) 좌우찬성(左右贊成) 육조판서 한성부 판윤(判尹) 등이 다수결로 결정하며 본인이 사임하지 않는 한 종신직이다.

* 기사(耆社) : 정2품 이상 실직을 지낸 사람으로 70세 이상이라

---

1) 이조와 병조의 낭관을 전랑이라 한다. 다른 조의 낭관은 조랑(曹郎)이라 한다. 전랑은 내외 문무관을 천거 전형하는 특권이 있는데 판서나 삼정승도 간여하지 못한다. 가장 중직으로 삼사의 임명은 이조 전랑의 동의가 반드시 있어야 하며, 모든 인사권을 이들이 좌우했다. 전랑이 결원이 생기면 현 전랑이 후임을 추천하고 참판도 간여하지 못한다. 전관은 대과가 없는 한 재상(宰相)에 오른다.

야 기사에 들 수 있고 반드시 문과를 거친 문관이라야 하고, 무관이나 음관은 들 수 없으나 조선조 초기에는 무관이나 음관도 기사에 들은 일이 있다. 매년 삼진날과 중양절에 잔치를 베풀었다.(耆老宴-기로연, 老英會-노영회)

* 궤장(几杖) : 나이 70세가 되고도 정사(政事) 때문에 치사(致仕) 못하는 1품관에게 임금이 궤장을 내리고 잔치를 베풀어 준다.

* 봉조하(奉朝賀) : 종2품 이상의 관원이 치사할 때 특별히 내리는 벼슬. 종신 신분에 맞는 녹봉(祿俸)을 받으며 나라에 의식행사가 있을 때 조복(朝服)을 입고 참여한다.

* 재상(宰相) : 국왕을 보필하고 문무백관을 지휘 감독하는 지위에 있는 2품 이상의 관직을 통칭한다.

* 원상(院相) : 왕이 승하하면 잠시 정사를 맡던 임시직으로 새 왕이 즉위하였으나 상중(喪中)으로 졸곡까지와 혹은 왕이 어려서 정무능력이 없을 때 대비의 섭정과 함께 중망이 있는 원로재상급 또는 원임자 중에서 몇분의 원상을 뽑아 국사를 처결한다.

* 음직(蔭職) : 공신이나 당상관의 자손이 과거를 치르지 않고 관리에 임용되는 것을 말하며 음사(蔭仕), 또는 남행(南行)이라고도 하며 음직 출신 재상을 음재(蔭宰)라 한다.

* 승지(承旨) : 6명 모두 정3품 당상관이며 홍문관 예문관의 직제학(直提學)을 겸한다. 도승지(都承旨)는 상서원정(尙書院正) 경연청(慶筵廳)의 참찬관(參贊官) 춘추관(春秋館)의 수찬관(修撰官)을 겸한다.

* 관자(貫子)

金貫子(금관자)　　　國王(국왕) ── 上監(상감)
玉貫子(옥관자)　　　正1品 ┐
金貫子(금관자)　　　正2品 ┘ 大監(대감)
金貫子(금관자)　　　從2品 ┐
玉貫子(옥관자)　　　正3品堂上官 ┘ 令監(영감)
黑角貫子(흑각관자)　正3品堂下官 ── 나으리

* 유학(幼學) : 사대부 자손으로 벼슬하지 않은 선비

* 사대부(士大夫) : 문무 양반의 일반적 총칭

* 사림(士林) : 벼슬하지 않고 은거하는 덕망 높은 선비

* 암행어사(暗行御史) : 전현직 지방관의 비행과 선행 백성의 미덕 효자열녀 등 행적을 살펴 보고하는 임시직으로 봉서(封書)를 받으면 집에도 들리지 못하고 역마(驛馬) 역졸(驛卒)을 이용할 수 있는 마패(馬牌)를 지니고 비행 수령을 봉고파직(封庫罷職), 지방관을 대신하여 재판을 할 수 있고 임무 중에는 부모상 국상에도 못 돌아온다.

* 대원군(大院君) : 방계 친족이 대통을 이을 때 그 왕의 친부에게 주는 작호(爵號)

* 부원군(府院君) : 왕의 장인 또는 정1품 공신에게 주던 칭호로서 받은 사람의 관지명(貫地名)을 앞에 붙인다.
　연성부원군(延城府院君), 상당부원군(上黨府院君) 등

* 삼공육경(三公六卿) : 삼정승 육조판서

* 교지(敎旨)와 첩지(牒紙) : 교지는 4품 이상의 직첩(사령장)으로 관고(官誥) 관교(官敎) 또는 고신(告身)이라고도 한다. 첩지란 5품 이하의 관원의 직첩을 말한다.

* 내명부(內命婦) : 궁 안에 있는 여인의 벼슬을 말함인데 1품에

서 4품까지는 후궁(後宮)인데 빈(嬪)은 정1품, 귀인(貴人)은 종1품, 소의(昭儀)는 정2품, 숙의(淑儀)는 종2품, 소용(昭容)은 정3품, 숙용(淑容)은 종3품, 소원(昭媛)은 정4품, 숙원(淑媛)은 종4품, 5품 이하 9품까지는 궁녀의 직함(職銜)이다.

* 외명부(外命婦) : 왕족 및 문무관의 처에게 남편의 품계에 따라 주었던 봉작. 왕실이나 종친의 여자 또는 공주(公主) 옹주(翁主)는 무계(無階), 대군의 처와 왕비의 어머니를 정1품 부부인(府夫人), 왕자의 처에게는 정1품 군부인(郡夫人), 왕세자의 적녀(嫡女)는 정2품 군주(郡主), 서녀(庶女)에게는 정2품의 현주(縣主)를 봉(封)하고, 1품 문무관의 처에게는 정경부인(貞敬夫人), 2품관의 처에게는 정부인(貞夫人), 정3품 당상관의 처는 숙부인(淑夫人), 정3품 당하관의 처는 숙인(淑人), 4품 이하 9품까지 긱기 봉직을 내렸다. 시자와 개가한 자는 직(爵)을 봉하지 않고 개가한 자의 봉작을 추탈(追奪)한다. 왕비의 어머니, 세자의 딸과 종친으로서 2품 이상의 처는 읍호(邑號)를 병용한다.

* 능(陵)과 원(園) : 능은 왕과 왕비의 묘소, 원은 왕세자 또는 왕세손으로 책봉(策封)된 후 왕위에 오르지 못하고 사망한 분과 왕의 생모로 선왕비가 아닌 분의 묘.

* 대군(大君) : 왕비가 출생한 왕자

* 군(君) : 정실(正室) 이외의 왕자, 또는 공이 있는 신하에게 군을 봉한다. 왕위에 올라 물러나면 군으로 강등된다.

* 공주(公主) : 왕비가 출생한 딸

* 옹주(翁主) : 왕의 정실 이외의 딸

* 군주(郡主) : 왕세자의 적녀(嫡女)

* 현주(縣主) : 왕세자의 서녀(庶女)

◉ 조선조 주요 동반 관청

* 종친부(宗親府) : 종실(宗室)과 군(君)에 관한 사무 관장
* 돈녕부(敦寧府) : 왕실의 친척간 친목을 도모하는 관청
* 의빈부(儀賓府) : 공주나 옹주 등과 혼인한 부마(駙馬)들을 위
  하여 세운 관청
* 의정부(議政府) : 최고 관청으로 모든 정치와 관리 총관(摠管)
* 충훈부(忠勳府) : 공신에 관한 사무 관장
* 규장각(奎章閣) : 임금의 글과 서화, 내각의 서적 관리
* 사헌부(司憲府) : 정사를 논하고 백관을 감찰하고 기강과 풍속
  을 바로잡는 관청
* 사간원(司諫院) : 임금을 간(諫)하고 백관을 탄핵하는 관청
* 승정원(承政院) : 왕명을 받들어 거행하는 관청
* 상서원(尙書院) : 옥쇄(玉璽) 부패(斧牌) 절부(節斧) 등 관장
* 경연청(經筵廳) : 강서(講書)와 사상을 토론하는 기관
* 홍문관(弘文館) : 경적(經籍)과 문한(文翰)을 다루고 왕의 자
  문기관
* 예문관(藝文館) : 글을 짓고 문학을 다루는 관청
* 성균관(成均館) : 유생들의 교육을 맡은 관청
* 춘추관(春秋館) : 기록문서 관장, 정치 사기(史記)에 관한 기록
  을 관리한다.
* 의금부(義禁府) : 죄인을 잡고 다스린다.(추국-推鞫과 형옥-刑
  獄)

* 교서관(校書館) : 경서 간행, 향축(香祝), 인각(印刻) 등을 맡은 관청
* 봉상시(奉常寺) : 제사 회의 시호(諡號) 등을 관장하는 관청
* 선혜청(宣惠廳) : 세금으로 받는 쌀과 피륙 등을 관리(대동미 대동포)
* 광흥창(廣興倉) : 백관의 녹봉을 맡은 관청
* 양현고(養賢庫) : 성균관 유생의 식량을 공급하는 관청
* 이조(吏曹) : 문관의 인사와 훈봉에 관한 사무 관장
* 호조(戶曹) : 호구 납세 식량 화폐에 관한 사무 관장
* 예조(禮曹) : 예악(禮樂) 제사 연향 조례 학교 과거에 관한 사무 관장
* 병조(兵曹) : 무관의 인사 군사 우편 역(驛) 병기 등 사무 관장
* 형조(刑曹) : 법률 소송 노비에 관한 사무 관장
* 공조(工曹) : 산택(山澤) 공업 공사 영선(營繕) 등에 관한 사무 관장

◉ 조선조 주요 서반 관청

* 중추부(中樞府) : 왕명출납 숙위(宿衛) 군기(軍器)를 맡은 관청
* 오위도총부(五衛都摠府) : 오위(五衛)의 군무(軍務)를 총괄하던 관청
* 선전청(宣傳廳) : 왕의 측근에서 호위하고 명령하달 기관
* 금위영(禁衛營) : 수도 서울 호위
* 어영청(御營廳) : 왕실호위와 대궐을 지키는 영문

* 수어청(守禦廳) : 외적을 막는 영문. 남한산성 부근의 진(鎭)을 지키는 기관

* 호위청(扈衛廳) : 임금을 호위하던 기관

* 용호영(龍虎營) : 숙직과 왕을 호종(扈從)하던 관청

* 포도청(捕盜廳) : 도적을 잡고 수사한다.(경찰)

* 관리영(管理營) : 개성에 있는 진무군영(鎭撫軍營)

* 진무영(鎭撫營) : 강화에 있는 군영(해방-海防)

● 사(事) 관직과 도제조(都提調)

* 領　事(정1품) : 敦寧府　經筵　弘文館　藝文館　春秋館　觀象監　中樞府(西班)

* 都提調(정1품) : 備邊府　宣惠廳　訓練都監　禁衛營　御營廳

* 判　事(종1품) : 敦寧府　義禁府　中樞府(西班)

* 知　事(정2품) : 敦寧府　義禁府　經筵　成均館　春秋館　中樞府(西班)　訓練院(西班)

● 팔도(八道)의 기질

咸鏡道-泥田鬪狗　平安道-猛虎出林　黃海道-黃牛耕田
江原道-岩下老佛　京畿道-鏡中美人　忠清道-清風明月
全羅道-風前細柳　慶尙道-泰山矯角

● 번진(藩鎭-道伯, 觀察使, 監司)

畿伯-京畿　錦伯-忠清　海伯-黃海　東伯-江原　嶺伯-慶尙
完伯-全羅　箕伯-平安　北伯-咸鏡

● **육조판서**(六曹判書)

天官-吏曹判書   掌賦-戶曹判書   惠堂-刑曹判書
宗伯-禮曹判書   本兵-兵曹判書   冬官-工曹判書

● **추증**(追贈)

＊ 1등공신의 父 ··········· 純忠積德幷義 補助功臣(君)
＊ 2등공신의 父 ··········· 純忠積德 補助功臣(君)
＊ 3등공신의 父 ··········· 純忠 補助功臣(君)
＊ 왕비의 父 ················ 領議政(정1품)
＊ 세자빈의 父 ············· 左議政(정1품)
＊ 대군의 丈人 ············· 右議政(정1품)
＊ 君(王子)의 丈人 ······· 左贊成(종1품)

● **관원의 복식**

1품관 : 朝　服－붉은 生綃衣裳, 蔽膝, 白紗中單, 雲鶴金環綬, 方
　　　　　心曲領
　　　 祭　服－푸른 生綃 옷, 붉은 生綃下衣, 蔽膝, 中單, 方
　　　　　心曲領
　　　 公　服－紅袍
　　　 平常服－紗羅綾緞
　　　◇胸　背 : 文官-雲鶴, 武官-虎豹, 大君-麒麟, 王子君-孔
　　　　　雀
2품관 : 朝服, 祭服, 公服, 平常服 1品官과 같고, 中單-雲雁金環
　　　綬

◇胸　背 : 文官-雲雁, 武官-虎豹, 大司憲-獬豸

3품관 : 朝服, 祭服, 公服(종3품-靑袍), 平常服 1품관과 같고, 中
　　　　單-盤雕銀環綬

◇胸　背 : 文官-雲雁, 武官-熊

4품관 : 中單-까치鍊銀環綬, 白沙方心曲領, 公服-靑袍

5~6품관 : 中單-까치銅環綬, 白沙方心曲領, 公服-靑袍

7~9품관 : 鸂鶒銅環綬, 白沙方心曲領, 公服-綠袍

◇冠 : 梁(線이 없으면 1梁, 線이 4개면 5梁)

　　　　1품관의 조복――5梁木簪, 공복-幞頭, 평상복-紗帽
　　　　2품관의 조복――4梁木簪,　　　〃　　　　　　〃
　　　　3품관의 조복――3梁木簪,　　　〃　　　　　　〃
　　　　4품관의 조복――2梁木簪,　　　〃　　　　　　〃
　　　　5품관의 조복――1梁木簪,　　　〃　　　　　　〃

※ 근세에 와서 당상관은 5梁, 당하관은 3梁冠을 썼다.

※ 臺諫은 갓에 玉頂子, 監察은 水晶頂子를 장식한다.

※ 신임 원님의 大臣 將臣이 戎服을 입을 때에는 갓에
　　玉鷺를 장식한다.(生殺權이 있음)

◇平轎子-종1품 이상 耆老所의 당상관 이상이 탄다.(轎
　　　　子 바탕만 있고 위에 가리는 것이 없어서 全身
　　　　이 드러나게 되어 있고 轎子 채가 길어서 휘청
　　　　거리므로 빨리 가지 못하게 되어 있다)

◇軺　軒-정·종2품관이 탄다.

◇胡　床-당상관이 탄다.(걸상으로 되어 있고 鞍籠을 가
　　　　진 자가 앞에서 인도한다)

◇鞍　籠-당하관은 鞍籠만.

⊙ 공신록(功臣錄)

공신(功臣)이란 국가나 왕실을 위하여 공을 세운 사람들에게 주던 칭호이며 이는 중국 제도를 모방한 것이다. 고려 때에는 왕건(王建)을 왕으로 추대하여 개국에 공을 세운 홍유(洪儒)를 비롯하여 2천여 명을 3등급으로 구분하여 각각 공을 세운 정도에 따라 상을 내렸다. 940년(太祖 23)에는 신흥사(新興寺)를 중수하고 공신당(功臣堂-功臣閣이라기도 함)을 두어 1등 및 2등 공신의 화상(畵像)을 벽에 그려 '개국벽상공신(開國壁上功臣)'이라 일컬었고, 해마다 재회(齋會)를 열어 복을 빌었으며 훈전(勳田)을 내려 대대로 그 손을 관직에 등용하였다.

이러한 공신들에게 고려 초기에는 녹권(錄券)을 주어 공신증명(功臣證明)을 삼았으나 말기의 중흥공신(中興功臣)에게는 녹권 이외에 따로 교서(敎書)를 주었다.

조선시대에 와서는 1392년(太祖 1) 7월 16일 이성계(李成桂)가 송경(松京) 수창궁(壽昌宮)에서 즉위하고, 국가에 공이 많은 신하들에게 3등급으로 구분하여 책록(策祿)한 순충분의좌명(純忠奮義佐命) 개국공신을 비롯하여 28종의 공신이 있었다.

왕은 공신 일동과 회맹(會盟)을 하였는데 여기서 공신들은 나라에 충성을 다할 것과 자손 대대로 서로 친목할 것을 맹세하였다. 또한 왕은 교서를 내리고 입각화상(入閣畵像)으로 그 명예를 세전(世傳)하였으며, 공을 세운 정도에 따라 등급을 나누어 영작(榮爵)과 토지 노비 등을 내렸다. 또한 자손들에게는 음직(蔭職)으로 관직에 등용시켰으며 등외공신(等外功臣)에게는 녹권만 주었다.

공신에 관한 사무를 맡아보던 관아로는 공신도감(功臣都鑑) 충훈부(忠勳府) 녹훈[1]도감(錄勳都監) 등이 있었고, 공신에게 수여한 상훈문서(賞勳文書)를 공신록권(功臣祿券) 및 공신상훈교서(功臣賞勳敎書)라 칭했으며, 녹권은 공신도감이 공신축(功臣軸) 또는 철권(鐵券)이라 별칭하여 발급하였다.

◉ 조선시대의 공신

* 純忠奮義佐命 開國功臣 : 1932년(太祖 1년) 7월 17일 이성계가 송경(松京) 수창궁(壽昌宮)에서 즉위할 때 공을 세운 신하를 공신에 책봉했다.
* 推忠協贊靖難開國 定社功臣 : 1398년(定宗 1년) 왕자의 난을 평정한 공
* 推忠奮義翊戴 佐命功臣 : 1400년(太宗 1년) 11월 태종 이방원(李芳遠)이 등극한 후 방간(芳幹)의 난을 평정한 공
* 輸忠衛社協贊 靖難功臣 : 1453년(端宗 1년) 수양대군(首陽大君)이 황보인(皇甫仁) 김종서(金宗瑞)를 죽이고 안평대군(安平大君) 부자(父子)를 강화로 귀양 보낸 후 이들의 모반(謀叛)을 사전에 적발하여 제거했다고 거짓 상소하고 얻은 공
* 輸忠衛社同德 佐翼功臣 : 1455년(世祖 1년) 단종(端宗)을 퇴위시키고 세조를 즉위케 한 공
* 精忠出氣布義 敵愾功臣 : 1467년(世祖 13년) 이시애(李施愛)의 난을 토벌한 공

---

1) 錄勳 : 勳功을 簿牒에 적음.

* 輸忠保社炳幾定難 翊戴功臣 : 1468년(睿宗 1년) 유자광(柳子光)의 모함으로 남이(南怡) 강순(康純)을 주살(誅殺)하고 옥사(獄事)를 다스린 공

* 純誠名亮經濟弘化 佐理功臣(1469년) : 예종(睿宗) 1년 즉위에 신숙주(申叔舟) 한명회(韓明澮) 등 왕실을 잘 보좌한 공으로 내린 훈명(勳名)

* 竝忠奮義決策翊運 靖國功臣 : 1506년(中宗 1년) 중종반정을 결행한 공

* 靖難功臣 : 1507년(中宗 2년) 이과(李顆)가 관작이 높지 않음을 불만으로 중종(中宗)이 선릉(宣陵)에 친제(親祭)하러 가는 틈을 타 난을 일으켜 견성군(甄城君) 돈(惇)을 추대하려다 발각, 이과의 옥사를 다스린 사람에게 공신의 호를 내렸다.

* 衛社功臣 : 1546년(明宗 1년) 대윤(大尹)을 제거하고 명종 즉위에 세운 공

* 輸忠貢醒翼謨修記 光國功臣 : 1589년(宣祖 22년) 명나라《대명회전(大明會典)》에 이씨 세계(世系)가 잘못된 기록을 개록하는 변무주청(辨誣奏請)의 공

* 忠推奮義炳機協策 平難功臣 : 1589년(宣祖 22년) 정여립(鄭汝立)의 난에 세운 공. 한준(韓準) 이축(李軸) 한응인(韓應寅) 등

* 忠勤貞亮竭誠效節協策 扈聖功臣 : 1592년(宣祖 25년) 임란(壬亂) 때 의주(義州)로 피난 가는 대가(大駕)를 호종(扈從)하고 명(明)나라에 청병, 난을 회복하는 데 공을 세운 신하에게 1694년(宣祖 37년)에 내린 훈호(勳號)

* 效忠仗義迪毅協力 宣武功臣 : 1592년(宣祖 25년) 임란(壬亂)

에 세운 공. 이순신(李舜臣) 권율(權慄) 등

* 奮忠出氣合謀迪毅 靖難功臣 : 1596년(宣祖 29년) 이몽학(李夢學)이 충청도 홍산(鴻山)에서 반란을 일으키자 홍주목사(洪州牧使) 홍가신(洪可臣)이 난을 평정한 공으로 1604년(宣祖 37년) 훈호(勳號)를 내렸다.

* 奮忠贊謀立紀明倫 靖社功臣 : 1623년(仁祖 1년) 인조반정을 결행(決行)한 공

* 竭誠奮威出氣效力 振武功臣 : 1624년(仁祖 2년) 이괄(李适)의 난을 평정한 공

* 輸忠奮義決策淸難 昭武功臣 : 1627년(仁祖 5년) 횡성에서 이인거(李仁居)의 반란을 홍보(洪寶)가 잡아들임.

* 寧社功臣 : 1628년(仁祖 6년) 유효립(柳孝立) 정심(鄭沁)의 모반을 적발하여 옥사(獄事)를 다스린 공

* 效忠奮義幾決策 寧國功臣 : 1644년(仁祖 22년) 좌의정 심기원(沈器遠)이 광주목사(廣州牧使) 권억(權澢)의 반정을 평정한 공

* 奮忠效義炳幾協謀 保社功臣 : 1680년(肅宗 6년) 왕손 복선군(福善君-枏)을 왕으로 추대하려는 역모를 고변(告變)한 공

* 輸忠竭誠決幾效力 奮武功臣 : 1728년(英祖 4년) 신임사화(辛壬士禍)를 평정한 공

|조선시대의 과거제도(科擧制度)

관리 등용을 위한 과거시험은 수공업자 상인 무당 승려 노비 서얼(庶孼)을 제외하고는 누구나 응시할 수 있었다. 차츰 가문(家門)을 중시하는 경향이 나타나 양반자제들은 어려서부터 서당에서 한문의 기초과정을 배운 뒤 8세가 되면 지방의 향교(鄕校)와 중앙의 사학(四學)에 진학, 수학한 유생(儒生)들이 소과(小科-生員, 進士科) 초시(初試)에 급제하면 조흘첩(照紇牒)을 준다. 이에 급제(及第)한 사람을 '이초시(李初試), 김초시(金初試)'라 하며 이것이 있어야 생진과(生進科)에 응시할 수 있다.

식년시(式年試)라 하여 3년마다 자(子) 오(午) 묘(卯) 유(酉)년에 시험을 치르는데 생원과(生員科)에 합격한 사람은 생원(生員), 진사과(進士科)에 합격한 사람은 진사자격을 얻고, 대과(大科)에 응시하려는 자는 성균관(成均館)에 진학, 대과초시(大科初試)를 거쳐 대과에 응시하게 되며, 대과에 급제한 33인을 갑(甲) 을(乙) 병(丙) 3등급으로 나누어 갑과(甲科) 3명, 을과(乙科) 7명, 병과(丙科) 23인으로 갑과 1등을 장원랑(壯元郞), 2등을 방안랑(榜眼郞), 3등을 탐화랑(探花郞)이라 했다.

갑과 1등은 종6품, 2·3등은 정7품, 을과 전원 정8품, 병과 전원 정9품 품계(品階)를 주었으나 갑과3명에만 실직(實職)을 주었고 나머지는 시보(試補)=권지(權知)로 두었다가 자리가 나기를 기다려 실직을 주었다. 소과에 급제한 사람은 백지(白紙)에 증서(證書)를 써주어 백패(白牌), 대과에 급제한 사람은 홍색지(紅色紙)에 써주어 홍패(紅牌)라 한다.

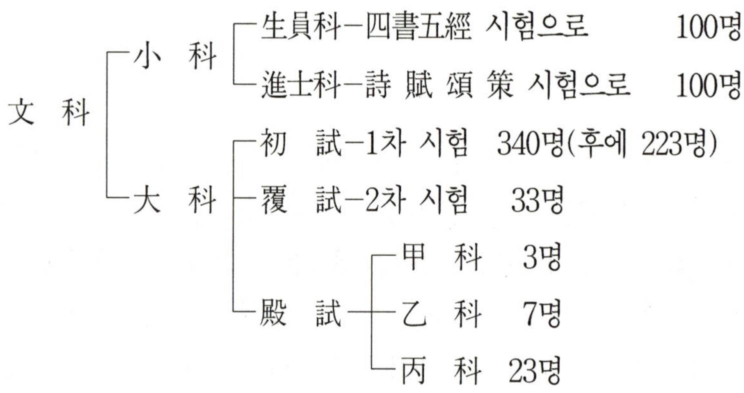

|등과(登科)[1]

● 조선시대의 관리 채용방법

　＊ 科　擧 : 자격, 채용 및 승진시험 제도

　＊ 蔭　職 : 高官, 忠臣, 功臣, 儒賢의 후손에게 특혜를 부여하는
　　　　　제도

　＊ 隱　逸[2] : 숨은 인재를 발굴하여 추천하는 제도

● 과거(科擧)

　＊ 式年試 : 3년마다 了, 卯, 午, 酉년에 실시하는 정기시험

　＊ 增廣試 : 왕의 생일, 왕자 탄생 등 경축일에 실시하는 수시시험

　＊ 別　試 : 庭試[3], 春塘臺試[4], 謁聖試[5], 親試[6], 地方試 등 특별
　　　　　시험

　＊ 重　試 : 10년에 한번 旣成 堂下官 대상으로 치르는 승진시험

　＊ 殿　試 : 初試 覆試에서 선발된 사람에게 왕이 親臨하여 시행
　　　　　하던 3단계 최종시험으로 甲, 乙, 丙으로 등급을 정
　　　　　하는 시험

---

1) 登科 : 과거에 급제함.
2) 隱逸 : 학문과 덕행이 뛰어난 선비에게 임금이 특별히 벼슬을 내림.
3) 庭試 : 나라에 경사가 있을 때 대궐 안에서 치르는 시험.
4) 春塘臺試 : 창경궁(昌慶宮) 안의 춘당대(春塘臺)에서 치르는 시험.
5) 謁聖試 : 임금이 문묘(文廟) 참배할 때 성균관에서 치르는 시험.
6) 親試 : 임금이 친히 과장(科場)에 나와 시험을 관전함.

356 선비춘추(春秋) ……

● 조선시대의 등과 인원(國朝榜目[7] 수록 인원)

　＊ 生員進士科—式年試 34,159, 增廣試 13,589　計 47,748명
　＊ 文　　　科—式年試　6,063, 增廣試　2,713,
　　　　　　　別　試　5,844　　　　　　計 14,620명

● 성씨별 등과 인원(國朝榜目 수록 인원)

全州 李—736	安東 權—362	坡平 尹—338
南陽 洪—324	安東 金—290	淸州 韓—285
延安 李—261	驪興 閔—250	密陽 朴—245
靑松 沈—195	東萊 鄭—192	豊壤 趙—182
慶州 金—180	廣州 李—174	慶州 李—171
韓山 李—166	延安 金—159	豊川 任—148
宜寧 南—142	潘南 朴—139	文化 柳—136
昌寧 成—132	豊山 洪—122	金海 金—110
延日 鄭—110	海州 吳—105	淸風 金—101
光山 金— 99	德水 李— 97	楊洲 趙— 94

● 상신(相臣, 三政丞)[8]

本貫	全州	安東	東萊	靑松	淸州	驪興	坡平	延安	南陽	淸風	安東	楊洲	文化	慶州	德水	潘南	豊壤	平山
姓	李	金	鄭	沈	韓	閔	尹	李	洪	金	權	趙	柳	李	李	朴	趙	申
名	19	17	13	12	12		11	9		8				7				

───────────────────

7) 國朝榜目 : 과거에 급제한 사람의 성명을 적은 책.

8) 相臣 : 영의정, 좌의정, 우의정(각 정1품) 삼정승을 말하며 황각(黃閣) 또는 태사(台司)라고도 한다. 현대의 국무총리 부총리와 같다. 조선시대의 상신의 총수는 366명으로 그중 무과 출신 7명, 음보(蔭補) 20명, 유일(遺逸) 5명을 제외하고는 모두 문관 출신이다. 음보는 조상의 음덕(蔭德)으로 과거를 거치지 않고 벼슬하는 것을 말한다.

6	5	4	3	2	1
廣州李 延安金 海平尹 達城徐 宜寧南	光山金 慶州金 延日鄭 豊山洪 昌寧成	韓山李 全義李 陽州許 晋州姜	龍仁李 完山李 大邱徐 杞溪俞 全州崔	19개姓	54개姓

● 문형 (文衡, 大提學)[9]

7	6	5	4	3	2	1	計
延安李	光山金	全州李 安東金 宜寧南	德水李	慶州李 豊壤趙 安東權 達城徐 南陽洪 延日鄭 淸風金 驪興閔 海平尹 楊州趙 海洲吳 豊山洪	11개姓	35개姓	64姓 123名

● 3대 대제학(大提學) 가문

* 延安 李氏 – 月沙집
* 光山 金氏 – 沙溪집
* 全州 李氏 – 白江집
* 達城 徐氏 – 藥峰집

● 기사(耆社)[10]

48	23	21	20	19	18	16	15	14	13	11
全州李	安東金	延安李 青松沈 坡平尹	東萊鄭 南陽洪	韓山李	安東權	達城徐 豊陽趙	海平尹	楊州趙	宜寧趙 淸州韓 豊山洪	平山申

10	9	8	7	6	5	4	3	2	1
潘南朴 慶州李 晋州姜	杞溪俞 江陵金	淸風金 慶州金 密陽朴 順興安	9姓	4姓	4姓	10姓	8姓	30姓	56姓

---

9) 文衡(大提學) : 홍문관(弘文館) 예문관(藝文館)의 대제학을 겸하고 성균관(成均館) 대사성(大司成)이나 지사(知事)를 겸해야 한다. 삼관(三館)의 최고 책임자로서 관(官) 학계를 대표하는 직임으로 품계는 판서급인 정2품이지만 명예로는 삼공육경보다 높게 대우하였다. 가문에 하자가 없는 석유(碩儒) 석학(碩學)만이 오를 수 있고 전임 대제학이 천거하며 본인이 사임하지 않는 한 종신직(終身職)이다.

10) 耆社 : 기사에 들려면 정2품 이상 실직(實職)을 지내야 하고 70세 이상이라야 한다.

● 문장가(文章家, 典故大方)[11]

全州李	溫陽鄭	延安李	德水李	安東金	青松沈	南陽洪	忠州朴	延安車	平山申	陽川許	宜寧南	全州崔	39姓	未詳	計
5	4	3					2						1	4	52姓 75名

※ 조선조 4대 문장가

* 延安 李 : 月沙 李廷龜　　　　* 平山 申 : 象村 申 欽
* 德水 張 : 鷄谷 張 維　　　　* 德水 李 : 澤堂 李 植

● 청백리(淸白吏)[12]

延安李	全州李	晋州姜	安東金	坡平尹	南陽尹	全義李	陽川許	光山金	昌寧成	韓山李	廣州李	慶州金	延安金
8	7	6						5			4		

文化柳	東萊鄭	晋州柳	德水李	清州韓	驪興閔	順興安	慶州李	晋州鄭	全州柳	17姓	69姓	計
4			3							2	1	110姓 215名

● 호당(湖堂)[13]

延安李	南陽洪	韓山李	全州李	豊川任	德水李	延安金	安東金	潘南朴	文化柳	陽川許	東萊鄭	驪興閔	安東權	高靈申	坡平尹
10	9	7	6		5								4		

---

11) 典故大方 : 전례(典禮)와 고사 등의 기록

12) 淸白吏 : 청백리로 녹선(祿選)되면 품계도 오르고 자손은 과거를 거치지 않고 벼슬할 수 있는 특전이 주어진다.

13) 湖堂 : 유능한 문관을 뽑아 은가(恩暇)를 주어 독서에 전념케 하는 제도로 사가독서(賜暇讀書) 상시독서(上寺讀書)라고도 한다.

全州李	慶州李	昌寧成	海州吳	義城金	宜寧南	密陽朴	江陵崔	光州盧	平康蔡	清州韓	幸州奇	綾城具	28姓	61姓	未詳
3													2	1	45

● 공신(功臣)

王朝	太祖	定宗	太宗	端宗	世祖		睿宗	成宗	中宗		明宗	宣祖		
年度	元年	元年	元年	元年	元年	13년	元年	2년	元年	2년	元年	23년	24년	25년
功臣	開國	定社	佐命	靖難	佐翼	敵愾	翼戴	佐理	靖國	靖難	衛社	平難	光國	扈聖
人員	39	18	37	38	41	41	19	75	107	1	29	22	19	85

王朝	宣祖		光海				仁祖					肅宗	英祖	計
年度	25년	29년	5년	5년	5년	5년	元年	2년	5년	6년	22년	7년	4년	
功臣	宣武	淸難	衛星	翼社	定運	亨難	靖社	振武	昭武	寧社	寧國	保社	奮武	27回
人員	18	5	82	48	11	24	50	32	6	11	5	5	15	883

● 종묘배향(宗廟配享)[14]

全州李	安東金	豊壤趙	驪興閔	宜寧南	平山申	東萊鄭	淸豊金	延安李	延安金	漢陽趙	晋州河	慶州李	淸州韓	南陽洪	30姓	計
13	5	4	3		2										1	45姓 84名

● 종합(綜合)

* 등과(登科)

全州李	安東權	坡平尹	南陽洪	安東金	淸州韓	延安李	驪興閔	密陽朴	靑松沈	東萊鄭	豊壤趙	慶州金	廣州李	慶州李	韓山李	安東金	豊川任	宜寧南	潘南朴	文化柳	昌寧成	豊山洪
736	362	338	324	290	285	261	250	245	194	192	182	180	174	171	166	159	148	142	139	136	132	122

---

14) 配享 : 종묘에 공신을 부제(祔祭)함.

* 상신(相臣)

數	본관·성
19	全州李
17	安東金, 東萊鄭
13	青松沈
12	清州韓, 驪興閔
11	坡平尹
9	延安李, 南陽洪
8	清風金, 安東權, 楊州趙, 文化柳
7	慶州李, 德水李, 潘南朴, 豊壤趙, 平山申
6	廣州李, 延安金, 海平尹, 達城徐, 宜寧南

* 문형(文衡)

數	본관·성
7	延安李, 光山金
6	全州李, 安東金, 宜寧南
5	德水李
4	豊壤趙
3	達城徐, 慶州李, 南陽洪, 清風金, 驪興閔, 安東權, 延日鄭, 楊州趙, 海州吳, 高靈申, 豊山洪
2	10姓

* 문장가(文章家)

數	본관·성
5	全州李
4	溫陽鄭
3	延安李, 德水李, 安東金, 青松沈, 南陽洪
2	平山申, 陽川許, 宜寧南, 延安車, 全州崔, 忠州朴
1	39姓
未詳	4

* 호당(湖堂)

數	본관·성
10	延安李
9	南陽洪
7	韓山李
6	全州李, 豊山任
5	德水李, 延安金, 安東金, 潘南朴, 文化柳, 陽川許, 東萊鄭, 驪興閔
4	安東權, 坡平尹, 高靈申
3	13姓
2	28姓
1	61姓
未詳	45

* 기사(耆社)

數	본관·성
48	全州李
23	安東金
21	延安李, 青松沈
20	坡平尹, 東萊鄭
19	南陽洪
18	韓山李
16	安東權, 豊壤趙
15	達城徐
14	海平尹
13	楊州趙, 宜寧南, 清州韓, 豊山洪
11	平山申
10	潘南朴, 慶州李
9	晋州姜, 杞溪兪
8	江陵金, 4姓

* 청백리(淸白吏)

8	7	6	5	4	3
全州李	晉州姜 延安李	陽川許 全義李 坡平尹 南陽洪 安東金	韓山李 昌寧成 光山金	晉州柳 東萊鄭 文化柳 延安金 慶州金 廣州李	全州柳 驪興閔 順興安 慶州李 淸州韓 德水李

가야금 타기 / 신윤복 그림

|황제국(皇帝國)과 제후국(諸侯國, 有明朝鮮-유명조선)

조선시대의 동양질서는 종주국(宗主國)과 번국(藩國)관계의 위계(位階)가 있었다. 중국은 천자국(天子國)=종주국(宗主國)이요, 조선 유구(琉球) 월남(越南) 일본은 제후국으로 중국만이 황제국으로 황제(皇帝·天子) 황후(皇后)라 불렀다.

제후국은 왕(王) 왕후(王后), 황제는 자신을 짐(朕), 왕은 과인(寡人), 황제는 폐하(陛下), 왕은 전하(殿下), 황제의 아들은 태자(太子) 황태자(皇太子), 왕의 아들은 세자(世子·王世子), 황제의 교시(敎示)는 칙서(勅書), 왕의 교시는 교서(敎書), 황제에게 바치는 글은 주(奏), 왕에게 바치는 글은 계(啓), 황제가 다른 나라를 치는 것은 토(討), 왕이 종주국을 치는 것은 구(寇), 황제 앞에서 추는 춤은 팔일무(八佾舞), 왕 앞에서 추는 춤은 육일무(六佾舞), 황제를 축원할 때는 만세(萬歲), 왕을 축원할 때는 천세(千歲), 황제의 죽음은 붕(崩), 왕의 죽음은 훙(薨)이라 한다.

연호(年號)도 중국만이 독자적으로 만들어 사용했고 하늘에 제사지내는 천단(天壇)도 황제만이 만들 수 있다. 물론 궁궐제도(宮闕制度)나 묘제(墓制) 복식(服飾)도 다르다.

조선은 중국을 종주국으로 여겨 조공(朝貢)을 했지만 조선의 정치적 주권자는 어디까지나 조선국왕이다. 만주족(滿洲族)이나 일본 같은 야만(野蠻)이 아니다. 그 시대의 관행(慣行)이 명(明)나라를 앞에 내세웠기 때문에 유명조선(有明朝鮮)이라 표기했던 것이다.

● **연호**

　연호는 중국에서 유래하고 황제만이 제정할 수 있었다. 한국에서 536년 신라(新羅) 법흥왕(法興王) 23년 건원(建元)이란 연호를 사용했으나 당(唐) 태종(太宗)이 자기네 영휘(永徽)를 사용토록 했다. 1894년 청일전쟁(淸日戰爭)에서 일본이 청(淸)의 기(氣)를 꺾음으로써 1896년 건양(建陽-고종 33년)이란 연호를 사용했고, 대한제국(大韓帝國) 성립으로 1897년 광무(光武-고종 34년)로 개원하고, 1907년 순종(純宗)이 즉위하면서 융희(隆熙)란 연호를 사용했다.

※ 한 : 조선조 고종 34년 중국의 기반(羈絆)을 벗어났을 때 대한제국이라 했으며, 1945년 광복(光復) 후 대한민국(大韓民國)이라 칭(稱)하여 현재에 이름.

● **기원**(紀元)

檀　紀 : B.C. 2333＋西紀	堯　帝 : B.C. 2357＋西紀
佛　紀 : B.C. 565＋西紀	秦始皇 : B.C. 246＋西紀
孔　紀 : B.C. 551＋西紀	漢高祖 : B.C. 206＋西紀
回　敎 : B.C. 620＋西紀	
唐 : 西紀 617. 新羅 眞平 39. 百濟 武王 18	
天道敎 : 西紀－141	宋 : 西紀－595. 高麗 靖宗 5
新　羅 : B.C. 57＋西紀	元 : 西紀－740. 高麗 高宗 46
高句麗 : B.C. 37＋西紀	明 : 西紀－632. 高麗 恭愍 16
百　濟 : B.C. 18＋西紀	淸 : 西紀－382. 朝鮮 光海 10

高　麗：西紀-917 高麗 太祖　　中　華：西紀-88
朝　鮮：西紀-1392　　　　　　日　本：B.C. 660＋西紀

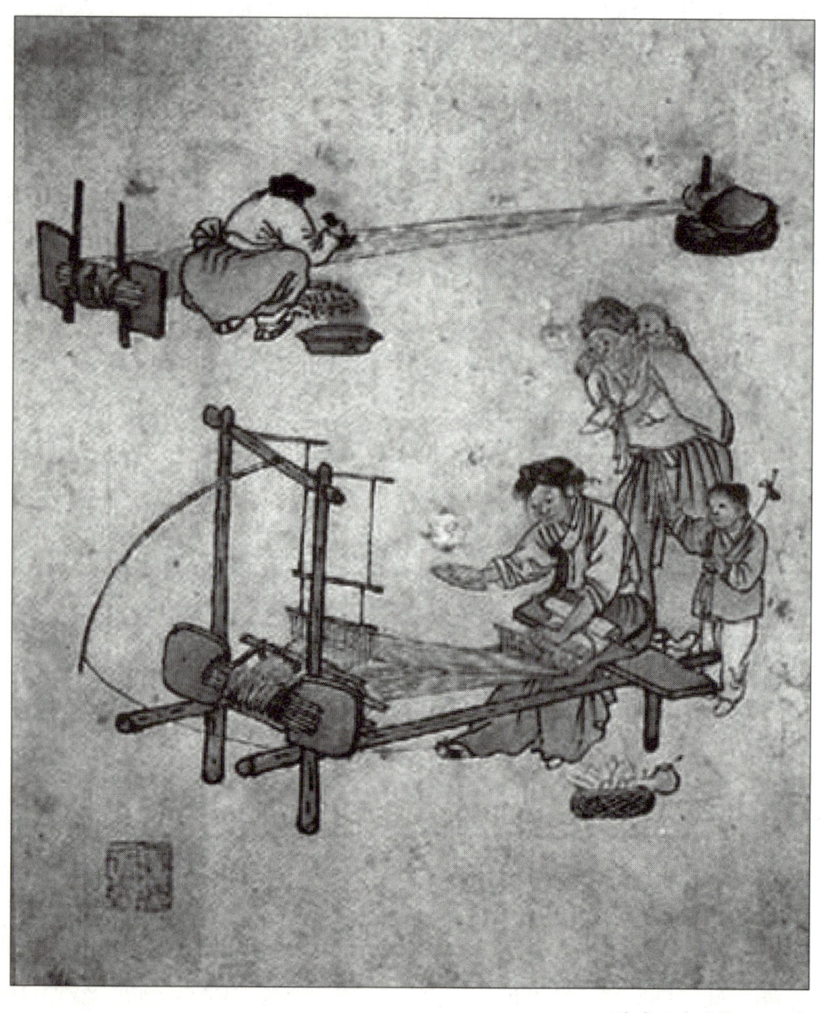

길쌈도 / 김홍도 그림

| 성균관(成均館)

　　고구려 소수림왕(小獸林王) 2년(372) 태학(太學)을 세우고, 백제에서는 근초고왕(近肖古王) 29년(374) 태학을 두고, 신라 진덕여왕(眞德女王) 2년(648) 김춘추(金春秋)가 당(唐)에 들어가 국학(國學)에 나가 석전(釋奠)을 보고 돌아와 신문왕(神文王) 2년(682)에 국학을 세웠다.

　　고려 태조(太祖) 13년(130) 학교 설립, 성종(成宗) 2년 박사(博士) 이싱로(李成老)가 문선묘도(文宣廟圖) 포세기도(鋪祭器圖)를 들여와 현종(顯宗) 11년 신라 시랑(侍郞) 최치원(崔致遠)을 선성묘(先聖廟)에 배향(配享)하고, 13년에 신라 한림(翰林) 설총(薛聰)을 종사(從祀)하고, 11년 국자감(國子監) 창설, 문종(文宗) 27년(1073) 김양감(金良鑑)이 송(宋)에서 국자도(國子圖)을 본떠와 선종(宣宗) 8년(1091) 72현상(賢像)을 국자감 벽상(壁上)에 그렸다.

　　문선왕(文宣王) 좌우랑(左右廊)에 61자(子) 21현(賢)을 석전에 종사(從祀), 예종(睿宗) 2년(1119) 양현고(養賢庫), 충렬왕(忠烈王) 12년(1286) 국학(國學) 대성전(大成殿) 완성, 판전교시사(判典校寺事) 홍륜(洪淪)이 경적(經籍) 1만 8백권을 들여왔고, 충숙왕(忠肅王) 6년 안유(安裕) 문선왕묘(文宣王廟)에 종사(從祀)했다.

　　공민왕(恭愍王) 16년 성균관 창건, 이색(李穡)이 대사성(大司成), 정몽주(鄭夢周)를 박사(博士)로 삼았다. 조선조 이태조(李太

祖) 7년(1398) 문묘(文廟) 완성, 1910년 왜정(倭政) 때에 경학원(經學院), 명륜학원(明倫學院), 후에 전문학교, 1945년 8월 15일 광복으로 성균관으로 환원, 성균관대학교 설립, 초대 김창숙(金昌淑) 관장(館長) 재직시 전국 유림 결의로 5성(聖)과 2현(賢)(程頤, 朱熹) 외의 중국 유현(儒賢) 113위를 매안(埋安)하고 아국(我國) 18현(賢)을 승봉(陞奉), 음 8월 27일 공자탄일에 석전 거행, 1961년(辛丑) 유림 결의로 공문(孔門) 10철(哲) 송조(宋朝) 6현(賢)을 복위하고, 음 2월 8월 상정일(上丁日)에 석전을 거행하였다.

성균관의 성은 성인재지미취(成-成人材之未就), 균은 균풍속지부제(均-均風俗之不齊)라 고로 인재양성과 교화동인을 뜻한다. 이 태조 7년(1398) 숭교방(崇教方)에 성균관 건립, 정종(定宗) 2년(1499) 불에 타 태종(太宗) 7년 재건, 선조(宣祖) 25년(1592) 임란(壬亂)으로 소실(燒失), 선조 37년(1603) 대성전(大成殿), 동 39년(1605) 명륜당(明倫堂) 중건(重建), 현재에 이름.

성균관에는 유학에 의하여 학생을 교육하는 최고학부로서 '성균(成均)' 두 글자는 주례(周禮)의 '대사악장성균지법이치국지학정(大司樂掌成均之法以治國之學政)'에서 나온 것이라 하여 국학(國學) 대학(太學) 반궁(泮宮) 현각(賢閣)이란 별호(別號)가 있다. 선현(先賢) 선성(先聖)을 봉사(奉祀)하는 문묘(文廟-東廡, 西廡), 학생이 강학하는 명륜당(明倫堂), 학생이 기거하는 동재(東齋) 서재(西齋), 도서를 수장하는 존경각(尊經閣), 과거장인 비천당(丕闡堂), 기타 부속건물로 되어 있다.

대성전(大成殿) 정위(正位)에 공자배향(孔子配享), 4성종향(四聖從享), 십철위패봉사(十哲位牌奉祀), 동서무(東西廡)에 공문(孔門) 72제자(弟子), 중국 역대 각현(各賢) 90여위(位)와 신라 이후 문교

진흥에 공이 있는 우리나라 명현(明賢) 18위를 모셨다.

○ **오성위**(五聖位)
  * 孔子   * 顔子   * 曾子   * 子思   * 孟子
○ **공문십철**(孔門十哲)
  * 費公(閔蓀) 字-子騫   * 鄆公(冉耕) 字-伯牛
  * 薛公(冉雍) 字-仲弓   * 賣公(宰予) 字-子我
  * 黎公(端木賜) 字-子貢   * 徐公(冉求) 字-子有
  * 衛公(仲由) 字-子路   * 吳公(言偃) 字-子游
  * 魏公(卜商) 字-子夏   * 陳公(顓孫師)
○ **송조육현**(宋朝六賢)
  * 道國公(周敦頤) 字-茂叔   * 豫國公(程顥) 字-伯淳
  * 洛國公(程　頤) 字-正淑   * 新安伯(邵雍) 字-堯夫
  * 郿　伯(張　載) 字-子厚   * 徽國公(朱熹) 字-元晦
○ **동국십팔현**(東國十八賢)
  * 弘儒侯(薛　聰) 字-聰智
  * 文昌侯(崔致遠) 字-孤雲
  * 文成公(安　裕) 號-晦軒
  * 文忠公(鄭夢周) 字-達軻 號-圃隱
  * 文敬公(金宏弼) 字-大猷 號-寒暄堂
  * 文獻公(鄭汝昌) 字-伯勗 號-一蠹
  * 文正公(趙光祖) 字-孝直 號-靜菴
  * 文元公(李彦迪) 字-復古 號-晦齋
  * 文純公(李　滉) 字-景浩 號-退溪
  * 文正公(金麟厚) 字-厚之 號-河西

* 文成公(李　珥) 字-叔獻 號-栗谷
* 文簡公(成　渾) 字-浩元 號-牛溪
* 文元公(金長生) 字-希元 號-沙溪
* 文烈公(趙　憲) 字-汝式 號-重峰
* 文敬公(金　集) 字-士剛 號-愼獨齋
* 文純公(朴世采) 字-和叔 號-玄石

◉ 성균관 양현재생(養賢齋生)

학교생활은 퍽 질서가 있었지만 나름대로의 자율과 풍모가 있었던 것으로 보인다. 이 같은 상황은 성균관 전반에 관한 기록인 태학지에도 나와 있지만 조선 영조(英祖)조의 성균관 유생이었던 유기라는 사람의 시 〈반중잡영(泮中雜詠)〉에 잘 드러나고 있다. 〈반중잡영〉은 그의 저서 《무명자집(無名子集)》에 있고 성균관대 대동문화연구원에서 영인(影印) 출간된 바 있다.

우선 《태학지》를 보면 '매월 삭망(朔望-초하루 보름)에 성균관 대사성(大司成)은 평상복을 갖추고 성균관 관리 및 사학훈도 재임 및 성균관재생인 생원 진사 사학(四學)의 재생(齋生)들을 인솔하여 문묘(文廟)에 분향한다. 그날 제생(諸生)들은 건복(巾服)을 갖추며 동삼문 밖에 차례로 서서 향안을 받들어 들며 수복(守僕)은 재임을 인도하여 장막으로 나간다. 재임은 봉향봉로(奉享奉爐) 집례를 각기 한 사람씩 차출한다'고 되어 있고, 국상(國喪)이 났을 때는 '대궐에 가서 곡을 하지 못할지언정 대성전 분향은 거르지 않았다'는 기록도 보인다.

〈반중잡영〉을 보아도 '삭망 분향은 날이 밝지 않았을 때라 수복이 세 번 외쳐 외의(外儀)를 갖추라 하면 하련대 앞에서 북향하여 선다. 열서(列書)한 서안을 들고 불빛을 따라간다. 수복 여섯 사람이 전자건(典字巾)을 썼는데 진홍색 옷깃이 곱고 새롭다'는 내용이 있다. 이를 보아도 석전제(釋奠祭) 때는 물론이고 매월 분향 행사가 하나의 엄숙한 유생 행사로서 정착되었음을 알 수 있다. 지금 성균관 명륜당 동서편에 있는 동서재(東西齋)에는 40여명의 성균관대 유학대학 소속 양현재생들이 숙식하며 학업에 열중하고 있다.

동서재는 각각 열다섯 칸의 방으로 되어 있는데 그중 각각 열한 칸이 학생들 숙소로 이용되고 있다. 성균관대 공식 부속기관인 양현재(養賢齋)는 고려조 이래 양사(養士)를 위한 재단이 있던 양현고의 전통을 이어받은 것이다. 양현고는 고려 때인 1119년 문성공 안향 선생의 발의로 시작되어 이후 성균관 거재생들을 위한 물품과 경비를 지급해왔다. 8·15 광복 후에 부활되어 양현고라는 이름을 유지해오다가 1970년에 양현재로 이름이 바뀌었다.

즉 양현재는 성균관의 유구한 전통을 오늘에 계승하는 또 하나의 상징이 아닐 수 없다. 일부러 동서재에 거주시킴은 단순히 유학을 배움에 그치는 것이 아니라 유학을 실천적으로 계승한다는 뜻이 있는 것이다.

동서재에 거주하는 지금의 양현재생들은 나름대로 자율을 유지하면서 모범적인 생활을 하고 있는 편이다. 벌점제도를 만들어 외부인 투숙시 5점, 음주소란시 3점 하는 식으로 해서 학기당 10점이 넘을 때 퇴재조치를 내린다고 한다. 이러한 전통은 물론 옛 성균관에도 있었다.

⊙ 성균관의 정체성(正體性)

조직명이 아닌 건물로서의 성균관은 문묘(文廟)와 학궁(學宮)이 있다. 보통 성균관이라 하면 이 두 곳을 합친 것이지만 때로는 그 개념이 나뉘어 쓰이기도 한다. 문묘(대성전 영역)는 성현의 위패를 모신 곳이니 교화의 원천이요, 학궁(명륜당 영역)은 국가적인 지원으로 나라의 동량을 길러내는 자리다.

조선은 유교가 곧 국시였고, 따라서 문묘가 국가적인 성소(聖所)였다. 종묘나 사직과는 달리 시공(時空)을 뛰어넘어 추앙을 받는 '성현을 모심'에 그 특색이 있는 것이다. 사립학교인 서원도 문묘에 해당되는 사당을 세워 '성현을 모시고 학문을 닦는 양상을 그대로 이어받고 있다.' 조선이 망하면서 현상적으로 유교도 힘을 잃었다.

따라서 국립대학 성균관은 제사를 지내는 기능만을 일제에 의해 강요되었고 교육기능은 무시되다시피 했다. 일제는 우리 민족 전래의 국립대학 전통을 인정하지 않았던 것이다.

8·15 광복이 되면서 제사 및 교화기능은 지금의 성균관이 되살렸고, 교육기능은 성균관대학교가 이어받았다. 지금의 성균관은 이제 국가적인 지원을 받는 곳이 아니라 한국유교계를 대표하는 일개 교화(종교)단체로서 남게 되었다.

성균관 600년은 조선건국 이후의 성균관으로부터 셈하는 데서 비롯하지만 사실상 조선 성균관 체제는 고려 말기와 크게 다르지 않았다. 조선을 세운 신진 사대부들 대부분이 개성에 있는 성균관 출신이었기 때문이다.

고려의 국자감이 고려 말에 성균관으로 이름을 바꾸었는데 몇 번

이름을 바꿨다가 성균관이라는 이름으로 정착되었다. 조선이 세워지면서 지금의 서울 성균관 터에 성균관이 세워지고 개성의 성균관은 지방대학으로서 그 명맥을 이어 내려왔다. 서울 성균관이 세워지면서 개성 성균관이 없어진 것이 아니라는 것이다.

개성의 성균관은 지금 그 건물들이 잘 보존되어 있지만 지금은 박물관으로 사용되고 있다고 한다. 그런데 북한은 지난 92년 기존의 개성 경공업대학의 이름을 고려성균관으로 바꿨다. 성균관대학교와 자매결연을 맺은 바로 그 대학이다.

북한에 있는 개성경공업대학이 고려성균관으로 이름만 바꾼 데는 김일성의 지시에 따른 것이라 한다. 북한 국제방송은 고려성균관을 소개하는 방송에서 김일성이 1992년 5월 5일 이른바 개성 현지 지도 당시 "1천년 전부터 국가가 운영하는 최고 교육기관이 존재했다는 긴 민족의 자랑이다."라고 하면서 경공업대학의 연원을 992년에 세워진 국자감에서 찾은 것을 지시하고, "성균관이라는 말 자체가 대학이라는 말을 따로 붙일 필요가 없다."고 말했다고 전하고 있다.

다시 말해서 문묘와 학궁 건물이 있는 개성 성균관과 새로 명칭을 바꾼 고려 성균관(대학)은 서울의 성균관과 성균관대학교 경우와 달리 지리상 연접성이 없는 셈이다.

고려 성균관(대학)도 성대 명륜캠퍼스처럼 공사를 했다 한다. 남과 북의 성균관대학이나 성균관(유림조직)이나 연원만 찾을 게 아니라 보다 내실을 갖추는 데 총력을 기울일 때다. 과거의 화려함을 드러내는 것은 미래발전으로 나아가는 초석이 되어야지 현실의 어둠을 감추는 포장이 되어선 안 되기 때문이다.

아무리 유림조직 성균관과 성균관대학교가 그 연원을 같이하고 있더라도 각기 독립된 주체로서의 성격을 명확히 하는 것이 서로의 발전에 도움이 되는 것이다.

⊙ 성균관 뜰 앞에서

● 언어가 문제다

해맑은 봄내음이 성균관 앞뜰에도 살며시 찾아오고 있다.

앙증맞게 예쁜 개나리꽃이 이제 막 피어나려 하고 있다. 긴 겨울 동안 꽁꽁 얼어붙었던 우리들의 모든 잡념들이 훨훨 어디론가 날아가 버리고, 시골 아낙네들이 곰살맞게 재잘거리며 밭두렁 논두렁에 앉아 새 쑥과 냉이를 뜯는 시골풍경이 자못 그리워질 때다.

예전 보릿고개 시절 서울역 앞에서 갈 곳을 찾을 수도 없고, 또 반겨주지도 않았건만 그래도 누군가가 기다려 주겠지 하며 목을 쭉 빼고 마냥 누굴 기다렸던 아련한 추억의 서울역이 아니던가! 지금 처럼 교통이 편리한 시대가 아니었기에 모든 사람들이 그 기차를 이용했겠지만 남쪽에서 오는 사람들이야 서울의 대중심부의 종착역을 꿈에라도 한번 밟아 보았으면 얼마나 좋을까 하며 마음고생도 심했고, 또 실제로 서울에 와서 고생고생하며 이제는 성공한 어른들의 자리매김에 어찌 할 말이 없겠는가! 꿈 많고 사연 많은 서울역! 그 서울역이 지금은 그저 울고 있는 듯하다.

IMF(국제통화기금) 때문에 각 가정의 경제를 쥐고 있던 중장년층들이 실직하고 근심과 걱정으로 한치 앞도 내다볼 수 없는 그야말로 절박한 상태에서, 집에 들어가도 그렇고 나와도 그렇고, 어쩔 수 없이 웅크리고 앉아 새우잠을 자고 있다가 새벽 4시경쯤 온기가 배여 있는 듯한 서울역 쪽으로 몰리고 있다니 이게 될 법한 일인가!

하늘만 쳐다보는 그 애잔함을 우리는 뭐라고 그네들을 위로하고 어루만져 줄 것인가! '위기는 곧 기회이다'라는 말이 있지만 당장 모든 것이 필요한 사람들에게 이 말과 글이 과연 그네들에게 무슨 도움이 되겠는가! 국가 경제가 파산상태이고 사회 분위기가 험난한데 미사여구를 나열해서 앞으로 경제가 잘 될 것이라고만 떠드는 경제관료들의 그 말 자체가 한심스럽기만 하다.

더 움츠리고 빠질 틈이 없게 된 이 시점에 경제청문회라도 열어서 말의 배고픔이라도 잊어버리려고 하고 있는데, 엉뚱하게 경제청문회도 뒤로 밀려 배고픔에 들떠 있는 우리들을 과연, 그 누가 우롱한단 말인가! 옛 속담에 '3일 굶어 도둑질하지 않는 사람 없다'는 말이 있다.

3일이 아니라 3백일도 아무 계획 없이 흘러가고만 있으니 실업자들은 어쩌란 말인가! 정치권이 갈팡질팡하고 있고, 또 경제부처에 있는 분들이 서민들의 삶을 이해 못해서 그런 여유의 시간을 즐기며 사는지 몰라도 아무 힘없는 백성들만 갈피를 못 잡고 우왕좌왕하고 있는 것이 아닌가.

춘래불사춘(春來不似春)이라 했던가! 이제 개나리 진달래가 피고 만물이 소생하는 계절을 다 함께 누릴 수 있는 세월이 왔으면 좋으련만 그렇지 못함은 아직도 애기들의 천진난만한 그런 꿈을 꾸고 있는 것처럼 아늑함을 만끽하고 있는 것은 아닐까!

새봄이 돌아왔다. 성균관 명륜당 앞뜰의 은행나무 잎은 언제 피려는지 그저 그것이 제일 궁금하다.

언어가 역사적 정통성을 상실하게 되면 민족의 언어적 주체성 또한 말살되고, 그에 따른 민족적 감정이 변화되어 도덕성마저 따라서 잃게 되기 쉽다. 우리의 언어는 예로부터 존비와 상하의 구별이 명확하게 나뉘어져서 추호라도 서로가 침범하게 되면 예에 어긋나게 되어 있다. 언어가 사용되는 곳에 따라 자연히 존비상하의 구별이 되는 것이다.

그런데 요즈음 일본문화가 깊숙이 침투되어 언어의 사용 또한 제위치를 찾지 못하고 마구잡이로 구사됨을 자주 보게 된다. 일본어는 다 같은 한자문화권이라 해도 개념의 차이가 우리와 현격히 다른 것이 많은데, 일본인들이 사용하는 말을 그대로 표절하여 사용함으로써 빚어지는 오류가 허다하다.

물론 문화가 발달되고 세계가 한 집안처럼 드나듦에 따라 모든 분야에서 각국의 문화가 서로 혼용되고 깊숙이 침투되어 자기 민족만의 주체적인 문화를 간직하기란 참으로 어렵게 되었다.

그러나 외래어의 무분별한 번역 및 사용은 우리의 고유한 정서를 그르치게 되는 오류를 범하게 된다. 그 중에도 특히 심한 것이 일본어의 무분별한 사용이라 할 수 있다. 물론 일본어라 하더라도 그 단어가 합리성을 가지고 있거나 우리 정서에 해롭지 않은 것까지 무조건 배척하자는 것은 아니다.

다만 우리의 정서에 전혀 맞지 않는 것을 그대로 사용한다는 것은 재고의 여지가 있으며 시정되어야 할 것이다. 더욱이 언론매체인 방송이나 TV에서는 말 한마디 한마디를 조심스럽게 다루어야 할 것인데, 이런 것을 아랑곳하지 아니하고 사용하는 점에 대한 새로운 각성이 필요하다고 생각하여 몇 가지 예를 들어 설명하고자 한다.

오늘날 '탄생(誕生)'이라는 용어를 함부로 사용하고 있다. 예를 들면 '○○의 탄생을 축하드립니다' '어린이대공원에서 새끼사자가 한 마리 탄생되었습니다', 심지어 무생물까지도 사용하고 있으니,

즉 ‘새로운 도자기가 탄생되었습니다’라는 식의 표현이 그것이다.

　전통적으로 우리나라에서는 ‘임금님의 탄생일’, 혹은 ‘태자가 탄생하셨습니다’ 등과 같이 임금·태자·황후·왕비 등의 왕족 직계 외에는 탄생이라는 말을 쓰지 않았다.

　즉, ‘탄생’은 임금의 직계에만 해당되는 말인 것이다. 옥편에서는 ‘탄(誕)’을 설명하면서 ‘천자가 태어난 것을 탄강이라고 한다’고 하였다. 후세에 오면서 차츰 원래의 뜻과는 다소 다르지만 성인(聖人)에 대해서 ‘석가탄신일’, ‘예수탄신일’, ‘공자탄신일’ 등으로 사용하면서 일반인과의 격을 달리하고 있다.

　그러나 오늘날에는 바로 이해하지 아니하고 동물이나 무생물에게까지 함부로 사용하고 있는 것이다. 이는 바로 일본인들이 하는 표현으로서, 우리 민족이 본래부터 갖고 있던 개념을 상실하게 만든 대표적인 말이라 할 수 있다.

　일본사람의 언어에는 이와 같이 예를 범하는 언어가 허다하다. 즉 ‘어(御)’자를 말의 첫머리에 즐겨 붙이는 것이 그 예이다. 밥을 어반(御飯), 차를 어차(御茶), ‘보다’를 어람(御覽) 등이라 하여 일상용어에 ‘어(御)’자를 많이 붙이고 있다. 그러나 우리나라는 ‘어’자의 사용이 임금에게만 국한되어 왔다. 임금이 급제자에게 내는 꽃을 어사화(御史花), 임금님 앞을 어전(御前) 등이라 하는 경우가 그것이다.

　이러한 예만 보아도 민족간에 사용되는 말뜻이 현격한 차이가 있음을 알 수 있다. 그런데 우리 고유의 언어를 버리고 우리 정서에 맞지 않는 일본말을 능사로 사용한다면 민족정신과 주체성은 물론, 우리 고유의 심성마저 왜곡되는 결과를 초래하게 될 것이다.

⊙ 한국권당사(韓國捲堂史)

학생들의 시위는 그 옛날부터 있었다. 그 시위를 권당(捲堂)이라 했는데 깔고 앉아 글을 읽던 자리를 거두고 거리로 뛰어나간다 하여 그런 이름이 붙었을 것이다. 조선조를 통틀어 가장 과격했던 학생 데모를 들라면 중종(中宗) 때 도학(道學)에 준한 정치개혁을 꾀하던 조광조가 기성세력의 모함으로 옥에 갇혔을 때 일어나고 있다.

당시 성균관에서 글을 읽던 태학생(太學生)들뿐 아니라 홍문관(弘文館), 예문관(藝文館) 등의 각 방(坊)마다 있는 서당의 서생들까지 합세한 연합 데모대들이 경복궁 정문인 광화문 앞으로 몰려들었다. 4·19, 6·3이며 그후의 많은 학생데모가 광화문 광장을 집결지로 삼은 것은 어제 오늘의 일이 아니요, 역사의 전통이 있음을 이로써 알 수가 있다.

상소문을 지어 조광조의 억울함을 풀어주고자 한 이 데모대는 대궐문을 난잡하게 밀치고 들이닥쳤다. 이 데모대를 제지하려는 궐병(闕兵)과 몸싸움이 벌어지는 바람에 태학생 박광우는 상처를 입어 얼굴에 피가 범벅이 되었고 수천 학생들의 관이며 망건 도포가 제대로 성한 것이 없었다 했으니 꽤나 과격했던 것 같다.

이 소란을 피우는 소리가 대궐 안까지 들리자 임금은, "유학생들이 대궐문을 밀치고 들어와서 호곡(號哭)한다는 것은 천고에 없는 일이다. 주모자를 잡아 그 죄를 따져라."고 하명했고, 권당 유생들은, "한나라 양진(楊震)이 잡혔을 때 태학생 3천 명이 궐문을 지키고 호곡한 일이 있거니와 전하께서 오늘 하시는 일이 천고에 없었던 일이옵니다."라고 맞섰던 것이다.

후한(後漢)시대에 관서공자(關西孔子)로 불렸던 양진이 태수 벼슬에 있었을 때 금 열 근을 뇌물로 바친 자가 있었다. 이를 거절하자, "한밤중에 보는 사람도 없는데 그러십니까."하고 재삼 받기를 권하자, "하늘이 알고, 땅이 알며, 자네가 알고 내가 아는데 아는 사람이 없다니 그게 웬 말인가."라고 했던 바로 그 양진이다.

이 유생들의 연합시위가 있었던 바로 그 이튿날 조광조에게 사사령(賜死令)을 내리고 있는데, 조광조의 구명시위가 그 과격성 때문에 오히려 역효과를 낸 것이 되었으며 이것이 후세의 서생 권당에 교훈으로 작용하고 있다.

이를테면 학자 성혼(成渾)이 모함 당했을 때, 이황(李晃)과 이언적(李彦迪)을 문묘(文廟)에서 추방하려 했을 때, 최영경(崔永慶)이 모함으로 옥에 긴혔을 때 유생들의 대규모 권당시위가 있었지만 호곡소리만 충천했을 뿐 서생이 쓴 갓 하나 부서지지 않고 뜻을 관철하고 있다. 좋은 일이건 좋지 않은 일이건 수단으로서의 폭력은 궁극적으로 실패와 패망을 안긴다는 말은 네로의 스승 세네카가 네로에게 귀가 닳도록 한 말이다.

◉ 향교(鄕校)

향교는 지방에 있는 학교로서 향학(鄕學)이라고도 하며, 고려 때 각지에 보급되었으며 주로 당송(唐宋)의 제도를 따랐다고 생각되나 확실한 문헌은 없다. 중앙의 성균관을 모방하여 구조는 거의 비슷하고 선성(先聖)의 위패(位牌)를 봉안한 대성전(大成殿)이 있고, 당하(堂下) 좌우에는 선현(先賢)들의 위패를 봉안한 동서무(東西

廡)가 있어 이를 합쳐서 문묘(文廟)라 불러왔다. 문묘 앞에는 유생이 강학하는 명륜당(明倫堂)이 있고, 좌우에는 유생이 기숙하는 동서재(東西齋)가 있어, 동재에는 주로 양반계급, 서재에는 그 이하 계급을 수용했었다.

월야밀회(月夜密會) / 신윤복 그림

|궁궐(宮闕)의 배치

　궁궐의 배치는 고대 중국의 제도를 받아들여 궁궐을 중심으로 그 외곽을 네모로 둘러치고, 궁궐 앞쪽에는 정치하는 관청, 그 뒤쪽에는 왕실가족의 거처인 침실을 배치하고(전조후침-前朝後寢, 전조후시-前朝後市) 내전을 궁(宮), 외전을 궐(闕)이라 한다. 궁궐의 왼쪽에 종묘(宗廟), 오른쪽에 사직(社稷)을 두는 것을(좌묘우사-左廟右社) 원칙으로 한다.

　조선의 궁궐은 삼문삼조(三門三朝)로 구성되는데 외조(外朝) 치조(治朝) 연조(燕朝)로 나누어, 외조의 문을 고문(皐門), 치조의 문을 치문(治門), 연조의 문을 노문(路文)이라 하며, 삼조(三朝)를 연결하는 삼문을 두고 각 구역 사이를 울타리로 막았다. 외조(外朝)는 관청이 배치되고, 치조(治朝)는 임금이 정치하는 공간으로 정전(正殿)과 편전(便殿), 연조(燕朝)는 왕과 가족들의 침전과 정원 등으로 구성된다. 외조와 치조를 외전, 기타를 내전이라 한다.

　삼문(三門)과 정전(正殿) 편전(便殿) 침전(寢殿)은 남향하여 일직선상에 둔다. 경복궁(景福宮) 앞 관청자리의 홍례문(弘禮門) 근정전(勤政殿) 사정문(思政門) 사정전(思政殿) 침전 등이 그러하다. 문(門)은 천자(天子)는 다섯 칸, 왕과 제후는 세 칸(천자오문 제후삼문-天子五門 諸侯三門)이다. 돈화문(敦化門)을 다섯 칸으로 했으나 양쪽 가장자리 칸은 막아두었다. 답도(踏道-정전의 중앙계단)

에도 천자는 용(龍)을, 제후는 봉황(鳳凰)을 조각하게 되어 있다. 월대(月臺-궁전 앞의 계단)에도 천자는 3층, 제후는 2층만 쌓게 되어 있다. 고종이 황제가 되어 덕수궁(德壽宮) 중화전(中和殿)에는 용의 문양을 새겼다.

내전(內殿)에는 정궁(正宮-임금의 침전) 중궁(中宮-왕비의 침전) 동궁(東宮-태자의 처소) 서궁(西宮-임금의 어머니 할머니가 머무는 곳) 빈궁(嬪宮-작은마님들이 사는 곳) 등이 있다. 궁궐의 뒤쪽과 좌우에는 병풍 같은 산자락을 끼고 앞쪽에 강줄기를 두는 배산임수(背山臨水) 지역을 택한다. 궁(宮)과 능(陵) 앞에는 산천정기를 옮겨주는 명당수(明堂水)가 흐르고 돌다리가 있게 마련이다.

경복궁에는 왕의 처소인 강녕전(康寧殿)과 왕비의 처소인 교태전(交泰殿), 그리고 강녕전에서 교태전으로 들어가는 향오문(嚮午門)이 연침(燕寢-왕과 왕비의 처소) 공간이다. 강녕(康寧)은 오복(五福) 중 세 번째로서 건강한 육체를 보존하고, 남근(男根)이 발기하면 향오문을 통하여 교태전으로 들어가 힘있게 교접한다는 뜻이다. 교태에서 태(泰)는 하늘과 땅이 교접하는 것이 태괘(泰卦)인 천지교태(天地交泰)이니 천지가 서로 사귀어 만물이 생성하는 것처럼 위에서 내려오는 남자의 양기(陽氣)가 아래에서 올라오는 여자의 음기(陰氣)와 화합하여 하나로 통한다는 것이다.(天地交而 萬物通也 上下交而 其志同也-천지교이 만물통야 상하교이 기지동야)

  ※ 동서양을 통해서 건축물의 현판(懸板)에 성묘사(性描寫) 장면을 표현한 것은 우리나라뿐일 것이다.

⊙ 호박방(琥珀房)

러시아의 옛 서울 상트페테르부르크 교외에 푸슈킨이라는 마을이 있다. 러시아 국민시인 푸슈킨이 이 마을에 있던 고등학교 졸업생이라 하여 볼셰비키 혁명 후 마을 이름을 그렇게 바꾸었다. 이곳에 러시아를 부강케 한 표트르 1세의 황후 이름을 딴 에카테리나궁이 있고 넓은 프랑스 정원에 둘러싸인, 길이 300m에 55개의 방으로 이루어진 그 궁의 방 가운데 하나가 호박방이다.

이 방은 사방 14m, 높이 5m의 방 전체를 7t의 호박판 22개로 장식한 세계에서 가장 호사스런 방이다. 이 방이 히틀러 군대에 약탈당한 지 60년 만에 옛 모습대로 복원되어 공개되었으며, 성대한 오프닝 행사를 벌인다는 보도가 있었다. 이 행사에 47개국 정상이 초대되었던 것이다.

'호박방'하면 생각나는 것이 있다. 흥부가 박 하나를 타니 금은보화가 가득 쏟아져 나오는지라 월계수로 기둥 삼고 은판자로 지붕이고 금판자로 마루 깔고 호박판으로 도배한다 했으니 표트르 대제나 예카테리나 1세 이전에 흥부가 먼저 호박방에 살았다 할 것이다.

이처럼 호박방은 동서고금 할 것 없이 호화주택의 극치였다. 소나무 진이 땅속에 들어가 천년 묵으면 복령이 되고, 복령이 천년 묵어 호박이 되는 것으로 문헌에 나온다.《본초강목》에 보면 단풍나무의 진을 비롯하여 모든 나무진의 화석이 호박이라기도 했다. 실학자 이익(李瀷)의 주자설을 원용, 호랑이가 죽을 때 눈에서 혼백(魂魄)을 땅에 쏘는데 밤에 보면 광채가 나고, 그 곳을 눈여겨두었다가 파면 호박이 나온다고도 했다.

궁전에 호박방을 만든 저의는, 호박을 마찰하면 흡인력이 생기기에 사랑의 묘약으로 여기고 있던 터라 표트르 대제와 에카테리나 황후와의 금슬을 위한 것이라기도 하고, 호박기운을 쏘이면 무병장수한다는 속설은 동서가 다르지 않았던 것과도 무관하지 않을 것이다. 송나라 고조가 그 많은 보물 가운데 가장 소중히 여겼던 것이 호박침(琥珀枕)이었던 것도 그 때문이다. 당시 북유럽의 문물이 지중해 연안으로 흘러가는 길을 앰버로드, 곧 호박길이라 했을 만큼 발트해 연안에 많이 나는 호박이 남으로 흘러가는 것을 막고 그 현물을 보유하는 수단으로 호박방을 만들었다는 설도 있다. 이렇게 하여 러시아는 최상급 관광자원 하나를 얻은 셈이다.

검문 / 신윤복 그림

|사색당(四色黨)

　우리 전통사회에서 사람들의 입에 오르내리는 것이 당명(黨名)이 되는 것이 관례였다. 왕자의 난(亂) 때도 태조(太祖)의 뜻을 받들어 방석(芳碩)편을 든 정도전(鄭道傳) 등을 제당(弟黨)이라 하고, 방원(芳遠)편을 든 하륜(河崙) 등을 형당(兄黨)이라 했다.

　수양대군(首陽大君)이 단종(端宗)으로부터 왕위를 찬탈했을 때 그 쿠데타에 가담한 한명회(韓明澮) 등을 숙당(叔黨), 그 불의에 항서(抗拒)한 사육신(死六臣) 등을 질당(姪黨)으로 숙질간이기 때문에 숙당 질당이라 했고, 대윤(大尹) 소윤(小尹)도 정권을 쥔 문정왕후(文定王后)의 숙질간 파당(派黨)이다. 정파(政派)를 주도하는 인물이 살고 있는 집의 방향으로 당명(黨名)이 되기도 했다.

　선조(宣祖) 초 외척(外戚)인 심의겸(沈義謙)의 집이 서쪽인 정동(貞洞)에 있어 서인(西人), 왕도정치(王道政治)를 내세운 김효원(金孝元)의 집이 동쪽인 동대문 근처에 있어 동인(東人), 동인이 강온파(强穩派)로 갈라져 강경파인 이발(李潑)의 집이 북악(北嶽) 밑에 있다 하여 북인(北人), 온건파(穩健派)인 우성전(禹性傳)의 집이 남산 밑에 있어 남인(南人), 노론(老論) 소론(少論)은 예송(禮訟)에 있어 노대가인 송시열(宋時烈)의 주장에 따랐다 하여 노론, 소장파 윤극(尹極)을 따랐다 하여 소론이다.

　당색(黨色)은 그 사람의 인격이나 행동거지(行動擧止)마저 달리

했고 부인들의 머리쪽이나 옷매무새로도 당색을 달리했다. 당파에 소속되면 대대손손 당색을 전승하는 당심(黨心)이 있다. 우리 조상들이 정치적 변절(變節)을 어느 정도 악덕시(惡德視)하고 증오했는가는 다음을 보면 알 수 있다.

영남 선비 장현광(張顯光)은 남인(南人) 계통의 뛰어난 학자였는데 그의 손녀가 안씨 집으로 시집가서 98세까지 살았다. 헌데 장씨 부인의 손자 안복준(安復駿)이 벼슬에 급급하여 반대당인 서인(西人)에 붙었다 하여 손자와 의절(義絶)하고 장씨 부인은 손자 안복준이 찾아오자 방에 들이지도 않고 사위집인 같은 안씨 집으로 옮기고, 손자가 약을 달여 올리자 면전에 던져버리고 수색(守色)한 딸집에서 임종할 때 손자가 문전에 와서 임종할 것을 애원했지만 끝내 들어주지 않고 숨을 거두었다.

화양동(華陽洞)에는 명(明)나라 황제를 모신 만동묘(萬東廟)가 있고, 환장암(煥章庵)이라는 절의 한 스님은 선비들의 행동거지만 보고도 당색을 분별했다. 동구(東丘)에 들어 경치를 감탄하는 사람은 남인(南人), 경치에 무관심하고 바쁘게 지나가는 사람은 북인(北人), 만동묘의 처마만 보아도 감회에 젖어 공경하고 몸을 펴지 못하는 사람은 노론(老論), 만동묘 앞을 지날 때 전혀 무관심하고 산천구경만 하는 사람은 소론(少論)이라 했다.

부인들의 옷매무새나 머리모양으로도 당색을 분별했다. 소론 가문의 부인들은 머리쪽을 추켜 찌고, 노론 가문의 부인들은 머리쪽을 느슨하게 했다. 소론 가문의 부인들은 저고리 깃과 섶을 모나게, 노론 가문의 부인들은 둥글게 했다. 소론 가문의 부인들은 치마주름을 느슨하게, 노론 가문의 부인들은 촘촘하게 등으로 분간했다. 노론(老論)의 다리를 소론(少論)이 건너지 않고, 북인(北人)

집의 복숭아나무를 남인(南人)의 나무라 하여 도끼로 베어버리기
도 했다.

● 사림(士林)의 분열과 붕당정치(朋黨政治)의 시초

　16세기에 이르러 조선의 정치운영은 당파(黨派)를 형성하여 집
단적인 논쟁을 수반(隨伴)하는 투쟁으로 발달했다. 이는 외척정치
(外戚政治)가 종식된 선조(宣祖)대에 정권을 독점한 사림세력이
다시 학맥(學脈)과 사상적 차이로 인해 붕당을 형성한 결과였다.
사림분열의 직접적 요인은 1575년 발생한 명종비(明宗妃) 인순왕
후(仁順王后)의 동생 심의겸(沈義謙)과 신진사류(新進士類) 김효
원(金孝元)의 암투(暗鬪)였다.

　김효원이 인사권을 쥐고 있는 전랑직(銓郎職)에 천거되자 심의
겸은 그가 윤원형(尹元衡)의 식객(食客)으로 있으면서 권세에 아부
(阿附)한 소인배라 하면서 그 같은 요직의 적임자가 아니라고 비난
했다. 그럼에도 불구하고 김효원은 전랑직에 취임했다. 그러나 얼
마 뒤 김효원은 다른 자리로 옮기게 되었는데 이번에는 심의겸의
동생 심충겸(沈忠謙)이 그 후임으로 천거되었다. 그러자 김효원은
왕의 외척이 인사권을 장악하고 전랑직에 앉는 것은 부당한 일이라
고 심충겸의 전랑 취임을 반대하고 나섰다.

　이와 같이 전랑직을 둘러싼 두 사람의 대립이 가속화되고 있었는
데 다시 이들을 중심으로 당시의 벼슬아치와 사류(士類)들이 두 편
으로 갈라서고, 급기야 정치적·이념적(理念的) 성격을 띤 붕당으
로 발전하기에 이르렀다. 이들 파벌(派閥)은 동인(東人)과 서인(西
人)으로 구분되어 당파싸움이 지속되게 된다. 물론 혈맥(血脈) 학
맥(學脈) 세맥(勢脈) 규맥(閨脈)이 엉키고 있지만, 근원적인 것은

정치적 대결에서 강온(强穩)으로 금이 간다.

서인(西人)의 거두로 좌의정(左議政) 정철(鄭澈)은 동인(東人)인 영의정 이산해(李山海)의 계략에 빠져 광해군(光海君)을 세자로 책봉(冊封)해야 한다는 내용의 발언을 하다가 선조(宣祖)의 진노(震怒)를 사서 삭탈관직(削奪官職)되었다. 이 사건으로 서인 세력은 실각(失脚)하게 되었는데 정권을 잡은 동인들은 실각한 서인들에 대해 유혈숙청(流血肅清)을 감행했다.

그러나 숙청 과정에서 동인은 다시 두 파로 나뉘어진다. 서인의 거두(巨頭) 정철의 치죄(治罪) 과정에서 사형시켜야 한다는 과격파(過激派)와, 귀양을 보내야 한다는 온건파(穩健派)로 나뉘어진 것이다.(과격파인 이산해 등을 북인(北人), 온건파인 우성전 등을 남인(南人)이라 한다.)

● 정여립(鄭汝立) 모반사건

정여립은 원래 서인 세력이었으나 수찬(修撰)이 된 뒤 당시 집권세력이던 동인편에 들어가 이이(李珥)를 배반하고 성혼(成渾) 박순을 비판한 인물이었다. 선조가 그의 이당(離黨)을 불쾌히 여기자 벼슬을 버리고 낙향하여 진안 죽도에 서실(書室)을 지어놓고 대동계(大同契)를 조직하여 매달 모임을 갖는 등 세력을 확장해 나갔다.

1587년 왜선(倭船)들이 전라도 손죽도를 침범하였을 때 대동계를 동원, 이를 물리치기도 했다. 그는 대동계를 계속 확장해 황해도 안악의 변승복 박연령, 해주의 지함두 윤봉의, 승려(僧侶) 의연 등 기인(奇人) 모사세력(謀事勢力)까지 포함하게 되었다. 이들의 동정이 주목받아 황해도 관찰사인 고변의 고발내용은 정여립의 대동계

인물들이 한강의 결빙기를 이용해 황해도와 전라도에서 동시에 봉기하여 입경(入京)하고, 대장 신립과 병조판서(兵曹判書)를 살해하고 병권(兵權)을 장악할 것 등의 역모(逆謀)를 꾸미고 있다는 것이었다. 이것이 임금에게 전해지자 정여립은 이들과 함께 죽도로 피신하였다가 관군의 포위망이 좁혀지자 자살하고 그의 역모는 사실로 굳어졌다.

이때 서인의 거두 정철(鄭澈)이 위관(尉官)이 되어 사건을 조사하면서 동인의 정예인사들이 제거되었다. 이때 숙정(肅整)된 인사는 장살(杖殺)로 죽은 이발을 비롯하여 약 1천명에 육박했으며, 이를 기축옥사(己丑獄死)라고 한다. 이 옥사로 한때 서인이 정권을 장악했으나 정철이 1591년 건저(세자 책봉에 대한 의견) 문제로 실각(失脚)하자 다시 동인이 득세하였기 때문에 서인에 대한 보복할 기회를 맞은 셈이었다. 서인의 주요인사는 대부분 숙성되고 조정은 완전히 동인의 손아귀에 들어갔고, 동인은 이때부터 인조반정(仁祖反正)이 있을 때까지 30여년을 집권(執權)하게 된다.

동인은 북인(北人)과 남인(南人)으로 분당 후 남인은 우성전 유성룡 김성일 등을 중심으로 한때 정권을 잡았으나 조식(曺植)의 문하인 정인홍 유성룡이 1602년 임진왜란 때 화의(和議)를 주장했다 하여 탄핵(彈劾)되어 남인들이 삭직(削職)하게 됨으로써 북인이 정권을 장악하게 되었으나 정권을 장악한 북인은 홍여순과 남이공의 대립으로 대북(大北)과 소북(小北)으로 분파된다.

그후 광해군(光海君)이 세자에 책봉되면서 대북 세력이 정권을 거의 독점하자 남인은 서인과 동조체제를 구축하고 이에 대응했지만 어쨌든 조선 말기는 북인의 세력이었다. 대북은 광해군 내부에서 알력이 생겨 영창대군(永昌大君)과 인목대비(仁穆大妃) 폐위

(廢位)를 주장하던 골북(骨北)과 육북(肉北), 이를 반대하던 중북 (中北)으로 다시 삼분파를 이루게 된다. 이때 골북을 주도하던 인물은 이산해였고 육북은 홍여순·이이천이었으며, 중북은 유몽인이었다.

● 노론(老論)과 소론(少論)의 성립

인조반정(仁祖反正-광해군 폐출)을 계기로 정권을 장악한 서인은 반정에 주도적으로 참여한 공신(功臣)세력과 이를 관망하던 세력으로 분리되었다. 효종 현종 때에는 송시열을 중심으로 다시 규합, 서인 일당이 되었다. 그러나 숙종(肅宗)대에 이르러 서인은 다시 둘로 갈라졌는데 이것이 노론(老論)과 소론(少論)이다. 효종의 맏아들 현종(18대) 때의 조정은 인조반정으로 정권을 장악한 서인 세력과 인종(仁宗)의 중립정책으로 기용된 남인 세력으로 양분되어 있었다.

인종 효종대에 남인은 주로 영남학파(嶺南學派)의 주리론(主理論)을 주장하고, 서인은 기호학파(畿湖學派)의 주기론(主氣論)을 주장하는 학문적인 대립을 벌였으나 현종대에 와서는 본격적인 정치논쟁을 일삼곤 했다. 예론(禮論) 역시 처음에는 학문적인 대립에서 시작되었지만 나중에는 정쟁(政爭)으로 확대된 사건이었다.

효종(孝宗)이 인조의 맏아들로 왕위에 있었다면 별문제가 없었겠지만 그가 차남이고 인조의 맏아들인 소현세자(昭顯世子)의 상중(喪中)에 자의대비(慈懿大妃)가 맏아들에게 행하는 예로써 3년상을 치렀기 때문에 다시 효종의 상을 당하여서는 몇년 상을 해야 하는가가 문제가 되었다. 이 문제가 직면하자 서인의 송시열과 송준길은 효종이 차남이므로 당연히 기년상(朞年喪-1년)이어야 한다고 주장했다. 하지만 남인의 허목과 윤휴는 효종이 비록 차남이지만 왕위를 계승하였으므로 장남과 다름없기에 3년상이어야 한다고 반론을 제기했다. 서인과 남인의 이 복상논쟁(服喪論爭)은 극단적인 감정싸움으로 치달았고 결국 돌이킬 수 없는 정쟁(政爭)으로 확대되고 말았다.

이 정쟁은 지방으로까지 확대되어 재야 선비들 사이에서도 중요한 쟁점으로 부각되었다. 결국 효종의 상중에 일어난 이 논쟁에서 서인의 기년상이 채택됨으로써 남인의 기세는 크게 꺾였다. 그럼에도 남인의 반발이 심상치 않자 1666년 현종은 기년상을 확정지었으며, 더 이상 그 문제를 거론하지 말 것을 엄명했고 만약 이 문제를 다시 거론하는 자는 엄벌에 처하겠다는 포고령(布告令)을 내렸다.

그러나 복상문제는 1673년 효종비 인선왕후가 죽자 다시 쟁점으로 부각되었다. 이번에도 서인측은 효종이 차남이라는 점을 강조하며 대공(大功-9개월)을 내세웠고, 남인측은 그녀기 비록 자의대비의 둘째 며느리이기는 하나 중전(中殿)을 지냈으므로 큰며느리나 다름없다면서 기년설(朞年說)을 내세웠다.

현종은 이때 장인 김우명과 그의 조카 김석주의 의견에 따라 남인측의 기년설을 받아들여 자의대비로 하여금 기년복을 입도록 했다. 이 때문에 서인은 실각하였고 현종 초년에 벌어진 예론(禮論)도 수정이 불가피하게 되었다. 그런데 1674년 8월, 현종이 죽자 송시열은 다시 예론을 거론하며 자신의 종래 주장이 옳았음을 피력하다가 탄핵(彈劾)을 받아 귀양 가게 되었고, 이후 서인 세력이 정계에서 밀려나고 남인이 조정을 장악하게 된다.

○ 혈연관계나 친족의 호칭이 당명이 되는 경우
  * 弟黨(제당) : 이태조(李太祖)의 뜻을 받들어 방석(芳碩)을 편든 정도전파(鄭道傳派)

* 兄黨(형당) : 방원(芳遠)을 편든 하륜파(河崙派)
* 叔黨(숙당) : 수양대군(首陽大君)에 가담한 한명회(韓明澮)
   등
* 姪黨(질당) : 불의에 항거한 사육신(死六臣) 등
○ 정파(政派)를 주도(主導)하는 인물의 집 방향을 당명으로 하
   는 경우
* 西人(서인) : 선조(宣祖)의 외척(外戚) 심의겸(沈義謙)의 집
   이 서쪽인 정동(貞洞)이므로
* 東人(동인) : 왕도정치(王道政治)를 내세운 김효원(金孝元)
   의 집이 동대문 쪽이므로
* 南人(남인) : 온건파(穩健派)인 우성전(禹成傳)의 집이 남산
   (南山) 아래에 있어서
* 北人(북인) : 강경파(强硬派)인 이발(李潑)의 집이 북악(北
   岳) 밑에 있어서
* 老論(노론) : 노대가 우암(尤庵)을 따른 사람, 서인으로 인조
   반정(仁祖反正) 때 공신세력(功西派-공서파 또는 勳西派-
   훈서파, 老西-노서라고도 함)
* 少論(소론) : 소장파(少壯派) 윤극(尹極)을 따른 사람, 서인
   으로 인조반정 때 관망파(觀望派-靑西 또는 少西라고도
   함)

| 병호시비(屛虎是非)

• **병산서원**(屛山書院) : 영의정을 지낸 서애 유성룡(西厓 柳成龍, 풍산-豊山)을 모심. 안동 서남쪽 60리에 유성룡의 후손이 살고 있는 하회마을에서 낙동강을 10리쯤 거슬러 올라간 곳에 위치하고 있다.

• **호계서원**(虎溪書院) : 퇴계와 유성룡, 학봉 김성일(鶴峯 金誠一, 의성-義城)을 종향(從享)하고, 안동에서 북쪽으로 25리쯤 거슬러 올라간 월곡면 도곡리 낙동강변에 위치하고 있다. 구 여강서원(廬江書院)으로 약 400년 전 건립되었고 1620년 서애와 학봉 종사, 1676년(純宗 2) 호계서원 사액(賜額).

서애와 학봉을 종사할 때 서애(영의정을 지냄)측에서는 관위(官位)에 따라 서애를 상위인 좌(左)에 모셔야 한다 했고, 학봉(경상도 관찰사를 지내고 서애보다 4세 위)측에서는 장유유서(長幼有序)에 따라 학봉을 상위에 모셔야 한다고 주장, 상주의 우복 정경세(愚伏 鄭經世-吏判 大提學 師傅를 지냄)에게 시비를 부탁, "두 선생의 연치(年齒)의 차는 견수(肩隨)에 미치지 않고 작위(爵位)의 차는 절석(絶席)에 있다."하고 서애를 상위인 좌에 모시게 함. 정경세가 일본통신사로 갔을 때 풍신수길(豊臣秀吉)은 조선 침범의사가 없다고 잘못 보고 궁지에 몰렸을 때 유성룡(좌의정 때)이 구제, 진주성에서 순직(殉職)했다.

•**1805년 2차 병호시비** : 영남 유림에서 유성룡, 김성일, 한강 정구(寒岡 鄭逑), 여헌 장현광(旅軒 張顯光)을 서울 문묘(文廟)에 종사(從祀)시키려고 청원소장(請願訴狀) 기초과정에서 서열(序列)문제가 일어났다. 학봉파는 연령순으로, 서애파는 호계서원 순서대로, 정구 장현광 쪽은 학봉파에 찬동 소장을 작성 국왕에게 제출, 유씨 쪽에서 노발대발 독자적으로 상소(上疏)했으나 정부에서 모두 각하(却下), 이듬해 11월 정구, 장현광파(派) 사람들은 독자적으로 상소할 것을 결의, 도내 유림에 통고했다.

이 통문(通文)을 접수한 안동의 각 서원은 격분하여 호계서원에 모여 부당함을 규탄하고 통문을 작성한 것은 학봉파의 유생으로 전주 유씨인 유회문(柳晦文)이었고, 전주 유씨는 풍산 유씨와 본관을 달리할 뿐 아니라 의성 김씨와는 지호지간(紙戶之間)으로 김씨들과는 혈연관계(血緣關係)로 굳게 맺어진 사이다.

그래서 그런지 작성된 통문의 서술은 학봉(鶴峯) 서애(西崖) 한강(寒岡) 여헌(旅軒)순으로 되어 있었다. 분개한 유씨측이 통문을 찢어버렸다. 학봉파는 찢어버린 유형춘 등에게 문벌(文罰)[1]을 가했다. 그래서 하회 유씨들은 호계서원과 절연, 학봉파는 호계서원을 독점했다.(병론 호론—屛論 虎論, 병유 호유—屛儒 虎儒) 병유(屛儒)는 호유(虎儒)들로부터 쫓겨났다고 해도 과언이 아니다. 당시 관계에서 병유[老論]가 우세했고, 유씨는 남인이었다.

---

1) 선비답지 않은 죄상을 적어 서원 벽에 붙인다. 선비의 치욕이다.

│서원(書院)

　서원은 당나라 현종(玄宗) 때 서적편수처(書籍編修處)인 여정전 서원(麗正殿書院), 집현전서원(集賢殿書院)에서 유래한 것으로 우리나라에서는 조선조 중기 이후 명현(明賢)이나 특정인을 모시고 봉사하며 인재를 양성하기 위해 세웠던 학당으로 1542년(中宗 37) 풍기군수(豊基郡守) 주세붕(周世鵬)이 순흥(順興) 백운동(白雲洞)에 문성공(文成公) 안향(安珦)의 고택이 있음을 알고 그곳에 사우(祠宇)를 세워 제사를 지내고 유생을 모아 가르치기 시작하였다. 이것이 사(祠)와 재(齋)를 겸비한 최초의 서원으로 명종은 학문을 다시 이어 닦게 한다는 의미로 기폐지학 소이수지(旣廢之學 紹而修之) 백운동 소수서원(紹修書院)이라 명명, 최초의 사액서원(賜額書院)이기도 하다. 조선조 말 대원군이 섭정하면서 사액서원 47개만 남기고 서원 철폐령을 내렸다.

서원 이름	主 享 人	건립연도	賜額 연대	소재지
紹修書院	文成公 安　珦	1543	1550(명종　5)	경북 영주
藍溪書院	文獻公 鄭汝昌	1552	1575(선조　8)	경남 함양
西岳書院	弘儒侯 薛　聰	1561	1623(인조　1)	경북 경주
坡山書院	文簡公 成　渾	1568	1650(효종　1)	경기 파주
金烏書院	忠節公 吉　再	1567	1575(선조　8)	경북 선산
玉山書院	文元公 李彦迪	1573	1574(선조　7)	경북 월성

서원 이름	主享人	건립연도	賜額 연대	소재지
崧陽書院	文忠公 鄭夢周	1573	1575(선조 8)	경기 개성
陶山書院	文純公 李 滉	1574	〃	경북 안동
筆巖書院	文正公 金麟厚	1590	1662(현종 3)	전남 장성
文會書院	文成公 李 珥	1599	1628(인조 6)	황해 연백
道東書院	文敬公 金宏弼	1605	1607(선조 40)	경북 달성
屛山書院	文忠公 柳成龍	1613	1863(철종 14)	경북 안동
武城書院	文昌侯 崔致遠	1696	1696(숙종 22)	전북 정읍
老德書院	文忠公 李恒福	1627	1687(숙종 13)	함남 북청
遯巖書院	文元公 金長生	1634	1660(현종 1)	충남 논산
牛渚書院	文烈公 趙 憲	1648	1675(숙종 1)	경기 김포
深谷書院	文正公 趙光祖	1650	1650(효종 1)	경기 개성
忠烈書院	忠烈公 洪命耈	〃	1652(효종 3)	강원 금화
彰節書院	忠正公 朴彭年	1685	1699(숙종 25)	강원 영월
魯岡書院	文正公 尹 煌	1687	1742(영조 18)	충남 논산
龍淵書院	文翼公 李德馨	1691	1752(영조 28)	경기 포천
鳳陽書院	文純公 朴世采	1695	1696(숙종 22)	황해 은율
魯江書院	文烈公 朴太輔	〃	1697(숙종 23)	경기 시흥
德峰書院	文正公 吳斗寅	〃	1700(숙종 26)	경기 안성
興巖書院	文正公 宋浚吉	1702	1705(숙종 31)	경북 상주
玉洞書院	翼成公 黃 喜	1714	1789(정조 13)	〃
四忠書院	忠憲公 金昌集	1725	1726(영조 2)	경기 시흥
三 忠 祠	武鄕侯 諸葛亮	?	?	평남 영유
酬 忠 祠	西山大師 休靜	?	?	평북 영변
太 師 師	莊節公 申崇謙	高麗	朝鮮 정조	황해 평산
彰 烈 師	文烈公 金千鎰	1595	1607(선조 40)	경남 진주
褒 忠 師	忠烈公 高敬命	1601	1603(선조 36)	전남 광주

서원 이름	主 享 人	건립연도	賜額 연대	소재지
武 烈 祠	尙 書 石 星	1603	1709(숙종 35)	평남 평양
忠 烈 祠	忠烈公 宋象賢	1605	1624(인조　2)	부산 동래
忠 烈 祠	忠武公 李舜臣	1614	1723(경종　3)	경남 충무
忠 烈 祠	文忠公 金常容	1642	1658(효종　9)	경기 강화
褒 忠 祠	忠武公 金應河	1665	1668(현종　9)	강원 철원
忠 愍 祠	忠莊公 南以興	1681	1682(숙종　8)	평남 안주
賢 節 祠	文正公 金尙憲	1688	1693(숙종 19)	경기 광주
忠 烈 祠	忠愍公 林慶業	1697	1727(영조　3)	충북 충주
彰 烈 祠	文貞公 尹　集	1717	1721(경종　1)	충남 부여
表 忠 祠	忠愍公 李鳳祥	1731	1736(영조 12)	충북 청주
褒 忠 祠	忠剛公 李述原	1738	1738(영조 14)	경남 거창
江 漢 祠	文正公 宋時烈	1785	1785(정조　9)	경기 여주
紀 功 祠	莊烈公 權　慄	1841	1842(현종　7)	경기 고양
表 節 祠	忠烈公 鄭　著	?	?	평북 정주
淸 聖 廟	淸惠侯 伯　夷	1691	1791(숙종 27)	황해 해주

|한(韓)·중(中)·일(日) 문묘(文廟)

한국 유교(조선시대의 유교)는 발달했기 때문에 오히려 중국화되었는가, 아니면 그 발달함으로 인해 그 나름의 한국적 특색을 지녔는가. 이러한 논의가 분분한 적이 있다. 한·중·일 삼국의 문묘(文廟 : 孔廟)를 비교하는 다음 얘기를 들어보자.

중국은 한대에 들어서야 비로소 국립대학격인 벽옹(辟雍)에 공묘(孔廟)를 만들어 국가적으로 공부자에 대한 제사를 시작한다.

일본에 유교가 전해진 것은 서기 3세기 경이지만 8세기 초에 들어서야 국립대학에 공부자를 모신다.

한국의 경우, 기원전 1세기경에 유교를 받아들인다.

중국은 많은 변천이 있긴 했으나 지금은 공부자 사배(四配 : 四聖) 십이철(十二哲)은 대성전(大聖殿)에 모시고 79위의 선현(先賢)과 77위의 선유(先儒)는 동무(東廡) 및 서무(西廡)에 모신다. 그리고 숭성사(崇聖祠 : 啓聖祠)를 따로 세워 공부자 윗대 5대조까지 모시고 사배의 아버지와 송조 6현(주돈이 장재 정호 정이 채침 주희)의 아버지를 모신다.

이는 전국 각지의 공묘(孔廟)가 같다. 한국은 공부자, 사배, 십철(十哲), 송조(宋朝) 6현, 공맹제자 69위, 중국현인 29위, 동국 18현을 모신다.

물론 지금은 공맹제자와 중국현인의 위패(位牌)는 모시지 않는다.

한국이 중국과 다른 점은 다음과 같다.

첫째, 한국은 12철이 아니라 10철이란 점이다(유약과 주희가 빠졌다).

둘째, 중국에선, 한국에서 송조 6현 중의 한 사람으로 받드는 주희가 12철에 들어가나 기타 다섯 사람은 공맹제자 뒤에 들어가고 선유의 뒤에 올라간다. 한국은 송조 6현이 공맹제자 위에 오른다.

셋째, 한국은 선현 선유가 중국에 비해 적은데 이는 만주족의 나라인 청나라의 유현을 올리지 않았기 때문이다.

넷째, 동국 18현의 위패가 있다. 이는 한국 유교의 중국에 대한 자신감을 표현하는 것으로 봐야 할 것이다.

일본의 문묘를 보면 복희·신농·황제·요·순·우·탕·문·무·주공까지 모신 데도 있거니와 성현의 소상(塑像)과 화상(畵像)을 만들어 모시기도 한다. 또 어떤 분묘는 공자반을 모시고 어떤 데는 사배 또는 십철만을 모시기도 하는 등 배향에 있어 일정한 정형이 없고, 일본 각지에 널려있는 신사마냥 다양한 구석이 많다.

다음으로 문묘의 배치를 보자.

공부자는 일생을 '교육'으로 일관했다. 그래서 가르치는 곳엔 공부자를 제사 지내는 곳이 붙어다니는 것이다. 즉 학교(명륜당)가 있으면 문묘(대성전)가 같이 있는 것이다.

중국의 그 배치양식은 좌묘우학(左廟右學) 우묘좌학(右廟左學) 전묘후학(前廟後學)이 있고, 한국의 경우 지방향교는 후묘전학(後廟前學)이 많고 성균관은 전묘후학이다. 물론 다른 두 가지 양식도 보이는데 중국에 비해 대체적으로 후묘전학이 많다.

일본은 우묘좌학 좌묘우학의 형태로 되어 있는데, 그 세세한 건물배치가 중국이나 한국에 비해 지역에 따라 다양하고 규모도 작은

편이다. 한국과 중국의 문묘는 학교와 대등하거나 더 중요한 위치를 차지하는데 일본의 어떤 문묘는 학교보다 부차적으로 취급되고 있기도 하다. 한국 문묘는 중국 문묘에 있는 반지(泮池)가 없다.

이상의 내용은 지난 94년 북경에서 개최된 '공자탄신 기념 국제 유학토론회'에서 발표된 공상림(孔祥林-중국인)씨의 논문을 발췌 요약한 것이다.

요컨대 우리나라 유교는 문묘에 봉안한 위패의 양상에 있어 다른 동양국가에 비해 민족적 특색이 두드러진다. 위와 같이 중국유교의 자신감이 그대로 드러나는 부분이다.

그런데, 오늘날의 우리 유림들은 우리 선현들의 이러한 자신감을 그대로 계승하고 있을까? 중국이나 일본, 그들과 대비되는 우리 자신의 유교 전통을 세우고 있을까? 우리 유림은 지금 시중(時中)의 도를 지키라는 우리 선현의 뜻을 제대로 이해하고 있을까?

◉ 묘(廟), 사우(祠宇), 영당(影堂), 정려(旌閭), 제각(齊閣), 향각(享閣)

① 묘(廟)에는 문묘(文廟) 종묘(宗廟) 부조묘(不祧廟)가 있다.

- 文廟(문묘)-공자를 모시는 사당이며 역대 문헌에 유공(有功)한 유현(儒賢)을 국학(國學)인 성균관에 모시고 제사 지내는 곳이다.
- 宗廟(종묘)-조선조의 역대 왕과 왕비의 신위를 모신 곳.
- 不祧廟(부조묘)-불천지위(不遷之位)라고도 하며 나라에 큰 공훈(功勳)이 있는 사람을 영구히 사당에 모시고 제사 지내도록 국가에서 허락한 신위로서, 임금으로부터 서적(書籍)

제전(祭田) 노비(奴婢)가 하사되었다.

② 祠宇(사우) : 충절(忠節)에 의해 죽은 조상이나 시조(始祖)의 신주(神主)를 모시고 제사 지내는 곳.

③ 影堂(영당) : 조상의 영정(影幀)을 모신 사당.

④ 旌閭(정려) : 충신(忠臣) 효자(孝子) 열녀(烈女) 등을 그들이 살던 동네에 정문(旌門)을 세워 표창(表彰)한 것을 말한다.

⑤ 齊閣(제각) : 무덤이나 사당 앞에 제사의 목적으로 지은 집.

⑥ 享閣(향각) : 선비들이 경치가 좋은 곳을 택하여 집을 짓고 제영(題詠)을 붙여서 시가(詩歌)를 부르고 선비간에 종유(從遊)하며 입신(立身)과 행의(行誼)를 지키던 장소.

◉ 묘호(廟號)에 쓰이는 조(祖)와 종(宗), 증직(贈職), 청직(靑職)과 수직(壽職)

조(祖)와 종(宗)은 임금의 시호로 묘호(廟號)라고도 하며, 임금이 돌아가신 후에 종묘에 그 신위를 모실 때 드리는 존호(尊號)이다. 고려 때에는 왕건 태조만이 조(祖)자의 묘호를 가졌으며 그밖의 모든 왕은 종(宗)자의 묘호를 가졌었다. 그러나 조선조에 들어와 조(祖)자 묘호가 여럿 보이는데 조(祖)자는 나라를 처음 일으킨 왕이나 국사(國事)를 중간에 다시 일으킨 왕에게 쓰여졌고, 종(宗)은 왕위를 정통으로 계승한 왕에게 붙여진 것을 볼 수 있다.

사례(事例)로 보아 조는 창업이나 공적(功績)을 남긴 왕에게 붙인다는 원칙 때문에 은연중 종(宗)보다 조(祖)가 격이 더 높다는 관념을 갖게 되었다. 반정(反正)을 통하여 왕위에 오른 인조(仁祖)

의 경우나, 재위 때에 임진왜란 같은 큰 국난을 치렀던 선조(宣祖)의 경우나, 홍경래의 난을 치른 순조(純祖) 등이 모두 그 예다. 비록 반정은 아니라도 단종을 밀어내고 왕위에 오른 세조도 같은 유로 보는 것이다.

증직(贈職)은 나라에 유공한 사람들에게 사후에 품계 또는 관직을 추증(追贈)하여 영예를 누리게 하는 제도로서 고려 때부터 제도화되었으며 조선조에 와서는 더욱 확대되었다. 3품 이상은 부(父) 조(祖) 증조(曾祖) 3대를 추증하는데, 부에게는 자신의 품계보다 1등급 낮게, 조에는 2급, 증조에는 3급 낮게 봉증(封贈)하였다.

이 봉증 사실은 반드시 모년에 자(子) 모, 손(孫) 모, 증손(曾孫) 모가 귀하게 되어 증봉(贈封)한다는 책록(冊錄)을 하며 명유(名儒)나 절신(節臣) 효행(孝行) 등 특별 예에도 봉증이 있었는데 모년에 모사로 증봉한다는 사실을 충훈부 종친부 이조에 녹보(錄譜) 등재하였다.

청직(靑職)은 노인을 우대하는 뜻에서 매년 80세 이상의 관원이나 행위가 바른 선비, 또는 90세 이상의 평민에게 주던 벼슬이다. 품계는 통정대부(通政大夫)를 주고 5년이 지나도록 장수하면 가선대부(嘉善大夫)를 가자(加資)하며 직위로는 중추부 첨지(僉知) 동지(同知)를 주었다. 조선조 중기 이후부터는 평민도 80세가 되면 수직(壽職)을 내리고 정3품 당상관(堂上官)은 어명(御命)에 따라 주었다. 또 봉군(封君)을 받은 관원이나 방백(方伯)의 아버지 중에 70세 이상 된 사람도 매년 정초에 가자하고, 동반 서반의 관원으로 4품 이상에 80세 이상이면 가자했으며, 사대부 집안의 부인도 90세가 된 자에게는 해당 부서의 추천으로 가자했다.

|청백리(淸白吏)

복은 청렴하고 겸손한 데서 생기고, 화(禍)는 탐욕이 많은 데서 생긴다. 세상이 어지러우니 일확천금을 노리는 부조리는 국회에서 연일 터져 나와 이전투쟁(泥田鬪爭)하고 신문지상에는 매일 부조리 기사가 쉴 새가 없다. 고위 공직자는 학식과 경륜이 많고 지켜야 할 도리도 알고 사명감도 있고 명예도 있을 것이며 생활도 그다지 궁핍(窮乏)하지 않을 듯하다. 그럼에도 청탁 뇌물 등으로 망신을 당하는지 이해가 되지 않는나.

- 장필무(張弼武-明宗 2년) : 양산군수(梁山郡守)로 있을 때 병사(兵使) 수사(水使)의 부정한 청탁에 일체 불응했다. 연회석상에서 만나, "당신은 무엇을 믿고 그렇게 당당하냐?"하자 "나는 믿는 바도 믿는 이도 없고, 다만 살고 있는 두 칸 초가집만을 믿는다."하자 안색을 바꾸고 도망치듯 빠져나갔다.
- 유관(柳寬-조선 초) : 유관은 정승으로 장마철이면 방안에서 우산을 받고 살면서 우산 없는 집을 걱정했다.
- 맹사성(孟思誠-세종 조) : 대감은 집이 비좁고 허술했다. 판서가 결재 받을 일이 있어 사랑채에 들렀을 때 소나기가 와서 일을 보고 나왔을 때는 의관(衣冠)이 온통 얼룩져 있었다.
- 이원익(李元翼-인조 조) : 인조(仁祖)가 대감의 청백을 기려 흰 이불과 요를 내렸는데, 전달하고 온 승지(承旨)는 기와도

없는 초가집인데 비가 새서 벽이 얼룩지고 문틈에 바람이 들 지경이라 했다.

- 한계희(韓繼禧-세조 조) : 녹(祿)은 고아 홀어미에 나눠주고 겨울에도 불 때지 않은 방에서 조석만으로 연명했다. 당시 명문(名門)이 동대문 밖 고암(敲岩)의 문중에 논 열섬지기를 바쳤으나 거절하여 추수 때 소출을 바치면 인근의 병자(病者)와 빈자(貧者)에게 나눠주어 혜택 받는 이가 수백세대에 이르렀다. 평안을 이루었다 하여 안암(安岩)으로 개칭(改稱)하였다.

- 허적(許積-인조 조) : 전라감사로 있을 때 인조의 총애(寵愛)를 받던 후궁(後宮) 조씨가 조세(租稅)의 특혜를 사정했다. 들어줄 기미가 안보이자 몸종이 벼슬을 옮기고 싶으냐고 은근히 협박했다. 벼슬을 옮기고 말고는 네가 말할 바가 아니라며 곤장(棍杖)을 쳐 죽이고 송장을 성문 밖에 버리고 대죄(待罪)했다. 후궁 조씨는 자기 잘못을 알고 주변 사람에게 함구령을 내렸다.

- 김덕곤(金德鵾-명종 조) : 어사(御使)가 의주(義州)에서 통관검사(通關檢査)를 할 때 궁중의 알력이 깔려 있게 마련인 역관(譯官)들이 금물(禁物)인 사치품을 들여오면서 궁중에 들어갈 물건이라고 조금도 두려워하는 기색이 없자 비분강개(悲憤慷慨)하여 금물물목(禁物物目)을 만든 다음 산처럼 쌓아놓고 태워버렸다.

- 성종의 외척(外戚)이 승지(承旨)로 있을 때 밀수목재(密輸木材)로 정자(亭子)를 지었다 하여 대비의 구명을 피하기 위해 경복궁으로 이궁(移宮)하고 외숙을 베어 죽이고 환궁(還宮)했다. 이런 일이 있은 후 궁가(宮家)의 외척들은 옷에 박힌 금무

늬를 지우고 옥비녀를 쇠비녀로 바꿔 끼는 등 검소한 궁풍(宮風)이 자리잡았다.

- 중국 전국시대 노(魯)나라 공의휴(公儀休)는 재상(宰相)으로 있을 때 어떤 사람이 물고기를 선물하자 받지 않고, "이제 재상이 되었으니 물고기를 사먹을 만하오. 물고기를 받다가 면직(免職)이나 되면 누가 나에게 물고기를 주겠소."라고 하였다.

- 청련(靑蓮) 이후백(李後白)이 이조판서(吏曹判書)로 있을 때 인사를 공정하게 하고, 아무리 친한 사람의 청탁도 들어주지 않는 것으로 유명했다. 하루는 집안사람이 찾아와 벼슬을 구하는 뜻을 말했다. 이에 이후백은 정색하고 한 책자를 보여주며, "내가 자네 이름을 여기에 기록하여 관직을 임명하려 하였는데 이제 자네가 벼슬을 청탁하여 얻는다면 공정한 도리가 아니다. 애석하다, 자네가 말을 하지 않았다면 버슬을 얻었을 터인데."하니 그 사람은 부끄러워 돌아갔다.

- 광해군(光海君) 때 이조판서와 대제학(大提學)을 겸임(兼任)한 이이첨(李爾瞻)은 부정한 짓을 하여 임금을 왕위에서 쫓겨나게 한 간신(奸臣)이다. 초년에 매우 가난하였는데 어느 날 안방에 들어가 보니 아내가 배고픔을 참지 못해 벽의 흙을 긁어먹는 것을 보고 보다 못해 부정한 길로 나가 벼슬하여 출세하게 되었다. 후에 인조반정으로 처형당할 적에 주위 사람들을 돌아보며 이렇게 말했다 한다. "배고픈 것을 조금만 참으라." 얼마나 뼈에 사무치는 말인가. 증자의 말씀에 "사람이 죽을 때에는 그 말이 착하다."하더니 이이첨처럼 천하에 둘도 없는 간신도 죽을 때에는 양심이 돌아오나 보다.

오늘날 공식자가 이렇게 청렴결백했던 선인(先人)들의 마음가짐과 봉공자세를 본받으면 최소한 국사(國事)를 그르치고 자신도 패가망신하는 일은 없을 것이다. 또한 공직자 부인들도 남편의 청렴결백에 누(陋)가 되지 않도록 노력했던 옛날 부인들의 선행을 본받고 악행을 경계로 삼는다면, 사치와 허영심에 들떠 사려 깊지 못한 처신으로 남편에게 누를 끼치고 자신도 망신을 당하는 치욕은 없을 것이다.

⊙ 과연 진유(眞儒)로다

조선조 제19대 성종(成宗) 때 서울 남산골 이생원은 많은 제자를 가르쳐 과거에 급제하였는데 이생원은 과거 때만 되면 몸이 불편하여 과장(科場)에 나갈 수가 없어 낙방하기 일쑤였다.

어느 날, 성종은 통인(通引) 한사람을 데리고 민정시찰을 나갔다. 밤이 자정을 넘어 세상이 조용한데 남산골 이생원 집에서 문구멍으로 불빛이 새어나오는 것이었다. 성종은 발길을 멈추고 마당 안으로 들어서서 방안의 동정을 살펴보니 엄동설한에 땔나무도 없고 솥에 양식을 끓여본 지도 수일이 된 듯하였다.

기진맥진 다 죽어가는 음성으로 노파가 영감에게 하는 말인즉, "여보슈, 맨날 글만 읽는데 과거만 보면 낙방하니 답답하구려."하며 긴 한숨을 내쉬며 얼음장 같은 구들에 덮을 것도 변변치 못한 채 벽을 보고 돌아눕는 것이었다.

성종은 통인을 불러 속히 대궐에 가서 땔나무와 쌀, 쇠고기를 가져오라 명하고, 죽담에 올라서면서 에헴 큰기침을 몇번 하고서, "주인장!"하고 큰 소리로 주인을 불렀다. 방안의 이생원이 다 죽어가는 목소리로, "게 누구시오."하니 성종은, "예, 지나가는 과객인

데 밤이 너무 어두워 잠시 쉬었다가 날이 밝으면 떠날까 하오니 문
좀 열어 주시구려.” 하였다.

“누구신지는 모르오나 수일째 불을 때지 못한 방이오. 그리고
너무 누추해서 모실 수 없으니 딴 집에나 가 보슈.” 이생원의 말
에 성종은, “아니 그럴 것 없소이다. 잠시만 쉬면 날이 밝을 거
요.”하며 방문을 열고 들어가 이생원과 마주 엎드려 수인사를 하
고 이생원에게, “어찌하다 이지경이 되었소. 책도 많고 벼루가 와
창이 날 정도인 걸 보니 글도 많이 하신 듯한데 과거를 안 보았
소?” 하였다.

이생원은 떨군 고개를 들면서, “손님, 밤이 깊은데 도대체 어딜
가시려고 이 누추한 방에 드셨소.”하니, “급한 일이 있어 강 건너
에 가는 길인데 너무 어두워서 들렀소. 나무라지 마시오.”라고 하
였다.

한동안 말을 주고받다가 성종은 벌떡 일어나 시렁 위의 책들을
살펴보다 손때가 많이 묻은 책 한권을 집어들고 자리에 앉아, “보
아하니 이 책을 노인장께서 무척 많이 읽은 듯하오.” 하였다. 이생
원은 그렇다는 듯 고개를 끄덕였다.

성종은 책장을 한참 넘기다 한 구절을 손으로 짚으면서, “노인장,
이 구절이 참 좋은 구절이오. 자세히 보시오. 좋은 뜻이 담기지 않
았소. 노인장은 이런 구절쯤이야 척척 외우시고 쓰시겠지요. 하하
하.” 너털웃음을 웃고 나서, “노인장은 왜 이때까지 과거를 보지 못
했소?” 하였다. 이생원은 과거날 과장에만 나가려 하면 몸이 아프
다고 말하였다.

어느덧 날이 밝기 시작하여 성종은 환궁해야 하므로 이생원에게
인사 겸 부탁을 했다. “노인장, 내일 오전에 집현전 뜰에서 별시가

있다하니 꼭 과시에 응하시기 바라오.” 성종은 그 말을 남기고 방을 나와 담 밖에서 기다리는 통인을 시켜 쌀과 고기, 땔나무를 마당에 놓아두고 밝기 전에 환궁했다.

그리고 과거준비를 시켜놓고 이생원이 나타나기를 기다렸으나 이생원은 아니 오고 한 초립동이가 시관(試官) 앞에 나타났다. 성종은 낙심천만하고 초립동이에게 물으니, “저의 스승께서는 과시가 있을 때마다 몸이 아팠는데, 어젯밤에도 대왕께서 다녀가신 후 쌀밥과 고기를 잡수시고 노부부는 밤새도록 설사를 하시어 스승께서는 과장에 나오실 수가 없어 저를 불러 별시에 나가라고 하여 나왔습니다.”라는 것이었다.

성종은 이 사연을 듣고 이생원이 한 말이 생각났다. “손님, 벼슬도 팔자에 있는 것이지 아무나 하는 게 아닙니다.” 성종은 껄껄 웃으며 시제(詩題)를 펼치니 초립동이는 단필에 회답을 써서 시관 앞에 내놓는 것이었다.

성종은 깜짝 놀라, “너는 어찌 이것을 알았는고?”하니, “소인의 스승께서 어젯밤에 대왕께서 이 구절을 지적하셨으니 이 구절을 외워가도록 하셨습니다.” 하였다. 성종은 무릎을 탁 치며, “과연 진유(眞儒)로다.” 하였다.

선비가 벼슬이 무슨 소용이랴. 청빈(淸貧)한 마음이 곧 부자이나 배가 부르면 오욕(五慾)이 발동하니 만물을 탐하게 되어 곧 죄인이요 도적이 아니겠는가. 청빈하고 하루 세끼의 의식만 족하다면 무슨 죄를 지겠는가. 유생의 갈 길은 오직 청빈 외에 무엇이 있단 말인가. 성종은 이생원과의 대화중에 이런 말을 듣고 어명(御命)을 내려 이생원을 불러 어주(御酒)를 내리고, 큰 벼슬을 내려 문무백관(文武百官)에게 이생원의 청빈과 참된 선비정신을 고취하여 진유의 뜻을 배우게 하였다 한다.

◉ 청백(淸白)은 신선비정신

'공자께서 말씀하셨다. 선진은 예악에서 야인이요 후진은 예악에서 군자라 ─ 논어 선진(子曰 先進 於禮樂野人也 後進 於禮樂君子也 論語 先進)'

이전 시대에는 사람들이 소박해서 형식미보다는 질(質─내용)을 더 중시하였는데 시대가 내려오면서 사람들이 문화적인 형식미를 추구하여 모두 질보다는 문식(文飾─외면적인 꾸밈)에 치우치게 되었다는 것이다. 공자께서는 이 두 가지 가운데 하나를 선택한다면 자기는 질박한 편을 따르겠다고 말씀하신 것이다.

그러면 공자께서 따르겠다고 한 선진은 무엇인가? 정지(程子)는 주(註)에서, '선진은 예악에서 문과 질이 조화를 이루었는데도 지금에는 도리어 질박하다고 해서 야인이라 하고, 후진은 예악에서 문이 그 질보다 지나친데도 지금 도리어 조화롭다고 해서 군자라고 한다.'고 하였다.

정자의 주장대로라면 공자의 말씀은 '선배들은 예악에서 문과 질이 조화를 이룬 군자인데도 지금 사람들은 야인이라 말하고, 후배들은 예악에서 질보다는 문이 치우친 경향인데도 요즘 사람들이 군자라 말한다. 둘 중에 하나를 선택하라고 한다면 나는 물론 선배를 따르겠다.'는 뜻이다.

공자가 이상적 인간상으로 추구해 마지않던 군자란 곧 선배라는 것이다. 공자의 가르침과 주자학에 몰두해 있던 우리 선인들은 누구나 군자가 되는 것이 이상이었고, 군자를 선배 또는 선배다움이라 정의했던 것이다. 선진은 선배이고, 선배는 선비이다. 선배라는 말은 선비라는 말의 어원이 된다.

주지하다시피 우리 겨레는 유난히 밝고 맑고 깨끗한 것을 좋아해 아침햇살이 눈부시게 화사한 지금의 이 땅에 정착해서 흰옷(白衣-백의)을 입고서 깨끗한 심정으로 맑게 살아왔다. 조선조로 접어들면서 오랜 세월동안 다듬어져 내려온 우리 민족 특유의 생각들, 예컨대 홍익인간(弘益人間) 염치존중(廉恥尊重) 화랑도(花郎道) 정신들이 뭉뚱그려지고, 유교의 군자사상에 영향을 받아 선비정신이 이룩되고 뿌리내릴 때도 밝고 맑고 깨끗한 것을 좋아하는 민족성이 그 바탕에 그대로 깔렸다. 그래서 선비정신은 바로 청백정신이다.

착한 심성을 잃지 않는 것, 정정당당하게 행동하는 것, 물욕에 찌들지 않는 것, 가난을 감수하고 도를 즐기는 것, 내 마음을 비춰서 남을 헤아려주는 것, 살리기를 좋아하는 것(好生之德-호생지덕) 등 모두 청백정신의 표출이다.

선비는 자기 한 몸을 닦아 경륜을 쌓고 나면 남을 편안하게 해주는 일에도(修己安人-수기안인) 종사해야 한다. 그것이 너와 내가 어울려 사는 이 세상에 대한 선비의 도리다. 남을 편하게 해주는 일은 주로 벼슬에 나아가는 일이었다. 그래서 벼슬길에 나아가도 청백정신이 기본이다.

우리는 조선조 500년 동안 가장 존경받는 벼슬아치가 청백리였다는 것을 기억한다. 청백리에 뽑히기는 정승 판서가 되는 것보다 몇배 어려웠고, 그 영광 또한 자기 한 몸에 머물지 않고 자손 대대로 이어져갔다. 그래서 다산 정약용은 그의 명저 《목민심서(牧民心書)》에서 '청렴은 온갖 선(善)의 원천(萬善之源-만선지원), 모든 덕의 뿌리(諸德之根-제덕지근)'라 잘라 말했다. 그리고는 '청렴(淸

廉)은 천하의 큰 장사'라 갈파해 사람들이 쉽게 기우는 공리성(功利性)에도 호소하고 있다. 알고 보면 청렴은 아주 수지맞는 장사라는 것이다. 그러므로 '크게 탐욕한 사람은 반드시 청렴하다'(大貪必廉-대탐필렴).

우리는 멀리 바라보고 살아야 한다. 당장 지금 또는 오늘이 아니라 내일을 생각하고 헤아리면서 살아야 한다. 그렇게 되면 맑고 깨끗한 삶이 될 수 있다. 그렇게 사는 사람이 바로 이 세대의 선비다. 신선비정신이다.

⊙ 사불삼거(四不三拒)의 공무원 윤리

우리 전통 관료사회에 청렴도를 가르는 기준으로 '사불삼거'라는 불문율이 있었다. 부업을 가져서는 안 된다는 것이 일불(一不)이다. 영조 때 호조의 서리로 있던 김수팽(金壽彭)이 어느 날 혜국(惠局)의 서리로 있는 동생 집에 들렀다. 마당에 널려있는 항아리에서 염색하는 물감이 넘쳐흐르는 것을 보고 어디에 쓰는 것이냐고 따져 물었다. 처가 염색으로 생계를 돕고 있다고 하자 노하여 동생을 매로 치며, "우리 형제가 더불어 국록을 먹고 있으면서 이런 영업을 하면 저 가난한 백성들은 무엇으로 생업을 삼으란 말이냐." 하고 모조리 그 염색물감을 쏟아버렸다.

재임중 땅을 사지 않는 것이 이불(二不)이다. 살림에 무심한 윤석보(尹石輔)가 풍기군수로 있을 때 고향에 두고 온 그의 처 박씨가 굶주리다 못해 시집올 때 입고 온 비단옷을 팔아 채소밭 한 떼기를 샀다. 이 소식을 듣자 조정에 사표를 제출하고 고향에 가서 땅을 물리고서 대명(待命)했다.

집을 늘리지 않는 것이 삼불(三不)이다. 대제학 벼슬의 김유는 서울 죽동에 집이 있었는데 너무 좁아 여러 아들들이 처마 밑에 자리를 펴고 거처할 정도였다. 그가 평안감사로 나가 있는 동안 장맛비에 처마가 무너지자 이를 수리하면서 아버지 몰래 처마를 몇치 더 달아냈던 것 같다. 처마가 넓어진 것을 모르고 살다가 나중에야 알고 당장에 잘라내게 했다 한다.

재임중 그 고을 명물을 먹지 않는 것이 사불(四不)이다. 조오(趙悟)가 합천군수로 있을 때 고을의 명물인 은어(銀魚)을 입에 대질 않았고, 제주목사로 있을 때 그곳 명물인 전복 한 점을 먹지 않았다.

윗사람이나 세도가의 부당한 요구를 거절하는 것이 삼거(三拒) 중 일거(一拒)다. 중종 때 영의정이던 성희안(成希顔)이 청송 명물인 꿀과 잣을 보내 달라고 전갈을 띄웠다. 이에, "잣나무는 높은 산 위에 있고, 꿀은 민가의 벌통 속에 있으니 부사된 자가 어떻게 얻을 수 있겠는가."고 회신하자 이에 영의정도 잘못을 사과하였다 하니 아름답다.

청을 들어준 다음 답례를 거절하는 것이 이거(二拒)다. 사육신인 박팽년이 한 친구를 관직에 추천했더니 답례로 땅을 주려 했다. 땅을 찾아가든지 관직을 내놓든지 택일하라고 전갈을 보냈다고 한다.

재임중 경조애사(慶弔哀事)의 부조를 일절 받지 않는 것이 삼거(三拒)다. 현종 때 우의정 김수항(金壽恒)이 열 살 난 아들이 죽었는데 충청부사 박진한(朴振翰)이 명주 한필을 부조해 왔다. 이에 아첨(阿諂)행위가 아니면 대신의 청렴을 시험해 보려는 행위라 하여 법에 얽어넣기까지 하였다고 한다.

이상의 내용은 하나같이 우리의 흉금을 울리는 금과옥조(金科玉

條)임은 말할 것도 없거니와 이를 실천한 선인들의 굳은 의지에 숙연해진다.

⊙ 문산회해(文山會海)

우리나라 관료사회의 통폐가 복지부동(伏地不動)이라면 중국 관료사회의 통폐는 '문산회해'다. 문산회해란 말은 중국의 고위 행정 관직을 두루 거치고 지금 천진 사회과학원장으로 있는 왕휘(王輝)가 근간에 지은 《중국관료천국(中國官僚天國)》이라는 저서에서 쓴 말이다. 관료란 알맹이 없는 서류의 산〔文山〕 속에서 놀고 무의미한 회의의 바다〔會海〕 속에 잠겨있다 하여 문산회해인 것이다.

공무원의 수와 공무의 양과는 반드시 비례하지 않는다는 퍼킨슨의 법칙이 있다. 곧 공무원은 일의 양과는 아랑곳없이 부하를 늘리기를 원하고, 늘리기 위하거나 늘린 인원을 합리화하기 위해 일부러 일을 만든다. 일을 만들다 보니 알맹이 없고 필요하지도 않은 서류만 늘어나 문산이 되고, 생산성 없는 시간 죽이기 회해를 이룬다.

동서고금에 통하는 관료의 통폐로서 육조(六朝) 때 학자인 안지추(顔之推)는 문산회해말고 상굴하만(上屈下慢)을 들었다. 윗사람에게는 비굴하면서 아랫사람에게는 오만불손하다는 뜻이다. 극장 구경을 하고 있던 한 하급 관리가 재채기를 한 것이 앞자리의 대머리에 튕겼다. 알고 보니 상관인 고급 관리인지라 그것이 마음에 걸려 고민 끝에 여위어가 죽음에 이른다는 체호프의 단편소설이 있다. 그러면서도 관권의 후광이 제 몸에서 나는 것처럼 자기과시를 한다. 일반 사람과는 어딘가 다르다는 선민의식이 있으며 벼슬덤을 누리려 든다. 녹(祿)말고 벼슬의 그늘에서 형성되는 유형무형의 덤을 누리려 든다. 바로 그 덤의 크고 작음으로 그 벼슬의 좋고 나쁨의 척도로 삼는다.

책승과강(責昇過降)도 관료 인간의 3대 통폐로 든다. 책임이 돌아올 일은 위로 올리고, 잘못으로 지탄받을 과실은 아래로 내린다. 관료는 책임과 과실의 무풍지대를 만들고 싶어한다. 미국의 관청에서 세 가지 말을 쓰지 못하게 하는 삼불언운동(三不言運動)이 벌어진 적이 있는데 그 말은 다음과 같다. '아이 돈 케어(I don't care)' '댓 낫 마이 잡(That not my job)' '댓스 유어 프로브럼(Thats your problem)'. 이 말 모두가 책승과강의 통폐에서 탄생된 말들임은 두말 할 나위가 없겠다.

우리 관료사회에서 복지부동이 문제가 되고 있는데 바로 관료삼폐(官僚三弊)인 문산회해(文山會海)나 상굴하만(上屈下慢) 책승과강(責昇過降)에 더하여 관료사폐(官僚四弊)랄 수도 있고, 관료삼폐를 하지 못하게 하니까 그에 대한 저항수단으로 선택된 것이 복지부동이거나 둘 중에 하나일 것이다.

◉ 마음의 소

'남의 위에 서려거든 칼날을 십분 모두 세우지 말고 팔푼쯤 무디게 해야 하느니라'고 한 것은 한비자(韓非子)의 말이다. 날카로운 재간(才幹)과 지모(智謀)와 경륜(經綸)을 십분 발휘하다가 되말려 처참하게 된 그의 체험에서 나온 가르침일 것이다. 한비자는 기원전 3세기 전국시대 약소국인 한나라 왕자로 태어나 정치에 큰 뜻을 품었으나 태어날 때부터 말을 더듬고 어눌(語訥)하여 뜻을 이루지 못하고 전전긍긍하다가 열등보상으로 중국 10대 명저(名著)인 《한비자》 55편을 남겼다.

《좌전(左傳)》은 앞을 못 보는 좌구명(左丘明)의 열등보상물이고, 《사기(史記)》는 거세형(去勢刑)을 당한 사마천(司馬遷)의 열등보상 산물이다. 손자(孫子)는 다리근육을 잘리는 단근형(斷筋刑)을 받고 그 반동으로 《병법(兵法)》을 남겼다. 뮌헨에 투옥당했던 히틀러가, 소아마비의 루즈벨트가, 파리 망명의 호메이니가, 필리핀 참패의 맥아더가, 홍위병(紅衛兵)에게 갖은 수모를 당한 등소평(登小平)이 좌절이나 실패나 수모 없이 크게 된 것은 아니다.

우리 선비사회에서도 나라를 다스리는 사람은 적당히 어리석고 둔감해야 한다고 가르쳤다. 정승 정탁(鄭琢)이 젊어서 조식(曺植) 선생에게 배우고 슬하를 떠날 때, "뒤란에 소 한 마리 매어놓았으니 타고 가게나."하는 것이었다. 뒤란에 가보았으나 소는 없어 어리둥절했으나 스승은 웃으며, "자네는 언어나 패기가 너무 날카로워 날랜 말을 타고 달리는 것과 같아. 날랜 말은 넘어지기 쉬운지라 둔한 소를 타고 가야 멀리 갈 수 있어 소를 주는 것일세."라고 했다. 정탁은 선생이 준 마음의 소를 탔기에 정승반열(政丞班列)에 오를 수 있었다고 입버릇처럼 말하고 있다.

병자호란을 슬기롭게 넘긴 정승 최명길(崔鳴吉)은 청색과 녹색을 분간 못하고, 당나귀와 말을 분간 못했으며, 백 단위 천 단위를 혼동하여 정사에 차질을 빚은 것이 비일비재했다 한다. 정치는 보이지 않는 심지(心志)가 하는 것이지 겉으로 보이는 모양새가 하는 것이 아니다.

⊙ 알고 나면 즐겨라

'공자께서 말씀하셨다. 알기만 하는 사람은 좋아하는 사람만 못하고, 좋아만 하는 사람은 즐기는 사람만 못하다.(子曰 知之者 不如好之者 好之者 不如樂之者 論語 雍也-자왈 지지자 불여호지자 호지자 불여낙지자 《논어 옹야》)'

알면 좋아하게 되고, 좋아하게 되면 즐기는 것이 사람의 상정이다. 그러나 앎이 좋아할 정도가 되려면 제법 깊이 들어가야 하고, 좋아함이 즐기는 경지에 도달하려면 아주 곰삭아서 푹 젖어들어야 한다.

학문뿐만 아니라 일상생활에서의 취미·오락, 심지어 인생에 대해서도 마찬가지다. 인생이란 무엇인가. 누구나 하는 일상적인 질문이지만 '인생이 무엇인가'를 진실로 알고 이 세상을 살아가는 사람은 드물다. 종교나 철학의 힘을 빌더라도 그 참모습을 알기란 쉽지 않다. 그러나 우리는 인생을 살아간다. 모르는 체 살아간다. 아니 알고 있기 때문에 살아가는지도 모른다.

사실을 말하면 사람들은 누구나 인생이 무엇인가를 알고 있다. 말로 표현하거나 글로 엮어내지는 못한다 치더라도 낌새로는 알고 있다. 몸으로도 알고 있다. 그러기에 모두들 살아가고 있지 않는가. 인생을 사랑하고 인생을 즐기며 살아가고 있지 않는가. 우리의 아주 오래된 속담에선 말한다. "개똥밭에 굴러도 이승이 좋다."

따지고 보면 섣불리 아는 것보다는 알차게 아는 것이 낫고, 좋아만 하고 있을 것이 아니라 스스로 즐기는 것이 더욱 나을 것도 같긴 하다. 좀 크게 잡아서 '인생을 즐긴다'고 할 때는 몸으로만 되는 것이 아니고, 그걸 뒷받침해 주는 정신적인 바탕 같은 것도 있어야 하지 않을까. ‘인생을 열심히 산다’는 것이 인생을 즐기는 일이라면 ‘인생을 생각하며 산다’는 것도 인생을 즐기는 일이 되지 않을까.

화담(花潭) 서경덕(徐敬德) 같은 분은 생각하며 살았다는 점에서 인생을 즐긴 사람이다. 그는 무슨 일이고 ‘생각해서 해결해내는’ 버릇을 갖고 있었다. 모르는 사안이 있으면 그걸 벽이며 천장에다 붙여놓고는 방문을 걸어 잠근 채 앉거나 누워서 며칠이고 그걸 바라보고 생각에 잠기는 것이었다. 그러고는 끝내 해결하고 말았다.

이런 성장은 어릴 적부터 이미 싹트고 있었다. 서당에도 가기 전이니 네댓살 때인지 모른다. 그는 들에 나가 나물을 캐서 그걸로 끼니를 때우고 있었다. 너무 가난했던 것이다.

화창한 봄, 그날도 그는 밭둑에 앉아 나물을 캐고 있었다. 따사로운 햇볕이 쏟아지고 있었고 아른거리는 아지랑이 속에 종달새가 우짖으며 날고 있었다. 그는 종달새를 바라보다가 문득 고개를 갸웃거렸다.

“이상해······.”

종달새의 나는 위치가 어제와 달랐다. 어제는 땅에서 한 자쯤 떨어져 날았는데 오늘은 두 자쯤으로 훨씬 더 높이 떠 있었다.

“이상하단 말이야.”

그는 생각해 보았지만 알 수 없었다. 이튿날도 나물을 캐러 들판으로 나왔다. 종달새는 어제보다 훨씬 높이 떠서 우짖으며 날고 있었다. 그는 나물바구니를 던져두고 궁리하기 시작했다.

“종달새는 왜 하루가 다르게 땅에서 높이 올라가나? 처음부터 높이 떠서 날 일이지 무슨 연유로 땅에서 가까운 위치에서 날기 시작해 점점 높이 올라가나?”

그는 나물 캐는 것도 잊고 하루 내내 생각에 잠겼다. 해가 서산에 뉘엿거릴 무렵에야 그는 무릎을 쳤다.

"이거다!"

봄이 되면 겨우내 땅속 깊이 간직되어 있던 따스한 기운이 밖으로 뿜어져 나오고, 그 기운이 점차 위로 올라감에 따라 종달새도 올라가는 것이다. 그는 머릿속이 확트여 기쁨으로 마구 뛰었다. 그러나 집에서는 아버지의 꾸중이 기다리고 있었다. 빈 바구니를 들고 왔기 때문이었다. 그는 평생 벼슬에는 뜻이 없었고 오직 자연을 벗삼아 글 읽고 생각하는 일에만 전심했다. 송도 성거산(聖居山)에서 흘러 내려오는 화담 기슭에 띠풀 정자를 얽고는 사색과 독서로 유유자적하는 생활을 즐겼다.

◉ 기심(機心)

금수(禽獸)와의 친화력(親和力)을 이해하는 데 우리의 전통적 지혜로써 기심이라는 것이 있다. 옛날 바닷가에 한 어부가 살았는데 해오라기들과 친해져 날아와 어깨에 앉기도 했다. 그 얘기를 아내에게 하자 그럼 그 한 마리를 잡아오라고 했다. 어부는 그렇게 마음먹고 바닷가에 나갔으나 해오라기는 한 마리도 날아오지 않았다. 이 어부에게 기심이 있었기 때문이다. 무엇인가 사특(邪慝)한 마음을 품었으면서 그렇지 않은 것처럼 내색하는 것이 기심이요, 금수에게는 인간의 기심을 알아차릴 능력이 있다고 생각했던 것이다.

한말의 명창 이날치(李捺致)는 헌종(憲宗) 철종(哲宗) 고종(高宗) 세 임금 앞에서 판소리를 불렀던 궁정가수(宮廷歌手)이다. 그의 타령은 유명하여 재야에서 새타령을 부르면 뭇 새들이 날아와 그의 어깨와 손에 앉는 것이었다. 한데 앓아누운 식구의 약값을 걱정한다든지 어느 대감댁에 불려가 노랫값으로 내리는 행하(行下)를 속으로 헤아리거나 하면 새가 날아들지 않는다 했다. 그래서 노래 부르기보다 기심 잃기가 어렵다 했다.

옛 선비들의 사람 사귀는 조건으로 내외사(內外事)를 살피는 가르침이 있는데 외사(外事)란 예의범절이요, 내사(內事)는 기심 여부다. 곧 교제에 저의(底意)가 있어 보이면 깊이 사귀지 말라는 것이다. 하지만 사람의 숨겨진 기심을 알아보기란 어렵기 그지없다. 기심측정기라도 개발되면 거짓 없는 양심사회가 될 터인데······.

◉ 야다시(夜茶時)

지금 감사원(監査院)이 하는 공직자의 감사 사성업무를 조선조에는 사헌부(司憲府)에서 맡아했다. 실무를 담당한 감찰(監察)은 6품 벼슬로 지금 품계(品階)로 치면 사무관에 불과하지만 전중어사(殿中御使)로 속칭되리만큼 그들이 하는 일이 임금과 직결되어 있어 그 자부심과 긍지는 대단했다. 먹고 입고 사는 것이 검소해야만 하고 남의 눈에 드러나지 말아야 하기에 거친 베에 누런 빛깔의 옷을 입고 비루먹은 좋지 않은 말에 해진 안장(鞍裝)을 얹어 타고 다녀야 했던 것이다.

물론 사는 집의 칸수도 제한받고 아내도 비단옷과는 거리를 두어야만 했다. 우리 전래동화에 호랑이보다 더 무서운 것이 곶감으로 되어 있다. 곶감으로도 울음을 멎지 않은 아이가 있다면 '감찰이 왔다'하면 멎지 않은 아이가 없다하리만큼 무서운 존재였다.

이렇게 뿔뿔이 헤어져 숨어서 일하기에 일정한 시간을 정해 회합을 갖게 마련인데 이 모임을 '다시'라 했다. 우두머리인 대사헌을 중심으로 다례를 올린 다음 원탁(圓卓)에 둘러앉아 탐문한 공직자의 비리와 부정을 고발, 탄핵(彈劾)했던 것이다. 긴급히 사정(司正)할 일이 있으면 야다시를 가졌다. 곧 밤중에 갖는 긴급회의다.

실학자 이익(李瀷)은 야다시의 진행에 대해 이렇게 적고 있다. 재상(宰相) 이하의 관원(官員)으로 간사(奸邪)하고 불법 저지르기를 일삼는 자가 적발되면 감찰들이 야다시를 열고 먼저 그 벼슬아치의 부정 비리사실을 널빤지에 적는다. 그리고 가시나무 몇 짐을 지고 그 탄핵 당사자의 집으로 찾아간다. 먼저 가시나무로 그 집 대문을 틀어막고 조목을 적은 널빤지를 걸어두고 돌아온다.

이렇게 야다시를 당한 자는 형률(刑律)로 처벌되지는 않으나 본직(本職)에서 물러나야 하고 두번 다시 벼슬을 하지 못하게 되며 가문에 씻을 수 없는 명예훼손이 된다. 당시 '야다시'하면 순식간에 사람을 때려잡아 하루아침에 병신으로 만드는 행위를 일컬었다던데 요즈음 사정(司正) 한파에서도 절실한 말이 아닐 수 없다. 야다시말고 부정공직자를 응징(膺懲)하는 이색적 관례로 팽형(烹刑)이라는 것을 들 수가 있다. 말대로라면 삶아 죽이는 형인데, 실은 형식적으로 삶아 죽이는 척만 하고 당사자는 평생 살아있는 시체로서 살게끔 되어 있었다.

지금의 광화문 대우빌딩 뒤쪽 복청교(福淸橋) 다리 위에 군막을 치고 커다란 가마솥을 건다. 포도대장(捕盜大將)이 앉아있는 앞에서 부정공직자를 그 솥에 넣고 아궁이에 불을 지핀 척한다. 솥에서 다시 꺼냈을 때는 죽어 있어야 하며, 그길로 떠메고 가 장례를 치르고 죽은 사람으로 여생을 살아야 한다. 그동안에 아이를 낳으면 이 아이는 애비 없는 사생아로 호적에도 올리지 못했던 것이다. 이처럼 나름대로 공직부정에 대한 사정과 감찰의 역사는 유구(悠久)하고 관례는 다양했음을 알 수가 있다.

◉ 구속파괴(拘束破壞)

돈 한푼 훔치고 국 한 그릇을 엎질렀다 하여 형 아우나 노비를 용서하지 않고 매질하고 종아리를 치는 가장이 있다. 심하면 묶어 놓고 방망이로 치고 곳간에 가두어 놓기까지 한다. 그럴수록 자제들은 속이고 숨기는 짓이 더 심해지고 노비들의 도둑질도 더욱 방자해져 집안은 엉망이 된다.

이와는 다른 가장이 있다. 남들이 알면 수치스런 일을 저지르면 숨겨두고 있다가 혼자 불러서 차근차근 타이른다. 자제나 노비가 잘못이 있으면 그 책임이 자신에게 있다고 여기고 행동함으로써 잘못을 간접으로 뉘우치게 한다. 이를테면 '조상매'라 하여 조상의 무덤 앞에서 잘못을 저지른 자제에게 회초리를 들려 가장의 종아리를 치게 하여 잘못 가르친 자신이 응징받기도 한다.

이런 가문에서 교육을 받은 자제들이면 어떻게 가장을 속이거나 도둑질을 할 수가 있겠는가. 다산 정약용의 《목민심서(牧民心書)》에서 형벌을 남용하는 남형(濫刑)과, 형벌을 신중히 하는 신형(愼刑)의 목민 효과를 이렇게 가문의 사례에서 비교하고 있다. 그리고 아전들의 행패가 간활(奸猾)하기로 소문이 난 홍주(洪州)에 목민관으로 부임한 유의(柳誼)가 단 하나의 부들 회초리도 쓰지 않고 감화시켜 폐단을 바로잡았으며, 횡포가 심하기로 소문난 강진(康津) 영문에 박기풍(朴基豊)이 장수가 되어 가서 종아리 한번 때리지 않고, 큰소리 한번 치지도 않고 악을 뽑아버린 실례를 적고 있다.

혐의자(嫌疑者) 신문(訊問)을 할 때 얼굴에 두려운 빛이 있고 음성이 애절하며 들 때는 빠르고 나갈 때는 느려서 자꾸만 뒤돌아보곤 하면 그 심기를 보고 옥에 가두지 않고 풀어준 사례, 옥중에 있는 불한당(不汗黨)의 두목을 설날에 풀어주어 노모를 뵙고 오도록 함으로써 감동한 불한당의 잔당이 그 고을을 떠나간 사례 등 인간성과 인정을 형벌에 우선시켜 고을을 편안히 다스린 사례는 비일비재하다.

고려 때 문장가인 최자(崔滋)는 형벌을 초월한 덕치로도 소문난 분인데 상주 고을의 원이 되고 나서 반 년만에 가득 찼던 옥방이 텅 비었다는 표시인 공영기(空囹旗)가 올랐다. 공영기가 오르면 태평성세의 상서로운 조짐이라 하여 백관이 대궐에 들어 하례를 올렸다. 이 같은 공영기가 오른 사례는 2천년 역사에 손꼽을 정도다.

기방무사(妓房無事) / 신윤복 그림

|정승(政丞)의 조건

　명정승으로 손꼽히는 이준경(李浚慶)이 여섯 살 때 갑자사화(甲子士禍)에 연루되어 형인 이윤경(李潤慶)과 더불어 유배살이를 하고 있을 때 일이다. 어느 겨울날 이 형제가 알몸이 되어 부들부들 떨고 있는 것을 순찰점고(巡察點考)하는 원님이 보고 새 무명옷을 지어 입히게 했다. 실은 꾀가 많은 준경은 그날이 순찰점고하는 날인 줄 알고 새옷을 얻어입고자 헌 누더기 옷을 벗어버리고 알몸인 채로 있었던 것이다.

　이준경의 정치철학은 이처럼 평생을 통해 실리주의(實利主義)였던 데 비해, 이윤경의 정치철학은 아무리 실리가 있더라도 도리에 어긋나서는 안 된다는 도리주의(道理主義)로 사사건건 충돌했다.

　이를테면 이윤경의 아들 이중열이 을사사화에 연루되어 친구를 고발하면 구명이 되고 그렇지 않으면 처형받게 되었을 때 일이다. 아버지 이윤경은 구차하게 제 목숨을 살리고자 친구를 배반할 수는 없는 일이라 했고, 숙부 이준경은 친구를 위하여 자신이 죽기까지 할 필요는 없다고 상반된 충고를 하고 있다. 이이(李珥)는 동생 이준경보다 형 이윤경이 낫다고 했듯이 정치가들을 평할 때 실리주의냐 도리주의냐를 이준경파냐 이윤경파냐로 갈라보는 관습까지 생겨났던 것이다.

　이준경파 정치철학을 발휘했던 재상으로 병자호란의 국난에서

사직을 보존한 최명길(崔鳴吉)을 들 수 있다. 농성중인 남한산성에
서 오랑캐에게 항복하는 문서를 갈기갈기 찢으며 통곡한 사람은 김
상헌(金尙憲)이었다. 최명길은 이 찢어진 문서를 주워 모으며 말했
다. "이를 찢어버리는 사람이 없어선 안 되고, 또 이를 주워 붙이
는 사람도 없어서는 안 된다." ─.

  그후 청나라가 명나라의 침공을 위해 우리나라에 원병을 강요해
왔을 때 나라 재정이 파탄하여 응할 수 없다하여 반대기한을 넘긴
것이 최명길이요, 살기가 등등해진 청나라가 문책인사를 들여보내
라 했을 때 자원해서 사지에 들어간 것도 최명길이다.

  이윤경과 정파철학을 발휘했던 분으로 조광조(趙光祖)를 들 수
있다. 여진족 추장 속고내(束古乃)가 속임수 게릴라 전법으로 변방
백성을 괴롭히길 수없이 하는데 정공법으론 당할 수 없으니 우리편
에서도 속임수의 유인술수를 써서 잡아야 한다는 조정의 논의가 있
었다. 이에 조광조는 아무리 전술이라 해도 도리에 어긋나는 술수
를 써서는 안 된다고 임금을 설득, 작전을 조절하게 하고 있다.

  이처럼 실리주의와 도리주의에는 장단점이 있는데 역사적 시각
으로 보면 전자는 식자층의 부정적 반응을 야기하기는 하나 성공하
고, 후자는 긍정적 반응을 야기하긴 하나 조절해왔음을 알 수 있다.
이 불문율은 현대에도 예외가 아닌 것 같다.

⊙ 재상오계(宰相五戒)

  우리 전통사회에서 임금을 보필하고 백성을 다스리는 재상(宰相)
으로서 지켜야 할 다섯 가지 계명(誡命)이 있었다.
  첫째 계명이 돌냄비 물 끓듯하라는 것이다. 공사(公事)나 사사

(私事)를 막론하고 성급하게 채신없이 희비애노(喜悲哀怒)를 나타
내지 말라는 것이다.

정승 이준경(李浚慶)이 서자(庶子) 출신의 이양원(李陽元)과 이
수광(李晬光) 두 사람 중 한사람을 판서로 발탁(拔擢)하려 했을 때
의 일이다. 이정승은 두 사람을 기방(妓房)에 불러놓고 기생(妓生)
과 미리 짜놓은 대로, "오늘 밤 나와 동침(同寢)하지 않으려나."고
물었다. 기생은 미리 짜놓은 대로, "동침해서 아들을 낳으면 이 두
대감 같은 신분이 되올 텐데 그 아니 영광이 아니겠습니까?"라고
했다. 이에 모욕(侮辱)을 느끼고 얼굴을 붉으락푸르락 감정을 이기
지 못하는 이수광보다 태연자약(泰然自若)한 이양원을 판서로 기
용했다.

둘째 계명이 벼슬하기 이전과 사생활을 달리하지 말라는 것이다.
남산 청학동 오누막집에서 살던 이행(李荇) 정승이 헌 베 옷 짚신에
장죽(長竹)을 물고 손자를 엎고 동구를 거닐고 있었다. 하리(下吏)
하나가 결재를 얻고자 말 타고 동구에 들어 이 아이 업은 노인에게
이대감댁이 어디냐고 물었다. "나요."라고 대꾸하자 고꾸라져 낙마
(落馬)하였다.

셋째 계명이 해야 할 일은 떠벌이지 말고 은밀히 하고, 해놓고는
모른 체 하라는 것이다. 판서 김신국(金藎國)이 중국으로 보낼 은
(銀)을 포장하는 일을 감독하고 있는데 아전(衙前) 한사람이 측간
(厠間)에 가는 것처럼 위장하여 은덩이 하나를 숨기고 돌아오는 것
을 알았다. 김신국은 지병(持病)을 핑계로 혐의(嫌疑)의 그 아전에
게 현장을 보존하도록 시켰다. 축이 나면 자신에게 혐의가 돌아올
것은 뻔한지라 숨겨놓았던 은덩이를 제자리에 갖다놓을 수밖에. 후
에 이 아전을 다른 핑계로 스스로 물러나게 하고 있다.

넷째 계명이 쓴말 하는 사람을 가까이하고 단말하는 사람을 멀리 하라는 것이다. 노정승(老政丞) 윤두수(尹斗壽)는 젊은 간관(諫官) 이원익(李元翼)으로부터 뇌물을 배척하지 못한다고 공개적인 비판을 받았다. 윤정승은 이 젊은이를 불러 그러하지 않을 수 없었던 사정을 납득시키고 이원익이 승승장구(乘勝長驅) 정승으로 출세하는 데 후견인이 되고 있다.

다섯째 계명이 사람을 대할 때 나보다 나은 점을 알아내고 알아주는 것이다. 정승 상진대감(尙震大監)이 기방(妓房)에서 기생을 보고, "내 딸 귀 예쁘기로 북촌(北村)에서 소문이 나있다. 한데 너의 귀는 내 딸 귀보다 한결 더 예쁘구나."라고 하였다. 조야(朝野)나 귀천(貴賤)간에 상진대감을 싫어하는 사람이 없었다는 것은 결코 우연한 일이 아니다.

◉ 재상(宰相)과 뱃사공

사람의 성장과정은 환경의 영향을 받는다. 환경은 사람의 운명까지도 좌우하게 된다. 가정 환경, 사회 환경 모두 영향을 미친다. 맹모(孟母)의 삼천지교(三遷之敎)만 보아도 알 수 있다. 중국의 고사(故事)에 다음과 같은 이야기가 있다.

호구지책(糊口之策)도 어려운 가정에서 등이 붙은 쌍둥이를 출생하였다. 붙은 채 기를 수는 없어 하나라도 살리기 위해 한쪽으로 치우치게 분리했다. 살이 더 붙은 쪽을 '도(度-법도)'로 형, 살이 덜 붙은 쪽을 '탁(度-헤아리다)'을 써 동생으로 했다. 가정형편이 어려워 어느 날 동생 탁을 강보에 싸서 집 앞에 내다버렸다. 마침 지나가던 사공(沙工)이 데려다 키우게 되었다. 형인 도는 가정형편이 좋아져서 열심히 공부해 과거급제(科擧及第)하여 태수(太守)가 되어 지방순시를 위해 양자강(揚子江)을 건너게 되었다.

관원들이 사공이 태수를 꼭 닮았다고 해서 태수는 어릴적 부모에게 들은 기억을 떠올리고 자세히 살피던 중 여름철이라 사공이 웃옷을 걷어올릴 때 등의 흉터를 보았다. 태수가 사공에게 물으니 어릴 때 이름이 배탁이었다고 하니 동생이 분명하여 귀로에 데려다 벼슬을 시켜주겠다 하니, "형님은 그리 옹졸하십니까."하면서 사양했다. '벼슬길만이 출세가 아니고 자기가 맡은 분야에서 일인자가 되는 것이 중요하다. 형님은 관계에서 출세했지만 저는 천직인 뱃사공의 일인자로 만족한다'고 형을 설득했다.

형이 동생을 아끼는 마음씨도 흐뭇하지만 동생의 장인정신(匠人精神)과 소명의식(召命意識)도 이 시대를 사는 사람들에게 시사(示唆)하는 바가 있다. 출세길이라면 수단방법을 기리지 않는 정상배(政商輩)나, 돈 버는 일이라면 물불을 가리지 않는 졸부(猝富)들을 생각할 때 배도와 배탁 형제의 현명한 자세는 음미해 볼만하다.

◉ 옥중오고(獄中五苦)

정약용(丁若鏞)의 《목민심서(牧民心書)》에 보면 당시 옥중(獄中)에서 겪는 다섯 가지 고통을 적고 있다.

그 첫째가 목에 채우는 칼[枷]과 발에 채우는 족쇄(足鎖)로 형을 받는 가계고(枷械苦)요,

둘째가 옥졸(獄卒)이나 고참 죄수로부터 강요되는 금품이나 사형(私刑) 때문에 받는 토색고(討索苦)다.

셋째가 옥중의 불결과 비위생으로 물것과 병마에 시달리는 질통

고(疾痛苦)요,

넷째가 참을 수 없는 추위와 굶주림으로 겪는 동뇌고(凍餒苦)며,

다섯째가 사건 심리를 무작정 면죄하고 출옥하게 되어 있는데도 뇌물이 올 때까지 지연시키는 체류고(滯留苦)다.

한말에 한양 서린(瑞麟) 감옥에 갇힌 적이 있는 프랑스 주교 리델의 옥중기에 이 옥중오고를 가늠케 하는 다음과 같은 대목을 읽을 수 있다. '주야 없이 족쇄를 끼우고 발목이 짓무르고 옴이 번져 몸에 곪지 않은 곳이 어느 한 부분도 없으며, 매 맞은 장독(杖毒)으로 썩지 않은 살이 없었다. 하루 수수밥 한 덩어리에 굶주림이 겹쳐 살아남은 사람보다 죽어 나간 사람이 더 많았다. 죽으면 병사한 것으로 하여 시방(屍房)에 버렸다가 밤이 되면 두엄터에서 태워 버렸다'고 했다.

특히 토색고는 옥에 갇힌 수인(囚人) 당사자뿐 아니라 그의 가족에까지 연계되어 옥사가 났다 하면 패가멸문(敗家滅門)하는 것이 관례였다. 이를테면 죄인의 가족은 그 죄인이 매를 맞는 날을 기억해 두었다가 그 전야에 포교에게 지장대(紙杖代)라는 뇌물을 바친다. 바친 액수에 따라 이 죄인에게 가하는 태형(笞刑)의 형장(刑杖)을 오동나무로 만든 동장(桐杖)으로 하느냐, 종이로 만든 지장(紙杖)으로 하느냐를 정한다. 보다 덜 아프게 매를 맞기 위해서 뇌물을 썼던 것이다.

형기(刑期)를 마쳤더라도 사미(捨米)라 하여 옥중에 있는 신당에 쌀 몇 섬을 바치지 않고는 나갈 수가 없었다. 미신을 핑계 댄 뇌물임은 두말 할 나위가 없겠다. 좌우 포도청을 다스리는 포도대장이 바뀌면 맨 먼저 인수인계하는 문서가 옥책(玉冊)이라 불리는 수감자 명단인데, 실은 수감자의 반상(班常) 배경, 그리고 본인과 가족,

그리고 5등친의 재산 등을 적은 토색대장인 것이다. 그 대장을 보고 형량과 뇌물을 저울질하여 가렴주구를 일삼았던 것이다.

팽형(烹刑)이라는 부정부패 관리에게 가하는 공개형(公開刑)이 있었는데, 가마솥에 죄인을 삶아 죽이는 형벌로서 중세에 뇌물을 먹고 삶아 죽이는 시늉만 하고, 또 죄수도 죽은 시늉으로 가짜 상여를 낸 후 가짜 인생을 사는 것으로 형식화하여 한말까지 지속되고 있다.

갑오혁명에 가담했던 한 분이 옥중에서 어머니에게 부친 한글 편지가 발굴되었는데, 그 가운데 돈 3백 냥만 있으면 풀려날 수 있다는 대목이 주의를 끌게 한다. 동학 봉기를 야기(惹起)시켰던 당시 관리들의 부패와 구전(口傳)으로만 전해 내려오던 옥중 부조리를 입증해주는 옥중 편지다.

◉ 안자(晏子)의 힘

제(齊)나라 경공(景公)이 공자에게 높은 감투를 주기로 마음먹었다. 그러자 재상 안자가 반대했다. 공자는 언변은 청산유수 같지만 겉치레에 불과하고, 대단히 오만하며 정치도 이념뿐이지 현실은 알지도 못한다는 것이었다.

이런 안자를 두고 사마천(司馬遷)은 《사기(史記)》에서 이렇게 격찬했다. "만약에 내가 안자와 같은 시대를 살았다면 나는 기꺼이 그의 마차꾼이 되겠다." 안자는 영공(靈公), 장공(莊公)에서 경공에 이르는 3대에 걸쳐 50년 이상 재상(宰相)을 했다. 처세나 권모술수에 능해서가 아니었다. 그는 한번도 자기 신념을 굽힌 적이 없으며 누구에게 아첨을 한 적도 없고 남들과 어울려 술을 마시지도 않았다.

그는 한평생을 두고 할 말만 하고 살았다. 제나라에 쳐들어온 적군과 맞싸운 영공의 군대가 대패하자 겁먹은 영공이 도망치려 했다. 안자는, "군세를 정비하여 다시 싸우면 틀림없이 이긴다."면서 임금의 옷자락을 잡고 만류했다.

그것을 뿌리치고 도망가려다 영공의 옷이 찢겨나갔다. "무례한 놈."이라며 영공이 칼을 잡았다. "전하께서 이처럼 겁이 많아서야 되겠습니까."하고 안자가 거침없이 말했다. 더 이상 용서하지 못하겠다며 영공이 칼을 뽑아들었다.

"저를 자를 수 있는 용기를 가지고 적과 싸우십시오."라고 안자가 힘주어 말했다. 멈칫한 영공이 안자에게 애원하듯 말했다. "너를 죽일 용기는 없다. 그러니 후퇴하는 것을 막지 말라." "정 그러시다면 후퇴하시는 전하의 안전을 위해 제가 뒤를 맡겠습니다." 이리하여 임금은 무사히 후퇴할 수가 있었다.

영공의 뒤를 이은 장공이 최저에게 살해되었을 때의 일이다. 안자는 호위병도 없이 최저의 집에 들어갔다. 그리고 장공의 사체를 끌어안고 예에 따라 통곡하고는 집을 나가려 했다. 이를 보고 최저의 부하들이 활로 쏘아 죽이려 하자 최저는 이를 말렸다. "죽이면 안 된다. 임금이 죽었다고 백성들이 소란을 피우기 시작할 때 이를 진압할 수 있는 것은 저 자밖에는 없다."

그리하여 무사히 문밖으로 나온 안자를 밖에서 기다리고 있던 장공의 시종(侍從) 문관이 물었다. "임금을 살해한 자를 그냥 둬도 좋겠습니까?" "임금이 사직(社稷)을 지키기 위해 목숨을 잃었다면 몰라도 신하의 아내와 내통하다 살해되었다면 군주에게 의리를 지킬 필요는 없다."고 안자가 대답했다.

경공 때 불길한 별이 뜨고 큰 가뭄이 있었다. 궁전에서는 불길한 별이 사라지도록 기도했다. "그래도 별이 사라지지 않으면 나라가 어떻게 되겠는가."하며 임금이 눈물을 흘리자 신하들이 덩달아 울음을 터뜨렸다. 그런 속에서 안자는 껄껄 웃었다.

"나라의 흥망과 별과는 상관이 없습니다. 그보다도 공권력을 남용하며 정치를 농단하고 있는 전씨(田氏) 집안이 문제인 것을 모르십니까." 그자리에 함께 있던 전씨는 안자를 노려보았다.

그러나 그도 안자에게 손을 대지는 못했다. 그 이유는 간단했다. 그토록 오랫동안 최고의 권력자였으면서도 안자는 장바닥 모퉁이의 오막살이집에서 가난하게 살았다. 마차도 없이 늘 걸어서 관청을 왕복하는 그를 일반서민은 임금 이상으로 우러러 보았던 것이다.

권력은 물려받을 수도, 빌려서 쓸 수도 있다. 그러나 권위는 주고받을 수 있는 게 아니다. 권력에 권위가 실려 있지 않을 때에는 어떠한 권력도 무력해지기 마련이다.

◉ 동자승(童子僧)

신라 신문왕 때 일이다. 삼랑사에서 당시 국사(國師)였던 경흥(憬興) 스님이 여러 달째 앓아 누워 있었다. 어느 날 한 동녀승(童女僧)이 나타나더니 스님의 병은 크게 웃음으로써 낫는다 하고 웃지 않을 수 없는 열한 가지 해괴한 몰골과 작태를 지음으로써 스님으로 하여금 턱이 빠져나가도록 웃게 한 다음 어디론가 사라져 버렸다.

피부병을 몹시 앓았던 세조도 동자승과 만나고 있다. 세조 12년

(1466) 윤삼월에 세조는 금강산 온정리 온천에서 요양하고 돌아오는 길에 오대산 상원사에 들러 사흘간 머물렀다. 《세조실록》에 보면 이때 수행했던 사람은 왕세자인 예종, 효령대군, 영의정 신숙주, 공신 한명회 홍윤성 등이었다.

세조가 영험이 있다는 상원사 계곡물에서 몸을 담그고 있는데 동자승이 나타나 등을 밀어드리겠다고 하는 것이었다. 등을 맡겼더니 그 동자승의 손가락이 미치는 곳마다 시원하기 그지없을 뿐더러 그 미치는 곳이면 쾌유된 것을 감지할 수 있었다.

세조는 물에서 나와 화공(畵工)을 불러 자신이 본 그 동자승의 모습을 상세히 들어 화상을 그리게 했다. 또한 그 화상을 토대로 동자승을 조각케 하였다. 이 동자상이 상원사에 보존되어 내려왔으며 20여년 전 이 동자상의 복부에서 국보급 문화재가 발견되어 화제가 되었었다.

부처님과 중생 사이를 오가며 중생을 고난에서 구제하고 깨우침으로 이끄는 중간불(中間佛)이 보살이다. 보살에도 관음보살 미륵보살 지장보살 보현보살 문수보살 등 맡은 영역이 따로 있는데 동자승이나 동녀승으로 나타나 중생의 아픈 곳을 쓰다듬어주는 것은 문수보살이다. 우리나라 절 이름으로 문수사 문수암 등 문수를 이름으로 삼은 절이 유사 이래 56개나 되어, 가장 선호하는 절 이름으로 되어 내려온 것은 동자승 출현의 이적이 있거나, 없더라도 동자승 출현의 대망이 잠재된 때문일 것이다.

초파일을 앞두고 귀엽게 생긴 동자승들의 천진난만한 모습들이 신문에 자주 등장하여 눈길을 끌었고, 초파일 기념탑 상부에도 동자승을 앉혔다. 이 동자승들은 절에서 스님과 숙식을 더불어 함으로써 수도체험을 시키는 한달짜리 시한 스님들이라지만 절이나 부처님과 거리가 있는 이들에게까지 친근감을 주어 동자승으로 화신하는 문수보살 역할을 한 셈이다.

⊙ 자제심 잃고 내린 결정의 쓰라린 교훈

● 미국의 《미덕(美德)독본》 선풍

미국에서 가장 잘 팔렸던 책 중의 하나는 전직 교육부장관이던 윌리엄 베네트가 쓴 《미덕독본》이다. 그것은 미국사회의 도덕적 위기에 대한 경종 같기만 했다.

댈라스시에서는 1천명 이상의 시민이 참가한 가운데 '성격과 가치에 관한 커뮤니티 포럼' 대집회가 있었다. 이 자리에서 한 주최자는 개탄했다. "우리는 도덕보다 정신적 건강에 더 관심을 가지고 있다."고.

폭력, 마약, 미혼모의 증가 등도 가치관 붕괴의 결과라고 본 미국에서는 지금 매우 활발하게 각종 도의 재건운동이 벌어지고 있다. 상원의원들조차 '성격형성 연합운동'을 조직했다. 이 운동에 참가한 배우 톰 셀릭크는 이렇게 말한다. "당신이 가난하든 권력이 있든 관계없이 거짓말하고 훔치고 속이는 데는 어떤 변명도 있을 수 없다." 조지워싱턴 대학의 사회학교수 에트지오니는 말한다. "사회를 멸망시키는 것은 경제만이 아니다. 어느 사회도 도덕적 무정부상태 속에서 살아남지 못한다."《아버지 없는 미국》의 저자 데이비드 블란켄혼은 또 이렇게 말했다. "좋은 정부나 좋은 경제를 갖는 것만으로는 충분치 않다. 좋은 정치 이상으로 중요한 것이 좋은 시민이다."

그런 좋은 시민의 기둥이 되는 덕목을 '성격형성 연합운동'에서는 여섯 가지를 꼽고 있다. 곧 신의(信義), 존경심(尊敬心), 책임감(責任感), 정의감(正義感), 동정심(同情心) 그리고 공공정신(公共精神) 등이다. 이러한 덕목은 아득한 옛날부터 변하지 않고 있다. 고대 그리스에서 '좋은 시민'의 도덕적 덕목으로 여긴 것도 정의(正義), 절도(節度), 용기(勇氣), 너그러움, 침착함, 성실(誠實), 자존심(自尊心), 염치심(廉恥心) 등이었다. 이 덕목들은 럭비와 함께 이튼과 같은 영국의 신사양성 학교에서 학생들에게 가르친 것들이기도 했다.

월리엄 베네트의 《미덕독본》에서는 10가지 덕목이 열거되고 있다. 그 중의 으뜸으로 꼽은 것이 자제(自制)다. 그 다음이 자비심(慈悲心), 책임감(責任感), 우정(友情), 근로(勤勞), 용기(勇氣), 인내(忍耐), 정직(正直), 신의(信義), 신념(信念)의 차례로 되어 있다.

● 덕목 중 첫째로 꼽아

책의 첫머리에서도 자제(自制)를 가르치는 제임스 볼드윈의 다음과 같은 우화를 소개하고 있다. 칭기즈칸은 위대한 왕이었다. 사람들은 알렉산더 대왕을 제외한다면 그보다 훌륭한 임금은 없었다고들 말했다.

그가 사냥하기 위해 어느 날 아침 숲속을 말을 타고 달렸다. 그의 뒤를 수많은 신하들이 따랐다. 왕의 팔목에는 왕이 아끼는 매가 앉아 있었다. 매는 사냥할 때 절대 필요한 것이었다. 종일토록 왕일행은 짐승을 찾아다녔으나 수확이 시원치 않았다. 해가 질 무렵에 하는 수 없이 일행은 궁전으로 돌아가기로 했다. 왕은 지름길을 택하기로 했다. 그는 숲속을 자기 손바닥처럼 잘 알고 있었다. 한창 달리다 심한 갈증을 느낀 그는 샘물을 찾으려 했다. 그러나 늘 철철 넘쳐흐르던 그 샘이 말라 있었다.

너무 빨리 혼자 달린 탓으로 주변에는 신하가 한명도 보이지 않았다. 매도 어디론가 날아가고 없었다. 가만히 둘레를 살피니까 천만다행으로 머리 위의 바위틈으로 맑은 물이 한 방울 두 방울 떨어지는 것이 보였다. 왕은 물잔을 꺼내 떨어지는 물방울을 받았다. 한참 후에야 간신히 물잔에 물이 거의 찼다.

물잔을 입가에 대고 마시려는 순간 어디서부터인가 매가 날아와서 그 물잔을 주둥이로 치고는 다시 하늘로 높이 날아갔다. 왕은 땅바닥에 떨어진 잔을 주워 들고 다시 물방울을 받기 시작했다. 물이 반쯤 채워졌을 때 그는 잔을 들어올렸다. 그러나 잔이 입가에 닿을까 말까 할 무렵에 또 다시 매가 날아와서 잔을 엎질렀다.

화를 억지로 참으면서 왕은 또 다시 물을 잔에 담기 시작했다. 그러나 매는 왕이 먹으려는 순간 물을 엎질러놓았다. 그 징도면 왜 잘 훈련된 매가 그러는지 의심할 수 있어야 했다. 그러나 화가 치민 왕은 분별력을 잃었다. 네 번째로 매가 왕이 물을 못 마시게 하자 왕은 매를 칼로 찔러 죽였다.

그러는 사이에 물잔까지 잃은 왕은 하는 수 없이 물줄기를 따라 바위를 기어올라갔다. 올라가 보니 과연 고인 물이 있었다. 거기서부터 물이 바위틈을 따라 한 방울씩 떨어졌던 것이다. 그러나 땅위에 엎드려서 물을 마시려고 보니 물속에는 굉장히 큰 독사(毒蛇)가 한 마리 죽어 있었다. 그제서야 그는 매가 그 독물을 못 마시도록 했다는 사실을 깨닫게 되었다.

그는 다시 바위를 타고 밑으로 내려간 다음에 죽은 매를 어루만지면서 맹세했다. "오늘 나는 매우 쓰라린 교훈을 배웠다. 앞으로는 절대로 어떤 경우에도 홧김에 결정을 내리지는 않겠다."고.

|조선의 어머니

예로부터 어머니의 교훈을 받아 대성한 분들은 매우 많다. 중국 전국시대 맹자의 어머니는 아들의 바른 교육을 위해 거주지를 세 번 옮겼고 그 뜻을 받들어 마침내 대현(大賢)이 되었다.

- 김유신(金庾信)의 어머니 만명부인(萬明夫人)은 엄격한 훈계를 하여 함부로 교유(交遊)하지 못하게 했다. 어느 날, 기생 천관의 집에서 자고 오자, "나는 네가 자라서 공명을 세우기를 밤낮으로 바랐는데 너는 기생집에서 놀아난단 말이냐."라고 하였다. 김유신은 즉시 어머니 앞에서 무릎을 꿇고, "다시는 술집 앞을 지나지도 않겠습니다."라고 맹세했다. 그런데 술에 취해 돌아오는 길에 말이 잘못 기생 천관의 집에 이르렀다. 김유신은 말의 목을 벤 후 화랑정신을 수련하여 마침내 삼국통일의 위업을 이룩했다.

- 정여창(鄭汝昌)은 젊었을 때 술을 좋아하였다. 하루는 술에 취해 들녘에서 하룻밤을 지새우고 돌아오자 어머니는, "네 아버지가 이미 돌아가셨으니 내가 의지하는 것은 너뿐인데 네가 이와 같으니 나는 누구를 의지하겠느냐."라고 꾸짖었다. 정여창은 깊이 반성하고 술을 입에 대지 않았다. 그후 위대한 유학자(儒學者)가 되어 동국 18현의 한 분으로 문묘(文廟)에 배향되었다.

- 이준경(李浚慶)의 어머니 신씨는 아들에게, "과부의 자식은 사람들이 사귀려 하지 않으니 남보다 열 배 이상 부지런히 공부하여 옛 가풍을 떨어뜨리지 않도록 하여라."라고 항상 훈계하였다. 그 교훈을 받든 이준경은 마침내 문과에 급제하여 영의정에 이르렀다.

- 인조(仁祖) 때 정승 홍서봉(洪瑞鳳)의 어머니는 손님이 와 푸주간에서 고기를 사도록 시켰다. 사온 고기가 수상하여 은비녀를 꽂아보니 변색되는 지라 상해서 독이 있음을 알고 당장 은비녀를 팔아 푸주간 고기를 모두 사다 땅에 묻게 하고 내색하지 않았다. 임종할 때 아들에게 남긴 유언은, "나를 정승의 어머니로 장사 지내지 말고, 여염집 여자로 단장(單葬)하여라."라고 했다.

- 한양 서빈 김학성(金鶴聲)의 어머니는 과부의 몸으로 삯바느질하며 두 형제를 기르고 있었다. 어느 비 오는 날, 낙숫물 떨어지는 소리가 이상하여 그곳을 파보았다. 누군가 난리 때 파묻고 간 금은보화가 가득한 가마솥이 있었다. 김학성의 어머니는 일확천금을 다시 땅에 묻고 딴 곳으로 이사해버렸다. 두 아들이 급제한 후 임종 때 두 아들을 불러놓고 보물솥을 묻었다는 말을 하고, "재(財)는 재(災)다. 사람이 나서 궁핍한 것이 있어야 안일(安逸)의 관습에 빠지지 않고, 재물이 오고 벼슬하기가 쉽지 않다는 것을 알지 않겠는가." 하였다.

- 인종(仁宗) 명종(明宗) 때 문신 유응규(庾應圭)는 남경(南京) 판관(判官)으로 있을 때 청렴하고 공정하게 봉직하였다. 그의 부인이 해산한 뒤에 유종(乳腫)이 심했는데 나물국만 먹을 따름이었다. 이를 안 한 아전(衙前)이 꿩 한 마리를 선사하자,

"남편이 평소에 남의 물건을 받지 않았는데 어찌 내 구복(口腹)을 위해 남편의 청덕(淸德)에 누(陋)를 끼치겠는가."하고 받지 않자 아전은 부끄러워 돌아섰다.

• 선비 이경근(李擎根)의 《고암가훈(顧菴家訓)》에 '지난 병오(丙午)년 9월, 나는 큰 소리로 아내를 꾸짖은 일이 있었다. 이때 어머니께서는 나를 불러 세워놓고 피가 나도록 종아리를 때렸다'고 하였다. 고암은 종아리를 맞고 울었는데 아파서가 아니라 때리는 어머님의 힘이 약해진 것이 서러워서였다. 옛 어머니들은 싸리나무 회초리를 한다발 잘라다 선생님에게 바치는 것이 일이었다. 보다 많이 초달(楚撻)을 쳐서 보다 더 나은 사람을 만들어 달라고 경쟁적으로 싸리를 꺾어 바쳤다.

◉ 백만장자의 어머니

임진왜란 때 나라를 구한 백사 이항복의 어머니 최씨는 가법이 엄하기로 소문났었다. 이를테면 오누이간에도 반드시 계집종을 곁에 세워두고 만났지 단둘이 만나게 한 적이 없었다. 백사는 어릴 적에 악동이었는데 이 어머니의 가법에 그 악이 모조리 추려져 대성의 바탕이 된 것이다.

인조 때 대신이요 학자인 월사 이정구의 어머니 권씨는 궁중의 잔치에도 갈옷과 베옷 차림이었는데 자식들의 검약한 성품을 위함이었고, 글읽는 소리를 들어야 잠이 온다고 하여 형제로 하여금 밤새워 글을 읽게 했다.

대성의 배경에 어머니의 힘이 크다는 것은 고금이나 동서가 다르지 않다. 세계 제2차대전의 영웅이요 한국전쟁에서 수복작전을 수행한 맥아더 원수의 어머니 메리는 4년에 걸친 맥아더의 웨스트포인트 재학중, 기숙사 인근에 방을 세내어 살면서 아들이 언제 소등하고 자는가를 지켜보았다. 그래선지 육군총장이 된 연후에도 맥아더는 어머니와 점심을 같이하기 위해 반드시 귀가했다.

철강왕 카네기의 어머니 마거릿은 이웃 아이드로가 토끼풀을 뜯어오는 것을 보고 카네기의 꽃다발이 가장 크지 않으면 호통을 쳤다. 물장난치고 놀다오는데도 옷이 많이 젖어 있어야 했다. 무엇을 하건 1인자이어야 한다는 마음의 틀을 잡아준 것이다. 카네기가 12세에 방직공장 화부의 조수로 취직했을 때 공장 제일의 화부가 되겠다고 노력한 것이 인정되어 우편 집배원으로 추천받았고, 미국 제일의 집배원이 되겠다는 노력으로 전신기사가 되어 출세가도를 달려갔다. 곧 어머니가 만들어준 백만장자인 것이다.

근간 〈월스트리트 저널〉은 미국 유명 최고경영자들이 돈을 벌게 된 것이 바로 어릴 적 어머니가 심어준 심성 때문이라는 특집을 다루었다. 제너럴 일렉트릭 회장은 중요한 결단을 내릴 때마다 어머니 목소리가 이끌었다 했고, 세계 최대의 피자 체인을 가진 도미노 피자 회장은 어릴 적 양계업을 하는 어머니를 도와 계란을 배달할 때 시킨 서비스 수법으로 대성했다 했으며, 세계적 올리브 산매업 회장은 주변에서 별의별 말을 다해도 자신이 결단하고 뒤돌아보지 않던 어머니의 등쌀이 대성시켰다 했다. 아이들을 대성시키는 것은 과외가 아니라 어머니의 정신적 배경임을 알 수 있게 한다.

◉ 부자가 되는 길

미국의 역대 거부들의 순위가 보도되었다. 현재 세계 최고의 거부인 빌 게이츠는 역사 순위에서 6위에 불과하고, 1위는 석유왕 록펠러요, 5위가 강철왕 카네기다. 이 거부들의 돈을 벌게 된 데에 비슷한 유형이 있음을 가려보는 것도 무의미하지 않을 것 같다.

그 하나로 큰돈을 벌수록 작은 돈의 가치를 소중히 했다는 점이다. 록펠러가 거부로 저명인사가 된 후 언젠가 은행창구에서 1센트짜리 동전을 떨어뜨렸다. 구르는 그 동전을 좇아 객실을 이리저리 헤매며 소동을 벌이더니 탁자 밑으로 굴러가자 바닥에 무릎을 꿇고 들어가 주웠다는 이야기는 유명하다.

카네기도 자손들에게 1주에 1달러 이상의 용돈을 주지 않았다. 아버지는 실직하고 어머니가 신발 꿰매는 내직을 하고 있을 때 13세의 카네기는 주급 1달러의 품팔이를 하여 가계를 도왔으며, 그 체험이 훗날 부자가 되게 한 초석이라는 교육적 무게가 실린 1달러였다.

또 다른 공통점으로 빅딜을 서슴없이 하여 군소업체를 합병했다는 것이다. 약육강식의 비난에 카네기는 '소수에게 부가 집중하는 것은 자본주의의 자연스러운 법칙'이라고 대응했다.

록펠러의 스탠더드 석유가 많은 경쟁기업을 파멸로 몰아넣어 비판대상이 되었을 때다. "장미는 작은 곁꽃을 떼어 주어야 커지듯, 사업도 약소기업을 도태시켜야 커지며 그것은 신의 섭리다."고 카네기와 같은 철학을 피력했었다.

번 돈 모두를 사회에 돌려주었다는 점에서 거부들의 또 한 가지 공통점을 찾아볼 수 있다. 자선을 위해 돈을 벌었으며, 벌기보다 쓰는 것이 10배는 더 힘들다고 말한 것은 록펠러다. 5만 명 이상의 미국도시로 록펠러나 카네기의 이름이 붙은 연구소 병원 공연 학교 복지시설 등 공공기관이 없는 곳이 없을 정도다. 어릴 적 스코틀랜드 고향에서 토끼를 기를 때 풀을 뜯어주던 소꿉친구에게 먹고살게 한밑천 준 것을 끝으로 그저 1달러만 손에 쥐고 왕생(往生)한 카네기다. 돈이 왔다 가는 이상과 같은 행로는 동서가 다를 리 없을 것이다.

⊙ 박고지 버거

한말의 대신 김윤식(金允植)이 충청도 면천(沔川)으로 유배당했을 때 그곳에 사는 황실 박씨(皇室朴氏)라는 순박한 여인을 소첩으로 맞아들였었다. 그 소첩의 외모를 시골 초가지붕에 핀 박꽃으로 비유하고 있다. 시골 아가씨를 박꽃에 비유한 시문이 비일비재하다는 것은 꾸밈없는 순수한 한국의 여인 이미지에 박꽃이 꼭 들어맞기 때문일 것이다.

박꽃처럼 자라다가 시집갈 나이가 되면 양지바른 돌담에 표주박 덩굴을 올려 합근박(合巹瓟)을 만든다. 바로 시집가는 날 이 합근박에 술을 따라 신랑 신부가 입을 댐으로써 간접 키스를 하는 사랑의 표주박인 것이다. 그후 이 합근박에는 청실홍실 수실을 달아 신방의 천장에 매달아둠으로써 사랑을 감시토록 했던 것이다.

이렇게 박으로 시작된 한국 여인의 일생은 바가지로 엮어진다. 곡식을 푸고 식수를 푸고 장을 푸고 하는 생활도구는 바가지 일색이요, 가난한 집에선 밥그릇이며 요강까지도 바가지 일색이었다. 그리하여 어머니 적삼의 앞자락은 박 비린내가 스며 어머니 생각과 불가분의 그리운 냄새가 되고 있다.

우리 옛 선조들의 사모곡(思母曲)에 이 박 비린내가 등장한 것도 그 때문이다. 그렇게 박에 묻혀 살다가 화가 치미는 일이 있으면 바가지나 긁어 그 소리로 화를 태워 발산해야 했던 박은 동반자였다. 그러다 죽으면 송장을 내갈 때 문턱에서 바가지를 밟아 깨고 평생 살던 집을 떠나갔으니 한국 서민의 일생은 바로 박의 일생이었다 해도 큰 잘못은 없다.

박은 그 맛이 권욕이나 금욕이나 명욕을 초월, 탐속을 한 사람의 비위에 맞는 담백한 맛이라 하여 도사가 먹는 선식(仙食)이기도 했고, 또 박속이 너무나 희기에 이를 유감(類感)하여 미용식으로 은밀히 먹어오기도 했다. 시집가기 전에 박 세통씩 세 번 아홉통을 먹고 가면 속살이 희어진다고 했다.

하지만 박속을 빈량(貧糧)이라 했듯이 가난한 사람 보릿고개 넘기는 전형적인 구황(救荒) 양식이었다. 흥부네 집 요리 가운데 가장 고급 요리가 바로 이 박속을 나물로 무친 포심채(匏心菜)와 국으로 끓인 흥부탕(興夫湯)이라는 것만 미루어 보아도 알 수가 있다.

박요리 가운데 가장 보편적인 것이 박고지다. 여릴 때 박속은 버리고 겉살을 얇게 돌려 썰어 말린 것으로 고기 씹는 촉감을 주면서 고기맛을 담백하게 한다하여 고기 요리에 필수로 되어온 박고지다. 시집살이 노래에 고달픈 시집살이를 한탄한 끝에 '대들보에 박고지 걸고 목이나 매어 볼까'하는 대목이 있는 것으로 보아 이 역시 가난을 연상시킨 데에는 예외가 아니다.

이 박고지를 주원료로 한 햄버거인 박고지 버거가 우리나라에서 개발되어 해외에 수출되고 있다는 보고가 있었다. 고기맛도 나고 고기 씹는 맛도 나면서 영양이 없는 다이어트 식품으로 각광받고 있다는 것이다. 빈량무상(貧糧無常)이다.

│대한민국 건국 과정과 정통성(正統性)

　1392년 7월 17일(음력) 정오경. 고려의 수도였던 개경의 싸릿골 사저를 나선 이성계(李成桂)는 수창궁 앞에 도착, 도열한 백관의 영접을 받으며 말에서 내렸다. 넉 달 전 해주에서 노루사냥중 낙마하여 몸이 불편했지만, 이날만큼은 도보로 대궐에 들어갔다.

　지밀(至密)에서 예복으로 단장한 그는 군신들의 안내로 정전에 나와 남면했다. 장엄한 주악 속에 군신들은 한명 한명 절을 올리고 충성을 맹세했다. 굳이 옥좌를 피해 서있던 그는 판서(현재의 장관에 해당) 이상 중신들을 당상으로 불러올려 말했다.

　"만약 내 몸만 성하다면 하필 말을 타고 이 일을 피할 수도 있었을 것이오. 공교롭게도 병들어 손발을 자유로이 놀리지 못하는 처지라, 이렇게 되고 말았소. 모두 일심 합력하여 나를 도와주오."

　고려 왕실의 장군이었던 이성계가 새 왕조 조선의 태조로 등극하는 순간이었다. 다소 모호하기도 했지만 이 말은 낡은 왕조의 혼란과 비생산성을 극복, 새 국가를 건설하기 위해 자신을 추대한 신흥 사대부들에 대한 취임 수락 연설이기도 했다.

　조선의 태조 이성계는 층계를 걸어 뜰로 내려섰다. 싸릿골로 돌아가기 위해 말에 올라타 채찍질을 하자 또다시 주악이 울려 퍼졌다. 앞뒤의 의장병들은 지휘자의 구령에 따라 그를 호위하면서 엄숙하게 움직이기 시작했다. 이때 그의 나이는 58세였다.

이성계에 의한 조선왕조의 개창(開創)은 흔히 역성혁명(易姓革命)이라고도 지칭된다. 그러나 고려로부터 조선으로의 왕조 교체는 주인이 왕씨에서 이씨로 바뀌는 것 이상의 역사적·사회변혁적 의미를 내포하고 있다.

그것은 고려 공민왕 이후 40여년에 걸친 혁명의 결과였다. 운동의 주체는 성리학의 왕도정치 이념으로 무장한 고도로 세련된 신흥 사대부와, 고려의 앙시앵레짐에 의해 고난을 받고 속박을 느끼고 있던 농민출신의 군부세력이었다.

세계사에서도 유례가 드문 평화적 정권 교체였다고는 하지만 하나의 왕조가 출범하는 데 몇번의 극적인 계기가 없을 수 없었다. 이성계의 위화도회군, 그리고 쓰러져 가는 왕조를 붙잡기 위해 몸부림쳤던 정몽주의 선죽교 피살이 대표적인 예다.

1388년 4월, 고려는 신흥 명나라를 상대로 요동지역 정벌에 나섰다. 명나라가 철령 이북지역이 과거 원나라 땅이었다는 이유로 요동에 귀속시킬 것을 주장하고 나섰기 때문이었다.

그러나 요동 정벌 지휘관이었던 이성계는 5월 22일 유명한 사불가론(四不可論 : 작은 나라로 큰 나라를 치는 것, 여름철에 군사를 움직이는 것 등)을 들어 위화도에서 회군을 단행했다. 막강한 회군병력을 장악한 이성계는 당시 최대의 정적이었던 보수파의 최영을 제거하고 정치·군사 등 모든 면의 실권을 장악하는 계기를 마련했다.

최영이 제거된 후 정몽주는 혁명세력에 가장 귀찮은 장애물이었다. 그는 1392년 3월, 이성계가 병상에 눕게 되자 역쿠데타 공세를 펼쳐 조준, 정도전, 남은, 윤소중, 남재, 조박 등 혁명진영의 핵심인물들을 모두 지방으로 귀양보냈다. 그러자 이성계의 아들 이방원은

4월 4일, 장정들을 시켜 선죽교에서 말을 타고 가는 정몽주를 암살, 대세를 다시 장악했다. 새 왕조 개창에 조금이라도 비판적인 언사를 하는 사람들은 모조리 숙청되고, 고려의 최고 정부기관인 도평의사사는 이성계 일파에 의해 독점되었다.

공양왕이 고립무원의 상태에서 실권 없는 왕좌를 지키고 있을 때, 이방원, 정도전, 조준 등 50여명의 혁명파 관리들은 비밀리에 이성계 추대공작을 추진했다. 먼저 도평의사사의 결의를 거쳐 추대를 합법화한 다음, 왕대비(공민왕 정비)를 추궁, 공양왕을 폐위시키고 그가 내놓은 옥새를 들고 이성계를 찾아가 왕위에 오를 것을 간청했다. 7월 17일 수창궁에서 있은 왕위 등극은 이렇게 이뤄졌다.

즉위 직후에 '고려'라는 국호를 그대로 둔 이성계가 '조선'이란 새 국호를 사용키로 한 것은 우리 민족 최초의 국가인 고조선의 후계자라는 자부심과 사명감이 있었기 때문이다.

전국 호국세력들은 건국 50주년을 맞이하여 누가 어떻게 투쟁과 희생을 치르면서 대한민국을 건국했는가를 재조명해보는 학술대토론회가 1998년 6월 3일 오전 10시부터 오후 5시까지 세종문화회관 대회의실에서 개최되었다.

대한민국 건국 50주년기념사업회가 주관하고, 조선일보사와 자유민주민족회의의 후원으로 이루어진 이날 대토론 회의는 500여명과 보수민족진영의 기라성 같은 원로들과 성균관의 유림제현들이 참석하여 대성황을 이루었다.

이날 4개의 대주제를 선정하여 벌인 대토론회는 첫번째 주제로 성신여대 이현희 교수가, '대한민국 임시정부와 대한민국과의 관계'로, 두번째 주제로 덕성여대 김기조 강사가, '열강의 한반도 분할과 신탁통치문제'로, 세번째 정신문화연구원 양동안 교수의, '건중(件

中), 인공의 정체와 결성 과정'으로, 네번째로 국제문제 조사연구소 수석 정체연구원 이기봉씨가, '4·3 제주폭동 등의 진상과 건국방해 책동'등을 주제로 토론회를 실시하였다.

이날 기조연설을 한 이철승 위원장은 '금년은 우리 대한민국이 건국된 지 벌써 50주년이 되는 해이다. 반공반탁의 기치아래 피투성이가 되어 싸워 이긴 결과로 세워진 나라이다. 그럼에도 불구하고 오늘날 우리 사회 일부에서는 대한민국의 정토성과 건국이념을 부정하고 마치 뿌리 없는 국가인 듯이 오도되고 있을 뿐 아니라 수정주의 민족사관에 오염된 주사파(主思派)와 좌익세력들이 사회 전 분야에서 나라를 잘못된 방향으로 이끌어가고 있다. 이에 우리 건국·호국세력들은 금년 건국 50주년을 맞이하여 누가 어떻게 어떠한 투쟁과 희생을 치르면서 대한민국을 건국했는가를 다시 한번 조명함으로써 우리의 후손들에게 올바른 건국과정과 정통성을 가르쳐주고 확고한 국가관과 역사의식을 전수하고자 학술대토론회를 개최한다'고 말했다.

건국 50주년기념사업준비위원회 명예회장에는 유기준, 이민우, 문봉제, 오제도, 유재흥씨가, 부회장에는 손진, 김점곤, 김용성, 이찬혁, 문학동, 이찬하, 신국주, 이진우씨가 임명되었으며, 사회에는 김명구(자유민주민족회의 대변인)씨가 맡았다.

각 주제별로 열린 대토론회에서는 각자 열띤 토론과 발표자간의 합의점을 찾고 있는 듯, 50여년 전 건국절을 생각하듯, 눈시울을 젖기도 하며 아련한 그때를 생각하는 듯한 감회에 빠져들기도 했다.

첫번째 발표자로 나온 이현희 교수는, '대한민국 임시정부와 대한민국과의 관계'란 주제발표에서, "대한민국의 건국은 국가로서의 큰 의미를 갖되 3·1혁명으로 이동녕 등에 의해 1919년 4월 13일 상해에서 수립 선포된 임정의 정부로서 독립운동 정신과 홍익인간적 창조의 전통을 계승하여 민족자결의 원칙에 따라 주권을 회복하기 위해 투쟁한 우리의 자주적인 정부수립운동의 결과였다. 수립 초기부터 광복 때까지 27년간 상해시대, 이동시대, 중경(重慶)시대를 거치면서 전통적인 국내외 민족 독립 세력을 수렴, 통활하며 구심점, 대표성을 견지한 채 광복투쟁의 방향을 제시 집행하였던 대한민국 임시정부(1919~1945) 27년사는 그것이 구심점과 희생의 뒷받침으로 1945년 8·15 민족의 광복을 스스로 쟁취할 수 있었다. 그것이 임정이 내정, 교통, 군사, 외교, 교육, 문화, 재정, 사법의 광복정책을 계획 실시하여 8·15의 광복을 쟁취했고, 그 맥락을 이어 대한민국이 건국된 것이다.

1912년 망명 아래 33년 만에 미국으로부터 귀국한 이승만과 중경의 임정 주석 김구(金九) 등 한독당(韓獨黨)의 민족주의 세력은 국내외 민주인사와 손잡고 공산화와 신탁통치에 맞서며 강렬한 반탁투쟁 속에서 임정을 정통정부로 인식, 과도기 정부로 봉대(奉戴)하였다. 그러나 미군정과 좌익세력에 의해 임정의 정통성이 거부된 채 국내 정국은 좌파의 찬탁, 우파의 반탁운동이 치열하게 전개되었다. 반탁은 민족주의 세력이 결사적으로 절규 시위한 결과, 근본적으로 그들의 신탁통치 의도를 꺾을 수 있었다.

이후 대한민국은 우여곡절 속에서 경제적 발전과 성숙된 민족의식을 바탕으로 사회 건설과 문화 발전에 매진하면서 1998년 8월 15일, 건국 50주년에 이르고 있다. 그러나 우리에게는 임정 이래로 통일 달성이라는 민족사적으로 해결해야 할 큰 과제가 남아 있다."고 발표하였다.

이어 '열강의 한반도 분할과 신탁통치문제'란 주제로 발표한 김기조 강사는, "1946년 1월 2일, 같이 반탁하던 공산당 계열이 갑자기 찬탁으로 돌아섰다. 당시 모스크바의 공산당 중앙에서 평양에 그렇게 지령하였고, 그것이 박헌영에게 전달되었던 결과였다. 소련의 계략은 조선에서 신탁통치 후, 공산화가 가능할 것으로 판단하였었다. 만약에 예정대로 한반도에서 4개국에 의한 신탁통치가 실시되었더라면, 다음과 같은 결과를 추측해 볼 수 있다.

첫째, 남한이 그대로 공산화되어 현재의 북한과 같이 되었을 것이다.

둘째, 미군정하에 있던 남한에서 공산화된다면 국내의 우익세력과 미국측이 저항했을 것이며, 극도의 분열로 내전이 촉발되어 미국 등 서방측과 공산측의 대거 개입으로 국제전화되어, 50년대의 '한국전쟁'이 일어났을 가능성이 높다. 그러한 전쟁을 공산측이 이겼더라면, 지난 베트남의 역사를 밟았을 것이다. 일부에서 신탁통치가 없었더라면, '한국동란'이 없었을 것으로 예상해 보지만 그 가능성이 더 희박하다. 그후 남한도 공산화되어 50여년간 7천만 국민의 독재정권하에서 자유를 잃고 비참한 최하의 생활을 해오고 있었을 것이다."라고 말했다.

세 번째, '건준, 인공의 정체와 결성 과정'이란 주제로 발표한 양동안 교수는, "도시의 노동자와 빈민층, 농촌의 소작농 및 좌익사상을 가진 사람들이 지지했던 것은 틀림없고, 1945년 말까지는 인공을 지지하는 인구수가 상당히 많았던 것도 사실이다. 그러나 인공 지지 민중의 규모는 1946년 10월의 좌익폭동 이후 크게 줄어들어 인공 반대 인구보다 적어졌다. 진실이 이러함에도 불구하고, 이 나라의 학계와 언론계에 건준과 인공을 긍정적으로 평가하는 견해들이 널리 수용되고, 그로 인해 대한민국 건국을 부정적으로 이해하는 사람들이 많이 생긴 것은 안타까운 일이다.”라고 발표하였다.

마지막으로 ‘4·3 제주폭동 등의 진상과 건국방해 책동’이란 주제로 발표한 이기봉씨는, “ ‘4·3 제주도 폭동’ 50주년을 맞아 일부 진보를 자처하는 좌편향 지식인층과 매스컴, 그리고 동류의 일부 정치인들과 또한 15대 대선 후 마침내 그동안의 가면을 벗어던지고 공공연히 반한·친북 행보를 내딛고 있는 NL주사파 및 사회주의 계열의 군상들은 ‘4·3 제주도 폭동’을 두고, 8·15 후 일제를 대신한 미제 식민지 통치배와 여기에 부수하여 조국 분단과 민족분열을 획책한 이승만을 두령으로 한 친일·친미 반동집단의 무자비한 살인적 폭압에 반대하여 오직 조국의 자주적 통일 독립을 위하여 총궐기한 애국적 제주 민중(또는 인민)의 성스러운 ‘피의 항쟁’이었다는 목소리를 그 어느 때보다도 높이고 있다. 이것은 물론 언어도단의 생억지이다. 여기서 더욱 실망스러운 것은 15대 대선 후, 마치 기다리고 있기라도 한 것처럼 공영방송인 KBS를 비롯하여 MBC조차도 주요뉴스 보도시간 등에서 이른바 ‘제주도 4·3사건’을 해설함에 있어서 좌편향 소장학자들을 출연시켜 공공연하게 ‘제주도 민중의 정의로운 항쟁을 미군정경찰 및 대한민국 군경이 무자비하게 탄압, 초토화 작전을 전개하여 수만 명의 무고한 양민을 학살했다’는 등 공산당 논리를 전개시키고 있다는 사실이다. 뿐만 아니라 15대 대선 후, 여·야 정계의 거두들도 올해 4월 3일에는 앞다투어 제주도에 달려 내려가 관·민이 합동 주최한 기념식에 참석, ‘제주도 4·3 폭동’이 마치 80년 ‘광주 5·18 민주화 투쟁’의 원조인 양 목소리를 높임으로써 제주도 도민들을 흥분시키고 있다.”고 말을 맺었다.

특히 이날 대토론회의에 참석한 군중 속에는 1946년 12월 28일 신탁통치반대 운동을 하다 소련으로 끌려가 감옥과 유형생활로 일생을 보낸 김효진(황주)씨가 나와 눈길을 끌었다.

그는 그동안 사건 등을 자세히 설명하고, 50여년 전 조만식 선생 휘하의 5곳(철원, 평강, 누천, 연평, 황주)에서 반탁운동을 하다가 소련으로 끌려가 고생을 함께한 신경득씨 등 19명의 반탁동지들의 피눈물나는 애국적인 모습들은 이제 건국 50주년이 되는 해에 이들을 발굴하여 정부에서는 이들을 국가유공자로 지정하여야 한다고 하였고, 모든 참석자들의 한결같은 주장이었다.

기와 이기 / 김홍도 그림

｜대한제국(大韓帝國) 최후의 날

● **이미 결딴난 상태**

1910년 8월 22일, 늦더위가 기승을 부리고 있었다. 이날 오후 1시 창덕궁 대조전(大造殿)의 흥복헌(興福軒)에서 순종이 대신들과 함께 어전회의를 열었다. 그것은 그의 마지막 어전회의였다. 한참 동안 너위에 눌린 듯 침묵이 흐른 다음 순종은 다음과 같은 조칙(詔勅)을 떨리는 목소리로 읽어 내렸다.

"짐은 동양의 평화를 공고히 하기 위해 한·일 양국의 친밀한 관계로써 서로 합하여 일가가 됨은 서로 만세의 행복을 도모하는 소이로 생각하고 이에 한국의 통치를 통틀어 짐이 매우 신뢰하는 대일본국 황제폐하에게 양도할 것을 결정하였다……."

이어 순종은 전권을 내각총리대신 이완용에게 일임할 테니 통감 데라우치를 만나도록 하라고 일렀다. 그러는 동안 대신들은 아무 말 없이 고개만 숙이고 있었다. 궁중에서 물러난 이완용은 오후 4시에 데라우치 통감을 만나서 다음과 같은 조약문서에 조인했다. '제1조, 한국 황제폐하는 한국 정부에 관한 모든 통치권을 완전, 그리고 영구히 일본국 황제폐하에게 양여한다. 제2조, 일본국 황제폐하는 전조에 게재한 양여(讓與)를 수락하고 또 전 한국을 일본제국에 병합함을 승낙한다……'

대한제국의 마지막 날은 이처럼 어이없이 저물어갔다. 그러나 나라가 망한 것은 이때가 아니다. 1907년의 정미(丁未) 신조약으로 사법권과 행정인사권을 넘겨줬을 때 우리는 이미 국권을 상실하고 있었다. 더 정확히는 1905년 11월의 을사보호조약을 맺기 훨씬 이전부터 나라는 완전히 결딴나고 있었다.

우리는 망국의 모든 책임이 마치 몇몇 매국자들에게만 있는 듯이 말한다. 그러나 그들의 매국이 분명하다면 그들을 대신으로 만든 임명권자의 책임 또한 왜 묻지 않는 것일까?

1884년 겨울, 서울에 와서 고종(高宗)을 처음으로 가까이서 본 미국인 퍼시발로웰은 이렇게 그의 인상을 묘사했다. '그의 얼굴은 뛰어나게 부드러워 보였다. 그것은 첫눈에 호감을 갖게 하는 그런 얼굴이었다.' 한마디로 사람은 좋지만 매우 유약하고 우유부단한 인물 같았다는 것이다.

● 유약했던 두 임금

황태자 시절의 순종에 대해서는 또 이렇게 말했다. "그가 나를 접견했을 때 두 대신이 그의 양옆에 서 있었다. 그리고는 그가 무슨 말을 하려 할 때마다. 대신들이 허리를 굽히고 그의 귀에 무슨 말을 해야 하는가를 속삭여 주곤 했다. 그러면 그는 동상처럼 무표정하게 서 있다가 앳된 목소리로 대신들이 속삭여 주는 말을 그대로 따라 외우는 것이었다."

이런 어린 황태자도 그때 20대의 황제가 되었다. 조금이라도 기골이 있었다면 마지막 몸부림이라도 칠 수는 있었다. 그런데도 대부분의 역사책은 '순진하고 무기력한' 순종이 매국의 대신들에게 놀아났다고만 적고 있다. 그 뒤에는 비록 퇴위한 다음이라 해도 고종이 있었다.

그러나 태황제라는 어마어마한 칭호를 갖고 있던 고종도, "합병은 천명이다. 지금은 어떻게도 할 수가 없도다."며 탄식만 하고 있었다. 물론 고종으로서는 별수 없는 일이기는 했다. 그러나 만약에 반세기 가까이나 왕위에 있던 그가 좀더 영특한 임금이었다면 나라의 운명은 얼마든지 달라질 수도 있었을 것이다. 보호조약 체결이 막바지에 이르렀을 때에도 기진한 고종은 그냥 궁내부 대신 이재극에게 '정부대신들과 잘 협의하라'고 분부했을 뿐이었다. 또 매국에 가담한 자들이나 두 임금 모두가 합병에 따르는 왕실의 예우문제니 친일 고관대작들의 처우에 대해서만 일본측과 흥정했을 뿐 만백성의 운명을 걱정하는 말은 없었다.

우리의 불행은 매국의 대신들을 가지고 있었던 데 국한되지 않는다. 고종·순종과 같은 무능한 최고 권력자를 모셔야 했다는 것이 우리의 다시없는 불행이었다. 민영환으로 하여금 자결케 만든 것도 '충언이 무익'하며 '상소가 불용'이라는 절망감이었다. 그리하여 그는 직접 국민 앞으로 유서를 썼던 것이다. 그것은 미처 잠에서 깨어나지 못한 국민에 대한 채찍이기도 했다. 최린의 일기를 보면 대한제국이 사라진다고 공표된 날에도 종로의 상인들은 다른 날과 다름없이 문을 열고 장사를 하고 있었다. 우리는 목숨을 걸고 나라를 지키겠다며 일제와 싸운 열사, 투사들을 자랑으로 여긴다. 그러나 친일파는 이들보다 몇배 더 많았다.

● 국가를 지탱하는 힘

대한제국 군대가 해산되었을 당시의 군대란 군악대 2백명을 합쳐서 서울에 5천명, 지방에 2천명 정도밖에 되지 않았다. 그나마 몇달씩 급료를 받지도 못하고 총탄이며 화약도 없었다. 그것은 자주 독립할 수 있는 나라의 군대가 아니었다. 이처럼 우리가 너무나도 만만했으니까 일본이 감히 남의 나라를 제멋대로 삼켜먹겠다는 야욕을 가질 수가 있었다. 통치자의 뛰어난 지도력과 드높은 국민의식, 그리고 강대한 국력은 나라를 지탱하는 세 개의 기둥이다. 그 세 개 중 어느 하나도 없던 대한제국의 운명에서 우리는 배우는 것이 있어야 한다.

◉ 8·29 국치일(國恥日) '자성(自省)의 날'로

일본은 8·15를 '패전(敗戰)'이 아닌 '종전(終戰)의 날'이라고 칭하며, 최초의 원폭 파격지인 히로시마(廣島)에서 8월 6일 거행되는 원폭 전몰자(戰歿者) 추도대회를 시발로 해마다 전국 각지에서 8·15까지 전몰자 위령제 혹은 추도대회를 갖고 있다. 이런 기회마다 일본은 '자존자위(自存自衛)를 위한 정당한 전쟁 행위'이었음을 강조하고 있다.

우리도 8·15 광복절에 서울을 비롯한 전국 각 지방도시에서 경축행사를 갖고 있으나, 광복의 진정한 의미를 국민 모두가 되새기는 데는 대단히 미흡한 것이 사실이다. 우리는 왜 망국(亡國)의 치욕을 당했는가, 경술국치(庚戌國恥)가 우리에게 던져주는 교훈은 무엇인가에 대한 역사적 성찰이 수반되지 않고 있기 때문이다. 상실된 국권을 회복하는 것이 광복의 의미라면, 광복절은 의당 국권상실의 내적 원인을 살핌과 더불어 망국의 근원에 대한 자성도 겸행(兼行)하는 날이 되는 것이 참뜻일 것이다.

그러므로 광복절 경축과는 또 다른 차원에서, 한국이 일제식민지

로 전락한 1910년 8월 29일, 즉 '8·29 국치일'을 '범국민적 자성의
날'로 정해 망국의 비운을 겸허하게 되새기고, 새로운 결의와 다짐
을 갖는 것이 국가 발전, 특히 젊은 세대들에 대한 교훈을 위해 필
요한 것이 아닌가 생각한다.

'8·29 국치일'을 알고 있는 젊은이가 많지 않고, 설혹 알고 있다
해도 '망국의 내적 요인'을 통찰하고 있는 이는 더욱 드물다. 광복
이래 오늘까지 정부가 체계 있는 역사교육을 실시하지 못한 데서
나타난 서글픈 현상이다.

돌이켜 보건대 8·15 광복이래 우리 사회는 원시적 농업사회에
서 근대적 산업사회로 발전해왔으나, 사회 내면은 아직도 구한말
사회와 지극히 유사하다. 다시 말해 한국인 대다수의 의식구조는
여전히 전근대적이거나 혹은 이와 반대로 얼치기식 서구적 의식이
대부분인 것이다.

예를 들어 구한말 부패현상은 지도층 사회(양반사회)를 중심으로
만연되었을 뿐 아니라, '3교(三驕)'의 풍조마저 곁들여 실제적으로
구한말 사회는 자연붕괴되는 과정에 있었다. 3교, 즉 반교(反驕)·
부교(富驕)·문교(文驕)란 권세자, 돈 많은 자, 학식 있는 자들의
교만을 말하는 것이다. '천하위공(天下爲公)'의 의식결핍으로 인해
국민적 지탄을 받고 있는 현재 사회 지도층 주변의 부패도 곧 3교
에 다름아니다.

광복이래 지금까지 54년간, 불신과 부패 풍조가 사라지지 않고
있는 원인도 우리 지도층 사회의 부패에서 유인(由因)된 것임은 자
명한 일이다. 부패된 사회에서는 역사의식이 마비되게 마련이다.
그러기에 우리 사회에서 광복절은 알아도 국치일은 모르는 것이 어
쩌면 당연한 일인지도 모른다.

　　새로운 천년을 맞는 시점에서 우리는 보다 미래지향적인 국민교
육을 위해서 초등학교부터 체계적인 역사교육이 실시되어야 할 것
이다. 경술(庚戌) 국치가 한국사에서 유일한 국치일이 되기를 간절
히 바라는 의미에서도, 8·15 광복절 경축일과는 달리 '8·29 국치
일'을 경술 망국의 인과관계를 되새기는 국민 자성의 날로 널리 인
식시킴이 옳을 것이다. 이는 곧 우리 민족 만년(萬年)의 장래를 위
한 소이이기도 하다.

씨름도 / 김홍도 그림

|서울의 탄생

　태조 이성계(李成桂)가 관원을 거느리고 500년의 송악(松嶽)을 떠나 한양 땅에 도착한 것은 1394년 음력 10월 28일(양력 11월 29일) 찬바람이 몰아치는 겨울날이었다. 1392년 7월 역성혁명(易姓革命)으로 조선왕조를 세우고 송악 수창궁(壽昌宮) 화평전(和平殿)에서 왕위에 오른 지 2년 3개월 만에 이루어진 천도였다.

　이성계는 새 왕조 건립 후 바로 천도를 추진했으나 도읍지 선정을 둘러싼 의견대립으로 2년여의 진통을 겪은 뒤에야 한양 부악산 이남 지역이 새 도읍지로 결정되자, 또 다른 의견이 나올까 염려한 나머지 새 도읍 공사에 착수하기도 전에 초겨울 추위를 무릅쓰고 한양 천도를 강행했던 것이다. 600년 서울 역사는 이렇게 시작되었다.

　한양(당시 남경)은 이미 고려 중엽(11세기)부터 명당으로 소문나 남경 천도설이 빈번히 나돌았으며, 실제로 32대 우왕(禑王 8년-1382년)과 34대 공양왕(恭讓王 2년-1390년)이 잠시 남경으로 천도했다가 송악으로 되돌아가기도 했다.

　고려 말 왕권이 약화되고 이성계를 위시한 변방 출신 무인세력과 신진사대부가 새로운 집권세력으로 부상할 즈음엔 '한양은 이씨가 도읍할 터전으로 예시되어 있다'는 도참설이 퍼졌다. 이에 고려 조정에는 이씨의 왕기를 누르기 위해 한양 땅 곳곳에 오얏나무를 심어 무성하면 베어버리는 등 신흥세력의 주역으로 떠오르는 이성계에 대한 견제를 늦추지 않았다. 이성계는 왕위에 오른 뒤 주저없이 한양 천도를 추진했다. 그러나 때마침 전라도 파견관리인 권중화(權仲和)가 상언(上言)한 '계룡산 명당론'이 이성계의 마음을 바꿔 놓았다.

이성계는 왕사(王師)인 무학대사와 함께 계룡산(현 신도안)을 둘러보고 이곳을 도읍으로 결정, 태조 2년(1393년) 3월 궁전 축조공사에 착수했다. 그러나 이 공사도 경기도 관찰사 하륜(河崙)에 의해 착공 9개월만에 중단되고 말았다. 풍수지리에 밝았던 하륜은 계룡산 도읍지의 지형에 대해 땅은 건방(乾方-서북방)에서 오고 물은 손방(巽方-동남방)으로 흘러가니, 물이 장생을 파하여 쇠패가 곧 닥치는 땅(水破長生 衰敗立之地-수파장생 쇠패립지지)이라며 무악 남쪽 현 연세대 자리 연희궁지에 새 도읍을 건설해야 한다고 주장했다.

그러나 무악 역시 지형이 옆으로 치우치고 좁아 도읍지로는 부적합하다는 의견이 지배적이었다. 이러한 반론들은 나라의 근본도 채 굳지 않았으니 백성의 힘을 기르며 때를 기다려야 한다는 개국공신 정도전(鄭道傳) 등의 천도상조론(遷都尙早論)과 맞물려 천도계획에 큰 혼란을 빚었다.

천도 계획 자체가 무산될까 초조해진 이성계는 천도 원년인 1394년 8월, 무학대사와 함께 마지막으로 무악 땅을 찾게 되고 이 자리에서 무학대사가 아름다운 산이 사면에 둘러있고 그 안이 평평하니 가히 도읍을 삼을 만하다 하였다.

이렇듯 2년 3개월 동안의 우여곡절 끝에 새 도읍지가 결정되기까지 많은 전설과 일화가 남겨졌다. 그중 유명한 것이 왕십리 전설이다. 이성계의 부탁으로 이곳저곳을 물색하던 무학대사가 왕십리 부근에서 지형을 살피던 중 갑자기 백발노인이 나타나, "여기에서 10리를 가면 도읍터가 있느니라."고 일러주기에 10리를 가보았더니 그곳이 바로 북악 기슭이었다. 훗날 무학대사가 고맙다는 인사를 하려고 노인을 찾았으나 노인은 온데 간데 없고 인근 절간의 별당에 그 노인의 초상화가 걸려 있었다. 그 노인이 바로 신라 말 풍수도참설(風水圖讖說)의 대가인 도선(道詵)스님이었다고 전해진다.

⊙ 계룡시(鷄龍市)

계룡산 신도안이 시로 승격, 조선조 국초에 수도가 될 뻔했고, 유사종교의 집산지이기도 한 계룡의 내력을 더듬어 봄으로써 한국인의 도참(圖讖)의식을 가늠해 보는 것도 무위히지 않을 것 같다.
'계룡'이라는 이름에는 두 가지 설이 있다. 계룡산을 멀리서 보면 그 산 모습이 제(帝)자형으로 보이고, 분리해 보면 상제봉(上帝峯)을 복판에 두고 금계산(金鷄山)이 좌청룡(左靑龍), 일룡산(日龍山)이 우백호(右白虎)를 이루고 있다. 곧 상제를 받들고 있는 좌청룡 우백호의 가운데 이름을 따 계룡산이 되었다고도 하고, 신도안의 동서에 두 야산이 있는데 풍수형(風水型)으로 보아 동쪽에 있는 것이 금계포란형(金鷄抱卵形)이요, 서쪽에 있는 것이 일룡농주형(日龍弄珠形)이라 하여 그 풍수형에서 땄다고도 한다.
산천의 모양이 국운(國運)을 좌우한다는 도참설을 적은《정감록(鄭鑑錄)》과《광악유결(光嶽遺訣)》에 이씨 왕조가 짧으면 300년, 길면 7갑자 곧 420년 간다는 예언이 적혀 있고, 그후에는 정씨가 계룡에 도읍하여 800년 간다고 했다. 또 계룡산 상봉인 연천봉(年

淺峯)의 암석에 '방백마각 국혹화생(方百馬角 國或禾生)'이라는 해묵은 도참문이 새겨져 있었는데, 이 역시 482년 만에 나라가 옮겨진다고 풀이되어 조선조 국망에 연결됐었다. 임진왜란 후《정감록》의 300년 망국설이 백성의 마음을 사로잡아 민심이 흉흉했고, 이를 가라앉히고자 정승 유성룡(柳誠龍)은 안티 정감록이라는《하회(河回) 정감록》을 지어 배포했을 정도였다.

예언한 망국연한(亡國年限)이 접근해오자 흥선대원군은 팔도의《정감록》을 모두 거둬들여 불태우고 계룡산 나들이를 엄금했으며 신당(神堂)들을 부수었다. 대신 연천봉에 정씨 기운을 누르는 압정사(壓鄭寺)를 짓는가 하면, 명성황후는 800년 기운을 가로채고자 연천봉 영천(靈泉)에 왕자 낳기를 기도하여 순종(純宗)을 낳았다고도 했다.

예언이 들어맞았는지 들어맞추었는지는 알 수 없으나 새 정부수도의 충청도 이전설이 나돌았을 때도 이 계룡도참을 들먹이는 풍조가 없지 않았다. 이태조가 수도 도시계획을 진행하다가 중단했던 주춧돌 42개가 남아 있는 신도안이기도 한지라 계룡시의 승격은 또 한번 부질없이 한국인의 잠재의식 속에 잠들어 있는 도참의식을 자극하게 될지 모른다.

◉ 오행론(五行論)으로 본 도성(都城)

근대화 이전의 한국 최대의 건물군은 서울의 왕궁이었다. 그러나 지금은 도심의 마천루에 가려 오히려 왜소해 보인다. 1392년 이후 서울에 도성과 궁궐이 건축되면서 각 건물과 문루에 이름이 붙여졌는데 그 뜻을 풀어보면 참 재미있다.

조선 창업은 성리학으로 무장한 신진사대부에 의해 주도되었던 만큼 모든 이름에 유가의 이념이 스며있고, 음양오행의 원리에 어긋남이 없다. 주로 조선 창업공신 정도전이 명명했던 것으로 전해지는데 중국의 자금성처럼 좌우대칭 등 일정한 규격이 있으나 서울의 자연환경과 조화를 이루도록 배치하였다.

경복궁(景福宮) 창덕궁(昌德宮) 창경궁(昌慶宮) 덕수궁(德壽宮) 경희궁(慶熙宮)을 서울의 오대궁궐이라 한다. 두루 알다시피 각 궁궐의 정전은 근정전(勤政殿) 인정전(仁政殿) 명정전(明政殿) 중화전(中和殿) 숭전전(崇政殿)으로 덕수궁(德壽宮)의 중화전 외엔 정(政)자로 돌림을 삼았다. 이 궁궐들의 정문은 광화문(光化門) 돈화문(敦化門) 홍화문(弘化門) 대한문(大漢門) 흥화문(興化門)인데 역시 덕수궁의 대한문 외에 화(化)자로 돌림을 삼았다.

정궁 경복궁을 중심으로 동에 종묘(宗廟), 시에 사직(社稷)을 세웠으며, 동북에 문묘(文廟)를 세웠다. 대한제국 당시에는 중국의 천단(天壇)처럼 동남에 원구단(圜丘壇-천단과 동일한 뜻임)을 세웠다. 이는 제(帝)의 칭호를 갖는 천자의 나라만이 하늘에 제사 지낼 수 있다는 동양전통의 국제질서 종번관계(宗藩關係)와 관련되는 것이다. 당연히 정궁은 주위의 풍수를 고려하였다. 임금은 남면하는 것이니 임금이 앉아있는 방향에서 좌청룡은 낙산(洛山)이 되고, 우백호는 인왕산(仁王山)이 된다. 남주작(南朱雀)은 남산이요, 북현무(北玄武)는 북악산이다.

도성의 동서남북문은 모두 오상의 인의예지(仁義禮智) 넉 자를 넣어 흥인지문(興仁之門) 돈의문(敦義門) 숭례문(崇禮門) 홍지문(弘智門)이라 했다. 그럼 신(信)자는 어디로 가야 하는가? 중앙의 보신각(普信閣)이 그것이다. 이 오상은 모두 오행(동서남북중은 목

금화수토순)에 맞도록 한 것이다. 신(信)이란 모든 관계를 유지시키는 덕목이니 중앙에 있는 것이 썩 어울린다. 보신각 종소리로써 새벽과 저녁에 사대문을 열고 닫았던 사실과 그 뜻을 비교해 볼 수 있겠다.

경복궁의 동서남북문은 건춘문(建春門) 영추문(迎秋門) 광화문(光化門) 신무문(神武門)인데 봄(춘) 가을(추)로써 음양을 나타내어 동서문 이름에 붙였다. 신무는 북방신(北方神)이다. 실제로 각 문에는 각 방위신인 청룡 백호 주작 현무가 그려져 있다.

경복궁 내의 용문루와 융무루 만춘전과 천추전 연생전과 경성전은 문무 춘추 생성 이름 그대로 동서쪽에 위치하여 음양오행 원리에 어긋남이 없다.

다음으로 중요한 궁궐이 창덕궁이다. 창덕궁의 서문은 금호문(金虎門)인데 '금빛 호랑이'란 뜻이 재미있다. 그러나 이것은 그렇게 단순하게 지어진 것이 아니다. 즉 금은 오행에서 서쪽을 의미하며, 호(虎)는 서방신인 백호를 염두에 둔 것이다.

창경궁 정문은 홍화문이다. 이 문의 남쪽에는 선인문(宣仁門)이 있다. 역시 동쪽을 의미하는 인자로써 동쪽 문임을 나타냈다. 창경궁에서 성균관을 바라보는 자리에 있는 집춘문(集春門) 역시 사시 중 동쪽에 해당되는 춘(春)자를 붙였다.

유홍준 문화재청장이 펴낸 《나의 문화유산 답사기》라는 책이 예전에 베스트셀러가 된 이후 지금에 이르기까지 문화유산 답사가 붐을 이루고 있다. 바라는 것은 문화유산의 겉모습과 역사적 사실만 기억할 것이 아니라 사상적 연원까지 이해하고 넘어갔으면 하는 것이다.

● 음양오행론(陰陽五行論)

태극기 자체가 그렇듯 음양오행론은 유교의례 등 우리문화를 이해할 수 있는 기본틀이다. 한글창제의 원리를 담고 있는 훈민정음은 글자를 만든 원리, 제자해(制字解)를 설명하고 있는바 그 첫머리부터 태극 음양오행과 결부된 언어관을 제시하고 있다.

오행인 목화토금수(木火土金水)는 주지하다시피 오방(五方)으로 보면 동남중서북(東南中西北)이요, 오상(五常)으로 보면 인례신의지(仁禮信義智)인데 이를 오성(五聲)으로 보면 아설순치후(牙舌脣齒喉)이다. 즉 아음(牙音)을 대표하는 것은 ㄱ으로 어금니 모양을 본떠서 글자를 만들었다. ㅋ은 ㄱ에 획을 하나 더한 것이다. 그러므로 음의 성질이 비슷하다. 설(舌)은 혀를 본떴는데 ㄴ이 그 대표가 되고 ㄷ·ㅌ이 파생되었다. 순음(脣音)은 입술소리이니 그 모양을 ㅁ으로 했다. ㅂ·ㅍ은 ㅁ에서 파생되었다. 치음(齒音)은 이빨 모양을 본떴는데 ㅅ이 대표음이고 ㅈ·ㅊ이 파생되었다. ㅇ은 후음이니 목구멍모양을 닮았으며 ㅎ은 여기서 파생되었다.

이 자음은 그 소리나는 곳의 성질과 오행의 성질이 비슷한 바가 있다. 예를 들어 ㄴ은 발음기관(이빨)의 딱딱함과 끊어짐을 닮아 그렇게 소리가 나온다. 모음의 경우 천지인(天地人) 삼재(三才)사상을 응용한바 하늘은 둥글므로 ·(점)으로 표시하고, 땅은 평탄하므로 ㅡ(가로선)으로 표시하고, 사람은 서있으므로 ㅣ(세로선)으로 표시했다. 이 가로선과 세로선에 각각 점 한두개를 결합시킨 것이 ㅏ ㅑ ㅓ ㅕ ㅗ ㅛ ㅜ ㅠ 등 모음이 된다.

다음으로 의례문화와 관련한 음양론을 살펴본다. 모든 의례를 행할 때 산 사람은 동쪽으로, 죽은 이는 서쪽으로 상정한다. 해가 뜨는 동쪽은 생명이 솟는 방위이다.

남녀가 있을 때 남자를 위쪽 동쪽에 자리하게 하는 것은 남자는 양(陽-天·東)이요, 여자는 음(陰-地·西)이기 때문이다. 혼인예식 때 남좌여우(男左女右)로 해야 하는 것도 남동여서이기에 그렇다. 그러나 위패를 모시거나 합장할 땐 남서여동(男西女東)으로 살아 있을 때와는 반대다.

납폐(納幣-폐백 보내는 것) 때나 혼례 중에 보이는 청단 홍단 청실홍실이나 제례 때 홍동백서 진설법도 음양과 관련된다. 혼례 때 장닭은 홍색 보에 싸서 신랑 교배상에, 암닭은 청색 보에 싸서 신부 교배상에 놓는다. 혼례 때 신부가 두 번 절하는 것은 최소음수 2를, 신랑이 한번 절하는 것은 최소양수 1을 뜻한다. 짝수는 음수이며 홀수는 양수로 본다.

제례 때 탕그릇을 양수(陽數-1, 3, 5)에 맞추는 것은 어육이 천산(天産-陽)이기 때문이며, 과일그릇을 음수(陰數-2, 4, 6)에 맞추는 것은 과일이 지산(地産)이기 때문이다.

공수법에서 남자는 왼손이 위로, 여자는 오른손이 위로 올라가게 잡는 것도 음양의 이치로 해석하는 사람이 있다.

묘비나 신도비를 보면 밑은 거북 받침이고 비수엔 용을 새겨 덮는데 용은 하늘(양)을 상징하고 거북은 땅(음)을 상징하는 신성한 동물인 것이다. 그 가운데 사람(碑身-비신)이 있다. 사람은 천지지 간에서 음양의 이치에 따라 자연과 조화를 이루며 사는 것이다.

● 오행(五行)

상생(相生)—木生火 火生土 土生金 金生水 水生木
상극(相剋)—木克土 土克水 水克火 火克金 金克木

오 행	목	화	토	금	수
感情(감정)	怒(노)	喜(희)	思(사)	悲(비)	恐(공)
五臟(오장)	肝(간)	心(심)	脾(비)	肺(폐)	腎(신)
五色(오색)	靑(청)	赤(적)	黃(황)	白(백)	黑(흑)
五官(오관)	目(목)	舌(설)	口(구)	鼻(비)	耳(이)

사람이 분노하면 간에 영향을 주게 되므로 얼굴에 목(木)기운이 나타나 파랗게 변하며 눈에 광채가 나게 된다. 기쁘면 심장에 영향을 끼쳐 심(心)의 화(火)기운이 혈맥을 확장시켜 얼굴을 불그레하게 만든다. 화(火)기운이 상승하여 기쁜 감정을 토해내느라 혀〔舌〕를 놀리지 않을 수 없다. 여자는 화괘(火卦-离)라서 화(火)기운을 쏟아내느라 여자의 수다가 많다고 해석하는 사람도 있다. 화생토니 기쁘면 화(火)기운이 일어나고 이 기운이 토(土)기운에 속하는 비위(脾胃)를 확성시켜 소화가 잘된다고 해석한다.

사람이 상(喪)을 당하는 등 슬픔이 복받치게 되면 폐에 직접적인 영향을 끼친다. 폐는 코와 통하므로 격심한 슬픔은 폐를 긴장시켜 코의 기도를 막히게 한다. 통곡하는 사람이 코를 훌쩍이거나 심호흡을 하는 것은 이것과 관련이 있다. 슬퍼하는 사람의 얼굴이 핏빛이 없이 하얀 것도 폐는 오색으로 보아 백(白)이기 때문이다.

사람이 공포에 떨면 콩팥의 수(水)기운이 고갈되어 얼굴이 잿빛 내지 흙색으로 까맣게 변한다. 수의 오행색은 검은색이라서 그렇다. 대체적으로 신(腎)의 수(水)기운이 고갈되면 인간의 정신이 분열되어 수로 포장시켜주지 못해 정신분열증세를 일으킨다고 알려져 있다.

다음 민간에서 음양오행과 관련한 속설이 많이 유포되어 있는데 그 가운데 예를 하나 들면 복숭아 나뭇가지에 관한 것이다. 복숭아 나무의 동쪽 가지〔東桃枝〕는 귀신을 쫓아낸다고 한다. 동은 태양이 솟는 곳이라 양기가 왕성하므로 동도지는 귀신을 쫓고 삿된 기운을 물리치는데 알맞은 것으로 전해져온다. 귀신은 음에 속하므로 이 음을 양이 누른다는 것이다.

오행과 관련한 해석은 아주 이지적인 현대인의 생활에서도 나타난다. 한국증권연구원이 지난 80년부터 92년까지 〈음양오행으로 본 주가보고서〉를 낸 바 있는데 하루의 간지가 갑병무경임(甲丙戊庚壬)으로 시작되는 양일(陽日)이나 간지(干支)가 상징하는 오행이 상생일(相生日)인 때는 주가가 대체로 상승하고, 반대로 을정기신계(乙丁己辛癸) 등으로 시작되는 음일(陰日)이나 간지의 오행이 맞지 않는 상극일(相剋日)에는 주가가 하락한다고 한다.

13년 간 총 3,902일 시장이 열려 1,869일은 주가가 오르고, 1,885일은 주가가 떨어져 등락비율은 거의 비슷했으나 양일에는 대체적으로 상승했고, 음일에는 하락한 날이 많았다고 한다.

어쨌든 궁극적으로는 태극(太極)이다. 그래서 만유(萬有)가 각자 태극이다. 태극이 보여주는 것은 음양이다. 자연이 그렇고 인간이 그렇다. 거스르면 병폐가 생기는 것이다.

◉ 광통교(廣通橋) 야화

한양 한복판을 관통하여 흘렀던 청계천에 걸린 다리 가운데 가장 넓고 큰 다리라 불리는 광통교는 예전 조흥은행 북쪽 청계천을 남북으로 가로지르고 있었다. 다리뿐 아니라 격구(擊毬)라는 요즈음 하키 같은 아이들 공치기놀이의 구장(毬場)으로서 광통교와 혜정교가 자주 등장하고 있다. 다리 양편에 구문을 만들어놓고 나무 공을 막대로 쳐 들어가 집어넣는 편이 이기는 공놀이인 것이다.

태종 연간에 아이들이 다리에서 격구를 치고 노는데 공마다 태종(太宗) 효령군(孝寧君) 충령군(忠寧君) 등 왕족의 이름을 붙였으며 공이 청계천 물에 빠지면 '효령군이 물에 빠졌다'고 외쳐대곤 했다.

아마도 태종의 쿠데타에 대한 민심의 반감이 아이들 놀이로 반영되었던 것 같다. 효령군의 유모가 지나가다 듣고 고발, 이를 요언율(妖言律)로 다스리려 했으나 생각이 깊었던 태종이 없었던 일로 기각시켰음이 실록에 나온다.

매사를 거꾸로만 하는 심보를 청개구리 심보라고 한다면 예언한 점괘의 정반대로 맞추는 점괘를 '광통교 김판수 점괘'라고 한다.《용재총화(慵齋叢話)》에 보면 김을부라는 짐치는 판수가 바로 이 광통교 다릿목에 살았는데 흉하다고 하면 길하고, 길하다고 하면 흉했으며, 과거에 낙방한다고 하면 붙고, 붙는다고 하면 낙방하는 등 정반대로 맞추지 않는 것이 단 한번도 없어 팔도에 소문나 있었다. 이것이 연유가 되어 '광통교'라고만 해도 반동이나 반체제를 뜻하는 속된 말로 한동안 알려져 왔다.

남녀간에 짝사랑하여 몸이 수척해지는 것을 상사병말고 광통병(廣通病)이라고도 했다. 광통교에서 얻은 마음의 병이기 때문이다. 당시 젊은 남녀들에게 있어 정월 대보름날 밤은 숨막히는 도의풍토에서 유일하게 시한부로 허락받은 자유분방한 시간이었다. 광통교를 위시하여 청계천 열두 다리를 밟는 다리밟기(踏橋-답교)를 하면 백병(百病)이 물러간다 하여 남녀가 눈이 맞는 신나는 시공(時空)을 허락받았기 때문이다.

이 대보름날밤의 다리밟기에서 오다가다 맺어지는 사랑 이야기도 적지 않지만 맺어지지 않고 비련으로 끝난 사람 또한 적지않았다. 일단 다리밟기에서 돌아오면 처녀 총각이라면 가슴앓이를 하는 것이 상식이었다. 그래서 정월 대보름날 지나서 달 보고 울거나, 물동이를 깨거나, 넋 나간 짓을 하면 광통병에 걸렸다고 보았다.

◉ 울고넘는 남태령(南泰嶺)

민원(民怨)을 잘 대변해주었던 〈아리랑〉의 한 대목에 이런 것이 있다. ‘감사면 다냐, 평안감사(平安監司)가 감사지. 부사면 다냐, 의주부사(義州府使)가 부사지. 현감이면 다냐, 과천현감(果川縣監)이 현감이지.’

백성에 대한 수탈과 토색으로 음성수입이 가장 좋은 벼슬자리가 평안 의주 과천 등 세 곳이라는 것이다. 평안감사는 중국의 내탕금 마련이라는 특혜가 주어졌기에 그렇고, 의주부사는 변방 관문이기에 좋으며, 과천현감은 한양으로 드는 길목이기에 입경세(入京稅)라는 미명의 수탈이 묵인되었기 때문일 것이다. 그래선지 과천현감에 대한 이야기는 많다.

원님이 갈려 갈 때면 재임시의 치적을 찬양하는 송덕비(頌德碑)를 가는 원님의 보는 앞에서 제막하게 마련이었다. 한 갈려 가는 현감이 송덕비를 제막하고 보니 ‘금일송차도(今日送此盜-오늘 이 도적을 보내노라)’라고 쓰여 있었다. 이에 현감은 그 곁에다 ‘명일래타도(明日來他盜-내일이면 또 다른 도적이 오려니)’라 쓰고 떠나갔다. 그후에 누군가가 그 곁에 ‘차도래부진(此盜來不盡-이 도둑들은 끊임없이 오노매라)’이라고 써 붙이자, 다시 누군가가 ‘거세개위도(擧世皆爲盜-세상이 모두 도둑이니 어이하리)’라고 써놓았다는 것이다. 과천부터 긴다는 속담이 이 수탈에서 비롯된 말임은 두말할 나위가 없다.

입경하는 수탈은 그것으로 끝나지는 않았다. 과천을 지나 큰 고개를 넘어야 하는데 이 고개가 바로 남태령이다. 한양 남쪽에 있는 커다란 고개라 해서 남태령이란 이름이 붙었지만 도둑굴이라는 속칭이 있는 것을 보면 산적이 무척 설쳐 이 고개를 넘나드는 사람의 호주머니를 노렸던 것이다. 그래서 고개 이쪽저쪽에 유인막(留人幕)을 설치하고 병사를 상주시켜 재를 넘을 사람을 모아 넘겨주곤 했는데 이를 월치병사(越峙兵士), 또는 수막병사(戍幕兵士)라고도 했다.

이 수막병사들이 재넘잇돈(越峙錢-월치전)을 강요했기로 백성들의 원성이 높았고 〈아리랑〉에, ‘병사면 다 병사냐, 남태령 수막병사가 병사지’하는 대목이 추가되고 있다. 남대령 넘어 한강 노량나루에 이르면 또 하나의 수탈이 대기하고 있었다. 바로 왕실에서 직영한다는 나루삯인데 아이밴 여인이 타면 한몫 반값을 받는 등 횡포가 심해 반란이 자주 일어났던 민원의 도강이었던 것이다. 과천으로 드는 한양길은 험하고 모질었던 행로였다.

서울의 교통이 지체되는 건 어디라고 더하고 덜하고가 없지만 과천에서 남태령 넘어 도강하는 길도 못지않다. 과천부터 긴다더니 오늘을 예언한 것 같다. 남태령은 예나 오늘이나 울고 넘어야 하는지?

◉ 말죽거리

한양에서 남도로 내려갈 때 첫밤을 자고, 남도에서 한양으로 올라올 때 마지막 밤을 자는 역이 말죽거리다. 따라서 역사도 풍성한

이 옛 역원(驛院) 자리인 지하철 3호선 양재역 입구에 말 모양을 한 표석에 사연을 새긴 '말죽거리' 비가 섰다.

본 지명은 양재요, 속명이 말죽거리다. 어진 재사들이 많이 나서 양재란 이름이 붙었다 했는데, 고려 때 이규보(李奎報)의 문집에 보면 양재(楊梓)라 나온 것으로 미루어 양재천 물이 걸어서 버드나무와 가래나무가 무성했던 데서 비롯된 이름일 것이다. 말죽거리란 친근한 지명의 내력도 세 가지 이설이 있는데 모두 이곳의 역사와 연관이 있어 살펴볼 가치가 있다.

양재벌은 병자호란 때 인조가 피란가 있는 남한산성을 포위한 청나라 우익군(右翼軍)의 병참기지가 자리하고 있었다. 당시 용골대 장수의 휘하 군사동력인 말들을 모아 먹이고 보급했던 현장인지라 말에게 죽을 쑤어 먹였던 마을이라 하여 말죽거리라는 이름을 얻었다는 것이다. 다른 한 설로는 인조반정의 논공행상에 불만을 품고 이괄이 난을 일으키자, 인조께서 피란길에 올라 양재에 이르렀을 때는 몹시 허기졌었다. 이때 이곳 유생 김이(金怡) 등이 팥죽을 쑤어 바치므로, 임금이 말 위에서 그 죽을 드셨다 해서 말죽거리로 불렸다는 것이다.

양재는 팔도에서 한양에 가장 가깝기에 배웅하고 마중하는 사람으로 가장 붐비는 역원이요, 따라서 호들갑스런 여인을 '양재역 주모'라고 했듯이 주막이 발달하고 그 많은 사람이 타고 오가는 말들 먹이는 말죽냄새가 떠날 날이 없었을 것이다. 이곳에 말똥구리며 작은 마방 등 말에 관한 지명이 남아있었던 것으로 미루어 마방 인근에 말죽 끓이는 집들이 집결돼 있어 말죽거리로 불렸을 확률이 높다.

말죽거리의 가장 뼈아픈 역사 기억은 그 역사(驛舍)에 나붙었던 괴벽서(怪壁書) 사건이다. '정언의'라는 이가 전라도에 시집간 딸을 배웅하러 양재역에 갔다가 당시 문정왕후를 업고 자행되던 윤원형 일당의 세도를 비방한 벽서를 보고 고발하여 반대당을 모조리 쓸어 죽인 친위사화(親衛士禍)의 발발현장이기도 하다. 지방자치단체들의 관내 관광사적 개발이 한참인데 표석만 말고 양재역사를 복원, 그 속에 말죽거리의 역사들을 수렴했으면 한다.

◉ 육조(六曹) 거리

《상록수》의 작가 심훈은 조국이 광복될 날의 기쁨을 이렇게 읊고 있다. '그 날이 오면 육조 앞 넓은 길을 울며 뛰며 뒹굴어도 그래도 넘치는 기쁨을 못 참겠거든 드는 칼로 이 몸의 가죽이라도 벗겨서 커다란 북을 만들어 들추어 메고 행렬에 앞장서겠노라'고 ―. 우리 민족이 한데 모여 행진하는 우리나라의 상징적 거리가 바로 광화문 앞 육조거리인 것이다.

임금이 계시는 정전의 정문인 광화문을 중심으로 하여 동쪽에 의정부=국무총리실, 이조=내무부, 한성부=서울시청, 호조=재정경제부가 차례로 있었고, 서쪽으로는 예조=외무부 교육부, 병조=국방부, 형조=법무부, 공조=건설부가 차례로 있었다. 그 복판으로 난 길이라고 해서 육조거리다.

조광조가 도학정치를 펴다가 모함을 받고서 옥에 갇히자 성균관을 비롯한 장안의 학생들이 이 육조거리에 쏟아져 나와 대궐문을 밀치고 난입하여 궐병들과 싸우는 바람에 유혈이 낭자했다. 육조거리는 민심의 공감이 분출되는 시위 현장이었으며, 불의와 부정에 항의하는 4·19와 6·3 학생데모가 이곳에서 벌어졌음도 그래서 우연이 아닌 것이다.

육조거리의 구경거리로는 만인산 행렬이 있었다. 시골의 현감과 군수들이 자신의 치적들을 육조의 벼슬아치들에게 과시하고자 벌이는 해프닝인 것이다. 커다란 양산에 수령의 치적을 적은 베 나부랑이를 주렁주렁 매어달고, 이를 성장한 기생에게 들려 말에 태운다. "아무 고을 아무개의 만인산 나들이요!"하며 삼현육각을 앞세워 이 육조거리를 수십 차례 왕복했던 것이다.

개화기에는 침략 야욕을 품은 러시아와 일본이 귀족과 대관의 자제들을 모아 자기 나라 군복을 입히고, 자기 나라 구령으로 자기 나라 훈련을 경쟁적으로 시켰었다. 그리고 자기 나라 군가에 발맞추어 이 육조거리를 행진시킴으로써 자기네 세력을 과시하였다. 당시의 시인 이건창은 이 행진을 두고 육조거리에 미로랑(서양 오랑캐)의 발자국이 낭자하다고 한탄했다.

그 육조거리의 첫머리인 의정부는 갑오개혁 이후 내부 경기도청 치안국 등으로 쓰이다가 헐리어 공터가 되었는데, 그 자리에 육조거리를 본뜬 시민공원을 조성키로 했다 한다. 거리만을 재현할 것이 아니라 이 거리에서 명멸한 애환도 재현해 역사적 시각에서 우리를 돌아보는 마당이 되었으면 한다.

⊙ 북촌(北村)

'한국방문의 해'를 맞아 찾아오는 손님에게 불편 없게 친절해야겠지만 그에 앞서 찾아오게 하는 유인 조성이 보다 중요하고 역점을 둬야 할 문제다. 그중 하나로 500년 수도의 옛 모습을 보존해 내려온 북촌을 정비한다는 보도가 있었다. 북촌은 서울 풍수의 핵인 경복궁과 창덕궁 양대 궁을 잇는 북악과 매봉 연맥의 완만한 양지바른 남쪽 기슭에 자리한 마을이다. 궁이 가깝기에 임금의 후손이나 조정에 드나드는 사대부들이 주로 살아온 권문귀족촌이다. 북촌 집들의 특징을 문헌에서 모아 가려보면 이렇다.

첫째, 집의 몸채와 사랑이 남향으로 되어 있다는 점을 들 수 있다. 본래 서울의 집들은 궁전이 남향이기에 관청은 동향이나 서향이어야 하고 백성은 임금을 등지고 살아서는 안 된다하여 북향으로 짓는 것이 법도였다. 한데 《송와잡설》에 보면 중종 이래로 이 법도가 해이해져 세도가들이 사는 북촌에서 몸채와 사랑을 남향으로 짓기 시작, 그것이 북촌의 이권처럼 정착되었다는 것이다. 임진왜란 때 임금이 북천(北遷)하고, 서울이 비자 난민들이 궁궐 관아 북촌 순으로 불을 질렀던 것으로 미루어 당시 지배층에 대한 서민의 감정을 읽을 수 있게 한다.

둘째, 대체로 3품 이상의 당상관이 실기에 가마나 말을 타고 출입할 수 있게끔 출입문이 솟을대문이고 나라의 신분별 건축규제에 따라 집 넓이도 30칸 이상이요, 기둥 높이도 11척이다. 일반서민 집이 10칸에 기둥이 8척인 것과 차등을 두었다.

벼슬이 높다고 아무나 북촌에 살았던 것은 아니다. 영조·정조이래 고종 초까지 150년 간을 집권해온 노론이 주로 북촌을 점거하고 있었다. 북촌 집 가운데 권세가 있고 없고는 집 담벽에 꽃장식을 하고 안하고로 식별했다 한다. 시사를 익살하고 전전하는 풍자객이 이 꽃담이 없는 집에 찾아들어가 벼슬 못한 자들의 공감대를 형성하고 다녔던 것도 북촌의 한 풍물이었다.

북촌만 정비할 게 아니라 그 상대하고 있던 남산 북록의 남촌도 부활시켰으면 한다. 청빈과 인격만으로 한국적인 인생관을 구축했던 깡마른 선비들 마을에는 세계인을 감동시킬 일화도 비일비재하다. 외국사람들이 한국에 와서 보고 싶은 것은 한국에서만 볼 수 있는 그런 것들임은 두말할 나위가 없다.

⊙ 왜색(倭色) 지명고(地名考)

일본 제국주의의 동화정책에서 말살 영(零)순위는 민족정신을 결집시키는 왕궁(王宮)이었다. 그래서 총독부 건물로 경복궁을 가리고 경희궁 구내에 중학교를 지어 야금야금 해체해 들어갔던 것이다. 바로 창경궁 안에 동물원 식물원을 만들고 일본 국화인 벚꽃을 심어 놀이터로 변형시켰던 것도 그 정책수행의 일환이었다. 그리하여 창경궁이라는 궁 이름도 창경원(昌慶苑)으로 변질시켰던 것이다. 1936년 계동과 관동 일부를 창경원 서쪽에 있다하여 원서동(苑西洞), 연화방 일부를 창경원 남쪽에 있다하여 원남동(苑南洞)으로 지명을 삼고 있는데 창경원이 왜색명이라면 왜색지명이라는 누를 면할 수가 없다.

서울 풍수의 우백호(右白虎)인 인왕산(仁旺山)이란 지명도 그렇다. 고려시대 이래 한말의 〈대동여지도(大東輿地圖)〉에 이르기까지 이 산이 인왕산(仁王山)으로 되어 있지 임금 왕(王)자에 날 일(日)자가 곁들인 인왕산(仁旺山)이라 쓴 문헌은 없다. 인왕산을 그린 그림의 표제에서도 찾아볼 수가 없다. 조선시대에는 없던 이름이 일본 제국주의의 침략과정에서 변질된 것임은 틀림없는 일이다. 한데 왜 누가 어떤 저의로 이 지명을 변질시켰는가는 확인할 수 없으나 이 산이 왕도의 풍수를 관장하는 성산이요 변질시킨 이름에 일본의 일자가 들어있음으로 미루어 민족정기 말살의 일환일 확률이 크다.

일제 때 서울 영등포 문래동(文來洞)은 도림리(道林里)의 일부로 벌판이었다. 여기에다 일본 사람들이 방직공장을 많이 세운 바람에 실 만드는 집이란 뜻인 사옥정(糸屋町)으로 지명을 삼았다. 광복 후 왜색 지명을 없앤다 하여 방직과 연관시켜 길쌈할 때 실을 앗는 물레를 끌어다가 물레동으로 한다는 것이 문래동으로 한자 표기하기에 이른 것이다. 아무 의미도 없이 저류에 왜색이 흐르고 있는 기구한 지명이 되고 만 것이다.

정부는 광복 50주년 맞이 행사 가운데 하나로 아직도 남아있는 왜색 지명을 원이름으로 환원하는 작업을 들었다. 왜색 지명이 서울에만 146개라니 굉장한 분량이다. 왜색 지명을 바로잡은 다음에는 지명의 뜻과 소리를 한자로 옮기면서 그릇 변질시킨 지명을 바로잡아 주는 작업으로 계승했으면 하는 바람이다. 이를테면 지금은 행정구명이 되고 있는 서울 서초동(瑞草洞)의 본래 이름은 서리벌, 서리불이었다. 그 서리불이 서리풀이 되고 한자로 표기하면서 상초리(霜草里)→서초리(瑞草里)로 달라져 서리불과는 아주 동떨어진 지명이 되어 버린 것이다.

◉ 유교의 도시 서울을 다시 본다

모든 도시에는 그곳을 세우고 운영해 나갔던 이들의 사상이 스며 있다. 일제 36년과 6·25 등을 겪으면서 서울은 개발에 밀려 철학을 잃어버린 도시가 되어 버렸지만 서울에 성곽이 세워지고 궁들과 관청이 건립될 때 서울은 유교적 이념이 충실한 계획도시였다.

조선을 건국한 선비관료들에게 있어 도시는 유교적 질서가 살아 있는 예의 실천장이었고 수도는 그중에서도 모범이라 수선(首善)이라 불렸다. 이상적인 수도의 모습을 그린 《주례(周禮)》 고홍기(考紅記)는 수도는 궁을 중심으로 왼쪽에 종묘가, 오른쪽에는 사직을 세우고, 앞과 관청 뒤에는 시장이 서는 것이었다. 그리고 성곽에는 4면마다 세 개의 문을 설치하는 것이다.

선비관료들은 《주례》에 토착적인 풍수지리설을 접목해 서울을 세우면서 궁을 북악산 아래에 남향하여 짓고, 그 왼쪽에 종묘를, 오른쪽에 사직단을 세우는 한편 동서를 관통하는 길을 중심 대로로 만들었다. 그리고 그 길의 중심부에 종루를 세워 도성의 중심을 상징하게 했다. 또 궁성 좌우에는 6조 관청을 세워 육조(六曹)가 있는 거리가 동서대로와 만나게 하고 동서남북에 4대문과 4소문을 세우니 이는 팔방으로 문을 세워 왕의 다스림이 천하에 미치고 있음을 상징한 것이다.

유교철학에 기반을 두어 세워진 도시 서울의 성격은 각 문의 이름에서 확연히 드러난다. 서울의 동쪽 큰 문의 이름은 흥인지문(興仁之門), 말 그대로 유교의 근본인 인(仁)을 흥하게 한다는 뜻이다. 남쪽 큰문의 이름은 숭례문(崇禮門)이다. 예를 숭상한다는 뜻이니 유교의 도시 서울의 큰 문다운 이름이다.

서울의 중심에 위치한 궁 이름에서도 유교 색채가 짙게 풍긴다. 정궁의 이름은 경복궁(景福宮)이다. 5경 중의 하나인 《시경(詩經)》 〈주아(周雅)〉에 나오는 '기취이주 기포이덕 군자만년 개이경복(旣醉以酒 旣飽以德 君子萬年 介爾景福)'에서 두 글자를 따서 경복궁이라고 지었다. 경복궁의 정문은 광화문(光化門)이다. 경복궁 옆에 있어 임진왜란 이후 경복궁이 복원되기 전까지 주궁으로 쓰였던 궁이 창덕궁(昌德宮)이다. 덕을 높이한다는 뜻이다. 창덕궁의 정문 이름은 돈화문(敦化門)이다. 교화를 두텁게 한다는 뜻이다.

|인류악(人類惡) 세계유산(世界遺産)

'인류가 저럴 수가!'하고 신이 사람을 창조했던 손을 돌로 문질러버렸다던 두 사건이 있다. 나치스의 아우슈비츠 수용소 유태인 학살과 일본 관동군 731세균부대의 실험대학살이 그것이다. 아우슈비츠 수용소가 유네스코 지정 세계유산으로 지정되더니, 세균부대 시설도 세계유산으로 등록될 것이라는 보도가 있었다.

만주 하얼빈 남쪽 20km 평방(平房) 들판에 8km 사방의 콘크리트 폐허와 벽돌·연돌들이 눈에 들어오는데, 이곳이 세균전을 위해 중국인, 한국인, 러시아인, 몽골인, 남녀노소 없이 3천명을 잡아다 가두어 놓고 실험용으로 세균에 감염시켜 학살한 현장이다. 2층짜리 본부 건물은 하얼빈의 고급 중학교로, 원형이 보존된 남동(南棟)이 전지공장으로 쓰이고 있을 뿐 패전 당시 범죄의 흔적을 남기지 않기 위해 파괴된 채 흉물로 남아있다.

공급되는 실험용 인체를 감염시키고, 실험하고 컨베이어 벨트식으로 해부하여 소각장으로 흘러가게끔 口자 형으로 되어 있는 특설감옥은 기밀이 새어나갈까봐 건설에 참여했던 중국인 인부들을 집단 생매장했었다. 그 감옥의 일부 회랑을 비롯해 인체소각로의 연돌, 보일러실, 벼룩 사육장, 생체를 대량 수송하던 구내 철도, 세균폭탄 제조공장 등 23개 시설이 반파된 채 남아 있다.

부대 인사과가 있었다는 자리에 '731부대 죄증진열관(罪證陳列

館)'이 차려져 있었는데 만들어 놓고 쓰지 않았던 세균폭탄과 부품들, 세균실험에 썼던 갖가지 약품병과 실험기구가 진열되어 있었다. 이 잔학한 부대의 생체실험은 세균뿐만이 아니었다.

원심분리기에 걸어 생혈(生血)을 짜는 착혈(搾血) 실험, 진공실에 집어넣어놓고 입이나 항문, 눈이나 귀가 파열하고 내장이 돌출해서 죽는 과정을 16mm 기록영화로 촬영하는 진공실험, 사람의 피를 원숭이나 말의 피와 교환하는 대체수혈실험, 폐전차 속에 넣어놓고 화염방사기를 쏴 얼마나 견디나를 보는 내열(耐熱) 실험, 영하 40도의 혹한에 옷을 입힌 채 물속에 들어갔다 나오게 하여 한데 세워놓고 생체반응을 보는 동상실험, 공기정맥 주사실험 등 인류가 인류를 대상으로 할 수 있는 최악의 죄악을 저지른 현장인 것이다. 그 현장복원에 착수했다던데, 피해민족 가운데 하나인 우리로서는 이 건물이 세계유산에 등록된다는 데에 무심코 지나칠 일이 아니다.

⊙ 조선 화교사(華僑史)

120여년 전인 1883년 임오군란(壬午軍亂)이 일어났던 당시, 우리나라의 화교(華僑)는 겨우 3명에 불과했다. 군란 진압차 출병한 청병의 인부로 따라왔다가 눌러앉은 것으로 추정되고 있다. 그 3년 후인 갑신정변(甲申政變) 이듬해에는 무려 1백배가 늘어 3백 명의 화교가 수표교(水標橋) 인근에서 전(廛)을 차리고 있다. 정변 진압차 출병한 청나라 장수 원세개(袁世凱)의 뒷받침 때문인 것이다. 그 권세를 배경으로 청인들의 횡포도 적지 않았었다.

1888년에는 팽창하는 화교상인에 치어 불경기를 참다못한 종로의 육의전(六矣廛) 상인들이 화교의 성밖 추방을 주장하고 철시(撤市)하고 있다. 이때 서울의 화교수는 6백여 명으로 80개의 전을 영위하고 있었다.

화교의 상부상조하는 동족동향 조직을 방(幫)이라 하는데, 초기 한국화교는 다음 3개 방으로 대별할 수가 있다. 산동성(山東省) 출신의 북방회관(北幫會館)이 그 하나로 주로 청계천 수표교 인근에 취락하고 있었다.

관동 출신의 광동회관(廣東會館)은 소공동 일대에 취락하고, 복건성(福建省) 등 여타 남부 출신들은 서소문에 취락, 남방회관(南方會館)이란 방명(幫名)을 내걸고 있었다. 생활정도도 상류는 동순태(同順泰) 같은 옥호를 지니고 옷감 의류 염료 금속제품 청염(清鹽) 등 외래품을 들여와 큰돈을 버는 층이요, 중류는 중국요리나 전당포를 경영하는 층이며, 하류는 동대문 밖이나 연희동 공덕동 등지에서 소채를 가꾸어 행상으로 호구하는 층이다. 이들은 대체로 홀아비로서 청인 전당포에 인신저당(人身抵當)을 잡혔다가 오도가도 못하게 된 조선 부인과 동거하는 경우가 많았다.

일제 초기에 2천여 명이나 되던 화교가 중일전쟁(中日戰爭)으로 격감하더니 해방 후 2만으로 늘어 서서히 감소추세로 오늘에 이르고 있다. 갑작스런 중국과의 수교로 대만대사관에서 청천백일기(青天白日旗)가 내려지고, 그 하기식에 참여했던 화교들의 눈에 눈물이 글썽한 것을 보니 눈시울이 매워 오름을 금할 수가 없다.

한말 청일전쟁(清日戰爭)으로 쫓겨 갈 때, 그리고 일제 중·일전쟁으로 추방당했을 때에 버금가는 충격임에는 틀림없다. 하지만 한국민의 감정은 매정한 세상의 흐름과 반드시 일치하지 않는다는 것을 전할 따름이다.

◉ 명동 중국대사관

한·중 수교와 더불어 부각된 관심의 초점이 서울 명동 입구, 장개석의 동상이 서 있는 중국대사관에 쏠리고 있다. 한말에 이 터가 청나라 공관이 되기 이전에는 포도대장으로 이름을 날렸던 무신(武臣) 이경하(李景夏)가 살던 집이었다.

대원군의 천주교도 박해는 고종 3년에 시작되어 12년 간 계속되는데 공식기록인 〈포도청등록(捕盜廳騰錄)〉에 보면 박해로 순교한 신도수는 남자 3백 명, 여자 107명으로 도합 407명으로 적혀 있으나 실은 몇 곱절이 더 되는 것으로 알려져 있다. 바로 이 대학살을 주도하고 감행한 사람이 이경하이다. 당시 잡힌 몸이 되어 이경하로부터 직접 신문을 받은 리델 프랑스 주교(主敎)는 그에 대해 이렇게 적어 남기고 있다.

"베르뉘 주교를 비롯하여 프랑스 신부들을 학살한 포도대장 이경하는 나이가 60쯤 되어 보였으며 키가 훤칠한데다 깡마르고 눈빛이 독살스러웠으며 오만불손한 티가 가만히 있어도 스며 나오는 것 같았다."

사학자 문일평(文一平)의 《호암문집(湖岩文集)》에 이경하를 둔 당시의 민심을 이렇게 적고 있다. "그의 체모가 고양이처럼 생겼고 얼마나 암독(暗毒)하던지 한번 생글생글 웃기만 하면 사람을 죽여 내곤 했기에 그를 염라대왕이라 불렀고, 그의 가마가 지나가면 두려워 도망치는 바람에 철시가 되게 마련이었으며, 아이들이 울면 낙동장신(駱洞將臣)하면 울음을 멈추었던 것이다." 한창 죽여 낼 때에는 자신의 낙동집에 형틀을 차려 비명이 끊이지 않았기에 흥가로 소문이 나 오랫동안 사람이 살지 않고 있다가 공관을 물색하던 청나라에서 사들인 것이다.

터가 흉해서인지 이 청관을 사서 든 최초의 인물이 후에 대통령이 되었다가 황제를 자처했던 원세개(袁世凱)이다. 24세에 임오군란(壬午軍亂), 26세에 갑신정변(甲申政變)에 참전하여 임금을 구해준 위세로 모든 외교관들은 임금 앞에 서있어야 하는데 유독 그만이 앉아서 거드름을 피웠다. 휘하 병졸들로 하여금 시전(市廛)에서의 약탈과 부녀자 겁탈을 묵인 장려하여 공포의 도가니로 휘몰기도 했다. 이 공포의 청관 주변거리를 원대인진전(袁大人陣前)이라 하여 무서워 통행을 못하고 돌아다니기까지 했던 것이다.

한말 서울에 주둔했던 외국사신들이 경복궁으로 임금을 배알하러 들 때면 광화문 삼문(三門)의 좌측 문을 통과하게 되어 있는데, 원세개만은 다른 외국사신과는 격이 다르다 하여 임금만이 드나드는 전용문인 중문으로 드나들어 외교문제까지 야기시켰던 장본인이기도 하다.

살고 있는 집터와 살고 있는 사람과의 화복 선악 운수를 연관시키길 좋아하는 우리 한국 사람의 사고방식에서 세디센 명동 대사관 터인 것이다.

⊙ 원대인진(袁大人陣)

대통령으로 뽑혔다가 황제로 표변한 두 인물이 있는데, 그 하나가 프랑스의 나폴레옹이요, 다른 하나가 청나라의 원세개(袁世凱)다. 그 원세개가 26세의 젊은 나이로 임오군란을 진압하는 장수로 조선에 나왔다가 다시 28세에 갑신정변을 진압하는 총사령관으로 서울에 와 청일전쟁에 패할 때까지 청나라의 공사(公使)로서 눌러 있었다.

그가 갑신정변 때 차지했던 사령부가 지금 명동 입구에 있는 중화민국대사관 자리다. 이 집은 바로 흥선대원군의 천주교 박해를 도맡아했던 당시 포도대장 이경하(李景夏) 대감의 집이었다. 어찌나 무자비하고 가혹했던지 '저승에는 염라대왕, 이승에는 낙동대감(駱洞大監)'이라는 동요가 번졌을 정도다. 바로 명동 입구가 낙동이요, 낙동에 집이 있다 하여 이경하 대감이 낙동대감으로 불렸던 것이다.

박해받고 죽은 원한 품은 귀신들이 이 낙동대감 댁을 울며 헤맨다 하여 비어 있었고, 이 빈 집을 원세개가 차지한 것으로 구전되고 있다.

원세개의 횡포는 대단했던 것 같다. 그가 국왕을 뵙고자 궁궐을 드나들 때 만인이 궐문 앞에서 하마해야 하는데도 50기(騎)를 거느리고 임금만이 전용하게 되어 있는 중문(中門)을 드나들었을 뿐 아니라, 임금 앞에서 서있는 것이 예의인데 원세개만이 앉아 이야기를 했다. 당시 조정의 미국인 고문 데비는 원세개를 두고 '잠상모리배(潛商謀利輩)요 모사꾼이며 외교규칙의 상습적인 범칙자'라고 혹평하고 있다. 하물며 조선의 관청에 가면 신발 신고 온돌방에 올라가 대신의 얼굴에 침을 뱉었고, 대신의 뺨을 치는 것쯤은 다반사로 했다 한다.

그가 자리잡고 있는 낙동 공관 인근에서 휘하 청병들의 횡포가 어찌나 심했던지 그 인근 거리를 원대인진전(袁大人陣前)이라 하여 공포의 거리로 나다니기를 꺼려했었다. 당시 발행되던 〈한성순보(漢城旬報)〉 10호에 보면 원대인진전에서 벌어진 청병(淸兵)의 횡포가 보도되고 있다. 약국에 들어가 인삼뿌리를 들고나가는 청병을 붙들고 값을 치르라 하자 육혈포(권총)를 꺼내 겨누면서 그 구멍에서 돈이 나온다고 했다. 처음 보는 물건인지라 청나라 사람은 이상한 지갑도 다 갖고 있구나 하고 총구멍에서 돈 나오기만 기다리고 있는데 총을 쏘고 도망쳐 버렸던 것이다.

이 원대인진은 광복 후 중화민국 대사관으로 부활되어 오늘에 이르고 있는데 한양 땅치고 한 맺히지 않은 땅은 드물다지만 이 땅에 맺힌 역사적 한(恨)이 어떻게 보상돼야 하는 건지 새삼스럽기만 하다.

◉ 신센런(新鮮人)

이웃하고 사는 외국사람일수록 곱지 않은 호칭으로 얕부르게 마련이다. 반미 구호가 '양키 고홈'이듯이 미국사람을 얕부르는 양키는 본래 허드슨 강변에 살던 네덜란드계 농부를 가리키는 말이었는데 독립전쟁 중 영국군이 급모(急募)해서 만든 미국 군대를 통칭하는 말이 되어 버렸다. 주로 농부들을 끌어다 군대를 급조했고 허드슨 강변의 양키가 많았던 데서 비롯된 이름이다. 이 말이 미국 군대를, 더 나아가 미국을 얕부르는 말로 정착하고 말았다.

양배추를 많이 먹는 독일 사람을 양배추라 부르고, 개구리를 잘 먹는 프랑스 사람을 개구리로 얕부른 것도 같은 맥락이다. 카이크는 유대인의 모욕적인 호칭인데 그 내력은 이렇다. 19세기 말 미국에 이민 온 문맹의 유대인들에게 십자가로 서명토록 했었는데, 종교상의 이유로 십자가 서명을 거부하자 동그라미를 그리도록 했다. 유대 말로 동그라미를 카이크라고 하는데, 이 카이크가 유대인을 경멸하는 말이 된 것이다.

우리 조상들이 이웃나라 사람을 왜놈·되놈이라고 한 것이며, 개화기에 밀어닥친 서양인을 미로랑, 곧 원숭이·오랑캐·늑대로 얕불렀고, 러시아 사람을 대비달자(大鼻獺子), 곧 코 큰 승냥이라 불렀던 것도 같은 맥락이다.

중화의식이 남다른 중국은 동서남북 변방국가들을 동이(東夷) 서융(西戎) 남만(南蠻) 북적(北狄)으로 불러 경멸했다. 다만 동이의 이(夷)를 '大+弓'으로 보고 오랑캐 호칭을 쓰지 않았으며, 공자가 살고 싶어했던 땅일 뿐더러 《예기(禮記)》에 이(夷)란 근본을 뜻한다는 풀이를 들어 모멸적(侮蔑的)인 호칭에서 동이를 구제하기도 하지만, 청구(靑丘)나 해동(海東) 진국(震國)과 더불어 중국의 변두리 나라라는 종속적 모멸 호칭인 것만은 변함이 없다. 뙤이라는 욕말의 뿌리로서 동이가 추정되기도 하는데, 청나라 때 중국에 가는 사신 일행 중 하인들의 현지인에 대한 무례한 횡포가 심하여 한국인을 부르는 경멸 호칭이 된 것으로 보기도 한다.

이처럼 얕부르는 게 관례인데 최근 중국에서 한국인에 대해 '신셴런(新鮮人)'이라는 예외적인 새 호칭으로 불러 주목하게 한다. 한·중 수교 후 중국에 건너와 살고 있는 신세대 한국인을 그 이전에 와서 살던 한국인이나 조선족과 구별하여 붙인 호칭이다. 이 호칭에서 중화의식을 조금 양보한 것은 그만큼 신셴런으로부터 얻는 것이 있거나 있을 것으로 기대하기 때문일 것이다.

◉ 임진왜란(壬辰倭亂)

1592년 음력 4월 13일의 일이다. 경복궁을 중심으로 한양에는 이전에 듣지 못한 애절한 새소리를 연일 들을 수가 있었고, 사람을 향해 울고는 북쪽을 향해 날기를 되풀이하였기로 백성들은 난리가 위급한 것을 그로써 점쳤고, 선조께서도 그 새소리를 듣고 북쪽으로 피난할 것을 결심했다 한다. 이렇게 졸지에 한양을 떠나 수복 후에 돌아와 본 참상을 보자.

‘굶어죽은 송장이 성안에 가득하였으니 하루 동안에도 산 사람이 열이면 여덟명이 죽어갔다. 굶주림을 견디다 못해 대낮에 사람을 죽여 서로 인육을 먹는 일이 예사이고, 큰길 골목길 할 것 없이 죽은 자가 서로 베다시피 즐비하였으며, 수구문 밖에 쌓인 송장은 산더미 같았는데 성보다 두어 길이나 더 높았다.’

학자 이수광이 당시 서울의 광경을 써 남긴 글이다.

우리 조상들로 하여금 이런 처절한 꼴을 당하게 한 자가 누구란 말인가 —. 마을에 침입하면 맨 먼저 부녀자 겁탈부터 시작하는데, 숨어서 나오지 않으면 아이를 인질삼아 작두 아래 뉘어놓고 나오길 재촉하고, 그래도 나타나지 않으면 뎅강뎅강 목을 잘라놓고 다녔던 왜적 —.

의병들을 잡으면 사람들을 불러모아놓고 가마솥에 삶아 죽이고 땅에 반신을 묻어 풀 베듯 베어 죽였으며 개처럼 매어달아 그을려 태워 죽이기도 했던 왜적들이었다. 음력 4월 13일이 그런 일을 벌이기 시작한 지 4백여 년 되는 날이다.

지금 일본 사람들의 대부분은 그들 조상의 잔학 행위에 대해 전혀 모르고 있으며, 그런 침략이 있었던가도 모를 뿐 아니라 알더라도 적당하다고 여기는 사람이 그렇지 않은 수보다 많은 편이다. 그렇다면 피해민족의 후손들이 해야 할 일은 덜도 말고 있는 사실을 수단과 방법을 써서라도 그들에게 알려주는 일일 것이다.

한데, 임진왜란 3백년을 계기로 한 행사로서 대규모의 문화통신사를 저들 땅에 보내어 노래하고 굿을 하고 그림을 보여줌으로써 그 후예들을 즐겁게 해주기로 했다 한다. 저들이 사죄사를 보내도 성이 차지 않을 일인데 말이다. 문화교류라는 미명의 행사도 해야 할 때가 있는 법이다. 왜 하필 임란 4백년을 때맞추어 피멍든 역사를 그르치고 그 숱한 원혼들을 분노케 한다는 말인가. 더욱이 불법으로 을사조약과 합방문서를 만든 강도 사실이 드러나 벙어리 냉가슴 앓고 있는 판국인데…….

지금 일본은 핵 원료인 플루토늄을 대량으로 도입, 쌓아 쟁이고 있고, 군사력을 과시코자 해외 파병을 서두르고 있는 판국이다.

일본에 가서 노래를 부르려거든 임진왜란 때 참상을 읊은 시에 곡을 붙여 부르고, 굿을 하려거든 왜적의 비인도적 줄거리를 무대에 올리며, 그림을 보여주려거든 그들이 저지른 만행의 기록화를 보여주어야 할 것이다. 하루 종일 통곡을 해도 못다 풀 원통하고 분통한 일이다.

◉ 생체실험(生體實驗)

양귀비의 오빠인 양국충(楊國忠)은 사치와 향락으로 소문난 사람이다. 육병(肉屛)이라 하여 겨울날 난방을 벌거벗긴 여인들을 병풍처럼 둘러놓고 그 체온으로 방을 데우고 살았다면 알아볼 만하다. 무슨 약초를 먹여야 알몸에서 열이 보다 많이 나는가를 실험하고자 갖은 독초를 가리지 않고 먹임으로써 수십 명을 말려죽이고 피를 토하며 죽게 했다는 생체실험의 선구자다.

2차대전 중 나치스의 강제수용소에서 극적으로 살아남은 정신분석학자 빅토르 프랑크는 그의 체험수기인 《밤과 안개》에서 수용자를 상대로 한 생체 실험에 대해 언급하고 있다. 인체가 빙수(氷水) 속에서 어느 만큼 견디어 내느냐는 냉동 생체실험이었다. 빙수에 수용자를 담가 체온을 재는데 대체로 25도 내지 26도에서 사망하였다. 이 동사인간을 온수나 체온 또는 전기충격으로 살려낼 수 있나 하는 실험도 병행하고 있다.

다하우 수용소의 한 군의장교는 말라리아의 예방접종약을 개발한다는 미명으로 3명의 면역자를 만들어 내기 위해 1천여 명의 수용자들을 감염 치사시키고 있다. 도망치는 적에게 연발총을 쏘았을 때 밀도별로 사살할 수 있는 수를 통계 내는 데도 유태인을 실제로 쓰고 있다. 일정공간에 일정수의 수용자를 넣어 두고 이리저리 산발적으로 도망치게 해놓고 실탄을 쏘아댔던 것이다.

일본 제국주의 731부대는 세균전 부대로 유명하다. 이 부대장 등에 대한 하바로프스크 전범재판 기록에 세균전을 위한 생체실험에서 수천명대의 중국인 한국인 러시아인이 희생되었다고 했고, 가와지마 731부대장은 그 재판정에서 연 3천명 이상이 생체실험으로 희생되었다고 증언하고 있다.

몇년 전에 있었던 일이다. 일본 도쿄에서 국립위생연구소를 신축하고자 했는데 1백여 구의 생매장된 인골무더기가 출토되어 충격을 주었다. 바로 그곳이 생체실험으로 악명 높은 731부대가 자리잡았던 현장이며, 생체실험으로 죽음을 당한 희생자의 결과가 발표되었는데 이들이 몽골계의 한국인이나 중국인이라는 것이었다. 치가 떨리는 일이 아닐 수 없다.

18세기에 에드워드 제너는 여덟 살 난 자신의 아들로 생체실험을 하여 우두백신을 발견, 역사적 위인이 되었는데, 죽을지도 모르고 병신이 될지도 모르는 생체실험을 본인의 동의 없이 자행한다는 것은 극악의 범죄가 된다.

⊙ 기(氣)와 철(鐵)

이 세상은 과학과 주술(呪術)이 지배하는 이원구조로 되어 있는데 주술이 지배하는 세상을 학술적으로 집대성한 것이 프레이저의 《황금가지》이다. 거기에 한국의 역사에 있었던 주술사례 몇 가지가 인용되어 있다. 철종이 죽을 때 등창으로 고통받았지만 신성한 임금의 몸에 철물을 대는 것은 금기(禁忌)였기에 침을 놓으면 살 수 있었지만 그러지 못했다. 쇠는 임금의 초월적인 기(氣)를 죽이는 물건이라 몸에 대는 것은 대역(大逆)에 해당되었기 때문이다.

그래서 후손도 못 보고 승하했다. 또 헌종(憲宗)은 입술에 종기가 났는데 칼로 종기를 째면 나았을 것을 철물 금기로 대지 못하고, 시의(侍醫)가 광대를 불러 임금으로 하여금 파안대소케 하여 종기를 터뜨렸다고 했다. 주술세계의 교통수단인 기를 자른다는 인식은 한국에서뿐만이 아니다. 유대인은 신전을 지을 때 쇠로 된 재료나 연장은 일체 쓰지 않으며, 로마에서도 신이 건너온다는 나무다리를 만들거나 수선할 때 철재나 쇠 연장을 쓰지 않은 것으로 미루어 쇠가 주술의 동맥인 기를 끊는 단기(斷氣)물로 여기는 데는 동서가 다르지 않다.

다만 한국의 사례가 많이 인용된 것은 이 단기문화가 별나게 발달했음을 미루어 알 수 있게 한다. 한국에서 발달한 풍수도 바로 산천을 통해 흐르는 기가 가운과 후손의 성쇠를 좌우하는 것으로 믿기 때문인데, 명사나 자손이 잘되는 무덤에 쇠칼이나 쇠몽둥이를 꽂아 그 기운을 단절할 수도, 또 가로챌 수도 있다고 보아 명인의 무덤들에 쇠칼이 대량으로 발견되는 단기소동이 일기까지 했었다.

일제가 경복궁에 맥을 잇는 민족정기를 끊고자 총독부를 그 자리에 세울 때 총독부 옥상을 일본의 일(日)자형으로 빔을 박고, 총독부 전면에 세운 경성부청(府廳), 즉 서울 시청의 옥상을 일본의 본(本)자형으로 틀을 잡았다는 설도 있었다. 민족정기의 결집체인 백두산을 놓아둘 리 없으며 그 백두산 정기를 단절하는 무당굿 현장 사진이 공개되더니 그 기를 끊는 현장에 참여했던 생존자가 보도되기까지 했다. 주술을 써서까지 나라를 망치려 들었던 그 기(氣)의 맥이 불특정 다수를 살해하여 국가 권력을 타도하는 옴진리교로 분출, 드디어 그 원흉의 사형판결을 보기에 이르렀던 것이다.

◉ 731부대

20세기 굴지의 비인도(非人道) 사건으로 나치스의 유태인 대량학살이 최악으로 꼽히고, 일본 관동군의 세균학살이 버금으로 손꼽힌다. 그 세균학살을 도맡았던 731세균전 부대의 생체실험 사진들이 종전 49년 만에 공개 보도되어 민족의 기억에 새삼 아픔을 주고 있다. 이 세균부대가 창설된 곳은 도쿄에 있는 육군 군의학교 구내 우거진 숲속 외딴 별채에서였다.

부대장은 군의관으로서는 가장 높은 이시이(石井四郎) 중장. 이 부대의 창설 목적은 페스트 콜레라 티푸스 등 세균을 배양, 이를 적지에 투척하여 대량의 인명 살상과 농작물을 고갈시키는 데 있었다.

몇년 전 일이다. 이 731부대가 있었던 군의학교 터에 국립위생연구소를 신축코자 땅을 파는데 생매장당한 흔적이 완연한 인골 1백여 구가 드러난 것이다. 세균전을 위해 생체실험으로 희생당한 한국과 중국 사람들임은 두말할 나위가 없다.

이 같은 인체실험을 하기에는 도쿄의 도심지가 알맞지 않다고 생각되었던지 이 부대를 이전키로 한 곳이 당시 만주 땅 평방(平房)이었다. 이곳에서 한국인 중국인 러시아인 3천여 명을 죽여 가며 생체실험을 하고 세균 폭탄을 제조, 실전에 쓰고 있다.

일본에서 이 세균전 실전기록이 발견되어 충격을 주었다. 당시 작전 참모가 쓴 그 문서의 한 대목을 보면 이렇다. '1941년 11월 4일 이른 아침, 97식 경비행기 한 대가 중국 호남성 상덕(常德)에 36kg의 페스트 세균탄을 투하했다.' 그 2주 후에 세균탄 투하 지역에 페스트가 맹렬하게 유행중이라는 위생보고를 접수하고 있다. 1940년 9월 18일자에는 중국 영파(寧波) 등 5개 지역에 세균탄을 터뜨렸는데, 이 세균작전 지역에 일본군이 잘못 들어가 1만 명이 이질과 콜레라 페스트에 감염되었으며, 그 중에 1천7백여 명의 일본군이 죽었다는 보고기록도 있었다.

패망이 짙어가던 1944년의 담당 의사국장 비망록을 보면 당시만 해도 인체실험을 받고 있던 사람 수가 5백 명이며 그 중 30%가 발병중이라는 것도 있었다. 종전 후 하바로프스크의 전범(戰犯) 재판에서 관동군 사령관인 야마다(山田乙三) 대장을 비롯해 가와지마(川島淸) 731세균부대장 등 4명이 세균병기를 사용한 죄목으로 25년의 강제노동형을 받고 있다.

한데 그 공판서류에 보면 잔인했던 생체실험에 대한 증거나 증언 제시가 없었기에 형량이 그렇게 형편없었던 것 같다. 당시 만주 지역에서 일제에 대한 저항운동을 했거나 그들 호적에 오르기를 거부한 한국인들을 잡아다가 만행사진에서 보듯이 톱질을 하고 세균을 주입시켜 죽였으니 그 원혼을 어떻게 달랠는지 치가 떨린다.

⊙ 데라우치 약탈재

　이토 히로부미가 을사국치의 원흉이요, 이완용이 그 주구였다면 데라우치 마사다케는 경술국치의 원흉이요, 윤덕영이 그의 주구였다. 그 데라우치가 총독으로 있는 동안 끌어모아 약탈해 갔던 국보급 문화재 98종 135점이 기증형식으로 돌아온다는 보도가 있었다.
　한말의 강제병탄에 관여했던 일본인들의 비록을 보면 병탄조약 조인이 있기 열흘 전에 데라우치는 윤비의 큰아버지인 윤덕영을 은밀히 만나 병탄에 장애가 되는 8개 현안의 해결을 청탁하고 있다. 그 중 큰 것이 덕수궁 측을 협박하건 회유하든가 구워삶는 일이었다. 고종은 윤덕영으로부터 어찌나 수모를 당했는지 다음과 같이 노발대발했다. '덕영이란 자는 데라우치의 권세를 빌려 노경의 나를 이다지도 괴롭히니 왕조 5백년을 통틀어 보기 드문 불신배다. 그 간사함이 혹심하여 못다 증오할 지경이다.'고 ─. 합방 후 데라우치는 윤덕영을 두고 조선 제일의 인물이라고 극찬했던 것으로 미루어 그 매국행위를 짐작할 수 있겠다.
　조인 전날 데라우치는 그의 심복인 아카시 경무총감과 조인 장소인 창덕궁을 순찰하고 있는데 만약의 경우를 대비한 무력 작전을 위해서였다. 순찰 도중 아카시는 우연히 순종을 만나 아이스크림을 대접받고 있는데 전염병에 대비해 위생시설을 점검하는 중이라는 등 거짓말을 하고 있다.
　데라우치는 옥새와 궁문의 자물쇠를 확보토록 시키고 경비를 3

중으로 강화한 가운데 어전회의를 열게 했으니 합방반대가 의결되더라도 무력으로 대처할 준비를 다 해놓았던 것이다. 인질로 잡아간 영친왕 문제를 두고 엄비로부터 원색적인 공격을 받은 일이 있었다. "내가 무사도에 한 치만 더 투철했거나 한 치만 더 모자랐던들 그 장소에서 세상이 깜짝 놀랄 일이 벌어졌을 것이다."라고 장담했던 오만불손한 데라우치였다.

나라를 빼앗자 전리품이라도 거두어가듯 일본 정계·군계·재계의 내로라 하는 자들은 경쟁적으로 우리 문화재를 약탈해갔다. 심지어 경복궁의 동궁인 자선당이며 평양 대동강변의 애련당까지도 뜯어가서는 자기 집 별장으로 옮겨다 지었다. 건물도 훔쳐가는데 도자기나 서화 서책 따위야 말할 나위가 없겠다.

이번에 돌아오게 된 데라우치의 약탈재는 극히 그 일부에 불과한 것이다. 완당의 서화 등 국보급이 많이 돌아온 것은 다행한 일이지만 개별적인 민간차원이 아닌 약탈문화재에 대한 총체적 정책 부재에 반성이 있어야만 하겠다. 노략질당하고도 묵묵히 있으니까 합방은 합법이라느니 덕 입은 게 많다느니…… 치가 떨리는 말을 듣게 되는 것이다.

◉ 한·일 미결(未決)의 장(章)

국사에도 기록되어 있지 않고 별로 알려지지도 않은 치욕적 사건 하나를 되뇌일 필요가 있다. 일본의 강제병탄 후에 그들이 서둘렀던 일은 조선의 임금을 일본 임금 앞에 무릎 꿇리는 굴복의 예였다.

그들의 사주를 받은 친일파 윤덕영(尹德榮)은 순종을 갖은 협박(脅迫) 끝에 일본으로 끌고 가는 데 성공했다. 굴복의 예에 참여할 때 순종은 일본 육군대장 복장이요, 일본 임금은 육군대원수 복장으로 차등을 두었다. 이 자리에서 우리 임금이 일본 임금에게 고한 문장은 이렇다.

'성상폐하(聖上陛下) / 척(坧-순종 이름) 동상(東上)하야 / 천안(天顏)을 지척(咫尺)하와 친히 / 천기(天機)를 봉사(奉伺)하여 적년(積年)의 회포를 풀 수 있음은 충심흔영(衷心欣榮)으로 여기는 바이오며 세자 은(垠-영친왕 이름) 오랫동안 궐하에 있어 항상 / 폐하의 학덕을 좇으니 감명을 금할 수 없으며 이번 척(坧) 동상에 즈음하야 폐하의 극진한 대우에 공구감격(恐懼感激) 몸둘 바를 몰라 감사드리옵나이다.'

물론 일본 사람이 지은 것을 읽도록 강요받았음은 말할 나위도 없다. 일본 임금의 거처인 궁성의 풍명전(豊明殿)에서 일본 왕이 주최하고 조선 침략의 괴수들인 이토(伊藤博文) 데라우치(寺內正毅) 하세가와(長谷川好道) 등이 배석한 만찬에 참석하고 일본 왕비 왕세자, 그리고 귀족들을 낱낱이 예방, 굴복의 예를 강요받았다.

이렇게 우리 임금을 불러다 모욕적인 굴복의 예를 강요한 일본이라면, 그 과거사를 진심으로 사죄한다면 그 나라 우두머리 누군가가 우리나라에 와서 사죄해야 마땅하다. 사죄하는 사람이 자기 집에 앉아서 사죄 받을 사람을 불러다가, 그것도 옹색한 말장난으로 일관하는 그런 사죄란 있을 수 없다.

양국의 발전적인 파트너십 구축과 진심어린 사과와는 별도의 문제다. 수교 후 잦았던 과거사에 대한 사죄문제는 해결된 적이 없으며 이번도 예외는 아니다.

◉ 관자(管子)의 9가지 망국병

춘추시대의 관자에 의하면 나라가 망하는 원인에는 9가지가 있다.

* 첫 번째는 국방을 게을리할 때요,
* 두 번째가 무차별 평화주의가 이길 때이다.
* 세 번째는 쾌락주의가 세상에 만연할 때이다.
* 네 번째는 정치가 겉으로만 번드레한 억지이론에 휘말릴 때이며,
* 다섯 번째는 금권주의에 물들어 돈 많은 사람들이 판을 칠 때이다.
* 여섯 번째는 사람들이 이념이 아니라 이해에 따라 도당을 꾸미고 파벌끼리 세력다툼을 일삼게 될 때이고,
* 일곱 번째는 위아래 할 것 없이 모두가 사치풍조에 젖을 때이다.
* 여덟 번째는 정실인사에 흐르고 감투를 끼리끼리 돌려가며 차지할 때이다.

  이런 때에는 권력이 법 위에 눌러앉고 능력이 없는 자들이 득세하며 뇌물이 사회를 속속들이 부패시킨다.
* 아홉 번째로는 아랫사람이 윗사람에게 아첨을 일삼고 진실로부터 위정자의 눈을 가릴 때이다. 이런 때에는 잔꾀, 잔재주를 부리는 졸개들이 나라살림을 좌지우지하게 된다는 것이다.

한비자가 말한 다음과 같은 망국의 세 가지 조건까지 생각하면 우리의 심경은 우울하다.

* 첫째는 옳고 그르고를 분간하지 못하는 사람들이 백성을 다스리는 것,
* 둘째는 바르지 못한 생각을 갖고 있는 사람들이 바른 생각을 갖고 있는 사람들 위에 올라앉을 때,
* 셋째는 도리에 어긋나는 짓을 하는 사람들이 어긋나는 도리를 사람들에게 강제하는 것이다.

"다스리는 자와 다스림을 받는 자 사이의 고리가 불신과 증오로 채워질 때 국운은 기울어진다." 이런 토인비의 말도 덧붙여야겠다. "그래도 더 늦기 전에 나라는 살려야 하지 않겠습니까?" 이렇게 독자의 편지는 끝맺고 있었다.

⊙ 자선당(慈善堂) 비화(秘話)

경복궁 자선당 하면 그 집에서 30년 간 살았다던 문종(文宗)이 연상되고, 문종 하면 그 집에서 겪은 여난(女難)이 연상된다.

첫 번째 자선당 변은 《세종실록》 11년 7월 20일조에 상세하게 나와 있다. 문종을 세자로 책봉하고 맞은 세자빈 휘빈(徽嬪) 김씨는 세자로부터 사랑을 못 받았던지 계집종 호초(胡椒)를 은밀히 불러 물었다. 딴 여자에게로 옮겨간 지아비의 사랑을 되찾는 비법이 무엇이냐고ㅡ. 호초는 말했다. 사랑이 옮겨 간 여인의 신발코를 잘라 불에다 태운 재를 술에 타서 지아비에게 먹이면 사랑이 되돌아온다고ㅡ.

휘빈은 호초로 하여금 세자가 사랑하는 궁녀 효동과 덕금이의 신발코를 잘라 오게끔 하는 사랑의 저주(詛呪) 작업을 실행에 옮기다가 들통이 난 것이다. 자고로 궁중에 있어 저주는 조령(凋零)을 모

독(冒瀆)하는 대역(大逆)과도 맞먹는 죄악으로 여겼기에 세자빈을 폐하여 내쫓고 호초를 유배시켰다.

두 번째로 맞은 순빈 봉씨(純嬪 奉氏)는 한술 더 떠 동성애로 두 번째 자선당의 변을 일으키고 있다. 《세종실록》18년 10월 26일조에 그 내용이 상세한데 소쌍(召雙)이라는 계집종과의 동침 없이는 잠을 못 이루는데, 옷을 벗겨 남자 행위를 강요했음을 자백 받고 있다. 또한 소쌍이 다른 여자하고 이야기하는 것마저 질투하고 백주에도 목을 맞대고 혓바닥을 빨았다고 했다.

세종은 궁녀들의 대식(對食), 곧 동성애를 무엇보다 증오하여 발각되면 70대의 곤장을 1백대로 늘려 금지해 왔는데 세자빈이 이 짓을 하다니 조종(祖宗)을 뵐 면목이 없다 하여 봉씨를 폐빈하고 궁 밖으로 내쫓고 있다.

세 번째가 권씨(權氏)로 바로 비운의 단종을 낳고 그 이튿날 후유증으로 자선당에서 숨을 거두었으니 나이 24세였다. 자선당은 송나라 때 왕세자의 글방에 붙었던 당호(堂號)를 답습해 동궁(東宮)의 글방이나 거처로 써왔으나 역대 세자 중에 문종이 가장 오래 살았다. 중종(中宗) 때 자선당에 불이 났는데 귀인 정씨가 세자를 받들고 불을 피했다는 기록이 있음을 미루어 중종 때도 세자가 살았음을 알 수 있다. 침전(寢殿)과 가까이 있어 복상(服喪)하기 편리해서 임금이나 왕비가 승하(昇遐)한 후에 혼전(魂殿)으로도 자주 쓰였었다.

경술국치(庚戌國恥) 후 일본의 권력자와 재력가들은 문화재뿐만 아니라 건물까지 앞다투어 뜯어가 저들의 정자나 사랑채로 삼았는데 이 자선당도 그 중의 하나였다.

한 학자의 꾸준한 추적으로 일본 오쿠라호텔 경내에서 자선당을 찾았는데 건물은 타서 없고 초석만 남아 있었다. 이를 돌려와 복원키로 했다니 그 집에 담긴 망각된 숱한 역사도 되살리게 되었고, 이 같은 추적 복원이 국가차원에서 계속돼야 한다고 본다.

◉ 고잔도(古栈道)

《삼국지》의 유비, 제갈량이 다스렸던 촉(蜀)나라 — 지금의 사천성을 비행기에서 내려다보면 높은 산들에 마치 주발처럼 둘러싸여 있음을 볼 수 있다. 오로지 수로 한 곳과 육로 한 곳만이 외계로 트였는데 수로는 동쪽으로 난 양자강 삼협(三峽)이요, 육로는 북쪽으로 장안과 통하는 검문(劍門)길이다.

양귀비에 빠져 나라를 망친 당(唐) 현종이 안녹산(安祿山)의 반란으로 쫓겨가던 피난길이기도 하다. 현종을 따라 장안을 떠난 민원(民怨)의 대상 양귀비는 처치되어야 한다는 대세를 어기기에는 현종도 역부족이었다. 귀비는 현종의 품에 안기어 부처님에게 마지막으로 빌게 해달라고 애원했고 현종도, "다른 좋은 세상에서 태어나거라."하고 울먹였다. 이렇게 하여 불당 배나무 아래에서 목 졸라 죽음에 이르게 하고 피난길을 재촉했다.

촉나라에 들면 '하늘에 오르기보다 더 험한 촉도(蜀道)'라고 이백이 읊었듯이 산이 험악하고 물살이 센 온통 잔도(栈道)였다. 밑에 물이 흐르는 벼랑에 구멍을 뚫어 통나무를 박아 지르고 그 위에 널빤지를 깔아낸 다리 길이다. 그 잔도를 걷는데 비가 열흘을 멎지 않고 내렸다. 그 빗속에서 말방울 소리만이 양귀비를 잃은 현종의 가슴을 울적하게 하여 그 심정을 〈우림령(雨林鈴)〉이란 노래로 지어 양귀비에 대한 통한의 정을 달래기도 했다.

이 촉나라 잔도를 따라 도망치는 현종은 〈명황행촉도(明皇行蜀圖)〉 〈당촉잔(唐蜀棧)〉 등 국망(國亡) 경세(警世)의 테마가 되어 중국 역대 화가들이 즐겨 그렸던 주제였다. 세종대왕은 박팽년, 이개 등에게 명하여 명황(明皇-唐 현종)과 양귀비를 그린 그림이 많았음을 들어 이를 거울삼아 경계하고자 명황의 고사를 모아 책을 만들고 그 그림을 그려 넣게 하여 〈명황계감(明皇戒鑑)〉이라고 이름을 내렸던 것이다.

당시 안평대군과 가까이 지내던 화가요 그의 꿈 이야기를 그린 〈몽유도원도(夢遊桃園圖)〉로 유명한 안견(安堅)으로 하여금 이 고잔도를 다섯 폭의 두루마리 그림(長軸圖-장축도)으로 그리게 했을 것이며, 발굴되었다고 보도된 〈명황고잔도(明皇古棧道)-장축도〉가 바로 그때 그려진 그림일 것이라는 것이다. 진품으로 확인되면 그 값을 따질 수 없는 보물이요 값진 것이다.

⊙ 외설죄(猥藝罪)

선조 때 일이다. 한양 운종가에서 아내의 간통을 적발한 남편이 그의 아내를 타살한 사건이 있었다. 당시 이 형사사건을 다룬 형조에서는 큰 고민거리가 생겼다. 왜냐하면 어디를 어떻게 때려 타살했는지를 문서에 명시하지 않을 수 없었으며, 그 신체부위가 바로 여인의 가장 여인다운 부위였기 때문이었다. 당시 선비 사회에서는 여인의 치부를 입에 올리는 것마저도 지탄받고 선비로서 실격인데, 하물며 글로 쓴다는 것은 상상할 수 없는 일이었다.

그리하여 이 사건을 맡은 서리가 사표를 내는가 하면 결재를 해야 할 상관도 그런 말이 적힌 문서에 결재를 할 수 없다 하여 출사하지 않는 사태가 벌어졌던 것이다. 이에 형조에서는 고민 끝에 여인의 치부를 '차마 눈뜨고 볼 수 없는 곳'으로 표현함으로써 외설로부터 선비정신을 구제시켜놓고 있다.

이 사실만으로도 우리 전통사회에 있어 외설을 둔 문화의 배경이나 의식구조가 어떠했는가를 짐작할 수 있게 한다. 길 가다가 우연히 기생 웃음소리만 들어도 오염된 귀를 씻는 세이(洗耳)를 했고, 방아 찧는 소리도 성행위를 연상시킨다 하여 방앗간을 멀리 피해 다녔을 정도였으니, 이 세상에서 손꼽히는 반외설문화의 전통을 지녔다 할 것이다.

외설에 대해 가장 너그러운 나라가 덴마크 노르웨이 스웨덴으로 1960년대에 형법에서 외설죄를 폐지하고 있다 하지만 외설관계 출판물을 18세 미만의 청소년에게 팔거나 외설공간에 출입시키는 것은 법으로 금하고 있다. 독일도 외설죄는 폐지했으나 시민이 외설로 고발하면 기소할 수 있게 되어 있다. 청교도정신이 남아있는 미국은 주에 따라 혼전 섹스마저도 형법으로 제재하고, 18세 미만의 청소년에게 성인영화를 보여준 영화관은 3개월 이상 영업정지를 당하며, 외설출판물 판매도 엄금하고 있다.

전통적으로 우리나라보다 외설에 대해 관대한 일본에서도 구미 여러 나라에서 팔리고 있는 인기배우 마돈나의 사진집 《섹스》가 체모 등이 노출되어 풍속을 해칠 우려가 있다 하여 수입금지 조치를 내리고 있다. 일본에서 폭발적으로 팔렸다는 일본 여배우 미야자와 누드사진집 《산타페》의 우리나라 출판을 두고 간행물윤리위원회가 발매하지 못하도록 조처하고 있다. 소설 《즐거운 사라》가 외설죄에 해당된다 하여 작자인 마광수씨가 구속 수감되고 있고 ─.

외설에 대한 죄악의 판단은 자국의 문화적 배경과 윤리체계를 감안한 독자적 기준에서 이루어져야 한다고 본다. 다만 외설과 외설이 아닌 한계가 애매해서 문제가 되곤 하는데 영상일 경우와 문장일 경우 그 한계를 자상하게 명시하는 외설장정을 정해 둠으로써 예술을 빙자한 외설의 입지를 극소화하는 작업이 뒤따랐으면 하는 것이다.

◉ 라이벌 죽이기

후세인의 두 아들 사살 이후 집권시절의 이들 횡포에 관한 이야기들이 쏟아져 나오고 있다. 그 중 장남인 우다이의 라이벌 처치 이야기들은 엽기적이다. 영국의 〈선데이 타임스〉에 의하면 우다이는 자기가 죽이고 싶은 사람을 처치하기 위해 비밀 망나니들을 고용했는데 그 가운데 한 사람은 우다이가 좋아하는 여인과 사랑을 경쟁하는 두 젊은이를 잡아다가 우다이의 개인농장 사자 우리에 몰아넣었다고 말했다. 사자가 단숨에 한 젊은이의 머리를 물고 흔들어 몸으로부터 떨어져나가는 것을 보았다 했다.

사랑의 라이벌 죽이기로 역사에서 기억되는 것은 한고조(漢高祖) 유방(劉邦)의 황후인 여후(呂后)다. 호색인 유방은 나이든 여후를 돌아보지 않고 젊고 아름다운 척부인(戚夫人)에게 빠져 그녀와의 사이에 낳은 여의(如意)를 조왕(趙王)으로 삼기까지 했다. 유방이 죽자 질투에 타오르고 있던 여후는 척부인을 잡아놓고 손발을 차례로 자르게 하고 코를 발라 뒤집고 두 눈알을 도려 빼게 하여 반죽음시킨 다음 분통(糞桶)에 넣어 사육하게 했다. 그리고 그녀가 낳은 황제에게 이 세상에서 가장 기구하게 생긴 체인(彘人)이라는 괴물을 구경시켜 준다면서 데려갔다. 그러고서, "황제가 오셨다. 짖어 보렴!"하고 웃어댔다. 이를 안 황제는 사람이 할 짓이 아니라면서 그 충격으로 몸져 누워 그길로 죽어갔다.

잔인한 라이벌 죽이기에는 중국 유일의 여황제 측천무후(則天武后)를 빼놓을 수 없다. 당 고종의 후궁으로 있을 때 자신이 낳은 딸을 죽이고 라이벌인 왕황후(王皇后)와 숙비(肅妃)가 죽였다고 모함, 이 두 라이벌의 사지를 촌단(寸斷)하여, 술독에 담가 죽였다.

그렇게 죽이고도 왕황후의 친정 성(姓)을 구렁이 망(蟒)자로, 숙비의 친정 성을 부엉이 효(梟)자로 개성시켰다. 왕황후가 죽으면서, "내세에 너는 쥐로 태어나고 나는 고양이로 태어나 너의 목을 물어 죽일 것이다."고 했다. 측천무후는 이 원령(怨靈)에 시달려 궁중에 고양이 기르는 것을 금했고, 그녀의 사당인 황택사에서도 고양이를 기르지 않는 것이 법통일 뿐 아니라 이 질에 드는 불경에서 고양이 묘(猫)자는 모조리 삭제시켰다고 들었다.

라이벌 죽이기는 권력가의 속성으로 고금이 다르지 않다. 수용해서 승화시키면 명군(名君)이요, 대들어 수렁에 빠지면 악군(惡君)이라는 것이 다를 뿐이다.

⊙ 칠궁(七宮)

한국 역사상 정계에 큰 소용돌이를 일으킨 여인 하면 장희빈이 연상될 것이다. 3대 독자인 숙종(肅宗)이 30세 넘도록 왕자를 못 보자 궁녀인 장씨를 가까이하여 경종(景宗)을 낳았고, 이를 세자로 책봉하려 하자 당시 노론 소론 서인 정객들이 반대하여 이들을 숙청하는 기사사화(己巳士禍)가 일어났다. 이어 아들을 못 낳은 민비

(閔妃)의 폐비(廢妃)를 반대한다 하여 선비사회가 쑥밭이 되고, 그 폐비를 죽게끔 저주(咀呪)한 무고(巫蠱)의 옥(獄)으로 조정이 피비렸다.

이렇게 억울하게 민비가 죽은 후에 있었던 일이다. 장희빈에게 넘어가 민비를 냉대한 것을 후회하고 있던 숙종이 밤중에 궁 안을 거니는데, 나인 방에서 음식상을 차려놓고 큰절을 하는 그림자를 보았다. 사연을 물으니 민비의 은혜를 입은 나인으로 민비의 제삿날을 맞아 생시에 좋아하던 음식을 차려놓고 제사를 지내던 중이라면서, "임금님에게 들켰으니 백번 죽어 마땅하옵니다."하고 엎드려 울었다. 고운 심성에 감동한 숙종은 이 나인 최씨에게 숙빈(淑嬪) 호칭을 내리고 가까이하게 되었다. 이를 질투한 장희빈이 최숙빈을 독 속에 가두어 죽이려 했지만 임금에게 들켜 구제받는다. 이 최숙빈과의 사이에 낳은 임금이 바로 영특한 영조(英祖)다.

영조는 임금으로 즉위하자 돌아가신 어머니의 사당을 경복궁(景福宮) 가까이에 짓고 육상궁(毓祥宮)으로 궁호를 내렸다. 조선조 사직이 기울던 순종(純宗) 때 성안에 산재해 있던, 임금 및 세자를 낳은 후궁의 사당 여섯 궁의 신위를 이 육상궁으로 모아 칠궁으로 통합했다. 청와대 이웃에 자리하여 경호상 드나들 수 없었던 이 사적 칠궁을 수리, 곧 개방할 것이라 한다.

남향으로 나란히 서 있는 맨 동쪽에 진종(眞宗)의 어머니를 모신 연우궁(延祐宮), 영조의 어머니를 모신 육상궁, 황태자 이은의 어머니를 모신 덕안궁(德安宮), 순조의 어머니를 모신 경우궁(景祐宮), 세칭 뒤주대왕인 장조(莊祖)의 어머니를 모신 선희궁(宣禧宮), 경종(景宗)의 어머니인 장희빈을 모신 대빈궁(大嬪宮), 맨 서쪽 끝이 원종(元宗)의 어머니를 모신 저경궁(儲慶宮)이다. 칠궁으로 합칠 때 생시에 사이가 나빴던 장희빈과 최숙빈을 한 울타리 안에 모시는 것에 반대여론이 있었지만 그 혼들의 원한을 배려하지 않고 모셨고, 그래서 지금껏 아옹다옹하고 있을지 모를 일이다.

◉ 바라이죄(波羅夷罪)

미국의 우스개이야기에 이런 것이 있다. 초등학생 세 명이 길을 가다 돈 10달러를 주웠다. 셋이 나누려 하니 등분이 안 되는지라 가장 거짓말 잘하는 아이가 갖기로 했다. 한 아이가 우리 엄마는 공부하면 쿠키를 안 주고 놀고 오면 쿠키를 준다고 말하자, 다른 아이는 우리 엄마는 빗자루를 타고 날아다닌다 하고, 나머지 아이는 나는 엄마 없이 태어났다고 했다.

서로가 우기다 결판을 낼 수 없자 교장선생을 찾아가 결판을 내달라고 했다. 거짓말 내기를 하다니······ 노발대발하며 주운 돈은 파출소에 갖다 주라며 교장선생은 어릴 적에 거짓말 한 적이 한번도 없다고 했다.

이에 세 아이는 동시에, "우리가 졌습니다. 10달러는 교장선생님 차지입니다."라고 했다. 이처럼 거짓말하지 않았다는 거짓말이 가장 큰 거짓말이 되듯이 거짓말은 일상을 살아가는 데 윤활유이기도 하다.

당나라의 법인 당률(唐律)에 용은(容隱)이라는 제도가 있는데, 도의나 의리를 위해 하는 거짓말은 용서하는 법제도다. 이렇게 선의의 거짓말은 무해하지만 악의의 거짓말은 삼망(三亡)이라 하여, 나를 망치고, 집안을 망치며, 조상까지도 망치는 요물(妖物)이다.

불교 교단에서는 웬만한 파계(破戒)는 회개하고 참회하면 용서받지만 아무리 회개해도 용서받지 못할 뿐 아니라 교단에서 파문당하고 그 이후 다시 출가해도 받아들이지 않는 중죄(重罪)가 있다. 이를 바라이죄라고 하는데, 음계(婬戒) 도계(盜戒) 살계(殺戒) 망언계(妄言戒) 등 네개의 계명(戒銘)을 어긴 죄다.

곧 망언(妄言), 거짓말을 간음(姦淫)과 도적질 살인과 같은 중죄로 다루고 있다. 거짓말을 하면 죽어서 대규환지옥(大叫喚地獄)에 떨어지는데 이곳에서는 옥졸(獄卒)이 벌겋게 달군 집게로 거짓말한 혓바닥을 집어 뺀다. 거짓말의 해독이 크길래 벌칙도 커지는 것이다. 더욱이 나라의 항로를 좌우하는 정치 지도자들의 거짓말일 때는 삼망에 국망(國亡)이 가중되는 것이다.

《논어(論語)》에 자공(子貢)이 공자에게 정치에 대해 묻는 대목이 나온다. "나라를 다스리는 3대 요인인 식량(食糧)과 병비(兵備), 그리고 백성으로부터의 신뢰(信賴), 이 세 가지 가운데 불가피하게 하나를 버려야 한다면 무엇이어야 하는가?"고. 공자는 병비라고 했다. 이어 남은 둘 중에 하나를 더 버려야 한다면 식량이라면서, "신뢰만은 끝까지 잃어서는 안 된다. 신뢰는 국본(國本)이기 때문이다." 했다. 신뢰를 무너뜨리는 데 가장 속효를 내는 게 거짓말이다. 임기 내내 믿어 달라 하더니, 믿을 건 아무것도 보이지 않으니 그것이 거짓말이요 비자금 소리만 나면 높이뛰기 선수처럼 펄쩍하더니 들추어지고 나니 도처에 오리발이다.

역대의 대통령들이 신뢰를 못 쌓고 비참한 말로를 되밟고 있으니 그간의 청와대 서가(書架)에는 《논어》 책이 꽂혀 있지 않았던가 싶다.

⊙ 오역죄(五逆罪)

참상(慘狀)의 현장을 흔히들 아비규환(阿鼻叫喚)으로 형용한다. 아비지옥(阿鼻地獄)과 규환지옥(叫喚地獄)에서 받는 듯한 고통을 의미한다. 아비지옥이란 불교에서 말하는 팔대지옥 가운데 하나로 고통이 끊임없다 해서 무간지옥(無間地獄)이라고도 한다.

높은 산에서 던져지면 온몸이 먼지처럼 부서졌다 살아나면 다시 던져지길 영원히 되풀이하는, 지옥 가운데 가장 고통이 심한 지옥이 아비지옥이다. 저승에 가 아비지옥에 떨어지는 죄가 바로 오역죄다. 전두환 전 대통령이 김영삼 전 대통령을 간접 비난하는 데 인용해서 입에 올린 바로 그 말이다.

《불경(佛經)》에서 오역이란 다섯 가지 중죄로 ①아버지를 죽인 죄 ②어머니를 죽인 죄 ③성자(聖子)를 죽인 죄 ④교단(敎團)의 화합을 깨뜨리는 죄 ⑤부처의 몸에 상처를 내는 죄다. 〈구사론(俱舍論)〉에는 조금 다르게 나온다. ①어머니나 비구니를 욕보인 자 ②보살을 죽이는 자 ③수행중의 성자를 죽이는 자 ④스님의 화합을 깨뜨리는 자 ⑤사탑(寺塔)을 파괴하는 자로 조금 다르나 화합을 깨는 자가 아비지옥에 가는 것은 다르지 않다.

《불경》에서 이 오역 죄인으로 자주 거론되는 것이 디바닷타(提婆達多)다. 부다와 사촌간으로 출가 전 바다의 비인 야쇼달라를 둔 라이벌이었으며 속칭 제파오사(提婆五邪)라 하여 부다 교단의 화합을 깰 목적으로 실행할 수 없는 다섯 가지 계율(戒律)을 주장했다.

부다가 이를 거부했고 분열해 나감으로써 교단 분열의 대역죄인이 된 셈이다. 그후에도 디바닷타는 미친 코끼리로 부다를 해치려

하는 등 모함과 비방으로 《불경》에 이야기를 많이 남기고 있다.

예전에 김영삼씨가 부산·경남 지방에 가서 동서화합을 깨는 발언을 했다 해서 전두환씨가 《불경》의 오역죄, 그 가운데 화합을 깨는 항목에다 비유한 것일 게다. 그 비난의 옳고 그름을 떠나 정치인들의 발언이 대체적으로 직설적인데 비해 색다르게 들리는 고사 비유다.

◉ 신칠거지악(新七去之惡)

이혼을 원천적으로 불법화하던 우리 전통사회에서 아내를 내쫓을 수 있는 일곱 가지 조건이 있었다. 칠거지악을 원전(原典)에서 옮겨보면 이렇다. '시부모에게 불순한 것은 덕을 거스르는 일이요, 자식을 못 낳는 것은 절손(絶孫)이다. 음탕(淫蕩)한 것은 일족을 망치는 일이고, 질부(疾婦)는 일가를 망친다. 나쁜 병이 있는 것은 가세를 누르고, 말이 많은 것은 집안의 우세이고 도둑질은 의로움을 거스름이다.' 곧 불순(不順) 무자(無子) 음(淫) 투(妬) 악질(惡疾) 다언(多言) 절도(竊盜)가 칠거지악이다. 삼불거(三不去)라고 하여 칠거지악에서 구제받을 수 있는 세 가지 조건이 있었다.

그 하나를 3년상을 다 치르지 않았거나, 천한 신분으로 귀인과 결혼한 경우, 시집에서 나가 돌아갈 곳이 없는 경우다. 칠거지악 중 나쁜 병에 걸리고 아들 못 낳는 것은 인위적으로 하는 일이 아니기에 칠거에서 오거로 완화해야 한다는 법이론이 제기되기도 했으나 채택되지는 않았다.

이 칠거지악도 과대 해석하거나 악용돼 여성수난이 가중되기도 했다. 주나라의 공의자(公儀子)는 아내가 길쌈해 짜놓은 베를 보고 백성이 그로써 밥벌이 할 것을 가로챘다 하여 아내를 내쫓았고, 시인 백거이(白居易)의 기록에 보면 당나라 아무개는 아내가 시어미 앞에서 개를 꾸짖었다 해서 내쫓고 있다.

조혼(早婚)으로 어린 남편을 데리고 살아야 했던 우리나라에서, 처녀를 못 면하고 쫓겨난 처녀 아내를 친정에서 안 받아 주면 이른 새벽 서낭당 고개에서 서성이게 마련이다. 맨 처음으로 만난 사나이는 좋건 싫건 이 여자를 데리고 살게끔 관습이 되어 있었기 때문이다. 사나이가 행여 총각이면 새 시집을, 기혼자이면 첩으로 들어가서도 살았던 이 이혼자 구제 관습을 '서낭당 각시 줍기'라고 했던 것이다.

한데 여성의 권리가 신장한 요즈음 새로운 칠거지악이 대두되고 있다. 서울 가정법원이 지난해의 이혼사례 5천여 건을 분석한 것을 보니 신칠거지악이 정착되고 있음을 본다. 님편으로부터 신청된 7대 이혼사유를 빈도순으로 보면 첫째가 여성의 불륜행위다. 이어 남편을 깔보거나 남편답게 대우하지 않는 불순행위, 가정주부로서 가사를 소홀히 한 탈가사행위, 그리고 남편에 대한 무관심으로 일관하는 탈아내행위, 시부모를 비롯한 시집 식구에 대한 소홀과 불화, 그리고 충격적인 것은 남편에 대한 폭행도 같이 살 수 없는 신칠거지악에 포함되고 있다는 사실이다. 옛 칠거지악 중에서 불륜, 곧 음(淫)과 불순만이 공통되고 모두가 바뀌었음이 금석지감(今昔之感)을 더해준다.

◉ 아버지 살해

큰 죄인의 목을 베어 장바닥에 전시하는 것을 효수(梟首)라고 한다. '효(梟)'는 부엉이를 뜻하며 나무에 매어 달린 새라는 뜻모음글자이다. 부엉이는 자기 어버이를 잡아먹는다 해서 옛 중국에서는 이 새만 보면 잡아 죽여 나무에 매어달았다 해서 얻은 이름이다. '효경(梟獍)이 같은 놈'하면 가장 혹독한 욕이 되는데 효(梟)처럼 '경(獍)'이라는 외눈박이 짐승도 어버이를 잡아먹는다 해서 저주받게 된 것이다.

그리스 비극 《오이디푸스》에서 오이디푸스 왕은 아버지인 줄 모르고 아버지를 죽이고, 어머니인 줄 모르고 어머니와 결혼한다. 그리고 그 책고(責苦)로 미쳐 자신의 두 눈을 후벼 빼고 방황하다 죽는다. 불경 《관무량수경(觀無量壽經)》에 보면 아사세 왕자는 전생의 원으로 아버지를 옥에 가두어 다리를 잘라 굶겨 죽인다. 그 책고로 전신에 창독(瘡毒)이 올라 죽어가는데 석가모니에 귀의(歸依)해 구원받는다.

우리나라 역사시대에 아버지 살해가 없지 않았으나 지극히 드물었다. 현종 때 옥지라는 여인이 그의 남편 형제들과 공모, 병막(病幕)에서 죽어가고 있는 아버지를 살해하는 사건이 있었다. 죽기 전에 살해해야 병이 가족에게 옮지 않는다고 알고 살해한 것이다. 이에 대명률(大明律)에 준해 공모자 모두를 때를 기다리지 않고 능지처참(陵遲處斬)하고 그들이 사는 집을 파 물웅덩이를 만드는 극형에 처하고 있다. 시부(弑父)는 이처럼 최악의 범죄라, 최중의 형벌이 가해졌다.

미개민족이나 미개시대에는 아버지 살해가 관습화해 있기도 했다. 조선 초 문헌에 여진족의 습속을 적은 것이 있는데 아버지가 늙어 걷지 못하면 가죽부대에 산 채로 담아 나뭇가지에 걸어놓고 활을 쏘는데 단발에 쏘아 죽여야 효자로 칭찬받는다 했다. 효경이 같은 시대는 그렇게 멀게 있지 않았다.

그 효경이 시대의 도래를 고하는 아버지 토막살인 사건이 충격파를 넓혀가고 있다. 아버지의 냉대에 우울증이 폭발한 것이라는 등 여러 측면에서 해석이 나오고 있는데 그동안 간간이 있어왔던 아버지 살해범이 대학교수, 외국유학생, 유명대학생 등 상대적 고학력층이요, 정신 병력이 없다는 차원에서 공통되고 있음에 유의하게 된다. 곧 확대해 가는 한국 중산층 가정에 결격된 큰 공동(空洞)이 아프게 와닿는 것이다. 그것이 무엇인가에 눈을 돌렸으면 하는 것이다.

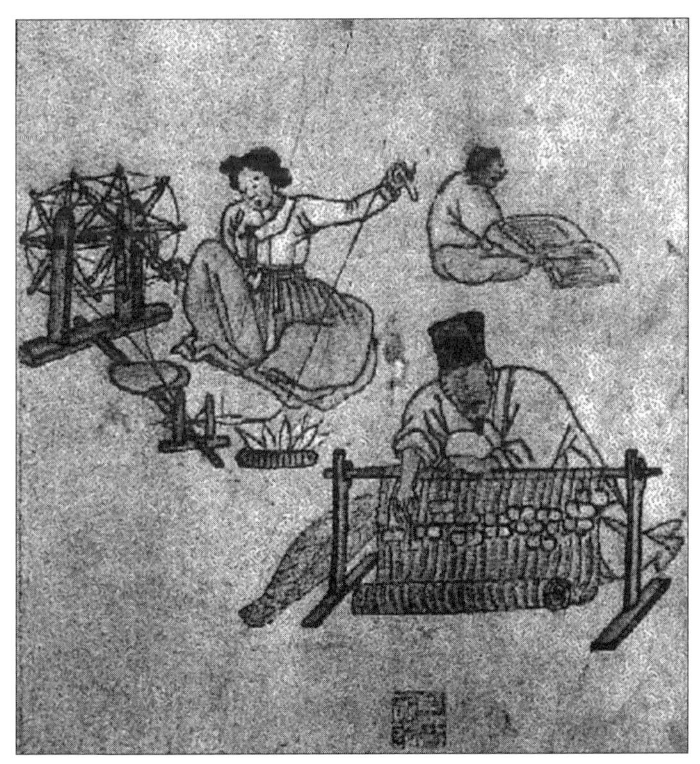

자리 짜기 / 김홍도 그림

|계일정(戒溢亭)

서울 창경초등학교 북쪽 끝이요, 서울대 의대 캠퍼스의 남쪽 끝 부분인 연건동 25번지는 세조(世祖) 때 좌리공신(佐理功臣)이요 정승이며 진사 초시 중시 삼장(三場)의 과거에 거듭 장원급제한 학자 이석형(李石亨-樗軒公)이 살던 집터다. 대대로 연안 이씨의 명문이 살았기로 동촌 이씨(東村李氏)로 행세하리만큼 명문을 대물린 터이기도 하다. 비문에 보면 그의 집은 시내와 숲이 유수하매 칡뿌리의 섬유로 얽은 건을 쓰고 청려장(靑藜杖)을 짚고 소요하는 것을 일삼았다 한다. 소요할 때 휘파람을 불며 노래하고, 손님이 오면 만유하여 마시니 마치 신선과 같았다 한다.

따로 이엉 덮은 정자 몇 칸을 동산 가운데에 짓고 이름을 계일정이라 했다. 계일이란 넘치는 것을 경계한다는 뜻으로 그의 자손이나 찾아오는 손님 제자들에게 부귀영화를 넘치게 하지 말라고 가르치는 뜻에서 이 같은 이름을 지은 것이다. 이 진리를 보여주기 위해 정자 앞에 연못을 파고 수구(水口)를 만들어 물이 적으면 돌로 막고, 넘치면 열고 평균수위를 유지하도록 조절했다. 이를 보고 듣는 사람에게 깊은 감명을 주어 장안에 소문이 났다.

넘치는 것을 경계하는 이 계일정신은 바로 선비사상의 기본정신이기도 했다. 이름을 얻는 데 넘치지 말며, 권력 얻는 데 넘치지 말며, 행사하는 데 넘치지 말며, 복도 넘치지 않게 누리는 것이 바로 계일정신인 것이다. 우리 선조들이 세상 살아가는 데 욕심을 규제하는 정신, 그 정신을 보장하고 경계하는 틀을 구상화하고 사는 바람직한 풍습이 한둘이 아니었다.

이를테면 지금은 저금통으로 알려진 벙어리통도 본래는 정신을 규제하는 수신도구였다. 세상이 하도 험악하여 자칫 처신을 잘못하면 몸을 망치는 일이 다반사였기에 듣지도 말하지도 못하는 벙어리통을 머리맡에 두고 시휘(時諱)에 걸리는 위험한 말은 하지도 듣지도 않는 훈계를 그로부터 감시받고 살았다.

세태가 수상한 때 마음이 통하는 손님이 오면 이 벙어리통을 내밀고 말조심을 했던 것이다. 벙어리통말고, 기기(欹器)라는 것도 있었다. 질그릇 병으로 양쪽에 귀가 달려 양귀에 끈을 달아 물을 긷는 두레박이다. 이 기기를 물에 담그면 쓰러져 물이 담기는데 7푼 물이 담기면 바로 선다. 한데 욕심 부려 7푼 이상 담으면 이미 담긴 7푼의 물도 쏟아져버리게 되어 있는 그릇이다. 곧 매사에 과욕하면 망친다는 교훈을 그로써 얻고 또 그로써 경계 받는 수신도구인 것이다.

한말 서울에 와 살았던 외국인의 기록에 보면 한양 종로의 길가에서 이상한 대나무 컵을 팔고 있었다 한다. 이 컵에 물을 담으면 7푼까지는 물이 차는데 그 이상 물을 부으면 밑이 빠져 물이 다 쏟아져버린다. 이 역시 기기의 일종으로 과욕과 과분을 경계하는 수신도구였던 것이다.

이석형의 계일정은 바로 이 같은 수신도구를 연못에 구현하고 과욕과 과분을 억제하는 것이 된다. 우리 선조들의 정신생활을 엿보게 하는 아름다운 연못이 아닐 수 없다. '녹음 깊은 곳에 오사모(烏紗帽) 기울여 쓰고 참새그물 치느라 아이들 부산한데, 집이 가난하다고 좋은 일 없으랴. 정자에 비바람 뿌릴 제 못에는 연꽃이 만발한다네'라는 그의 시가 있다.

연건동이란 동네 이름은 옛 이름 연화방(蓮花坊)에서 비롯된 것이며, 이 연화방이란 이름은 이석형의 계일정 연못에서 비롯되었다고 한다. 바로 이웃집이 남이 장군집이요, 또 바로 옆집이 월사 이정구의 집이기도 하여 이 일대는 명문의 집터로 예부터 소문났던 곳이다.

◉ 월사공(月沙公)

월사공은 조선조 좌리공신(佐理功臣)으로 연성부원군(延城府院君)에 봉한 문강공(文康公) 저헌공(樗軒公-諱 石亨)의 현손(玄孫)으로 삼등현령(三登縣令-諱 啓)의 아들로 명종(明宗) 19년(1564) 10월 8일 남문 밖 청파에서 태어났다. 14세에 초시(初試), 21세에 진사시(進士試), 27세에 문과(文科) 급제, 입사(入仕) 후 10년 만에 호조판서(戶曹判書)에 승직(陞職), 육조를 두루 거쳐 대제학(大提學)에 올랐다. 공의 아들 백주공(白洲公-明漢)과 장손인 청호공(靑湖公-一相)이 연이어 대제학이 되니 세칭 3대 대제학이다. 공은 조선의 사대문장가로 명성이 높았다.

선조(宣祖) 25년 4월 13일 왜장 소서행장(小西行長)과 종의지(宗義智)가 거느린 1만 7천7백 명 제1진이 부산에 상륙, 보름 만에 도성이 함락되는 수모를 겪어야 했고, 억수같이 쏟아지는 빗속을 헤매며 밤중에 천신만고로 임진강을 건너고 흩어지고, 남은 병사들은 인빈(仁嬪) 김씨를 너무 총애한 탓으로 실정으로 이어졌다 하여, 인빈 김씨를 처벌해야 한다고 항거했다. 백사(白沙) 이항복(李

恒福)은 왕을 압록강 의주까지 호종한 1등공신이고, 월사공은 마침 외구(外舅)의 상(喪)을 당해 왕을 호종(扈從)하지 못하고 난중에 양주 땅에서 구사일생으로 돌아왔다.

난중 한음(漢陰) 이덕형(李德馨)과 오성 이항복이 명(明)나라 원병을 청하러 떠나면서 압록강변에서 우국충절(憂國忠節)의 비장한 대화에, "한음 자네가 명(明)나라에 들어가 구원병을 청해오지 못한다면 종묘사직(宗廟社稷)은 망할 것인즉 나는 이 강물에 몸을 던져 죽을 것일세."하자 한음도, "내 명나라 구원병과 함께 돌아오지 못한다면 나도 살아서 이 강을 건너지 않을 것일세."하고 비장한 결의를 남겼다.

월사공은 명나라와 어려운 일이 있을 때마다 전후 4차에 걸쳐 특사로 파견되었으며, 최초 정유(丁酉)재란 중에 명나라 원군장수와 대립된 정응태(鄭應泰)가 명황제에게 참소(讒訴)하여 조신이 일본과 내통하고 중국을 침략한다는 거짓 밀고를 하였다. 이에 명황제가 대노하여 조선국왕을 엄하게 문책하고 무력으로 응징하겠다고 협박하여 조야가 어찌할 줄 모르고 선조는 거적을 깔고 대죄하게 되었다. 백사 이항복이 정사(正使)가 되고 월사공이 31세에 부사(副使)가 되어 명나라에 다녀왔다. 이때 월사공의 변무주(辨誣奏)는 명나라 황제를 감동시켰다.

선조 37년 월사공 나이 41세 때, 7년 간의 임란(壬亂)이 끝나고 7년이 지난 때이다. 선조의 정실(正室)인 중전 박씨가 대군을 생산하지 못하자 후궁(後宮)의 왕자 중 형인 임해군(林海君)을 제치고 차남 광해군(光海君)을 세자로 책봉(冊封)하기 위하여 월사공이 세자책봉 주청사(奏請使)가 되었다. 명나라 천자(天子) 신종(神宗)(연호-年號 : 만력〔萬曆〕)의 재가를 얻기 위하여 명나라 수도 연경(燕京)을 향하여 요동(遼東) 800리 길을 나섰다.

어느 한촌(閑村) 객사(客舍)에 머무를 때 밖으로부터 글 읽는 소리가 들려왔다. 자세히 들어보니 경서(經書) 중에서도 가장 난해한 《주역(周易)》의 계사전(繫辭傳)을 떡 주무르듯 암송하고 있었다. 월사공은 부지중 탄성이 나왔고 밖을 내다보니 그는 군불을 지피고 있는 젊은이였다. 불러 마주해보니 형형한 눈빛과 청순(淸純)한 기풍(氣風)은 범인(凡人)의 상이 아니었다. 문답을 해보니 문장력이 놀랄 만했다. 4, 5세에 사서오경(四書五經)을 통독(通讀)하고 15, 6세부터 과거에 응시하여 낙방한 산동(山東)의 웅공화(熊公化)라는 젊은이였다.

월사공은 조선에서 대제학으로 있으며 과장(科場)을 총괄(總括)한 고로 운자(韻字)와 함께 시제(詩題)를 내주어 시문을 지어보라고 하였다. 젊은이는 단숨에 글을 지었다. 천하 명문장이며 명필이었다. 월사공도 난해(難解)한 문구가 많았다. 월사공은 시험관들이 알지 못하는 고자고사(古字故事)를 인용해서 낙방(落榜)했음을 주지시켰다.

젊은이는 "그렇군요." 탄식하고, "선생님께서는 월사 이정구 선생님이십니까?"하고 묻는 것이었다. "그렇소만, 내 성명을 어떻게?" 젊은이는 벌떡 일어나서 큰절을 하고, "선생님의 문명(文名)은 중원(中原)의 학자들에게 널리 알려져 있고 본인도 지난번 변무사로 오셨을 때 지으신 주문(奏文)을 알고 있습니다."하면서 처음부터 끝까지 암송하는 것이었다. 월사공도 저으기 놀라 만리타국에서 자기를 알아주니 감회가 새로웠다. 다음날 여비와 함께 등제(登第)하여 뜻을 이루도록 격려해주고 헤어졌다.

세자책봉 주청사의 중책을 수행하고 황제의 칙지(勅旨)를 받아 돌아와 요직에 중임되었다. 10여년이 흘러 선조는 재임 41년 만에 승하(昇遐)하고 월사공은 국장도감제조(國葬都監提調)의 임무를 맡게 되어 목릉(穆陵)에 모셨다. 광해군이 등극, 광해군 8년 월사공 53세에 관복주청사(冠服奏請使)로 다시 연경을 찾게 되었다.

선대왕이 왜병에게 쫓겨 난을 피하던 군신상하 함께 통곡하였다는 의주의 통군정(統軍亭-痛哭亭)을 뒤로 산해관(山海關)에 이르렀을 때, 멀리서 한 떼의 기마대가 먼지를 일으키며 달려오고 있었다. 월사 선생은 고관의 행차임을 직감하고 길옆으로 비껴 서있는데 말을 타고 온 장수는, "여기에 조선국 정사(正使) 월사 이정구 선생님이 계시냐?"고 소리쳤다. 선생은 본인이 이정구라고 하자 장수는 말에서 내려 정중하게 군례(軍禮)를 올리며, "소장은 천자(天子)의 시랑(侍郎)께서 조선에서 오시는 사신을 모셔오라는 분부를 받고 왔습니다." 하였다.

군병에 호위된 수레에서 내린 고관이 "원로에 오시느라 얼마나 고생이 많으셨습니까?"하며 선생의 손을 덥석 잡았다. 선생은 너무나 뜻밖이라 어찌된 영문인지 몰라 혹시 사람을 잘못 본 게 아니냐고 반문했다.

고관은 빙긋이 웃으며, "선생님께서 10여년 전에 세자책봉 주청사로 오실 때 요동 땅 객사에서 하룻밤 시서(詩書)를 논하시고 하교해주신 웅공화라는 젊은이를 기억하고 계십니까? 본인이 바로 불을 때던 그 사람입니다."라고 했다. 웅공화는 예부시랑(예조판서)이 되어 있었고 그는 선생과 수레를 같이 타고 시랑의 사저로 모시고 상좌에 앉게 하였다. 자신이 예조시랑이 된 것은 월사 선생님의 가르치심이라고 하며 융숭한 대접을 받고 중원의 학자들과 교유(交遊)로 날을 보내던 중 황제의 명에 의하여 각국의 사신들을 대상으로 백일장이 열리게 되었다.

중국에서 고래로 전시(殿試)가 있게 되면 독방에 지필묵만 가지고 들어가 끝날 때까지 문을 잠가둔다. 시험장에 들어간 월사공이 시제를 펴보니 비비즉비(非妃則飛)라 적혀 있었다. 무슨 뜻인지 도무지 알 수가 없었다. 조선천지에서는 삼한갑족(三韓甲族)의 명문의 후예로서 육조의 판서를 두루 거치고 대제학까지 역임하고 해동(海東)의 대문장가인 선생이 백지를 낸다면 무슨 면목으로 고국에 돌아갈 것인가 앞이 캄캄했다.

이때 밖에서 군졸들의 경례소리가 들리고 이방이 조선에서 오신 사신 방이냐는 소리가 들리고 웅공화 시랑이 들어왔다. 선생은 지옥에서 천사를 만난 듯 반가웠다. "이거 큰일났소. 시제가 무슨 뜻인지조차 알 수 없구려." 웅공화 시랑은 땀을 닦으며, "그러실 겁니다. 본인도 시제를 몰라 급히 궁중에 들어가 시제가 있는 책을 읽어보고 오는 길입니다."라며 다음같이 말하였다.

때는 오호(五胡) 16국의 난에 서주(西州)의 어떤 고을에 부호들이 살고 있었는데 어른들은 다 죽고 열 살과 일곱 살짜리 형제만 살아남았다. 형인 초연이 동생인 왕교(王敎)를 떼어놓고 멀리 떠나갔다. 울다 지친 왕교는 옆에 뒹굴고 있는 사람의 뼈를 깨끗한 내의로 싸서 묻어주었다. 꿈에 천사 같은 미녀가 시녀들을 거느리고 나타나 많은 보화가 묻힌 곳을 현몽(現夢)했다. 왕교는 부자가 되었고 왕교가 묻어준 뼈는 안녹산(安祿山)의 난에 자결한 양귀비(楊貴妃)의 뼈였다. 왕교는 초연 형을 찾으려고 방(榜)을 붙이고 하인들을 풀어 찾았다. 초연은 소문을 듣고 찾아왔고 왕교는 큰잔치를 열고 재산을 나누어 줄 테니 같이 살자고 했다.

그러나 초연은 자초지종을 듣고 옛날 전쟁터로 달려가 눈에 띄는 뼈 중에서 제일 큼직한 뼈를 골라 묻으려 하니 옷이 아까워 남루한 겉옷을 벗어 대충 싸서 묻었다. 과연 꿈속에서 한 떼의 군사가 먼지를 일으키며 달려오고 오추마(烏騅馬)를 탄 키가 9척이나 되는 장수가 초연 앞에 다가와, "이 고약한 놈아, 어쩌자고 나의 뼈를 함부로 더러운 옷에 싸서 묻어놓고 엉뚱한 생각을 하느냐. 너를 죽여야겠다."고 불호령이 떨어지자 초연은 기겁을 하고 용서를 빌며 장군은 누구시냐고 물었다. "죽더라도 나의 이름이나 알고 황천으로 가거라! 나로 말할 것 같으면 《삼국지》 도원결의(桃園結義)를 맺은 유(劉), 관(關), 장(張) 삼형제 중 연인(燕人) 장비로다."하며 장팔사모(長八紗帽)로 내리치는 것이었다. 초연은 으악 소리치며 깨어보니 꿈이었다.

여기까지 이야기한 웅공화는 비비즉비(非妃則飛)라, 양귀비가 아니고 장비였다는 뜻이라고 말하였다. 월사공은 '음'하며 고기가 물을 만난 듯 청산유수 흐르듯 글을 지어 제출하니 황제는, "과연 천하의 문장가로다." 찬탄하고 매화일분을 하사하고 큰 연회를 베풀어 치하하니 선생의 문장은 또다시 중원 천지에 알려지고 귀국할 때 독강목(讀剛目) 일첩(一帖)을 하사받고 광영을 입었다 한다.

◉ 귀빈실(貴賓室)

1년에 한번 쓸둥 말둥한 지방 청와대들을 없앴다. 그렇다면 이번에는 수년에 한번 쓸둥 말둥한 공항이나 골프장 등지에 요란스럽게 꾸며놓은 대통령 전용 귀빈실을 없애는 일이다. 보도된 바로 제주 공항의 호화판 대통령 전용실은 7년 동안 단 한번도 쓴 일이 없다던데, 적지 않은 일곱 사람이 귀빈실 유지를 위해 일하고 있다

한다.

비단 대통령 귀빈실뿐만 아니다. 차관급 이상 벼슬아치들의 팔자 걸음을 보장해 주는 공항이나 주요 역의 귀빈실도 매한가지이다. 선진국들에 있어 나들이에 우선권을 받는 VIP란 벼슬아치가 아니라 ① 국빈(國賓) ② 군사적으로 긴급을 요하는 분 ③ 신변에 위협을 받고 있는 분 ④ 시각을 다투는 위급 환자 ⑤ 격리나 특별감시가 필요한 범인만이 남들처럼 줄서지 않고 남들과 다른 출입구로 드나들 뿐이다. 백성 위에 군림하는 전근대적 사고와 행동의 가장 실감나는 잔재가 바로 이 귀빈실임을 알아야 한다.

선조 때 일이다. 새 며느리를 맞는 영명공주(永明公主)의 잔칫집에 고관대작의 마님들이 성장을 한 채 법석을 떨고 있는데, 갈의(葛衣), 즉 칡덩굴에서 뺀 실로 저고리를 지어입고 거친 삼베치마를 입은 할머니가 문안으로 들어서는 것이었다. 거지인 줄 알고 내쫓으려 하는데 공주가 신도 신지 않은 버선발로 뛰어가 반갑게 맞아들이는 것이었다. 그분이 바로 당대의 명정승인 이정구(李廷龜)의 부인이었다.

이정승은 사람이 현달할수록 겸허하고 드러내지 말아야 할 것을 덕목으로 삼고 광이불요(光而不耀), 곧 몸에서 나는 빛은 번쩍이게 해서는 안 된다 하여 비단옷이나 관복(官服)을 입고 나들이 할 때면 반드시 그 위에 허름한 베 두루마기를 걸치고 나다녔다. 그런 남편과 부인 사이에 난 백주(白洲) 현주(玄洲)는 더불어 현달했는데, 이들은 당상의 높은 벼슬살이를 하면서도 집에 돌아오면 나뭇짐이나 거름짐을 손수 져 나르고 밥상에 세 가지 이상의 반찬을 놓아먹지 않았으며, 잠자리도 두 칸 장방(長房)은 사치스럽다 하여 기피하는 법통을 평생 지켜온 분들이다.

　　백성 앞에 신분을 과시하는 것을 악덕으로 여기는 전통은 한말까지만 해도 상식화되어 있었다. 갑신정변(甲申政變)의 행동대장으로 후에 강원도장관을 역임한 이규완(李圭完)이 장관시절 전라도에 출장갔을 때 일이다. 새로 도배질하고 비단이불과 요를 깔아놓은 고급 여관의 귀빈실로 안내하자, 말없이 빠져나가 허술한 주막집의 불도 없는 방에서 낯선 나그네들과 합숙하고 나오더라는 것이다.

　　문민 시대의 벼슬아치는 VIP가 아니라, VUP(Very Unimportant Person)다. 그래서 귀빈실을 두어 팔자걸음을 걷게 하는 것은 개혁정치의 분명한 역행이다.

◉ 청와대 살림값

　　아이들이 부르는 민요에 〈승경가(陞卿歌)〉라는 게 있었다. 서열로 되어 있는 벼슬자리를 아래 벼슬부터 위 벼슬로 차례로 불러올리는 노래이다. 한말에 유행했던 그 〈승경가〉에 다음과 같은 것이 있었다. "원님 위에 감사(監司) / 감사 위에 참판(參判) / 참판 위에 판서(判書) / 판서 위에 삼정승(三政丞) / 삼정승 위에 만동묘(萬東廟)지기 / 만동묘지기 위에 금송아지 대감(金犢大監)" 임금님 다음으로 높은 벼슬인 삼정승 위에 두개의 벼슬이 더 있다는 것은 정승보다 더 큰 특권을 가진 자가 판치고 있었다는 당대의 부조리를 풍자하고 있음을 알겠다.

　　만동묘는 청주 화양동(華陽洞)에 있는 사당으로 임진왜란 때 원병을 보내어 도와준 명나라 신종(神宗)을 모심으로써 중국 사대(事大)의 성지(聖地)처럼 여겼던 현장이다. 따라서 만동묘지기도 조선

사람들의 사대주의를 배경으로 기고만장하여 정승 판서를 깔보는 형편이었다. 흥선대원군이 만동묘의 계단을 오를 때 하인들로 하여금 겨드랑이를 끼고 부축하게 했다 하여 발길질하여 굴러 떨어지게 했을 정도라면 알아봄직하다.

이 만동묘지기보다 더 높은 이가 바로 임금님의 내탕금(內帑金)을 주물렀던 내장원경(內藏院卿)이요, 내장원경의 별칭이 금송아지 대감이다. 내탕(內帑)이란 송나라 때 임금이 쓰던 궁정(宮廷)의 금궤를 뜻하며 그후 임금이 쓰는 재용을 내탕이라 일컬었던 것이다. 중국의 마지막 황제 부의(溥儀)의 가정교사로 자금성에서 더불어 생활했던 영국인 존 스톤의 기록에 보면 중국의 황제란 낮에는 돈태감(太監), 밤에는 살(肉)태감(太監)이 숨어서 조작하는 꼭두각시에 불과하다고 했다. 돈태감은 내탕금 담당 내시(內侍)이며, 살태감은 여색담당 내신인 것이다.

우리나라에서도 예외일 수는 없다. 한말 국내 금광의 채광권을 독점, 고종의 왕실 내탕을 한 손으로 주물러 치부한 이로 이용익(李容翊)을 들 수 있다. 임금에게 금송아지를 바쳐 금송아지 대감이란 악명을 남긴 바로 그 장본인인 것이다. 순종 대는 윤비(尹妃)의 큰아버지인 친일파 윤덕영(尹德榮)이 내탕금을 횡령하고 망명한 사건은 유명하다. 내탕에는 이렇게 검은 그림자가 따르게 마련이었다.

동서양을 막론하여 내탕금이 클수록 정치의 질이 악해지고, 적을수록 질이 좋아졌음을 적시해두고자 한다. 조선왕조에서 상대적으로 내탕금을 적게 쓴 임금은 대궐을 피해 오두막을 따로 짓고 기거했다던 세종(世宗)과 무명과 베옷을 상복했다던 성종(成宗), 그리고 네댓가지 소찬만으로 수라를 들었던 선조(宣祖) 세 분이시다.

그 모두 명군임은 두말할 나위가 없겠다. 청와대에서 일상에 쓰는 살림값을 대폭으로 줄여 쓰기로 한 것은 내탕사례(內帑事例)로 보아서 긍정적이다. 다만 그 의지의 영속 여부를 지켜볼 따름이다.

◉ 부시 어록(語錄)

미국의 대통령이란 역사에 남을 멋있는 말 하나씩을 남겨야만 되는 직업인 것 같다. 그 말 한마디에 그의 통치 철학이 농축된 때문일 것이다. "나는 역사라는 철길에 누워 미래라는 기차에 깔려 죽는 것을 기다리지는 않는다." 이것은 아이젠하워의 통치 어록이다. "조국이 그대들에게 무엇을 해줄 것인가를 묻지 말고, 그대들이 조국을 위해 무엇을 할 수 있는가를 물어 달라."는 유명한 케네디 대통령의 일갈이며 "나는 링컨이 아니라 포드다."고 헤학적으로 말한 것은 포드 대통령이다. 링컨은 미국의 최고급 자동차요, 포드는 대중적인 차임을 빗대어 서민 정치를 하겠다는 통치철학을 그렇게 표방했다.

부자(父子) 대통령이 된 아버지 부시는 자신의 지지자들이 부시를 외치며 환호하자, "여러분은 대문자 부시를 좋아하지만 나는 소문자 부시를 좋아한다."고 했다. 곧 소문자 부시는 수풀, 곧 미개척의 황야를 의미하여 개척자 정신으로 미국의 꿈을 실천해 나가겠다는 프런티어정신을 실은 어록이다. 이제 아들 부시가 한마디 해야 할 차례가 되었다.

그동안 기억될 만한 어록을 모아 보면 이렇다. "나는 부시가의 블랙 시프다." 블랙 시프란 검은 양이란 뜻으로 망나니를 일컫는다. 장성한 후에 마음을 바로잡은 부시의 전반생은 블랙 시프지만 여기에서의 블랙 시프는 흑인을 의식, 유익한 정책을 예고하는 블랙이다. "세계의 경찰관으로서의 미국이길 원치 않는다." 세계 도처에서 발발하는 분쟁에 예전처럼 시시콜콜 개입하지 않겠다는 것이다. "내가 대통령이 되면 미사일의 우연발사나 위협으로부터 미국민을 지키기 위해 효과적인 미사일 방위시스템을 가능한 한 빨리 도입하겠다." 인터내셔널리즘에서 내셔널리즘으로 정책 악센트를 바꾼다는 뜻일 게다.

"과오를 겪고서 얻은 교훈처럼 절실할 수 없다." 선거 유세전에서 십수년 전 과오를 들어 공격했을 때 이에 대응해서 한 말이다. 그리고 당선 후 백악관을 방문했을 때 예비 퍼스트레이디인 로라 여사가 힐러리 여사에게 한 말이 인상적이다. "백악관은 이번이 처음이 아니다. 아버지 부시 때 우리는 링컨 대통령이 자던 방에서 잤었다." 은연중에 링컨이즘을 후광에 깐 발언이 아닐 수 없다. 흑인 참모가 많은 것과 무관하지 않은 것 같다.

◉ 광배증후군(光背症候群)

노끈으로 해진 갓을 여미고 구멍난 전대를 메고서 문전걸식하는 심봉사도 6대 판서가 난 명문의 후손이라며 후광 대는 데 서슴지 않는다. 팔도 장터를 누비는 각설이도 정승 판서 아들로서 팔도 감사를 마다하고 각설이로 나섰다고 타령에서 후광부터 선행시킨다. 자기 자신보다 후광으로 자신을 부각시키려는 언행을 광배증후군이라 하는데 부처님을 등 뒤에서 광채 나게 비추는 광배와 같다 해서 얻은 이름이다. 영어로는 해무리나 달무리를 뜻하는 '헤이로 효과'라 하는데 혈연, 지연, 학연, 권연 따지길 좋아하는 우리 한국인에게 강한 편이다.

　사람이 되려다 못되어 원한을 품고 헤매는 야차가 부처님 머리 뒤의 휘황찬란한 광배의 빛살 하나를 훔쳐 꽂고 보살행세를 하고 다녔다. 이를 보고 장자는 호의호식 융숭하게 대접하고, 길을 가면 중생들이 길에 엎드려 허리를 들지 못했다. 부처님이 이를 알고 염력으로 그 빛살에서 빛을 증발시켰고 그것을 모르고 행세하다 들켜 몽둥이찜질을 당해 육신을 해체 당한다.

　주나라에 손양이라는 사람이 말을 감정하는 데 귀신 같아 천마를 다스리는 성신인 백락으로 불리었다. 어느 한 사람이 말 한 필을 팔고자 장에 매두었는데 사흘이 지나도록 거들떠보는 사람이 없었다. 이에 백락을 찾아가 장에 오셔서 한번만 저의 말을 뒤돌아만 보아주시면 말값의 절반을 드리겠다고 했다. 가서 하라는 대로 뒤돌아보았더니 백락이 뒤돌아본 말이라 해서 당장에 10배나 값이 뛰었기로 광배효과를 '백락고마'라고도 한다.

　명사나 권력자와 악수를 하거나 사진을 더불어 찍음으로써 그 후광으로 자신의 위상을 돋보이게 하는 언행은 우리 한국의 정치인들에게 이상할 것 없는 상식이 되어 왔다. 그래서 미국 대통령 취임식장에는 항상 다수의 정치인이 참석해 왔는데 부시 대통령 취임식에도 한국의 각급 의원을 비롯, 40여명이 참석한다는 보도가 있었다. 공식 초청 인사나 방미사절은 11명으로, 그 밖에는 6~7만 명이나 되는 온 세계로부터 모이는 손님의 일원으로 1~15만 달러라는 거액의 입장료를 내는 것이라 하니 광배효과치고 너무하지 않나 하는 생각이 든다. 더욱이 정국이 동파하여 국력이 누수되고 있는 판국인데 말이다.

|서산대사(西山大師)와 사명당(四溟堂)

　* 서산대사(西山大師 : 1520~1604, 중종 15년~선조 37년), 법명(法名)-휴정(休靜), 자(字)-현응(玄應), 호(號)-청허(清虛), 서산(西山), 완산 최씨(完山崔氏), 완주(完州) 출생.

만국도성여질의(萬國都城如蛭蟻) 천가호걸등혜계(千家豪傑等醯鷄)
일창명월청허침(一窓明月清虛枕) 무한송풍운부제(無限松風韻不齋)
(만국의 도성들은 개미집이요, 고금의 호걸들은 바구미 벌레 같네.
창에 비친 밝은 달빛 아래 청허하게 누우니, 끝없는 송풍의 운치
가 별미로다.)

　* 사명당(四溟堂 : 1544~1610, 중종 39년~광해 2년) 임씨(任氏), 법명(法名)-유정(惟政), 자(字)-이환(離幻), 호(號)-송운(松雲), 사명당(四溟堂), 시호(諡號)-자통홍제존자(慈通弘濟尊者-해인사의 비에), 동지중추부사(同知中樞府事)를 지냄

　서산대사와 사명당은 조선조 중엽 임란 때 호국승려(護國僧侶)로 유명한 사제간(師弟間)이다. 어느 여름날 두 분이 벌판길을 걷고 있었다. 더위를 시키려 그늘 밑에 앉아 쉬고 있는데 마침 건너편에 누런 소와 검은 소가 앉아 새김질을 하고 있었다. 무료를 달

래기 위해 서산대사가, "건너편 소 두 마리 중에서 어떤 소가 먼저 일어나겠는지 점쳐 보라."고 했다.

사명당이 신통력을 보여주려 점을 쳐보니 화괘(火卦)가 나왔다. 불은 붉은 빛이니 당연히 누런 소가 먼저 일어날 것이라 했다. 그러나 서산대사는 빙그레 웃으며, "나는 검은 소가 먼저 일어날 것일세."라고 했다. 과연 조금 후 검은 소가 먼저 일어났다. 사명당이 그 연유를 물으니 불을 피우면 검은 연기가 난 후에 붉은 불이 피어오르는 이치와 같다 했다. 사명당은 머리만 긁을 수밖에.

저녁때 장대비가 쏟아져 비 맞은 중 꼴로 가까운 동네로 달려가 추녀 밑에서 비를 피하고 있었다. 마침 주인이 나와 두 스님을 보고 반갑게 사랑으로 인도하고 안에 들어가 부인에게 칼국수를 시키고 나와 보니 두 분 스님이 내기를 하였다. 사명당이 점을 쳐보고 사괘(巳卦-巳는 역학에서 국수)가 나왔으니 저녁상에 칼국수가 나올 것이라 했다. 그러나 서산대사는 수제비가 나올 것이라 했다. 주인 생각은 칼국수를 시키고 나왔으니 당연히 서산대사가 졌다고 판단하고 있었다.

한참 후 부인이 들고 나온 것은 수제비였다. 주인이 들어가 연유를 물으니 바람은 불고 연기는 나고 눈이 매워 도저히 칼국수를 할 수 없다는 것이었다. 서산대사가 말하기를 뱀은 찬비를 맞으면 똬리를 튼다는 것이다. 모든 풀이는 추리를 잘해야 한다고 했다.

◉ 사명대사의 눈물

경술(庚戌)년 하면 일제의 강제병탄이 연상된다. 그해 항간에 '오경(五庚) 후 홍제존자(弘濟尊者)가 통곡을 한다'는 참언(讖言)이

나돌았었다. 홍제존자는 사명대사요, 대사가 죽은 것이 경술년 (1610)이며, '오경 후'란 경술년이 다섯 번 지난 후에 대사가 통곡하며 운다는 뜻이다. 나라가 기우는 데 대한 민중심리를 가야산의 사명대사비가 눈물로 결집시켜 이 해에 무척 울어대고 눈물을 흘렸었다.

광복 전해에도 이 사명대사비가 땀이나 눈물을 흘렸고, 이를 두고 일본패망이 닥쳤다는 민심에 당황한 당시 합천 경찰서장이 이 사명대사비를 네 조각내어 파손시켰었다. 임진 국난 수습으로 항일의 정신적 지주가 되어 내려온 사명대사의 표충비들은 그후에도 국난과 연관된 민심을 결집할 필요가 있을 때마다 눈물 또는 땀을 흘렸다. 보도된 바로 밀양 홍제사에 있는 표충비가 작금 두 차례에 걸쳐 바닥을 흥건히 적실만한 50 *l* 분량의 땀을 흘려 민심이 불안한 정국과 연계시키고 있다 한다.

비석이나 불상 등 석물이 땀이나 눈물을 흘린 사례는 잦았다. 신라 진흥왕이 돌아가던 해 황룡사의 석가여래상이 눈물을 흘려 발꿈치 땅 한 자 남짓 둘레를 적셨고, 55척의 은진미륵의 사적비에 보면 '나라가 태평할 때는 만신에 광윤(光潤)이 흐르고, 흉란(兇亂)이 일어나려고 하면 만신에 땀이 흐른다'고 했다. 이를 불길한 조짐으로 보기도 하지만 한낱 자연현상으로 묵살하기도 했다.

현종 3년 전라도의 불상들이 땀을 흘려 민심이 흉흉하다는 전라감사의 장계가 올라오자 당시 대사간이던 민정중(閔鼎重)은 '불상은 대체로 나무로 만들고 그 위에다 도금을 하기에 날씨가 음습한 철이나 겨울에 춥지 않으면 그 겉에 이슬이 맺혀 흘러내리게 마련이라고 심산의 노승들에게 자주 들었다'고 임금에게 아뢰고 있다. 표충비의 땀은 올해 이상난동일 수 있음을 암시하는 해석이기도

하다.

　굳이 시국과 연관시킨다면 일본에 원한 품은 대사인지라 지난 12
년 동안 600회에 걸친 위안부 할머니들의 시위, 그 시위에 반응 없
는 일본에 대한 분루(忿淚)요 땀일 것이다.

연당(蓮塘)의 여인 / 신윤복 그림

|허미수(許眉叟)와 송우암(宋尤庵)

허미수 선생은 역리(易理)와 의학에 조예(造詣)가 깊다. 나이 50이 되도록 벼슬길에 오르지 못했으나 송우암이 의정부에 추천하여 벼슬길에 올랐다.

송우암은 충북 옥천에서 태어났다. 어머니 꿈에 밝은 달과 같은 구슬을 삼키고 잉태하고, 아버지 꿈에는 공자가 여러 제자를 거느리고 집으로 들어오는 꿈을 꾸고 태어났다.

동네에 무당이 있었는데 선생이 근처에 가면 신(神)이 내리지 않았다 한다. 24세 때 사계(沙溪) 선생의 제자가 되었으나, 25세 때 선생이 돌아가시자 그 아들인 신독재(愼獨齊) 선생에게 배웠다.

27세 때 생원 시험에 장원급제하여 인조(仁祖)의 아들인 봉림대군(鳳林大君)의 스승이 되었으나, 병자호란(丙子胡亂) 때 봉림대군이 청(淸)나라에 끌려가자 벼슬을 버리고 황간(黃澗)으로 내려가 강도(講道)했다.

봉림대군이 효종(孝宗)이 되니 좌의정(左議政)에 오르고 남인(南人) 세력에 몰려 제주로 귀양, 남인이 실권하자 영중추부사(領中樞府事)가 되었다. 숙종(肅宗)이 장희빈(張嬉嬪) 소생을 세자로 책봉하려 하자 반대하다 남인의 탄핵(彈劾)을 받고 제주로 귀양, 선생을 문초하려고 서울로 압송하던 중 정읍에서 사약(賜藥)을 받았다.

남인이 실권(失權)하자 문묘(文廟)에 모셨다. 이 두 분은 공교롭게 사색당파(四色黨派)의 적대관계에 있었다. 허미수 선생이 삼척 부사(三陟府使)로 있을 때 우암이 소변불통의 질환에 걸려 아들을 시켜 허미수에게 약방문을 청했다. 허미수는 비상(砒霜) 3돈을 달여 먹으라 했다. 비상은 사약을 내릴 때 쓴다. 우암은 의심치 않고 달여 먹었다 한다. 당시 자기수(自己水-소변)를 마시는 법이 유행했는데 자기수가 지나치면 소변불통이 된다. 약은 비상이란 극약(劇藥)밖에 없다 한다.

주막 풍경 / 신윤복 그림

|암행어사 박문수(朴文秀)

《춘향전》은 〈아리랑〉과 함께 대표적인 우리 전통 문화코드다. 문학·음악·연극 등 거의 모든 예술장르에 걸쳐 쉼없이 재생산된다. 영화로 만들면 수십만 관객 동원은 기본이다.

그런데 여기 암행어사가 빠진다면 어떨까. 춘향이의 절개, 변학도의 횡포만으론 당연히 이야기가 허술하다. 신령 등 초자연적인 힘으로 부당한 권력을 징치한다면 흡인력이 떨어질 것이다. 그만큼 암행어사는 《춘향전》에서 빠뜨릴 수 없는 매혹적 요소다.

암행어사라는 제도 자체가 극적인 성격이 풍부하다. 막강한 권력을 지니고도 잠행하며 고난을 사서 하는 준비된 의외성, 탐관오리를 혼내주는 정의의 수호신 성격 등 대중성이 뛰어나기 때문이다. 여기에 지방수령들의 부정, 학정을 바로잡은 사례가 문헌으로 비교적 많이 남아있다. 가공하기에 따라선 영화·연극·게임·만화·위인전 등 이야기로 만들 소재가 넘쳐난다는 것이다.

하지만 의외로 암행어사에 관해 우리가 아는 것은 많지 않다. 어사하면 떠오르는 인물이 '전설의 고향'유에 단골로 등장하는 박문수(朴文秀) 정도지만 실제는 이황(李滉)·정약용(丁若庸) 등 5백여 명이 활약했다. 또 이들은 임무를 마친 후 왕에게 서계(書啓 : 활동보고서)와 별단(別單 : 정책 건의서)이란 공식 보고서를 올렸다.

개인적인 일기를 통해 활동에 대한 감상을 남긴 이도 있지만 제대로 알려지지 않았다. 실제 어사 중 2명 정도는 독살(毒殺)의 심증이 가는 등 권력과의 싸움에서 곡절이 없을 수 없는데도 그렇다. 이를 잘 살피면 야담류가 아니라 수사·정치·무협물 등이 얼마든지 가능하다.

잘못 알고 있는 것도 있다. 《춘향전》의 이몽룡처럼 과거에 장원급제했다고 암행어사로 제수되는 것은 예외적 사례다. 종6품급에서 왕이 비밀리에 임명하는 것이 대부분이라는 것이다. 또 조선팔도를 순회하며 맹활약하는 어사도 있을 수 없다. 임명 때 받는 봉서(封書 : 임명장) 사목(事目 : 업무 지령서)에 감찰 대상, 지역이 명시되어 있었기 때문이다.

지방 수령에 대해 무소불위의 권력을 행사한 것도 아니다. 관찰사 이상의 비리에 대해선 보고만 할 수 있을 따름이었다. 유척(鍮尺 : 임무 수행시 곤장의 굵기·길이나 됫박 등의 크기를 재기 위한 놋쇠 자)이 암행어사의 장비(裝備)였다는 사실도 알려져 있지 않다.

옛이야기에는 실화(實話) 민화(民話) 탐관오리(貪官汚吏)를 꾸짖는 통쾌한 대목, 백성을 다독거리는 목민관(牧民官)의 모습, 무지몽매(無知蒙昧)한 백성을 깨우치는 조상들의 지혜 등 다양했다.

어사 박문수가 어느 시골에 출두했을 때 농번기인데도 백성을 동원하여 길을 닦는다, 다리를 놓는다, 환경치장을 하느라 시끌법석이었다. 한 농부를 상대로 농번기에 웬 법석이냐 물으니 세상물정 모르면 잠자코 있으란 듯이 퉁명스럽게, "어사인지 개××인지 온다고 법석이라오."라고 말하였다. 어사보고 개××이라니 괘씸은 했지만 어쩔 도리가 없었다.

그날 밤 공교롭게 어사 박문수는 낮에 만났던 그 농부 집에 머물게 되었다. 지지고 볶고 냄새가 진동하더니 저녁상이 진수성찬이다. "오늘이 무슨 날이기에 진수성찬이오?"라고 물으니 주인이 하는 말, "오늘이 아버지인지 개××인지의 제삿날이오."라고 했다. '옳거니 이놈. 자기 아버지 알기를 개××로 아는데 어사쯤이야'하고 이놈 평소의 말투가 그렇구나 생각했다.

이튿날 아침상을 보니 흰 쌀밥 위에 뉘가 세 개 놓여 있었다. 뉘가 셋이니, '당신은 뉘세요?'라 박문수는 알아차리고 밥상의 생선을 네 토막〔魚四〕 내놓았다. 밥상을 물리려 하던 부인이 생선 네 토막을 보더니 기겁하고 무릎을 꿇었다. "어사님을 몰라뵙고 어제 낮 지아비가 죽을죄를 지었사온데 이를 어찌하면 좋습니까?"하고 애원했다.

"부인의 융숭한 대접과 훌륭한 기지(機智)를 배웠으니 큰 허물로 생각지 말라. 내 신분이나 발설하지 말라." 박문수는 이렇게 말했다. 부인의 기지로 남편의 허물을 모면한 사례(事例)다.

◉ 고기 먹은 맹수보다 풀 뜯은 노새가 유죄(有罪)라

● 라 퐁텐의 우화

흑사병이 유행하여 짐승들 세상이 발칵 뒤집혔다. 사자왕(獅子 王)은 짐승들을 소집하고 이렇게 말했다. "이 불행은 하늘이 우리들의 죄를 벌주기 위해 내리신 것이리라. 그렇다면 우리들 중에서도 가장 죄 많은 자가 하늘의 노여움의 화살을 받아서 희생되어야 한다. 지금은 각자가 저지른 죄를 참회해야 할 것이다."

이렇게 말하면서 사자는 자기가 죄도 없는 염소를 잡아먹고 그뿐 아니라 염소몰이까지도 잡아먹었다고 참회했다. 그러자 여우가 사자의 비위를 맞추듯 이렇게 말했다. "폐하, 그것은 너무나도 양심적인 말씀이십니다. 저 미천하고도 어리석은 염소로서는 폐하가 잡수셨다는 것부터가 분에 넘치는 명예였을 것입니다. 또 염소몰이는 평소에 짐승들을 멸시하고 제멋대로 권력을 휘둘렀던 무리와 한패였습니다."

그의 뒤를 이어 호랑이, 곰, 표범 등 사자의 측근들이 적당히 가벼운 죄들만을 참회하고 그 자리를 넘겼다. 마지막에 노새 차례가 왔다. "언젠가 저는 남의 땅을 지나가다 허기를 참다못해 그만 몰래 풀을 뜯어먹었습니다."

이 고백을 듣자마자 짐승들은 입을 모아 '유죄'라고 소리 질렀다. 검찰 노릇을 맡고 있던 늑대가 이 노새를 희생물로 바친다고 선언했다. 라 퐁텐의 우화(寓話)다.

역사책을 펴보면 진리는 늘 권력 편에 서 있는 것만 같다. 그래서 플라톤도 《공화국》에서 말했다. "정의(正義)는 늘 강자의 이해(利害)와 논리를 따른다."고. 아직도 우리는 정의의 힘이 아니라 힘의 정의가 판을 치는 세상을 살고 있다.

명색이 문민정치라면 그래도 뭔가 달라지려니 기대했는데 달라진 것은 아무것도 없다. 어쩌다 마지못해 정의가 존중되는 듯할 때에도 권력은 자기 꼬리를 조금씩 잘라버리며 살아남는 도마뱀의 술수를 따르기만 한다. 요새 우리는 그것을 '깃털의 정의'라고 말한다.

《십팔사략(十八史略)》에 이런 얘기가 나온다. 후한(後漢)의 순제(順帝) 때 공직사회의 부패가 심하다 하여 전국에 8명의 검찰관을 파견하기로 했다. 이때 임명된 검찰관 중의 한 사람인 장강(張綱)은 '시랑당도(豺狼當道) 안문호리(安問狐狸)'라고 말했다. 대악(大惡)은 손대지 않고 소악(小惡)들만 잡아서 무슨 소용이 있느냐는 뜻이다. 그러면서 황후(皇后) 집안의 부정을 고발했다. 그러자 순제는 장강을 좌천시키고 황후네 부정을 덮어버렸다. 그후 나라는 더욱 어지러워졌다.

● 진실을 덮는 검찰

우리나라와 같은 권력구조 속에서는 장강과 같은 검찰관의 등장은 기대하기 어려운 일일 것이라고 이해는 하면서도 해도 너무하지 않느냐는 거리의 의견이다. 춘추(春秋)전국시대의 어수선한 틈을 타서 나라의 소중한 종을 훔친 사람이 있었다. 그는 종을 등에 지고 도망가려 했는데 종이 너무 무거워서 끄떡도 하지 않았다.

하는 수 없이 꾀를 낸 그는 종을 조각내서 가지고 가려고 망치로 종을 후려쳤다. 그러자 종일 요란한 소리를 냈다. 다급해진 그 도둑은 자기 귀를 막았다. 그러면 다른 사람들의 귀에도 들리지 않을 것이라고 생각한 것이다. 《여씨춘추(呂氏春秋)》에 나오는 얘기다.

그동안 검찰은 온 국민의 의혹의 표적이 되고 있는 문제와 인물들을 완전히 비켜갔다. 그들이 캐낸 진실보다는 그들이 덮은 진실이 더 많다고 우리 국민은 생각하고 있다. 그런 검찰이 "아무리 조사를 해봐도 혐의를 뒷받침해 줄만한 확실한 증거를 포착하지 못했다."고 말한다고 곧이들을 사람은 없다. 그만큼 국민은 정부를 믿지 않고 있다. 그만큼 민심은 정부를 떠나고 있다.

국민이 바라는 것은 반쪽짜리 진리도 아니요, 힘의 논리에 눌린 진리의 가면도 아니다. 히틀러는 허위 덩어리를 진실로 얇게 포장하거나 아니면 진실 절반과 허위 절반을 살짝 꿰맞추며 국민을 속여 나갔다. 만약에 철늦게 그런 히틀러의 망령(亡靈)이 진실의 빈 껍데기만을 보여주면서 이게 진실의 전부라고 우긴다고 믿을 사람은 이제는 없다.

● 민중은 진실 꿰뚫어

우리는 '깃털의 몸체'가 바라고 있는 것만큼 만만하고 어수룩하고 미련스러운 국민이 아니다. 우리는 대통령 자신이 잘 알고 있듯이 그 모진 독재정권들을 이겨낸 국민인 것이다. 혹 당장에는 정의의 힘이 힘의 정의에 밀려날지는 모른다. 그러나 언제나 힘의 정의보다 정의의 힘이 장수(長壽)한다는 것을 우리는 알고 있다. 더욱이 정부란 링컨의 말대로 일부 사람을 언제까지나 속일 수도 있으며, 모든 사람을 잠시 동안 속일 수는 있다 해도 모든 사람을 언제까지나 속일 수는 없는 것이다.

"거리의 민중(民衆)이란 키케로의 말대로 무지(無知)할지는 몰라도 진실을 꿰뚫는 능력은 가지고 있다." 다름 아닌 마키아벨리의 말이다. 도대체 언제까지 잔재주로 우리 국민으로부터 진실을 숨길 수 있다고 당신네들은 생각하고 있느냐고 분노하는 사람들의 거센 목소리는 내 귀를 막는다고 해서 사라지지 않는다.

김삿갓(金炳淵)

김병연은 조선조 순조(純祖) 때(1807~1863년) 선천부사(宣川府使) 김익순(金益淳)의 손자로 5세 때 할아버지인 김익순이 홍경래(洪景來) 난(亂-1811년)에 항복하였다 하여 처형, 패족(敗族)되었다. 김삿갓은 23세 때 백일장에서 장원급제했다.

시제(詩題)는 〈논정가산충렬사탄김익순죄우천(論鄭嘉山忠烈死嘆金益淳罪于天)〉으로 최후의 순간까지 충절(忠節)을 지키다 죽은 가산(嘉山) 군수 정공(鄭公)을 찬양하는 한편, 선천부사 김익순의 비겁한 항복의 죄를 개탄하는 내용이었다.

김삿갓은 김익순이 자기 할아버지인 줄도 모르고, '대대로 나라의 신하였던 김익순아 들어 보아라. 가산의 정군수는 하찮은 벼슬로도 충성으로 죽었거늘, 임금님 앞에서나 꿇던 무릎을 흉적(凶賊) 홍경래 앞에서 꿇었다니, 네 혼은 죽어서 황천에도 못 가리니 거기는 우리의 선대 왕의 영혼이 계신 까닭이다. 임금을 저버린 동시에 조상마저 잊어버린 너는 한 번은 고사하고 만 번 죽어 마땅하다'라고 하였다.

백일장에서 장원급제하고 축하연과 상장을 받은 사실을 어머니에게 고하자 어머니는, "설사 벼슬을 못한다 하더라도 너마저 조상을 욕할 수 있겠느냐?"며 사실을 알려주지 못한 자신의 잘못으로 자식을 불효자로 만든 과오를 저승에 가서나마 속죄하겠다고 말했다.

 부모를 욕되게 하고 조상을 욕하게 된 불효를 하지 않기 위해 하늘이 부끄러워 삿갓으로 하늘을 가리고 죽장(竹杖)을 짚고 방랑(放浪)의 길을 떠났다. 30여년 방랑 끝에 57세에 전라도 화순(和順)에서 객사했고 강원도 영월(寧越) 땅에 묻혔다.

 '스무 나무 아래 서러운 나그네, 망할 놈의 마을에서 쉰밥이나 주는구나. 세상에 어찌 이런 일이 있을손가. 내 집에 돌아가 설은밥 먹느니만 못하다.(二十樹下 三十客 四十家中 五十食 人間豈有七十事 不如歸家 三十食 - 이십수하 삼십객 사십가중 오십식 인간기유칠십사 불여귀가 삼십식)'

활쏘기 / 김홍도 그림

|능역(陵域)의 구조(象設制度)

왕릉 살피는 것은 봉심(奉審), 일반 묘 살피는 것은 성묘(省墓)라 한다. 왕릉에는 돈수(頓首) 4배, 계수(稽首) 4배-국궁(鞠躬), 일반 묘에는 재배(再拜), 왕릉은 참초(斬草) 일반 묘는 벌초(伐草) 금초(禁草), 왕릉은 능상(陵上) 산릉(山陵), 일반 묘는 분상(墳上) 봉분(封墳) 무덤 산소라 한다.

능의 높이는 10~15자, 광중(壙中) 깊이 10자, 너비 29자, 길이가 25자 5치, 지름 20~30자, 능상(陵上) 반구형(半球形), 능상 둘레석 호석(護石-사대석, 병풍석, 둘레석)으로 싸고 그 주위에 석난간(石欄干)을 두르고, 그 앞에 석양(石羊) 2좌(座), 석양 사이에 석호(石虎)를 동서에 1좌씩 북쪽에 담장을 향하여 배치한다.

상계단(上階段) 위 능상(陵上) 정면에 석상(石床)과 능상 사이에 혼유석(魂遊石), 제단 좌우(동서)에 망주석(望柱石), 중계단 위 제2단 정면 중앙에 장명등(長明燈)을 세우고, 동서북 3면에 곡장(曲墻)을 둘렀다. 좌우에 문인석(文人石) 한 쌍이나 두 쌍을 대립하게 세우고, 문무인석(文武人石) 뒤나 옆에 석마(石馬)를 세운다.

조선조 21대 영조(英祖)의 원릉(元陵)부터 2계단과 3계단을 동일 단면으로 하여 문무인석을 세우고 아래 평평한 곳에 정자각(丁字閣)이 있고 정자각 좌측에 신도비(神道碑-능비석, 묘갈)를 세운다.

* 지석(誌石) : 사대석(莎臺石)과 석상(石床) 사이 깊이 5자 3물(모래, 황토, 석회)로 다져 묻는다.

* 호석(護石) : 호석은 12면으로 되어 있으며 초지대석(草地臺石) 24개, 정지대석(正地臺石) 12개, 우석(隅石) 면석(面石) 만석(滿石) 인석(引石)이 각각 12개이다. 정지대석은 상단에 복련(覆蓮)을 새기고 그 위에 우석 면석을 올려놓는다. 우석에는 운채를 새기고 만석마다 바깥면 복판에 방위를 나타내는 12지 신상을 새기고 사방에 운채를 새기고 만석 아랫부분의 바깥쪽에는 앙련(仰蓮)을 새겼다. 인석마다 끝머리에는 모란이나 해바라기를 새긴 인석을 배설한다.

* 북석(상석 받침) : 4개 어두(魚頭)를 새긴다.

* 석망주(石望柱, 망주석) : 상단은 원수(圓首) 운두(雲頭) 염의(簾衣)를 새긴다. 8각주 상층은 앙련(仰蓮) 잎을, 하층 상단에 복련(覆蓮) 잎, 아래에 운족(雲足)을 새긴다. 망주석은 남성의 심볼로 자손번창을 기원하는 뜻으로 세운다.

* 장명등(長明燈, 明燈石) : 정자석(頂子石)의 상단에 2층의 원수를 만들어 층마다 원주를 새기고 개석(蓋石)의 운각(雲角) 상단에 앙련 잎을 새기고, 8면에 우석을 만들어 모퉁이마다 연주를 새긴다. 위에는 복련, 아래에는 운족(雲足)을 새긴다. 사도세자의 융릉(隆陵)과 정조대왕의 건릉(健陵)부터는 원형으로 만들었다.

* 문인석(文人石) : 상계단 동서에 세우며 관대를 착용하고 4품 이상은 상홀(象笏) 5품 이하는 괴목홀(槐木笏)이다.

* 무인석(武人石) : 갑옷에 창검(槍劍)을 착용하고 있는 형상. 땅 위로 나온 부분이 운족이다.

* 석마(石馬) : 문무인석 남쪽에 마주보게 세운다.

* 석난간(石欄杆) : 호석의 3자 정도 바깥쪽에 세운다.

* 석주(石柱)와 동자석주(童子石柱) : 죽석은 12개이고, 석주는 병풍석의 우석각 바깥쪽에 해당하는 지점에 세우고, 동자석주는 그 면석의 중앙 외방에 해당하는 지점에 세우며, 석주 사이에 죽석을 가로로 횡가(橫架)하고, 동자석주로서 죽석의 중앙을 지탱한다. 난간석은 12각형, 석주는 네모기둥, 죽석은 원주형이고, 석주 상단은 둥근 원수를 만들고 앙복련을 새기며, 양쪽 옆에 앙복련 잎을 새기고, 연꽃잎 사이에 원주를 새기며, 위로 향한 앙련 잎은 죽석 끝을 받치고, 아래로 향한 복련 잎을 새겨서 모퉁이 돌을 누른다. 동자석주에도 앙련 잎을 새겨 죽석이 잇닿은 곳을 받친다.

* 정자각(丁字閣-능침, 침전) : 산릉 제례하는 곳으로 내부에 신어상(神御床), 제상, 향상, 촛대상, 축상, 준소상(遵所床)을 둔다. 다만 황제였던 고종(高宗)과 순종(純宗) 능인 홍릉(洪陵)과 유릉(裕陵)은 명나라 제도를 본따서 대문을 들어서면 좌우에 재실(齋室)과 향대청(嚮臺廳) 전사청(典祀廳)이 있고 태양을 상징하는 일자집인 침전과 그 앞에 말 양 낙타 사자 해태 코끼리 기린 등의 동물을 새긴 석수와 문인석을 홍살문 양쪽에 배치하고, 능상에는 병풍석과 난간석을 두르고 주변에는 곡담 석상 장명등 망주석만 설치했을 뿐이다.

| 장묘제도(葬墓制度)

2001년 1월 13일부터 법률 제6158호(장사 등에 관한 법률)가 적용됨에 따라 다음 같은 사항이 달라진다.

○ 분묘의 점유면적
  * 공동묘지 : 종전 분묘 1기당 6평 이내, 합장 7.5평 이내를 1기당 3평 이내, 합장 4.5평 이내로
  * 개인묘지 : 종전 24평에서 9평으로

○ 분묘의 설치기간
15년으로 규정하고, 15년씩 3회 연장(60년) 후에는 화장처리토록

○ 사설납골당, 납골묘
공원묘지, 종교시설 및 보호시설 경내의 사설 납골당, 납골묘는 종전 허가제에서 신고제로

○ 공설납골당 : 시, 군의 공설납골당 설치 의무화

○ 타인의 토지 등에 설치된 분묘처리
승낙 없이 타인의 토지에 설치된 분묘에 대해서는 토지사용권을 주장하거나 보호를 청구할 수 없다.

○ 벌 칙
묘지면적 규정 초과시 규정에 맞도록 개장할 때까지 매년 1천만 원의 이행강제금 부과(설치기간 초과도 동일)

◉ 사설묘지 설치

사설묘지를 설치하고자 하는 지역을 관할하는 읍·면·동사무소의 허가를 받아야 한다.

○ 구비서류

    * 사설묘지 허가신청서 1부

    * 사설묘지 설치계획서 1부

    * 실측도, 구적도 1부

    * 임야대장등본 1부

    * 부지 및 건물도면(납골당의 경우)

○ 묘지면적 및 분묘의 점유면적

    * 종중 및 문중 묘지

        전체 묘지면적－2.000㎡(606평) 이내

        분묘 1기당 묘지면적－30㎡(9평) 이내, 합장도 동일

    * 가족묘지

        전체 묘지면적－500㎡(152평)

        분묘(墳墓) 1기당 묘지면적－30㎡(9평) 이내 합장도 동일

    * 개인묘지

        전체 묘지면적－80㎡(24평) 이내

        분묘 1기당 묘지면적－20㎡(6평) 이내, 합장 25㎡(7.5평) 이내

○ 사설묘지 설치기준

    * 도로, 철도, 하천 또는 예정지역에서 300m 이상 떨어진 곳

    * 인가가 20호 이상 밀집한 지역, 학교 기타 공중이 수시 집합

하는 시설이나 장소로부터 500m 이상 떨어진 곳(토지의 상황에 의하여 지장이 없는 곳은 예외)

○ 사설묘지 설치 금지지역

* 국민건강상 위해를 끼칠 우려가 있는 지역
* 국방부 장관이 군작전상 필요하다고 인정하여 지정하는 지역
* 도시계획법 제17조의 규정에 의한 주거지역 상업지역 공업지역 및 녹지지역 안의 풍치지구
* 수도법 제5조에 의한 상수원보호구역
* 하천법에 의하여 결정 고시된 하천지역
* 농지확대개발촉진법에 의한 농지와 개발대상지역
* 산림법에 의하여 지정된 국유림, 보안림 및 채종림

○ 사설묘지 설치 허가수수료

* 종중, 문중 가족묘지 : 2만원
* 자연인의 개인묘지 : 1천원

○ 분묘의 형태

* 봉분 또는 평분으로 하여야 한다.
* 봉분의 높이는 정면에서 본 분묘의 기지직경의 3/4 이하로 한다.
* 평분의 높이는 분묘의 기저장변의 1/3 이하로 한다.
* 납골한 분묘는 평분으로 하고 개폐가 가능하며 견고해야 한다.

○ 각종 석물 설치기준(1기당)

* 비석 1개(높이는 지면으로부터 2m 이내), 상석 1개, 기타 석물(인물상 제외)은 1개 또는 한 쌍(지면으로부터 2m 이내), 묘역 외의 지역에는 설치를 못한다.

⊙ 묘지의 석물(石物)

* 墓界(묘계) : 2000년부터 개인묘지 9평(30㎡) 공동묘지 3평(10㎡)으로 제한한다.(전에는 개인묘지 24평 공동묘지 9평)

* 墓標(묘표), 表石(표석) : 앞면에 망자(亡子)의 품계(品階) 관직(官職) 명호(名號), 뒷면에 자(字) 호(號) 휘(諱) 행적(行蹟) 생졸(生卒)년월일 비석을 세운 연월일 비문 찬(撰)한 사람 글씨 쓴 사람을 명기하여 무덤의 동남쪽에 세운다.(높이 120cm 정도)

* 墓誌(묘지), 誌石(지석) : 묘지를 실전할 것에 대비하여 관성명(貫姓名) 생졸(生卒) 위치 자손의 이름 등을 써서 무덤 앞에 묻는다.

* 墓碣(묘갈) : 3품 이하 관리의 무덤의 비석

* 神道碑(신도비) : 2품 이상 관리의 비석, 묘지의 입구에 세움

* 碑身(비신) : 비문을 새긴 돌

* 頭篆(두전) : 비신 위의 전자체로 새긴 돌

* 螭首(이수) : 비의 머리에 새긴 용 모양

* 圭額(규액), 加檐石(가첨석), 冠石(관석) : 비의 위를 지붕처럼 덮은 돌

* 曲墻(곡장) : 무덤 뒤의 담장

* 護石(호석) : 무덤 주위의 12지상(支像)

* 龜趺(귀부) : 거북 모양의 비석 받침돌

* 壟臺(농대) : 비석을 받쳐놓은 돌

* 魂遊石(혼유석) : 상석 뒤의 영혼이 앉는 돌

* 內階石(내계석) : 경계돌, 혼유석 남쪽과 일직선
* 床石(상석) : 제물을 차려놓는 돌
* 香爐石(향로석), 香案石(향안석) : 향로를 올려놓는 돌
* 酒架石(주가석) : 술병을 올려놓는 돌
* 祝板石(축판석) : 축판을 올려놓는 돌
* 북석 : 상석 받침돌
* 望柱石(망주석) : 경계표시석으로 배계의 끝 동서에 세운다. 남성의 심볼
* 石燈(석등), 長明燈(장명등) : 종1품 이상의 묘에 세운다.
* 文武石(문무석) : 종2품 이상의 묘에 세운다.
* 石羊(석양), 石馬(석마) : 3품관 이상의 묘에 세운다. 4품관의 묘에는 석마만 세우기도 한다.
* 童子石(동자석) : 벼슬이 낮은 선비의 묘에 세운다. 배계의 양쪽에 세운다.
  ※ 동자석이나 문무인석은 지면에 세우고 석양 석마는 쟁반 모양의 석대 위에 세운다.
  ※ 문무인석 하나씩 세울 때에는 동에 문인석 서에 무인석, 둘씩 세울 때에는 북에 문인석 남에 무인석을 세운다.

◉ 시향(時享)과 분묘설화(墳墓說話)

음력 10월이 되면 조상의 산소에 제사를 지내고 관리에게는 휴가를 주도록 《경국대전(經國大典)》에 규정해 있다. 뿐만 아니라 해마다 한식(寒食) 단오(端午) 중원(中元-백중)에 묘제(墓祭)를 지내기도 했다. 묘제는 지방이나 가문에 따라 다르기는 하나 1년에

봄가을 두 번을 지내더니 근래는 세일사(歲一祀)로 산소에 벌초도 하고 성묘도 한다. 뿌리를 잊지 않고 조상을 추모(追慕)하는 효심은 어느 나라에서도 찾아볼 수 없는 우리나라의 미풍양속(美風良俗)이다. 임금과 왕비의 무덤은 능(陵), 왕세자나 빈(嬪)의 무덤은 원(園), 사대부와 서민의 무덤은 묘, 분묘(墳墓), 유택(幽宅), 총묘(冢墓) 등으로 부른다.

장묘법(葬墓法)은 기원(起源)이 오래되었다. 상고시대(上古時代) 중국에서 시신(屍身)을 내다버리는 관습이 있었는데 죽은 부모를 구렁에 버렸다. 며칠 후 그곳을 지나다보니 여우와 살쾡이가 시신을 뜯어먹고 파리 등에가 우글거리는 것을 보고 등골이 오싹함을 느끼고 집에 돌아와 도구를 가지고 가서 시신을 흙으로 덮었다. 이것이 장례법의 시원이라 한다. 장(葬)이란 시신이 눈에 뜨이지 않게 편안히 모시려는 뜻에서 나온 것인데, 후세에 풍수설(風水說)이 나오면서 묘자리를 가리게 되었고, 천장(遷葬) 투장(偷葬)에 이르러 산송(山訟)까지 있기도 했다.

묘자리에 얽힌 설화(說話)를 보면 남조(南朝) 송(宋)나라 명신(名臣) 장유(張裕)의 증조 징(澄)이 풍수설의 대가 곽복(郭璞)을 초청해 아버지의 묘자리를 잡을 적에 자신이 장수하고 고관(高官)이 되는 자리와, 자손이 귀하게 되는 자리 두 곳을 두고 자손이 귀하게 되는 자리를 택했는데 자손이 번창했다 한다. 진(晉)나라 명재상(名宰相) 도간(陶侃)이 미천할 때 어버이를 장사지내려 할쯤 소를 잃었는데 소가 산등성이에 누워 있다는 노인을 만났는데 그 노인 말이 소가 누워 있는 곳에 장사를 지내면 길할 것이라 했다. 그곳에 장사를 지내고 도간은 물론 자손까지 귀하게 되었다 한다.

조일이라는 사람은 이원도(李元度)가 집안이 어려워 어머니 장사를 지내지 못하는 것을 보고 소 한 마리를 주어 장사를 지내게 하니 조일이 밤길을 가는데 한 노파가 나타나 금 한 봉을 건네주며, "그대가 나를 장사 지내게 해주었으니 내 이것으로 갚는다. 그대는 50세 이후에 거부가 될 터이니 원도를 있지 말게." 하였다.

왕백양(王伯陽-三國 吳나라 名臣)은 집 옆 동쪽에 있는 노숙(魯肅)의 묘를 뭉개고 자기 아내를 장사 지냈다. 수년 뒤 노숙이 나타나서, "내 무덤이 여기에서 200보쯤 떨어져 있는데 네가 뭉갰단 말이냐." 했는데 왕백양은 그길로 죽었다.

조선 중종(中宗) 때 고양(高陽)에 살던 김언겸(金彦謙)은 천성이 효성스러웠다. 어머니가 서울에서 죽자 고양 선산에 장사를 지내려 상여(喪輿)가 신원(新院)에 당도했을 때 수레바퀴가 부러져 길가에서 울고 있는데, 인근 마을 사람들이 다투어 와서 길 옆 높은 곳에 임시로 장사를 지냈다. 김언겸은 형편이 어려워 선산에 이징하지 못하고 손수 잔디와 흙을 져다가 묘역을 조성했다.

어떤 사람이 지나다 돌아보고, "이 무덤을 누가 잡았는지 참으로 길지(吉地)이다."라고 하였다. 그 말을 듣고 따라가 절하고 눈물을 흘리며 사정 이야기를 하니 그는, "산의 형세를 두루 살펴보니 청룡과 백호가 너무 가깝고 명당이 좁아서 대지는 아니나 산의 형세가 멀리 뻗어 결국(結局)이 절로 이루어졌으니 근간 급제하는 귀인이 두 대를 연달아 나올 것이다. 나는 젊을 때부터 산을 보아 이 길을 수없이 다녔으나 10보 안에 이런 길지가 있는 줄 몰랐으니 참으로 애석한 일이 아니오. 절대로 이장하지 마시오." 하였다. 3년 뒤에 김언겸은 문과에 급제하여 높은 벼슬에 오른 남창(南窓-號)인데 시와 글씨로 유명하다.

중종(中宗)에서 명종(明宗)대에 풍수(風水) 천문(天文) 복서(卜

筮)에 뛰어난 남사고(南師古)는 아버지를 장사 지내고 묘터가 마음에 들지 않아 수차 천장(遷葬)을 하던 중 마지막으로 찾은 곳이 비룡상천(飛龍上天) 형국이었다. 남사고는 터가 너무 좋아 아내의 유골을 그곳에 장사 지냈다. 일하던 한 농부가 노래를 불렀다. "아홉 번 옮기고 열 번 장사 지내는 남사고야, 용이 날아 하늘로 올라가는 형국만 생각하지 말라. 죽은 뱀이 나뭇가지에 걸린 형국이 아닌가." 남사고가 그 말을 듣고 형국을 다시 살펴보니 과연 죽은 내룡(來龍)이었다. 일꾼을 찾았지만 일꾼은 온데간데 없었다. 명당이란 주인이 있는 법이고 억지로 차지하기란 어려운 일이라 생각했다.

선조(宣祖) 때 명신 정탁(鄭琢)은 어릴 때 가정형편이 어려웠는데 어머니가 죽자 아버지 무덤에 합장하려 했다. 무덤 아래 사는 사람이 묘지가 집 뒤에 있다 하여 묘를 쓰지 못하게 했다. 산송(山訟)이 있었는데 정탁은 무덤이 먼저 있었고 집이 나중이니 곡직(曲直)이 분명하고 남편의 묘에 부인이 따라가니 사리(事理)가 당연하다(墳先宅後曲直立判 夫葬婦隨事理當然-분선택후곡직립판 부장부수사리당연) 하였다. 소송사유를 읽어본 수령(守令)은 매우 칭찬하고 집주인을 불러, "너는 이 아이의 어머니 산소를 잘 수호(守護)하라. 이 아이는 틀림없이 정승이 될 것이다." 하였다. 뒤에 정탁은 좌의정을 역임했다.

중종에서 명종 때의 문신(文臣) 이문건(李文楗)의 아버지 윤탁(允濯)의 묘가 양주 노원(蘆原)에 있었는데 비문과 비석을 이문건이 세웠다. 후손이 멀리 살아 성묘를 오랫동안 못하게 되자 어떤 사람이 그 주변을 점유하고 주변 소나무를 베어내 비석이 드러났으나 묘와 비석은 훼손하지 못했다. 질병에 걸린 사람이 그곳에 기도 하면 효험을 보고 아이들이 그 비석에 흠집이라도 내면 재앙(災殃)이 따르게 되니 신령(神靈)한 비석이라 하여 아무도 손을 대지 못했다.

비의 동쪽 모서리에는 '차마 못할 비(不思碣-불사갈) 부모를 위해 누구인들 부모가 없을소냐. 그렇다면 차마 어찌 훼손(毁損)하겠는가', 서쪽 모서리에는 '신령 비석이다. 건드리는 사람은 재앙을 입으리라. 이는 글 모르는 사람에게 알리노라'라고 새겼다. 비가 수백 년 동안 영험했다는 것도 신기했지만 중종 때 한글로 비석을 기록했다는 것은 특별하다 하겠다.

산리(山理)가 있는지 여부는 단언할 수 없으나 수천 년 수백 년 전해오는 풍습을 미신으로 치부하기는 지나친 감이 있고, 풍수설에 빠져 경가파산(傾家破産)을 해가며 묘지를 구한다거나, 남의 무덤을 뭉개고 묘를 쓰는 일도 시체나 유골을 편히 모시는 원래 장례의 취지에 어긋나는 것이다. 부모가 돌아가시면 묘터를 가려 안장(安葬)하고 해마다 벌초하고 성묘하는 우리의 미풍양속을 영원히 지켜 조상의 은덕을 잊지 말아야 할 것이다.

운증초윤(雲蒸礎潤)

이탈리아 작가 움베르토 에코의 《장미의 이름》이라는 소설에 한 수도승(修道僧)이 수도원을 올라가고 있는데 수도원의 비서실장으로 보이는 신사가 허겁지겁 뛰어내려오는 것을 보고, "그렇게 서둘지 마시오. 당신은 지금 키가 다섯 자쯤 되고 털이 검고 발목이 잘록한 말을 찾으러 가는 길이 아니요?" 하였다. "그렇소만 말을 보았소?" "보지는 못했소. 그러나 이 앞 세 갈래 길에서 오른쪽 길로 가보시면 말이 있을 것이오." 했다.

지나오는 길에 다섯 자쯤 높이에 나뭇가지가 부러져 있고, 검은 털이 끼어있고 발목이 잘록하게 자국이 나있었던 것이다.

이 세상의 삼라만상(森羅萬象)은 현재 진행중인 사건이나 과거의 흔적이나 조짐을 보여주는 거울이며 그림이며 책이다. 어리석은 인간이 읽어내지를 못하는데, 하찮은 미물(微物)도 감지하고 대처한다. 들쥐는 큰물이 들기 전에 새끼를 산으로 물어 올린다. 비가 올 징조면 개미의 행렬을 볼 수 있다.

 * 할미꽃이 고개를 들면 그 고장에 가뭄이 들고
 * 맨드라미 붉은 잎에 노란 물이 진하면 홍수가 난다.
 * 뽕나무 잎에 하얀 반점이 생기면 염병(染病)이 든다.
 * 달무리가 있고 여름에 물것이 기승을 부리면 비올 조짐이요
 * 닭이 병아리를 업으면 비가 오고

* 까치가 하늘을 보고 울면 맑으며, 땅을 보고 울면 비가 온다.
* 고양이가 풀을 먹어도 비가 올 조짐이요
* 거북이가 물 밖으로 나와 남쪽을 바라보면 맑고, 북쪽을 바라보면 비가 온다.
* 종소리가 탁하고 무거우면 비가 오고, 맑고 낭랑하면 맑을 조짐이다. 〈아베마리아〉의 작곡가 구노는 하프의 줄을 튕겨보고 날씨를 예보했는데 80% 적중했다 한다. 우리나라 궁녀 중에도 거문고를 튕겨보고 날씨를 전담하는 궁녀가 있었다 한다.
※ 먹구름이 다가오기 전에 주춧돌이 습해지고(雲蒸礎潤), 오동잎 하나 떨어지는 것을 보고 가을이 멀지 않았음을 감지하고(一葉之秋), 우리는 옛것을 거울삼아 새로운 것을 창조하는 지혜가 필요하다(溫故而知新). 우리는 세태를 잘 파악하고 슬기롭게 대처해야 한다.

○ 옛날에는 간지일(干支日)마다 심한 금기(禁忌)가 따랐다. 첫 축일(丑日)에 솥 안에 놋그릇을 넣어 음식을 데워먹으면 소가 큰 연장에 다친다고 하여 금한다든가, 첫 묘일(卯日)에 여자가 남의집 출입하는 일을 금하는 등의 풍속이 있었다.
○ 대보름날 아침에는 오곡(五穀)으로 밥을 지어먹고 김, 두부, 취나물, 콩나물 등을 먹는다. 아침에 찰밥을 지어 성주(城主)에게 바치고 이때 성주에게 바쳤던 술을 귀밝이술이라 하여 마신다. 대보름날 아침 일찍 일어나면 부스럼을 깬다 하여 알밤, 호두, 은행, 콩자반 등을 깨물며 일년 열두 달 동안 무사태평하고 종기나 부스럼이 나지 않게 해주십사 축수(祝壽)한다. 그리고 아침 식사 후 소에게 오곡밥과 나물을 먹여 소가 오곡

밥을 먼저 먹으면 풍년(豊年)이 들고, 나물을 먼저 먹으면 흉년(凶年)이 든다고 점친다.

o 설날이 유모일(有毛日-털 있는 동물), 즉 쥐, 소, 호랑이, 토끼, 말, 염소, 원숭이, 닭, 개, 돼지날일 때에는 오곡이 잘 익어 풍년이 들고, 무모일(無毛日-털 없는 동물), 즉 용, 뱀날일 때는 흉년이 든다고 전한다.

o 목영점(木影占)은 대보름날 밤에 한자 정도의 나무막대를 뜰 가운데에 세워놓고 자정(子正) 때가 되어 달빛에 비치는 그림자의 길이로써 그해 곡식의 풍흉(豊凶)을 점치는 것이다. 즉 그림자가 여덟 치면 풍우(風雨)가 순조로워 대풍이 들고, 일곱 치나 여섯 치가 되어도 모두 길하며, 다섯 치가 되면 불길하고, 네 치가 되면 수해(水害)와 병충(病蟲)이 성행하며, 세 치면 곡식이 여물지 않는다고 점친다.

o 계명점(鷄鳴占)은 대보름날 꼭두새벽에 첫닭소리를 기다려, 우는 횟수가 열 번 이상이면 그해에 풍년이 든다고 점친다.

o 맥근점(麥根占)은 입춘일에 보리 뿌리를 캐보아서 뿌리가 세 가닥 이상이면 그해 풍년이 들고, 두 가닥이면 평년이고, 한 가닥이면 흉년이 든다고 점치는 것이다.

o 아황산가스나 일산화탄소 같은 공기오염에 민감한 식물(植物) : 미국에서는 알팔파라, 네덜란드에서는 글라디올러스, 일본에서는 나팔꽃, 우리나라의 지표식물(指標植物)은 들깻잎이다(오염이 심할수록 들깻잎에 갈색 반점이 진하게 많이 생긴다). 들깻잎은 어육(魚肉)의 독(毒)을 죽이는 역할을 한다.

* 삼복(三伏) : 초복(初伏) ─ 하지(夏至) 후 셋째 경일(庚日)
　　　　　　　중복(中伏) ─ 하지 후 넷째 경일

　　　말복(末伏)–하지 후 다섯째 경일(말복이 입추
　　　　　전에 들면 월복(越伏)해서 여섯째
　　　　　경일이 말복이 된다)
* 한식(寒食) : 동지(冬至) 후 150일째
* 납일(臘日) : 동지 후 셋째 미일(未日)
* 음력은 3년에 1개월이 차이나고, 양력은 4년에 1일이 차이난다.
* 양력과 음력은 1년에 11일에서 22일까지 차이가 날 수 있다.
* 윤월(閏月)은 19년에 7번 든다.

◉ 해코지할 귀신 없다

제주도 사람들은 집을 옮길 때 대부분 대한(大寒–1월 20일) 닷
새 후부터 입춘(立春–2월 4일) 사흘 전까지 한다. 한 해에 이사하
는 사람의 90%가 1주일에 불과한 이 시기에 몰리는 바람에 이사
비용이 폭등한다. 이 같은 기현상은 순전히 '신구간(新舊間)'이라는
제주도의 특이한 세시풍속 탓이다. 신구간이란 말 그대로 '새로운
것과 묵은 것의 사이'란 뜻이다.

우리의 전통적 시간 관념으로 보자면 한 해의 시작은 입춘이다.
입춘 바로 앞에 있는 대한은 한 해의 끝이 된다. 그러니 대한과 입
춘 사이는 묵은해를 마감하고 새해를 시작하는 전환점, 곧 신구간
인 셈이 된다.

제주도 사람들은 신구간 중 '온갖 토속신들이 하늘의 옥황상제에
게 연말 결산을 겸한 보고와 신년업무를 하명받기 위해 하늘로 올
라간다'고 믿어왔다. 따라서 신구간에는 해코지할 토속신이 없기에
이사하기 좋은 날(손 없는 날)이 된다. 이사뿐 아니라 집안을 고치

는 등 굵직한 집안일을 모두 이때 해야 마음이 편하다.

이렇게 전통 세시풍속은 우리의 삶 속에 살아있다. 하지만 전통은 급속히 사라져가거나 서양풍으로 변하고 있다.

또 제주도 사람들은 7월 백중이면 '테우리코사'는 독특한 제(祭)를 올린다. 제주 사투리 '테우리'는 목동, '코사'라는 제사를 말한다. 목축의 전통이 오래된 제주도이기에 백중이 되면 목장이나 들판에 나가 가축의 안녕을 기원하는 제사를 지낸다. 보통 제사와 달리 축문을 읊지 않으며 제관들이 절도 하지 않는다. 대신 테우리들이 절을 한다.

반면 내륙지방인 경기도 동두천 지역의 경우 정월 보름이면 '두더지만두'를 만들어 먹는다. 밭농사를 망치는 두더지를 잡아먹는다는 상징적 행위로 두더지의 주둥이와 꼬리모양으로 만두를 빚어 먹는 것이다.

전국 어디든 정월보름은 한 해의 안녕을 기원하는 각종 굿거리와 제례를 올리는 중요한 날이다. 충북 단양과 같은 산간지방에서는 산신제와 기우제를 올리는 반면, 제주도에선 안전운항을 기원하는 뱃고사(船告祀)와 풍어제를 많이 지낸다. 지역은 달라도 세시풍속을 지켜온 뜻은 하나로, 복을 바라는 마음이다.

◉ 억센 무속 인맥에 조정까지 휘감겼다

한말에 출세할 수 있는 길은 세 가지가 있었다. 민씨(閔氏)에게 붙거나, 외세에 붙거나, 무당에게 붙어야만 했다. 명성황후가 무당을 신뢰하는 바람에 무당세도가 기승을 부리고, 그로써 무당 인맥은 한말 한국사회를 아는 데 좋은 자료가 되고 있다.

어느 날 대원군이 청나라 보정부에 인질로 잡혀갔을 때 수행했던 그의 심복 한석진(韓奭鎭)을 불러 밀명을 내렸다. 대궐의 단골무당인 장님 이당주(李堂主)의 야삼경기도(夜三更祈禱) 내막을 살피라는 것이었다.

● 황후의 환심 산 신령군(神靈君)

한석진은 정동 덕수궁 석조전 뒤편에 있는 이당주 집에 잠복했다. 이당주가 젊은 첩을 데리고 대청에 들어가는데, 걸게 음식을 차린 제사상 정면에 영정 하나가 걸려 있고 그 아래 대원군 이하응(大院君 李昰應)이라 쓰여 있었다. 이당주가 경쇠를 흔들며 '저 자를 이레 안에 아비지옥으로 가두어 주소서'하는 내용의 축사를 49번 외우고 나니, 첩이 벽에 걸린 활을 꺼내어 영정을 향해 49번 쏘아대는 것이었다.

대원군에게 사실을 고하고 이당주를 잡아들여, 사랑에 정중히 모시게 하고 밥상도 대감과 같이 걸게 차려 사나흘을 융숭하게 대접해서 가마를 태워 돌려보냈다. 그간에 불안해했던 것은 이 저주 기도를 시킨 민황후였다. 바로 이당주를 불러들여 자초지종을 물으니 융숭히 대접받고 나왔다고만 하자 대감에게 매수당해 거짓말 한 것으로 알고 그길로 쥐도 새도 모르게 이당주를 처치해버렸다. 그렇게 될 것을 가늠한 대원군의 노련한 술책이 먹혀든 것이다.

이처럼 민황후는 점술이나 주술을 신뢰하여 매사를 무당에게 의지했다. 임오군란으로 장호원에 피신해 있을 때 가문의 며느리인 신씨가 박소사라는 충주의 과부 점쟁이 하나를 데려와 뵙게 했다. 언제 난리가 멎고 언제 궁에 돌아갈 수 있느냐고 묻자 박소사는 창밖 산을 손가락질하며, "이 산 이름이 국망봉(國望峰)이요, 방위도 서북쪽에 있다."하고, "이 산의 정기로 망일(望日-15일)에 서북방으로 환궁할 수 있나이다."하고 예언했다.

공교롭게 그 보름날에 발 빠른 이용익이 고종의 친서를 들고 달려왔는데, 대원군은 청나라로 납치당하고 청나라 용병 100명의 호위를 받고 8월 1일에 환궁키로 했다는 길보(吉報)였다. 민황후가 무엇보다 놀란 것은 박소사의 예언이었다. 자신을 보호하는 수호신이요 신령이라는 믿음을 확고히 했으며 황후의 가마를 뒤따라 동반 환궁케 했다.

그리고 서울 명륜동 1가 2번지에 중국의 군신(軍神) 관우(關羽)를 모신 북관묘(北關廟)에 박소사를 살게 하고, 신령군(神靈君)이라는 군호(君號)를 내렸다. 또 창덕궁과 통하는 샛길을 만들어 내왕케 하여 황후의 대소사를 이 무당이 좌우하기에 이르렀다. 고종과 왕세자마저 이 북묘에 행차하여 행례를 했으니 권세의 길은 북묘로 크게 트일 수밖에 없었다.

● 인사 청탁으로 장사진

나중에 고종의 아관파천을 주도한 이범진(李範晉)은 아버지가 천주교 박해를 했던 포도대장이요, 대원군의 심복 이경하(李景夏)였기로 견원지간(犬猿之間)인 민황후 세도하에 출세는 불망인지라 신령군에게 접근, 공명가(孔明歌)와 육화무(六花舞) 등 예능으로 황후의 마음을 사로잡아 출세의 길을 탄다.

어느 날, 황후가 미복으로 이 북묘를 찾아가 한담을 하는데 어디선가 열심히 기도하는 소리가 들리는지라 무슨 소리냐고 물었다. 며칠 전부터 시골 유생 하나가 올라와 조석으로 암송축도를 하고 있다 하기에 귀 기울여 들어보니 '민중전천세(閔中殿千歲)'를 되풀이하고 있는지라 대령시켜 물으니, "경상도 향유(鄕儒)로 대원군 집정시절부터 이 주문을 외워 오늘에 이르렀다 하면서 문필보다 무복(巫卜)에 재주가 있는 것 같사이다." 했다.

그자리에서 복점에 대해 시험을 해보고는 당장에 대내에 들 것을 분부하였다. 바로 신령군과 짜고 벼슬줄을 잡은 이 향유가 후에 법무대신까지 오르고 속칭 조정에 북묘(北廟) 인맥을 형성시킨 간신 이유인(李裕寅)이다.

충주 사람 성강호(成康鎬)란 자는 자기 눈에는 보이지 않는 귀신이 없다고 소문을 내고 다녔다. 이에 임금의 부르심을 받아 작고한 명성황후가 어떻게 지내고 있는지 보기를 원했다. 삭망 차례를 지내고 있는데 성강호가 갑자기 당황하며 단 아래 엎드리기에 임금이 무슨 일이냐고 물었다. 황후께서 지금 다락을 오르시고 계신다 하자 황제는 계단 난간을 붙들고 통곡했다. 통곡이 심하면 신령은 두번 다시 오기를 꺼린다고 하자 억지로 눈물을 삼키곤 했다. 그후로는 제사가 있을 때마다 성강호를 불러서 입회시키는데 더러는 하강하고 하강하지 않기도 했다 한다.

이 귀신을 본다는 사기꾼은 황제의 여린 마음을 악용하여 1년 안에 참판, 곧 차관 벼슬을 얻었고, 그의 문전에는 벼슬 부스러기를 얻으려는 자로 인산인해를 이루었다 한다.

● 친척이 요직(要職) 싹쓸이

통천에 사는 김원동(金元同)이라는 탕아는 동구릉 길가에서 뛰어다니다가 말을 하는 병 하나를 주웠는데 마개를 막고 물으면 신통력을 발휘한다고 소문을 내어 때마침 마마를 앓고 있는 영친왕의 병을 낫게 했다 해서 김화(金化) 수령직을 배명받고 있다.

민황후의 아버지인 여성부원군의 산소를 잡아준 것이 인연이 되어 전주 아전의 좌영사(左營使)에서 이조참판까지 벼락출세한 이봉구(李鳳九)는 궁중에 정자 이름 하나를 짓고 오솔길 하나 내는데 그를 거치지 않는 것이 없었다. 풍수노예가 된 황제와 황후가 그의 손아귀에서 놀았다. 그리하여 육조 팔도에 그의 풍수인맥이 박혀 있지 않은 곳이 없었다. 그와 관련된 이야기가 다음과 같이 전해 내려오고 있다.

윤영신(尹泳信)이 전라감사로 임명받고 전주 감영에 와서 보니 11개 요직을 이봉구의 8촌 이내 족속이 차지하고 있었다. 신고라고 할 수 있는 현신하는 자리에서 이봉구 족속에게는 이참판 봉구영감과 몇촌인가를 묻고는 며칠 후 11명을 한데 모아놓고 말했다.

"너희들 명묘(名墓)의 발복(發福)으로 이참판 같은 큰인물 큰복인이 나 성상에 큰 공을 세우니 호남의 영광이요, 또한 도백의 긍지가 아닐 수 없다. 한데 그런 은공을 입은 나로서 너희 일가친척을 내 아래 하리(下吏)로 부린다는 것은 이참판에 대한 내 체면이 아니다. 그렇다고 하리로 대우하지 않는다면 도백으로서 내 지체가 말이 아니니, 내가 도백으로 있는 동안만 참판과 도백 양방간 체면을 유지케 하는 것이 옳다."하고 집단 사표를 받았다. 무복(巫卜)인맥에 은연중 저항도 없지 않았음을 말해준다.

● 궁 드나들 때 시위(侍衛)

이렇게 뿌리내린 무당 인맥의 폐해는 국운이 기울수록 혹심했음을 알 수 있다. 〈황성신문〉 1904년 5월 15일자에 궁중을 드나들며 조정을 흔들고 혹세무민을 일삼는 무당 추방운동의 중요성을 역설하는 가운데 당시 '남편과 아들 조카 4촌 8촌을 벼슬길에 올리고 지방의 수령방백(守令方伯)을 손아귀에 넣고 주무르는’ 소문난 무당 이름을 거명하고 있다.

 * 어떻게 입수했는지 명성황후가 쓰던 관(冠)을 신당에 모셔놓고 궁중무술을 전담해 내린 수련(壽蓮)을 첫 번째로 들었다. 그가 궁에 출입할 때는 민황후의 영(靈)이 동반한다 하여 시위병으로 무장 호위케 하고, 궁녀들로 양쪽에서 겨드랑이를 부축하게 하여 출입하였다. 마치 민황후가 살아온 것처럼 황제에게 아양을 떨기도 하고 상궁들에게 호령하기도 했다.

 * 영친왕이 마마를 앓았을 때 그 마마할미를 한강으로 쫓아 쾌유시켰다 하여 그후로 영친왕 수호 무당으로 수만 냥씩 국고를 축내었다. 친일파 세력이 거세어지자 이제 친일무당으로 표변하여 안중근 의사에게 사살당한 이등박문의 위령을 추도하는 씻김굿을 경운궁 문전에서 베푼 요무(妖巫)다.

● 나라 망친 무당 팔망(八亡)

 두 번째가 푸른 치마, 곧 청상(青裳)이라는 선녀를 자처하는 무당이다. 당시 아이들이 부르는 참요(讖謠)에 ‘푸른 치마 검은 치맛바람에 궁중바람 잘 날 없네’하는 것이 유행했는데 바로 무당 청상과 일본 앞잡이로 궁중출입이 무상했던 배정자가 흑상(黑裳)이다. 검은색 긴 스커트를 입고 드나들었던 데서 얻은 이름이다.

 당시 신문에 보면 ‘청상우화등선(青裳羽化登仙)’하는 제목으로 환약을 먹고 선인이 되어 날아갔다고 했으니 대단한 요망을 떨었던 세도 무당이었음을 미루어 알 수 있다.

 세 번째가 신령군의 살을 받았다 하여 조정에 기생하는 북묘 인맥을 배경으로 날뛴 진령군(進靈君)이고,

네 번째가 경운궁 창덕궁을 자주 내왕한다 해서 이궁(二宮) 여대감(女大監)이 있고,

다섯 번째가 신당 이름을 옥황당이라 하였기에 옥황부인(玉皇夫人)이 있고,

여섯 번째가 평양할미(平壤婆-평양파)

일곱 번째가 코가 컸던지 코보

여덟 번째가 서강할미(西江婆-서강파)다. 그래서 나라 망치는 여덟 무당이라 하여 팔망이라 불렀다.

궁중에 우환이 있을 때마다 우후죽순처럼 돋아나는데 영친왕이 마마를 앓았을 때 병을 쫓는 배송굿을 핑계로 궁에 붙어 '마마세도'로 속칭된 무맥(巫脈)이 형성되기도 했다.

조정으로부터 이 무당세도를 축출하는 궁금숙청(宮禁肅淸) 운동을 편 이준(李儁)의 공진회가 밝힌 점복이나 무술, 풍수로 출세한 장차관급 명단을 보면 이렇다.

강홍대(秘書丞 종2품) 성강호(漢城判尹 종2품) 장환기(侍從卿 종2품) 최병주(侍從副卿 종2품) 정환덕(侍從副卿 종2품) 김대진(奉常寺提調 정3품) 이인순(典醫 정3품) 이필화(秘書丞 정3품) 그리고 군수급은 18명에 이르고 있다. 가히 그 인맥이 뿌리 깊음을 짐작할 수 있다.

이런 사회풍조에 영합하여 스스로를 신들린 무당으로 소문내기 위한 별의별 해프닝이 빈발하고 있다. 이를테면 소복하고 산발한 여인이 상왕이 있는 경운궁 정문인 대한문에 올라가 밑으로 뛰어내려 신녀 하강을 자처하다가 다리를 부러뜨린 비원의 무녀 지망도 있었다. 아관파천으로 친로 분위기가 일자 아부인(俄夫人)을 지칭하는 러시아 무당도 생겨났었다.

　《매천야록(梅泉野錄)》에 보면 서울에 고씨 성을 가진 여인이 자칭 아부인(俄夫人)이요, 호를 정길당(貞吉堂)이라 하여 그의 남편 양씨와 공모하여 충청도에 십자기를 세우고 면죄전(免罪錢)을 받고 기도해주고, 소송에 관여하는 등 무민혹세(誣民惑世)하다가 관부(官府)에 잡혀들기도 했다.

월하정인(月下情人) / 신윤복 그림

|수산기(搜山記)

진(秦)나라 주선도(朱仙桃)란 역학자가 《수산기》라는 명당자리 보는 비법을 서술, 신통하게 맞아 진시황이 일반에 공개하지 못하게 하고 황실에서만 인용했고, 발설할까 두려워 주선도를 엉뚱한 죄목으로 죽였다. 한나라 때는 《수산기》를 본따 장자방(張子房)이 《청오경(靑烏經)》과 《청낭정경(靑囊正經)》을 만들었는데 이 역시 황실에서만 적용했고 장자방도 결국 비명에 가고 말았다. 전성기는 당나라 때인데 《금낭경(錦囊經)》이라 하여 황실에서만 적용, 일반인이 황제가 나올 만한 자리에 묘를 쓰면 9족을 멸한다고 엄칙(嚴則)을 내렸다.

당나라 중엽에 우리나라에 들어와 고구려 신라 백제에 전파되었고, 고명한 도학자가 생겨 도읍지 성곽 가옥 묘지에 대한 비결이 생겼다. 다시 일본으로 건너가 일본이 우리 땅을 강점했을 때 역리학에 밝은 한국인 13인을 선정, 13인 위원회를 구성, 우리나라 명당자리 혈맥(血脈)을 끊고 험준(險峻)하여 지맥(地脈)을 끊을 수 없는 곳은 철봉(鐵棒)을 수없이 박아 잔악행위를 했다.

● 풍수학

풍수학은 원래 경세학이었다는 것이 풍수가들의 주장이다. 조선 중기 이후 주자학이 고착되기 전까지는 많은 활달한 정치가와 군사

전략가들이 대개 풍수 전문가였다는 것이다.

이는 역사적으로도 드러난다. 신나라를 멸망시킨 왕건 옆에는 우리나라 풍수의 비조로 일컬어지는 도선의 2~3대 제자들이 우글거렸고, 조선의 이성계도 이들을 통해 천하를 잡았다. 정도전, 조준, 하륜 등은 당대의 1급 풍수가들이었던 것으로 기록되어 있다. 무학대사는 정치에 뜻을 두지 않았으니 풍수로 이름이 남았지만 다른 사람들은 정치무대의 전면에 나서 풍수 쪽 이름은 뒤로 숨게 된 것이다.

그러다가 나라가 안정되면 풍수는 불온사상으로 이단시되었다. 본질적으로 '돌고 돈다'는 사상을 이론의 기반으로 하고 이 때문에 자신의 왕조 이후를 논하는 풍수가 곱게 보일 리가 없었다. 이 시점을 고려조에서는 광종 이후, 조선은 《경국대전》이 완성되는 성종 이후로 친다. 현재 전해지는 풍수관련서들이 소략하고 정본이 드문 것은 나라에서 한번씩 풍수서를 모아 태워버렸기 때문이라고 한다.

이때 풍수는 불만세력들이 자신의 세력을 넓히는 좋은 토양이 되었다. 고려 인종 때 묘청, 정지상 등 평양 천도파나 순조 때 홍경래난, 동학의 주동자들은 대개 풍수전문가들이었다. 특히 홍경래, 홍총각이나 전봉준, 김개남, 손화중 등은 당대의 최고수들이었던 것으로 알려지고 있다.

사실 곡사화기(曲射火器)가 없던 시절, 현장답사를 전문으로 하는 풍수가는 전략가가 될 수 있는 좋은 직업이었고 거기다 이데올로기까지 겸비했으니 혁명가로서는 최적의 학문이었다는 것이다. 이런 맥은 동학혁명이 실패한 후 완전히 끊겼다. 풍수는 죽은 자만 다룰 수 있게 되었다. 풍수에 대한 감각이 없던 일제와 무조건 파헤치고 개발하자던 개발시대는 이런 상황을 더욱 심화시켰다. 풍수의 타락 역시 정치적이었던 셈이다.

　* 풍수설(風水說) : 조선 중엽 어느 도학자가 인왕산에 올라 소요하다가 사태가 나 무너진 자리에 해골이 굴러다니는 것을 보니 그 자리가 바로 재상(宰相)이 날만한 자리였다. 도학자는 짚었던 지팡이를 해골의 왼쪽 눈에 찔러 꽂아 놓고 내려왔다.

　이때 영의정(領議政) 벼슬에 있던 사람이 별안간 왼쪽 눈이 칼로 찌르듯이 아파한다고 소란이었다. 명의라는 사람을 불러댔으나 치유하는 사람이 없었다. 이때 도학자는 영의정을 찾아가 눈 가장자리에 약을 발라주고 내일이면 통증이 가실 거라 다짐하고 인왕산에 올라 해골의 왼쪽 눈에 꽂았던 지팡이를 제거, 영의정 집으로 갔다. 영의정은 생명의 은인처럼 정중히 대접했다. 도학자는 영의정의 부모 묘를 보겠다고 제의, 영의정이 쾌히 승낙했다. 묘지는 인왕산이 아닌 왕십리 밖에 있었다. 도학자는 영의정의 자세한 내력을 물으니 영의정은 백부의 양자로 들어가 이 묘는 양부의 묘라 했다. 인왕산의 해골이 영의정의 친부임을 알았다.

　* 동종(銅鐘) : 한나라 때 대궐의 구리종이 때리지도, 바람이 거세게 불지도 않는데 울어댔다. 동방삭에게 물으니 구리를 캔 동산(銅山)이 무너졌다 했다. 사람을 보내 확인하니 과연 구리산이 무너졌다. 지기(地氣)는 삶으로 말하면 모자 인연과 같아 어머니격인 구리산이 무너져 그 기운을 받아 구리종이 우는 것이라 했다.

　* 명당(明堂) : 양지바르고 바람이 없고 산이 수려하며 전망이 좋고 묘 앞에 호수나 저수지 연못 등이 있어 풍광이 좋고 멀리 보이는 앞산이 양쪽으로 봉우리져 툭 틔어 있으면 부귀영화를 누린다.

　* 흉한 터 : 집안에 액운이 깃들고 자손이 끊기고 재물이 붙지 않고 패가망신한다.

① 석산(石山)—지기가 통하지 않으므로 집안이 망한다.

② 맥이 끊어진 곳—가운 몰락, 절손

③ 과산(過山, 쭉 뻗은 산)—지기가 머물지 않아 패가망신

④ 독산(獨山)—홀로 따로 떨어져 있는 산

⑤ 동산(童山, 초목이 자라지 않는 산)—황폐하고 사태가 생겨 흉함, 집안이 빈한(貧寒)하고 대대로 생계가 어렵다.

◉ 묘터·집터 등 정통 풍수 이야기

● 어떻게 땅을 보면 좋은가

먼저 산을 본다. 산에 대한 깊은 애정을 갖고, 살아있는 생명체를 대하듯 산을 대해야만 한다. 간산의 경험이 쌓이고 마음이 태고의 평정을 찾으면 산은 한갓 흙과 돌무더기가 아니라 풍운조화를 일으키는 용이 된다. 그렇게 되어야 풍수를 말할 수 있다.

그러면 이제 어느 품에 안길 것인가가 문제이다. 산룡(山龍)이 사람을 끌어안을 자세를 갖추었을 때 그 품안이 명당이 된다. 어머니가 아기에게 젖을 먹일 때 아기를 양손으로 품안에 안고 아기 입에 젖꼭지를 물린다.

이 경우 어머니의 품이 명당, 젖무덤이 혈장(穴場), 젖꼭지가 혈처(血處)가 된다. 누가 그런 자리를 판단하겠는가. 자신이 직접 지기(地氣)에 감응하여 판단할 수밖에 없다. 돈을 바라고 택지를 하는 지사(地師)는 결코 명혈 길지를 찾아낼 수 없다. 욕심이 기를 가리기 때문이다.

풍수는 자신과 자식의 영화를 위해 산소 자리만을 잡는 기술이 아니다. 이것은 천도(天道)와 인륜(人倫)과 지리(地理)와 부합하고

자 하는 정통풍수가의 입장에서는 참을 수 없는 모욕이 아닐 수 없다. 조선왕조는 누대에 걸쳐 풍수의 입장에서 왕릉 입지를 결정하여 왔다. 그러나 결과는 어떠한가. 특히 조선 초기에 풍수유행이 혹심했음에도 불구하고 골육상쟁이 끊이지 않았음을 상기해 볼 일이다. 일류 지사(地師)들을 총동원하고, 쓰고 싶은 땅을 마음대로 골라 쓰게 했는데 임금의 자손이 적은 일이 오히려 참담한 바가 있으니 이는 어찌된 일인가.

화담 서경덕은 이렇게 말했다. 아지랑이 피어오르는 봄이 되면 꽁꽁 얼어붙어 있던 땅속에서 새싹이 움을 틔운다. 죽음과 같던 땅속에서 어찌 그리도 연하고 푸른 잎이 솟아날 수 있을까. 우리의 선인들은 이처럼 땅을 단순한 돌과 흙덩어리의 집합이 아니라, 거기에 보다 중요한 생명이나 말로 설명할 수 없는 실체가 내재되어 있다고 믿었다. 그 생명의 실체가 바로 지기(地氣)인 것이며, 땅과 일체가 될 때 그 지기를 감응할 수 있다.

우리나라 풍수사상의 기원은 원래부터 우리 민족이 지니고 있던 지기의 감지능력, 즉 자생적 풍수지리를 지니고 있던 위에, 신라가 삼국을 멸한 후 선종과 함께 중국에서 도입, 확립된 이론체계의 풍수지리를 받아들임으로써 드디어 역사기록에 남기 시작했다고 본다.

풍수지리는 원래 땅을 종합적으로 보는 관점이었는데 시대가 지나고 사람들이 점차 지기에 대한 감수성이 무디어지면서 주로 경제적이고 감각적인 땅의 측면만을 대상으로 하는 지리만이 학문으로 대접받게 되고, 풍수는 점차 잡술로 변질되어갔다. 즉 풍수지리가 땅의 합리적 측면을 다루는 지리와 땅의 생기 측면을 다루는 풍수로 이분되어가는 경향을 보인다는 점이다.

그렇다면 지기는 어디에서 오는가. 중국의 풍수이론이 유입되기 전 우리의 자생풍수에서는 백두산을 생기의 시원처(始原處)로 삼았을 것이라는 생각이 든다. 우리의 명산들은 모두 백두산의 지기를 이어받고 있다. 조선의 4대 명산으로는 동의 금강, 남의 지리, 서의 구월, 북의 묘향이 있다.

이와 달리 《택리지》를 쓴 이중환(李重煥)은 우리의 일상생활과 밀접히 연관지으며 나라의 4개 산을 뽑았다. 그는 무릇 산의 형세는 반드시 수려한 바위로 봉우리를 이루어야만 산이 빼어나고 물 또한 맑은 것이며, 또한 반드시 강과 바다가 교류하는 곳에 위치하여야 큰 힘을 갖는다고 했다.

그런 산으로는 개성의 오관산, 공주의 계룡산, 한양의 삼각산, 문화의 구월산이라는 것이다. 이외에도 명산이 될만한 곳으로 춘천의 청평산, 금구의 모악산, 안동의 학가산, 원주의 적악산과 사자산, 공주의 무성산과 천안의 광덕산, 해미의 가야산, 남포의 성주산, 부안의 변산, 영평의 백운산, 곡산의 고달산, 광주의 무등산, 영암의 월출산, 장흥의 천관산, 홍양의 팔영산, 순천의 조계산, 대구의 팔공산과 비파산, 청도의 운문산, 울산의 원적산, 청하의 내연산, 청송의 주왕산 등을 꼽았다.

그러나 지기의 공급처인 명산, 명악 바로 아래에는 살지 않는 법이다. 심장은 혈류의 원동력이지만, 그곳이 원천이라고 해서 생기인 피를 얻겠다고 바로 그 심장에 구멍을 뚫어서는 아니되는 이치와 같은 것이다. 이 명산, 명악으로부터 다시 동맥과 실핏줄을 타고 신체의 각 기관으로 산소와 양분이 공급되는 것처럼 용맥도 그로부터 나와 마을과 고을터, 그리고 산소자리까지 연결되어 그곳에 살고 있는 사람 혹은 시신에게 생기를 공급하게 되는 것이다. 이것이 풍수 간룡법(看龍法)이기도 하다.

풍수사상이 강조하는 골자는 정통의 풍수사상가들이 가르침을 내렸던 대동적(大同的) 삶터를 실현하기 위해서 '모든 땅의 명당화'를 성취하자는 것이다.

⊙ 명당(明堂)과 품계(品階)

우리나라나 중국에서 풍수사상이 발달하게 된 것은 기기묘묘한 산수의 자연적 조건도 있지만 창힐의 한자문화, 예문화 등의 영향도 빼놓을 수 없다. 명당이란 어떤 곳이고 왜 이 자리에 묘택(墓宅)을 해야 하는가를 하나하나 풀어보기로 하자.

풍수사상이 우리나라에 들어온 지는 꽤 오래되었다. 신라 중엽 이후 우리 조상들은 평지에서 산으로 묘택을 정하여 모시게 되면서, 신라 말엽 저 유명한 도선국사에 의해서 풍수사상이 널리 알려지게 되었다.

* 도선국사는 비보풍수를 선호하였다

오늘날 흔히 말하는 명당의 조건인 '좌청룡우백호 전주작후현무(左靑龍右白虎 前朱雀後玄武)'는 왼쪽으로는 물이 흐르고 오른쪽에는 넓은 길이, 뒤에는 구릉이 있어야 명당이라 일컬을 수 있다는 의미이다. 이것을 우리네 삶과 대비시켜보면 관위가 있고 복록이 있으며, 대를 이은 자손이 무병장수(無病長壽)함을 의미한다. 입수니 당판이니 전순이니 하는 여러 조건이 있지만 위의 네 가지는 명당의 기본 틀이다.

* 산에 오르다 보면 묘비가 자꾸 눈에 들어온다

그럴 때면 가다가도 잠시 쉬어 그 비문을 읽어보게 마련이다. 학생(學生)과 유인(孺人), 이것을 알고나 쓴 것인지 의문이 날 때가

가끔 있다. 벼슬이 없는 자를 지칭하여 쓰는 말이지만 옛날 왕조시
대에나 쓰였던 용어가 지금도 버젓이 쓰이고 있으니 딱한 마음을
금할 길 없다.

 * 우선 돌아가신 분에게 큰 실례다

왕조시대엔 정1품 대광보국숭록대부(大匡輔國崇祿大夫)에서부터
종9품 참봉(參奉)까지 18품제도가 있어 나라에서 받는 품계대로
격식에 맞추어 위패나 묘비에 썼으며, 여자도 남편의 품계에 따라
1품 정경부인(貞敬夫人), 2품 정부인(貞夫人), 3품 당상관 숙부인
(淑夫人), 당하관 숙인(淑人), 4품 영인(令人), 5품 공인(恭人), 6
품 선인(宣人), 7품 안인(安人), 8품 단인(端人), 9품 유인(孺人)으
로 썼다.

학생이란 아무 품계도 없는 백성을 말하며, 상민이 백두로 죽고
보니 하도 원통하여 생원(生員), 즉 학생(學生)이기에 벼슬을 못한
채 공부하다가 그만 저승에 갔다는 뜻으로 학생이라 쓴 것이다.

그때도 엄격히 말하면 향시(鄕試)를 거쳐야 학생이지, 누구나 함
부로 학생일 수는 없지만 죽은 사람을 추서하기 위해서 학생이라
쓴 것이다.

배우자의 경우도 9품을 받아야 유인이지만 저승에 갔으니 품 1등
급을 올려주어도 눈감아주는 것이 유인의 유래다.

 * 제사 때도 마찬가지이다

꼭 ‘현고학생부군신위’라기보다는 아버님, 어머님 다음에 성함을
쓰는 것이 옳을 것이다.

사람이 오래 사는 방법에 여러 가지가 있다고 할 수 있다. 약방
에서는 좋은 약을 먹어야 오래 살 수 있다고 하겠으며, 병원에서는
정기적인 검진을 해야 한다고 할 것이고, 어떤 이는 즐겁게 사는

것이 건강의 비결이라 할 것이다.

＊ 여기에 저승사자를 적당히 물리쳐 오래 사는 비결을 몇자 적
  어 본다

回甲(회갑-61)에 데리러 오거든 부재중이라 하시오.

美壽(미수-66)에 데리러 오거든 잠깐 나갔다 하시오.

古稀(고희-70)에 데리러 오거든 내가 당신을 따라갈 때가 아직
  이르다고 하시오.

喜壽(희수-77)에 데리러 오거든 지금부터 여생을 즐긴다 하시
  오.

傘壽(산수-80)에 데리러 오거든 아직 쓸모가 있다고 하시오.

米壽(미수-88)에 데리러 오거든 아직 쌀을 축내고 있다고 하시
  오.

卒壽(졸수-90)에 데리러 오거든 그렇게 조급히 굴지 마시라 하
  시오.

白壽(백수-99)에 데리러 오거든 내 발로 간다고 하시오.

◉ 인걸(人傑)은 지령(地靈)

산천의 수려한 기상과 둔탁한 기상에 의해 잘난 사람 못난 사람
이 나온다. 산이 높고 물이 깊고 들이 넓으면 도량이 큰 사람이 난
다. 산이 험하고 물이 탁하면 성격이 험악하고 표독한 자가 나고,
산과 물이 좁으면 소견이 좁다.

● 천을(天乙), 태을(太乙)

＊ 뾰족한 산이 구름 밖에 솟구치면 법관이 나고,

* 짐승모양의 산과 바위가 감아주면 한림학사(翰林學士)가 나고,
* 형국이 왼쪽은 깃발이, 오른쪽은 북이 울리는 듯 솟으면 장신(將臣)이,
* 뒤는 병풍을 친 듯, 앞은 장막(帳)을 친 듯 막아주면 재상(宰相)과 문신(文臣),
* 은병형(銀甁型)은 부자,
* 산이 구부러져 높고 낮음 없이 껴안은 형(玉幕形-옥막형)엔 명재상이 난다.
* 아미산(蛾眉山)엔 왕후, 천마형(天馬形)은 반드시 왕후가,
* 앞뒤 좌우에 기운찬 크고 작은 봉우리는 삼천궁녀, 앞뒤로 벌어진 봉우리가 팔백형화(八百炯火)가 떠오르듯한 자리는 극귀(極貴) 극존(極尊)한 제왕이 날 자리,
* 여러 산이 그치는 데는 혈(穴),
* 여러 산이 모이는 데는 명당이 된다.
* 물이 기울어 흘러빠지면 관에서 물러나고,
* 산이 어지러운 치맛자락 같으면 여자가 음분(淫奔), 물이 국(局) 안을 꿰뚫어나가면 절손,
* 귀룡(貴龍)이 없거나 두드러지지 않으면 자손이 없고,
* 백호가 없거나 두드러지지 않으면 재물이 없어 가난을 면치 못한다.
* 주작(朱雀) 부분을 둘러막는 물이 없으면 재물과 자손이 없다.
* 물이 세차게 흐르지 않고 잔잔하게 유유히 소리없이 흘러야 자손이 관운(官運)을 받아 영화를 얻으며, 가문이 대대로 평온하고 화목한 법이다.
* 이와 반대로 물이 세차게 흐르고 물살이 빠르며 슬프게 들리

면 우환이 그치지 않아 가문이 망한다.

● 묘지를 정할 때 지킬 것

① 수구를 살필 것

② 정기(精氣)를 살필 것

③ 지기(地氣)가 뭉쳐있는 서기(瑞氣)를 살필 것

④ 원조(遠祖 : 산맥의 발원지) 6가지 체 - 태(胎) 정(定) 순(順) 강(强) 포(包) 장(藏)

⑤ 봉만(峰巒)이 원만한가

⑥ 안대(案對) - 모난 것과 둥근 것이 있고 반듯하고 기울지 않은 곳

● 묘지의 장식

① 나무를 심을 때는 묘지에서 10m 밖에 가능하면 상록수로 한다.

② 아카시아, 가죽나무는 좋지 않다.

③ 꽃은 다 좋다.

● 명당자리를 얻는 법

① 토질은 오색이 영롱(玲瓏)해야 하고 황 흑 백 적 청이 고루 배합, 서기(瑞氣)가 윤택(潤澤)해야 한다.

② 습기(濕氣)가 지나치면 관운(官運)이 없으나 흉액(凶厄)이 있는 것은 아니다.

③ 흙이 푸석푸석하면 자손이 번성하지 못하고 크게 출세도 못한다. 그러나 액운이 있지는 않다.

④ 천광(穿壙)할 때 수맥이 있으면 수맥을 돌려야 한다.

⑤ 관(棺) 놓을 곳을 팔 때 반석이 있으면 자손이 끊기므로 돌 반석 위에 관을 놓을 때는 관과 반석 사이에 흙이 끼지 않아야 한다.

● **혈**(穴)

주산낙맥(主山落脈)을 중심으로 일어서고 구부러지고 열리고 닫고 넓고 좁아 천만가지 기복(起伏)이 수려(秀麗)하며 살이 찌고 원만하며 끝이 단정(端正)하고 음양(陰陽)이 분명해야 진룡(眞龍) 진혈(眞穴)이다.

* 吉龍(길룡)－내룡(來龍)이 겹겹 개장(開帳)하여 개자중수(個子中搜)하여 수려하고 단아(端雅)하게 결렬(結列)된 용

* 生龍(생룡)－순룡(順龍) 회룡(回龍) 횡룡(橫龍)이건 간에 용필요속기(龍必要束氣) 진국(眞局)으로 되어 이기생왕(理氣生旺)하여 결렬(決裂)되어 있음을 말함. 대발(大發) 대부(大富) 대귀(大貴)의 땅이다(발 부귀).

* 龍身結穴相生(용신결혈상생)－주산으로부터 결혈처까지 기복의 변화가 마디마디 상생(相生) 결지(結地)되면 반드시 부귀의 땅으로 충효 예의자손이 속출하니 대지라.

* 龍身結穴相剋(용신결혈상극)－주산으로부터 상극결렬(相剋決裂)이면 패가망신, 자손은 불충 불효 불의한 자가 생겨 패망의 땅이다.

* 繁華龍(번화룡)－행룡맥락의 세가 양쪽 가지로 달리는 것이 보통산맥이다. 이것을 용이 갖추는 귀족(貴足) 또는 지네발이라 한다. 번화룡이란 내룡에 지살이 순하게 뻗치지 못하고 역

으로 뻗어 있음을 말한다. 용신을 호위하지 않고 역폭(逆暴)한 형체로 이곳에 재혈(栽血)하면 패망한다.

* 劫殺龍(겁살룡) – 행룡의 변화가 심해 오행을 분별치 못하게 상생 상극하여가다가 정맥(正脈)을 이탈, 산만불수(散漫不隨)하여 겁맥(劫脈) 탈기한 용신을 겁살룡이라 한다. 대흉 대패의 땅이다.

* 元嗔水(원진수) – 혈암(頁巖)의 득수(得水)가 곧게 흘러나가는 것을 원진수라 한다. 수직직거(水直直去) 수직무란(水直無闌) 이것을 당문파(黨門破)라 한다. 속패 속망의 혈지다. 단 앞에 산이나 물을 얻어 산수가 만전횡란(灣轉橫闌)하게 돌아있다면 초년은 발음(發蔭)이 없더라도 늦게 길하여 지령(地靈)대로의 발복이 된다. 또 복기락룡입좌(伏起落龍入坐)의 격은 갖추어 있으되 오직 물 한 줄기 실격으로 결점이 있다면 인위작이라도 축원배돈(築垣培墩)하여 재혈한다면 격을 갖추게 되므로 대지가 되는 수도 있다. 산천변화의 이(理)가 생하여 오행변화의 화(化)가 있는 법이다.

* 反跳水(반도수) – 형체가 미묘하고 삼방이 주밀하여 형국은 되었다 하더라도 물줄기가 혈처를 배반도사(背反跳斜)하여 흘러간다면 가치가 없다. 장후(葬後) 반드시 속성패산(速成敗散)의 땅이요 분산패주(分散敗走)하게 된다.

● 사세통설(四勢通說)

* 주작은 공작이 날개 펴고 춤추듯 다정한 모양이어야 하고 안산(案山)이 등을 지면 불미하다.

* 현무(玄武)는 머리가 곧고 관기 정통하고 용공(龍孔)이 기복이

없으면 불가하고, 무현무라도 후맥이 풍부하고 높이 쌓인 것이 혈에서 한층 더 넓으면 좋다.

* 백호는 치닫지 않는 형상으로 순순히 엎드려 혈을 호위하는 듯해야 하고, 난폭한 형상과 도주하는 형상은 불길하다. 청룡 백호는 겹겹이면 더욱 좋다.

* 청룡은 혈을 감싸 호위하는 형국이 필요하다. 반궁(反弓)은 쓰지 못함.

● 사령［官鬼离曜］ 통설

이(离) 요(曜)는 보이고, 관(官) 귀(鬼)는 숨어있다.

* 官(관)—안산 배후의 봉우리. 회두모양으로 조혈(照穴), 관봉(官峰)이 없으면 귀지는 못 된다.

* 鬼(귀)—주산 배후의 봉우리. 봉우리 하나로 단정해야 한다.

* 离(이)—암석이 작은 산의 수구(水口) 주변에 있는 것. 서로 바라보는 듯해야 한다. 이가 없으면 불영(不榮)한다.

* 曜(요)—소산암석이 청룡 백호 밖에 있는 것. 서로 뜻이 있어 바라보는 듯해야 하고 요봉암석(曜峰岩石)이 없으면 오래가지 못한다.

● 논오성정형(論五星正形)

금(金) 목(木) 수(水) 화(火) 토(土) 다섯 유의 산. 청아하고 둥글게 생긴 형체를 금산, 산두가 약간 둥글고 헌출하게 솟은 형국을 목산, 줄기차게 봉우리마다 파도처럼 나가다 머무르는 듯한 곡형을 수산, 산두가 뾰족히 솟아 충천하는 듯한 형국을 화산, 전후 사면이 후중(厚重)하고 평평한 형체를 토산이라 한다.

　행룡낙맥에 있어 오성에 천변만화하는 양상이 상극이나 상생으로 결혈되니 자세히 관찰하여 바르게 오성을 판단해야 한다. 옛 지가서(地家書)인 오성가운(五星歌云)에 '수성일사생타주(水星一似生咤走) 목직금만토숙횡(木直金彎土宿橫) 화성첨수향남생(火星尖秀向南生)'이라 한 것은 오성을 바르게 판단하는 철어(哲語)이다.

* 金山(금산)―봉무비조형국(鳳舞飛鳥形局)으로 결혈처(結血處)가 많고 고형(高形) 아미지형(蛾眉之形) 괴철지형(愧凸之形)에 결혈

* 木山(목산)―청수하면서 높이 솟아 겉으로 강하고 안으로 유하여 마디마디 결혈됨이 삼정혈(三停血) 통소형 일자목형(一字木形) 인형(人形) 등에 낙맥되는 수가 많다. 발복은 대귀(大貴) 준걸(俊傑)이 나타날 것이니 장목성(長木星)에 진득(眞得)이라.

* 水山(수산)―유하게 굴곡하고 곡류지처(曲流之處) 양양곡수(洋洋曲水) 평지연맥(平地連脈)에 결혈처

* 火山(화산)―형국이 비겸지류(鈚鎌之類) 같아야 결혈처. 용혈득국(龍血得局)이면 극품지지(極品之地) 오행의 겸정자(兼貞者)를 화성(火星)이라 한다.

* 土山(토산)―토형은 평평하며 순후하여 행룡낙맥에 면류옥병금서힐축일(冕流玉屛金書詰軸一)에 결혈, 혹은 각첨(角尖)의 유형에도 결혈되는 수가 있다. 혈처가 높이 있어 진혈(眞血)로 득지하면 발음(發蔭)이 청규(淸葵)하게 되고, 얕고 작은 자리는 목민관(牧民官)이 연출 토성(土星)이 이어나가면 부국(富局)이다.

● 상지법(相地法)의 용어 풀이

* 陰宅(음택)—산 사람은 양, 죽은 사람은 음으로 통하므로 음택이란 죽은 사람의 집, 곧 묘지를 말한다.
* 陽氣(양기)—산 사람의 집이나 마을 또는 도성을 뜻하는 기지(基地)
* 龍(용)—땅의 기복을 뜻하는데 산맥의 기복이 용 같다 해서 용이라 한다.
* 脈(맥)—맥은 절(節)이라고도 하는데, 지맥이나 산맥의 기복을 용이라 하며 용신에는 음양의 생기가 흘러야 하는 것으로 이 음양의 생기는 사람의 신체 내부에서 피가 순환하는 것과 같다. 지기가 연이어 흐르는 곳을 맥이라 하여 이 맥이 일기일복(一起一伏)하고 좌절우곡(左折右曲)하는 곳으로 목간(木幹)이라고도 한다. 또 가지가 뻗어나간 곳을 절(節)이라 한다.
* 穴(혈)—지기가 뭉치는 곳
* 砂(사)—산수 주변의 형세를 뜻함
* 局(국)—혈과 사를 합쳐 양기(陽基)냐 음택(陰宅)이냐 하는 것을 국이라 하는데 음택국이니 양택국이니 한다.
* 來龍(내룡)—일국 일혈에 이르는 용맥에 부친 이름으로 맥이 혈에 들어가려는 지점을 뜻한다.
* 祖山(조산)—내룡의 혈에서 가장 멀고 높은 산, 가깝고 좁은 산을 종산(宗山)이라 한다.
* 主山(주산)과 後山(후산)—내룡맥절 중에서 혈 뒤에 높이 솟은 산. 마을이나 묘지 뒤에 있어 이 산 밑에 마을이 있으면 마을을 진호(鎭護)한다는 뜻에서 진산(鎭山)이라고도 한다.

* 入首(입수)—좁은 의미의 내룡이 혈중으로 들어가려고 하는 것을 입수라 하며, 혈국을 용두가 들어간 곳으로 보는 것이므로 이 용두가 마침내 들어가려고 하는 곳을 입수라 한다.

* 頭腦(두뇌)—입수와 혈과의 접합점에서 좀 높게 솟아난 곳. 용두의 이마에 해당한다 하여 두뇌라 한다.

* 城(성), 砂城(사성)—두뇌에서 소맥이 일어나서 혈의 주위를 돌려 쳐진 것

* 靑龍(청룡), 白虎(백호)—혈(穴) 뒤의 내맥에서 혈의 동쪽을 두르고 혈의 앞을 지나 혈의 서쪽에서 그치는 산맥을 청룡, 혈의 서쪽을 돌아 혈 앞을 지나 동쪽으로 뻗어 끝난 산맥을 백호라 한다. 청룡과 백호는 동쪽과 서쪽을 호위한다.

* 明堂(명당)—묘지의 경우는 무덤 앞, 터의 경우는 주건물의 앞에 해당하는 땅, 청룡 백호에 둘러싸인 곳, 명당에는 내명당과 외명당이 있는데 내명당은 혈 바로 앞의 평평한 곳, 묘지에서 묘판이라고도 한다. 양기에서는 주건물의 앞뜰, 내명당 앞 넓은 곳을 외명당이라 한다.(천자가 군신의 조례를 받는 곳)

* 得(득)과 水口(수구)—혈 혹은 내명당의 양쪽에서 또는 청룡 백호 사이에서 시작되어 흐르는 물의 발원지를 득이라 하고, 그 물줄기가 용호와 서로 껴안은 사이를 흐르는 곳을 파(破) 또는 수구라 한다.

* 之玄(지현)—내룡이 바로 입수로 옮겨지려고 하는데 그 맥형이 갈 지(之)자와 같고, 혹은 검을 현(玄)자와 같이 굴곡되어 뻗어온 곳

* 眉砂(미사)—입수에서 두뇌를 거쳐 혈로 옮겨지는 조금 높고 긴 둔덕 또는 판막상을 이룬 곳. 모양에 따라서 아미사(蛾眉

砂) 월미사(月眉砂) 팔자미사(八字眉砂) 등의 이름이 있다.

* 案山(안산) — 혈 앞의 사의 일종으로 낮고 작은 산
* 朝山(조산), 對山(대산) — 혈 앞의 사의 일종으로 안산에 비하여 고대한 산으로 마치 빈객이 주인에게 절하는 것과 같고, 신하가 임금에게 읍하는 것과 같고, 계집이 남편에게 순종하는 것과 같이 혈에 대하여 조공(朝貢)하는 것과 같은 산
* 五星(오성) — 목(木) 화(火) 토(土) 금(金) 수(水) 오형산을 말함
* 樂山(낙산) — 용이 혈을 맞을 때는 반드시 이에 의지할 침락(枕樂)이 필요하다. 혈의 뒤에 있다.
* 看龍(간룡), 尋龍(심룡) — 산맥의 내왕을 답사하고 그 진위와 생사를 보는 것을 간룡 또는 심룡이라 한다.
* 形勢(형세) — 용이 혈을 맺을 때 내면적으로 생기가 내려와 머물고 융결(融結)한 곳을 찾으려면 산국(山局)의 형세를 살피고 호위, 제사(諸砂)가 구비되었는가를 알려면 외면적인 산형을 보고 혈을 정하는 것이다.
* 坐向(좌향) — 혈의 중심 집터에서는 주옥을 세우는 곳, 음택에서는 관을 묻는 곳을 좌라고 하며, 좌가 정면하는 방위를 향이라고 한다. 이 좌향은 일직선상에 있고 좌향을 정할 때는 내명당의 중앙에 지남철을 놓고 정한다.

◉ 가야산 명당

차령산맥 서쪽 충청도 해안지방을 통틀어 내포(內浦)라 한다. 내포 민요에 '양국(洋國)의 차진 안개 회안봉으로 돌아든다'는 것이

있다. 서양 귀신들이 가야산 회안봉에 모신 무덤을 파헤치려다 짙은 안개 때문에 못 파헤치고 도망친 사실을 빗댄 것이다. 쇄국(鎖國)을 고집하는 흥선대원군 집정 초기 몇 차례 집요하게 개국을 강요해 온 독일 상인 오페르트는 뜻을 못 이루자 앙심을 품게 된다.

그리하여 그는 가야산에 있는 대원군의 아버지 남연군(南延君) 묘소를 파헤치려든 것이다. 조상의 명당(明堂)을 해치는 일 이상으로 치명적인 데미지를 주는 일이 없다는 말을 듣고 저지르려 한 것이다. 한데 때마침 몰아닥친 짙은 안개 때문에 방향을 잡지 못한데다 썰물 시간에 쫓겨 결국 일을 저지르지 못하고 모선으로 도망쳐 버린 것이다.

대원군의 식객으로 정만인(鄭萬人)이라는 풍수(風水)를 잘 보는 사람이 있었다. 대원군의 간청으로 가야산에 한자리 잡아준 것이 바로 20년 후에 2대에 걸쳐 임금이 난 명당이었다. 그 터에 절이 있었는데 대원군은 스님을 매수해 불을 지르고 잠적토록 시켰다 한다.

집권 후 대원군은 누구에게 들었던지 가야산에는 2대에 걸쳐 임금이 날 명당보다 더 좋은 천하 4대 명당 중 하나인 자미원국(紫微垣局)이 있다던데 왜 그곳을 점지해 주지 않았는가 하고 정만인에게 따졌다. 발복하는 데 때가 이르지 않았다 했다지만 복종형(伏鐘形)이라는 이 묘자리는 풍수가들 사이에서 지상(至上)의 명당이다. 이를 찾으려는 1백여 년의 이야기만 모아도 책이 한 권 되고도 남을 것이라 한다.

《터》라는 풍수책을 쓴 소문난 풍수도사가 남몰래 쓴 자신의 무덤이 바로 내포의 가야산이라서 화제가 되고 있다. 물론 그 4대 명당 가운데 하나이건 아니건 별로 관심이 없다. 화장운동이 벌어지고 있는 이 판국에 풍수 발복(發福)을 믿는 이는 극소수지만 그로써 화제만은 무성하니 잠재의식 속에서 풍수가 애오라지 살아남았음을 미루어 인지할 따름이다.

⊙ 천리(天理)에 역행하지 말자

삼면이 바다로 된 나라에서 고려 현종 때부터 1910년까지 농어민의 안정을 위해 동해의 양양, 서해의 황해도 풍천, 남해의 영암에서 지내오던 해신굿은 한일합방과 동시에 일인들에 의해서 강제로 중지되었다. 그로부터 97년 후인 2007년 2월 15일 남해의 해신제(海神祭)가 복원되어 성대히 올려졌다.

원래 영암 해신제는 나주목사가 제관이 되어 봄가을로 제향되었다. 제가 진행되던 서종면 옥양리에 위치한 해신당은 신삼문 등이 복원되어 제가 올려졌으나 동해와 황해에서 제를 올리던 터는 위치가 애매할 뿐더러 황해 지역은 휴전선 북쪽이라 더욱 확인할 길이 없다.

영암의 해신당은 제당 가까이 물이 들어오던 지역이라 하나 현재는 주위가 전답으로 둘러싸여 있다. 전해오는 이야기로는 영암의 아전으로 있던 김주봉이라는 자가 일제에 아부해 도 평의원까지 지내며 명당이라는 이유로 그 아비의 묘를 해신당 터에 썼으나, 현재는 일가가 모두 망하여 흔적조차 찾을 수 없다 한다.

해신이 도와줄 것이라 믿어서 그리하였는지는 몰라도 해신당의 위치는 사방이 높은 곳으로 둘러싸여 한 조각 외로운 조각배에 불과한 지형이니 비바람이 치면 전복될 수밖에 없는 형상이었다. 더욱이 지세가 좋다고 해도 자연의 섭리를 무시하고 욕심을 부리면 뒤끝이 좋을 수 없는 것이다.

여기에 덧붙여서 생각나는 것이 있으니 예산에 2대 왕을 낳을 터가 있다 해서 한 왕족이 찾아보니 절이어서 절을 없애고 묘를 쓰니 2대 왕은 낳았으나 정작 나라는 없어졌다는 이야기이다. 대원군과 고종에 얽힌 일화로 기억된다.

그곳을 찾아가보면 뒤에는 병풍 같은 가야산이 버티고 있고 앞으로는 내려뻗는 형상이어서 만년의 평탄한 삶이 이어질 곳이었으나 아무리 왕손이라 하더라도 하늘을 거역하고 묘를 썼으니 잘될 리가 없는 것이다.

◉ '절대 명당'은 절대 없다

● 쥐를 잡는 데는 소보다 고양이가 낫다

너무나 당연한 말도 누가 하느냐에 따라서 느낌이 다르다. 거짓이 몸에 밴 사람의 말이라면 성현(聖賢)의 말씀을 읊조려도 감동이 없고, 군자(君子)의 풍도가 있는 인물의 말이라면 하찮더라도 귀하게 들린다.

쥐를 잡는 데 소를 쓰는 바보는 없다. 이런 당연한 도리가 요즘은 잘 통하지 않는다. 무조건 크고 비싸고 좋은 것을 선호한다. 한마디로 바보짓이다. 그러면서도 바보인 줄도 모른다.

공자가 제자 자하(子夏)와 이런 대화를 나눴다.

"물고기는 물이 없으면 죽지만, 물고기가 없다고 해서 물이 어떻게 되는 것은 아니다. 군왕은 백성을 잃으면 자신이 죽는 것이지만, 백성은 군왕이 죽어도 그대로 백성인 것이다."

명당은 땅을 살피는 하나의 방편일 뿐이기 때문에 때로는 소 같은 명당이 필요한가 하면, 때로는 고양이 같은 명당이 적절할 때도 있다. 명당은 그곳에 누가 터를 잡았다고 그 구실을 하는 것이 아니라 그저 명당으로 있을 뿐이다.

호화분묘를 보다 보면 자꾸 전국시대 시교가 한 소와 쥐 설화가 생각난다. 고양이면 충분할 것을 소를 들이대는 꼴이니 쥐도 못 잡을 뿐 아니라 아까운 소만 허송세월하게 만드는 격이 아닌가. 세상의 부귀영화는 뜬구름 같다고들 한다. 그 호화분묘가 백년 갈지 천년 갈지 누가 알겠는가.

진시황의 능처럼 혹 천년을 간들 그게 무슨 대수인가? 이미 시신은 진토가 되었을 것이고 후손마저 자신을 기억하지 못할 터인데.

더욱 문제인 것은 이런 현상을 경제력이 따라갈 수 없는 사람들까지 따른다는 사실이다. 이렇게 되면 그야말로 '한 손에는 깡통, 다른 한 손에는 휴대전화'를 든 이상한 현상이 벌어진다.

중요한 것은 분수에 맞는 터 잡기가 중요하다는 점이다. 누구에게나 다 좋은 명당이란 것은 없다. 산골을 좋아하는 사람, 서울을 더 좋아하는 사람. 내게 명당이 다른 사람의 명당일 수는 없다. 그래서 풍수는 객관화나 계량화가 현실적으로 불가능하다고 말하는 것이다.

"돈이 거기 있으니까 은행을 턴다."고 한 윌리서튼의 노랫말이나, "산이 거기 있으니까 오른다."는 조지 멀로리의 명언은 엄격한 격조의 차이가 난다. 하지만 알고 보면 이것이 바로 인간의 본성을 꿰뚫는 표현이 아닐까?

만약 돈이 명당의 조건이라면 우리나라 최대의 명당은 한국은행이다. 돈은 기본적으로 더러운 것이다. 명당은 깨끗하고 밝은 것이다.

연꽃이 진흙탕 물에서 피어난다고 알려져 있지만 그 뿌리 중 한 줄기는 반드시 맑은 생명수에 이어져야 한다. 소와 고양이의 쓰임새를 알고, 명당이 당신을 위해 존재하는 것이 아님을 자각한다면 세상은 지금보다 많이 깨끗해질 수도 있을 터인데.

◉ 살목(殺木)

목수들이 나무판자를 말릴 때 아기들 잠재우듯 재운다고 한다. 판자가 약간 뒤틀리어 있으면 꿈틀거린다 하고, 판자에 하자가 있으면 금이 갔다 하지 않고 판자가 아프다고 표현한다. 나무를 사람과 같은 생명체로 보지 않고는 불가능한 표현들이다.

우리 전통 목공(木工)의 공법에서는 못질을 하지 않고 요철(凹凸)을 맞추었던 것도 바로 생명체 사상의 구현인 것이다. 이 요철 맞추는 것을 궁합(宮合)맞춘다 했으니 그 얼마나 인간적인가. 과수(果樹)들에 물이 오를 즈음이면 나무 간지럼이라 하여 장대를 들고 가지틈새를 긁어주기도 한다.

나무를 시집보낸다 하여 Y자형 가지틈새에 갸름한 돌을 꽂아주면 열매가 많이 열리는 것으로 알았던 것도 나무와 인간을 동일시한 관행들이다. 따라서 고목에 도끼질을 하면 피도 흘린다. 서울 회현동 은행나무는 임진왜란 때 왜병이 베어 넘기려 했을 때 피를 토했기로 겁을 먹고 도망쳤다지 않던가.

울기도 하고 웃기도 하는 한국 나무다. 괴산 청천에 있는 느티나무는 일본의 강제병탄 때 밤새워 울고, 6·25 동족상쟁 때도 연일 울었다고 한다. 강진 초락도에 있는 느티나무는 강제병탄 때 어처구니없어 웃어대더니 광복되던 날은 기뻐서 온 가지를 흔들어대며 웃었다고 한다.

의정부 신곡동의 느티나무는 충목(忠木)이다. 일제 때 그 나뭇가지로써 프로펠러를 만들어 단 일본 군용기가 시험비행 중에 추락해 살신성인(殺身成仁)을 했기에 얻은 이름이다. 이처럼 나무에 생명이 있고 심지(心地)가 있고 정령이 깃들어 있다는 수목관(樹木觀)에서 동티사상이 탄생된 것이다.

오래된 고목을 베거나 다치게 하거나 해치면 그 수령(樹靈)의 노여움으로 반드시 재앙을 받는다는 응보가 동티이다. 그 동티는 피를 타고 유전한다. 그리하여 누군가 횡액이나 재앙을 당하면 그의 조상으로 소급하여 그 동티의 원인을 가려내곤 했던 것이다.

모 명문 가문에 악혈병으로 사람이 줄줄이 죽어 나가자 점쟁이를 찾아갔다. 그 가문의 조상 가운데 제주 목사를 지낸 이가 있는데 재임시 감귤 수딸(收奪)이 너무 혹심히여 제주 백성들은 이를 감당할 수 없어 울면서 귤나무 뿌리에 독을 부었으며, 그 동티가 후손에게 옮아붙은 것으로 점지되었던 것이다.

자연이나 환경보호에 재생시키고 싶은 수목관이요, 동티사상이 아닐 수 없다. 서울 매봉산 기슭에 있는 서울의 최장수(最長壽) 느티나무의 밑동 20여 군데에 구멍을 뚫고 독약을 집어넣어 고사시키려는 음모가 적발되었다. 살목(殺木) 범죄가 발생한 것이다.

우리 한국인들의 수목관이나 환경의 중요성을 감안하면 살목은 살인과 등식을 이룬다. 형사 개입을 해야 하는 것이 아닐까.

|집터와 위치

● 지상(地相)

집을 지으려면 먼저 지상을 관찰하고 방위를 확정한 후에 설계한다. 터가 좋으면 채소가 무성함과 같고 가택이 길하며 사람에게도 영운이 따른다. 집의 형세를 인체에 비교하면 천수(泉水)는 혈맥, 토지는 피육(皮肉), 초목은 모발, 가옥은 의복, 문호는 관대(冠帶)로 비유한다. 토질이 두텁고 좋으며 물이 깊고 맑으면 여기에 사는 사람은 질병을 면할 수 있다.

* 지면이 넓고 평탄하여 사각형이면 부귀와 자손에 영광이 있다.
* 지면이 평탄하고 팔각형이면 자손이 번성한다.
* 지면이 평탄하고 원형이면 백가지 일이 여의하고 가운이 번창한다.
* 지면이 타원형이면 뜻한 일이 성공한다.
* 지면이 평탄하고 사각이 반듯하면 오행판체상(五行判體相)이라 하여 길하다.
* 지면이 평탄하고 사방이 똑같이 볼록하면 흉상(凶相)으로 자손에게 액운이 따른다.
* 지면이 평탄하고 사각형 중 서쪽이나 남쪽이 조금이라도 넓으면 재운(財運)이 따른다.

* 지면이 평탄하고 사각형 중 남쪽이나 동서가 조금이라도 넓으면 가운이 번성한다.
* 지면이 평탄하고 삼각형이면 화재 또는 쟁론(爭論)이 끊임없다.
* 남쪽이 낮고 북쪽이 높은 것은 천지자연의 이치로서 가운이 번성하나, 지나치게 높고 낮음은 자손에게 액운이 따른다.

● 문호(門戶)의 위치

문은 기가 드나드는 곳이므로 기구(氣口)라고도 한다. 사람으로 비교하면 입과 같다. 문을 높고 화려하게 해봐야 별로 좋은 일이 없고 집과 조화를 이루어야 한다. 택상(宅相)이 좋고 나쁨은 문의 크기와 위치를 보고 결정한다.

* 문이 크고 집이 작으면 가운이 기운다.
* 문이 너무 높으면 흉한 일이 생긴다.
* 문 앞에 오래 묵은 나무가 있으면 가족 중에 병자가 많고, 약을 쓰면 약효는 있어 흉한 꼴은 면한다.
* 문 앞에 버드나무가 있으면 화재가 생길 것인데 문이 동쪽으로 나있고 그 앞에 버드나무가 있으면 별 지장이 없다.
* 문 앞에 큰 나무가 있으면 화를 초래한다.
* 문 앞에 기형으로 새긴 돌이 있으면 태어나는 아이 형체가 좋지 않다.
* 문 앞 왼쪽에 큰 돌이 있으면 가슴병이 생긴다.
* 뒤편의 우물이 바로 문 앞에 있으면 가족 중에 음란한 행위가 있어 화를 입는다.

● 주택의 위치

택지는 양광(陽光)을 받도록 조성해야 한다. 울타리는 지기(地氣)를 발산하지 않게 한다. 잘 만들면 집안이 화목하고 복영(福榮)이 있다.

* 담이 너무 높게 둘러쳐 있어 집이 낮게 보이면 곤궁하다.
* 집은 작은데 사는 사람이 많으면 점차 부귀해진다.
* 택수(宅水)가 서북간에서 동남으로 흐르면 좋고, 반대로 흐르면 악운이 많다. 서북에서 서로 돌아 흐르면 금생수가 되어 길하다.
* 집 앞이 얕고 뒤가 높으면 자손에게 좋은 일이 생긴다.
* 집 동쪽에 큰길이 있으면 집안에 좋지 못한 일이 자주 생긴다.
* 집 동쪽에 물이 흐르면 좋은 일이 생긴다.
* 집 남쪽에 공지가 있으면 가문에 영화가 있다.
* 집 서쪽에 물이 있으면 자손이 귀하다.
* 집 북쪽에 산이 있으면 가문에 영화가 있다.
* 집 외부나 내부에 지나친 장식을 하면 집안에 병환(病患)이 잦고, 일의 성패가 심하다. 반대로 잘 정돈된 집이면 아주 길하다.
* 집 둘레에 나무가 있으면 질병이 생겨나고 재물의 손해를 본다.
* 큰 나무 밑에 집을 지으면 멸망한다.
* 지붕이 새면 부인에게 병이 생긴다.
* 벽에 비가 들이치면 식구들에게 병이 생긴다.

주택에는 다섯 가지 허(虛)와 네 가지 실(實)이 있는데 허가 있으면 가운이 쇠퇴하고, 실이 있으면 가운이 번성한다.

① 다섯 가지 허(虛) : 집은 큰데 사람이 적은 것, 문은 큰데 방이 작은 것, 담이 전혀 고르지 못한 것, 우물 위치가 제자리에 있지 않은 것, 대지는 넓은데 집은 작은 것.

② 네 가지 실(實) : 집은 크고 문은 아담하고, 담은 집과 잘 어울리고, 물이 잘 흐르고, 우물은 제자리에 위치해야 한다.

● 우물은 어떻게 파야 하나

* 우물은 집의 앞뒤나 부엌 안에 파면 재앙(災殃)이 있다.
* 우물은 부뚜막이 서로 마주 보이게 파면 좋지 않다.
* 우물 판 흙으로 부뚜막을 만들면 자손이 죽는다.
* 부뚜막 흙으로 우물을 막으면 재물을 잃어 패가망신한다.

● 택목(宅木) 선택하는 법

* 집 근처에 단풍나무를 심으면 가운이 쇠퇴한다. 집안에 단풍나무를 심으면 질병이 생긴다.
* 집안에 수명이 긴 나무를 심으면 가운이 기울고 나무뿌리가 집 밑으로 뻗치면 멸망한다.
* 대추나무는 서쪽에 심어야 자손이 번창하고 가축이 잘 자란다.
* 느릅나무는 집 뒤에 심어야 복락이 있다.
* 복숭아나무는 남쪽에 심어야 재물이 모여든다.
* 우물가에 복숭아나무를 심으면 자손이 죽는다.
* 오얏나무는 동쪽에 심어야 재물이 생기고, 서(西) 남(南) 북(北)에 심으면 송사(訟事)가 자주 생긴다.
* 오동나무를 앞뜰에 심으면 액운이 따른다.

* 사과나무를 집안에 심으면 질병이 생긴다.

* 산뽕나무는 서쪽에 심어야 재운이 있고 자손이 번창한다.

* 매화나무는 남쪽에 심어야 벼슬이 생긴다.

* 석류나무를 앞뜰에 심으면 귀한 아들을 얻는다.

* 지붕 위에 죽은 나뭇가지가 뻗어 있으면 잡귀가 모여들어 가운이 기운다.

* 문 앞에 나무를 심으면 좋지 않다.

* 감나무를 문 앞에 심으면 멸문지화(滅門之禍)를 입는다.

* 과일나무가 무성하여 지붕을 덮으면 주인이 앓는다.

* 나뭇가지가 대문을 막으면 재운이 없어진다.

● 집터가 흉할 때 바로잡는 비법

* 집 뒤에 무덤이 있으면 집터의 생기가 무덤으로 집중되므로 패가망신하므로 무덤을 피해야 한다.

* 무덤 위에 집을 지으면 자손이 죽으므로 무덤을 없앤 다음 집을 지어야 한다.

* 큰 돌을 집의 네 귀에 놓으면 액땜을 할 수 있다.

* 집의 서쪽에 자유(柘楡-뽕나무, 느릅나무)를 심어야 하며, 북쪽에는 사과나무, 살구나무를 심고, 남쪽에는 매조(梅棗-매화나무, 대추나무)를 심어야 하며, 동쪽에는 도류(桃柳-복숭아, 버드나무)를 심으면 액땜할 수 있다.

● 월별 이사하기 좋은 날

1월 : 壬辰 丙辰 丁未 辛未

2월 : 甲子 甲午 乙丑 乙未

3월 : 丙寅 庚午 己巳

4월 : 癸卯 甲午 丙午 庚午

5월 : 庚辰 甲申

6월 : 甲寅 丁酉

7월 : 庚戌 甲戌

8월 : 乙亥 辛亥 癸丑

9월 : 甲午 甲申 丙午

10월 : 甲子 庚辰 甲午 戊子
　　　壬午 癸丑

11월 : 乙丑 癸丑 乙未 丁丑
　　　丁未 辛未

12월 : 甲寅 庚寅 丁卯 乙亥
　　　己亥 辛亥

● 새로 지은 집 입주할 때 좋은 날

甲子 乙丑 庚子 癸丑 庚寅
戊辰 癸巳 庚午 癸酉

上樑文

龍　檀君紀元○○○○年五月十五日午時立柱上樑宅主甲子生 應天三之三光 備人間之五福　龜

告祀祝

今而吉辰　檀紀○○○○年　五月　十五日　午時　立柱上樑　宅主　金甲童

敢昭告于

坐主人神　應天三之三光　備人間之五福

伐願伏祝

|장수 비결(長壽秘訣)

● 윗방아기

고대 중국의 《의심방(醫心方)》에 나오는 이야기로 한(漢)나라 무자도(巫子都)가 138세를 살고 있을 때이다. 한무제(漢武帝)가 사냥을 나갔다가 무자도의 머리 위에 달무리 같은 원광(圓光)을 보고 수행했던 동방삭(東方朔)에게 물었다. 음양의 비사(秘事)로 장수의 비결을 터득한 때문이라 하자 무자도를 불러 은근히 비결을 물으니 이팔(二八)동녀를 품고 자되 정을 누설하지 않기를 65세부터 72년간 실행해오고 있다 했다.

성교(性交)가 배제된 흡기(吸氣)의 동녀동침(童女同寢)은 《구약성서》에도 나오며 18세기까지만 해도 슈나미티 살롱이라 해서 동녀를 거느리고 장수의 기(氣)를 파는 집이 있었다 한다. 이 살롱에 고용된 소녀는 2~3년 기(氣)를 빼앗기고 나면 온몸에 주름이 생겨 나이어린 할머니가 되어 당시 인권운동가들의 호재(好材)가 되기도 했다 한다.

우리나라에도 선조 때 이수광(李睟光)의 기록에 포천에 사는 백인웅(白仁雄)이라는 참봉(參奉)은 14, 5세 되는 종의 딸을 번갈아 동침하더니 나이 90이 되도록 동안(童顔)이었다 하고, 임란에 죽지 않았으면 20년은 더 살고도 남았을 것이라 했다. 이렇게 섹스를 배제한 기의 보급원을 윗방아기라 했고, 우리 전통사회에서 노부(老父)에게 윗방아기를 들여 연수를 도모하는 것은 삼대 효도의 하나라 했다.

● 백수자의 공통점

* 평상시의 기초대사량이 상대적으로 적을수록 장수한다.
* 장수 가계에서 많다(유전질의 좌우).
* 장수의 80%가 여성
* 백수자는 혼인생활을 오래하고 산아수도 많다.
* 반농(半農) 반어(半漁)의 생업자가 많고 늙도록 일을 한다.
* 생활정도는 중하 하상으로 잘 입고 잘 먹는 편이 아니다.
* 살아오면서 이렇다 할 병으로 앓아 누운 적이 없다.
* 술 담배 차는 과량이 아니면 영향이 없다.
* 음식은 별식 외식이 적다.
* 대체로 마음 쓰는 것이 모나지 않고 관용하다.

우리 전통 장수학에 분에 넘치게 놀라거나 성내거나 슬퍼하거나 걱정하거나 두려워하거나 미워하거나 의심하거나 초조하거나 하면 음양조화(陰陽調和)의 분수가 커져 병이 생기고, 축수하며 매사에 대범하고 마음 편하게 살면 조화분수가 커져 있던 병도 나가고 연수한다 했다. 신(神)은 잘사는 사람보다 못사는 사람에게, 비범한 사람보다 평범한 사람에게, 힘주고 사는 사람보다 힘빼고 사는 사람에게 수명을 늘려준다.

● 상진대감(尚震大監)

우리 역사에서 가장 이름난 점술가는 조선조 명종 때　홍계관(洪

繼寬)을 친다. 쥐 뱃속의 새끼수효까지 알아맞힐 정도였고, 상진대감의 평생 길흉을 점쳐놓았는데 적중했다. 죽을 날까지 점쳐놓았는데 그날이 다가오자 대감은 가산과 신변을 정리하고 조용히 생의 마감을 기다리고 있었다. 한편 부고를 기다리던 홍계관은 예언이 빗나가자 자신이 운수를 잘못 짚어서가 아니라 상진대감의 숨은 선행이 작용한 것이라 했다.

상진대감은 다섯 살에 어머니를, 여덟 살에 아버지를 여의고 매부 하상군(夏桑君) 성몽정(成夢井)에게서 자랐다. 매우 출중하고 너그러웠다. 조야나 귀천간에 싫어하는 사람이 없었다. 수찬(修撰)으로 있을 때 임금이 쓰는 금잔을 몰래 궐 밖으로 내간 수사간 별감을 너그러이 용서하고 금잔을 제자리에 갖다놓게 했다. 이런 사실이 대감을 15년이나 더 살게 했다는 것이다.

● **공덕**(功德)

우리 조상들의 생활철학에 마음을 비운다는 삼휴(三休)니 사휴(四休)니 하는 것이 있다.

* 거친 반찬으로 배부르는 것이 일휴(一休)
* 해지면 깁고 추우면 가림으로써 따스하니 이휴(二休)
* 탐을 하지 않고 샘을 내지 않으니 마음이 편안하여 삼휴(三休)
* 작은 것을 남에게 줌으로써 그것이 커서 돌아오니 마음의 기쁨도 일휴(一休)다.

○ 상여 나갈 때 매기는 〈향도가(香徒歌)〉에 저승에 가서 염라대왕(閻羅大王)에게 심문 받는 대목에서

헐벗은 이 옷을 주어 구난공덕(救難功德)하였는가?

깊은 물에 다리 놓아 월천공덕(越川功德)하였는가?
병든 사람 약을 주어 활인공덕(活人功德)하였는가?
좋은 곳에 집을 지어 행인공덕(行人功德)하였는가?
목 마른 이 물을 주어 급수공덕(汲水功德)하였는가?
부모님께 공양드려 염불공덕(念佛功德)하였는가?

이와 같이 공덕은 내세에도 포상이 되나 보다.

● 질병의 심인설(心因說)

'명의' 하면 춘추전국시대의 편작(扁鵲)이 연상된다. 주막 주인으로 있을 때 장상궁(長桑君)이란 은자(隱者)로부터 극진히 대접한 대가로 인체의 오장육부(五臟六腑)를 투시(透視)할 수 있는 묘약을 얻어 일약 명의가 되었다. 그에 의하면 사람의 심리상태에 따라 병세가 달라짐을 보고 질병의 심인설을 가르쳤다.

환자가 방만(放漫)하거나, 의심이 많거나, 불안해하며, 겁먹고 불신하며, 절제가 없고 돈에 급급하는 등 마음이 불편할 때 병은 잘 낫지 않는다는 것이다. 환자가 마음이 편하고 안락할수록 병마는 견디지 못한다 했다.

● 활인심방(活人心方)

명나라 현주도인(玄洲道人) 주권(朱權)의 《활인심방》에 중화탕(中和湯)이 있는데 약제가 동식물성(動植物性)이나 광물(鑛物)이 아닌 정신적 덕목(德目)이다.

분수를 지키며(守本分), 마음에 그릇됨이 없어야 하고(思欺邪), 성실하게 행하고(務誠實), 마음에 속임이 없어야 하고(莫欺心), 시기하고 샘내지 말며(莫嫉妬), 필요한 방법을 잘 선택해야 하고(行

方便), 좋은 일을 행해야 하고(行好事), 간사하고 교활하지 말며(除狡詐), 하늘의 이치에 따르고(順天道), 타고난 수명의 한계를 알며(知命根), 성내는 것을 경계할 것, 물러가야 할 때 미련없이 떠날 것, 화목의 기틀을 깨달을 것, 난폭한 행동을 하지 말 것, 탐욕을 경계할 것, 열성 있고 성실할 것, 사랑을 지킬 것, 고요함을 지킬 것, 음덕을 베풀 것, 청심(淸心), 요욕(療慾), 인내(忍耐), 유순(柔順), 겸화(謙和), 화족(和足), 존인(存仁), 절검(節儉), 처중(處中), 계살(戒殺) 등

자기 스스로 만들어 복용해야 할 약제들이다.《활인심방》에는 '화기환(和氣丸)'이란 한번 먹어 치유되는 약이 있는데 바로 인(忍)자로 빚은 환약이라 한다. 화가 날 때 한 알씩 먹으면 마음이 진정된다 한다.

○ 불교경전인 《대장경(大藏經)》에도 백약이란 글 속에서

일상생활을 규칙적으로 하는 것이 일약(起居有無是一藥)

주색에 빠지지 않는 것이 일약(不溫妓青是一藥)

시비하여 다투지 않는 것이 일약(不爭是非是一藥)

재난이나 병이 생기면 스스로 자기 잘못이 없는가를 돌보는 것이 일약(災病自省是一藥) 등이 있다.

백가지 사례를 들어 그것을 하지 않는 것이 약이 된다 했다. 모두 스스로 지켜야 할 정신적 덕목들이다.

● **삼락**(三樂)

맹자께서 말씀하셨다. 군자에게 세 가지 즐거움이 있는데 천하에 왕 노릇함은 여기에 들어있지 않다(孟子曰 君子有三樂 而王天下

不與存焉).

부모가 모두 살아계시며 형제가 무고한 것이 첫 번째 즐거움이요(父母俱存 兄弟無故 一樂也),

위로는 하늘에 부끄럽지 않으며 아래로는 인간에 부끄럽지 않은 것이 두 번째 즐거움이요(仰不愧於天 俯不怍於人 二樂也),

천하의 영재를 얻어 교육하는 것이 세 번째 즐거움이다(得天下英才而敎育之 三樂也).

사람이 즐겁게 산다는 것은 엔돌핀을 생산하는 보고이다. 제현(諸賢)들이여, 마음의 화기환을 먹고 건강하게 장수하기를 !!

● 노계(老計)

송나라 학사 주신중(朱新仲)의 노계는 현대인에게도 와닿는 것이 있다. 인생을 장사로 칠 때 잘먹고 잘입고 사는 장사보다 노후를 곱게 사는 것이 장삿속으로 낫다 하고, 요즘 흔히 말하는 노해(老害)를 자제하고 사는 것이 곱게 사는 일이라 했다. 주신중의 노해를 분류하면 다음과 같다.

노인인 것을 마치 특권으로 여기고 주변 사람들에게 언행으로 과시하는 특권형 노해(特權型老害)

사사건건 잔소리로 개입해야 직성이 풀리는 개입형 노해(介入型老害)

자기생각을 양보하지 않고 고집하는 아집형 노해(我執型老害)

이 세가지만 자제하면 노후가 고와지고 따돌림 당하지 않는다고 했다.

청나라 초기 학자 김성탄(金聖嘆)은 보람이 줄고 외로움이 는 것이 늙는다는 것이요, 그것들을 남들과의 관계에서 구하지 말고 스스로 찾아 누리라는 것이 그의 노계다. '누가 죽었다고 수군대어 물어보니 동네에서 가장 짠 구두쇠인지라 그자보다 구두쇠 짓 덜했음을 확인하는 순간 그 아니 즐거운가. 방에 찬기가 돌아 창문을 열어보니 백설이 흐드러지게 내리는지라 아랫목 요 밑에 손을 넣어 보니 아직 따스한 기운이 남아있으니 그 아니 흐뭇한가'하는 식이다.

프랑스의 철학자 몽테뉴의 노계는 추억의 영역(領域)에 성벽을 쌓고 예전에 있었던 아름다운 일과 그에 연관된 상상과 환상(幻想)을 가지쳐 나가면서 가상인생(假想人生)을 즐긴다. 그것이 사실과 동떨어지더라도 어차피 인생은 환상으로 끝나기에 피장파장이라는 것이다.

영국의 재테크 전문가 폴렌의 노계는 똑같은 일을 죽을 때까지 하지 말고 전환하라, 돈일랑 다 쓰고 죽어라, 늙을수록 이성과 적극적으로 사귀라 등이다. 노인에게 가장 두려운 고독을 문간에서부터 못 들게 하는 노계다. 하지만 행동파이지 못한 우리 한국의 노인들에게는 스스로 고독을 소화하는 노계가 십상이니, 주신중이나 김성탄, 몽테뉴의 노계가 마음에 와닿는다.

ㅇ 플라톤의 행복철학이 밝힌 삶의 질

하고 싶은 수준보다 조금 못다 쓰고, 못다 입으며, 못다 사는 정도의 재산

사람들이 칭찬하기엔 약간 모자라는 품성과 용모의 아내

자만하고 있는 것의 절반밖에 알아주지 않는 명예

두 사람에게 이기고 한 사람한테 지는 정도의 체력

청중의 반수만이 손뼉을 치는 웅변력이다.

곧 적당히 모자라는 재력과 재능을 지니고 열심히 사는 것이 그리스의 삶의 질이다.

17세기 중국의 문인 김성탄에게 어떤 정도로 세상을 사는 것을 원하는가고 물었다. 한 가난한 학도가 돈을 빌리러 왔으면서 말을 못 꺼내고 머뭇거린다. 이때 뒤란으로 데려가 나지막히, "얼마가 필요한가고 물어 마련해주고, 지금 꼭 가야 할 일이 없으면 한잔하고 가게나."고 붙잡을 수 있으면 더 바랄 것이 없다고 했으니 이는 명나라의 삶의 질이다.

조선조의 삶의 질은 스스로의 분에 만족하는 자적(自適)이었다. 조신(曺伸)의 자적시에 완연히 나타나 있다.

"아, 나는 가는 곳마다 자적하네. 몸이 천하므로 작은 벼슬도 영광이요, 집이 가난하므로 박봉이라도 원망 않네. 거처하는 곳은 무릎만 가리면 되고, 음식은 배민 부르면 좋고, 술은 있으면 미시고 없으면 그만. 혼자면 자작, 둘이면 대작. 시는 잘 지어 무엇하리. 내 뜻이나 담으면 그만. 글도 노곤하면 그만 읽고 자고 마니 이것이 모두 나의 자적이로세."

퐁피두 전 프랑스 대통령은 '정치란 국민의 삶의 질(칼리테 드 비)을 높이는 일'이라 하고 다음 여덟 가지를 내세웠다.

주급을 절약 주휴(週休) 2일은 근검하게 즐길 수 있을 것

주간에 한 번의 가족 외식

자녀들이 고교 졸업을 하면 자립시킬 것

외국어 하나를 구사할 수 있을 것

스포츠 한 종목을 즐길 수 있을 것

악기 하나 다룰 줄 알 것

자기 집만의 음식 솜씨 하나를 지닐 것

환경문제에 자기 집일 이상으로 민감할 것

● 노인의 지혜

옛날 중국의 천자가 조선 임금에게 여러 가지 어려운 문제를 물었는데, 일곱 구비나 구불구불 구멍이 난 곡옥(曲玉) 속으로 실을 꿰어야 하는데 어떻게 해야 하는 것인가였다. 나라 안에 널리 공고하고 물었으나 아는 사람이 없어 당황하고 있는데 한 사람이 나타나, "개미허리에 실을 매고 곡옥 한쪽 끝에 꿀을 바르고 반대 구멍에 개미를 넣으면 된다."고 했다. 구제받은 임금이 어떻게 얻은 지혜냐고 묻자, "고려장하여 죽어가는 아버지를 찾아가 얻은 것이다."라고 하자 그날로 고려장을 폐지했다.

영원불멸로 확신했던 대로마제국이 망한 원인이 노인 박대였음은 막스 베버가 간파했고, 중국 통일 왕조인 진나라가 망한 것도 젊은 전사들을 우대하고 노인들을 천대했던 데 있었다고 제(齊)나라 목공(穆公)이 지적했다.

사회학자 보리턴은 국가나 단체나 기업의 성쇠는 경험의 축적자(蓄積者)인 노인성 배제의 양과 질이 밀접한 상관관계가 있음을 계수(係數)로 증명하기도 했다.

이미 신라시대부터 정년퇴직, 즉 치사(致仕)의 나이를 70세로 했던 것도 노인의 지혜를 얻기 위함이었다. 그래서 최치원 같은 대학자도 70에 치사하고 있다. 체아직(遞兒職)이라 하여 치사를 하더라도 근속하는 제도로 노인의 지혜를 아꼈었다. 치사 후에도 고향에 돌아오면 삼노인(三老人)이라는 향직(鄕職)이 있었다. 삼노인이 합의하여 좌수(座首)나 면임(面任) 같은 향직을 임명하고, 향약(鄕約)을 어기는 자를 징벌(懲罰) 응징했다. 굴지의 도학자(道學者)

김성일(金誠一)도 벼슬에서 물러난 뒤 안동에 돌아와 삼노로 추대받아 도학의 사회 환원을 하고 있다.

● 노마지지(老馬之智)

춘추시대 제(齊)나라 환공(桓公) 때의 일이다. 어느 해 봄, 환공이 명재상 관중(管仲)과 대부(大夫) 삽붕(鈒朋)을 데리고 고죽국(孤竹國)을 정벌하러 나섰다. 전쟁이 의외로 길어지는 바람에 그해 겨울에야 끝이 났다. 그래서 혹한 속에 지름길을 찾아 귀국하다가 길을 잃고 말았다. 전군이 진퇴양난에 빠져 떨고 있을 때 관중이 말했다. "이럴 때 늙은 말의 지혜가 필요하다." 즉시 늙은 말 한 마리를 풀어놓았다. 그리고 전군이 그 뒤를 따라 행군한 지 얼마 안 되어 큰길이 나타났다.

또 한번은 산길을 행군하다가 식수가 떨어져 갈증에 시달렸다. 그러자 이번에는 삽붕이 말했다. "개미란 원래 여름엔 산 북쪽에 집을 짓지만 겨울엔 산 남쪽 양지바른 곳에 집을 짓고 산다. 흙이 한 치쯤 쌓인 개미집이 있으면 그 땅속 일곱 자쯤 되는 곳에 물이 있는 법이다." 군사들이 산을 뒤져 개미집을 찾은 다음 그곳을 파 내려가자 과연 샘물이 솟아났다.

이 이야기에 이어 한비자는 그의 저서에서 이렇게 쓰고 있다. "관중의 총명과 삽붕의 지혜로도 모르는 것을 늙은 말과 개미를 스승으로 삼아 배웠다. 그러나 그것을 수치로 여기지 않았다. 그런데 오늘날 사람들은 자신이 어리석음에도 성현의 지혜를 스승으로 삼아 배우려 하지 않는다. 잘못된 일이 아닌가."

● 유루칠보시(有漏七布施)

〈구사론(俱舍論)〉에 하지 말아야 할 일곱 가지 보시가 있다.

① 요구하기에 거절할 수 없어 베푸는 보시[隨至施-수지시]

② 하지 않으면 불이익이 올지 몰라 베푸는 보시[怖畏施-포외시]

③ 이전에 받았던 은혜를 갚고자 하여 베푸는 보시[報恩施-보은시]

④ 반례(返禮)를 기대하고 베푸는 보시[求報施-구보시]

⑤ 선례가 있어 그에 따라 하지 않을 수 없는 보시[習先施-습선시]

⑥ 스스로 명성을 높이고자 베푸는 보시[要名施-요명시]

⑦ 베풂으로써 하늘나라에 태어나거나 후광(後光)을 기대하며 베푸는 보시[希天施-희천시]

유루란 마음의 오염을 뜻하는 것으로 베푸는 것은 선(善)이지만 그것이 오염되어 있을 때 유루선(有漏善)이라 한다. 한 고승(高僧)이 비탈길에서 힘겹게 오르는 수레를 뒤에서 밀어 준 제자승을 파문(破門)했다. 수레를 밀어주며 힐끔 스승을 바라본 것이 화근이다. 밀어준 것을 스승이 알아주기를 바라는 뜻으로 힐끔 바라본 것이 유루선이기 때문이다.

◉ 명의(名醫)와 덕의(德醫)

국정감사에 무슨 필요가 있어 제출된 자료인지는 알 수 없으나 환자가 밀려 진찰받기 힘든 소문난 명의의 서열이 보도되어 화제가 된 적이 있다. 예약하고 석 달을 기다려야 하는 의사가 39명이며, 적지 않은 6천7백여 명이 진료 받고자 반년 이상 기다려야 하는 의사도 있다니 대단한 인기가 아닐 수 없다.

명의(名醫) 하면 중국 전국시대의 편작(扁鵲)이 연상된다. 주막 주인으로 있을 때 장상군(長桑君)이라는 은자(隱者)를 극진히 대접한 대가로 인체의 오장육부(五臟六腑)를 투시할 수 있는 묘약을 얻어 일약 명의가 된 것이다. 곧 편작은 이미 기원전에 방사능과의 명의였다 할 것이다. 편작의 진료를 받고자 병든 노모를 업고 만리를 걸어왔는데도 석달 열흘을 기다렸다는 효자까지 생겨날 만큼 소문난 명의였던 것이다.

우리 한의학(韓醫學)에 지대한 영향을 끼친 후한(後漢)의 장중경(張仲景)도 대기환자가 많기로 소문난 신의(神醫)이다. 장중경이 약초를 캐러 어느 산에 들었나 하면 그 산이 삽시간에 인산인해가 됐다 하리만큼 소문난 신의였다.

어느 날, 한 깡마른 노인이 북만큼 부푼 배를 안고 찾아와 진맥을 청했다. 맥을 짚어보더니, "인맥(人脈)이 아니라, 수맥(獸脈)이구면." 했다. 이에 노인은 엎드려 큰절을 하며, "실은 이 산에 사는 늙은 원숭이로 진맥을 받고자 둔갑한 것입니다."고 실토했다. 인술 앞에 금수가 다를 수 없다 하고 환약을 주어 이를 낫게 해주었다.

이에 이 늙은 원숭이는 수천 년 되었다는 오동나무로 보답했고, 장중경은 그것으로 금(琴)을 만들어 중국 명기(名器) 중 명기인 고원금(古猿琴)을 만든 것이다. 그리하여 명의로서 인술에 투철한 덕의(德醫)를 겸했을 때 '고원금을 얻었다'고 말하기에 이른 것이다.

우리나라에서 고원금을 얻은 의원으로는 조광일(趙光一)을 든다. 임금의 불치병을 낫게 하여 명의로 팔도에 소문이 났는데도 조광일은 시골을 벗어날 생각을 하지 않았다. 사람들이 한양에 가 귀현(貴顯)들과 사귀어 명성을 날리지 않는 이유를 묻자, "세상의 의원들이 의술을 자랑하여 가난한 집이면 백번을 간청해도 응하지 않고, 가는 집이란 권세 있거나 돈 많은 부잣집뿐이니 어찌 이를 인술 하는 사람의 인정이라 하겠소. 내가 마흔 살까지 살려낸 사람이 천명은 될 것이오. 앞으로 10년을 더 산다 하면 만 명은 넘을 것이니 내가 할 일은 다한 셈이오. 그 살려낸 사람의 빈부귀천이 나에게 무슨 소용이 있다는 말이오." 했다. 가히 덕의가 아닐 수 없다.

물론 대기환자가 많다는 것은 명의에 덕의가 복합됐기 때문일 것이다. 하지만 명의와 덕의는 반드시 동일개념은 아니다. 명의는 뛰어난 의술(醫術)이요, 덕의는 뛰어난 인술(仁術)인 것이다. 그 두 요건이 조화됨으로써만이 고원금을 얻을 것이다. 덕의는 환자의 마음을 편안하게 유도한다. 좋은 의사의 조건으로 일족(一足), 이구(二口), 삼약(三藥), 사기(四技)를 든다. 발로 뛰어 환자와 자주 접해서 말을 많이 나누어 환자의 마음을 편안하게 해주는 것이 첫째 둘째요, 약을 잘 쓰고 잘 낫게 하는 기량은 셋째 넷째라 한다.

병이 많았던 세조는 〈팔의론(八醫論)〉을 지어, 으뜸이 환자의 마음을 편안하게 하여 기(氣)를 안정시키는 심의(心醫), 버금이 먹는 것을 잘 조절하는 식의(食醫), 세 번째가 약을 잘 써서 잘 낫게 하는 약의(藥醫)다. 소신 없는 혼의(昏醫), 겁을 주는 광의(狂醫), 맞지 않는 약을 쓰는 망의(妄醫), 돈 있는 사람이면 늘리고 없는 사람이면 줄이는 사의(詐醫), 끝내 죽이고 마는 살의(殺醫)로 나누었다.

⊙ 활인심방(活人心方)

　퇴계 선생이 행했던 건강 비결인 활인심방 중 양생지법(養生之法)을 발췌해보면 다음과 같다.

　① 좋은 음악을 들어라

　비장(脾臟)은 음악을 좋아하며 음악 연주하는 것을 들으면 활동을 시작하며 소리는 비장에서부터 나온다. 좋은 음악을 들으며 식사하는 것이 소화에 좋으며, 밤이 짧은 여름에는 밤늦게 먹거나 잘 씹지 않는 것은 비장에 무리가 생겨 소화가 잘 안 된다.

　② 술은 바르게 마셔야 한다

　술을 마시면 성정(性情)이 즐거워지고 혈맥을 잘 통하게 하는 좋은 점이 있으나, 몸에 풍(風)을 일으키고 신장을 상하게 하고 장의 기능을 나쁘게 하며 안개와 이슬의 해로부터 사람을 보호하는 기능이 있다.

　특히 배불리 먹은 뒤의 음주는 아주 나쁘고 급하게 많이 먹으면 폐(肺)를 상하게 된다. 술이 깨지 않은 상태에서 물이나 차를 많이 마시면 신장으로 물을 끌어들여 허리가 아프고 다리가 무거워지며 방광을 상하게 한다.

　③ 차는 적당히 마셔라

　차를 많이 마시면 하초(下焦)를 상하게 하고 냉(冷)하게 한다. 공복의 차는 좋지 않으며 배부를 때 한두 잔 마시는 것이 좋다.

　④ 오미(五味)를 적게 쓰면 장수한다

　음식을 만들 때 오미(맵고, 짜고, 시고, 달고, 쓴맛)를 적게 쓰면 심신이 상쾌하게 되며 많이 쓰면 해가 있다.

신맛이 지나치면 비장(脾臟)을 상하고, 매운 맛이 지나치면 간(肝)을 상하게 하고, 짠맛이 지나치면 심(心)을 상하게 되고, 쓴맛이 지나치면 폐(肺)를 상하게 되고, 단맛이 지나치면 신(腎)을 상하게 된다.

⑤ 한 가지를 오래 하면 좋지 않다

한 가지를 오래 쳐다보고 있으면 심(心)을 상하고 혈(穴)을 손(損)하며, 오래 앉아있으면 비(脾)를 상하고 기(氣)를 손하며, 오래 서있으면 신(腎)을 상하고 골(骨)을 손한다.

⑥ 바르게 자는 법

불을 끈 상태로 몸을 옆으로 하고 무릎을 굽혀 자야 심기(心氣)가 편안해진다.

⑦ 머리는 자주 빗되 목욕은 가끔 하라

머리를 자주 빗으면 풍(風)을 예방하고 눈이 밝아진다. 목욕은 자주 하면 심복(心腹)을 손상해서 권태감(倦怠感)을 느끼게 된다.

⑧ 여름에는 더운 음식이 좋다

여름에는 노소(老少) 불문하고 따뜻한 음식을 먹어야 한다. 찬것을 많이 먹으면 시력이 상하며 냉(冷)한 채소는 기를 다스리나 눈이나 귀의 기능을 떨어뜨린다. 뱃속은 늘 따뜻해야 좋은데 그러면 배에 병이 생기지 않으며 혈기가 왕성해진다. 찬물로 세수하면 오장이 메마르고 진액(津液)이 적어진다.

또 여름에는 말과 태도를 조용히 하고 성내지 말며 화기를 보존하여 욕망을 절제하고 심기를 편안히 해야 한다.

⑨ 단전(丹田)에 기(氣)를 쌓는 법

자시(子時)가 지나서 조용히 눈을 감고 잠자리에 앉아서 뱃속의 탁한 기를 두세 번 내보낸 후 숨을 멈추고 코로 약하게 맑은 기를 몇 모금 들이마신다. 혀 밑에는 두개의 구멍이 있어 혀를 입천장에 대고 있으면 진액이 저절로 나와 입안에 가득 차니, 이를 천천히 삼켜 오장으로 들어가게 하면 기로 변하여 단전으로 들어가게 된다.

⑩ 침을 마시고 이를 부딪쳐라

손으로는 얼굴을 문지르고, 이는 자주 부딪혀야 하며, 침은 항상 삼켜야 한다.

⑪ 비비고 닦으면 건강해진다

두 손바닥을 비벼 눈을 닦으면 눈에 끼는 것이 없어지고 밝아지며 풍을 예방하고 현(賢)을 기른다. 이마를 손으로 문지르고 이마와 머리카락이 닿는 부분을 27번씩 문지르면 얼굴에 광채가 난다.

또 가운뎃손가락으로 콧대의 양쪽을 20~30번씩 문지르면 폐의 기능이 좋아진다. 또 손바닥으로 귓바퀴를 문지르면 귀가 머는 것을 예방하고 현기(賢氣)를 키우게 된다.

⑫ 배를 문지르고 어깨를 쳐라

사람이 앉아있을 때 항상 두 손으로 배를 좌우로 문지르고, 양 어깨를 수십 번씩 쳐주면 혈기가 잘 통해 병에 걸리지 않는다.

◉ 불로장생법(不老長生法)

노인이 되면 팔다리 허리관절이 쑤시고 숨이 차고 치매에 걸리고 초라하고 궁핍하며 외로움 등을 호소하게 된다. 과연 나이를 먹으면 누구나 다 이런 현상이 오는 것일까. 나이를 먹는다고 누구나 다 늙는 것은 아니다. 90세가 되어도 치매는커녕 40대 못지않은 기억력을 가진 사람, 70대에도 20대 못지않게 마라톤을 완주하는 사람, 얼굴을 가리고 몸만 보면 청년으로 착각할 정도의 근육을 가진

60~70대 노인도 있다. 젊었을 때처럼 매주 성생활을 즐기기도 한다. 실제 나이와는 다른 건강나이가 따로 있다. 그래서 항노화 처방이 필요한 것이다.

인간의 노화과정은, 인종·성별 관계없이 누구나 나이를 먹어가는 자체가 노화인 것과, 유전적·환경적 생활습관에 의한 노화가 있다.

전자는 사람마다 차이가 없지만 후자의 경우는 큰 차이가 있다. 따라서 개인마다 나라마다 평균수명이 다르며 앓는 질병도 다르다. 직업, 음주, 흡연, 스트레스, 환경, 생활습관 요인이 수명을 좌우한다. 유전적으로 장수집안이고 물 좋고 공기 좋은 곳에서 긍정적이고 낙천적으로 생활하며 동시에 적당한 운동, 올바른 식습관을 실행하는 사람은 한계수명인 120세까지 살 수 있다.

장수촌의 경우를 봐도 공해가 없고 오염되지 않은 저칼로리의 자연식을 한다. 운동도 제대로 못하고 식습관도 엉망이며 탁한 도시에서 바쁘게 사는 현대인이 바로 나쁜 노화과정을 겪는 대표적 경우이다. 남자가 여자보다 오래 살지 못하는 것도 생활습관의 차이이다. 병원 이용횟수가 여자보다 적으며, 사고도 여자보다 3~6배 정도 높고, 직업, 음주, 흡연, 스트레스 환경 노출빈도 등 환경 및 생활습관이 다르기 때문이다.

1) 노화 차단의 제1원칙

① 덜 먹으면 덜 노화된다(칼로리 제한).

무조건 덜 먹는 게 아니고 필수영양소를 제대로 섭취하면서 적정선으로 칼로리만을 줄이는, 양은 줄이되 질은 높이는 소박한 식사를 말한다. "많이 잡수세요."라는 인사말보다, "맛있게 잡수세요."

라는 인사말이 바람직하다. 적당히 마른 사람을 보고 건강이 좋아 보인다고 말하는 시대가 온다.

도저히 소식을 실천할 수 없는 사람은 과식을 하지 말고 끼니마다 조금 모자라게 먹고, 비만인 사람은 적정체중 유지에 신경을 쓰고 고칼로리 음식(튀김, 버터, 크림 등)을 절제하라. 올바른 운동을 겸하면 10%의 절식만으로 30%의 효과가 나타날 수 있다. 담배를 피우고 탁한 곳에서 일하며 전자파에 많이 노출되고 매일 커피나 버터를 듬뿍 바른 토스트나 계란 프라이, 베이컨 같은 인스턴트와 기름진 음식을 즐겨먹는 사람에게서는 DNA를 손상시키는 프리라디칼이 만들어진다. DNA를 막아주는 물질은 항산화제이다. 노화 차단의 제1원칙은 프리라디칼 생성 자체를 줄이는 것이다.

② 금속이온을 필요 이상 먹지 말라. 적당할 때만 좋다.

철분이 많은 식품 : 육류, 생선, 닭, 오리 등

구리가 많은 식품 : 밤, 은행, 호두, 도토리(견과류), 콩, 곡물의
씨눈 등

망간이 많은 식품 : 밭에서 나는 곡식과 견과류

하루 세끼 식사를 제대로 하는 경우는 철분 결핍은 거의 없다. 세끼를 제대로 안 먹거나 라면, 과자 같은 군것질로 때우든지 암이나 소화기 궤양으로 철분이 계속 빠져나가면 철분결핍증이 온다. 평상시보다 더 많은 철분이 필요한 임부나 어린아이에게는 철분결핍이 상당히 많다.

영양제를 사 먹을 때도 철분의 함량을 확인해보고 적거나 없는 것으로 복용, 어지럽다고 혈액검사로 철분치를 확인하지 않고 무조건 철분제를 사 먹지 않는다.

③ 세포 내의 금속이온농도를 줄여 주는 흡착제(피틱산, EDTA)

를 먹는다. 정백 처리하지 않은 통곡류에 많이 있다.

④ 쉽게 산화 변질되는 아미노산(라이신)을 많이 먹지 않는다. 육류를 덜 먹으면 된다. 세계보건기구가 추천하는 1일 필요량은 라이신 성인 1kg 12mg, 히스티딘은 8~12mg이다.

⑤ 쉽게 산화되는 다가불포화지방을 너무 많이 먹지 않는다. 현대인들이 동물성 지방을 너무 많이 먹는 경향이 있어 좀 삼가라는 것이지 식물성 식품만을 먹으라는 말은 아니다.

2) 노화 차단의 제2원칙

① 기름진 음식 섭취를 줄인다.(특히 튀김 종류의 패스트푸드) 여러번 사용하고 오래된 기름에 튀긴 것은 더욱 나쁘다.

② 수소 처리된 기름이 들어있는 식품을 피하라. (과자류)

③ 지방을 먹을 때에는 단일 불포화지방산(올리브기름)이나 다가 불포화지방산(식물성기름)을 먹으라.

④ 설탕을 줄여라.

⑤ 신선하거나 살짝 데친 야채의 복용량과 종류를 늘여라. 특히 십자화과 야채(양배추, 브로콜리 등) 베타카로틴이 풍부한 야채(당근, 토마토, 시금치, 케일 등) 비타민 C가 풍부한 야채(파슬리, 열무, 감자 등)를 매일 먹으라.

⑥ 다양한 색깔의 과일을 매일 먹으라.

⑦ 콩이나 콩으로 만든 식품을 매일 먹으라.

⑧ 육류 섭취를 주 1회로 줄여라.

⑨ 염분 섭취를 줄여라.

⑩ 훈제, 소금에 절인 식품도 아주 가끔 먹는 정도

⑪ 타거나 숯불에 구운 식품을 피하라. 먹을 때는 항산화제를 같

이 먹어라.

⑫ 발색소가 들어있는 식품을 피하라. 포장지 설명을 보면 알 수 있다. 어쩔 수 없이 먹을 때에는 항산화제를 복용한다.

위와 같은 식사원칙을 지키게 되면 프리라디칼이 덜 생기며 항산화물질을 듬뿍 먹을 수 있게 된다. 이와 같은 천연식품을 먹는 것은 항산화제 알약을 먹는 것보다 중요하다. 따라서 항산화효소벽을 튼튼하게 만드는 것은 다양한 색깔의 신선한 야채와 과일을 매일 많이 먹는 것이다. 유전적 요인, 적당한 운동, 긍정적 사고를 통한 스트레스 관리는 매우 중요하다.

3) 암환자가 되기 싫으면 이것만은 꼭 지켜라

① 암을 일으키는 70~80%는 나쁜 생활습관과 환경요인이며 이 중에서도 식습관이 가장 중요한 요인이다. 암환자가 되기 싫다면 당연히 가장 먼저 식습관을 뜯어고쳐야 한다. 같은 흡연자라도 무슨 음식을 먹느냐에 따라 암 발생정도가 다르다. 녹황색 야채나 과일 속에 들어있는 영양소 중 암 예방 효과가 있는 것은 베타카로틴, 비타민 C, 비타민 E, 셀레늄, 플라보노이드, 페놀, 인돌, 엽산, 글루타치온, 섬유소, 스테롤 등이다. 이들 영양소는 복합적으로 작용하여 효과를 낸다. 따라서 몇개의 영양소를 추출하여 약물 형태로 골라 보충해주는 것도 좋지만 자연 그대로의 형태로 먹는 것이 전제되어야 한다.

② 폐암은 흡연이 주요인으로 금연과 베타카로틴이 풍부한 녹황색 채소가 예방법이다.

③ 신장암은 흡연과 비만이 유발요인이므로 금연과 체중 조절이 필요하다.

④ 위, 식도암은 음주, 흡연, 절인 음식이 유발요인으로 이를 피하고 녹황색 채소, 비타민 C, E를 많이 먹는다.

⑤ 방광암은 흡연이 유발요인으로 금연하고 녹황색 채소를 섭취한다.

⑥ 전립선암, 유방암, 난소암은 포화지방산과 오메가6불포화지방산 섭취가 유발요인으로 단일불포화지방과 오메가3불포화지방 섭취와 섬유소 녹황색 채소 섭취가 예방법이다.

⑦ 직장암은 음주 지방 섭취가 유발요인으로 섬유소 섭취가 예방법이다.

⑧ 간암은 음주와 간염바이러스가 유발요인으로 절인 음식을 피하고 과음을 절제하며 예방주사를 맞는 것이 중요한 예방법이다.

4) 암 예방을 위해서

① 흡연, 과음, 과다한 지방섭취, 자외선 노출, 살충제, 농약에 오염된 채소, 각종 첨가물이 들어있는 음식을 피하고 하루 5차례 정도 야채와 과일을 먹는다.

② 정기적으로 검진을 받는다.

위암 : 40세 이상 성인은 2년마다 내시경이나 위장 사진을 찍는다.

간암 : 35세 이상 B형 간염 보균자, B나 C형에 의한 간경화 환자, 알콜성 간질환이 있는 사람은 3~6개월마다 간 초음파검사

유방암 : 30~39세 여자는 2년마다 진찰, 40세 이상은 매년 의사의 진찰과 2~3년마다 유방 촬영

대장암 : 50세 이후에는 매년 의사의 직장, 항문의 진찰과 대변검사를 한다.

자궁경부암 : 성관계를 갖기 시작한 때부터 매년 질경부 세포진

검사

폐암 : 아직은 조기발견을 위한 방법이 없다. 금연이 가장 중요하다.

③ 긍정적이고 낙천적인 생활태도와 1주에 3~5회 규칙적인 운동을 한다.

④ 야채, 과일 등에 들어있는 항암성분

마늘, 양파(유기황화물) : 발암물질을 해독시키는 효소를 촉진시킨다.

녹차, 딸기류(카테킨) : 항산화작용이 있는 것으로 추측, 암세포 직접 파괴(아직은 불확실)

과일, 야채(플라보노이드) : 항산화작용이 있는 것으로 추측, 암세포 직접 파괴(아직은 불확실), 암 성장에 필요한 호르몬의 결합 방해

곡물류(피틱산) : 금속을 결합시키고, 철 흡수 감소, 암 조직으로 혈관이 자라는 것을 억제

겨자, 무, 양배추(이소티오사이아네이트) : 각종 보호 효소

⊙ 국화베개

중국 이현산의 약수는 고금에 유명하다. 위(魏)나라 문제(文帝)의 칙명으로 그 수원을 찾았더니 한 암자에 자동(慈童)이라는 이가 살고 있었다. 고대 주(周)나라 목왕(穆王)의 몸 심부름하던 이로 황제의 베개를 넘었다는 불손으로 이곳에 유배당했는데, 국화꽃이 져 흐르는 이 개울물을 마시고 살았더니 700수(壽)를 넘겼다 했다.

문헌 《포박자(抱朴子)》에도 이 이현산의 국화수 이야기를 싣고

이 물을 마시면 150세는 거뜬히 살며 단명해도 90세는 넘겨 산다고 했다. 그 기운을 마시면 장수하는 국화인지라 그 기운을 맡아도 장수하는 것이라는 발상은 자연스럽고, 그래서 국화꽃을 말려 만든 국화베개(菊枕-국침)가 탄생한 것이다. 《보생요록(保生要錄)》이라는 중국문헌에 약침방(藥枕方)이 나오는데 국화꽃에 궁궁이·방풍·석가·창포를 검은콩 5홉에 섞어 비단주머니에 담아 베개를 만든다 했다. 국화는 황국이 좋고 들국화일수록 효력이 나며 베고 자길 한 달이면 두통이나 현기증을 낫게 하는데 그 약기운이 다섯 달이면 다하므로 갈아 베어야 한다고도 했다.

송나라 사신 서긍(徐兢)의 《고려도경(高麗圖經)》에 향침(香枕)에 관한 견문이 나오는데 아마도 이것이 국침에 대한 우리나라 최초의 기록이 아닐까 싶다. 항간의 민속으로 늦가을에 황국을 따 응달에 잘 말려서 메밀껍질과 섞어 붉은 베에 담아 베개를 만드는데 향기가 그윽하고 눈과 머리를 맑게 해주며, 어지러진 머리를 가지런히 해줄 뿐 아니라 근심 걱정으로 무거운 머리를 가볍게 해주는 것으로 알았다.

현종 때 시인 조수삼(趙秀三)의 〈국침〉이란 시(詩)가 있는데, 현기증이 심해 온갖 약을 써도 효력이 없더니 국침을 만들어 베었더니, 몸이 가뿐해지고 두 눈이 밝아지며 머리속의 잡생각이 말끔히 가시고 마치 목욕하고 난 듯한 개운한 기운이 온몸에 번진다고 읊었다. 정몽주가 평생 술을 입에 대지 않다가 국화꽃을 띄워 처음 마셨다듯이 옛 조상들이 지조를 지킬 때 국화꽃잎을 술에 띄워 마시거나 말려서 베고 누워 코로 맡았으니 국화는 선비정신을 보존하는 수단이기도 했다.

⊙ 수퍼 사랑의 묘약

'뛰는 놈 위에 나는 놈이 있다'는 뜻으로 중국 속담에 '독두산(禿頭散) 위에 익다산(益多汕)'이라는 것이 있다. 촉(蜀)나라 지사(知事)에 여경대란 노인이 일흔 넘어서 아들을 셋이나 낳은지라 비법을 물었다. 상복한다는 약부스러기를 마당에 던지는지라 수탉이 집어먹더니 지체없이 암탉에게 업히기를 며칠을 지속했다. 암탉의 머리털이 다 벗겨지도록 사랑했다 해서 독두산인 이 사랑의 묘약이 역대 중국에서 으뜸 최음제(催淫劑)로 손꼽혀왔다.

그후 종을 죽인 한 귀부인의 재판기록에서 드러난 익다산이 독두산을 누르고 판치기에 이르렀다. 여든 살 남편이 한 도사가 처방해준 최음제를 써보지도 못하고 죽자 그 부인이 75세 된 허리 굽은 늙은 종 익다를 가엾이 여기고 먹였다. 그랬더니 허리가 빳빳해지고 검은 머리가 나더니 30세로 젊어져 두 계집종과 놀아나 아이를 둘씩이나 낳았다. 이 귀부인마저 유혹에 빠져들었다가 추문을 두고 갈등 끝에 익다를 살해하고 법정에서 진술한 내용이 《동현자(洞玄子)》라는 문헌에 나온다. 그후로 중국 황실에 독두산 위에 익다산이 자리잡게 되었다 한다.

발기부전 치료제로서 비아그라는 사랑의 묘약으로 신화적 전파를 해왔다. 한데 그보다 발기효과도 높고 지속시간도 36시간이나 길어지며 발효시간도 절반이나 단축된 시알리스의 수입을 허가함으로써 독두산 위에 익다산 꼴이 되었다. 시알리스보다 효과를 더 높인 레비트라도 수입될 것이라 하니 쾌락감각 문화는 천장을 모르고 치솟고 있다.

《흥부전》의 꾀쇠아비나 〈가루지기타령〉의 변강쇠, 《심청전》의 뺑덕어멈 등 고전소설 속의 악역 인물의 몰골을 상상하면 머리는 짱구요, 가슴은 새가슴, 둔부는 퍼진 절구통 같다는 데 공통되고 있다. 꾀만 부리다보니 머리가 커지고, 도덕적 심성이라고는 티끌만큼도 없으니 가슴팍이 클 수 없으며, 쾌락추구의 말초감각만 발달했으니 하체가 커질 수밖에 없다.

독일의 정신의학자 프린츠홀른은 정리되지 않은 잡다한 지식의 축적으로 머리통만 커지고, 자기위주로만 살기에 남을 배려하는 심정공간인 가슴이 사라진 데다, 말초 감각만 발달하여 국부가 커진 기구한 몰골의 현대인을 '프린츠홀른 인간'이라 했다. 머리통에 국부만이 달린 프린츠홀른 인간을 굳히는 사랑의 묘약 업그레이드가 아닐 수 없다.

◉ 황제의 동성애

청나라 마지막 황제인 부의는 황후를 비롯한 네 명의 후궁 사이에서 아이를 못 낳았다. 뿐만 아니라 황후 등은 고독과 아편 속에 발광하는 등 정상적이지 못했다. 그런 부의가 여자처럼 생긴 측근 환관 왕봉지와 영국인 영어교사 존스턴과 동성애를 즐긴 사이라는 것이 〈북경만보〉에 보도되었다 한다. 환관과의 동성애는 당시 함께 환관을 했던 사람의 증언으로 확인한 것이며, 존스턴과의 그것은 어떤 근거로 단정한 것인지는 알 수 없으나 부의와의 궁중생활이 주제인 《자금성의 황혼》과 부의의 자서전인 《나의 반생》에서도 그 가능성을 추정해 볼 수 있다.

부의는 15세 연상의 이 영국인 선생을 지나치게 흠모하여 차림새까지 흉내냈다. 존스턴이 몸에 지녔던 것과 똑같은 회중시계 시계줄 반지 넥타이핀 커프스버튼을 구입시켰고, 심지어 자신을 영국 왕 이름인 헨리로, 황후 완용을 엘리자베스로 부르도록 주변에 시키기까지 했다. '존스턴은 이미 내 혼의 중요한 일부를 차지했다'느니 '나는 그에게 별난 흥미를 갖고 있었다'고 했으며, 존스턴을 상대로 변태적 해프닝을 곧잘 저질렀다.

이를테면 마지막 황제의 결혼식이 있던 날 밤 눈코 뜰 새 없을 이 신랑 황제는 양복바지에 영국 모자인 캡을 쓰고 존스턴의 거처를 불쑥 찾아와 놀라게 했던 것이다.

존스턴은 황족 이외의 사람으로 궁에 들어와 산 최초의 외국인이기도 하며, 한동안 그 유명한 별궁인 의화원 주인으로 그곳에 가 살도록 시켜 존스턴 배척의 사회운동이 일기까지 했다. 부의는 자기 거처인 양심전에서 가까운 곳에 이름도 흡사한 양성새를 지어 존스턴을 살게 하고, 조석으로 내왕하며 그곳에서 점심을 자주 같이하기도 했다.

언젠가는 환관을 통해 여의장이라는 지팡이를 보내왔는데 속에는 칼이 들어 있었다. 황제만이 가진 특권인 아무나 죽여도 된다는 '수편살인'의 칼인 것이다. 그런 지 10년 후 부의가 만주황제가 되었을 때 존스턴과 만나고 있는데, 그 수편살인 검에 피를 묻힌 적이 있느냐고 묻더라고 했다. 신뢰하는 사이에서 있을 수 있는 일로 간주하기에는 지나친 친근을 감지할 수 있으며, 이것이 동성애 관계를 추정하게 하는 단서가 아닌가 싶다.

⊙ '실버' 쓰지 않기

노인 아파트를 실버타운이라 하고, 노인석을 실버 시트, 소리가 큰 노인용 전화를 실버폰, 노인 봉사자를 실버 볼런티어라 하듯이 노인의 대명사가 되고 있는 실버란 말을 쓰지 말자고 노인단체인 은퇴자협회에서 들고일어났다. 이유는 이 말이 일본이 만든 왜색 용어로 세계적으로 통용되는 '그레이'나 '시니어'로 바꿔 쓰는 것이 바람직하다고 대안을 냈다.

고령화가 진행되면서 늙을 노(老)자 쓰는 것이 싫어져 이 말을 없애는 세계적 풍조 속에 머리빛깔이 은색으로 희어지고 지혜를 상징하는 '실버'라는 말이 일본에서 생겨났었다. 고대 로마에서는 노인을 드폰타니(depontani)라 했는데 노인을 다리에서 떼민다는 뜻으로 옛 노인을 버려 죽게 했던 기로(棄老) 풍속에서 비롯된 말이다. 기독교가 로마에 들어온 후 《성경》〈레위기(記)〉에 나오는 노인 존칭인 백관(白冠)으로 바꿔 부르는 풍조가 번졌었다. 노인의 하애진 머리를 영광의 관으로 본 것이다.

노인을 존대했던 한문 문화권에서 노인 호칭은 긍정적이었다. 공자는 50세를 인간으로서 틀을 갖추었다 하여 지명(知命), 60세를 이 세상 사리를 깨쳤다 하여 이순(耳順), 70세를 어떤 언동도 궤도를 벗어나지 않는 나이라 하여 종심(從心)이라 했다.

《예기(禮記)》에는 50을 머리색이 쑥색이 된다 하여 애년(艾年), 60을 손가락만 놀려 부린다 하여 지사(指使)라 했고, 시인 두보(杜甫)는 70을 예부터 드물게 맞는 나이라 하여 고희(古稀), 《회남자(淮南子)》에서는 49세까지는 옳고 그름을 모르던 것을 50세에야 비로소 알게 된다 하여 50을 지비(知非)라 했다. 노인 우대 사회인지라 한 해라도 일찍 노인이 되고 싶었던지 40대를 초로(初老)라 했고, 50대를 중로(中老), 60대를 기로(耆老)라 했다.

수명이 길어지면서 노인 소리가 듣기 싫어지고 특히 50, 60대의 호칭에 민감해진 것은 세상이 공통되고 있다. 고령화가 빠른 이웃 일본에서는 이미 20여년 전에 법적 호칭의 개정을 시도, 국민으로부터 호칭 공모를 하여 50, 60대를 인생의 열매를 맺는 나이라 하여 실년(實年)으로 자리매김했다. 우리나라에서도 실버 탈피만 말고 50대, 60대, 70대 호칭을 숙년(熟年) 또는 장년(長年), 존년(尊年) 등 탈로(脫老) 호칭으로 법제화했으면 한다.

⊙ 심호흡 6회로 상쾌한 하루

하루 여섯 번 심호흡으로 건강을 지킨다. 별다른 수련 없이도 누구나 건강호흡법을 실천할 수 있다. 일본의 과학전문지 〈퀴크〉는, "심호흡은 의학적으로 노화와 고혈압, 심근경색 등을 막고 스트레스를 없애는 효과가 있다."면서, 공부니 일 틈틈이 할 수 있는 호흡법을 소개했다.

숨을 들이쉬면 기관지 끝에 있는 약 3억 개의 허파꽈리가 풍선처럼 부풀어, 표면 점막을 통해 핏속 이산화탄소가 배출되고 산소가 공급되는 것이 호흡의 원리이다. 심호흡은 이러한 호흡 과정에서 늘 밑에 깔려 충분한 산소 공급을 못 받는 아래쪽 허파꽈리에 산소를 불어넣어 주자는 것이다.

이 같은 논리를 제시한 도쿄 자치(自治)의대 키타무라 키노시(北村論) 교수는, "나쁜 자세로 앉아 있으면 80% 이상의 허파꽈리가 제 역할을 못한다."고 말한다. 짓눌린 허파꽈리를 그냥 지난 정맥피는 심장을 거쳐 동맥피가 되며, 세포와 기관에 쌓인 노폐물이 처리되지 않고 산소가 충분히 공급되지 않아 노화를 재촉한다. "심호흡을 하면 평소 눌려있던 허파꽈리도 크게 부풀어 가스 교환이 잘 된다.”고 키타무라 교수는 말한다. 동맥피의 산소압력은 나이가 들수록 낮아지므로, 나이든 사람들의 심호흡은 특히 큰 효과가 있다.

심호흡은 가슴보다 배로 하는 것이 효과적이다. 허파를 둘러싼 갈비뼈를 확장하려면 배 아랫부분의 부드러운 근육막(가로막)을 움직이는 것보다 몇배나 힘이 들고 따라서 산소 소비도 크기 때문이다. 기공이나 단전호흡도 이 ‘복식호흡’이 요체다. 효율 높은 호흡은 폐기종 등의 후유증을 앓는 환자에게 특히 중요하며, 실제로 퇴원을 앞둔 환자의 사회복귀 프로그램에 복식호흡 훈련과정을 넣은 병원도 있다는 것이다.

심호흡으로 잔뜩 부풀어 오른 허파꽈리 표면에서 분비되는 PGI 2라는 물질은 말초혈관을 확장해 혈압을 낮춰주며, 뇌 심근경색의 원인인 혈소판 응집을 막고, 콜레스테롤과 중성지방이 동맥벽에 들러붙는 것을 막아 동맥경화를 예방해 준다. 따라서 반드시 고혈압이 아니더라도, 동맥경화를 걱정할 나이가 되면 심호흡을 습관화하는 것이 좋다.

심호흡은 또 스트레스를 없애준다. 고혈압, 위궤양 등 신경성 질환 환자는 대개 호흡이 얕고 횟수가 많은데, 깊이 천천히 하는 호흡은 이들의 치료에 도움이 된다. 불안하거나 짜증나면 깊이, 천천히 심호흡을 해보면 좋은 것도 같은 이유에서다.

◉ 허리 엉덩이 비율 남자 0.95, 여자 0.8 이하가 적당

단순히 몸무게가 많이 나가는 것이 문제가 아니다. 허리가 엉덩이보다 굵으면 사망률이 훨씬 높아지는 것으로 알려졌다.

미국 미네소타 대학 폴솜 교수팀은 미(美)의학협회지 최근호에 발표한 논문을 통해, 몸무게에 관계없이 허리와 엉덩이 비율이 높을수록 사망위험이 더 높게 나타났다고 밝혔다. 폴솜 교수팀이 아이오와주에 거주하는 50~69세 여성 4천여 명을 대상으로 조사한 결과, "허리와 엉덩이 비율이 0.15% 증가하면 사망위험은 60%가 증가한다."고 밝혔다.

여자의 경우 이 비율이 0.8 이하, 남자는 0.95 이하여야 정상이라고 연구팀은 지적한다. 최소한 '드럼통'은 되어야지, 허리가 엉덩이보다 굵은 항아리형은 위험하다는 것이다. 물론 허리가 잘록한 콜라병 형이 가장 건강할 가능성이 있다.

이들 연구팀은 지금까지 비만도를 재는데 주요 수치로 여겨져 온 몸무게와 키의 상관관계(BMI)는 오히려 사망위험과 별다른 관계가 없었다며, 아무리 야윈 사람일지라도 허리가 엉덩이보다 굵은 사람은 사망위험이 아주 높게 나타났다고 밝혔다.

이 같은 발표에 대해 다른 의사들은 '잘 고안된 훌륭한 연구였지만 비만의 위험을 경시하도록 하는 풍토를 조성해서는 안 될 것'이라고 주장했다. 비만은 고혈압, 당뇨병, 심근경색증, 암 등을 유발할 위험성이 훨씬 높다는 것이다. 이 점에 대해서는 폴솜 교수도 동의했다.

◉ 나이든 사람 지혜롭게 살기

늙은이가 되면 설치지 말고,
미운 소리, 우는 소리, 헐뜯는 소리, 그리고 군소릴랑 하지도 말고,
조심조심 일러주고 알고도 모르는 척 어수룩하소.

그렇게 사는 것이 평안하다오.

이기려 하지 마소.

져주시구려.

한 걸음 물러서서 양보하는 것,

지혜롭게 살아가는 비결이라오.

돈! 돈 욕심을 버리시구려.

아무리 많은 돈 가졌다 해도 죽으면 가져갈 수 없는 것.

많은 돈 남겨 자식들 싸움하게 만들지 말고,

살아있는 동안 많이 뿌려서 산더미 같은 덕을 쌓으시구려.

그렇지만 그것은 겉이야기.

정말로 돈을 놓치지 말고 죽을 때까지 꼭 잡아야 하오.

옛 친구 만나거든 술 한잔 사주고, 손주 보면 용돈 한푼 줄 돈 있어야,

늘그막에 내 몸 돌보고 모두가 받들어 준다나.

우리끼리 말이지만 사실이라오.

옛날 일들일랑 모두 다 잊고 잘난 체 자랑일랑 하지 마소.

우리들의 시대는 다 지났으니 아무리 버티려고 애를 써봐도,

이 몸이 마음대로 되지를 않소.

그대는 뜨는 해요 나는 지는 해.

그런 마음으로 지내시구려.

나의 자녀 나의 손자, 그리고 이웃 누구에게든지 좋게 뵈는 늙은 이로 살으시구려.

멍청하면 안 되오.

아프면 안 되오.

늦었지만 등산도 하고 기체조도 하시구려.

아무쪼록 오래오래 살으시구려.

◉ 겨울에 체력을 보강하자

　한방의 대표 서적인 《황제내경》에서는, '겨울철의 석달은 만물의 생기가 숨어서 체내에 저장되고, 양기가 내장되는 시기로 폐장(閉藏)이라 한다'고 하였다. 그러나 현대인의 생활은 추위에 대한 방비가 잘 갖춰져 있고 영양소의 섭취가 충분한 반면에, 정신노동 위주의 생활과 육체활동의 감소로 전체적인 체력이나 면역력은 오히려 예전만 못하다고 볼 수 있다. 그러므로 오는 해를 활기차게 맞이하기 위해서는 요즘 같은 겨울철에 양기를 증가시키기 위한 실내운동이 효율적일 것이다.

　보통 운동을 한다고 하면 걷기나 달리기, 수영, 등산 같은 것을 떠올리기가 쉬우나 위와 같은 것들을 대개 유산소운동이라 하고, 아령, 덤벨 등 기구를 이용해서 하는 운동을 무산소운동이라고 한다. 이렇게 운동을 나누는 것은 목적이 다르기 때문이다.

　유산소운동은 주로 심폐의 능력을 향상시켜 지구력을 향상시키고, 복부에 몰려있는 체지방을 줄여주고 비만을 치료하는 데 효과적이다. 반면에 무산소운동은 웨이트 트레이닝이 대표적인 것으로 무게에 저항하는 방식으로 근육을 운동시키는 것으로 근력의 발달을 가져올 수 있다. 보통 아령, 덤벨, 역기나 헬스기구를 이용하는 방법으로 무게에 저항하여 운동한다.

　근력운동을 꾸준히 하면 몸의 전체적인 힘이 좋아질 뿐 아니라, 몸의 전후좌우 균형이 잘 맞아 보기에 좋고, 뇌·척추골격계의 수직선이 살아나서 뇌·말초신경의 소통이 좋아진다. 뇌·말초신경의 소통이 원활해지면 목의 뻣뻣함, 어깨통증, 요통, 디스크, 관절질환 같은 병도 없어질 뿐만 아니라 피부가 고와지고 신체오감이 좋아진다. 따라서 나이가 들거나 몸이 약한 사람일수록 근력강화 운동은 필수적이다.

앞에서 설명한 바와 같이 무산소운동의 중요성은 대단하다. 물론 무산소운동만을 하라는 것이 아니다. 자신의 몸 상태에 맞는 적절한 비율이 필요하다는 것이다.

논갈이 / 김홍도 그림

│포석정(鮑石亭)

《세종실록(世宗實錄)》15년 기사에 백성에게 술을 삼가라는 〈계주문(戒酒文)〉 속에 신라는 포석정에서 망하고, 백제는 낙화암에서 망했다는 대목이 있다. 후백제의 견훤(甄萱)이 쳐들어왔을 때 신라 경애왕이 포석정에서 술을 마시고 있었기 때문일 것이다. 경주 금오산 서쪽 두메에 있는 포석정은 신라의 귀족이나 상류층이 나라생각을 하지 않고 유흥으로 지새운 망국의 현장으로 알려져 있다. 시대에 따라 그렇게 악용될 수는 있겠지만 포석정의 본래 뜻은 그렇게 부정적인 것은 아니었다. 세상 사람들의 술 마시는 방법이 같지 않음은 알려진 사실이다.

마시고 싶은 만큼 자신이 따라 마시는 자작문화권, ‘건배’를 외치며 더불어 마시는 대작문화권, 그리고 술잔이 왔다갔다하며 주거니 받거니하며 마시는 수작문화권이 있는데 우리나라는 수작문화권의 종주국이다. 한잔 술에 입을 더불어 대고 마심으로써 일심동체를 확인하는 의례인 것이다. 정통혼례의 합근례(合졸禮)가 인간 결속의 상징행위인 것이다.

대포하면 서민음주의 대명사처럼 되어있지만 실은 한마을 사람끼리, 한직장 사람끼리, 동업자끼리 일심동체를 다지기 위해 돌려 마셨던 대형의 술잔이 대포인 것이다.

기록에 보면 사헌부(司憲府)의 대폿잔은 아란배(鵝卵杯), 교서관

(校書館)의 대폿잔은 홍도배(紅桃杯), 예문관(藝文館)의 대폿잔은
장미배(薔微杯), 성균관(成均館)의 대폿잔은 벽송배(碧松杯)라 했
다. 시사(詩士) 같은 풍류객들은 모임에서 연종음(蓮鐘飮)을 했다.
연잎에다 술을 채우고 연대에 구멍을 뚫어 돌려 마시는 식물성 대
포인 것이다. 탕아들은 기방에 모이면 화혜음(花鞋飮)을 했는데 기
생의 꽃신에다 술을 따라 돌려마셨으니 가공할 대포문화가 아닐 수
없다.

굳게 결의한 사이를 '대포지교(大匏之交)'라 함도 한잔 술을 더
불어 마시는 정신적 효과가 적지 않음을 암시한다. 돌 홈에 대폿잔
을 띄워 공음했던 포석정은 망국의 현장이라기보다 군신간에 공동
체의식을 다지는 한국적 의식이었음을 알 수 있다. 포석정 돌 홈에
잔을 띄워 유속(流速)을 실험했더니 공음하기에 가장 알맞은 속도
였다 한다. 얼마나 지혜롭고 여유있는 조상들의 풍류였던가.

◉ 연꽃놀이

옛 조상들의 삼복 중 여름놀이는 연못가에 가 연꽃 구경하는 일
로 집약되었었다. 수렁에서 티끌 하나 없이 피어나는 연꽃을 봄으
로써 세속에 오염된 마음을 씻는다 하여 세심(洗心)놀이라고도 했
다. 밤에는 금남의 여인천하가 되는데 연꽃에 빌면 금슬이 좋아지
고 아들을 많이 낳을 뿐 아니라 낳은 아기가 장수하는 것으로 알았
기 때문이다. 연꽃은 한 꽃받침에 두 꽃송이가 피어나기에 좋은 금
슬을, 연밥에 씨가 많아 다산을, 그리고 연밥의 씨는 수백년 생명을
유지한다 하여 장수를 얻을 수 있을 것으로 알았다. 더러는 연꽃의
연이 사랑할 연(戀)과 음이 같고, 연의 다른 이름인 하(荷)가 중국

발음으로 화와 음이 같기 때문이라는 설도 있다.

한양 동·서·남 삼대문 밖에는 연못이 있었는데 그 어느 연못의 연꽃이 성하냐로 동인 서인 남인 사색당파의 성쇠를 가늠했으며, 어느 해인가 남대문 앞 남지(南池)의 연꽃이 무성한 것을 보고 남인이 득세할 것을 불안하게 여긴 집권당파에서 이 연못을 파 없애버리기까지 했다. 서대문 밖 독립문 인근의 서지(西池)는 풍류객의 여름 집산지로 유명하다. 정약용이 멤버인 죽란시사(竹欄詩社)의 여름 집회도 서지에서 있었다.

선비들은 이 연못 정자에 줄지어 앉아 하심주(荷心酒)를 돌려 마시는 풍류를 즐겼었다. 상비주(象鼻酒)라고도 하는 이 돌림술의 술잔은 연잎을 그릇처럼 오목하게 둘러싸 술을 담고 구멍이 뚫린 연대를 빨아 돌려 마신다 하여 코끼리 콧잔술이라는 이름을 얻었고, 그로써 연꽃처럼 세속에 때묻지 않은 일심동체를 다졌었다.

연꽃이 필 때 나는 개화성(開花聲)을 듣는 멋도 있었다. 동트기 전 이른 새벽에 낚싯배를 타고 연꽃 사이에 들어가 숨을 죽인다. 먼동이 틀 무렵 연꽃이 꽃잎을 틔울 때 '퍽!'하고 둔탁한 소리를 내며 핀다. 여기저기에서 나는 그 개화성을 듣는 풍류가 이 세상 어느 나라에 또 있는가 묻고 싶다.

7~8월은 연꽃이 만개하는 철로 연꽃축제가 경향 각지에서 벌어지고 있다. 아산 인취사의 백련시사(白蓮詩社), 천안의 세계 연꽃축제, 전주의 덕진 연꽃예술제, 무안 연꽃축제, 남양주 봉선사, 강화 선원사, 김제 청운사, 서울 봉원사의 연꽃축제가 세심을 기다리고 있어 전통 여가 이용의 부활로 특기하고자 한다.

|옥황상제의 대노(大怒)

벼슬길에 있던 선비도 낙향하여 농사 짓는 것이 낙이다. 옛날 어느 고을의 세 사람이 저승사자의 잘못으로 옥황상제 앞에 서게 되었는데 공교롭게 떼죽음을 한 사람이 많아 시체가 썩어 궁리 끝에 새로 태어나는 생명을 빌어 생명을 부여하기로 했다. "너희는 억울하게 죽었으니 소원을 말해라." "예! 저는 왕자로 태어나 권세와 행복을 누리고 싶습니다." "다음 너는?" "예! 저는 큰 부자의 아들로 태어나 만복을 누리고 싶습니다." "마지막 너는?" "예! 저는 뒷산에 낙락장송과 대나무 숲이 우거지고, 꽃피고 새 울고 오곡백과가 풍성하고, 부모에 효도하고 형제간에 우애하며 이웃과 화평한 시골 작은 농부의 아들로 태어나 낮에는 들에 나가 일을 하고, 밤에는 달빛을 벗삼아 풀벌레소리 들으며 책 읽는 사람이 되게 해주십시오." 이 말을 듣던 옥황상제가 말했다. "이놈! 나를 놀리느냐? 그런 곳이 있다면 내가 가지 어찌 너를 보내겠느냐!"

◉ 폴 포트와 염라대왕(閻羅大王)

중국에 이런 우스개 이야기가 있다. 염라대왕을 보좌하는 나찰이 황급히 달려와 고하였다. "지금 마쓰이 대장이 지옥에 당도하였으니 자리에서 일어나시어 마중하시옵소서." 이승에서 10만여 명 인간을 무자비하게 학살한 위인이 지옥에 오면 염라대왕도 일어서 마중하는 것이 지옥의 법도가 되어 있었기 때문이다.

중국파견 일본군 사령관인 마쓰이 대장은 그 잔인했던 남경 대학살사건을 야기시킨 주범으로 20만의 중국 군대와 양민, 어린이를 무자비하게 학살하여 군법에 걸려 사형당한 인간백정이다. 당시 신문기자 로즈 파머가 입수한 학살 현장사진이 〈루크〉지에 보도된 것을 보면 동서고금의 역사에서 찾아볼 수 없는 비인도적 만행이었다.

한데도 염라대왕은 법도를 어겨 용상에서 일어나지 않았다. 나찰이 이유를 묻자, "내가 일어서면 그 틈에 이 내 자릴 가로채어 앉아버릴 걸."라고 했다 한다. 학살을 저지른 자는 염라대왕도 두려워하는 위험인물이다.

킬링필드의 주인공 캄보디아의 학살자 폴 포트가 죽어 지옥에 갔다. 아마 염라대왕도 이번에는 자리 뺏김은 고사하고 겁이 나서 도망쳐 숨었을 것이 분명하다. 마르크스에 심취한 자로 집권하자 공산집권에 걸림돌이 되는 지식계층을 비롯 기득권자 2백여만 명을 무차별 무자비하게 집단 살해한, 역시 인간 도살자다.

그는 킬링필드 현장을 돌아보며 '피는 우리 깃발의 물감이다'라며 살생을 장려했다 하니 끔찍하다. 염라대왕도 자리를 비우고 도망쳤을 만하다. 세계 최대 불교 유적이라 할 앙코르와트가 있는 불교국가요, 그것이 국기 속에까지 들어가 있는 자비의 나라의 일이고 보니, 보다 충격이 컸었다. 5년 동안 8백명의 '인민의 적'을 처형한 스탈린과, 6개 강제수용소에서 역시 8백만 유태인을 학살한 히틀러와 함께 20세기 3대 인간 도살자가 된 폴 포트는 수만여 해골로 쌓은 최대의 인골탑을 이승에 남기고 갔다.

킬링필드에서 발굴해낸 이 인골탑은 인간이 잔인해질 수 있는 극한 지표요, 인류가 악해질 수 있는 자책 문화재로서 고이 보존하여 대소통치자의 귀감이 되었으면 하는 것이다.

⊙ 니미츠힐의 살풀이

불교에서 저승에 가려면 삼도천(三途川)이라는 냇물을 건너야 한다. 건너면 이승에서 입었던 옷을 벗기는 할미가 기다리고 있다. 플라톤의 내세와 현세 사이에는 망각의 강이 흐르고 있다. 그 물을 마시고 이승에서의 만사를 망각하고 저승에 간다.

밀턴이 《실낙원(失樂園)》에 묘사한 지옥으로 가는 길에는 혼돈의 다리가 이승과 저승을 가르고 있다. 유구(琉球) 사람들은 황혼에 물든 수평선을 이승과 저승의 경계공간으로 안다. 영혼이 그 황혼 공간을 가로지르면서 이승에서 못다한 미련으로 죽을 수 없으면 바다새가 되어 이승으로 다시 날아온다고 알았다.

우리 한국의 저승과 이승에도 중간 완충공간이 있다. 중공(中空)이라고 하여 이승에서 제명대로 못살고 죽었거나, 억울하고 한이 맺힌 채 죽거나, 시집 장가 못가 춘정을 못 풀고 죽었거나 하는 영혼은 그 미련 때문에 완전히 죽지를 못한다. 못 죽고서 이승과 저승의 중간 공간을 울며 헤맨다.

그 공간이 중공이다. 그 중공에는 신하에게 피살당한 공민왕(恭愍王)이며 이성계의 쿠데타 당시 피살당한 최영 장군, 모략으로 약관에 죽음을 당한 남이 장군, 수양대군의 왕위찬탈로 한 많은 여생을 지낸 단종비 송씨 부인 등 시공을 초월하고 빈부귀천을 가리지 않은 원혼들이 그 원한 때문에 죽지 못하고 헤매고 있다.

못다 죽게 한 미련은 한이 된다. 한은 무형무색 무취이기에 보이지도 잡히지도 어림할 수도 없지만 그것이 응어리지면 독기(毒氣)를 뿜는다. 그 독기가 살(煞)이다. 살을 풀어 독기를 해소하는 푸닥거리가 무당춤이다. 민중의 원한을 공감하는 역사적 인물들을 무당이 받드는 것도 그 때문이다.

의외의 불행이 닥쳐오면 살이 내렸다고 무당을 불러 살풀이하는 것도 그 때문이고─. 그러고 보면 한국 민중이 믿어온 무속(巫俗)은 원한종교랄 수 있다.

소복(素服)하고 기다란 흰 수건을 나풀거리는 살풀이춤은 살을 푸는 무속 춤으로 한국인의 잠재의식 속에 잠자고 있는 한을 아름답게 흔들어 깨워준다.

한(恨)과 원(怨)을 품은 주검에서 유리된 영혼을 위령하여 살로부터 구제하는, 그래서 극락왕생(極樂往生)하라는 소망을 대행하는 춤인 것이다. 몇해 전 KAL기 추락현장인 니미츠힐에서는 살풀이춤이 있었다. 남태평양 중공을 울며 헤매는 숱한 영혼들은 감응했으리라.

◉ 신구간(新舊間)

이 세상 사람들의 기도(祈禱)하는 모습은 다양하다. 브라질 사람들은 땅에 무릎을 꿇고 하늘을 쳐다보며 두 팔과 손을 펴보인다. 신 앞에 아무런 사심이 없음을 드러내 보이는 외향적인 동작을 짓는다. 한데 기독교도들은 내향적인 동작으로 기도를 한다. 무릎을 꿇고 고개 숙여 두 손을 X자형으로 꼭 쥐고 마음속에 신을 들여 합일(合一)시키려든다.

불교도들은 손바닥을 맞추는 합장(合掌)으로 마음의 합심을 추구하고 ―. 이처럼 이 세상의 기도자세는 손바닥을 펴느냐 맞추느냐의 차이가 있을 뿐 대체로 정적이다. 이에 비해 우리 한국의 전통 기도자세는 동적(動的)이다. 손바닥을 맞추는 것만으로는 성이 차지 않아 간단없이 손바닥을 비벼댄다. 소원이 간절할수록 보다 맹렬하게 비벼댄다. 비벼대지 않고서는 충족시키지 못할 어떤 사연이라도 있는 것일까.

유일신은 기도대상이 유일하기에 마음을 모으는 데 정적이고 집중적이어야만 한다. 하지만 우리 한국의 전통신앙은 다신교이기에 어느 한 신명에게만 느긋이 기원할 겨를이 없다. 《심청전》의 곽씨부인이 아들을 낳기 위해 기도드리는 대목을 보면 삼십삼천(三十三天)의 천왕(天王)님을 비롯해 이십팔수(二十八宿)의 성주님들을 위시하여 신불제석(神佛帝釋)의 이름을 낱낱이 부르는 것으로 그치지 않는다. 가택의 안녕을 보살피는 성주대감(城主大監), 집터를 지켜주는 토주대감(土主大監), 부엌 신명인 조왕(竈王), 창고의 신명인 업위(業位), 마구간의 수호신인 구신(廐神), 문을 지켜주는 문신(門神), 아이 낳게 해주는 삼신(三神), 그리고 원한을 품고 죽어갈 데 없이 떠도는 원귀(冤鬼)까지 불러 모아 소원을 빌어야 했기에 신명 부르는 데에만 숨가쁘도록 바쁘다.

우리 조상들은 속칭 1만 8천 신명의 역학과 함수에 맥락되어 그 신명의 성미와 비위를 맞추며 살아야 했다. 집을 수리하고 개축하고 이사하려 해도 없는 곳 없이 도사린 이 많은 신명의 안테나에 저촉되지 않기란 힘든 일이다. 그래서 이 신명들이 모두 자리를 비운 동안에 이사도 하고 집도 수리하는 민속이 생겨난 것이다. 이 신들의 법정휴가가 매년 대한(大寒) 후 5일째부터 입춘(立春) 전

사흘까지의 이레 동안이다.

구정마다 이 신명들은 주신(主神)인 옥황상제(玉皇上帝)에게 소환되어 신관과 구관이 바뀌는 인사발령을 받기에 자리를 비우게 된다. 육지에서는 조왕신(竈王神)만이 소환된다던데 제주도에서는 신구간이라 하여 1만 8천 신들이 모두 자리를 비운다. 그래서 이 신의 휴가 동안에 이사하고자 하는 가정이 2만여 세대나 되어 이삿짐센터가 호황을 맞는다 한다.

⊙ 박

판소리 〈흥보가〉는 일명 〈박타령〉이라고도 부른다. 흥부가 박을 타면서 부르는 타령을 제목으로 딴 것이다. 가을이 깊어갈 때면 초가지붕에서 함께 영글어가는 박은 그만큼 우리와 친숙했는데, 이제는 추억으로만 남아 있다.

박에 대한 기록은 신라의 시조 혁거세의 출생에서 시작한다. 혁거세가 알에서 나왔는데, 그 알이 박(瓠-호)과 같아 박(朴)으로 성을 삼았다는 것이다. 《삼국사기》에서 '표주박 호(瓠)'를 사용한 것으로 보아 당시에도 박을 재배했다는 사실을 알 수 있다.

박은 플라스틱 그릇이 생산되기 전에는 다양하게 활용되었다. 물을 떠먹는 바가지에서 똥을 푸는 똥바가지까지, 거지에게는 바가지가 바로 밥그릇이기도 했다. 또 호박죽에서부터 된장찌개에 이르기까지 다양한 음식재료로 사용되기도 했다. 특히 늙은 호박을 꿀에 재서 먹으면 산후조리에 좋다고 한다. 호박떡과 호박범벅 등의 재료도 역시 늙은 호박이다. '도깨비도 호박범벅을 좋아한다'고 알려질 정도로 우리 민족은 호박을 좋아했다.

호박의 상징적 의미도 흥미롭다. 집안에 시집갈 처녀가 있으면, '애박'이라는 조그만 표주박의 씨를 담 쪽에 심어둔다. 그것이 자라 담을 타면 동네 총각들은 처녀가 시집간다는 것을 알게 된다. 이 표주박은 초례를 치를 때 신랑과 신부가 교환하는 술잔으로 쓰인다. 신랑과 신부가 한몸이라는 것을 상징하는 징표인 셈이다. 초례가 끝난 후에도 방안에 매달아 두어 부부의 애정을 확인하는 데 쓰인다.

신부가 시댁에 처음 올 때 문 앞에 피워놓은 모닥불을 넘어가게 해서 부정을 물리치곤 했었다. 동시에 문 앞에서 바가지를 깨뜨리는 풍속이 있는데, 주로 시어머니가 그 일을 맡는다. 바가지 깨지는 소리가 신부의 몸에 붙어 들어오는 잡귀를 놀라게 해서 물리친다는 주술적 장치다.

반면 장례에서 관이 방을 나올 때 바가지를 깨는 풍속도 있다. 여기서 바가지는 죽은 사람의 그릇을 상징한다. 즉 그릇을 깨뜨렸으니 이승에서의 관심을 모두 끊고 저승으로 잘 떠나가라는 의미다.

진도에서는 귀신이나 도깨비를 만나면 바가지를 엎어놓고 칼로 긁어 소리를 낸다. 이 소리를 귀신이 제일 두려워한다고 믿기 때문이다. 전염병이 돌 때 긴 장대에 바가지를 걸어두면 귀신이 침범하지 못한다고도 한다. 바가지가 벽사(辟邪-악을 물리침) 기능을 담당하고 있음을 보여주는 예다.

호박은 여자를 상징하기도 한다. '호박이 맨 처음 열렸을 때 남자가 따면 더 많이 열린다'는 속설은 그런 성적인 관계를 의미한다. '호박씨 깐다'는 말도 같은 맥락이다.

| 설날의 세시풍속(歲時風俗)

　양력 연말에 연하장이나 또는 축사 등에서 흔히 쓰는 '을유년이 가고 병술년이 밝아온다'는 말은 잘못이다. 음력 연말이라야 을유년이 가고 병술년이 밝아오므로 바른 말이 못된다.

　새해의 운수를 알아보려 토정비결(土亭秘訣)을 본다고 법석이다. 이것은 잘못된 것이다. 음력 말이 지나고 설날이 되어야 병술년이 된 것이고 아직은 을유년 섣달인 것이다. 섣달그믐은 그해의 마지막 날이다. 그러나 우리는 양력 연말에 연하장이니 축사 등에서 '을유년이 가고 병술년이 온다'는 잘못된 말을 사용한다.

　섣달그믐을 맞이하는 태도도 예전과 요즘에 있어 차이가 많이 난다. 현대인은 망년이라 해서 떠들썩하고 하루라도 빨리 그해를 잊으려고 야단이다. 하지만 고인(古人)들은 그해를 아쉬워하고 떠나보내지 않으려는 소박한 따스함이 있었다.

　밤, 즉 어둠을 거부하여 종지나 접시에 한백지로 심지를 만들어 밝히고 들기름이나 참기름에 불을 붙여 외양간, 돼지우리까지 대낮같이 환하게 했다. 조상의 묘지 앞에도 석등(石燈)을 세워서 실제로 불을 밝혔다. 이것을 제석(除夕)이라 하는데 요즘 '제야(除夜)의 종(鐘)'의 의미가 새해의 밝음을 축하하는 것이다. 사뭇 의미가 다른 것이다. 섣달 그믐밤을 안 자고 하얗게 새우는 것도 한 해가 지나감을 아쉬워하는 행동이다.

"섣달 그믐날 잠을 자면 눈썹이 하얗게 된다."는 어른들의 겁주는 말을 듣고 그래도 잠을 자는 아이는 어른들이 눈썹에 하얗게 밀가루를 발라놓아 다음날 놀림 대상이 된다.

아이들은 잠을 안 자려 기를 쓰고 자정이 넘어 절에서 나온 상좌승(上座僧)이 재(齋)를 올릴 쌀을 시주받기 위해 큰 소리로 '새해 복 많이 받으십시오'라고 외치면 쌀을 정성껏 퍼 시주하고 새해의 복을 빌며 그제야 온 가족이 즐거이 새해를 축하하는 것이다.

섣달 그믐날에는 또 '액막이'로 대궐에서는 축포를 쏘고 거리에서는 폭죽을 터트리며 온 장안을 떠들썩하게 한다. 이것을 '대나(大儺)'라 하는데, 재앙(災殃)을 가져다주는 못된 귀신을 쫓는다는 의미이다. 아이들은 까치설날이라며 섣달 그믐을 축하하니 길조(吉鳥) 까치와 연결되어 좋은 일이 있으리라는 기대이다.

섣달 그믐에 서로 주고받는 선물은 예나 지금이나 마찬가지지만 옛사람들은 이를 일러 '세찬(歲饌)'이라 했다. 집안어른에게 고기와 술을 보내고 어른들은 이것을 아이들에게 나누어주는데, 보내는 마음은 공경이요, 주는 마음은 보살핌과 사랑인 것이다.

집안 어른이 아닌 경우에는 엄격한 제한이 따른다. 웃어른에게 드리는 세찬이 아랫사람에게 주는 것보다 반드시 적어야 된다는 것이니 이는 뇌물을 방지하기 위한 제도적 예절이다.

설날을 한자로 원단(元旦), 원조(元朝)라 한다. 원(元)은 크다는 뜻이니 원일(元日)은 첫째 날이요, 《서경(書經)》〈순전편(舜典篇)〉에 '정월원일(正月元日)'이라 했으니 오래 전부터 있어온 말임을 알 수 있다.

마지막으로 우리말의 설날이라 함은 낯선 의미의 날, 서러운 날의 의미에서 설이라는 의견이 있으나 새해 첫날 해가 오는 날, 즉

봄의 시작이 설 립(立)자를 써서 입춘(立春)이라 하듯 해가 서는 날, 설날이라 하였으리라 추정한다.

무동도(舞童圖) / 김홍도 그림

|유 머

▶ **송곳과 풀무** : 조선조 선조 때 송강(松江) 정철(鄭澈) 대감이 어느 날 애첩 진옥(眞玉)과 호젓한 달밤에 주고받은 말이다. "옥 (玉)이 옥이라커늘 번옥(燔玉-가짜 옥, 인조옥)으로만 여겼더니 이 제사 보아하니 진옥(眞玉-진짜 옥, 자연옥)일시. 적실하게 내게 살 (肉)송곳 있더니 힘차게 뚫어볼까 하노라." 진옥이 화답(和答)했다. "철(鐵)이 철이라커늘 섭철(불순물이 섞인 눅철)로만 알았더니 이 제사 보아하니 정철(正鐵)임이 분명하네. 내게 골풀무 있으니 한껏 뇌겨 볼까 하노라."

▶ 조선조 중기 성여학(鄭汝學-명문의 후손으로 문장가・시인)의 시에 남근(男根)은 힘있게 일어나야 하니 앙(昻)이요, 따뜻해야 하 니 온(溫), 길쭉해야 하니 경장(莖長), 머리는 굵어야 하니 두대(頭 大), 힘이 넘쳐야 하니 건작(健作), 오래 끌어야 하니 지필(遲筆)이 다. 여근은 좁아야 하니 착(窄)이요, 따뜻해야 하니 온(溫), 질근질 근 씹어야 하니 교(咬), 아랫도리를 흔들어야 하니 요(搖), 자신도 모르게 비명이 나오니 감창(甘唱), 오르가슴을 자주 맛보아야 하니 속필(速筆)이라 하였다.

▶ **쿨리지 효과** : 미국의 캘빈 쿨리지(Calvin Coolige) 대통령(1 차대전 후 미국의 경제를 되살린 대통령. 'American Business is Business'란 명언을 남김) 내외가 나이 지긋한 비서와 함께 친구의

시골 농장에 휴가를 갔다. 대통령은 농장주인과 즐거운 대화를 나누고 있었다. 부인은 비서와 함께 농장구경을 하다 때마침 수탉이 교미하느라 수선을 피우자 비서에게 물었다. "수탉은 하루에 몇번이나 교미를 하는지?" "열 번도 더 합니다." "어머나, 그래요! 이 사실을 대통령께 꼭 말씀드리면 좋겠네요." "틈을 봐서 여쭙겠습니다." 비서는 틈을 타서 대통령께 말했다. 그러자 대통령은 빙그레 웃으며 물었다. "그 수탉 대단하군. 그런데 매번 같은 암탉과 하는가?" "웬걸요. 할 때마다 파트너가 바뀌지요." "그런가? 그렇다면 그 사실을 아내에게 분명하게 말해주게." 그후 새로운 암컷을 좋아하는 수컷의 습성을 쿨리지 효과(Coolige Effect)라 이름하였다.

▶ **입과 다리** : 남자와 여자가 시비 끝에 싸움이 벌어졌다. 말로는 도저히 당해낼 수 없자, "아 그년 입이 두개니까 말은 잘하네."라고 남자가 말했다. 그러자 여자가 말했다. "그 사식 다리가 세 개니까 도망은 잘 치네."

▶ **평안감사 행차** : 아버지의 목말타고 평안감사 행차를 구경하던 아들이 말했다. "아버지, 나도 저 가마 타고 싶다." "임마, 죽어서 양반의 아들로 태어나기 전에는 어림도 없다." 아버지가 말했다. 그 날 밤 상민의 아들은 목매 죽었다.

▶ **서당 훈장의 축문** : 어머니를 여읜 상주가 서당 선생에게 축문을 부탁했다. 선생이 실수로 장모 죽었을 때의 축문을 써주었다. 축문을 읽어 내려가자 어딘가 잘못되었다고 웅성거렸다. 서당 선생에게 달려가, "혹시 축문이 잘못된 것 아닙니까?"하자, "자네 어머니가 잘못 죽은 걸세. 내가 틀릴 리가 있겠는가."라고 서당 선생이 말했다. "예, 저의 어머니가 잘못 죽은 것 같습니다."

▶ **유머 바라경** : 옛날 어떤 절에 익살스런 스님이 있었다. 어느

날 행실이 좋지 못한 여신도가 불공을 드리러 왔다가 무슨 생각에 서인지 스님에게 묻는 것이었다. "스님들은 여자와 한 이불 속에 있어도 관계하는 법을 모른다던데 사실입니까?" 아무리 스님이기로서니 사대육신이 멀쩡한데 모를 리가 있겠는가. 스님을 유혹하려는 의도가 분명했다. 명색이 스님인데 노골적으로 대답할 수 없어 불경 외듯이, "바라바라 줘 바라 정말 못하나 줘 바라 바라바라 줘 바라 정말 못하나 줘 바라." 그런 일이 있은 후 세상 사람들은 경문 아닌 그 경문을 바라경이라 일러 한자로 바라경(婆羅經)이라 쓰기 시작했다 한다. 그래서 석가모니 부처님의 8만 4천 대장경에 덧붙여 8만 4천1번째 경전이 되었다.

▶ **프랑스 우스개 이야기** : 어느 젊은이가 몹시 사랑하는 아가씨가 있어 아내로 맞겠다고 아버지에게 허락해 달라고 간청하자, "그 아가씨만은 절대 안 된다. 실은 너의 어머니한테는 속여 왔지만 그 아가씨는 딴 데서 난 나의 딸이기 때문이다."라고 아버지가 말했다. 어머니에게 간청하자 어머니는 말했다. "그렇게 맞고 싶으면 맞아들이려무나. 실은 너의 아버지에게는 속여 왔지만 너는 지금의 아버지 자식이 아니니까 말이다."

▶ **알아야 면장을 하지** : 학교에 다녀오던 철수가 고추를 내놓고 일을 보고 있었다. 때마침 자전거를 타고 가던 면장이 자전거에서 내려, "애, 너 그것 꺼내 들은 것 그게 뭐냐?"라고 했다. '응, 뭐냐구?' 너무도 어처구니없는 질문에 철수는 일을 보다 말고 집으로 냅다 뛰어와 아버지에게 말했다. "아부지! 큰일났구먼유. 아 글씨, 우리 동네 면장이 ×도 모른다나봐유." 그래서 무지무지하게 무식한 사람을 ×도 모른다는 말이 나오고, 알아야 면장을 하지란 말도 나왔다.

▶ **정수동**(鄭壽銅) : 한말 정수동이 대감댁에 기숙하고 있을 때 대감댁 계집종이 아이가 동전 한닢을 삼켰다고 발을 동동거리며 법석이었다. "야! 이 사람아. 주인댁 대감은 1만 냥의 돈을 먹고서도 까딱없는데 겨우 한닢 먹은 걸 가지고 그렇게 동동거리는가."

▶ 세조는 정승 구치관과 신숙주 사이가 불편한 것을 알고 두 정승을 불러놓고 임금의 답에 틀린 답을 하면 벌주를 내리기로 하고, 신정승 하고 부르면 신숙주가 답하면, 신(新)정승을 불렀다 하고, 구정승 하고 부르면 구치관이 답하면, 구(舊)정승을 불렀다 하여, 벌주를 내렸다. 두 사람 사이를 자연스럽게 화해시키는 유머가 뛰어났다.

▶ **백사 이항복 대감** : 당리당략으로 싸움만 하던 이항복 대감이 뒤늦게 들어왔다. "대감은 웬일로 늦었소?"라고 문자, 오는 길에 승관(僧官)과 환관(宦官)이 싸움을 하는데 승관은 환관의 신낭을 쥐고, 환관은 승관의 상투를 쥐고 싸우더라 했다.

▶ **빨리빨리병** : 한 시골양반이 사위감을 고르는데 매사에 부지런하고 서두르는 놈을 찾고 있었다. 어느 날 총각 한 놈이 동내 측간(厠間)에 드는 것을 우연히 보았다. 이놈 허리끈 풀 생각은 않고 주머니칼로 싹뚝 자르는 것을 보고 '되게 서두르는 놈이구나, 옳거니 그놈 참 잘살겠다' 생각하고, 일보고 나오는 놈을 붙들고 사위가 되어 달라고 하자 쾌히 승낙했다. 한 달 후에 날을 잡아 예식을 올리자고 하자 총각은 깜짝 놀라며 당장 해치우자는 것이었다. 서두는 꼴이 보통 잘살 놈이 아니구나 생각하고 그날 밤 찬물 한 그릇 떠놓고 혼례를 치렀다. 신랑 신부를 한방에 넣어주고 사랑에 앉아 있는데 신방에서 신부의 비명소리가 자지러지게 들려오는지라 달려가 보니 신랑이 빗자루를 거꾸로 들고 신부를 개 패듯하며 동

침을 했으면 애를 낳아야 할 게 아니냐는 것이었다.

우리나라 사람이 매사에 빨리빨리 서두르는 것을 빗댄 말이다. 밥도 빨리, 공부도 빨리, 돈도 빨리 벌고, 출세도 빨리하려든다. 응분의 과정을 겪고 다져야 실패가 없다. 오늘 할 일을 내일로 미루지 말라는 것이 우리의 격언인데 오늘 못하면 내일이 있지 않으냐는 것이 회교문화권의 격언이다. 게으르다는 것은 우리에게 악덕인데 서양 사람들은 말끝마다 천천히. 우리는 서두르다 보니 교통사고 세계 제일, 빨리 돈벌려고 안전수칙을 어기고, 빨리하려다 산업재해 일등국으로 전락하고 있다.

▶ 함우치가 감사로 있을 때 양반집 형제가 재산을 가르는데 가마솥이 크고 작은 것을 다투어 소송한 일이 있었다. 공이 아전을 시켜 크고 작은 솥을 가져오라 하고 말했다. "이 두 솥을 때려부숴 근으로 달아 공평하게 나누어 주겠다." 그러자 솥을 가지고 도망치듯 돌아갔다.

▶ 앞산으로 올라갈 때는 오빠동생 하더니, 뒷산으로 내려올 때는 여보당신 하더라.

▶ **공당문답**(公堂問答) : 군자는 자기의 말이 행동보다 지나치는 것을 부끄러워한다(君子恥其言而過其行-군자치기언이과기행). 많은 말은 인품을 허랑하게 하고 인격을 무너뜨린다.

세종 때 맹사성 대감은 청렴하기로 이름이 난 분이다. 고향 온양에 다녀오다 용인에서 비를 만났다. 관아에 들 수도 있지만 굳이 꾀죄죄한 객점에서 하룻밤을 묵어가기로 했다.

먼저 방에 들어 있으려니 나귀 타고 수종을 여럿 거느린 젊은 손님 한 사람이 호기가 여간 아니었다. 영남 사는 부잣집 아들로 녹사취재(錄事取才-의정부에서 일보는 서기 채용시험) 가는 젊은이였다.

이 젊은이가 객점에 들어와 보니 허름한 차림을 한 노인이 방안에 웅크리고 앉아있었다. 별 볼일 없는 늙은이로 알고 대뜸 말을 걸었다.

"노인장, 심심한데 바둑이나 둡시다."

"나는 바둑 둘 줄 모르오."

"쳇! 바둑도 못 두다니……그래, 장기는 둘 줄 아오?"

"장기도 못 두는데요."

"허허, 형편없다카이. 바둑도 못 두고 장기도 못 두고 그 나이 먹도록 무얼 했노!"

"시나 짓도록 하지요."

"시? 그 주제에 시를 지을 줄 안단 말이오.?"

"어려운 한시가 아니라 그저 말로 하는 시나 짓도록 합시다. 말 끝에다 공 또는 당 하는 운(韻)을 넣고 말이오."

"희한한 시도 다 있다카이. 그래 어떻게 짓는 건지 먼저 불러 보시오."

"그럼 시작하겠소. 젊은이는 어디 가는공?"

"한양간당."

"무엇하러 가는공?"

"녹사취재 간당."

"내가 합격시켜 줄공?"

"천부당 만부당이당."

그로부터 며칠 후 맹사성 대감이 여러 대신들과 함께 의정부에서 공사를 보고 있노라니 새로 선발된 녹사들이 인사차 들어왔다. 대감이 바라보니 전날 용인 객점에서 만난 그 젊은이가 끼어있었다.

곧 그 젊은이를 보고 말했다.

"요사이 어떠한공?"

젊은이는 어디서 듣던 목소리인지라 고개를 들어보니 상좌에 앉은 정승이 바로 용인 객점에서 본 노인이 아닌가. 젊은이는 사색이 되어 머리를 조아리고, "죽어 지당 죽어 지당."하니, 대감은 크게 웃고는 그 젊은이를 자기 수하의 녹사로 채용했고, 젊은이는 크게 뉘우치고 말조심을 했고, 후에 이름난 능리(能吏)로 출세했다 한다.

후세 사람들은 이를 '공당문답'이라 해서 맹사성 대감의 너그러운 인품과 청렴한 처세를 기리는 한편, 젊은이의 경솔한 언동을 경계하는 이야깃거리로 삼았다.

▶ 더불어 말할 만한데도 말하지 않으면 사람을 잃는 것이고, 더불어 말할 만하지 않은데도 말을 하면 말을 잃는 것이다. 지혜로운 사람은 사람도 잃지 않고 말도 잃지 않는다.(子曰 可與言 而不與之言失人 不可與言 而與之言失言之者 不失人 亦不失言-자왈 가여언 이불여지언실인 불가여언 이여지언실언지자 불실인 역불실언-논어 위령공)

◉ 비장방(費長房)의 가가몽(呵呵夢)

한 나그네가 길을 가다가 날이 저물었다. 아무것도 보이지 않는 어둠 속에서 소리가 나길래 귀를 기울여 들어보았더니 도깨비 삼형제가 아버지도깨비로부터 물려받은 안경과 귀걸이, 그리고 지팡이를 두고 서로 좋은 걸 차지하려 싸움을 하고 있었다. 한데 안경을 끼면 천리 밖이 보이고, 귀걸이를 하면 천리 밖 소리가 들리며, 지팡이를 짚으면 단숨에 천리 길을 갈 수 있는 요술(妖術)의 유산들이었다.

　나그네가 그 세 물건을 슬쩍 들고 나와서 지팡이를 짚어보니, 순식간에 천리 밖에 날아가 있었다. 천리 밖에서 안경을 껴보니, 세 도깨비가 서있는 것이 보였고, 귀걸이를 하니 서로 욕심부리다 몽땅 잃어버린 것을 두고, 이를 갈고 발을 구르며 후회하고 있었다. 과욕을 경계하는 전래동화이지만, 여기에서 주의하고자 하는 것은 순식간에 천리를 나는 초고속의 요술을 부리는 지팡이다.

　선행(善行)의 대가로 얻은 흥부네 박 속에서는 별의별 보물이 다 쏟아져 나온다. 발에 신고서 달리면 단숨에 천리 길에 이르는 축지(縮地) 미투리, 머리에 쓰고서 돌리면 회오리바람이 일어 백두산이고 곤륜산을 단숨에 뛰어오르는 회오리 상모(上毛), 저고리 위에 겹쳐 입으면 이승과 저승을 마음대로 오갈 수 있는 나찰배자(羅刹褙子) 등등. 시간과 공간과 생사를 조월한 이 귀물들 가운데 주의하고자 하는 것은 역시 단숨에 천리를 달릴 수 있는 축지 미투리다.

　귀신 지팡이나 축지 미투리는 그렇게 되길 선망(羨望)하면서 이룰 수 없는 꿈이기에 동화나 이야기 속에서나마 실현시켜 본 것일 게다. 90년 전 경부 철도를 놓으려 했을 때 철도에 대한 인식이 형편없는데다가 식자층의 서양문물에 대한 거부감과 철길이 풍수맥(風水脈)을 끊는다는 지리관이 맥락(脈絡)되어 진행이 되질 않았다. 이에 선무학사(宣撫學士)를 파견시켜 유지들에 대한 대대적인 설득작업을 폈다. 이 무렵 한 선비와 이 철도 선무학사와의 대화를 들어보자.

　선비 : 철도란 도대체 무슨 쓸모가 있어 놓는 거요?
　학사 : 아침에 부산진을 떠나면 저녁 무렵에 한성에 도달하니 그 아니 행려에 편리하지 아니하오.

선비 : 비장방의 축지법이란 말이오. 허허, 이야말로 치인(治人)
　　　의 꿈이 아니고 뭐겠소.

　비장방은 후한(後漢) 때 사람으로 선인으로부터 받은 부적(符籍)
을 붙이고 섬광(閃光)처럼 날아다니면서 귀신들을 다스렸던 동양
(東洋)의 돈키호테다.

⊙ 학문근친혼(學文近親婚)

　잊어버린 조상들의 슬기가 한둘일까마는 '친정보시기'라는 삶의
지혜도 그 중 하나랄 것이다. 새 며느리가 들 때 친정에 전승되어
온 가풍이나 그 가문 나름의 특유한 살림의 지혜를 마음의 보시기
에 담아 갖고 가서 시집의 가풍이나 살림에 융합시키는 관습을 친
정보시기라 일컬었던 것이다.

　아무리 내로라하는 집안에서도 자기 가문의 전통이나 관습만을
고집하면 고인 물 썩듯이 침체할 수밖에 없는 것이다. 왕가나 법도
있는 옛 상류사회에서는 아이를 기를 때 일정기간 동안 버릇 있고
검약하며 어렵게 사는 집에 위탁시켜 남의 집 문화를 터득시키는
이질문화수혈(異質文化輸血)의 관습도 있었다.

　연산군도 어릴 적에 남대문 밖 강희맹(姜希孟)의 집에 위탁 양육
되고 있음을 본다. 이처럼 남의 집, 남의 동네, 남의 학파(學派), 남
의 나라의 문화수입은 스스로의 발전에 필요불가결한 것이다. 《한
비자(韓非子)》〈설림편(說林篇)〉에 보면 돼지 등에 붙은 이(虱)
세 마리 이야기가 나온다.

　서로 맛있는 부위의 살이 제것이라고 싸우고 있는데, 외부에서
살다 온 이 한 마리가, "이 돼지는 머지 않아 제사에 희생될 판이

니 우리들 생존이 위협받고 있다.”는 정보를 전해준다. 이에 합심하여 돼지의 피를 열심히 흡혈하여 깡마르게 함으로써 희생물에서 돼지를 구제하고 있다. 곧 외부의 지식이 현실을 현명하게 살아내는 데 얼마나 중요한가를 가르치는 우화이다.

《홍길동》을 지은 사회사상가 허균(許筠)의 아버지 허엽(許曄)은 당시 주자학의 학문 카리스마를 통렬하게 비판하고 외부학문을 배척했기 때문에 자가당착에 빠지고, 학문의 경지를 벗어나 파당(派黨)으로 지새게 되었다고 학문의 근친혼폐(近親婚弊)를 당당히 논하고 있다.

정부의 대학평가위원회에서는 학문의 근친혼이랄 수 있는 본교 출신 학자의 교수임용이 위험수위에 오르고 있음이 조사되고 있다. 명문일수록 심한데 서울대학이 95%, 연세대학이 89%, 고려대학이 82%에 이르고 있다. 미국의 하버드대학 스탠퍼드대학 MIT 등 20대 명문의 본교 출신 교수들이 4~10%인 것과 비교해봄직하다.

영국 식민지 시절인 1600년대의 미국에는 하버드와 윌리엄 앤 메리 두 대학이 고작이요, 오히려 후자가 더 명문으로 알려져 있었다. 한데 하버드는 교수로서 본교 출신을 쓰지 않고 다른 대학에 가서 업적을 쌓고 명성을 얻어야 본교로 불러들이는 전통을, 윌리엄 앤 메리는 명문을 빙자, 제자를 도제식으로 교수에 등용하는 전통을 정착시킨 것이다. 이질학문의 수혈과 동질학문끼리의 근친혼의 결과는 하버드가 세계에 군림하는 대학이 되고 있는데, 윌리엄 앤 메리는 존재가 희미한 대학으로 전락하고 있음으로써 증명해주고 있다. 우리 대학들도 굳이 교육부가 권장해서가 아니라 ‘친정보시기’의 지혜를 두고 심각하게 고민할 때가 아닌가 싶다.

⊙ 나폴레옹과 대원군

1816년 한국 서해안과 류큐를 측량하고 돌아가던 영국군함의 홀 선장은 아프리카 서해의 고도 세인트헬레나 섬에 들르고 있다. 그곳에서 유배생활을 하고 있는 나폴레옹을 찾아가 조선 항해 중 그린 조선풍물 스케치 한 장을 보여주었다. 긴 담뱃대를 물고 있는 양반 그림이었다. 이를 본 나폴레옹은, "아 이분은 큰 모자를 쓴 백발의 노인이구먼." "허, 이 담뱃대는 앉은키보다 길다."면서 그 담뱃대 하나 갖고 싶다고 말했다 한다. 만약 기세가 등등했을 무렵이었다면 갖고 싶은 것은 담뱃대가 아니라 담뱃대처럼 기다란 한반도였을 것이다.

이와는 대조적으로 집권 초 흥선대원군의 프랑스에 대한 기세는 등등하였다. 천주교 박해가 한창일 때 측근으로 세계정세에 눈이 떴던 장순규(張淳逵)는, "불랑기(佛朗機-프랑스) 임금 나파륜(拿破崙-나폴레옹)이 성내면 그들에 의해 함락당한 북경(北京)꼴이 될지 모릅니다."고 걱정하자 대원군은, "나파륜을 잡아다가 난장(亂杖)을 쳐 보일테다."고 호통을 쳤다 한다. 대단한 기개가 아닐 수 없다.

파리 외방전도회(外邦傳道會)에 조선교구(朝鮮敎區)가 설정된 것이 1831년이요, 1836년 이래 샤스탕 모방, 그리고 앙베르 주교 등 가톨릭 성직자의 내한과 순교, 그 박해에 대한 응징과 전쟁(병인양요-丙寅洋擾)으로 한·불 관계는 비극적으로 시작, 진행되고 있다. 그 이전까지는 겨우 불랑기는 대포를 만든 나라라는 식자들 간의 인식이 고작이었다.

선조 때 학자인 이수광은 '불랑기국은 서역 저편 바다 가운데 있으며 그 나라의 화기를 불랑기라 하니 지금 병가(兵家)에서 쓰고 있는 것이 그것이다'라고 했고, 이익(李瀷)도 임진왜란 때 우리나라에서 불랑기를 썼음을 고증하고 있다. 그밖에 프랑스에 대한 다른 인식이 있었다면 그 나라에는 신통력이 있는 손을 가진 사람이 있어 매년 초하루 그 손으로 환부를 어루만지면 병이 낫기로 만리 밖에서도 사람이 모여든다는 것이 고작이었다.

또 한·불간에 희극 같은 해프닝도 벌어지고 있다. 1847년 서해 군산 앞바다 신시도(新侍島)에 프랑스 군함 두 척이 표류, 7백명의 선원이 상륙하여 섬사람들의 후대를 받고 수리 후 떠났다. 체류중 한 선원이 죽어 그 섬 묘지에 묻고 떠났는데 그후 그 선원의 자손이 찾아와 물어물어 유골을 파갔는데 잘못 가리켜주어 섬사람의 조상 무덤을 파서 갖고 간 것이다. 한·불 수교가 맺어진 후 최초로 프랑스 공사관을 찾아온 사람은 다름 아닌 몇 만리 밖 프랑스에 망실한 조상의 뼈를 찾아 달라는 신시도 주민이었다 한다.

◉ 남우세

지난번 광화문 네거리에 고등학생으로 보이는 두 청소년이 두 손을 들고 벌을 서고 있어 행인들의 눈길을 모았다. 오토바이를 탈 때면 헬멧을 써야 하는데도 이를 어기고 달리다가 단속경찰에게 붙잡혔고 경찰은 벌금 스티커 대신 행인들에게 우세를 시키는 심벌을 주어 응징한 것이다. 체벌 이전에 마음을 고쳐 잡게 하는 심벌을 남에게 우세시킨다 하여 남우세라 하며, 한국에서 별나게 발달한 응징문화로 서울의 복판일 뿐 아니라 한국의 복판인 광화문 네거리

에서 일어난 일이고 보니 상징적 의미가 있어 짚어보고 싶어진 것
이다.

어릴 적 잠자다가 이부자리에 오줌을 싸면 어머니는 키를 씌워
이웃에 돌려 소금을 얻어오라 시켰다. 이상한 몰골로 이웃에 우세
를 시켜 그릇된 행위를 자제시키는 남우세 문화는 이렇게 일찍부터
시작되었다. 며느리가 대대로 내려온 불씨를 꺼뜨리면 더없는 망신
이 아닐 수 없었다. 종가에 가서 불씨를 분양받아 와야 하는데 이
불씨를 빌리러 갈 때 며느리는 짚신을 거꾸로 신고 가도록 함으로
써 남우세를 시켰다. 부엌에서 불을 때다 불똥을 치마에 태우는 것
은 어줍잖은 행위로, 그 불똥 구멍을 남들의 눈에 띄는 붉은 천으
로 깁게 함으로써 남우세를 시켰다.

전통 촌락의 향약에서 약속을 어기면 가하는 벌칙으로 상벌 중벌
하벌이 있었는데, 중벌 이하는 남우세로 응징했다. 저고리를 거꾸
로 입히거나 바가지를 씌우거나 색다른 몰골을 하여 온 동네를 돌
아다니며 걸립을 시키는 조리돌림이 그것이요, 사람 많이 나다니는
길목에 세워두어 우세시키는 입정면책, 그리고 집회가 있는 한복판
에 세워두고 우세시키는 만좌면책, 또는 집회소의 벽을 바라보고
일정시간 세워두는 면벽면책 등이 있었다.

무당들의 집단인 풍류방이나 기생 집단인 기생도가 등 특수집단
에서는 기강을 세우기 위한 남우세가 혹심하여 단골손님을 가로채
면 얼굴에 검은 칠을 하여 온 동네를 개처럼 네 발로 기게 하여 돌
렸던 것이다. 이동사회에서는 체벌문화가, 정착사회에서는 심벌문
화가 발달한다던데, 광화문 네거리의 남우세는 사라져 간 심벌문화
의 재발견이랄 수도 있다.

◉ 종묘(宗廟)의 성기(性器) 설치전

법도 있는 집안에서 제사떡을 빚을 때 부녀자들은 창호지로 입을 막고 작업하는 것이 관례였다. 여자의 입에서 뿜어지는 색기(色氣)를 방지하기 위해서였다. 사랑채에 바깥어른이 있으면 안채에 있는 부녀자들은 소리내어 말해서는 안 되기에 함구언(緘口言)이라는 귓속말로 소곤거려야 한다. 여자의 색을 기피하는 횡포가 아닐 수 없다. 이처럼 여색을 멀리하고 피하는 기색(忌色)은 한국 전통지배층의 존재이유요 의무였다. 하물며 성기나 성행위임에랴.

선비들이 길가다가 암탉이 수탉 업는 것을 보거나 메뚜기가 업고 뛰는 것만 보아도 발길을 돌려 집에 돌아와 눈을 씻는 세안(洗眼)을 했다. 길가다가 방아 찧는 소리만 들이도 돌이와 귀를 씻는 세이(洗耳)를 했던 선비도 있었다. 요(凹)형의 절구통에 철(凸)형의 절구질은 성행위가 연상되기 때문이라는 것이다.

선조 때 한양 운종가(雲從街)에서 아내의 간통을 적발한 남편이 아내의 국부를 돌로 쳐 죽인 살인사건이 있었다. 이 사건을 다룬 관부에서 조서를 꾸미는 데 국부의 표현문구를 두고 고민하였다. 아무리 법 문서라지만 국부 같은 천한 말을 쓰는 것은 선비정신을 오염시키는 것이 되기 때문이었다. 이에 오일섭이라는 이가 적정한 아이디어를 냈다. '모가 나지 않은 돌로 차마 눈으로 볼 수 없는 곳을 쳐 죽였다(以無方之石打殺不忍見之處-이무방지석타살불인견지처)'고 써 올렸고, 불인견지처는 여자의 성기를 나타내는 법문서의 본이 되어 내려왔던 것이다. 한국 기색(忌色) 문화의 걸작이 아닐 수 없다.

기색은 전통 엘리트문화의 핵심이요, 민감하게 반응하는 사안이다. 이 엘리트문화를 가장 확실하게 현실에 유지하고 있는 공간 가운데 하나가 역대 임금의 제사를 지내는 종묘다. 그 종묘의 권위에 도전, 여자 성기며 자궁의 설치물을 종묘에 전시해 앉아보고 들어가 보게도 하는 '아방궁(아름답고 방자한 자궁)' 표제의 해프닝이 신구 성의식에 갈등을 빚고 있다. 도전받은 유림이 전시물을 훼손하고 방해하자 소송을 했고, 법정은 아방궁의 손을 들어주었다.

성기 설치 전시는 법률상 보장된 표현의 자유요, 전시물이 불쾌감은 줄 수 있으나 타인의 명예를 침해하지는 않는다고 본 것이다. 이 신구대결에서 전통가치관이나 규범들은 법률의 보호 밖에서 피 흘리고 있으며 앞으로도 더 많이 흘릴 것이다.

⊙ 손가락 문화

가톨릭에서 엄지손가락은 아버지 하나님의 상징이다. 교황이 반지를 엄지손가락(拇指-무지)에 낀 이유가 그것에 있다. 집게손가락(人指-인지)은 성령(聖靈)을, 가운뎃손가락(中指-중지)은 길다 해서 그리스도를, 약손가락 약지(藥指)는 그리스도의 신격(神格), 새끼손가락(季指-계지)은 그리스도의 인격을 상징한다.

회교에서 손가락은 성가족(聖家族)의 상징으로서 엄지는 마호메트, 인지는 그의 외동딸 파티마, 중지는 파티마의 남편 알리, 약지와 새끼손가락은 파티마와 알리 사이에서 태어난 하산과 후세인이다.

유럽에 있어 엄지는 권력의 손가락이요, 인지는 가리킴 곧 지시의 손가락이다. 그래서 인지가 중지와 비슷하게 길면 상전에게 거역한다 하여 노예를 사고 팔 때 손가락을 보았다. 중지는 길어서 성희(性戱)에 이용된다 하여 음탕한 손가락이요, 별나게 길면 바람둥이라 하였다.

한국에서는 새끼손가락을 걸어 약속하는데, 서양은 약지가 약속의 손가락이다. 약혼반지를 약지에 낀 이유가 그것이다. 영국 고전에 믿을 수 없다는 표현을 넷째손가락이 짧다는 말로 대변하는 대목이 적지 않다. 새끼손가락은 귀막이 손가락이라 하여 그로써 귀를 막고 마음의 소리를 듣는다 하여 영감과 예지의 매체로 여겼다.

손가락을 둔 우리나라 속신도 적지 않았다. 손가락이 갸름하고 길면 심보가 사납고 돈을 모으지 못하며, 인지와 중지의 길이가 같으면 사람 됨됨이가 불성실하다. 굽은 손가락을 보고 심보가 굽은 것을 알았지만 새끼손가락이 굽으면 늙어서 부자가 되는 것으로 알았다.

남자가 여자의 손목을 쥐어 손가락이 밎닿아야 그녀와의 사랑이 원만하게 이루어지며 자신의 손목을 쥐어 손가락이 맞닿지 않으면 인생이 고달프다. 이 모두 부질없는 미신일 것이다. 한데, 인지보다 약지가 긴 사람은 성적 정력이 강하다는 과학적 검증을 거친 해외의 연구결과가 발표되어 이목을 끌었다. 손가락에 깃든 다양한 문화를 미신 처리하는 데도 조심해야 할 것 같다.

추구(推句, 抽句)

글자가 쉽고 문장구조(文章構造)가 단순하다 하여 글이 꼭 쉬운 것만은 아니다. 새길수록 깊이가 우러나는 글은 쉬우면서도 어려운 바가 있다. 글귀 하나하나가 품고 있는 뜻은 범상(凡常)한 것이 아니다. 그래서 유자(儒子)는 아무리 쉬운 글이라도 글을 읽을 땐 태도를 삼가지 않을 수 없다.

조선시대 말엽 전라도 어느 지방에서 잔치가 열렸다. 내로라하는 문사(文士)들이 모여 시를 짓는데, 어느 시골 일자무식이 끼어들어 아는 척을 했다. 시를 지어보라 하니 다음과 같았다.

천장거미집(天長去無執) - 하늘은 길어서 잡을 수가 없고
지붕까마귀(地崩可莫救) - 땅이 무너지니 가히 구할 수가 없구나.
좋은무수지(朝雲無數至) - 아침구름은 수없이 밀려오고
무수잎새기(無水立沙鷗) - 물이 없으니 갈매기가 모래밭에 앉았고
배추시래기(背草失幄蟻) - 풀을 젖히니 개미가 장막을 잃도다.
매운고추장(每耘姑草長) - 매양 김을 매도 아직도 풀이 자라나네.
마당도구통(馬當道口通) - 말이 오니 길 입구가 트여지고
통시구린내(通市舊人來) - 열린 저잣거리엔 옛 친구가 오도다.
쟁기소시랑(粧妓笑侍郞) - 단장한 기생은 웃으며 사내를 모시고
장군단지병(將軍但知兵) - 장군이라야 병졸을 잘 안다.

오리도야지(午來途兒至) - 낮이 되니 길에는 아이들이 모여든다.
월이산냥개(月移山影改) - 달이 옮겨가니 산그림자가 바뀌고
이랴누은소(日下樓痕消) - 해 아래선 누각 그림자가 없어지도다.
화로저불래(花老蝶不來) - 꽃이 늙으니 나비가 오지 아니하고
국수한사발(菊樹寒沙發) - 국화는 서늘한 모래에서 핀다.
조지고랑내(鳥啼高嶺來) - 새가 울며 높은 고개를 넘어온다.

단순한 말을 굳이 문자로 해석하려는 문사들의 재능이 다채롭다. 물론 위 얘기는 억지로 만들어진 것이지만 추구(推句)는 깊이 있는 사상을 담고 있는 것도 아니고, 옛 유사(儒士)와 문인들의 오언절구(五言絶句) 등을 뽑아 만든 것이기에 글 풀이하는 맛이 우러난다. 교육현장에서 이런 우스개 말을 만들어 한자교육을 하면 더욱 흥미를 갖지 않을까 한다.

우물 / 김홍도 그림

|속 담

가난한 상주 방갓 대가리 같다.

그물이 삼천 코라도 벼리가 으뜸이다.

개꼬리 삼년 둬도 황모 못 된다.

나한에도 모래 먹는 나한이 있다.

개발에 주석 편자

들어온 놈이 동네 팔아먹는다.

돈만 있으면 개도 멍첨지라.

진상 가는 송아지 배때기를 찾다.

똥마려운 계집 국거리 썰 듯

김 안 나는 숭늉이 덥다.

대감 죽은 데는 안가도 대감댁 말 죽은 데는 간다.

도마 위의 고기가 칼을 무서워하랴.

마차가 가벼우면 못이 솟는다.

무쇠도 갈면 바늘 된다.

만득이 북 짊어지듯

문비를 거꾸로 붙이고 환쟁이만 나무란다.

매달린 개가 누워 있는 개를 비웃는다.

문선왕 끼고 송사한다.

벙거지 시울 만지는 소리

백정이 버들잎을 물고 죽는다.

부처를 건드리면 삼거웃이 드러난다.

벼룩의 간에 육간대청을 짓겠다.

상좌 중이 많으면 가마솥을 깬다.

병자년 까마귀 빈 뒷간 들여다보듯

여자는 제 고을 장날을 몰라야 팔자가 좋다.

메기 잔등에 뱀장어 넘어가듯

이도 아니 나서 황밤을 먹는다.

봉충다리 울력 걸음

초상술에 권주가 부른다.

부잣집 자식 공물 방 드나들 듯

가는 년이 물 길어다 놓고 갈까.

되지 못한 풍잠(風簪)이 갓 밖에 어른거린다.

까마귀 메밀을 마다한다.

꿀은 적어도 약과만 달면 된다.

부처님 살찌고 파리하기는 석수에게 달렸다.

남의 바지 입고 뽐낸다.

담배씨로 뒤웅을 판다.

비루먹은 강아지 대호를 건드린다.

도투마리 잘라 넉가래 만든다.

상두 술로 벗 사귄다.

대 구멍으로 하늘을 본다.

쉰 길 나무도 베면 끝이 있다.

산중벌이하여 고라니 좋은 일 했다.

사나운 개 콧등 성할 날 없다.

팔자는 독에 들어가서도 못 고친다.

상놈도 꿈에는 양반 볼기 친다.

잘 그린다고 하니까 뱀 발까지 그린다.

터진 방아공이에 보리알 끼듯

절이 망하려니 새우젓 장수가 들어온다.

치장 차리다가 신주 개 물려 보낸다.

진상 퇴 물림 없다.

털도 나지 않은 것이 날기부터 하려 한다.

귀신은 경문에 막히고 사람은 인정에 막힌다.

질동이 깨뜨리고 놋동이 얻었다.

난봉꾼이 죽어도 기생집 담 밑에 가 죽는다.

종이 종을 부리면 식칼로 형문을 친다.

선가 없는 놈이 배에 먼저 오른다.

뒤로 오는 호랑이는 속여도 앞으로 오는 사주는 못 속인다.

상주보다 복재기가 서러워한다.

천리마 꼬리에 쉬파리 따라가듯

굽은 나무가 선산을 지킨다.

쥐구멍에 홍살문 세우겠다.

존대하고 뺨 맞지 않는다.

팔백금으로 집을 사고 천금으로 이웃을 산다.

쭈그렁 밤송이 3년 간다.

주인 배 아픈데 머슴이 설사한다.

정승 날 때 강아지 난다.

도감 포수 마누라 오줌 짐작

안방에 가면 시어머니 말이 옳고, 부엌에 가면 며느리 말이 옳다.

논두렁 놀려두고 매주 구걸
이웃 쟁도리 없으면 내 쟁도리
푸성귀는 떡잎부터 알고, 사람은 어렸을 때부터 안다.
쇠라면 종이 되지 말고 창이 되어라.(로마 속담)
대나무라면 죽창이 되지 말고 피리가 되어라.(우리나라 속담)
20안 자식 30안 천량(錢糧)

◉ 안전속담고

좋은 사윗감이거나 머슴감을 고를 때 그 인성, 곧 사람 됨됨이를 은밀히 살피는 전통 관습이 여러모로 발달되어 있었다. 여름날 보슬비 내리면 물괭이 들고 논물을 보는 체하고 들판에 나아가 빗속에 일하는 장정을 보면 이를 마음속에 찍어둔다. 보슬비 내리면 옷은 좀 젖지만 덥지 않아 볕이 쨍쨍한 날보다 몇 곱절 일하기에 좋고 능률도 오른다. 하지만 게으르고자 하는 본성이 비 내린다는 구실을 빌미삼아 들판에 나오게 하지 않는다. 그래서 보슬비 속에 나와 일하는 장정이 좋은 사위, 좋은 머슴감으로 찍히게 마련인 것이다.

이렇게 찍히면 그 후보자와 도시락을 더불어 먹을 기회를 만든다. 도시락이란 담긴 밥 분량에 비해 간장종지에 담긴 반찬이 부족하게 마련이다. 잘 가늠해서 먹지 않으면 맨밥을 먹게 되므로 이를 계산하고 먹어야 한다. 그래서 밥이 남거나 반찬이 남거나 하면 매사에 계획성이 없는 사람으로 사위나 머슴감의 물망에서 소외되게 마련이었다.

이렇게 사람 됨됨이에서 근면성과 계획성을 인정받으면 조심성 테스트를 받게 된다. 후보자가 징검다리 없는 냇물 건너는 것을 멀리서 숨어본다. 냇물을 건너려면 바짓가랑이를 물에 젖지 않게 하고서 건너야 한다. 바짓가랑이를 무릎 위까지 걷어올리고 건너면 조심성이 있다고 판정되고, 바짓가랑이를 두 손으로 추켜들고 기우뚱거리며 건너면 조심성이 없는 것으로 판정받았다. 또 짐 지고 가다가 쉴 때 지겟작대기를 평지에 아무데나 괴고 받치면 조심성이 없는 것으로, 지겟작대기를 돌부리를 찾아서 받치면 조심성 있는 인성으로 판정한다.

안전사고를 미연에 방지하는 우리 일상의 생활관습은 이밖에도 비일비재하다. 부모나 상전에게 올리는 세숫물은 반드시 그 앞에서 손을 담가 안전수온임을 보여드리는 것이 도리로 되어 있었다. 곧 안전은 전통사회의 인간 됨됨이의 조건에서 3대 요인 가운데 하나였다. 그래서 안전사고를 예방하는 속담도 우리나라처럼 많은 나라도 드물다.

돌다리도 두드려 보고 걸어라 하고, 얕은 내도 깊게 건너라 한다. 구운 게도 다리를 떼고 먹어라 하고, 식은 죽도 불어 먹어라 하며 무른 감도 쉬어가며 먹고, 아는 길도 물어가며, 냉수도 불어 먹어라 한다. 설마가 사람 죽이며, 개미구멍이 공든 탑을 무너뜨린다고 작은 안전소홀이 대참사를 유발하는 이치를 속담에 담아 경고했다. 안전문화가 철저했기에 안전속담이 많았는지 안전문화가 빈약했기에 안전속담이 많아졌는지 알 길은 없다. 다만 현대를 사는 인간조건으로 우리 옛 조상들이 비중을 크게 두었던 조심성이 새삼스러워지는 것이다.

◉ 육담(肉談) 대회

동서고금에 성기나 성행위를 재미있게 꾸민 육담(肉談)이 없는 나라는 없다. 보카치오의 《데카메론》도 페스트 유행기에 피난간 남녀들이 지루한 시간을 보내기 위해 주고받았던 1백가지 육담 묶음이다. 서양에는 '임퓨어 토크테일러'라 하여 방랑 육담꾼이 있어 권세가나 부호의 식객으로 우대받았었다. 우리나라에도 입담꾼이라 하여 떠돌며 육담과 시사풍자를 하며 먹고사는 사람이 있었다.

성종 때 한양에 유청풍(兪淸風), 박명월(朴明月)이라는 소문난 입담꾼이 있어 사람들을 끌었는데 육담의 야하고 은근함이며, 풍자의 우회와 날카로움으로 청풍류 명월류로 입담을 갈랐을 정도였다. 한말의 입담꾼 정가소(鄭可笑)는 사동대감 김병국의 식객이요, 정수동은 김흥근 대감의 식객이었듯이 고관대작들은 단골 입담꾼을 정해놓고 있었다.

우리 선조들 육담의 외설농도(猥藝濃度)에 따라 해서(楷書) 반행(半行) 초서(草書)라는 은어로 따졌다. 이 모두 바르게 쓰고 흘려 쓰는 서체의 이름으로 육담이 점잖을 때 해서, 잡스러울 때 반행, 음란하면 초서라 했다. '육담 겨루기'라는 소일거리가 있었는데 제목을 정하고 보다 살에 와닿는 육담을 가리는 겨루기다. 이를테면 '들어서 좋은 소리'라는 제목이 걸렸다 하자.

'야밤에 실바람이 실어다 주는 옷 벗기는 소리'—이는 잡스러우니 반행이요, '소낙비 소리 뚫고 어디선가 들려오는 감창(甘唱) 소리'—감창은 성적 절정에서 저절로 나는 소리인 점에서 이 육담은 초서다.

육담이 지하문화만이 아니었다는 것은 세조 때 학자 서거정(徐居正)이 《태평한화(太平閒話)》라는 육담집을 남겼었고, 강희맹 같은 군자나 홍만종 같은 실학자들도 육담집을 책으로 남겼으므로 미루어 알 수 있다. 지하에서 지상으로 끌어올리고 숨어서 이어내린 명맥을 잇고자 육담을 겨루는 경연대회가 강릉에서 있었으니 서민문화의 좌표를 정해 주는 뜻에서 잘한 일이다.

◉ 며느리, 시어머니 되니

어느 마을에 사이가 몹시 나쁜 시어머니와 며느리가 함께 살고 있었다. 시어머니는 사사건건 며느리를 들볶고 사소한 일에도 트집 잡아 괴롭혔다. 며느리는 그때마다 참지 못하고 시어머니에게 대들었다. 견디다 못한 시어머니가 절에 가서 스님에게 며느리 욕을 늘어놓았다.

● 예전 야당(野黨)이 여당(與黨) 되었는데

스님은 꿀 먹은 벙어리처럼 듣고만 있었다. 며느리 흉을 늘어놓고 나니 마음이 사뭇 후련해지는 듯했다. 그러나 아무 말이 없는 스님의 얼굴을 바라보고는 왠지 부끄럽기도 하고 머쓱해지기도 했다. 그래 시어머니가 나직한 목소리로 덧붙여 말했다. “하기야 저도 며느리와 정답게 함께 살고 싶지 않은 건 아닙니다. 제 성미가 못된 것도 알고 있습니다.” 그러자 스님이 입을 열고 조용히 말했다. “시어머니도 예전에는 며느리였느니라.”

며느리도 시어머니와 얼굴만 마주치면 서로 으르렁대는 게 지겨웠다. 답답한 끝에 어느 날 시어머니 몰래 스님을 찾아가선 신이야 넋이야 시어머니 흉을 늘어놓았다. 스님은 시어머니 때나 마찬가지로 말없이 듣고만 있었다. 그러자 며느리는 무안해졌는지, “물론 저에게도 잘못이 있는지도 모르지요.”라고 했다. 이 말을 듣자 비로소 스님이 입을 열었다. “언젠가 며느리도 시어미가 되느니라.”

우리네 속담에 '안방에 가면 시어머니 말이 옳고, 부엌에 가면 며느리 말이 옳다'는 말이 있지만 이와 같은 뜻으로 스님이 말한 것은 아니다. 세상은 돌고 돈다. 음지가 양지 되고 양지가 음지 되기도 한다. 그런 맛에 사람들은 오늘의 괴로움을 이기며 살아나간다. 오늘 며느리를 거느리고 사는 시어머니에게도 괴로운 며느리 시절이 있었다. 그때 자기가 얼마나 알게 모르게 시어머니로부터 구박을 받고 서러움을 받아왔는가를 생각하면 지금도 끔찍스러워지기도 한다.

그만하면 내 며느리에게는 절대로 자기가 겪었던 것과 같은 서러움을 안겨줘서는 안되겠다고 다짐할 만도 하다. 그것은 그리 어려운 것도 아니다. 그저 잠시나마 시어머니와 며느리가 서로의 입장을 바꿔 생각해보기만 하면 된다. 그러면 왜 자기가 시어머니 눈에 그렇게나 못마땅하게 보이며 일마나 시어머니가 아속해 보이는지 깨닫게 될 것이다. 스님이 시어머니와 며느리에게 한 말에는 이런 뜻이 담겨 있었다.

오늘의 야당도 시어머니 노릇을 단단히 한 적이 있다. 오늘의 시어머니는 엊그제까지 며느리 서러움을 단단히 받아온 쓰라린 경험을 잊지 못할 것이다. 까닭 없이 야단맞고 당치않게 구박받던 일, 억울하게 누명을 뒤집어써야 했던 일들을 생각하면 지금도 치가 떨릴 것이다. 그래서, "내가 시어머니가 되는 날에는 절대로 시어머니 티를 안내겠노라."고 입에 침이 마르도록 다짐했을 것이다. 그러던 며느리도 배운 게 시어머니의 못된 버릇밖에 없는가 보다. 한술 더 떠서 '며느리 자라 시어미 되니 시어미 티 더한다'는 속담을 그대로 따르고 있다.

● 처음의 약속 이제라도……

만약에 오늘의 시어머니가 마음을 바로잡고 있었다면 옷 로비 사건도, 한빛은행 사건도, 동방금고 사건이다 정게이트다 하는 것들도 일어나지 않았을 것이다. 만약에, "착한 시어머니 노릇을 하겠다."고 굳게 온 집안에 약속한 것을 시어머니가 잊지 않았다면 이런 사건들을 다루는 자세며 솜씨도 달랐을 것이며, 이처럼 의혹과 불화의 씨를 뿌려나가지도 않았을 것이다. 그러면 또 집안이 이처럼 엉망이 되지도 않았을 것이다. 며느리 때는 그렇게나 곱던 사람이 하고 의아해할 일은 아니다. 누구나 시어머니가 되면 그렇게 되는 법이라고 어느 마을 어른이 체념하듯 말이다.

◎ 언어와 체면 중시하는 한국인 성향

'믿는 도끼에 발등 찍힌다' '남의 밥에 든 콩이 굵어 보인다' '나간 머슴이 일은 잘했다'

우리가 무심결에 사용하는 속담 속에 개인의 성격뿐만 아니라 민족의 심성이 녹아 있다는 것을 아는 사람은 드물다.

타당도·공유도·응용도가 높은 6백개의 속담을 발췌, 그 속에서 한국인의 '피해의식적인 성격'을 찾아냈다.

남의 것, 자기 주변에 없는 것, 옛날 것이 더 좋게 보인다는 내용으로 표현되는 한국인의 피해의식은 남의 탓 잘하고, 핑계 많이 대고, 결국에는 책임회피로 이어진다는 것이다.

'말만 잘하면 천냥 빚도 갚는다' '바른 말 잘하는 사람은 귀염 못 받는다' 등과 '공짜면 양잿물도 마다하지 아니한다' '나중에 꿀 한

식기 먹기보다 당장 엿 한 가락이 낫다' 등의 속담은 우리 민족의 '언어중시적인 성격'과 '목전 이해관계 중시적인 심성'을 잘 나타내 주는 예이다. 또한 '양반이 물에 빠져도 개헤엄은 안 친다' '냉수 먹고 이 쑤신다' 등에서 보여지는 '체면중시'도 우리 민족의 빼놓을 수 없는 성격이다.

이러한 한국인의 언어중시, 목전이해 중시, 체면중시 등의 성격은 기본적으로 피해의식에서 파생한다고 한다. 피해의식이 작용하면 자기보호를 위해 말을 조심하게 되고 이해관계에 민감해지며, 권위주의 속에 도사린 열등의식과 피해의식이 체면주의로 나타나기 때문이다.

⊙ 아랍 민화의 '책임'

● 창문 넘다 다친 도둑

아랍에 이런 옛 민화가 있다. 어느 날 아침, 한 유명한 도둑이 다리를 절룩거리면서 법정 안에 들어서더니 재판관에게 굽실거리면서 이렇게 통사정을 했다. "재판관님, 저의 하소연을 들어주십시오. 어젯밤에 저는 아무 생각 없이 거리를 지나고 있는데 어느 한 집의 창문이 잠겨져 있지 않은 것을 발견했습니다. 그러니 그런 유혹을 물리칠 바보가 어디 있겠습니까? 당연히 저는 왜 창문이 열려 있는가를 조사하지 않을 수 없었습니다. 저는 담을 넘어 마당을 지나서 그 창문을 열어보았습니다. 그런데 창문 사이로 몸을 넣고 들어가려 하는데 창틀이 떨어져나가는 바람에 저는 땅 위로 떨어지고 말았습니다. 그리하여 저는 발목을 삐고 이 지경이 되었습니다. 그러니 여기에 대한 마땅한 보상을 받아야 할 게 아니겠습니까."

재판관은 이 말에 고개를 끄덕이더니 당장에 그 집 주인을 데려 오라고 간수에게 명령을 내렸다. 집주인이 벌벌 떨면서 재판관 앞에 나타나자 재판관은 호령하기를, "여봐라, 이 자가 자네 집에 들어가려다 자네 집 창틀이 부러지는 바람에 다리를 다쳤다. 그러니 엉성한 창문을 수리하지 않아 다른 사람에게 상처를 입힌 데 대한 응분의 책임을 져야 하지 않겠느냐."

평생 동안 단 한번도 법정 근처에도 가본 적이 없는 그 집주인은 겁에 질린 나머지 뭐라고 항변해야 할지 몰랐다. 간신히 정신을 차린 그는 이렇게 대답했다. "재판관님, 그것은 제 잘못이 아닙니다. 저는 창문을 잘 만들어달라고 목수에게 넉넉하게 돈을 주었습니다. 그러니까 사람이 매어 달려도 끄떡도 하지 않을 만큼 창틀을 튼튼하게 만들 책임이 그에게 있는 것입니다." 이 말이 끝나자 재판관은 무릎을 탁 치면서, "네 말이 맞다."고 말했다. 그리고는, "그 목수를 데려오라."고 명령했다.

간수는 당장에 목수를 데리고 왔다. 재판관은, "감히 사람의 다리를 부러뜨리는 창틀을 만들다니, 너의 죄를 알렷다."하고 호통을 쳤다. 목수는 사시나무 떨듯하면서 중얼거렸다. "재판관님, 제가 창문을 제대로 만들지 못한 것은 큰 잘못인지도 모릅니다. 그렇지만 거기에는 그럴 만한 이유가 있었습니다. 제가 창문을 짜느라고 못질을 하던 날 저는 몹시 몸이 아팠습니다. 그날 빵가게에서 사먹은 파이가 상한 때문이었습니다."

이 말을 듣자 재판장은 주먹으로 책상을 치면서 호령했다. "이제 진상을 우리가 캐낼 수 있게 됐다. 그 빵가게 주인을 잡아오너라." 그는 끌려온 빵가게 주인에게 말했다. "목수의 말로는 자네가 목수에게 상한 파이를 팔았다는데 그게 사실인가."

● 만만하면 덮어씌워

빵가게 주인은 고개를 흔들고 자기 죄를 부인했다. "제가 목수에게 파이를 판 날을 잘 기억하고 있습니다. 제가 그에게 설익은 파이를 판 것은 사실입니다. 제가 재료를 잘못 썼는지도 모릅니다. 그렇지만 그것은 제가 빵을 만들고 있는데 한 아름다운 여인이 가게에 들어온 때문이었습니다. 재판관님께서는 그때 그 여인이 입었던 옷을 보셨어야 합니다. 앞으로는 여인들이 그런 야한 옷을 입고 다니지 못하도록 법으로 금지되어야 할 것입니다. 제가 파이를 만들 때 제대로 정신을 차리지 못한 것도 그런 때문이었습니다."

"그렇다면 그 여인을 잡아오너라."라고 재판관이 명령했다. 그리고는 잡혀온 여인에게 자초지종을 설명했다. 그러자 여인은 항의하기를, "하지만 재판관님, 이 빵가게 주인이 말한 대로 그가 힌눈팔게 만든 것은 제가 아니라 제가 입던 옷이 아닙니까." 이 말이 옳다고 여긴 재판관은 당장에 재봉사를 잡아오게 했다. 그리고는 호령하기를, "너는 이 빵가게 주인이 한눈팔게 만들만큼 자극적인 옷을 이 여인에게 만들어 주었으니 마땅히 벌을 받아야 한다."라면서 재판장은 그에게 극형을 내렸다.

말주변이 없는 그는 아무 말도 하지 못했다. 재판관에게는 그런 그가 가장 만만한 밥이었다. 그러나 간수가 그의 아래위를 훑어보더니 그가 너무 커서 형틀에 맞지 않는다고 재판관에게 말했다. 그는, "그렇다면 키 작은 다른 재봉사를 찾아와서 처형하라. 누군가 책임을 져야 할 게 아니냐."면서 여인에게는 다른 옷을 입고, 빵가게 주인에게는 빵 만들 때 한눈팔지 말고, 목수에게는 창문을 잘 만들고, 집주인에게는 문단속을 잘하라고 일렀다.

● 웃기는 개혁 결정

그러나 도둑은 다리가 낫자마자 다시 그 집 창문을 부수고 들어가서 물건을 훔쳐 달아났다. 터무니없는 얘기라고 웃을 일이 아니다. 우리나라에서는 이런 일이 흔히 있는 것이다. 그 압권은 뭐니뭐니해도 대형건물의 미술품 설치의 의무화를 폐지하자는 경제규제 개혁위원회의 결정일 것이다. 그들에 의하면 가령 1백억이 넘는 집을 짓는 사람에게 1억원밖에 안되는 미술품 설치비가 어려운 경제적 부담이 되고, 이것이 또 경제 활성화에 엄청난 걸림돌이 된다는 것이다. 정부는 경제불황의 책임을 누군가에게 뒤집어씌워야 하는가 보다.

◉ 교황(敎皇)의 하품

체호프의 단편소설에 〈관리의 죽음〉이라는 것이 있다.

말단 회계 공무원이 극장에서 구경하다가 재채기를 했는데 침이 앞자리에 앉은 이의 대머리에 튀었다. 인상을 쓰고 돌아보는데 황제가 직접 임명하는 칙임관인지라 그자리에서 저의가 없음을 빌고, 극장 밖에 나가 기다렸다. 빌고, 집 앞까지 가서 빌었다. 별스럽지 않은 일을 두고 집요하게 굴자 화를 낸 것이 화근이 되어 자살을 하고 만다. 아부기질 묘사에 뛰어난 체호프의 다른 단편에 칙임관이 보고받는 자리에서 하품을 하자 보고를 하던 하급관리가 뒤따라 하품을 하는 대목도 나온다.

빅토리아 여왕은 자신이 하품을 하면 아래 신하들이 따라 하품을 하나 안 하나를 눈여겨보았다. 한다. 뒤따라 하품하는 사람은 먼저 하는 사람에게 어떠한 악의나 원한이 없으며 추종하겠다는 표시임을 믿고 있기 때문이다. 반대로 하품은 진행되고 있는 일에 권태와 거부의 무의식중의 표시라고도 한다. 그루지야를 방문중인 교황 요한 바오로 2세가 그리스정교의 총주교와 화해를 모색하는 자리에서 요란스런 하품을 한 것이 2~3일 사이 전 세계 신문에 보도되었다.

우리나라 속담에 '시앗과는 하품도 옮지 않는다'는 말이 있다. 아무리 하품이 전염한다 해도 본처와 첩 사이만은 옮기지 않을 정도로 공감 친화전염을 하는 하품이다. 하지만 상대방을 무시 묵살하는 거부의 하품이기도 하다. 야화집인 《태평한화(太平閑話)》에 사랑의 절정에 오르는 순간마다 하품을 하는 아내가 결국은 소박맞는 이야기가 있다.

아프가니스탄과 파키스탄을 오르내리는 이동민족들이 있는데 그 추장끼리 면담하는 도중 하품을 했다 해서 양 부족간에 속칭 하품전쟁이 일어난 것은 40여년 전 일이다. 유럽에서는 지금도 하품을 하면 둘레에서 입에 십자를 긋고 '블레스 유!' 한다. 뱃속에 있는 악마의 탈출로 그 악마의 유입을 막기 위한 십자방어인 것이다. 로마 가톨릭과 그리스정교와의 화해의 장벽을 만천하에 고하는 교황의 하품이다.

◉ 뻐꾹새론(論)

우는 소리가 처량하고 향수를 자극하는 뻐꾹새인데 이 새에 대한 동서 이미지는 한결같이 좋지 않다. 중국에서는 뻐꾹새 울음소리를 '꾸어다싸치 이빠이빠꼬'로 듣는다. 이 말을 풀어보면 곽(櫂)이라는 사나이가 그의 첩을 때려죽였는데(몇번이나 때렸느냐) '이빠이빠꼬', 곧 100번이나 때렸다고 운다는 것이다. 호(胡)뻐꾸기는 와이프 비팅의 사회상을 대변하며 운다. 왜(倭)뻐꾸기의 울음은 일본사람들의 별명처럼 이코노믹 애니멀식으로 운다. 곧 '뎃벤 가께다까(天邊街高)'로, 하늘 끝까지 올라도 끝없이 오르려 한다는 경제적 욕망을 빗댄 왜뻐꾸기이다.

이에 비해 한국 뻐꾹새는 '포복(飽腹) 포복'하고 운다고 들었다. 전설에 장님 형을 위해 동생은 산에 가 마를 캐다 큰 것만을 골라 형을 먹이고 자신은 잔챙이만을 골라 먹었는데도 보지 못하는 형은 오해를 하고 동생을 죽여 버린다. 그후 동생의 진심을 알게 된 형은 후회하며 살다가 죽어 뻐꾹새가 되어 마가 익는 오뉴월만 되면 마를 캐어 배부르게 해주마 하는 '포복 포복'하고 운다는 것이다. 못 먹고 살아온 비원을 뻐꾹새 울음에 투사한 것이다.

간통하고 있는 부정한 아내를 가진 사나이를 영어로 뻐꾸기(cuckold-컥컬드)라 하는데 양뻐꾸기의 울음을 '쿡쿠 쿡쿠'로 듣기 때문이다. 셰익스피어는 뻐꾸기 콤플렉스, 곧 의처증을 가진 오셀로로 하여금 '이 세상에 나는 뻐꾸기가 아니라고 큰소리칠 어떤 사나이가 있다는 말인가'라고 외치게 하고 있다. 이 양뻐꾸기 이미지는 뻐꾹새의 탁란(托卵) 습성을 알고서 이루어진 것이 분명하다.

왜냐하면 뻐꾹새는 스스로가 살 둥지를 짓지 않고 남의 둥지에 알을 낳는 얌체 산란을 한다. 알을 남의 둥지에 맡겨 품게 한다 하여 탁란이라 하는데, 주로 알의 크기나 색깔이 같은 꾀꼬리둥지를 찾아 알을 낳아놓는다. 심성이 좋은 꾀꼬리는 제 알인 줄 알고 품으면 꾀꼬리 알보다 뻐꾸기 알이 먼저 깨어 꾀꼬리 알들을 굴려 둥지 밖으로 떠밀어 깨뜨려 버린다. 이렇게 남의 둥지를 차지한 뻐꾸기 새끼는 날 수 있을 때까지 자라다가 어느 날 어미를 따라 날아가 버린다. 정가에도 이런 사례는 비일비재하다.

⊙ 꾀쇠아비

우리 고전 소설들에 약자의 눈물겨운 돈을 가로채는 인간 말종들이 곧잘 등장한다. 이를테면 《흥부전》의 꾀쇠아비가 전형적인 그런 인간상이다. 흥부가 김부자의 매품을 팔기로 하고 매 한대에 한냥씩 30대값 30냥을 약정하고 선도금으로 닷냥을 받는다. 그 돈으로 양식을 사다 풀이 난 아궁이에 오랜만에 불을 지펴 밥을 지어 '오매 밥! 오매 밥!'하고 합창하는 자식들을 먹였다. 이웃에 사는 꾀쇠아비가 흥부집의 굴뚝에서 연기 나는 것을 수상히 여겨 울타리에 귀를 대고 엿들어 매품 판 사실을 탐지한다. 그리고 미리 관가에 가서 흥부의 매품을 가로채버린다.

꾀쇠아비가 남성 말종이라면 여성 말종은 뺑덕어멈이다. 심청이 팔려간 뒤 심봉사와 같이 사는 뺑덕어멈은 공양미 팔아 김장자에게 맡겨둔 돈 3백냥, 귀덕어멈에게 맡겨둔 돈 1백냥을 모두 갖다 써버린다. 심봉사가 애절복통을 하며 쓴 곳을 따지자, 거짓으로 핑계를 대어 살구값으로 3백냥, 떡값 팥죽값 군것질로 1백냥을 썼다고 한다. 그리고 황성 맹인 잔치에 동행하는 체, 심봉사를 알거지로 만들어놓고서 뺑소니쳐버린다.

이 같은 부실하고 질악한 인간을 빗대는 속담도 적지 않다. '벼룩의 간을 꺼내먹느니, 모기다리에서 선지를 빼먹느니, 초상난 집 닭 잡아먹기니, 장님전대 털기니, 문둥이 콧구멍에서 마늘쪽 빼먹느니……' 예부터 우리 주변에 꾀쇠아비나 뺑덕어멈이 얼마나 많았기에 소설이나 속담 속에 그 위치를 이렇게 공고히 구축해 내렸겠는가.

그런 말종 인간의 유전질이 도시화라는 비인간적 사조에 부양되어 살맛나지 않는 세상을 만들고 있는 것이다. 한강에 투신자살한 시체를 건져놓았더니 그 몸을 뒤져 2만여 원의 돈을 훔쳐간 자가 있는가 하면, 늦은 밤거리를 더듬거리며 가는 장님을 위협, 안마해서 번 돈 6천원을 강탈해간 자도 있었다. 청소원인 남편이 작업중 교통사고로 병원에 실려 갔다는 허위전화를 걸어 집을 비우게 한 다음 집안을 턴 자도 있었다. 비정하긴 하지만 이들 피해자는 혼자다.

한데 불우하고 가난한 이웃을 도우라고 맡긴 성금을 군수, 시장, 지사, 장관들이 판공비라는 미명으로 유용했다는 것은 그 피해자가 많다는 점에서 왕꾀쇠, 왕빽덕의 탄생이 아닐 수 없다. 그 성금 가운데는 코묻은 돈이며 피땀 스민 돈도 적지 않을 텐데 어찌 그러할 수가……. 수탈보다 더 가혹한 범죄가 아닐 수 없다.

자공이 공자에게 정치에 대해 물었다. "식량을 족하게 하고 병비를 튼튼히 하며 백성으로부터 신뢰받는 일이다."라고 답했다. "불가피하게 하지 않을 수 없게 된다면 무엇부터 그만두겠습니까?"하고 묻자, "병(兵)을 그만두고, 그 다음 불가피하면 식(食)을 그만둔다. 하지만 절대로 신(信)만은 버려서는 안 된다."고 했다. 바로 그 신을 보다 빨리, 가장 많이 효과적으로 갉아먹는 바구미들을 정부 속에 놓아먹여 왔다는 것이 된다.

부 록

계절의 속칭(俗稱)

1월 : 元月　月正　端月　陬月　孟陬　孟陽　肇歲　歲首　正陽　靑陽
　　　 太簇　元正　新元　新春　麗春　陽春　春寒　泰陽　泰月　孟春
　　　 初春　肇春　上春　寅月

2월 : 麗月　如月　令月　酣春　仲春　仲陽　陽中　夾鍾　華朝　桃月
　　　 梅月　桃華　惠風　餘寒　輕寒　殘雪　大壯月　卯月

3월 : 花月　嘉月　喜月　蠶月　病月　春暖　惜春　春暢　春天　向春
　　　 殿春　載陽　姑洗　中和　化雨　花辰　芳辰　淸明　穀雨　季春
　　　 暮春　晩春　杪春　辰月

4월 : 余月　乾月　維夏　槐夏　麥秋　麥凉　梅雨　靑梅　新綠　仲呂
　　　 卯月　始夏　立夏　小滿　夏半　首夏　新夏　孟夏　初夏　肇夏
　　　 上夏　巳月

5월 : 皐月　梅月　端陽　夏正　榴熱　榴夏　朱陽　浦節　天中　姤月
　　　 鶉月　雨月　梅夏　暑月　梅天　薰風　浦月　蜩月　鳴蜩　長至
　　　 仲夏　蕤賓　午月

6월 : 伏月　常月　流月　朝月　螢月　炎天　庚炎　盛炎　霖熱　伏熱
　　　 辱暑　酷暑　火中　長夏　常夏　災陽　小暑　季夏　暮夏　晩夏
　　　 杪夏　林鍾　未月

7월 : 凉月　冷月　桐月　梧月　朝月　瓜月　蟬月　新凉　露凉　老炎
　　　 梧秋　流火　新秋　處暑　小秋　早秋　首秋　孟秋　初秋　肇秋

上秋　申月

8월 : 桂月　素月　巧月　佳月　雁月　壯月　寒月　南呂　秋陽　秋凉
　　　秋天　中秋　露華　露冷　新冷　淸凉　凉風　殘暑　白露　淸秋
　　　盛秋　酉月

9월 : 玄月　菊月　詠月　剝月　菊秋　向秋　菊令　霜令　霜寒　秋深
　　　秋冷　高秋　凉秋　九秋　未秋　殘秋　楓辰　霜辰　紅葉　嘉節
　　　虛中　無射　授衣　季秋　暮秋　晩秋　杪秋　戌月

10월 : 良月　陽月　坤月　初雪　入冬　立冬　春暄　剝陰　雪冱　小春
　　　應鍾　小陽春　孟冬　初冬　肇冬　上冬　亥月

11월 : 暢月　辜月　復月　葭月　至月　霜月　正冬　仲冬　至寒　盛寒
　　　雪寒　元英　梅侯　陽復　南至　氷冱　黃鐘　子月

12월 : 嚴月　臘月　蜡月　除月　潤月　極月　忙月　氷月　涂月　季月
　　　歲杪　餘歲　歲暮　暮節　寒暮　酷寒　烈寒　栗寒　臘寒　嚴冬
　　　深冬　窮冬　除夜　日積　嘉平　大呂　季冬　暮冬　晩冬　杪冬
　　　丑月

孟 : *孟春(夏, 秋, 冬)　　　　*仲春(夏, 秋, 冬)
　　*季春(夏, 秋, 冬)　　　　*仲春(夏, 秋, 冬)
初 : *初春(夏, 秋, 冬)　　　　*仲春(夏, 秋, 冬)
　　*暮春(夏, 秋, 冬)　　　　*中春(夏, 秋, 冬)
肇 : *肇春(夏, 秋, 冬)　　　　☆重三 : 三月三日
　　*晩春(夏, 秋, 冬)　　　　☆重五 : 五月五日
上 : *上春(夏, 秋, 冬)　　　　☆重九 : 九月九日
　　*杪春(夏, 秋, 冬)

24절기와 세시풍속(歲時風俗)

예로부터 우리나라는 농업을 중심으로 하는 전형적인 농업사회였다. 따라서 상업이나 무역 등에 의존하던 서구사회와는 달리 자연의 변화에 많은 관심을 갖게 되었다. 오늘날과 같은 과학기술이 발달하지 않았던 전통사회에서는 농사가 잘되고 못되고의 여부를 거의 전적으로 자연적 조건에 의존할 수밖에 없었다. 따라서 이 같은 조건을 최대한 유리하게 활용하여 농사에 적용하기 위하여 만들어진 것이 바로 24절기라 할 수 있다.

즉 이는 조상대대로 오랜 기간에 걸쳐 농사를 지어오는 과정에서 축적된 경험을 토대로 하여 자연의 변화를 24개의 주기로 나누고, 다시 각 절기가 지니는 자연적 특징에 맞춰 농사의 시기와 결부시킨 것으로서 오늘날의 입장에서 보더라도 매우 합리적이고 과학적인 부분이 많이 내포되어 있음을 볼 수 있다.

○ 입춘(立春)

입춘이란 봄이 시작된다는 의미이다. 대체로 입춘은 음력 정월에 드는 경우가 많은데 입춘날이 되면 각 가정마다 대문이나 대들보 등에 한 해 동안의 모든 일이 잘 이루어져 나가기를 기원하는 의미의 글을 써서 붙이는 풍습이 있었다. 가장 대표적인 문구로는 입춘대길(立春大吉) 또는 건양다경(建陽多慶) 등을 들 수 있다.

한편 농사와 관련하여 입춘은 한해 농사의 시작을 의미하는 것이 기도 하다.

　ㅇ 우수(雨水)

우수는 비가 내리기 시작하는 시기라는 의미를 지니고 있다. 대개 이 무렵이면 한겨울의 추위는 물러가고 제법 포근한 기운이 감돌기 시작하여 산과 들에는 눈 대신 비가 내리게 된다. 따라서 이 무렵이 되면 농부들은 새롭게 시작될 한해 농사에 대비하여 겨우내 보관해두었던 농기구를 꺼내어 손질을 하는 등 본격적인 농사를 위한 사전준비를 하게 된다.

　ㅇ 경칩(驚蟄)

경칩이 되면 들에 새싹이 돋아나기 시작하고 겨우내 동면하던 짐승들도 겨울잠에서 깨어나 밖으로 나오게 되는 시기이다. 이 무렵이면 농촌에서는 개울 등 물이 고인 곳에 있는 개구리알을 건져 먹기도 하며 가정에서는 벽이나 담장 등을 손질한다. 경칩날에 벽이나 담장 등을 손질하는 것은 이날 흙일을 하면 탈이 없다고 하는 속설이 있기 때문이다.

　ㅇ 춘분(春分)

춘분 무렵에서는 동지부터 조금씩 늘어나기 시작했던 낮의 길이가 많이 늘어나 밤의 길이와 같게 되며 계절적으로 완연한 봄에 접어든다. 이때를 전후해서 본격적인 농사가 시작된다. 이때 뿌리는 파종은 봄보리였으며 국가에서는 이 무렵 측우기 등을 각지에 설치하여 비가 흡족하게 내렸는가를 보고 그해 농사의 풍흉을 가늠하기도 하였다.

　ㅇ 청명(淸明)

청명은 하늘이 맑아지기 시작한다는 의미로서 대개는 한식날 하루 전이거나 한식과 같은 날 들게 된다. 이 무렵이 되면 비가 내릴 것에 대비하여 도랑을 치고 물꼬를 파놓고 논을 갈아엎는 등 본격적으로 논농사를 위한 준비를 하게 된다. 또한 무나 배추, 상추, 고추 등을 파종하여 밭농사를 시작하는 때도 이 무렵이다.

○ 곡우(穀雨)

곡우란 곡식이 잘 자라도록 비가 내린다는 의미이다. 이때부터 농촌에서는 못자리를 마련하며 본격적인 농사일에 들어가게 된다. 이 무렵이 되면 농가에서는 못자리를 내기 위한 준비작업으로 볍씨를 담근다. 볍씨를 담아두었던 가마니는 솔가지로 덮어두며, 초상집에 들렀거나 부정한 일을 당한 사람은 볍씨를 보지 않는 풍습이 있었다. 그 까닭은 만일 부정한 사람이 볍씨를 보게 되면 싹이 잘 나오지 않게 되어 농사를 망치게 된다는 이유 때문이었다.

○ 입하(立夏)

입하란 여름의 초입에 접어든다는 뜻으로 이 무렵이면 봄기운은 가시고 초여름이 시작된다. 이날에는 바람이 부는 방향을 보아 한 해의 운세를 점치는 풍습이 있었는데 날이 아주 맑으면 그해는 반드시 가뭄이 들며, 동풍이 불면 농사가 풍년이 들고, 남풍이 불면 질병이 퍼지며, 서풍이 불면 가축들이 해를 입게 되고, 북풍이 불면 고기가 많이 잡혀 어업이 잘된다는 것이다.

○ 소만(小滿)

소만은 여름곡식이 점차 익어간다는 뜻이다. 이때가 되면 서서히 장마철이 시작되므로 각 가정에서는 장마에 대비하여 지붕을 손질하고 깨진 기와를 갈아 끼우는 등 바쁜 손놀림을 하게 된다. 또한 산과 들에는 꽃이 만발할 때이므로 양봉을 해야 하며, 논에서는 이른모를 내는 등 벼농사가 본격적으로 시작되어 농사일이 바빠지기 시작한다.

ㅇ 망종(芒種)

망종이 되면 봄보리를 베어내고 그자리에 모를 심게 된다. 이 무렵 들녘 보리밭에는 황금빛이 완연하여 보리추수를 한다. 한편에서는 거두어낸 보리에 대한 타작이 시작되며, 다른 한편에서는 모심기가 본격적으로 시작되어 농번기에 접어든다. 벼농사 이외의 잡곡에 대한 파종이 시작되는 것도 이 무렵의 일이다.

ㅇ 하지(夏至)

밤과 낮의 길이가 같았던 춘분에서 서서히 낮의 길이가 길어져 1년 중 낮의 길이가 가장 길어지는 때가 하지로서 완연한 여름이 되었음을 의미한다. 이 무렵에는 논농사를 위하여 비를 기다리게 되는데 충청도를 비롯한 일부 지방에서는 하지가 지날 때까지 비가 내리지 않으면 마을의 이장이 제주(祭主)가 되어 기우제를 지내는 풍습이 있었다.

ㅇ 소서(小暑)

소서는 차츰 여름철의 본격적인 무더위가 시작된다는 의미로서 논에 심어놓은 벼가 뜨거운 태양빛 아래에서 무럭무럭 자라나는 시기이기도 하다. 따라서 이때가 되면 농촌에서는 논과 밭에 나가 부지런히 김매기를 하여 들에 무성하게 자라난 잡초를 베어 도랑이 기름지도록 퇴비를 만들게 된다.

ㅇ 대서(大暑)

대서는 몹시 무더운 계절이라는 뜻으로 한 해 가운데 가장 불볕더위가 극성을 부리는 때이다. 복중에 들게 되는 대서 무렵에는 한 여름 동안 지치고 약해진 몸을 추스르고 여름철 질병을 이겨내기 위하여 삼계탕이나 개장국 등을 먹고 물가 등으로 나가 더위를 피한다.

　ㅇ 입추(立秋)

　입추란 가을의 기운이 여름의 무더위 속에서 서서히 싹트기 시작한다는 의미다. 이 무렵이면 장마철도 이미 지나게 되므로 각 가정에서는 집안을 깨끗이 청소하고 여름철 습기에 눅눅해져 있는 곡식과 옷가지들을 바람을 쐬어 말린다. 또한 농사가 이른 지역에서는 벼가 조금씩 결실을 맺기 시작하므로 더욱 바쁜 손놀림으로 논에 자란 피를 뽑아준다.

　ㅇ 처서(處暑)

　처서란 여름의 무더위가 한풀 꺾이는 계절이란 뜻이다. 음력 7월 하순경이 되는 이 무렵이면 논에는 허수아비를 세워 참새를 쫓으며 곡식이 여물기를 기다리는 시기이기 때문에 대부분의 지방에서는 처서날에 비가 오면 농사가 흉작이 든다고 하여 꺼리는 풍습이 있었다.

　ㅇ 백로(白露)

　백로란 이슬이 내린다는 뜻으로 이때가 되면 낮과 밤의 기온차가 크게 벌어지는 전형적인 가을 날씨를 나타내게 된다. 논에서는 그동안 잘 익은 벼를 거둬들이는 추수가 시작되어 농민의 일손을 바쁘게 하여 밭작물도 이 무렵이면 모두 익어 수확을 한다. 백로는 대개 음력 8월 초순경에 드는데 간혹 7월말에 들 경우에는 오이농사가 풍년이 든다는 속설이 전해진다.

　ㅇ 추분(秋分)

　추분은 계절적으로 가을철의 중간에 해당하며 하지에서부터 서서히 짧아지기 시작한 낮의 길이가 밤의 길이와 같게 되는 때이다. 이 무렵이면 수확한 벼를 논두렁에 가지런히 펼쳐 가을의 햇살 아래 말리고 각종 과일들을 수확하여 추석에 쓸 제수로 마련하고 햅쌀로 떡과 술을 빚어 조상께 아뢴다.

　ㅇ 한로(寒露)

한로는 대체로 음력 9월초에 해당하며 이때는 늦가을로서 찬이슬이 내리기 시작한다는 의미이다. 추수를 일찍 끝낸 경상도 등 남쪽지방에서는 한로에서 상강 무렵까지 명주실로 짠 그물을 치고 매를 사로잡아 우리에 가두고 훈련시킨 뒤 훈련된 매를 이용하여 꿩을 잡는 이른바 매사냥이 행해지기도 하였다.

　ㅇ 상강(霜降)

상강은 서리가 내린다는 뜻으로 이때쯤이면 아침저녁으로는 초겨울을 느낄 만큼 기온이 떨어진다. 들과 산의 나무에는 서리를 맞은 나뭇잎들이 색색으로 물들어 단풍이 한창이며 추수를 마친 지역에서는 들과 산으로 단풍을 감상하러 다니는 여유시간을 가질 수 있지만 아직 추수를 못한 지역에서는 겨울이 오기 전에 농작물들을 거두어들이느라 바쁜 일손을 놀릴 때이다.

　ㅇ 입동(立冬)

입동은 계절적으로 가을이 지나 겨울의 문턱에 접어들었다는 뜻이다. 입동이 들게 되는 음력 10월은 추수를 마치고 걱정 없이 수확의 풍요로움을 즐길 수 있는 좋은 달이므로 농사를 다 지은 좋은 달이라는 의미에서 상달이라고도 한다. 이 무렵이 되면 각 지방에서는 추수감사와 함께 조상숭배의 뜻으로 햇곡식과 과일을 준비하여 4대조 이상의 조상의 묘를 찾아가 제사를 지낸다. 특히 입동이 든 날이 추우면 그해 겨울이 내내 춥다는 속설이 전해진다.

　ㅇ 소설(小雪)

소설은 첫눈이 내린다는 뜻으로 계절적으로는 이제 본격적인 겨울에 접어들게 된다. 따라서 각 가정에서는 추수 뒤에 잠시 쉬었던 일손을 다시 바삐 움직여 무와 배추를 거둬들여 겨우내 먹을 김장을 담그고 땔감을 장만하여 찬바람을 막기 위해 문틈에 창호지를 바르는 등 겨울맞이를 위한 준비를 한다.

ㅇ 대설(大雪)

대설은 1년 중 눈이 가장 많이 내리는 계절이라는 뜻이다. 이때가 되면 농촌에서는 겨울준비를 모두 마치고 가장 한가한 시간을 갖게 된다. 남자들은 틈틈이 멍석과 짚신을 만들고, 여자들은 길쌈과 바느질로 시간을 보내며 여가시간에는 가축들을 돌보고 축사를 쳐내어 이듬해 봄에 사용할 퇴비를 마련해둔다.

ㅇ 동지(冬至)

동지는 1년 중 낮이 가장 짧고, 밤이 가장 긴 시기로서 계절적으로는 한겨울에 해당한다. 이날은 진국적으로 팥죽을 끓여먹는 풍습이 널리 행해졌는데 팥죽은 붉은색이라 잡귀와 액운을 물리친다고 하여 가정마다 팥죽을 쑤어먹고 집안 이곳저곳에 한 그릇씩 떠놓거나 뿌렸다. 또한 동짓날에 눈이 많이 내리면 보리농사가 잘될 징조라 하여 눈을 반기는 풍습도 있었다.

ㅇ 소한(小寒)

음력 12월 초에 드는 소한은 계절적으로 늦겨울에 해당하며 점차 추워진다는 뜻을 지니고 있다. 이때가 되면 늘 추위가 찾아온다고 하여 대한과 함께 소한추위 또는 대한추위란 말까지 있었다. 소한 무렵에 눈이 많이 오면 이듬해 농사가 풍년이 든다고 하였으며, 소한과 대한이 드는 음력 12월에 큰 눈이 세차례 오면 나무뿌리에 벌레가 없어지고 농사가 잘 된다고 하여 이 무렵에 내리는 눈을 반기는 풍습이 있었다.

○ 대한(大寒)

1년 중 가장 추운 계절이라는 의미의 대한은 한해를 보내는 마지막 시기이기도 하다. 각 가정에서는 한해를 마무리하고 신성한 가운데 새해를 맞기 위하여 집 안팎을 대청소하고 주위의 친지와 어른을 찾아뵙고 묵은세배를 드리는 등 바쁜 나날을 보낸다. 또한 설을 앞두고 세찬을 마련하기 위하여 가정마다 떡을 만들고 설빔을 장만하여 다가올 새해에 대한 대비를 하는 가운데 한해를 설계한다.

쌍검대무(雙劍對舞) / 신윤복 그림

능(陵) 소재지

陵　號	廟　號	소　재　지
德　陵	穆祖(이성계의 高祖父 李安社)	함남 함주군 가평면 능리
安　陵	穆祖妃(孝恭王后 李氏)	〃
智　陵	翼祖(이성계의 曾祖父 李行里)	함남 안변군 단곡면 능리
淑　陵	翼祖妃(貞淑王后 崔氏)	함남 문천군 도장면 능전리
義　陵	度祖(이성계의 祖父 李椿)	함남 함주군 운남면 운흥리
純　陵	度祖妃(敬順王后 朴氏)	함남 함주군 서호면 능전리
定　陵	桓祖(이성계의 父 李子春)	함남 함주군 동천면 경흥리
和　陵	桓祖妃(懿惠王后 崔氏)	〃
1. 健元陵	태조(太祖)	경기 구리시 인창동 62
齊　陵	太祖妃 神懿王后 韓氏	경기 개성시 판문군 상도리(북한소재)
貞　陵	太祖繼妃 神德王后	서울 성북구 정릉2동 산87
2. 厚　陵	정종(定宗)	경기 개성시 판문군 영정리(북한소재)
	定宗妃 定安王后 金氏	〃
3. 獻　陵	태종(太宗)	서울 강남구 내곡동 산13
	太宗妃 元敬王后 閔氏	〃
4. 英　陵	세종(世宗)	경기 여주군 능서면 왕대리 산83
	世宗妃 昭憲王后 沈氏	〃
5. 顯　陵	문종(文宗)	경기 구리시 인창동 62(동구릉)
	文宗妃 顯德王后 權氏	〃

陵 號	廟 號	소 재 지
6. 莊 陵	단종(端宗)	강원 영월군 영월읍 영흥리 산121
思 陵	端宗妃 定順王后 宋氏	경기 남양주시 진건읍 사릉리 산65
7. 光 陵	세조(世祖)	경기 남양주시 진접읍 부평리 247
	世祖妃 貞熹王后 尹氏	〃
敬 陵	덕종(德宗)	경기 고양시 신도읍 용두리
	德宗妃 昭惠王侯 韓氏 (仁粹大妃)	〃
8. 昌 陵	예종(睿宗)	경기 고양시 용두동 산30(서오릉)
	睿宗繼妃 安順王后 韓氏	〃
恭 陵	睿宗妃 章順王后 韓氏	경기 파주시 조리면 봉일천리 산15
9. 宣 陵	성종(成宗)	서울 강남구 삼성동 135-4
	成宗繼妃 貞顯王后 尹氏	〃
順 陵	成宗妃 恭惠王后 韓氏	경기 파주시 조리면 봉일천리 산15
10. 墓	연산군(燕山君)	서울 도봉구 방학동
	同夫人 愼氏	〃
11. 靖 陵	중종(中宗)	서울 강남구 삼성동 135-4
溫 陵	中宗妃 端敬王后 愼氏	경기 양주시 장흥면 일영리 산19
禧 陵	中宗繼妃 章敬王后 尹氏	경기 고양시 원당동 산37-1
泰 陵	中宗繼妃 文定王后 尹氏	서울 노원구 공릉동
12. 孝 陵	인종(仁宗)	경기 고양시 원당동 산37-1
	仁宗妃 仁聖王后 朴氏	〃
13. 康 陵	명종(明宗)	서울 노원구 공릉동 산233-19
	明宗妃 仁順王后 沈氏	〃
14. 穆 陵	선조(宣祖)	경기도 구리시 인창동 62(동구릉)
	宣祖妃 懿仁王后 朴氏	〃
	宣祖繼妃 仁穆王后 金氏	〃

陵　號	廟　號	소　재　지
章　陵	원종(元宗)	경기 김포시 풍무동
	元宗妃 仁獻王后 具氏	〃
15.　墓	광해군(光海君)	경기 남양주시 진건읍 송능리 산59
	同夫人 柳氏(恭嬪 金氏出)	〃
16. 長　陵	인조(仁祖)	경기 파주시 탄현면 갈현리 산25-1
	仁祖妃 仁烈王后 韓氏	〃
徽　陵	仁祖繼妃 莊烈王后 趙氏	경기 구리시 인창동 62(동구릉)
17. 寧　陵	효종(孝宗)	경기 여주군 능서면 왕대리 산83-1
	孝宗妃 仁宣王后 張氏	〃
18. 崇　陵	현종(顯宗)	경기 구리시 인창동 62(동구릉)
	顯宗妃 明聖王后 金氏	〃
19. 明　陵	숙종(肅宗)	경기 고양시 용두동 산30-1(서오릉)
	肅宗繼妃 仁顯王后 閔氏	〃
	肅宗繼妃 仁元王后 金氏	〃
翼　陵	肅宗妃 仁敬王后 金氏	〃
20. 懿　陵	경종(景宗)	서울 성북구 석관동 1-5
	景宗繼妃 宣懿王后 魚氏	〃
惠　陵	景宗妃 端懿王后 沈氏	경기 구리시 인창동 62(동구릉)
21. 元　陵	영조(英祖)	경기 구리시 인창동 62(동구릉)
	英祖繼妃 貞純王后 金氏	〃
弘　陵	英祖妃 貞聖王后 徐氏	경기 고양시 용두동 산30-1(서오릉)
永　陵	진종(眞宗)	경기 파주시 조리읍 봉일천리
	孝純王后 趙氏	〃
隆　陵	장조(莊祖)	경기 화성시 태안읍 안녕리
	敬懿王后 洪氏	〃
22. 健　陵	정조(正祖)	경기 화성시 태안읍 안녕리
	正祖妃 孝懿王后 金氏	〃

陵　號	廟　號	소　재　지
23. 仁　陵	순조(純祖)	서울 강남구 내곡동 산13-1(헌인릉)
綏　陵	純祖妃　純元王后　金氏	〃
	純祖子　翼宗(孝明世子)	경기 구리시 인창동
	神貞王后　趙氏	〃
24. 景　陵	헌종(憲宗)	경기 구리시 인창동 62(동구릉)
	顯宗妃　孝顯王后　金氏	〃
	顯宗繼妃　孝定王后　洪氏	〃
25. 睿　陵	철종(哲宗)	경기 고양시 원당동 산37-1
	哲宗妃　哲仁王后　金氏	〃
26. 洪　陵	고종(高宗)	경기 남양주시 금곡동 141-1
	高宗妃　明成皇后　閔氏	〃
27. 裕　陵	순종(純宗)	경기 남양주시 금곡동 141-1
	純宗妃　純明皇后　閔氏	〃
	純貞皇后　尹氏	〃

원(園), 묘(墓)

園墓名	관계 내용	소 재 지
昭 慶 園	昭顯世子 涅	경기 고양시 원당동(西三陵)
昭 寧 園	숙종 후궁 淑嬪 최씨, 英祖母	경기 양주시 백석읍 영장리
順 康 園	선조 후궁 仁嬪 김씨, 仁祖夫人 元宗母	경기 양주시 진접읍 부평리
順 昌 園	順懷世子嬪 恭嬪 윤씨, 世子夭折	경기 고양시 신도읍 용두리
崇 仁 園	영친왕 第1子 李晋	서울 동대문구 청량리
英　　 園	영친왕 李垠	경기 양주시 미사읍 금곡리
永 懷 園	昭顯世子嬪 愍懷嬪 강씨	경기 시흥시 서유 노우사리
永 徽 園	고종 후궁 純獻貴妃 엄씨 영친왕 垠母	서울 동대문구 청량리
綏 慶 園	영조 후궁 暎嬪 이씨, 莊祖母	서울 서대문구 신촌
綏 吉 園	영조 즉위 전 후궁 靖嬪 이씨 正祖 養父 眞宗母	경기 양주시 백석읍 영장리
懿 寧 園	懿昭世孫(사도세자 第1子)	경기 고양시 원당동(西三陵)
孝 昌 園	文孝世子 諄(정조 제1자)	〃
徽 慶 園	정조 후궁 綏妃 박씨, 純祖母	경기 양주시 진접읍 부평리
興　　 園	獻懿大院王(昰應) 同妃 純穆 민씨	경기 파주시 임진읍 운천리
慶 嬪 墓	헌종 후궁 慶嬪 김씨	경기 고양시 원당동(西三陵)
慶嬪李氏墓	명종 후궁	경기 양주시 진접읍 내각리
公 主 墓	고종 第1女 明誠皇后 소생	경기 고양시 원당동(西三陵)
貴 人 墓	숙종 후궁 貴人 이씨	경기 구리시 인창동
〃	철종 후궁 貴人 박씨	경기 포천시 서읍 선단리
〃	〃　　　 조씨	〃
〃	고종 후궁 完王母인 永保堂 貴人 이씨	서울 성북구 하월곡동

園 墓 名	관 계 내 용	소 재 지
貴 人 墓	고종 후궁 內安堂 貴人 이씨	서울 성북구 하월곡동
〃	고종 후궁 福寧堂 貴人 양씨	〃
大 君 墓	순조 第2子	경기 고양시 원당동(西三陵)
〃	고종 제3자 明誠皇后 민씨 소생	〃
〃	고종 제4자	〃
大 嬪 墓	숙종 후궁 禧嬪 장씨	경기 광주시 오포읍 문형리
明 嬪 墓	후궁 明嬪 김씨	경기 구리시 아천리
明善公主墓	현종 제1녀	경기 고양시 원당동(西三陵)
明惠公主墓	현종 제2녀	〃
成　　墓	선조 후궁 恭嬪 김씨	경기 양주시 진건읍 사릉리
昭 儀 墓	숙종 후궁	경기 고양시 원당동(西三陵)
淑愼公主墓	효종 제1녀(早卒)	〃
淑 媛 墓	인조 때 宮人 淑媛 장씨	〃
淑 儀 墓	인조 때 宮人 淑儀 나씨	〃
〃	순조 후궁 淑儀 박씨	〃
〃	헌종 후궁 淑儀 김씨	〃
〃	철종 후궁 淑儀 방씨	서울 성북구 하월곡동
〃	〃　　범씨	서울 서대문구 홍제동
〃	〃　　김씨	〃
愼 嬪 墓	세종 후궁 愼嬪 김씨	경기 화성시 남양읍 남양리
安 嬪 墓	효종 후궁 安嬪 이씨	경기 양주시 진건면 사릉리
永 慶 墓	李太祖 6대 祖母 穆祖 生母 將軍公 이씨	강원 삼척시 미로읍 활로리
永溫翁主墓	순조 제4녀 후궁 淑儀 박씨 소생	경기 고양시 용두동(西五陵)
寧 嬪 墓	숙종 후궁 寧嬪 김씨	경기 양주시 진접읍 장현리
翁 主 墓	고종 女 貴人 이씨 소생	경기 고양시 용두동(西五陵)
〃	고종 제2녀 귀인 이씨 소생	〃
完 王 墓	고종 子 貴人 光保堂 이씨 소생	〃
王 女 墓	선조 女(早卒)	〃
〃	영조 제1녀	〃

園墓名	관 계 내 용	소 재 지
王 女 墓	영조 제6녀 후궁 暎嬪 이씨 소생	경기 고양시 원당동
〃	헌종 제1녀 후궁 淑嬪 이씨 소생	〃
元 子 墓	철종 제1녀 哲仁王后 김씨 소생	〃
〃	고종 元子 明誠皇后 소생	〃
元 嬪 墓	정조 후궁 元嬪 홍씨	〃
王 子 墓	고종 子(堉) 貴人 光華堂 이씨 소생	〃
〃	고종 子(璕) 貴人 寶賢堂 정씨 소생	〃
宜 嬪 墓	정조 후궁 宜嬪 성씨	〃
仁成大君墓	예종 제1자 章順王后 한씨 소생	〃
仁順公主墓	중종 제5녀 繼妃 文定王后 윤씨 소생	〃
貞昭公主墓	세종 제1녀 昭憲王后 심씨 소생	〃
濬 慶 墓	李太祖 6대 祖父 穆祖生父 將軍公	강원 삼척시 미로읍 활로리
和 嬪 墓	정조 후궁 和嬪 윤씨	경기 고양시 용두동(西五陵)
和協翁主	영조 女	〃
懷 墓	성종 元妃 파평윤씨 연산군 母	서울 동대문구 회기동

조선조 관직품계표(官職品階表)

구 분		東班	西班	外命婦	雜織		土官職	
堂上官	正一品	大匡輔國崇祿大夫 輔國崇祿大夫		貞敬夫人				
	從一品	崇祿大夫 崇政大夫		貞敬夫人				
	正二品	正憲大夫 資憲大夫		貞夫人				
	從二品	嘉義大夫 嘉善大夫		貞夫人				
	正三品	通政大夫	折衝將軍	淑夫人				
堂下官	正三品	通訓大夫	禦侮將軍	淑 人				
	從三品	中直大夫 中訓大夫	建功將軍 保功將軍	淑 人				
	正四品	奉正大夫 奉烈大夫	振威將軍 昭威將軍	令 人				
	從四品	朝散大夫 朝奉大夫	定略將軍 宣略將軍	令 人				
參上官	正五品	通德郎 通善郎	果毅校尉 忠毅校尉	恭 人			通義郎	建忠徒尉
	從五品	奉直郎 奉訓郎	顯信校尉 彰信校尉	恭 人			奉義郎	勵忠徒尉
	正六品	承議郎 承訓郎	敦勇校尉 進勇校尉	宜 人	共職郎 勵職郎	奉主校尉 修仕校尉	宣職郎	建信徒尉

구　　분		東　班	西　班	外命婦	雜　織		土 官 職	
參上官	從六品	宣 教 郎 宣 務 郎	勵節校尉 秉節校尉	宜　人	謹仕郎 効仕郎	顯功校尉 迪功校尉	奉職郎	勤信徒尉
參下官	正七品	務 功 郎	迪順副尉	安　人	奉務郎	騰勇副尉	熙功郎	敦義徒尉
	從七品	啓 功 郎	奮順副尉	安　人	承務郎	宣勇副尉	注功郎	守義徒尉
	正八品	通 仕 郎	承義副尉	端　人	勉功郎	猛健副尉	供務郎	奮勇徒尉
	從八品	承 仕 郎	修義副尉	端　人	赴功郎	壯健副尉	直務郎	効勇徒尉
	正九品	從 仕 郎	効力副尉	孺　人	殿勤郎	承力副尉	啓仕郎	勵力徒尉
	從九品	將 仕 郎	展力副尉	孺　人	展勤郎	勤力副尉	試仕郎	彈力徒尉

※ 잡　　직 : 일정한 사무를 담당하지 않고 잡직에만 종사한다.

　토관직 : 함경도·평안도 지방의 토착민에게 주던 관직으로 이민족
　　　　　과 가까운 거리에 있고, 성격이 거칠어 회유책으로 주던
　　　　　관직.

왕궁 부인 관작표(官爵表) · 작호(爵號)

● 부인 관작표

품 계	내 명 부	
	왕 궁	세자궁
정1품	嬪	
종1품	貴 人	
정2품	昭 儀	
종2품	淑 儀	良 娣
정3품	昭 容	
종3품	淑 容	良 媛
정4품	昭 媛	
종4품	淑 媛	承 徽
정5품 이하 系宮		

● 작호

大院君의 배우자	府大夫人	無階
大君의 배우자	府夫人	정1품
王子君의 배우자	郡夫人	정1품
王世孫의 배우자	縣夫人	정2품
왕비의 어머니	府夫人	정1품
왕비의 아버지	府院君	정1품

※ 참고 — 經國大典

왕자(嫡) ················· 大君(無階)의 배우자 ············ 府夫人(정1품)

왕자(庶) ················· 君(無階)의 배우자 ············ 郡夫人(정1품)

왕녀(嫡) ················· 公主(無階)의 배우자 ·········· 初授 尉(종1품)

왕녀(庶) ················· 翁主(無階)의 배우자 ·········· 初授 尉(종2품)

왕세자의 자(嫡) ··· 郡 初授(정2품)의 배우자 ···· 初授 縣夫人(정2품)

왕세자의 자(庶) ·· 郡 初授(정2품)의 배우자 ···· 初授 縣夫人(정2품)

왕세자의 女(嫡) ······· 君主(정2품)의 배우자 ······· 初授 副尉(정3품)

왕세자의 女(庶) ······· 縣主(정2품)의 배우자 ··· 初授 僉尉(정종3품)

親功臣 府院君(정1품)의 배우자 ························· 貞敬夫人(정1품)

　　　　　　君(종1품)의 배우자 ·························· 貞敬夫人(종1품)

　　　　　　君(종2품)의 배우자 ····························· 貞夫人(종2품)

※ 府院君, 君, 3품 이하의 宗親, 儀嬪 그리고 王妃母, 世子女, 종친 2
　품 이상의 妻는 '邑號'라 하여 그 출신관계의 지명 등을 붙여 호칭
　하였다.
　예 : 睿宗妃의 父 韓明澮는 上黨府院君, 睿宗女 顯肅公主의 駙馬
　　　任光載는 豊川尉

봄나들이 / 신윤복 그림

부인 관작표(官爵表)

구분 품계	내명부(內命婦)		외명부(外命婦)		
	왕궁(王宮)	세자궁(世子宮)	왕가(王家)	종친의 처(妻)	문무관의 처
무계	빈(嬪)		공주·옹주· 부부인(府夫人) ·봉보부인(奉 保夫人)	부부인(府夫人)	정경부인 (貞敬夫人)
정1품				군부인(郡夫人)	
종1품	귀인(貴人)			군부인(郡夫人)	
정2품	소의(昭儀)		군주(郡主)	현부인(縣夫人)	정부인(貞夫人)
종2品	숙의(淑儀)	양제(良娣)	현주(縣主)		
정3품 당상관 당하관	소용(昭容)			신부인(愼夫人)	숙부인(淑夫人)
종3품	숙용(淑容)	양원(良媛)		신인(愼人)	숙인(淑人)
정4품	소원(昭媛)			혜인(惠人)	영인(令人)
종4품	숙원(淑媛)	승휘(承徽)			
정5품	상궁(尚宮)· 상의(尚儀)			온인(溫人)	공인(恭人)
종5품	상복(尚服)· 상식(尚食)	소훈(昭訓)			
정6품	상침(尚寢)· 상공(尚功)			순인(順人)	의인(宜人)
종6품	상정(尚正)· 상기(尚記)	수투(守鬪) 수칙(守則)			

구분 / 품계	내명부(內命婦)		외명부(外命婦)		
	왕궁(王宮)	세자궁(世子宮)	왕가(王家)	종친의 처(妻)	문무관의 처
정7품	전빈(典賓)·전의(典衣)·전선(典膳)				안인(安人)
종7품	전설(典設)·전제(典製)·전언(典言)	장찬(掌饌)장정(掌正)			
정8품	전찬(典贊)·전식(典飾)·전약(典藥)				단인(端人)
종8품	전등(典燈)·전채(典彩)·전정(典正)	장서(掌書)장봉(掌縫)			
정9품	주궁(奏宮)·주상(奏商)·주각(奏角)				유인(孺人)
종9품	주변징(奏變徵)·주징(奏徵)·주우(奏羽)·주변궁(奏變宮)	장장(掌藏)장식(掌食)장의(掌醫)			

※ 부인의 봉작(封爵)은 남편의 관작(官爵)을 따른다.

종친(宗親)·의빈(儀賓)의 품계와 칭호는 1865년(고종 2)부터 동반관계(東班官階)를 따랐다.

● **내외명부**(內外命婦)

내명부는 궁중 여인들의 조직의 이름이다. 국가를 운영하던 관료들이 엄격한 품계로 조직화되어 있듯이 궁중의 여인들도 품계를 가지고 있었으며, 궁 안에 살며 각각 지위에 맞는 품계를 가지고 있던 궁중의 여인들을 총칭하여 내명부라 칭했다.

궁중의 왕족으로 가장 높은 지위를 가지고 있던 분은 중전이었으며 중전의 시어머니는 왕대비, 시할머니는 대왕대비(大王大妃)로 모셨다.

중전 외에 왕의 측실들은 귀인(貴人), 숙용(淑容), 숙원(淑媛) 등의 품계를 가지고 있었으며 종1품 이하의 대우를 받았다.

세자빈(世子嬪)은 정1품의 품격으로 대우받았다.

궁중살림을 맡고 있는 상궁들은 육처소에 소속되어 상궁의 첩지를 받았으며 5품으로 시작해 제조상궁과 지밀상궁까지 오르면 정2품의 품계를 받았다.

상궁 이하로는 항아님이라 불리는 궁녀들이 있었다. 대개 13세 정도의 어린 나이에 상궁의 추천으로 입궁한 궁녀들은 육처소에 배치되 10년 간의 수련을 거쳐 23세 정도에 쪽을 찌는 의식을 통해 성년으로 대우받았다.

궁녀에서 상궁의 품계에 이르기까지 대략 10년 정도의 기간이 소요되었다.

상궁의 가장 위는 제조상궁이라 불렸으며 지밀로 뽑힌 여아는 특수하게 글공부를 시키면서 키웠다.

궁녀 외에 무수리라 불리는 여인들이 있었다. 무수리는 궁중에 살지 않고 궁 밖에서 살림을 하며 출퇴근했다. 그녀들의 주 임무는 주방의 불일 물일 등 천하고 힘든 일이었다.

궁녀와 상궁들이 소속된 6처소는 침방, 수방, 세답방, 주방, 약방, 세수간 등으로 각각의 명확한 소임이 있었다.

궁안에 살던 여인들이 내명부로 칭해졌다면 궁중에 출입이 가능했던 관료의 부인들은 외명부(外命婦)라 불리며 남편의 품계에 따라 품계가 정해졌다. 이들에게는 진연(進宴)에 참석할 의무가 주어졌다.

고금(古今) 관작 대조표

기관직급	입법부	정부기관	지방행정	대학	군인	사법부	경찰	교육부	정부투자기관	일반행정	조선조	품계
	국회의장	대통령				대법원장						
		국무총리									영의정 좌의정 우의정	정1품
		부총리									좌찬성 우찬성	종1품
		장관 차관	도지사		대장	대법원판사	치안총감	장관 차관 교육감		장관 차관	판서 좌참찬 우참찬	정2품
		차관보		학장	중장	법원장 검사장				차관보	참판 관찰사 부윤	종2품
1급		관리관		교수	소장	2호이상 판검사		관리관	관리관	관리관	참의 목사 도호부사	정3품 당상관
2급		이사관(국장)		교수	준장	4호이상 판검사	치안정감	부교육감	이사	이사관	집의 사간	종3품
3급		부이사관(3년이상)		부교수	대령	6호이상 판검사	치안감		이사 3년이하	부이사관	사인 장령	정4품
					중령		경무관				경력 첨정 군수	종4품
4급		서기관(과장)	국장 군수	조교수	소령	9호이상 판검사	총경 경정	교장 6호이상	부장	서기관	지평 정랑 교리	정5품

기관 직급	입법 부	정부 기관	지방 행정	대학	군인	사법부	경찰	교육부	정부투 자기관	일반 행정	조선조	품계
5 급		사무관 (계장)	과 장 (면장)	전 임 강 사	대위			교 감 9호이상	과 장 (차장)	사무관	현 령 판 관	종5품
											좌 랑 감 찰	정6품
											현 감 찰 방	종6품
6 급		주 사	주 사 (계장)	전임강 사(2년 미만)	중위		경 감 경 위	21 호 이 상	계 장 (대리)	주 사	박 사	정7품
7 급		주사보	주사보	조 교	소위 준위		경 사	30 호 이 상	평사원 3년이상	주사보	직 장 저 작	종7품 정8품
8 급		서 기	서 기		상사 중사		경 장	31 호 이 하	평사원	서 기	정 자 훈 도	정9품
9 급		서기보	서기보		하사		순 경		평사원	서기보	참 봉	종9품

※ 공무원 예규철에 없는 직은 관례에 따랐음.

촌수(寸數) 계열도(系列圖)

외계(外系)
내계(內系)
五代祖 / 오대조
高祖母 高祖父 / 고조모 고조부
從高祖父 / 종고조부
증외조부모(曾外祖父母)
曾外外家 / 증외외가
曾祖母 曾祖父 / 증조모 증조부
從曾祖父 / 종증조부
曾大姑母 / 증대고모
再從曾祖父 / 재종증조부
진외조부모(陳外祖父母)
陳外堂叔 / 진외당숙
할머니 할아버지 / 조모 조부
從祖父 / 종조부
大姑母 / 대고모
再從祖父 / 재종조부
三從祖父 / 삼종조부
외조부모(外祖父母)
姨母 / 이모
外三寸 / 외삼촌
어머니 아버지
伯叔父 / 백숙부
三寸
姑母 / 고모
五寸
堂叔 從叔 / 당숙 종숙
五寸戚 / 오촌척
再從伯叔父 / 재종백숙부
七寸
三從伯叔父 / 삼종백숙부
九寸
姨從 / 이종
外四寸 / 외사촌
姉妹 姉妹 자매
自己 나
兄弟 형제
四寸
從兄弟 / 종형제
姑從 / 고종
六寸
再從兄弟 / 재종형제
三從兄弟 / 삼종형제
八寸
四從兄弟 / 사종형제
十寸
姨從姪 / 이종질
外堂姪 / 외당질
甥姪 / 생질
子들 / 아들
三寸
姪 / 조카
五寸
堂姪 / 당질
內堂姪 / 내당질
再堂姪 / 재당질
七寸
三從姪 / 삼종질
姨從孫 / 이종손
外從孫 / 외종손
內從孫 / 내종손
孫子 / 손자
從孫 / 종손
再從孫 / 재종손
內再從孫 / 내재종손
三從孫 / 삼종손

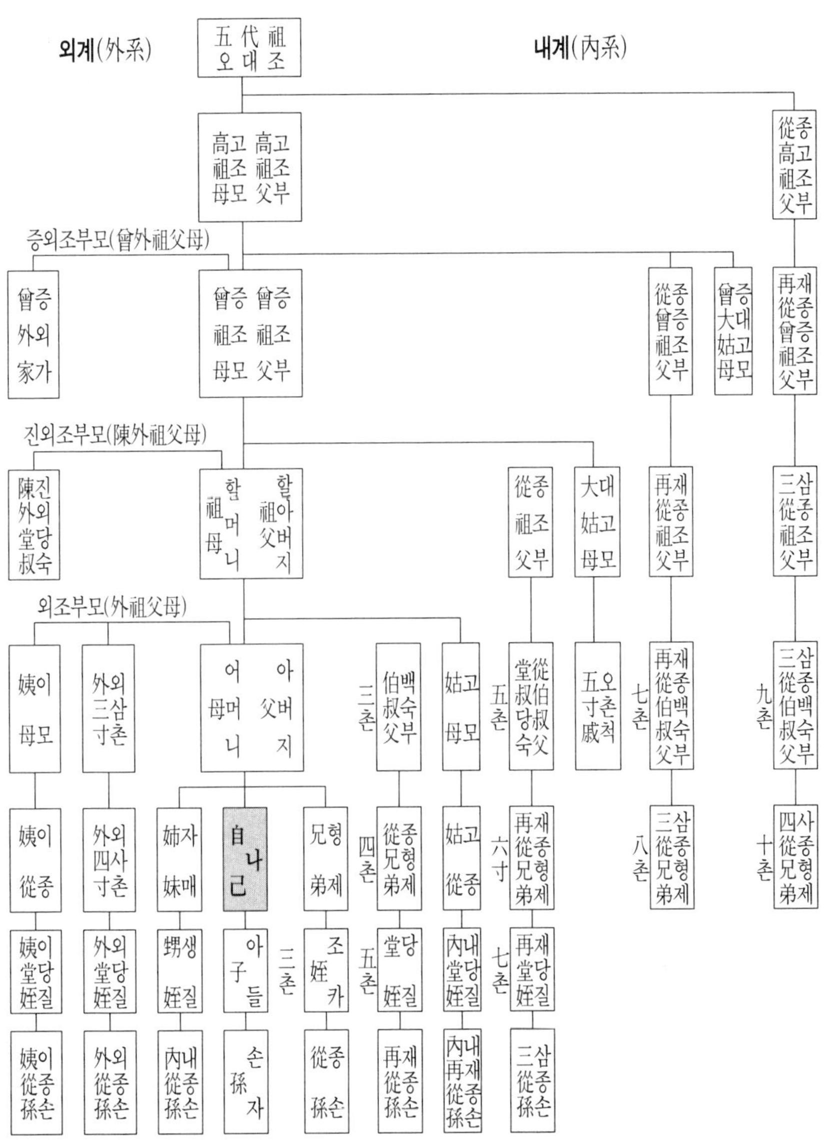

조선왕조 이후 연대별 사건

서기	단기	왕 조	사 건
1392	3725	태조 1	태조 개성 수창궁에서 즉위, 문무백관제도 정함, 활인서 혜민서 설치
1393	3726	2	국호를 조선으로 함
1394	3727	3	한양으로 천도, 조선 경국전(기본강령을 논한 법전) 편찬
1395	3728	4	예문 춘추관 설치, 종묘사직단 경복궁 창건, 고려사 편찬, 제복(祭服) 제정
1398	3731	7	숭례문 창건
1399	3732	정종 1	개성으로 환도
1401	3734	태종 1	신문고 설치, 관제개혁(도평의사를 의정부로 개편)
1403	3736	3	주자소 설치, 계미자 만듦
1405	3738	5	창덕궁 창건, 한양으로 다시 환도
1413	3746	13	조선팔도 지방행정조직 완성, 호패법(16세 이상 남자 신분증명서) 제정, 태조실록 편찬
1418	3751	18	창덕궁 인정전 준공
1420	3753	세종 2	집현전 설치
1424	3757	6	조선통보 주조
1426	3759	8	삼포 개항(부산포-동래, 제포-웅천, 염포-울산)
1429	3762	11	수차 제작
1430	3763	12	농사직설(조선의 실정에 맞는 농사법 저술) 편찬
1432	3765	14	팔도지리지, 삼강행실 편찬
1433	3766	15	혼천의(천체의 운행을 측정하던 기구) 새로 만듦
1434	3767	16	자격루(물시계) 경복궁에 설치
1442	3775	24	측우기 발명, 양수표 세움
1443	3776	25	훈민정음 창제
1445	3778	27	용비어천가 지음
1446	3779	28	훈민정음 반포, 공문서 한글 사용

서기	단기	왕 조		사 건
1447	3780	세종	29	안견 몽유도원도 그림
1449	3782		31	석보상절 월인천강지곡 간행
1450	3783		32	세종의 영릉 조성
1451	3784	문종	1	화차 제작, 숭례문 증수, 고려사 완성
1452	3785		2	수양대군 역대병요 편찬
1453	3786	단종	1	악보간행
1454	3787		2	세종대왕실록 완성, 문무관 상복(常服) 흉배제도 정함, 고려사 간행 배포
1457	3790	세조	2	군제 개혁(3군을 5위로 편성)
1461	3794		6	간경도감(경을 한글로 번역출판하던 기관) 설치
1463	3796		8	홍문관 설치
1464	3797		9	팔방통보 주조
1466	3799		11	직전법(현직 관리에게만 지급한 토지제도) 설치
1467	3800		12	규형 이지의(땅의 원근을 측정하던 기구) 만듦
1469	3802	예종	1	경국대전 완성, 봉선사 범종 완성, 호패법 폐지
1470	3803	성종	1	관수관급제(지급된 토지에 대한 조세를 관에서 징수하여 세액을 제한 후 관리에게 지급하는 녹봉제) 실시
1472	3805		3	과거 식년제 개정
1474	3807		5	국조오례의 완성, 경국대전 및 속록 반포
1479	3812		10	여진 정벌
1481	3814		12	동국여지승람 편찬
1484	3817		15	창경궁 창건
1495	3828	연산	1	종묘제도 제정
1498	3831		4	무오사화, 상평창(물가조절기관) 설치, 호적 식년제 개정
1504	3837		10	갑자사화
1507	3840	중종	2	승과 폐지
1511	3844		6	진휼청(흉년에 백성 구제하는 관청) 설치, 호적 식년 개정
1516	3849		11	주자도감 설치, 병자자 주조
1519	3852		14	기묘사화

서기	단기	왕 조	사 건
1527	3860	22	훈몽자회(최세진이 지은 한자 학습지) 지음
1531	3864	26	신증동국여지승람 완성
1543	3876	38	백운동서원 건립(최초의 사액서원)
1545	3878	인종 1	을사사화, 이언적 소학 간행
1549	3882	명종 4	기유조약 부산포만 개항
1550	3883	5	백운동서원에 소수서원 편액 하사, 명에서 양명학 들어옴
1552	3885	7	선과 설치
1555	3888	10	을묘왜변
1558	3891	13	대전원전, 대전속전, 대전속집 간행
1573	3906	선조 6	교서관 향약 간행
1574	3907	선조 7	도산서원 건립
1592	3925	25	임진왜란 일어남, 진주대첩, 한산대첩, 경복궁 창덕궁 창경궁 소실
1593	3926	26	행주대첩
1597	3930	30	정유재란
1609	3942	광해 1	창덕궁 중건, 기유조약 부산포만 개항, 대동법(공물을 미곡으로 통일하여 바치게 한 납세제도) 경기도에 설치
1613	3946	5	허준 동의보감 25권 간행
1616	3949	8	경덕궁(경희궁) 자수궁 인경궁 창건, 종묘 창경궁 중건
1623	3956	인조 1	인조반정
1626	3959	4	남한산성 수축, 수어청 설치
1627	3960	5	정묘호란
1631	3964	9	천리경 자명종 화포 수입
1633	3966	11	상평통보 주전
1636	3969	14	병자호란
1651	3984	효종 2	십전통보 주전
1659	3992	10	용비어천가 간행
1662	3995	현종 3	제언사(각도의 수리시설 제방을 수리하는 일을 맡아보던 기관) 부활

서기	단기	왕 조	사　건
1671	4004	현종 12	유기아의 수양법 제정
1678	4011	숙종　4	상평통보 발행
1708	4041	34	전국 대동법 시행
1711	4044	37	북한산성 수축
1712	4045	38	백두산 정계비(중국과의 국경을 정한 비) 세움
1717	4050	43	호구조사 실시
1720	4053	46	삼남지방의 양전산업 완료
1721	4054	경종　1	노비의 속오군 편성 폐지
1725	4058	5	탕평책 실시
1744	4077	영조 20	속오례의 속대전 완성
1749	4082	25	국혼정례 제정
1756	4089	32	가체(加髢) 금지 족두리 사용
1760	4093	36	경덕궁을 경희궁으로
1763	4096	39	고구마 전래
1776	4109	52	경모궁 재건, 창덕궁에 사도세자 사당 세움
1777	4110	정조　1	규장각 건축
1782	4115	6	천세력 편찬
1785	4118	9	대전통편(경국대전 속대전 및 그 이후 임금이 내린 교명과 현행법을 한데 모아 만든 책)
1786	4119	10	천주교 금지
1791	4124	15	신해박해(최초 천주교 박해) 신해통공(시전 특권폐지 자유매매 허가) 공포
1792	4125	16	정약용 기중기 발명, 수원부성 건축에 사용
1794	4127	18	화성행궁 건립
1799	4132	23	정조 안경 착용
1801	4134	순조　1	신유박해, 관노비 해방
1811	4144	11	홍경래 란
1818	4151	18	목민심서 완성
1824	4157	24	감자 전래

서기	단기	왕 조	사 건
1831	4164	순조 31	천주교 조선교구 설치
1835	4168	헌종 1	임원십류지(농업을 주로 한 산업의 백과사전) 완성
1839	4172	5	척사윤음(태조 이후 역대 교훈 격언을 모아 사를 배척, 국민에게 바른 길을 가르치는 내용) 반포
1845	4178	11	김대건 최초의 신부
1847	4180	13	낙선재 준공
1848	4181	14	윤도(나침반) 제작, 경상 전라 황해 강원 함경 오도에 이양선 출현
1849	4182	15	농사월령가 완성
1850	4183	철종 1	헌종어제 열성어제 간행
1860	4193	11	최제우 동학 창시, 경희궁 보수 완료
1864	4197	고종원년	철종 승하, 고종 즉위, 이하응 봉위 대원군
1866	4199	3	조선 천주교도 탄압(병인박해), 병인양요
1871	4204	8	신미양요, 흥선대원군 척화비 건립, 서원 철폐
1873	4206	10	민씨 일파 집권
1875	4208	12	운요호 사건 발발
1876	4209	13	일본과 강화도 조약 체결
1881	4214	18	일본에 신사유람단 파견, 통리기무아문 설치
1882	4215	19	미국·영국·독일·청나라와 수호, 임오군란 발발, 흥선대원군 청에 유배
1883	4216	20	인천항 개항
1884	4217	21	우정국 설치, 갑신정변 발발, 일본과 한성조약 체결
1885	4218	22	최초의 의료원 광혜원 설치, 영국 극동함대 거문도 점령, 흥선대원군 귀국
1886	4219	23	프랑스와 수호통상조약 체결
1889	4222	26	함경도에 방곡령 실시
1894	4227	31	갑오농민전쟁(동학혁명) 발발, 청일전쟁 발발, 갑오개혁 단행
1895	4228	32	을미사변(민비 시해), 단발령 시행
1896	4229	건양 1	친러파 아관파천 단행, 서재필 독립협회 결성

서기	단기	왕 조		사 건
1897	4230	광무	1	고종, 국호를 대한제국으로 개명
1899	4232		3	대한제국 독립협회 만민공동회 개최
1901	4234		5	제주도에서 농민 봉기
1903	4236		7	미국인 질레트 기독교 청년회(YMCA) 발족
1904	4237		8	일본의 강요로 한일의정서 조인, 대한매일신보 창간
				경부선 준공
1905	4238		9	일본과 을사보호조약 체결
1907	4240	순종	1	국채보상운동 실시, 헤이그 특사 사건, 고종 퇴위, 군대해산,
				의병 봉기, 안창호 신민회 결성
1908	4241	융희	2	일본 동양척식주식회사 설립, 최남선 월간지 소년 창간
1909	4242		3	안중근 이토히로부미 저격, 나철 대종교 창시
1910	4243		4	일본이 경찰권 박탈, 한일합방, 조선총독부 설치, 조선으로
				개명
1919	4252			1.22-고종황제 승하,
				3.1운동, 33인 사건, 제암리 집단 학살사건
				3.3-고종황제 인산일
				8-임정에서 독립신문 발간
				9.2-신총독 사이토 폭파미수사건(강우규 열사)
				9.11-임시정부 헌법 공포, 내각 취임식 거행
1920	4253			4.1-동아일보 창간
				9-동아일보 무리한 정간 명령, 김익상 의거 조선 총독부에 폭
				탄 던짐
1921	4254			3-김상옥 의사 의거 사건
1922	4255			5.1-제1회 어린이날 기념식
1923	4256			4.26-순종황제 승하
				9.1-관동대지진
1926	4259			6.10-순종황제 인산일, 6,10만세 사건
				조선어 사전 편찬회 결성
1929	4262			11.3-광주학생사건

서기	단기	왕 조	사 건
1932	4265		1.8-이봉창 의거 일본천황에게 포탄 투척
			4-윤봉길 의거 사건
			한글 맞춤법 통일안 제정 발표
1933	4266		8.25-손기정 마라톤 우승과 일장기 말소사건
1936	4269		7.7-일 중국 침략, 국민 총동원령
1937	4270		8.10-조선 동아일보 강제 폐간
1940	4273		9.17-광복군 창설
			12.8-진주만 기습, 태평양전쟁 발발, 광복군 대일 선전포고
1941	4274		10-학도병 징집제도 실시
1943	4276		11-일본에 연합군 폭격 시작
1944	4277		8.6-히로시마 원폭
1945	4278		8.9-나가사키 원폭
			8.15-일본 무조건 항복, 대한민국 광복
			8.22-소련군 북쪽 진군
			9.8-미군 인천상륙
			10.16-이승만 귀국
			11.23-김구 김규식 귀국
			12.15-모스크바 삼상회의
			12.28-고하 송진우 암살사건
1946	4279		1.14-남조선 국방경비대 창설
1947	4280		7.19-여운영 암살사건
			12.2-장덕수 암살사건
1948	4281		4.3-제주도 4.3사건 발발
			5.10-남한 총선 실시
			5.31-첫 국회개원
			7.12-대통령 중심제 헌법 통과
			7.17-대통령 선출
			7.24-대통령 부통령 선출식
			10.21-여수 순천 반란사건

서기	단기	왕 조	사　건
1949	4282		6-농지개혁법 공포, 미군 철수
			6.26-안두희 소위 김구 선생 살해
1950	4283		6.25-한국 전쟁 발발
			9.15-인천 상륙작전
			9.28-서울 수복
			10-평양 탈환
1951	4284		1.4-1.4후퇴 서울 포기
1953	4286		7.27-휴전 성립
1954	4287		11.27-사사오입 사건
1958	4291		12.24-국가 보안법 개정안 날치기 통과
1960	4293		3.15-부정선거
			4.19-혁명,
			4.28-이승만 하야, 이기붕 일가 자살
1961	4294		5.16-혁명
1964	4297		9.11-월남 파병
1965	4298		6.22-한일협정 비준
1967	4300		12.28-예산안 날치기 통과
1968	4301		1.23-푸에블로호 납치사건
1969	4302		12.11-KAL기 납북사건
1971	4304		12.25-대연각호텔 화재사건
1972	4305		10.17-10월유신 선포
1974	4307		8.15-육영수 여사 서거
1976	4309		8.1-양정모 올림픽 금메달
1978	4311		1.14-최은희 신상옥 납북 및 탈출사건
1979	4312		박정희 대통령 암살
1980	4313		8.16-최규하 대통령 사임
1987	4320		11.29-김현희 KAL기 폭파사건
1988	4321		88서울 올림픽 개최
1989	4322		12.31-5공 청산과 전두환씨 국회 증언

서기	단기	왕 조	사 건
1990	4323		3.3-제4땅굴 발견
1993	4326		8.12-금융실명제 실시
1994	4327		7.8-김일성 주석 사망
			10.21-성수대교 붕괴
1995	4328		4.28-대구 지하철 폭발사고
			6.29-삼풍백화점 붕괴사건
			11.22-노태우 전대통령 구속
			11.25-김영삼 대통령 5.18특별법 제정 발표
			12.3-전두환 전대통령 구속
1998	4331		2.25-김대중 대통령 취임
			11.18-금강산 유람선 첫 출항
1999	4332		6.30-씨랜드 화재 어린이 23명 사망
			6.31-인천 호프집 화재 중고생 등 56명 사망
2000	4333		10.13-김대중 대통령 노벨평화상 수상
2001	4334		3.21-정주영 회장 타계, 현대그룹 해체
			3.29-인천 국제공항 개항
			8.23-IMF탈퇴
2002	4335		12.19-노무현 대통령 당선
			한국 월드컵 4강 진출
2003	4336		2.18-대구 지하철 방화 192명 사망
			정몽헌 회장 자살
2004	4337		2.21-행정수도 이전 위헌 판결
			4.15-열린우리당 과반의석 확보
			5.14-헌법재판소 노무현 대통령 탄핵 기각
2005	4338		10.1-청계천 개통
			11.-행정수도 건설 합헌
2006	4339		2.-정진석 추기경 탄생
			10.13-반기문 유엔 사무총장에 선출
2007	4340		2.-한미 FTA협상과 반대시위
			10.-남북정상회담 노무현 대통령 평양 방문

參考文獻

1. 中國 : 論語. 孟子. 中庸. 東夷列傳. 禮記. 魏書.
2. 經國大典. 國朝榜目. 典故大方. 東國與地勝覽.
   胎敎新記. 淸選考. 醫心方. 顧菴家訓. 四禮便覽.
   月刊 實踐禮節.

著者 略歷

出　　生 : 忠南 扶餘郡 九龍面 舟亭里 168番地
　　　　　　檀紀 4261年 1月 18日
出身校 : 國民大學校
東亞文化센터 傳統禮節 講師 歷任
延安李氏 宗報 編輯委員
成均館 儒道會 會員
居住地 : 京畿道 城南市 盆唐區 盆唐洞 128-2(1層)
　　　　　　Tel : (031) 704-7350
　　　　　　H.P : 019-667-7350

선비春秋

初版 印刷 : 2008年　3月　20日
初版 發行 : 2008年　3月　25日

著　者 : 李　敏　承
發行者 : 金　東　求

發行處 : 明　文　堂(1923. 10. 1 창립)
서울특별시 종로구 안국동 17~8
우체국　010579-01-000682
Tel　(영) 733-3039, 734-4798
　　　(편) 733-4748
Fax　734-9209
Homepage　www.myungmundang.net
E-mail　mmdbook1@kornet.net
등록 1977. 11. 19. 제1~148호

값 25,000원
ISBN 89-7270-875-9　03380